Thomas Hoppe

Malkunde

Thomas Hoppe

MALKUNDE

Grundlagen, Materialien, Techniken

E. A. Seemann

Bibliografische Information der Deutschen Nationalbibliothek
Die Deutsche Nationalbibliothek verzeichnet diese Publikation in der Deutschen Nationalbibliografie; detaillierte bibliografische Daten sind im Internet über http://dnb.dnb.de abrufbar.

ISBN 978-3-86502-108-3

E. A. Seemann Verlag in der
E. A. Seemann Henschel GmbH & Co. KG, Leipzig
Karl-Tauchnitz-Str. 6 | D–04107 Leipzig
produktsicherheit@seemann-henschel.de
www.seemann-henschel.de
instagram.com/seemann_henschel_verlagsgruppe
facebook.com/seemann.henschel
pinterest.de/seemann_henschel

Projektmanagement: Caroline Keller, Thea Ferber
Lektorat: Christina Mergel, Julia Zytowski
Satz: Jörg Metze, atelier f:50, Berlin
Umschlaggestaltung: Lambert und Lambert, Düsseldorf
Druck und Bindung: bittner print s.r.o., Bratislava

Bildnachweis: S. 49 rechts oben, Archiv Schmincke & Co., Erkrath; S. 116 rechts unten, Sabine Bendixen. Alle weiteren Abbildungen stammen aus dem Archiv des Autors.

INHALT

Vorwort ... 15
Farbe und Sprache. Ein Exkurs ... 17

GRUNDLAGEN ... 19

FARBEN, MALTECHNIK UND LICHT ... 19

Fachausdrücke – Glossarium ... 19
Farbe ... 19
Farbtönung, Farbton, Buntton ... 19
Malstoffe ... 19
Firnisse und verwandte Malmittel ... 19
Fixative ... 19
Bindemittel ... 19
Lösemittel ... 20
Malfarben ... 20
Ölmalfarben ... 20
(Kunstoff-)Dispersionsfarben ... 20
Temperafarben ... 20
Leimfarben, Gouachefarben und Plakattempera ... 20
Aquarellfarben ... 20
Kalkfarben ... 20
Pastellstifte ... 20
Farbmittel ... 20
Pigmente ... 20
Farbstoffe ... 21
Farblacke ... 21
Füllstoffe ... 21
Substrate ... 21
Schönung ... 21
Verschnitt ... 21
Aufstrich ... 21
Festkörper ... 21
Haftfestigkeit ... 21
Kreiden ... 21
Quellung ... 21
Durchschlagen ... 21

Zur farbigen Erscheinung von Farbmitteln ... 22
Absorption ... 22
Reflexion ... 23
Subtraktive Farbenmischung ... 23
Komplementärfarben ... 23

Farbstoffe und Pigmente ... 23

Dispersion und Dispersionsmittel ... 23
Echte Lösung ... 23
Grobdisperse und feindisperse Dispersionen ... 23

Farblacke ... 24
Organische Pigmente ... 24
Lösliche natürliche Farbstoffe ... 24
Künstliche organische Pigmente ... 24
Farblackbildung ... 24

Kolloide ... 24
Adsorption ... 25
Oberflächenkräfte ... 25
Teilchengröße und Eigenschaften von Farbmitteln ... 25

Malemulsion und Kunststoffdispersion ... 26
Malemulsionen ... 26
Kunststoffdispersionen ... 27

Anorganische und organische Farbmittel ... 27
Pigmenteigenschaften ... 28
Färbevermögen der Pigmente ... 28
Prüfmethoden ... 29
Decken und Lasieren ... 29
Anreiben und Bindemittelbedarf von Pigmenten ... 31

Echtheit und Beständigkeit von Farbmitteln ... 34
Licht ... 34
Prüfung auf Lichtechtheit ... 36
Lichtechtheitsprüfung und Wollskala ... 36
Wasser und Wasserdampf ... 38
Organische Lösemittel ... 38
Säuren ... 40
Alkalien ... 41
Colour-Index-System ... 42

Zur Planung eines Kunstwerkes sei generell gesagt 44

MALTECHNIKEN 45

AQUARELLMALEREI 45

Malgründe und Malgeräte 46
Pinsel 47

Das Malen 47

PASTELLMALEREI 47

Selbstherstellung von Pastellstiften 48
Malgründe für Pastellmalerei 48
Das Malen 48
Einige Hinweise zum Malen mit Pastell 48

Das Fixieren 50
Wässrige Fixiermittel 50

TEMPERAMALEREI 51

Zur Herstellung einer Emulsion 51
Richtrezeptur für eine magere Eitempera 51
Verwendung und Eigenschaften von Ei in Tempera 52
Trocknung einer mageren Tempera 52
Emulsionszugaben 52
Längeres Aufbewahren 52

Das Malen 52
Der Malgrund und die Palette 52
Einige Hinweise zum Malen mit Tempera 53
Gefirnisste Tempera 54
Zwischenfirnis 54
Schlussfirnis 54

Synthetische Temperamalmittel 55

Gummitempera 55
Dextrin 55
Tragant 55
Kirschgummi 55

Kaseintempera 56
Emulsion mit anderen Stoffen 56
Kaseinlösung 56
Ammoniakkasein 56

Emulsionsmalmittel mit tierischem Leim 57
Gelatine 57
Pergamentleim 57
Hausenblasenleim, Fischleim 57

Emulsionsmalmittel mit Stärkekleistern 58
Gouachefarben 58
Fixieren 58

ACRYLMALEREI 59

Trocknung 60
Alterungsbeständigkeit 60
Filmeigenschaften und trocknungsverzögernde Malmittel 60

Malgründe 61
Leinwand 61
Holz, Span- oder Holzfaserplatten 61
Wandmalerei und Außenanstriche 61
Grundierung 62

Zum Malen mit Acrylfarben 62
Selbstherstellen einer Acrylfarbe 62
Acrylkünstlerfarben 63
Studioacrylfarben 63
Acryl-Aquarellfarben 63
Lasierende Effekte 64
Spachteltechnik 64
Mal- bzw. Verdünnungsmittel und Hilfsmittel 64
Acrylfarbenmalmittel, z. B. Füllstoffe 64
Acrylharzfirnisse 64

ÖLMALEREI 64

Selbstanreiben der Ölfarben 65
Anteigen der Ölmalfarbe 65
Reinigen 66

Ölfarbensysteme 66
Harzölfarbe 66
Alkydharzölfarbe 66
Ölharzfarbe (Lackfarbe) 66

Malmittel 66
Balsame 66
Fette Öle 66
Harzessenzfirnisse, Mastix und Dammar 68
Harzwachsfarbe und Wachslösungen 68

Das Malen 68
Vorbemerkung 68
Die Aufzeichnung 69
Die Untermalung 69
Der Farbauftrag 69
Tipp zum so genannten Einschlagen 69
Die Lasur 70
Das Schummern 70
Die Primamalerei (Malerei alla prima) 70
Die Schichtenmalerei 70
Die Untertuschung 71
Zwischenfirnisse 71
Retuschen 71
Schlussfirnis 71

Rezepte zum Selbstherstellen von Malmitteln und Firnissen 72
Schnell trocknendes Malmittel (trocknungsbeschleunigend) 72
Langsam trocknendes Malmittel (trocknungsverzögernd) 72
Schlussfirnis 72

Wasservermischbare Künstler-Ölfarbe ... 74
Das Malen 74
Malmittel 75

WACHSMALEREI (ENKAUSTIK) 76

Punisches Wachs 76
Malen mit kaltflüssigem Wachs 76

METALLISIEREN: VERGOLDEN UND BRONZIEREN 79

Blattgold 79
Chemie 80
Karat 80
Größen und Namen 81
Transfer- und Sturmgold 81
Zur Herstellung von Blattgold 80

Goldpulver und verwandte Werkstoffe ... 81
Muschelgold 81
Silberpulver 81
Musivgold 81

Musieren, Musivische Arbeit und Mosaik 81
Materialnamen 81
Mosaik 81

Schlagmetalle 82
Schlagmetall / Kompositionsgold 82
Blattaluminium 82
Zwischgold 84

Nichtmetallische Bronziermittel 84
Graphitpulver 84

Die Technik der Polimentglanzvergoldung 84
Echtvergolden, Branntweinvergoldung 84
Vorbereitung 84
Vorleimung und Leimtränkung 84
Verbessern des Trägers 84
Grundierungsauftrag 85
Anschießen und Polieren 86
Die matte Vergoldung 87
Glanzversilberung 87
Lüstertechniken 87

Die Technik der Ölvergoldung 87
Vergoldungen mit Wachsanlegemitteln 88
Mordentvergoldung 88

Weitere Vergoldungsarten 88
Bronze 88
Goldbronzen 90
Silberbronze 90

PIGMENTE ... 91

DIREKT HERGESTELLTE ORGANISCHE PIGMENTE ... 91

Beispiel: Azo- und Disazopigmente ... 91
Beispiel: Chinacridone ... 91
Beispiel: Phtalozyanin ... 91
Verarbeitung dieser Pigmente ... 92

EFFEKTPIGMENTE ... 92

Tagesleuchtpigmente ... 92
Perlglanzpigmente ... 92

WEISSE PIGMENTE ... 93

Bleiweiß ... 93
Kremser Weiß, Kremnitzer Weiß, Schieferweiß, Schneeweiß, Silberweiß ... 93
Maltechnische Schwächen von Bleiweiß ... 93
Maltechnische Stärken von Bleiweiß ... 93
Gesundheitsschädlichkeit ... 94
Andere Bleiweißpigmente ... 94

Zinkweiß ... 94
Permanentweiß, Chinesischweiß, Schneeweiß, Permanent Chinesisches Weiß ... 94

Titanweiß ... 95
Zinksulfidpigmente ... 95
Lithopone, Deckweiß ... 95

Kreide, Kalkspat, Marmormehl, Steinkreide ... 96
Leichtspat ... 97
Lenzin, Gips, Analin, Alabaster, Bologneser Kreide, Brillantweiß, Mineralweiß ... 97

Schwerspat ... 97
Barytweiß, Blanc fixe, Permanentweiß ... 97

Ton ... 98
China Clay, Kaolin, Porzellanerde, Pfeifenton, Kollererde, weißer Bolus, Neuburger Kieselkreide ... 98

Transparentweiß ... 98
Tonerdehydrat, Tonerde ... 98

Talk ... 98
Talkum, Speckstein, Federweiß ... 98

Antimonweiß ... 98
Wismutweiß ... 99
Spanischweiß, Perlweiß, Schminkweiß ... 99

GELBE PIGMENTE ... 99

Blei-Zinn-Gelb ... 99
Neapelgelb ... 99
Chromgelb ... 100
Kölner Gelb, Königsgelb, Leipziger Gelb, Neugelb, Zitronengelb, Zwickauer Gelb ... 101

Kadmiumgelb ... 101
Kadmofix, Kadmopone, Kadmolith ... 101
Brillantgelb ... 101

Zinkgelb ... 101
Barytgelb oder gelbes Ultramarin ... 101

Massicot, Bleiglätte ... 102
Bleigelb, Königsgelb ... 102

Realgar, Auripigment ... 102
Gummigutt ... 102
Indischgelb ... 103
Kobaltgelb ... 104
Aureolin ... 104

Musivgold ... 104
Seltene gelbe Pigmente ... 105
Urangelb ... 105
Nickeltitangelb ... 105
Gelbes Ultramarin ... 105
Kasseler Gelb ... 105
Anilingelb ... 105

Gelbe Pflanzenfarbstoffe ... 105
Schüttgelb, Stil de grain ... 106
Gelbe Farblacke ... 106
Querzitronlacke ... 106

Gelbe Ocker ... 106
Terra di Siena ... 107
Marsgelb ... 108

Eisenoxidpigmente ... 108
»Bunte« Erdpigmente ... 108
Natürliche Eisenoxidpigmente ... 108
Künstliche Eisenpigmente ... 108
Reine Eisenoxidpigmente ... 109

Eisenoxidgelb ... 109

ROTE PIGMENTE ... 109

Rote Ocker ... 109
Terra di Pozzuoli ... 110
Roter Bolus ... 110
Spanisch- und Persischrot ... 110

Englisch-, Venezianisch-, Pompejanisch- und Indischrot ... 110
Oxidrot ... 110
Caput mortuum ... 110
Marsrot ... 111
Eisenoxidrot ... 111

Zinnober ... 111
Bleimennige ... 112
Saturnrot ... 112

Molybdatrot ... 113
Mineralfeuerrot ... 113

Krapplack ... 113
Wurzelkrapplack ... 113
Alizarinkrapplack ... 113

Purpur ... 114
Kermes ... 114
Alkermes ... 114

Karmin ... 115
Koschenille (cochenille) ... 115

Kadmiumrot ... 115
Kadmiumzinnober ... 115
Kadmopone ... 115

Seltene rote Farbmittel ... 115
Drachenblut ... 115
Lac Dye ... 117
Rotholz ... 117

GRÜNE PIGMENTE ... 117

Malachit ... 117
Berggrün, Malachitgrün ... 117

Chromgrüne ... 117
Chromoxidgrün stumpf ... 117
Chromoxidgrün feurig ... 117

Kobaltgrün ... 118
Rinmans Grün, Türkisgrün, Gellerts Grün ... 118

Grüne Erden ... 118
Eisensilikate ... 118

Grünspan ... 119
Kupferresinat ... 119

Schweinfurter Grün ... 119
Mischgrüne ... 120
Chromgrün, Zinnobergrün ... 120
Permanentgrün, Zinkgrün, Kadmiumgrün, Barytgrün, Hookers Grün ... 121

Andere grüne Pigmente ... 121
Blattgrün (Chlorophyll) ... 121
Saftgrün ... 121

BLAUE UND VIOLETTE PIGMENTE ... 121

Ultramarinpigmente ... 121
Echtes Ultramarin, Lapislazuli, Lazurit ... 121
Künstliches Ultramarin ... 122

Kobaltpigmente ... 123
Kobaltblau ... 123
Coelinblau ... 123
Kobaltviolett hell ... 124
Kobaltviolett ... 124
Smalte ... 124

Manganpigmente ... 125
Manganblau, Mangancoelinblau ... 125
Manganviolett ... 125

Eisenzyanpigmente ... 125
Berliner Blau, Pariser Blau, Preußischblau, Miloriblau ... 125

Ägyptischblau ... 126
Bremer Blau ... 126
Indigo ... 127

Azurit ... 127
Bergblau, Azuritblau, Azur, Kupferlasur ... 127
Blaue Pigmente aus Kupfersalzen ... 128

BRAUNE PIGMENTE ... 128

Umbra ... 128
Kasseler Braun ... 129
Van-Dyck-Braun, Kesselbraun, Kölnische Erde ... 129

Asphalt und Mumie ... 130
Asphalt ... 130
Mumie ... 130

Sepia ... 130
Bister ... 130
Rußbraun ... 130
Manganbraun ... 131

Seltene Braunpigmente ... 131
Römisch-Braun, Van-Dyck-Rot, Florentiner Braun, Hatchetts Braun ... 131
Eisenoxidbraun ... 131

SCHWARZE PIGMENTE ... 131

Beinschwarz ... 132
Elfenbeinschwarz ... 132

Pflanzenschwarz ... 132
Kernschwarz, Rebschwarz ... 132

Ruße ... 132
Holzruß ... 133
Lampenruß ... 133
Gasruß ... 133

Manganschwarz ... 134
Zementschwarz ... 134

Schieferschwarz ... 134
Erdschwarz, Ölschwarz, Mineralschwarz ... 134

Eisenoxidschwarz ... 134
Eisenoxid ... 134

Anilinschwarz ... 134

BINDEMITTEL UND LÖSEMITTEL ... 135

NICHTWÄSSRIGE TECHNIKEN ... 136

Trocknende Öle ... 136
Drei ungesättigte Fettsäuren ... 136
Übrige Ölbestandteile ... 136
Ölgewinnung ... 136
Öltrocknung und Sikkativierung ... 136
Oxidationsvorgang ... 137
Öltrocknung ... 137
Sikkative ... 137
Wirkung der Sikkativmetalle ... 137
Kobaltsikkativ ... 137
Bleisikkativ ... 137
Mangansikkativ ... 137
Ölfirnis ... 137
Überlieferte Sikkativ-Bezeichnungen ... 138
Trocknungsfördernde und trocknungshemmende Pigmente ... 138
Auftragsstärke, Temperatur, Licht und Luftfeuchtigkeit ... 138
Leinöl ... 139
Leinölstandöl ... 139
Walnusskernöl ... 139
Mohnöl ... 139
Mängel von Mohnöl ... 140
Sonnenblumenöl ... 140

Harze ... 141
Naturharze ... 141
Rezente, fossile und rezentfossile Harze ... 141
Terpentine und Balsame ... 141

Rezente Harze ... 142
Kolophonium ... 142
Sandarak ... 142
Mastix ... 142
Dammar ... 143
Kopal- und Bernsteinlacke in der Malerei ... 144
Historisches über Firnisse ... 144
Schellack ... 144

Kunstharze ... 145
Acrylharze ... 145
Alkydharze ... 145

Zyklohexanonharz 146

Bienenwachs 146
Bienenwachsseifen oder
Wachsdispersionen 147
Bienenwachs als Malmaterial
im Laufe der Zeit 147

WÄSSRIGE TECHNIKEN 148

Kalk 148
Freskomalerei/fresco buono 148

Wasserglas 148

Pflanzengummen 150
Gummiarabikum 150
Kirschgummi 151
Gummi Tragant 151

Dextrine 151
Tierische Leime 151
Gelatine 152
Leimbereitung 152
Konservierung 152
Gerben 152

Kasein 153
Aufschluss mit Kalk 153
Aufschluss mit nichtflüchtigen Alkalien 153
Aufschluss mit Ammoniak 153
Konservierung wässriger Malmittel 154

Zelluloseleime und
Zellulosekleister 154
Hühnerei 155
Eidotter oder Vollei als Anreibemittel 155
Herstellung von Eitemperamalmitteln 155

Kunststoffdispersionen 156
Eigenschaften von
Kunststoffdispersionen 156
Kunststoffdispersions-Systeme 156
Polyvinylazetatdispersion 156
Dispersionsmalfarben 156

LÖSEMITTEL 157

Verdunstungszahl 157
Siedepunkt und Siedebereich 157
Feuer- und Explosionsgefahr 157
Physiologische Wirkung von Lösemitteln .. 157
Terpentinöl 158
Terpentinfreie Lösemittel 159

Mineralölabkömmlinge 159
Testbenzin 159
Petroleum 159
Leichtbenzine 159

Steinkohlenteerabkömmlinge 159
Benzol 159

Alkohole 159
Methylalkohol (Methanol), Äthylalkohol
(Ethanol), Isopropylalkohol
(Isopropanol), Glyzerin 159
Äther, Ester, Ketone 160

Die ätherischen Öle 160
Rosmarinöl 160
Lavendelöl 160
Spiköl 160
Nelkenöl 160

GESUNDHEITSSCHUTZ 161

Gesundheitliche Gefahren 161
Erklärung der Gefahrensymbole 162
Aufnahme von Gefahrstoffen 162
Toxische Wirkung von Lösemitteln 162

Gesundheitsschutz und Vorbeugung ... 164
Schutz der Atemwege 164
Schutz von Augen und Haut 165

Gesetzliches Regelwerk und
andere Informationsquellen 165
Sicherheitsdatenblatt 165
Minimale Sicherheitsausrüstung im Atelier . 166
Erste Hilfe 166
Verhalten im Gefahrfall und
Sofortmaßnahmen 166
Informationszentren für Vergiftungsfälle ... 166

BILDTRÄGER 167

Kapillarität 167
Adhäsionskräfte 167
Kohäsion 167
Netzmittel 167
Ochsengalle 167
Spannungen in der Malschicht 167

TEXTILE GEWEBE 168

Leinen- und Flachsgewebe 168
Anbau 168
Aufbereitung 168
Röste 169
Trocknen, Brechen, Schwingen, Hecheln und Spinnen 169
Spinnen 169
Gespinste (Garne) 169
Weben 170
Bindungsarten 170

Baumwollgewebe 172
Hanfgewebe 172
Jutegewebe 172
Zellwollgewebe 172
Mischgewebe 173
Dralon 173
Selten gebräuchliche Gewebebezeichnungen 173
Maltechnische Eigenschaften textiler Bildträger 173
Alterung 173
Biologische Schäden 173

HOLZ UND HOLZABKÖMMLINGE 174

Holz 174
Geschichte 174
Holzarten 174
Aufbau 174
Härtegrade 174
Wasserhaushalt 175
Über das »Arbeiten« von Holz 175
Herstellung von Malbrettern 176

Sperrholz 176
Tischlerplatten 177
Holzspanplatten 177
Holzfaserplatten 177

METALLE ALS BILDTRÄGER 178

Kupfer 178
Über das Grundieren metallischer Malgründe 178

Zinkblech und Eisenblech als Bildträger 178
Aluminium 178

MINERALISCHE BILDTRÄGER 179
Kalkputz 179
Anstrichtechnische Vorbehandlung 179

Verlängerte und reine Zementmörtel 179
Maltechnische Problematik 179
Fluatieren 180

Beton 180
Gipsgründe 180
Gesso 180

PAPIERE 180

Papierherstellung 181
Handgeschöpfte Hadernpapiere 181
Bütten 181
Gautschen 182
Leimung 182
Maschinell hergestellte Papiere 182
Papierleimungen 182
Lang- und Rundsiebmaschinen 184

Papiersorten 184
Aquarellpapiere 184
Ölmalpapiere 185
Pastellmalpapiere 186
Spezialpapiere für Inkjet-Drucker 186
Malpappen 188

GRUNDIERUNGEN ... 189

Kreidegrund ... 189
Halbkreidegrund ... 189
Ölgrund ... 189

REZEPTUREN FÜR GRUNDIERFARBEN ... 189

Leimquellung ... 189
Kreidegrund in Spachtelkonsistenz ... 190
Kreidegrund für Pinselauftrag ... 190
Halbkreidegrund ... 191
Dispersionsgrund ... 191

KÄUFLICHES GRUNDIERMATERIAL ... 192

GRUNDIEREN AUF TEXTILEN GEWEBEN ... 192

Einfache Spannrahmen zum Grundieren ... 192
Keilrahmen ... 192
Aluminiumkeilrahmen ... 193
Grundierung ... 193

FESTE MALUNTERGRÜNDE ... 193

Grundierung auf Holz, Tischlerplatte, Spanplatte u. Ä. ... 193

Zum Aufspannen der Leinwand ... 196

Gips- oder Kreidegrund ... 197
Leimansatz ... 197
Vorleimung ... 197
Herstellung pigmentierter Grundiermassen ... 197
Gerben des Leimes ... 198
Das Schleifen ... 199
Eigenschaften des Kreidegrundes ... 199
Isolieren von Gips- oder Kreidegrundierungen ... 199
Wässrige Isoliermittel ... 200
Ölige Isolierungen ... 200
Schellackisolierungen ... 200

Halbkreide- oder Temperagrund ... 200
Herstellung von Halbkreide- oder Temperagrund ... 200
Verarbeitung von Halbkreidegründen ... 201

Kaseingrund ... 201
Rezept für eine Kaseinlösung ... 201
Rezept für Topfenkalkkasein ... 202

Seltenere wässrige Grundierungsarten ... 202
Eigrund ... 202

Kleistergründe ... 202
Roggenkleister ... 202

MALPINSEL ... 203

Funktion und Geschichte ... 203
Konstruktion ... 203

Besteck- und Besatzmaterial: Haare, Borsten und Synthetik ... 203
Haare ... 204
Borsten ... 206
Polyamidfasern, Nylon, Perlon, Taklon usw. ... 206

Das Pinselbinden ... 206
Zurichten ... 208
Asiatische Pinsel ... 208

GESCHICHTE DER MALTECHNIK 209

Mumienbildnisse 209

Die Malereien von Pompeji 209
Casa dei Pittori al Lavoro 211

Zur Maltechnik von Ikonen 211
Enkaustik oder Temperamalerei an Ikonen 212

Leidener Papyrus 212
Lucca-Manuskript, Liber sacerdotum, Mappae Clavicula und Heraclius 212

Theophilus Presbyter 213
Das Traktat: De diversis artibus 213

Straßburger Manuskript 214
Athosbuch des Dionysios 214
Cennino Cennini 215
Leonardo da Vinci 215
Giorgio Vasari 221
Théodore Turquet de Mayerne 222
Carel van Mander 222
Francisco Pacheco 223
Angelika Kauffmann 223

Francisco José de Goya y Lucientes 226
San Antonio de la Florida 227

Arnold Böcklin 230
Mary Philadelphia Merrifield und Sir Charles Lock Eastlake 232
Edgar Degas 232
Paul Cézanne 235
Pierre Auguste Renoir 237
Wilhelm Leibl 237
Ferdinand Hodler 238
Giovanni Segantini 240
Max Beckmann 241
HD Schrader 244
Jochen Kuhn 244
Ralf Jurszo 246

RESTAURIERUNG, PFLEGE UND AUFBEWAHRUNG VON KUNSTWERKEN 247

Untersuchungen an Kunstwerken 247
Untersuchungstechniken 247
Mikroskopie 248
Pigmentanalyse 248
Bindemittelanalyse 248
Dendrochronologie 248

Restauratorische Maßnahmen 249
Festigen 249
Reinigen 249
Oberflächenreinigung 249
Firnisabnahme 249
Doublierung 250
Kitten von Fehlstellen 250
Retusche 250

Atmosphärische Einflüsse 250
Licht 250
Klima 251
Luftfeuchtigkeit (Luftfeuchte) 251
Ursache und Wirkung 251
Prophylaktische Maßnahmen 251

Rahmung 251
Rückseitenschutz 251
Verglasung von Leinwand- oder Tafelgemälden 251
Rahmen von Graphiken 253

Verpackung und Lagerung von Kunstwerken 253
Rollen von Gemälden 253

LITERATURAUSWAHL 254

REGISTER 258

Vorwort

»Vielleicht ist die Musik zu weit weg
und das Schreiben zu nah ...
aber die Malerei ...«
BRUNO GANZ

Bruno Ganz wäre gern Maler geworden, wie er in einem Interview mit Wolfgang Sandner bekannte. Wolfgang Sandner: »Wenn man Künstler fragt, ob die Kunst, die sie ausüben, ihr wirkliches Metier ist, bekommt man nicht selten die Antwort: Ja, ich bin Musiker, aber das Tonmaterial ist sehr flüchtig, eigentlich wäre ich lieber Bildhauer geworden. Wie steht es mit Ihnen? Wären Sie lieber Musiker geworden?« Darauf antwortete Bruno Ganz: »Nein, wenn schon, dann eher Maler. Vor einem großen Bild kann ich sehr lange stehen ...«

Mein Weg zu diesem neuen Buch führte mich über den Regenbogen zu der Frage: Was sind das für Farben? Auf diese Frage fand ich eigentlich keine befriedigende Antwort und beginne dieses Buch damit, genau wie einst Wittgenstein, mich dafür zu entschuldigen, dass ich, anstatt zu des Rätsels Lösung beizutragen, nur ein weiteres Buch vorlege, um noch mehr Verwirrung zu stiften.

»Wir werden mit Gewissheit nichts von dem erfahren, was im Künstler vorgegangen ist, außer seinem Gebot, was in uns vorzugehen habe. Der Künstler spielt auf unserer Seele; aber wer spielt auf der Seele des Künstlers?« Wolfgang Hildesheimers Marbot stellte diese Frage zum künstlerischen »Vorgang« in seiner und unserer Seele; die Antwort steht bis heute aus ... Sir Andrew Marbot (1801–1830) ist die fiktive Figur eines kunstbegeisterten jungen Engländers und auch der Titel des Buches von Wolfgang Hildesheimer (1916–1991), aus dem die Zitate stammen.

Marbot bereist ganz Europa, um die Werke der Kunstgeschichte vor Ort zu studieren. Er trifft dabei auf alle wichtigen Persönlichkeiten seiner Zeit, Künstler, Sammler, Dichter und Musiker wie Blake, Corot, Delacroix, Turner, Byron, Goethe oder Berlioz. Seine Eindrücke schreibt er anschaulich nieder. So notiert Marbot in einer für die damalige Zeit erstaunlichen Anschauungsweise und nimmt damit Kunsteinsichten der Moderne vorweg: »Der Augenblick der ersten Kunsterfahrung ist erst dann gekommen, wenn wir eines Tages beim Betrachten eines Gemäldes nicht mehr an das Dargestellte denken, sondern an den Maler, der es geschehen lässt, weil es ihm geschieht.« Das Buch Hildesheimers muss keine Fiktion sein, findet sich doch in dem genialen Kunsthistoriker Conrad Fiedler (1841–1895) eine reale Parallele. Letztlich stellt auch dessen zweibändiges Werk nur eine Sammlung aus Fragmenten und Aufsätzen dar – wie bei Marbot. Für Wolfgang Hildesheimer drängt sich folgende Betrachtung auf: »Er war so nahe an die Seele des Kreativen gelangt, wie ein Nichtkreativer gelangen kann, ohne sich aber, wie er es gewollt hätte, diese Seele aneignen zu können.« Fazit: »Der wahre Künstler liebt nur sich selbst und von sich aus nur den schöpferischen Teil, während er den menschlichen vernachlässigt oder nicht berücksichtigt oder mit irdischen Freuden ruiniert.«

Vor mehr als 30 Jahren, als ich noch Schüler in Hamburg war, bekam ich ein Buch in meine Hände, das meine Art zu leben stark beeinflusst hat: den »Doerner«, der mein Interesse für das Material in der Kunst, vor allem in der Malerei, weckte! Seitdem ist nun nicht nur die angegebene Zeit verstrichen, sondern auch sehr viel passiert, gerade in der Kunst und besonders in der Malerei. Die deutsche Malerei hat unterdessen jene Geltung wiedererlangt, die sie einst hatte. Inzwischen bin ich Restaurator für Gemälde und für Moderne Kunst geworden und versuche, den Malmaterialien und der Art des Malens auf den Grund zu gehen. Ich habe dazu geforscht und darüber geschrieben. Hier finden Sie nun all meine Ergebnisse zu den klassischen Materialien, ihren Rezepten und Anwendungen (Maltechniken). Es beginnt in der Antike mit der Wachsmalerei und endet schließlich mit der Acrylmalerei oder den neuesten wasservermalbaren Ölfarben.

Bei meinen Arbeiten begegne ich vielen Menschen, Künstlern wie auch Kunstliebhabern jeder Couleur. Meine Reisen führen mich zwangsläufig an die Orte der Kunst, und selbstverständlich erforsche und dokumentiere ich meine Erlebnisse schon von Berufs wegen. Die Ergebnisse dieser Arbeit spiegeln sich in Büchern wie diesem. Sie nehmen meine Spur auf, wenn Sie die Bilder zu den Pinseln aus Bechhofen oder die Innenansichten der wohl weltgrößten Beschichtungsfabrik in der Nähe von Kortrijk sehen. Dazu gehören auch die Fotografien von meinen Erlebnissen in Fabriken für Künstlermaterialien und den Ateliers von Künstlern. Es sind Geschichten und Bilder zu Kunst und Künstlern. Interessant sind ihre Lebensläufe, das Umfeld, die Selbstporträts, die Arbeitsstätten. Die Kunstwerke werden dadurch nicht erklärt, aber ein Stück weit zeigen sie das Leben.

Wir können auf dem weiten Feld der bildenden Kunst viel dazulernen. Eine Freundin von mir, Giulia Follina, bemerkte einmal, dass »zeitgenössische Künstler vor allem dazu da sind, das Aktuelle zu dokumentieren.« Das können nur wenige Maler, und es wollen nur wenige. Womit das geschieht, davon handelt dieses Buch in Geschichten, Rezepten, Anweisungen und mit Abbildungen. Ich hatte viel Glück mit der Kunst. Im Grunde hätte ich, ohne es zu wissen, gar nichts anderes tun können für mein Leben. Denn die Kunst, die Beschäftigung mit Kunst, trägt doch ein ganzes Leben. Für mich war es oft auch Kompensation schwieriger Lebensumstände. Doch um das auszudrücken, fehlen die Worte.

Lernen, Bilder zu malen, geschieht durch den Umgang mit den Materialien der Malerei. Dabei helfen die erzählten Geschichten und die abgebildeten Beispiele. Die Bilder (im doppelten Wortsinn) müssen Sie sich schon selbst erschaffen. Worum geht es also? Es geht darum, sich kontemplativ seiner Sache sicher zu sein, um dem Traum eine Gestalt zu verleihen. Der Song mit dem Titel »I forgot to remember to forget« von Elvis Presley drückt so etwas aus. Und er meinte zu seinem Leben: »Als ich ein kleiner Junge war, sah ich mich immer als den Helden in Comicbüchern und Filmen. Ich wuchs auf in dem Glauben an diesen Traum. Nun habe ich ihn erlebt. Mehr kann sich ein Mensch nicht wünschen.« Es gibt nichts hinzuzufügen. Doch! Viel Spaß bei Ihren Entdeckungen …

Und: Die Firma C. Kreul hat nach 2005 – der Erstausgabe dieses Buches – ihre Farbpalette umgestellt, d. h., die Farbbezeichnungen in diesem Buch wurden nicht aktualisiert, da der Eindruck der verwendeten Farben für die abgebildeten Kunstwerke erhalten bleiben sollte.

Ich möchte mich bei all meinen Freunden und Gesprächspartnern bedanken, die mir geduldig zugehört und mir Tipps, Ratschläge oder Hinweise erteilt haben. Ich bedanke mich ebenfalls bei den Freunden und den Liebhabern der Kunst, die mich inspiriert und geöffnet haben für dieses Projekt. Ich danke meiner Familie: Anna, Franca, Jonas mit Tamí. Einen ganz besonderen Gruß sende ich Sandro und Luca. Ich danke allen beteiligten Künstlerfarbenfabriken, hauptsächlich Barbara Diethelm, Annette Kleine, Rana Ardal, Jacques Blockx, Wolfgang Müller, Philipe Huyvaert, Hans Zahn sowie Ulli Hollmann und Tom Sommer. Ein Dank geht stellvertretend für alle Händler von Künstlerbedarf an Anneli Emrich und Michael Radigk. Auch allen Künstlern sei hier einmal mehr ganz herzlich dafür gedankt, dass sie mir ihre Ateliers geöffnet haben. Am Schluss geht ein ganz herzlicher Gruß an meinen Verlag in Leipzig: an Britta Dieterle, Petra Thoms, Vera Olbricht und last but not least an meinen Verleger Bernd Kolf!

Thomas Hoppe
Hamburg-Ottensen, im Sommer 2014

Farbe und Sprache. Ein Exkurs

Sprache

Wie Sprache das Denken beeinflusst, ist Gegenstand unterschiedlicher Untersuchungen. Ein Standpunkt vertritt die Auffassung, dass jede Sprache auch eine andere Weltsicht hervorbringt. Nur durch die »Brille« der Muttersprache kann also die Wirklichkeit wahrgenommen werden. Dies hieße gewissermaßen, dass die Wirklichkeit vielleicht gar nicht »da draußen« stattfände, sondern nur im Kopf des Menschen, ausgestattet mit der Muttersprache.

Demzufolge hätten etwa die Indianer eine andere Weltsicht als andere Völker, denn ihre Sprache ist durch den Umstand anderer Lebensbereiche oder anderer Differenzierungen bestimmt. Aber anzunehmen, die Hopi hätten kein Zeitgefühl (oder ein anderes, nicht gängiges), weil in ihrer Sprache, linguistisch betrachtet, keine Zeitformen erkennbar sind, ist abwegig: Sie sprechen nur anders darüber.

Das Problem scheint nur lösbar, wenn man der Sprache unabhängig von subjektiver Wahrnehmung auf die Spur kommen und sie nach objektiven Parametern ordnen könnte. Allerdings lassen sich Weltsichten nicht sachlich bestimmen. Es gibt sicher auch keine physikalische Skala, der sich das vermeintliche und »andere« Zeitgefühl der Hopi zuordnen ließe. Nur die Farben lassen sich unabhängig von der Wahrnehmung über die exakten Wellenlängen einordnen. »... wie eine Versuchsperson den Farbraum in einzelne Farben unterteilt, lässt sich unabhängig von Sprache bestimmen.«

... zu Farbbeschreibungen

In Experimenten wurden Anfang der 1960er-Jahre an der University of California in Berkeley Hunderte von Sprachen auf vorhandene Farbworte untersucht und miteinander verglichen. Hatte danach eine Sprache nur zwei Farbworte, so bezeichneten diese Schwarz, für alle dunklen Farben, oder Weiß, für alle hellen Farben. Wenn es aber drei Begriffe gab, so benannten sie immer die Farben Weiß, Rot und Schwarz; darüber hinaus bestimmte ein vierter vorhandener Ausdruck entweder Gelb oder Grün. Und so wurde nach und nach die eine oder andere von letztlich insgesamt elf Basisfarben ergänzt. Dabei wurde festgestellt, dass es unabhängig von Kultur oder Sprache ganz typische »Fokalfarben« gibt. Die Grenzen zwischen den einzelnen Farben wurden in allen Fällen an sehr ähnlichen Stellen gezogen.

Im Sommer 1969 befand sich Eleanor Rosch, Doktorandin der Harvard University, mit ihrem damaligen Mann Karl Heider, Anthropologe, an der Grenze zwischen Papua-Neuguinea und West Irian bei Yibika auf einem Außenposten der holländischen Missionare. Sie wollte das Farbverständnis der dort ansässigen Dani im Vergleich mit dem der Amerikaner untersuchen. In diesem Experiment zeigte Rosch den Probanden zunächst für fünf Sekunden eine Karte aus einem Stapel von 40 Farbkarten, die sich aus zehn Farbtönen in vier Helligkeitsstufen zusammensetzten. Dann mischte sie diese unter die anderen Karten und forderte die Testperson auf, die eben gesehene Karte wieder herauszusuchen. So wurde bei allen 40 Farben verfahren. Dabei zählte sie, wie oft die Person auf die richtige Farbe oder auf eine angrenzende tippte und wie oft sie sich irrte. Außerdem sollten die Farbplättchen benannt werden. Die Ergebnisse scheinen die Sapir-Whorf-Hypothese, die besagt, dass die Sprache die Wahrnehmung und das Denken beeinflusst, zu widerlegen. Denn die Dani, die z.B. nur zwei Farbwörter für hell und dunkel kennen, erinnern sich ähnlich wie die amerikanischen Probanden, denen elf Farbwörter zur Verfügung stehen, an die gezeigten Farben. Die Dani verwechselten genauso oft (bzw. wenig) die Farben Grün und Blau, obwohl sie dafür nur das Wort *mola* kennen. Eine unzureichende Benennung hatte also keine Auswirkung auf das Farbgedächtnis oder die Farbwahrnehmung. Daraus schlussfolgerte Rosch, dass alle Menschen elementare Sinneseindrücke unabhängig von Kultur und Sprachgebrauch auf die gleiche Weise wahrnehmen.

Debi Robertson von der University of London widersprach der Annahme Roschs 1999. Ihre Versuche ergaben, dass die Berimo, ebenfalls ein Volk auf Neuguinea, die nur fünf Farbworte kennen, durch ihren Wortschatz in der Farbwahrnehmung beeinflusst werden. Während Eleanor Rosch vermutet, die Auswahl der Farbkarten Robertsons sei ungeeignet, unterstellt Robertson ihrerseits, Rosch sei ein Fehler unterlaufen.

Die Auseinandersetzung um die Fragen, ob man die Welt mit anderen Augen sieht, bloß weil man eine andere Sprache spricht, und wie stark sich der menschliche Geist durch die Umwelt formen lässt, dauert an.

Übrigens: Die Bezeichnungen für Schnee bei den Inuit

Die Inuit haben für Schnee mindestens sieben, höchstens vielleicht ein Dutzend, kaum aber an die hundert Begriffe, wie es in einem Beitrag der »New York Times« (Februar 1988) hieß und sich seitdem als Allgemeingut durchgesetzt hat.

Um in der Arktis zu überleben, ist eine präzise Wahrnehmung natürlicher Phänomene nötig. Neben der hohen Perfektion bei der Jagd nach Meeressäugern, der Entwicklung des Kajak, das als geniales Wasserfahrzeug gilt, haben die Inuit unter anderem entdeckt, dass man den halbverdauten Mageninhalt eines frisch erlegten Moschusochsen verzehren kann.

Diese genaue Beobachtung der Umwelt ist bei der Allgegenwart des Schnees in seinen vielfältigen Erscheinungsformen ganz besonders wichtig. Schnee sei für den Grönländer nicht gleich Schnee, schrieb 1940 der US-amerikanische Sprachforscher Benjamin L. Whorf: Es komme darauf an, wie er falle und ob er liege, gefriere, verharscht, neu oder alt sei.

Kurz: Jeder Aggregatzustand des Niederschlags habe im Grönländischen seine eigene Bezeichnung. Diese ebenso spekulative wie einleuchtende Begründung trat dann eine Lawine weiterer Deutungen des Schneebegriffs bei den Inuit los und gipfelte dann in der Schlagzeile der New York Times: »Inuit haben 100 Wörter für Schnee.«

Dabei hatte Benjamin L. Whorf den deutsch-amerikanischen Anthropologen Franz Boas falsch interpretiert. Er unterschied die Begriffe für Schnee nur, wenn ihr Ursprung nicht in derselben Wurzel lag. Demnach gibt es bei den Inuit nur vier Wurzeln:

»aput«:	Schnee am Boden
»gannerpoq«:	Schneefall
»perserpoq«:	Schneetreiben
»qimuqsuq«:	Schneeverwehung

Alle anderen Zustandsbeschreibungen entstehen dann aus Wortkupplungen und mit der Hilfe von Suffixen, ganz ähnlich wie in anderen Sprachen, wie etwa im Deutschen auch die Komposita »Schneeflocke«, »Schneematsch«, »Schneeregen« gebildet werden. Grönländer haben zwar bei diesen Wortbildungen viel mehr Möglichkeiten zur Abstufung, um die Art des Schnees zu beschreiben, aber niemals hundert eigenständige Begriffe.

GRUNDLAGEN

Farben, Maltechnik und Licht

Die folgende Einführung macht mit den wichtigsten Grundlagen zum Thema Malmaterial und der Fachterminologie von Malern, Restauratoren und Kunstwissenschaftlern bekannt. Sie erhebt dabei keinen Anspruch auf Vollständigkeit; im Rahmen dieses Buches können nicht alle Fachausdrücke berücksichtigt werden.

Fachausdrücke – Glossarium

Farbe

als Wort bzw. »Fassung« sollte nur für den durch das Auge vermittelten Sinneseindruck, der durch die auf das menschliche Auge auftretenden Lichtstrahlen ausgelöst wird, verwendet werden. Der Begriff »Farbe« allein wird nicht mehr als Benennung für Stoffe benutzt.

Farbtönung, Farbton, Buntton

Per se wird mit Materie gemalt, die dann im fertigen Bild einen bestimmten Sinneseindruck hervorruft. Daher sind Begriffe wie Farbtönung, Farbnuance o. Ä. zutreffender. Es gibt eine DIN-Norm, die Wörter wie Buntton bzw. Farbton die jeweilige Buntheit einer Farbe mit Gelb, Rot, Blau usw. beschreibt.

Malstoffe

ist der ganz allgemeine Oberbegriff aller vom Maler verwendeten Materialien. Da nicht alle Malstoffe Pigmente enthalten, können auch nicht alle als »Malfarben« bezeichnet werden. Die zwar lange, aber eindeutige Definition lautet: »Malstoffe sind alle flüssigen bis pastenförmigen, physikalisch und/oder chemisch trocknenden Stoffe oder Stoffgemische, die mit Pinsel oder anderen Werkzeugen auf Oberflächen aufgebracht werden und dort einen Aufstrich ergeben.«

Zu den Malstoffen zählen Lein-, Sonnenblumen- und Mohnöl und die auf ihrer Grundlage hergestellten, meist pastenförmigen Malfarben. Sie alle trocknen chemisch durch die Aufnahme von Sauerstoff. Außerdem gehören dazu die Lösungen von Natur- und Kunstharzen in flüchtigen Lösemitteln; sie dienen hauptsächlich als Malfirnisse, können aber auch als Malmittel verwendet werden. Sie trocknen physikalisch, d.h. nur durch Verdunsten der Lösemittel, wobei die chemische Beschaffenheit des Harzes nicht verändert wird. Auch die Kombinationen trocknender Öle mit Harzlösungen, die sowohl chemisch als auch physikalisch trocknen, gehören zu den Malmitteln, ebenso wie Leimlösungen, Gummi- und Kaseinlösungen, Hühnerei, Lösungen von Natur- und Kunstharzen, ihre Emulsionen mit Öl, Kunststoffe, die Dispersionen und die aus ihnen hergestellten Malfarben.

Firnisse und verwandte Malmittel

Die nichtpigmentierten Malstoffe werden Firnisse (auch Malfirnisse) genannt. Meist handelt es sich dabei um eine Harzlösung, der eine geringe Menge Öl zugesetzt sein kann. Als farbloser Schutzanstrich auf bereits fertigen Bildern oder Bildpartien werden sie als Schlussfirnis bezeichnet; Überzüge auf noch unfertigen Bildern oder Bildpartien bezeichnet man als Zwischenfirnis. Firnisfilme schützen die empfindliche Bildschicht vor äußeren Einflüssen und verleihen dem Bild oder bestimmten Bildpartien Tiefenlicht.

Fixative

sind eine Besonderheit der normalen Firnisse mit extrem niedrigem Bindemittelgehalt. Es handelt sich dabei vorwiegend um alkoholische oder auch andere Lösungen von Harzen und/oder Collodiumwolle (Nitrozellulose). Fixative schaffen eine feste Verbindung der lose auf dem Malgrund aufsitzenden Kohle- oder Pigmentpartikel mit dem Untergrund und machen so die Zeichnung wischfest. Anders als Firnisaufträge sollen Fixative kaum, wenig oder besser gar kein Tiefenlicht hervorrufen.

Bindemittel

heißen die nichtflüchtigen Anteile von Malfirnissen und Malmitteln. Die Funktion der Bindemittel ist es, die Pigmentteilchen untereinander und mit dem Malgrund zu verbinden, um den eigentlichen Aufstrich zu bilden. Malmittel und Bindemittel können identisch sein. Bei Ölfarben ist dies generell der Fall. Nicht so jedoch bei wässrigen Malfarben: Hier besteht das Malmittel aus einer Lösung oder aus einer Dispersion des eigentlichen Bindemittels in Wasser.

Lösemittel

nennt man die aus dem Aufstrich verdunstenden Flüssigkeiten, die organische oder anorganische Verbindungen (hier: Bindemittel) ohne chemische Umsetzung auflösen.

Malfarben

sind pigmenthaltige Malstoffe von meist pastenartiger Konsistenz; sie setzen sich aus Malmitteln und Pigmenten zusammen.

Ölmalfarben

basieren auf trocknenden Ölen als Malmittel. In den bei der Trocknung des Aufstrichs entstehenden Ölfilm werden die Pigmente eingelagert. Unter Sauerstoffaufnahme geht die zunächst flüssige Malfarbe über gallertartige bis zähflüssige Zwischenstufen schließlich in den festen Zustand über.

(Kunststoff-)Dispersionsfarben

sind wasserverdünnbare Malfarben mit mikroskopisch kleinen Kunststoffteilchen, die gleichmäßig fein im Wasser verteilt sind. Beim Auftrocknen verdunstet ein Teil des Wassers, zum Teil schlägt es in den Malgrund ein; bei Normaltemperatur bildet sich ein wasserunlöslicher zusammenhängender Kunststofffilm, in dem die Pigmente eingebettet sind.

Temperafarben

sind Malfarbensysteme, deren Malmittel aus echten Emulsionen bestehen. (Oft werden einfache Leimmalfarben fälschlich als »Temperafarben« bezeichnet.) Unter einer Emulsion versteht man die stabile Mischung zweier an sich nicht miteinander mischbarer Flüssigkeiten. Die wohl bekanntesten maltechnischen Emulsionen sind die Ei-Emulsion und die Kasein-Emulsion.

Leimfarben, Gouachefarben und Plakattempera

sind Bezeichnungen für pigmentierte, opak (= deckend) auftrocknende Lösungen; Maler pflegten sie früher aus lasierenden Wasserfarben und Dekkweiß selbst herzustellen. Die natürlichen oder synthetischen wasserlöslichen Leime bleiben im Aufstrich wasserempfindlich. Es entsteht kein Film als optische Brücke, sodass das Licht auch nicht in die tieferen Malschichten eindringen kann. Die Pigmente kleben mehr oder weniger wischfest auf dem Malgrund und decken ihn durch Absorption und diffuse Lichtreflexion ab.

Aquarellfarben

sind Leimfarben auf der Basis von wasserlöslichen Bindemitteln wie Gummiarabikum, Tragant, Zucker o. Ä. Auch synthetische wasserlösliche Wachse – die Polyglykole – werden für die Herstellung eingesetzt. Aquarellfarben trocknen lasierend auf. Besonders gute Fabrikate enthalten extrem feindisperse Pigmente, die den Malgrund nicht abdecken, sondern durch den Aufstrich hindurchschimmern lassen.

Kalkfarben

werden aus gut gesumpftem Weißkalk hergestellt, dem ein Anteil von maximal 10 % kalkechter Pigmente zugesetzt wird. Anschließend wird die Masse mit Wasser verdünnt. Kalkfarbenaufstriche trocknen bei allen Farbtönen weißlich auf, da der Weißkalk (Kalziumkarbonat = Kreide) nach dem Abbinden gleichzeitig als Bindemittel und als weißes Pigment auftritt.

Pastellstifte

besitzen im üblichen Sinn kein eigentliches Bindemittel; Pastellmalerei ist daher eigentlich ein Malen direkt mit Pigmenten. Die bei der Herstellung verwendeten stark verdünnten Leime (etwa Tragant, Haferschleim oder synthetische Polyglykole) dienen lediglich dazu, das Pigment zur leichteren Handhabung in Stiftform zu bringen. Manche Maler bereiben auch direkt den Untergrund mit Pigmenten. Diese haften nur durch Adhäsion auf dem Grund, weil keine Verklebung zwischen Pigment und Malgrund mittels Bindemittel stattfindet.

Farbmittel

Alle farbgebenden Stoffe werden mit dem Oberbegriff Farbmittel bezeichnet, die wiederum in die beiden Untergruppen »Pigmente« und »Farbstoffe« eingeteilt werden.

Pigmente

sind die praktisch unlöslichen anorganischen oder organischen, bunten oder unbunten Farbmittel, die in verschiedenen Anwendungsmedien zur Farbtönung eingesetzt werden. Als reine Pigmente dürfen nur solche Erzeugnisse der Künstlerfarbenindustrie bezeichnet werden, die weder Substrate oder Verschnittmittel enthalten noch durch

Zusatz anderer in der Produktbezeichnung nicht ausgewiesener Farbmittel geschönt sind.

Farbstoffe

sind im jeweils aktuellen Anwendungsmedium lösliche Farbmittel. Sie werden beispielsweise in der Textilindustrie zum Färben von Stoffen eingesetzt.

Farblacke

entstehen aus einer Reaktion zwischen löslichem Farbstoff und Fällungsmittel. Diese Pigmente können auch durch Fixieren löslicher Farbstoffe auf einem Substrat hergestellt werden.

Füllstoffe

sind unlösliche, pulverförmige, nichtfärbende Stoffe, die zum Strecken von Pigmenten verwendet werden.

Substrate

sind die am Aufbau von Farblacken beteiligten unlöslichen Stoffe. Oft sind die Grenzen zu den Verschnittmitteln uneindeutig. Füllstoffe oder Substrate tragen zuweilen zu einer Veränderung der maltechnischen und/oder koloristischen Eigenschaften bei.

Schönung

ist eine unzulässige Manipulation, bei der durch Zusatz anderer Farbmittel ein weniger ansehnliches Farbmittel auf Kosten seiner Güte im Aussehen verbessert wird.

Verschnitt

bedeutet zum einen die Streckung eines Farbmittels mit billigeren Füllkörpern (z.B. Schwerspat, Kreide oder Ton). Dies ist durchaus zulässig, solange diese Farbe auch als Verschnitt ausgewiesen wird; für bestimmte Zwecke ist die Verwendung einer billigeren Farbe ja auch durchaus hinreichend. Bereits in der Antike und in der Renaissance wurden Farbstoffe mit Marmorpulver versetzt, wie Untersuchungen ergaben.

Zum anderen sind die bei diesem Vorgang eingesetzten Füllstoffe oder Extender – anorganische, pigmentartige, aber ungefärbte Zusätze – in einigen Fällen unentbehrlich, z.B wenn in Aquarellfarben hochdisperse organische Pigmente eingesetzt werden. Sie hätten ohne den Zusatz von Füllstoffen nicht den gewünschten Verlauf. Diese inerten, also indifferenten, chemisch nicht reaktionsfähigen Stoffe werden wie Pigmente dispergiert und optimieren Farbkonsistenz und Brillanz.

Aufstrich

oder auch Beschichtung wird der Auftrag von Malstoffen auf einem Untergrund genannt, auf dem er nach dem Trocknen haftet. Dieser Auftrag, der mehr oder weniger tief in den Untergrund eindringt, kann aus einer oder mehreren Schichten bestehen; bei mehrschichtigem Auftrag spricht man von Malaufbau. Die feste und zusammenhängende Haut, die der Aufstrich nach dem Trocknen bildet, wird als Malfilm bezeichnet; dabei wird nicht unterschieden, ob sie sich auf dem Untergrund befindet oder von ihm abgelöst worden ist. Es können auch Bestandteile im Malfilm enthalten sein, die nicht an der Filmbildung beteiligt sind, z.B. die Pigmente. Die für das Zustandekommen des Filmes notwendigen Bestandteile nennt man Filmbildner.

Festkörper

ist der gewichtsmäßig entscheidende Anteil eines Malstoffes, der nach dem Entweichen der flüchtigen Anteile unter festgelegten Bedingungen übrig bleibt. Als Festkörpergehalt wird der nach dem Entweichen der Lösungsmittel bleibende Rückstand einer in normaler Filmdicke aufgetragenen und unter normalen Bedingungen getrockneten Malfarbe bezeichnet.

Haftfestigkeit

ist der Widerstand eines Aufstrichs oder einer Beschichtung gegen mechanische Trennung vom Untergrund. Die Haftfestigkeit kann mit bestimmten Methoden gemessen werden. Beim Ablösen vom Untergrund spricht man von Kräuseln, in besonders starken Fällen von Orangenschaleneffekt.

Kreiden

bedeutet das durch Bindemittelabbau hervorgerufene Ablösen von Pigmenten und/oder Füllstoffen aus dem Aufstrich.

Quellung

nennt man die durch Aufnahme von Flüssigkeiten oder Dämpfen hervorgerufene Volumenvergrößerung des Aufstrichs; mit bloßem Auge sind solche Quellungen meist nicht wahrnehmbar.

Durchschlagen

ist das Sichtbarwerden von Bestandteilen im Aufstrich, die aus dem Untergrund oder aus vorhergehenden Beschichtungen in die darüber liegende Schicht einwandern. Diese Erscheinung kann sowohl auf der Vorderseite wie auch auf der Rückseite des Bildträgers auftreten.

Zur farbigen Erscheinung von Farbmitteln

Neben schwarzen und weißen Pigmenten gibt es noch die ganze Reihe von Buntpigmenten, deren Palette alle Farben des Regenbogens vom dunkelsten Violett bis zum hellsten Gelb umfasst. Als »bunt« werden diese Pigmente im Gegensatz zu den »unbunten« – den schwarzen, grauen oder weißen – bezeichnet, die sich wiederum in einer kontinuierlich vom Schwarzen ins Weiße übergehenden Graureihe darstellen lassen. Auch die unbunten Pigmente sind ihrer Erscheinung nach farbig.

In einem Regenbogen wird quasi »farbloses« weißes Licht aufgefächert und in seine farbigen Bestandteile zerlegt.

Diese lassen sich sichtbar machen, indem man einen weißen Lichtstrahl durch ein Prisma an die Wand wirft; es erscheint dann das Spektrum als Farbband in kontinuierlichem Übergang. Analog zu den Farben des Regenbogens werden diese Farben auch »Spektralfarben« genannt. Zu erklären ist diese Zerlegung weißen Lichtes dadurch, dass die verschiedenen Arten von Lichtstrahlen im Prismenglas verschieden stark gebrochen, d.h. aus ihrer ursprünglichen Richtung abgelenkt werden. Bei den blauen Lichtstrahlen ist dabei die Ablenkung am stärksten, bei den roten am geringsten (Abbildung).

Warum ergibt eigentlich die Mischung von gelben und blauen Pigmenten Grün? Um diese Frage zu beantworten, wenden wir uns zunächst der Frage zu, was geschieht, wenn weißes Licht auf ein nicht leuchtendes Objekt, einen so genannten »Körper«, fällt. Auch Pigmentteilchen sind im eigentlichen Wortsinn »Körper« (mit Ausnahme der fluoreszierenden Pigmente, die unsichtbare ultraviolette Strahlen in sichtbares Licht verwandeln können). Wenn weißes Licht auf einen Körper trifft, kann Folgendes eintreten:

Absorption

Das Licht wird vollständig oder nahezu vollständig absorbiert. Es dringt dabei in den Körper ein, und die Lichtenergie wird in Wärmeenergie umgewan-

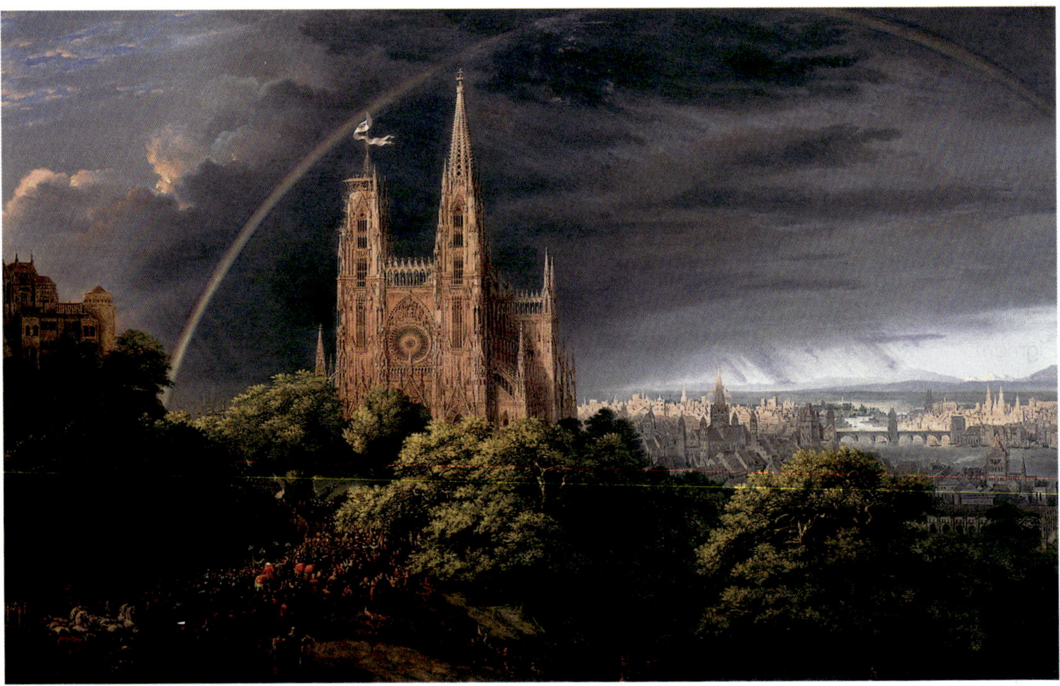

Karl Friedrich Schinkel (1781–1841), »Mittelalterliche Stadt an einem Fluss«, 1815, Öl auf Leinwand, 94 x 140 cm, Alte Nationalgalerie, Berlin

delt. Einen Körper, der wenig oder kein Licht zurückwirft, bezeichnet man dann als schwarz.

Reflexion

Das Licht wird vollständig oder nahezu vollständig zurückgeworfen.

- Bei vollkommen ebener Oberfläche tritt eine spiegelnde Reflexion auf; dementsprechend bezeichnet man einen solchen Körper als Spiegel. Dabei entsteht der Eindruck, als befände sich die Lichtquelle symmetrisch hinter der spiegelnden Fläche.
- Bei nicht ebener Oberfläche, die man sich auch aus vielen kleinsten Teilflächen mit verschiedenster Ausrichtung zusammengesetzt vorstellen kann, wird einfallendes Licht nach allen Seiten reflektiert; dies nennt man diffuse Reflexion, und ein solcher Körper wird als weiß bezeichnet.

Dies sind die Extremfälle der Lichtbrechung. Infolge sehr geringer Lichtreflexion erscheinen schwarze Pigmentteilchen unter dem Mikroskop sehr dunkel, weiße Pigmentpartikel dagegen fast farblos, vergleichbar etwa mit den Eiskristallen von Schnee. Zwischen diesen beiden Extremen von Lichtabsorption und Lichtreflexion ist die gesamte Skala der Buntpigmente anzusiedeln.

Subtraktive Farbenmischung

Trifft weißes Licht auf gelbe Pigmentteilchen, absorbiert es einerseits fast sämtliche Violett- und Blauanteile des Lichts und reflektiert andererseits die Grün-, Gelb-, Rot- und Orangeanteile. Die Komplementäranteile dieses reflektierten Lichts mischen sich zu Weiß, wodurch das reflektierte Gelb verstärkt wird – das Pigment erscheint uns gelb.

Vermischt man nun diese gelben mit blauen Pigmentteilchen, dann durchwandert das einfallende weiße Licht sowohl gelbe als auch blaue Teilchen und wird dementsprechend teils reflektiert, teils absorbiert.

Die Farbigkeit eines Pigmentes wird also durch seine Fähigkeit zur Lichtabsorption bzw. Lichtreflexion (oder -durchlassung) bestimmt. Diese physikalischen Eigenschaften sind besonders von der Teilchengröße und der chemischen Konstitution des Pigmentes abhängig.

Diese so abstrakt anmutenden physikalischen Vorgänge der Absorption, Reflexion und der subtraktiven Farbenmischung macht der Maler beim Mischen seiner Malfarben sichtbar und erfahrbar.

Komplementärfarben

Die Komplementärfarbenpaare sind:

- Gelb – Ultramarin
- Grüngelb – Violett
- Orangerot – Grünblau
- Purpurrot – Mittelgrün

Farbstoffe und Pigmente

Der Unterschied zwischen Farbstoffen und Pigmenten lässt sich ebenso einfach wie anschaulich illustrieren. Man vergleiche das Verhalten von Kochsalz mit dem von löslichen Farbstoffen und das Verhalten von Sand mit dem von Pigmenten:

- Farbstoff: Schüttet man Kochsalz in ein Glas Wasser, dann löst es sich auf. Das gelöste Kochsalz ist nicht mehr zu sehen, ein Absetzen ist nicht zu beobachten – das Salz ist molekular verteilt.
- Pigment: Wird feiner Sand in Wasser eingerührt, dann lösen sich die Sandteilchen nicht auf. Sie bleiben für das Auge sichtbar und werden im Wasser nur verteilt; bereits nach kurzer Zeit bilden sie einen Bodensatz.

Dispersion und Dispersionsmittel

Die Bestandteile einer Dispersion werden allgemein als »Phasen« bezeichnet. Die äußere Phase (Dispersionsmittel) umschließt die verteilten Körperchen. Als disperse oder innere Phase bezeichnet man nur die verteilten Körperchen selbst. In den obigen Beispielen dient Wasser als Dispersionsmittel, während Salz bzw. Sand die disperse Phase bilden. In der Physik werden solche Systeme allgemein als »Dispersionen« bezeichnet (von lat. dispergere = verteilen).

Echte Lösung

Um eine echte Lösung handelt es sich bei dem Beispiel Kochsalz in Wasser; auch manche wässrigen oder alkoholischen Farbstoffauflösungen zählen dazu. Im Durchmesser sind die gelösten Teilchen hier nicht größer als $^{1}/_{1\,000\,000}$ mm.

Grobdisperse und feindisperse Dispersionen

Dispersionen mit einer Teilchengröße über $^{5}/_{100}$ mm – wie im Beispiel der Wasser-Sand-Dispersion, bei der jedes Sandkorn mit dem bloßen Auge sichtbar ist – gelten als grobdispers. Dispersionen mit einer Größenordnung zwischen 5/100 und 1/10 000 mm, deren dispergierte Teilchen nur unter dem Mikroskop sichtbar sind, gelten als feindispers. Die Pigmente von Ölmalfarben oder Temperamalfarben weisen in der Regel Teilchengrößen zwischen 2/1000 und 4/10 000 mm auf und stellen folglich Dispersionen dar, deren innere Phase feindispers im Dispersionsmittel verteilt ist.

Farblacke

Organische Pigmente

Organische Pigmente sind unlösliche Farbmittel, deren Farbcharakter von Kohlenwasserstoffverbindungen bestimmt wird. Je nachdem, ob diese Verbindungen pflanzlichen bzw. tierischen Ursprungs sind oder ob sie synthetisch hergestellt wurden, unterscheidet man zwischen natürlichen und künstlichen anorganischen Pigmenten.

Lösliche natürliche Farbstoffe

Abgesehen von nur vereinzelt in der Natur vorkommenden Farbmitteln, wie etwa Sepia, Indigo oder Indischgelb (siehe S. 103), die unlöslich und damit Pigmente sind, können aus Pflanzen und Tieren weit häufiger nur lösliche Farbmittel, also Farbstoffe gewonnen werden. Solche Farbstoffe, die oft eine schöne Farbgebung besitzen, eignen sich sehr gut zum Färben, aber nicht annähernd so gut zum Malen, da sie keinen »Körper«, also keine Substanz besitzen. Um sie besser vermalbar zu machen, wurden schon früh Verfahren entwickelt, die löslichen natürlichen Farbstoffe auf künstliche Art unlöslich zu machen. Schon im Altertum gab es solche aus natürlichen Farbstoffen hergestellte künstliche Pigmente. Zur Gruppe der organischen Pigmente zählen Pigmente wie z. B. Wurzelkrapplack, Karminlack und Schüttgelb, weil ihr farbgebender Charakter von Kohlenwasserstoffen bestimmt wird.

Künstliche organische Pigmente

Schon vor der Entdeckung des Anilins standen Malern künstliche organische Pigmente zur Verfügung. Die frühen halbsynthetischen organischen Farblacke unterscheiden sich meist nicht von den modernen vollsynthetischen Farblacken, also den künstlichen Farbstoffen, außer dass diese aus chemisch definierten und reinen Substanzen entstanden sind.

Farblackbildung

Der Vorgang der Farblackbildung lässt sich sehr anschaulich am Beispiel des Färbens von Textilien darstellen. Hierbei wird der Farbstoff zuerst in Wasser gelöst und sodann unlöslich auf die Faser fixiert. Wenn man nun stattdessen auf ein farbloses, weißes Pigment fixiert, das Substrat, dann werden dabei dessen einzelne Partikelchen angefärbt. Dieser Vorgang wird als Farblackbildung oder Verlacken des Farbstoffes bezeichnet.

Werden die Substratteilchen dabei nur oberflächlich angefärbt, so bleiben die Eigenschaften des Farbstoffs weitgehend erhalten, und es sind keine besonderen Echtheiten zu erwarten. Je vollständiger und tiefgreifender aber die chemischen Umwandlungen waren, desto ausgeprägter sind die Echtheiten bzw. Beständigkeiten eines Farblacks. Mit steigender Lichtechtheit und Löseechtheit reduzieren sich allerdings die typischen Farbstoffeigenheiten, wie etwa Feuer oder Brillanz.

Die Farblackbildung ist ein kompliziertes Verfahren. Nicht nur der Ausgangsfarbstoff, sondern auch die verwendeten Fällungs- oder Hilfsmittel sowie Substrate spielen eine wichtige Rolle. Das Substrat wird teilweise auch im selben Arbeitsgang mit dem Verlacken erzeugt. Zuweilen kann eine Farblackbildung auch ohne Substrat nur durch chemische Reaktion zwischen Farbstoff und Fällungsmittel betrieben werden. So wird auch die folgende Definition erst verständlich:

Regel: *»Farblacke sind durch Fällen wasserlöslicher organischer Farbstoffe erzeugte Pigmente, die zum Teil Substrate enthalten müssen.«*

Kolloide

»... die Welt
der vernachlässigten
Dimensionen ...«
WOLFGANG OSTWALD

Farbmittel, deren Teilchen größer als 1/100 000 mm, jedoch kleiner als 1/10 000 mm sind, gehören weder zu den Farbstoffen noch zu den Pigmenten. Teilchen dieser Größenordnung sind »Kolloide«, ihre Lösungen dementsprechend »kolloidale Lösungen« mit charakteristischen Eigenschaften. Der Name leitet sich vom bekanntesten Kolloid, dem Leim (lat.: colla), ab.

Adsorption

Die Oberflächenaktivität von Farbmitteln, deren Teilchen von der Größenordnung her zum Bereich der Kolloide gehören, ist mehr oder weniger stark ausgeprägt. Sie haben die Neigung, andere Stoffe an ihre Oberfläche zu ziehen und sie dort festzuhalten. Dieser Vorgang wird als »Adsorption« (lat.: adsorbere = ansaugen) bezeichnet.

Oberflächenkräfte

Eine der Auswirkungen der Oberflächenaktivität kolloidfeiner Pigmente kann sich beim Lagern bemerkbar machen. Diese Pigmente neigen dazu, sich unter Luft- oder Feuchtigkeitseinwirkung zusammenzuballen, und zwar desto stärker, je kleiner die Teilchen ursprünglich waren. Deshalb treten gerade beim Anreiben von feinsten und kleinsten Pigmenten oft Probleme auf.

Ihre Neigung zum Durchschlagen infolge kolloidaler Löslichkeit weist auf ihre Verwandtschaft mit den löslichen Farbstoffen hin, die infolge echter Löslichkeit aus den unteren Schichten in die oberen Schichten ausbluten können. Dieses Durchschlagen bzw. Durchbluten, bei dem Farbmittelteilchen im Laufe der Zeit aus den unteren Schichten bis in die oberste Malschicht wandern und dort sichtbar werden, ist eine maltechnisch gefürchtete Erscheinung. Weitere Auswirkungen der Oberflächenaktivität kolloidaler Pigmentteilchen in wässriger und öliger Dispersion sind:

- Quellungen und Verdickungen, wenn sie vorwiegend ihr jeweiliges Dispersionsmittel adsorbieren (Sulzigwerden von Karmin- und Krapplacken, Verdicken von Sienaerden in der Tube)
- Zusammenballungen oder Flocken, wenn sie vorwiegend aneinander adsorbieren (Flocken von Pigmentteilchen beim Aquarellieren).

Solche Oberflächenkräfte sind oft schwer in den Griff zu bekommen. So stehen Malfarbenhersteller nicht selten vor dem Dilemma, dass eine besonders farbschöne echte Umbra nur deshalb nicht verwendet werden kann, weil sie von Natur aus eine zu große Menge kolloiddisperser Substanz besitzt. (Dazu gehört etwa das »wasserlösliche« Berliner Blau; oder in die nähere Umgebung: manche Umbren, viele rote Ocker, Terra di Siena und Kasseler Braun.)

Bei Aquarellfarben allerdings wird die Kolloiddispersität durch Pigmentauswahl und extreme Feinreibung geradezu angestrebt.

Teilchengröße und Eigenschaften von Farbmitteln

Die in der unten stehenden Übersicht angeführten Zahlen stellen keine scharfen Grenzen dar, sondern sie sollen die auftretenden Erscheinungen lediglich in eine überschaubare Ordnung bringen.

Durchmesser der dispersen Phase	Bezeichnung der dispersen Phase	Bezeichnung der Dispersion	Eigenschaften der einzelnen dispergierten Farbmittelteilchen
kleiner als 1/1 000 000 mm	Farbstoff	echte Lösung	unsichtbar; kein Absetzen; »Ausbluten« durch Malfilme infolge echter Löslichkeit
1/1 000 000 mm bis 1/1000 mm	weder Farbstoff noch Pigment = kolloiddisperses Farbmittel	kolloide Lösung	im Elektronenmikroskop sichtbar; selbst in großen Zeiträumen kaum Absetzen; »Durchschlagen« durch Malfilme infolge kolloider Löslichkeit; Quellungen oder Zusammenballungen
1/1 000 mm bis 1/100 mm	ab 5/10 000 mm echtes Pigment	feine Dispersion	im Mikroskop sichtbar; kaum Absetzen; bis zu 5/10 000 mm etwa Durchschlagen durch Malfilme möglich; bis etwa 5/10 000 mm Quellungen oder Zusammenballungen möglich
5/100 mm und größer	ab 5/10 000 mm echtes Pigment	grobe Dispersion	mit bloßem Auge sichtbar; rasches Absetzen; kein Durchschlagen

Teilchengröße und Eigenschaften von Farbmitteln

Die Löslichkeit ist keine absolute Eigenschaft eines Farbmittels, sondern ist vom jeweiligen Dispersionsmittel abhängig. So kann Berliner Blau nicht nur feindispers, sondern auch wasserlöslich hergestellt werden. Zinkgelb, das in Öl unlöslich ist und somit in öliger Dispersion ein Pigment darstellen kann, besitzt, da es mehr oder weniger wasserlöslich ist, in Wasserfarben den Charakter eines Farbstoffes. Dann gibt es noch jene wasserunlöslichen organischen Farbstoffe, die als Pigmente dienen können, wegen ihrer Löslichkeit in Fetten aber auch Farbstoffcharakter haben.

Malemulsion und Kunststoffdispersion

Zwei Bindemittel-Dispersionsformen spielen in der Maltechnik eine große Rolle: die althergebrachten Malemulsionen und die neueren Kunststoffdispersionen.

Malemulsionen

Flüssige Systeme, in denen eine Flüssigkeit tröpfchenförmig in einer anderen Flüssigkeit dispergiert vorliegt, nennt man Emulsionen. Die dispergierte Flüssigkeit und das Dispersionsmittel sind nicht miteinander mischbar.

Beispiel: Werden Wasser und Leinöl in einem verschlossenen Gefäß miteinander geschüttelt, so entsteht eine milchige Emulsion. Die beiden Flüssigkeiten sind nicht miteinander mischbar. Nach kurzer Zeit trennt sich das durch Energiezufuhr (Schütteln) geschaffene Gemenge: Die Emulsion »bricht«, d. h. das Öl schwimmt oben und das Wasser setzt sich ab. In der bekanntesten natürlichen Emulsion, der Milch, sind Fetttröpfchen in Wasser emulgiert, wobei das vorhandene Kasein als Stabilisator wirkt.

In Kasein-Öl-Emulsionen wird die verdickende Wirkung der Kasein-Quellung genutzt, um die innere Reibung des Öl-in-Wasser-Systems zu erhöhen und so einer frühzeitigen Entmischung vorzubeugen. Kaseinleim wirkt hier hauptsächlich als Stabilisator. Schon sehr früh wussten Maler sich die emulsionsstabilisierende Wirkung des Kaseinleims zunutze zu machen.

Wenn sie sich bei der Herstellung eines Emulsionsmalmittels des Hühnereis bzw. des im Eigelb enthaltenen Lezithins bedienten, dann nutzten sie vor allem die netzende Wirkung des Lezithins, das eine frühzeitige Entmischung verhindert und so die Herstellung der Emulsion erleichtert.

Eine ähnliche netzende Wirkung findet man auch bei den Alkaliseifen von Leinöl und anderen Ölen. Sie sind mit industriell hergestellten Waschmitteln vergleichbar, deren reinigende Wirkung im Prinzip darin besteht, dass sie die Oberflächenspannung herabsetzen. Beim Waschen entsteht dann eine wasserverdünnbare Emulsion, die samt den eindispergierten Schmutzteilchen mit Wasser abgespült wird.

Die Emulgierung wird durch Lezithinabkömmlinge, die Alkaliseifen fetter Öle und synthetische Netzmittel erleichtert. Solche Emulgatoren und Stabilisatoren erleichtern nicht nur die Herstellung einer Emulsion, sondern vergrößern auch ihre Stabilität. Die maltechnischen Emulsionen, denen auch Harzlösungen zugesetzt werden, sind der Malmittelanteil bei den so genannten echten Temperafarben.

Temperafarbe

Eine Temperafarbe lässt sich theoretisch nach drei verschiedenen Methoden herstellen: aus einer Emulsion nur durch Anreiben mit dem Pigment, durch Magern einer Ölfarbe bei anschließender Verwendung einer Emulsions- oder Leimfarbe oder durch Auffetten einer Leimfarbe mittels Ölfarbe.

In der Praxis ist nur die erste Methode tauglich, die zweite ist machbar, von der dritten ist abzuraten!

Die Art des Dispersionsmittels (die äußere Phase der hergestellten Emulsion) bestimmt, ob die Temperafarbe wasserverdünnbar ist oder mit Terpentinöl o. Ä. verdünnt werden muss. Bei einer mit einer kleinen Menge Ölfarbe aufgefetteten Leimfarbe besteht das Dispersionsmittel aus wässrigem Leim, d. h., sie kann mit Wasser verdünnt werden.

Öl-in-Wasser- und Wasser-in-Öl-Emulsionen

Die mit wenig Kasein- oder Leimfarbe gemagerte Ölfarbe besitzt als Dispersionsmittel Öl, in dem die wässrige Phase fein verteilt vorliegt; infolgedessen ist sie nur mit Terpentinöl oder ähnlichen Lösemitteln verdünnbar. Im ersten Beispiel (aufgefettete Leimfarbe) spricht man von einer Öl-in-Wasser-Emulsion (OW-Typus), im zweiten Beispiel (gemagerte Ölfarbe) von einer Wasser-in-Öl-Emulsion (WO-Tyus).

Während man sich das Schema der Dispersion »Öl-Farbe« noch relativ gut vorstellen kann, haben pigmentierte Malemulsionen vom OW- und vom WO-Typus einen komplizierteren Aufbau. Die folgenden Schemazeichnungen sollen verständlich machen, dass jede Maldispersion nur mit einem Verdünnungsmittel verdünnt werden kann, das die geschlossene Phase der Dispersion zu lösen oder zu verdünnen vermag.

In den 1920er- und 1930er-Jahren entstanden auch die ersten relativ unvollkommenen Kunststoffdispersionen, die mittlerweile die alten Anstrichmittelemulsionen in der Anstrichtechnik abgelöst haben. Eine Entwicklung, die sich ebenso in der Maltechnik fortsetzt, wo die Malemulsionen zunehmend von Kunststoffdispersionen verdrängt werden.

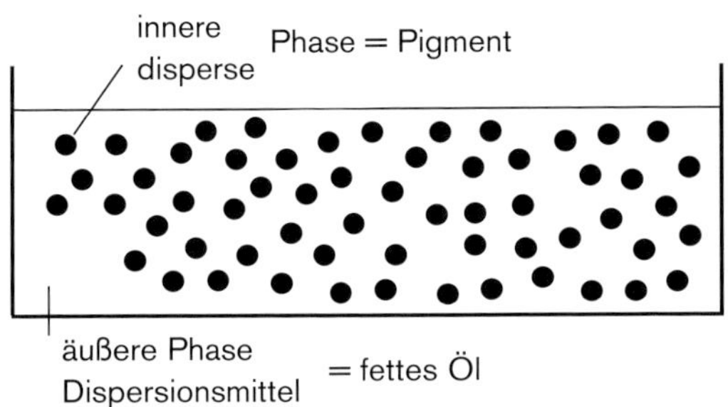

Ölfarbe

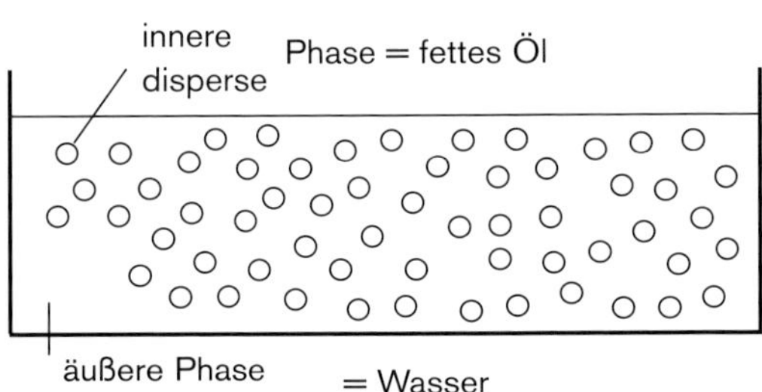

Öl-in-Wasser-Emulsion

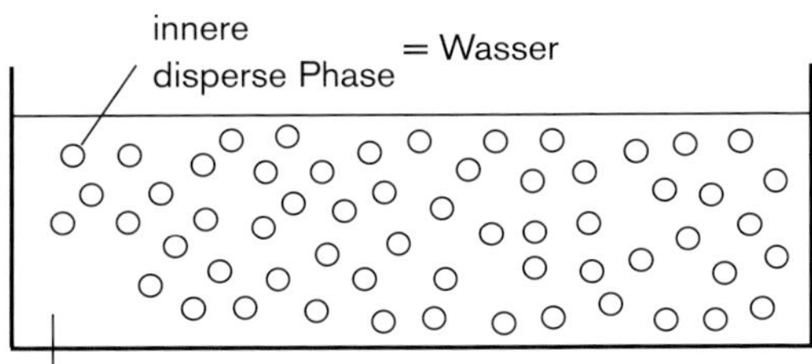

Wasser-in-Öl-Emulsion

Kunststoffdispersionen

Kunststoffdispersionen werden von der chemischen Industrie hergestellt. Mit geringen Mengen Emulgatoren und / oder Stabilisatoren werden die flüssigen Vorprodukte des Kunststoffs in Wasser emulgiert und dann polymerisiert.

Unter Polymerisation versteht man den Zusammenschluss mehrerer Moleküle in einer Verbindung zu einem größeren Molekül ohne Abspaltung eines Reaktionsproduktes. Bei der Polymerisation von Kunststoffdispersionen gehen die zunächst flüssigen Vorprodukte in ein mehr oder weniger festes Endprodukt aus kleinen Kunststoffteilchen über.

Die Kunststoffdispersionen entsprechen im Aufbau den alten Mal- bzw. Anstrichemulsionen vom OW-Typus. Anstelle von Öl, Harzlösung oder Lack enthalten sie als innere Phase feste Kunststoffteilchen. Es handelt sich also nicht um Dispersionen zweier nicht mischbarer Flüssigkeiten und somit auch nicht um Emulsionen, sondern um mikroskopisch kleine in Wasser dispergierte Kunststoffteilchen.

Anorganische und organische Farbmittel

Eine weitere Möglichkeit zur Unterscheidung von Farbmitteln ist die Einteilung in anorganische und organische Farbmittel. Dabei sollte man sich nicht von Assoziationen wie belebt = organisch und unbelebt = anorganisch täuschen lassen.

Bis zum Anfang des 19. Jahrhunderts hatten sich in der Chemie alte Denkmodelle festgesetzt, denen zufolge chemische Verbindungen, die von Tieren und Pflanzen produziert werden, ihre Entstehung einer obskuren Lebenskraft verdankten. Die anorganischen, mineralischen Stoffe der unbelebten Natur hielt man für Schlacken, für Abfallprodukte dieser Lebenskraft. Seit Mitte des 18. Jahrhunderts wurden immer mehr Stoffe analysiert, wobei man feststellte, dass sie hauptsächlich aus Kohlenstoff und Wasserstoff bzw. wenigen anderen Elementen bestanden; der Begriff der »organischen Chemie« wurde geboren.

Die Vorstellung, dass die Lebenskraft organische Stoffe in Tier oder Pflanze erzeuge, wurde erst durch die *Wöhlersche* Synthese des Harnstoffs (1824) erschüttert. Mitte des 19. Jahrhunderts entstand unsere heutige Denkweise, nach der alle chemischen Verbindungen zu den organischen zählen, die auf Kohlenwasserstoffen basie-

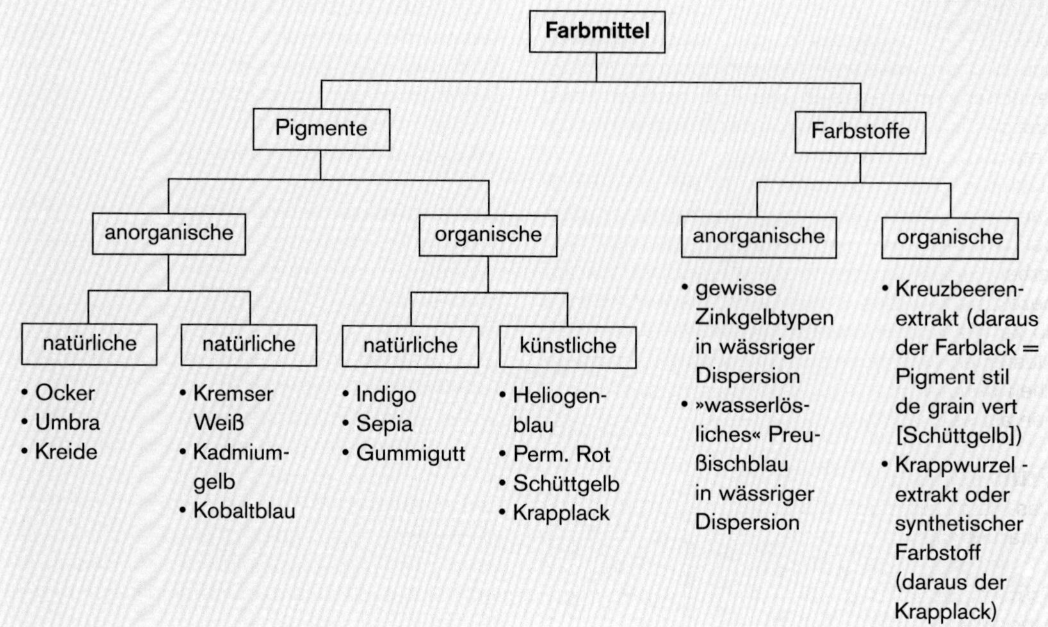

Übersicht über anorganische und organische Pigmente

ren, ob diese nun natürlichen Ursprungs oder im Labor erzeugt sind.

Teilt man Farbmittel ihrem chemischen Aufbau entsprechend in anorganische und organische ein, so ergibt sich obige Übersicht.

Es ist weithin bekannt, dass organische Farbstoffe über keine besonderen Echtheiten verfügen. Sie dürfen deshalb vernachlässigt werden, genau wie die beiden anorganischen Farbstoffe, die als Sonderfälle aus rein didaktischen Gründen erwähnt wurden. Davon ausgehend, dass die Gruppe der natürlichen anorganischen Pigmente in maltechnischer Brauchbarkeit gewissermaßen die Note Eins verdient, könnte man von links nach rechts immer eine Note tiefer zensieren, sodass schließlich die künstlichen organischen Pigmente mit der Note Vier abschneiden. Dieses Schema ist jedoch nur als wertfreier Ordnungsversuch zu betrachten, dem man bei der Einzelbetrachtung der Pigmente folgen kann.

Pigmenteigenschaften

Einzelne Eigenschaften eines Pigmentes sagen noch nichts über seine maltechnische Brauchbarkeit aus. Die jeweilige maltechnische Eigenschaft definiert sich aus der Summe vieler Einzeleigenschaften: So mag sich ein Pigment für eine bestimmte Technik oder auf einem bestimmten Untergrund eignen.

Das Prädikat »maltechnisch brauchbar« ist vage und bezieht seine Aussagekraft immer nur aus der akuten maltechnischen Situation. Selten trifft es bei einem einzigen Pigment auf sämtliche malerischen Techniken zu.

Färbevermögen der Pigmente

Als Färbevermögen eines Pigmentes wird seine Fähigkeit bezeichnet, das farbige Erscheinungsbild eines anderen Pigmentes zu verändern: die Fähigkeit eines weißen Pigmentes, bunte, graue oder schwarze Pigmente aufzuhellen (Aufhellungsvermögen); die Fähigkeit eines bunten Pigmentes, ein weißes Pigment zu färben; die Fähigkeit eines schwarzen Pigmentes, ein weißes Pigment zu verdunkeln.

Das Färbevermögen eines Pigmentes sinkt mit steigender Teilchengröße und umgekehrt. Dies ist verständlich, denn bei gleicher Gewichtsmenge an Pigment nimmt bei sinkender Teilchengröße dessen Gesamtoberfläche zu, von der letztlich das Färbevermögen abhängig ist; jedes Pigment besitzt ein spezifisches Färbevermögen. So färbt ein Gramm Krapplack eine bestimmte Menge weißer Malfarbe stärker als ein Gramm Kadmiumrot, und Elfenbeinschwarz färbt stärker als Eisenoxidschwarz. Das bedeutet nicht, dass Krapplack und Elfenbeinschwarz hochwertigere Malpigmente als Kadmiumrot und Eisenoxidschwarz sind. Erst wenn in quantitativer Weißausmischung ein Krapplackmuster stärker als ein anderes Krapplackmuster färbt, lässt sich über das Färbevermögen dieser beiden Pigmente urteilen. Erhält man beim Vergleich des Färbevermögens zweier Malfarben oder Pigmente, die beide als Kadmiumrot bezeichnet werden, unterschiedliche Ergebnisse, so könnte es sich bei dem schlechter färbenden Muster um Verschnittware handeln. Deshalb machen seriöse Hersteller Verschnitte und Imitationen als solche kenntlich.

Prüfmethoden

Das Färbevermögen eines Pigmentes lässt sich einfach prüfen.

Prüfung des Färbevermögens (Aufhellungsvermögens) von Weißpigmenten

Ultramarinblau wird mit der zehnfachen Gewichtsmenge des zu prüfenden Weißpigmentes unter Zugabe von Leinöl mit einem elastischen Spachtel auf einer Glasplatte ausgemischt. Das Gleiche wird parallel mit einem Weißpigment ausgeführt, dessen Färbevermögen bekannt ist.

Mittels der Helligkeitsdifferenz beider Aufstriche lässt sich eine grobe Einschätzung des unterschiedlichen Aufhellungsvermögens beider Weißpigmente gewinnen.

Prüfung des Färbevermögens von Bunt- und Schwarzpigmenten

Das zu prüfende Bunt- oder Schwarzpigment wird mit der zehnfachen Gewichtsmenge Zinkweiß angerieben und aufgestrichen (siehe oben). Auch hier wird wieder unter den gleichen Bedingungen mit einem Pigment mit bekanntem Färbevermögen verglichen. Die Aufstriche können dabei erst in getrocknetem Zustand beurteilt werden.

Regel: *Je stärker der Weißton verändert ist, desto farbkräftiger ist das geprüfte Pigment.*

Auch das Färbevermögen pastoser Malfarben lässt sich so prüfen; da hier jedoch nicht Gewicht, sondern Volumen miteinander verglichen wird, ist eine solche Prüfung schwieriger.

Färbevermögen und Deckfähigkeit sind Begriffe, die häufig verwechselt oder sogar gleichgesetzt werden. Der Vergleich zwischen Krapplack und Kadmiumrot zeigt, dass beide Begriffe nichts miteinander zu tun haben: Krapplack färbt stärker, ist aber ein ausgesprochenes Lasurpigment. Kadmiumrot dagegen deckt sehr gut, besitzt aber ein geringeres Färbevermögen als Krapplack. Darum sollte dem folgenden Kapitel ganz besondere Beachtung geschenkt werden.

Decken und Lasieren

Als Deckfähigkeit oder Deckvermögen bezeichnet man die Fähigkeit einer Malfarbe, im getrockneten Aufstrich den Malgrund abzudecken.

Als Lasurfähigkeit bezeichnet man die Fähigkeit einer Malfarbe, im getrockneten Aufstrich den Malgrund zwar anzufärben, aber seine Farbtönung und Struktur durch den Aufstrich durchscheinen zu lassen.

Oft will man die Deckfähigkeit oder Lasurfähigkeit einer Malfarbe anhand des enthaltenen Pigmentes bestimmen. Man verwendet ja auch den Ausdruck deckende und lasierende Pigmente. Andererseits kann man aber mit Kadmiumgelb, einem deckenden Pigment, auch lasieren, zumindest in der Aquarelltechnik. Oder es lassen sich mit einem lasierenden Pigment wie Preußischblau deckende Ölfarbenaufstriche machen. Ein weiteres Beispiel: Ultramarinblau und Kreide besitzen, wie alle so genannten Lasurpigmente, in Leimbindemitteln eine gute Deckfähigkeit, während sie in Öl nur noch stark lasieren.

Je mehr Licht eine Malfarbe, die auf einen Malgrund aufgetragen wird, absorbiert bzw. oberflächlich reflektiert, d. h., je weniger Licht sie bis zum Malgrund durchdringen lässt, desto besser deckt sie. Ihre Lasurfähigkeit hingegen ist besonders ausgeprägt, wenn sie auffallendes Licht nur wenig absorbiert und oberflächlich kaum reflektiert, sondern möglichst viel Licht zum Malgrund durchdringen und von ihm reflektieren lässt. Denn wenn die Lichtstrahlen ganz oder teilweise zurückgeworfen werden, wirkt der Malgrund beim Entstehen des farbigen Eindrucks mit. Man sagt dann: Die Malfarbe lasiert. Daraus lässt sich ganz allgemein folgern:

Regel: *Das Deckvermögen einer Malfarbe ist abhängig von ihrem Reflexionsvermögen und dem Absorptionsvermögen im getrockneten Aufstrich.*

Brechungsindex

Jeder Körper (mit Ausnahme von Schwarz, das das Licht vollständig absorbiert) reflektiert auffallendes Licht mehr oder weniger stark. Je höher das Lichtbrechungsvermögen eines Körpers ist, d. h., je stärker auffallende Lichtstrahlen aus ihrer ursprünglichen Richtung abgelenkt werden, desto stärker ist sein Reflexionsvermögen. Als Maß für dieses Lichtbrechungsvermögen dient der Brechungsindex. Er gibt an, wie stark ein Lichtstrahl gebrochen wird, wenn er in einen anderen Stoff eintritt. Der Brechungsindex ist eine Materialkonstante, d. h., jeder Stoff besitzt ein spezifisches Lichtbrechungsvermögen und damit seinen eigenen Brechungsindex. Der Brechungsindex von Luft wurde mit 1,0 festgesetzt. An ihm orientieren sich die anderen Indizes: Wasser mit einem Wert von 1,32; trocknende Öle von 1,7 bis 1,8; Harze von 1,51 bis 1,53. Die Brechungsindizes der Weißpigmente liegen zwischen 1,5 (Kreide) und 2,8 (Titandioxid Rutil).

Ob Licht den Malgrund erreicht und dieser beim Entstehen des farbigen Eindrucks mitwirkt oder nicht, liegt nicht allein an den optischen Eigenschaften eines Pigmentes, sondern hängt auch vom jeweils verwendeten Bindemittel ab.

Erinnern wir uns an das Beispiel mit der Kreide, die in Leim deckt und in Öl lasiert. Wird Kreide in einer schwachen Leimlösung angerieben und aufgestrichen, dann ist Folgendes zu beobachten: Sie wird erst sichtbar, wenn das Wasser verdunstet ist und die Kreideteilchen nur noch von Luft umgeben sind. Reibt man Kreide aber in Öl an, dann deckt dieser Aufstrich nicht. Der Ölfilm, der die Kreideteilchen umhüllt, bildet eine optische Brücke für die Lichtstrahlen und lässt sie bis auf den Malgrund durchdringen.

Daraus lässt sich ableiten: *Das Deckvermögen eines getrockneten Malfarbenaufstrichs ist desto stärker, je höher die Differenz zwischen dem Brechungsindex seines Pigmentes und dem des umgebenden Stoffes (Bindemittel oder Luft) ist.*

Betrachtet man diese Erscheinung unter Berücksichtigung der jeweiligen Brechungsindizes, lässt sich Folgendes feststellen:

Im Ölfarbenaufstrich ist und bleibt die Kreide von Öl umgeben.

Brechungsindex von Kreide	1,5
Brechungsindex von Leinöl	1,5

Da die Brechungsindizes von Pigment und umgebendem Stoff gleich sind, tritt keine Deckwirkung ein.

Im nassen Leimfarbenaufstrich ist die Kreide von Wasser umgeben.

Brechungsindex von Kreide	1,5
Brechungsindex von Wasser	1,3

Da die Brechungsindizes von Pigment und umgebendem Stoff ähnlich sind, tritt kaum eine Deckwirkung ein.

Im getrockneten Leimfarbenaufstrich ist das Wasser verdunstet, die sehr geringe Menge an trockener Leimsubstanz spielt optisch keine Rolle, die einzelnen Kreideteilchen sind nur noch von Luft umgeben.

Brechungsindex von Kreide	1,5
Brechungsindex von Luft	1,0

Die Brechungsindizes von Pigment und umgebendem Stoff sind unterschiedlich: Eine Deckwirkung tritt ein.

Teilchengröße

Auch die Teilchengröße eines Pigmentes entscheidet über die jeweilige Art des Deckens oder Lasierens im Malfarbenaufstrich. Jedes Pigment entwickelt bei einer ganz bestimmten Teilchengröße die günstigsten maltechnischen Eigenschaften. Diese bezeichnet man als optimale Teilchengröße; es handelt sich hierbei um einen komplexen technischen Wert, auf dessen Bestimmung in diesem Rahmen nicht näher eingegangen werden soll.

Es sei einfach festgestellt, dass die optimale Teilchengröße aller Pigmente zumeist zwischen $^{2}/_{1000}$ mm als oberer und $^{4}/_{10\,000}$ mm als unterer Grenze liegt.

Je grober ein Pigmentkorn ist, desto geringer ist seine Deckfähigkeit. Mit wachsender Zerkleinerung steigt aber die Deckfähigkeit und erreicht ihr Optimum zwischen den oben genannten Werten.

Wird das Pigmentkorn allerdings über dieses Optimum hinaus zerkleinert, lenkt es auffallende Lichtstrahlen nicht mehr ausreichend ab. Das Licht bricht dann nicht mehr im Aufstrich, sondern lässt es zum Malgrund durchdringen. Das Pigment ist transparent geworden, denn es besteht ein physikalischer Zusammenhang zwischen einer Pigmentteilchengröße unter $^{4}/_{10\,000}$ mm und der Wellenlänge des Lichtes. Daher gilt:

Regel: *Jedes Pigment besitzt bei einer ihm eigentümlichen Teilchengröße, die in der Regel zwischen $^{2}/_{1000}$ und $^{4}/_{10000}$ mm liegt, seine optimale Deckfähigkeit.*

Beim Über- oder Unterschreiten der optimalen Teilchengröße verliert das Pigment an Deckvermögen. Beim Unterschreiten wird es transparent.

Pigmentkonzentration

Für die Deckfähigkeit eines Malfarbenaufstrichs ist auch die Pigmentkonzentration ausschlaggebend, d.h. die Pigmentmenge auf einer bestimmten Malfläche. Malfarbentechniker sprechen vom Verhältnis des Pigment- und Füllstoffvolumens zum Gesamtvolumen des getrockneten Aufstrichs und nennen es die Pigment-Volumen-Konzentration.

Es ist einleuchtend, dass Pigmentteilchen, die kleiner als die halbe Wellenlänge des Lichtes sind, und natürlich auch die Pigmente, die den gleichen Brechungsindex wie ihre Umgebung haben, eine gewisse Menge Licht schlucken, es weder durchlassen noch zurückwerfen. Erhöht man nun die Schichtdicke im Aufstrich, dann wird bei Erreichen einer definierten Dicke auffallendes Licht fast vollständig geschluckt, also nicht mehr zurückgeworfen.

Das bedeutet, durch den übermäßig dicken Auftrag tritt eine Deckwirkung durch Absorption des Lichtes ein, d.h., das Licht wird geschluckt. Aus demselben Grund werden übrigens auch mehrere übereinander gelegte bunte Glasplatten ab einer bestimmten Dicke undurchsichtig. Ebenso erscheinen dicke Schichten von Preußischblau, Chromoxidgrün feurig oder Krapplack oft sehr dunkel bis schwarz. In Kunststoffnäpfchen verpackte Aquarellfarbenstücke in solchen Farbtönen lassen kaum ahnen, was für leuchtend blaue, grüne oder rote Aufstriche ihnen bei starker Verdünnung mit Wasser zu entlocken sind, wenn sie transparent auftrocknen. Diese Beobachtung führt zu folgendem Schluss:

Regel: *Bei Überschreiten einer bestimmten Pigmentkonzentration auf dem Malgrund decken durch Absorption auch solche Malfarbensysteme, die im normalen Auftrag lasieren würden.*

Hier werden im Grunde die höchsten maltechnischen Besonderheiten nüchtern in Worte gefasst. Wer die Abschnitte zum Decken und Lasieren, zum Licht, auch die Kapitel über Ölmalerei oder zur gefirnissten Tempera sowie über Pastellmalerei und das Fixieren aufmerksam durchgearbeitet hat, dem werden Begriffe und Zusammenhänge wie Tiefenlicht, Oberflächenlicht, optische Brücke, Farbtonbeständigkeit, Lichtechtheit viel mehr einleuchten, und es wird deutlich werden, warum die Tonwerte ein und desselben Pigmentes in verschiedenen Bildern so verschieden erscheinen.

Anreiben und Bindemittelbedarf von Pigmenten

Durch das Anreiben von Pigmenten mit Malmitteln entstehen pastenförmige Malfarben, die verdünnt oder unverdünnt vermalt werden können.

Aquarellfarben kommen nicht nur als Pasten in den Handel, sondern auch als feste Aquarellfarbenstücke in Kunststoffnäpfchen, nachdem sie durch Austreiben von Wasser verdickt und in Stücke gegossen, gestanzt oder geschnitten wurden. Die Herstellung von Pastellmalstiften ist im Prinzip mit der Herstellung von Aquarellnäpfchen vergleichbar.

Bindemittelbedarf

Die jeweils benötigte Menge an Malmittel, die einem Pigment zugesetzt werden muss, um eine pastenförmige Malfarbe zu erhalten, ist bei den einzelnen Pigmenten verschieden groß. Spezifisch leichte Pigmente erfordern mehr, schwere Pigmente weniger Malmittel. Dabei spielt es keine Rolle, ob reine Bindemittel wie Leinöl oder Bindemittellösungen wie wässrige Leime als Malmittel verwendet werden. Denn hier ist nicht so sehr das Malmittel, das in Lösungen ja auch flüchtige Lösungsmittel (wie Wasser oder Terpentinöl) enthalten kann, sondern vielmehr die Menge nichtflüchtiger Malmittelsubstanz, sprich Bindemittel, für die Pigmentbindung entscheidend.

Dieser Bindemittelbedarf richtet sich nach der Größe der Gesamtoberfläche der anzureibenden Pigmentmenge. D.h., je größer die Pigmentoberfläche, desto höher der Bindemittelbedarf, wobei das spezifische Gewicht eines Pigmentes anhand seiner Oberflächenausdehnung messbar ist.

Anreiben

Sinn des Anreibens ist es nicht unbedingt, Zerkleinerungsarbeit zu leisten. Sollte dies doch notwendig sein, sollen lediglich Zusammenballungen der Primärteilchen (zu so genannten Sekundäragglomeraten) zerstört und die Luft- und Feuchtigkeitshüllen ausgetrieben werden, die sich beim Lagern oder beim Transport um die einzelnen Pigmentteilchen gebildet haben.

Beim Anreiben sollen einzelne Pigmentteilchen in die maltechnisch günstigste Größe gebracht und dann vollständig mit Malmittel oder Bindemittel benetzt werden, damit sich im Aufstrich keine Nester bilden oder unvollständig benetzte Pigmentteilchen auftreten. An solchen Stellen ist ein Aufstrich eindeutig weniger widerstandsfähig. Oft pflegt die Rissbildung im Film eines Ölbildes gerade dort zu beginnen, wo Lufträume im Film eingeschlossen sind.

Das Anreiben auf dem Dreiwalzenstuhl

In Künstlerfarbenfabriken werden Malmittel und Pigmente in schweren Rühr- oder Knetwerken erst zu einer Paste angeteigt und dann auf Dreiwalzenstühlen gemahlen. Ein Dreiwalzenstuhl besteht aus einem Stahlgestell mit drei horizontal und parallel zueinander laufenden Stahl- oder Steinwalzen, die so angeordnet sind, dass sich die beiden äußeren Walzen beim Rotieren – mechanisch oder hydraulisch – präzise an die laufende Mittelwalze andrücken lassen.

Die Walzen rotieren gegenläufig und mit verschiedenen Geschwindigkeiten. Zwischen der Aufgabewalze und der Mittelwalze wird die angesetzte Malfarbe in den Mahlspalt eingezogen und tritt zwischen Mittel- und Messerwalze wieder aus. Die fertig geriebene Malfarbe kann dann mit einem Messer abgestreift werden. Ein solcher Reibvorgang ist Malern in ähnlicher Weise von alters her bekannt, die sich ihre Malfarben von Hand mit einem Läufer auf einer aufgerauten Reibplatte selbst anreiben.

Im Labor der Fabrik werden noch während des Mahlvorgangs Proben entnommen, und nach Fertigstellung wird die Charge gegen ein Standardmuster geprüft; dabei werden die wichtigsten technologischen Kennzahlen notiert, z.B. spezifisches Gewicht, Trockenzeit, Haftfestigkeit auf definiertem Grund, Reibfeinheit, Färbevermögen und Farbtönung.

Das Anreiben mit Läufer und Reibplatte

Wer sich seine Ölfarbe von Hand selbst anreiben will, benötigt eine angeraute Reibplatte aus Stein oder Glas; darauf wird mit einem Läufer gerieben, der ebenfalls aus Stein oder Glas ist. Nun werden zunächst Malöl und Pigment mit Spachtel oder Palettmesser auf der Reibplatte grob vorgemischt. Dann wird die Malfarbe portionsweise mit dem Läufer gerieben, wobei die geriebene und die gemischte Malfarbe getrennt werden. Seltener werden Mörser oder Reibkeule verwendet.

Benetzung

Pigmente mit großer spezifischer Oberfläche, d.h. mit leichtem spezifischen Gewicht, benötigen mehr Malmittel als die spezifisch schweren Pigmente und sind in der Regel auch schwerer zu benetzen. Künstlerfarbenhersteller setzen daher zuweilen synthetische Netzmittel zu, z.B. beim Ankneten von Krapplacken, von synthetischen organischen Pigmenten und von Schwärzen. Maler verwenden gern Ochsengalle als Netzmittel, die als alkoholisch-wässriger Auszug benutzt wird. Die Gallensäuren von Säugetieren – Cholsäure und ihre Derivate – sind ausgezeichnete Emulgatoren. Heute kann man auch synthetische Netzmittel kaufen oder den preiswerten Isopropylalkohol aus der Apotheke als Netzmittel benutzen, der allerdings nur tropfenweise eingesetzt werden darf.

Auch wenn Pigmente mit wässrigen Malmitteln, z.B. mit Leimen oder Kunststoffdispersionen, angesetzt werden, bietet sich als Netzmittel ebenfalls Alkohol an. Einfacher ist es aber, die Pigmente über Nacht in Wasser einzusumpfen. Am nächsten Morgen wird dann das überstehende Wasser abgegossen, und in diesen wässrigen Pigmentbrei wird die Leimlösung oder Kunststoffdispersion eingerührt. Diese Arbeit lässt sich hervorragend mit einem gewöhnlichen Haushalts-Mixer ausführen.

Frische, selbst geriebene Malfarben enthalten oft zu viel oder zu wenig Malmittel und werden, wenn sie eine Weile gestanden haben, entweder zu flüssig oder zu fest. Im ersteren Fall muss dann noch Pigment, im letzteren noch etwas Malmittel eingearbeitet werden, bevor die Farbe in Tuben abgefüllt wird.

Leere Tuben kann sich der Maler beim Farbenhändler oder auch in der Apotheke kaufen. Die Malfarbe wird mit einem Spachtel portionsweise in die Tube eingefüllt; dabei wird die Tube wiederholt vorsichtig aufgestoßen, um den Einschluss von Luftblasen zu vermeiden. Schließlich wird die Tube mithilfe einer Kneifzange mit zwei oder drei Falzungen verschlossen.

Hand- oder maschinengeriebene Malfarben?

Diese etwas abgestandene Streitfrage, ob nun hand- oder maschinengeriebene Malfarben vorzuziehen seien, wird von technologischen Laien noch hin und wieder hochgespielt – die Maler selbst sind längst zur Tagesordnung übergegangen. Von wenigen Ausnahmen abgesehen, die

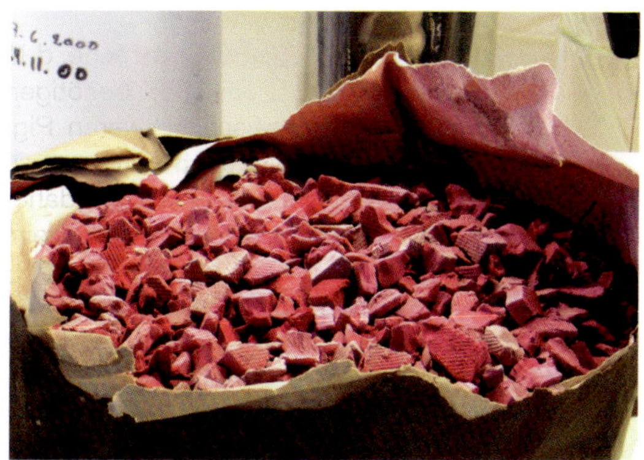

Bei diesem Pigment handelt es sich um Krapplack; es wird noch traditionell bei J. BLOCKX Fils s. a. hergestellt.

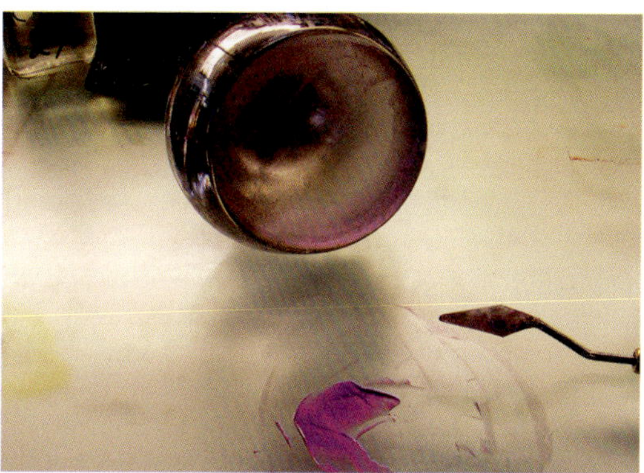

Auf dem Reibglas liegen der Mörser mit der rauen Unterseite, ein kleiner Palettenspachtel sowie das bereits angeteigte Farbmuster.

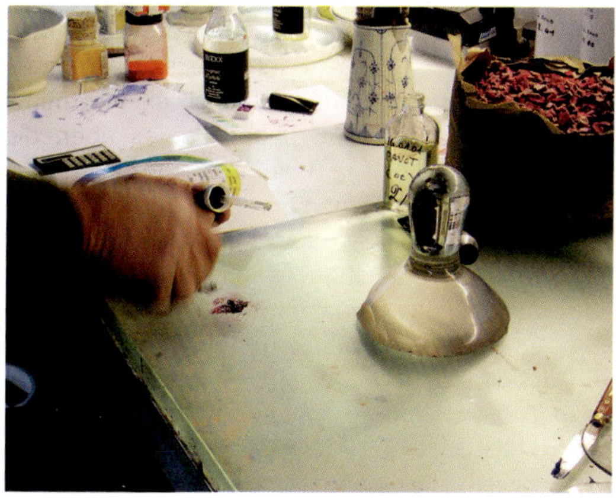

Jacques Blockx, in vierter Generation Inhaber von J. BLOCKX Fils s. a., rührt die Farbmenge nochmals gut durch …

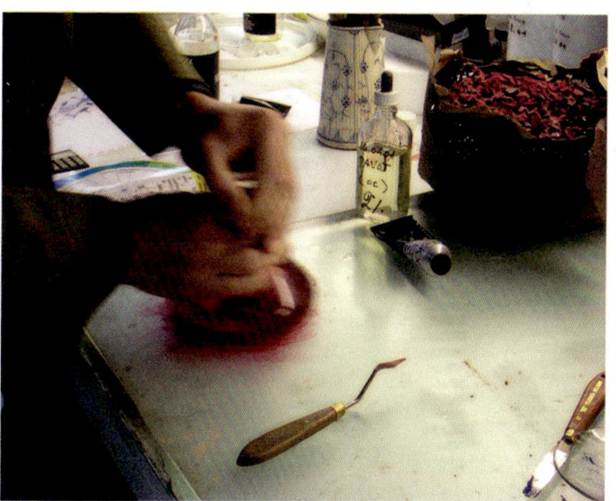

… und reibt sie nun persönlich von Hand und mit ordentlichem Druck auf der Reibplatte durch.

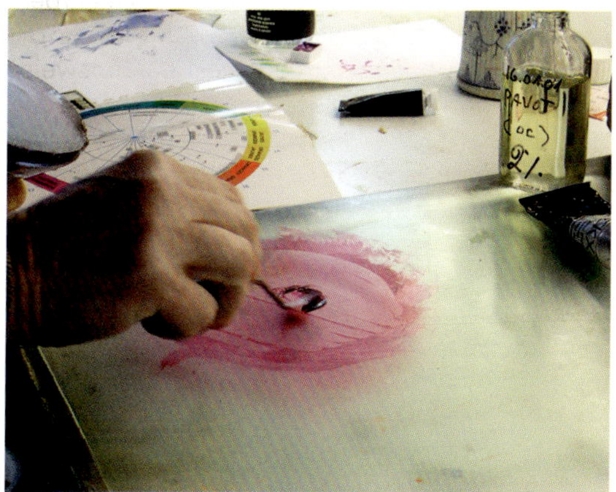

Die über die Reibfläche verteilte Farbmenge wird sodann mit dem Palettenspachtel zusammengekratzt.

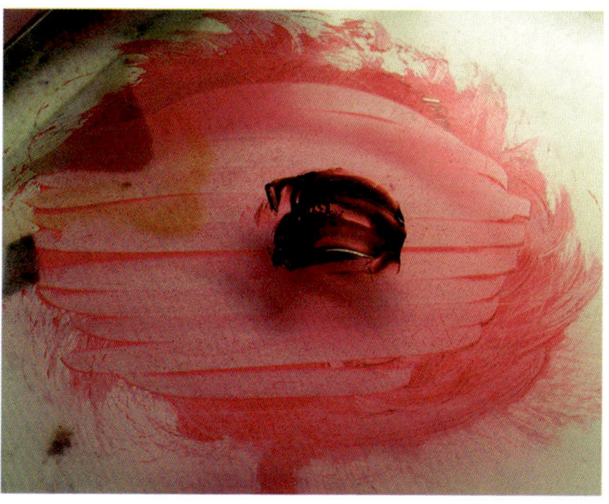

So sieht am Ende die kleine Menge malbereiter Farbe von Monsieur J. Blockx aus.

z. B. bei der Freskomalerei in der Natur der Sache liegen, pflegt der Maler fabrikmäßig hergestellte Malfarben zu verwenden und ist bei einiger Erfahrung sowie ein wenig Gefühl für Qualität auch in der Lage, auf dem Markt die richtigen Farben für seine Zwecke finden.

Die Befürchtung, maschinell hergestellte Malfarben könnten eine zu hohe Mahlfeinheit und einen zu großen Malmittelanteil besitzen, wäre ein durchaus berechtigter Einwand, würde dabei nicht regelmäßig außer Acht gelassen, dass es beim Selbstanreiben sicher weitaus schwerer ist, den richtigen Bindemittelbedarf der Pigmente exakt zu treffen und das Pigment vollständig zu benetzen, als in der Künstlerfarbenfabrik. Was die Pigmentfeinheit betrifft, darf auch nicht vergessen werden, dass Selbstanreiber heute wohl oder übel mit den gleichen, d. h. ebenso feinen, fabrikmäßig hergestellten bzw. aufbereiteten Pigmenten vorlieb nehmen müssen wie die Künstlerfarbenfabriken. Es sei denn, man möchte seine Erd- und Mineralpigmente selbst gewinnen und aufbereiten. Wer schließlich den vermeintlichen oder tatsächlichen Überschuss an Bindemittel aus einer Ölfarbe entfernen möchte, dem sei ein saugender Untergrund (unglasierte Tonscherben, Löschpapier o. Ä.) empfohlen, auf den man die Ölfarbe setzt; überschüssiges Öl wird dann rasch abgesaugt.

Nach wie vor erscheint es sinnvoll und auch notwendig, dass sich jede Malerin und jeder Maler mit der Herstellung der Malfarben beschäftigt. Dadurch können große Kenntnisse und ein tieferes Verständnis in die Zusammenhänge der Malmaterialien gewonnen werden. Außerdem ist es einfacher, beim Kauf von Malfarben das richtige Material auszuwählen.

Echtheit und Beständigkeit von Farbmitteln

Wird eine Farbtonveränderung in einem Bild festgestellt, sucht man die Ursache zunächst in der mangelhaften Lichtechtheit der verwendeten Pigmente. Dabei wird oft vergessen, dass die Pigmente im Bild diversen Einflüssen ausgesetzt sind, die ab einem gewissen Punkt farbtonverändernd wirken können. Abgesehen davon, dass ein wenig lichtechtes Pigment nie eine große Farbtonbeständigkeit besitzen wird, lässt sich keinesfalls jede Farbtonänderung auf mangelnde Lichtechtheit der Pigmente zurückführen.

Nicht nur das Licht und anfällige Pigmentmischungen können die optische Qualität einer Arbeit verändern. Jedes Bild, ob im Außen- oder Innenbereich, kann den verschiedensten Einflüssen ausgesetzt sein, die die Farbtönung eines Pigmentes – und somit seine ursprüngliche koloristische Qualität – oder das Bindemittel beeinträchtigen können.

Die Widerstandsfähigkeit eines Pigmentes gegen äußere Einflüsse bezeichnet man mit dem Begriff *Echtheit* – Lichtechtheit, Kalkechtheit, Säureechtheit, Lösungsmittelechtheit usw. Dabei spielt es keine Rolle, aus welcher Richtung der Angriff erfolgt. So kann die alkalische Wirkung des Kalks aus dem Malmittel (Kalkwasser, Kalkkasein) oder dem Malgrund (Kalkputz) herrühren; Säuren können sowohl aus der Außenluft (Schwefelwasserstoff, Schwefeldioxid) als auch aus dem Malmittel (essigsaure Leime) auf ein Pigment einwirken.

Wasser schadet Bildern in all seinen Aggregatzuständen, nicht nur in flüssiger Form beim feuchten Abwischen von Öl- oder Temperabildern, sondern auch als Wasserdampf oder Feuchtigkeit, die aus der Luft auf die Bildoberfläche einwirken; Schäden durch Feuchtigkeit können auch von einer wasseranziehenden Grundierung oder sogar von der Wand herrühren, auf der das Bild hängt.

Die meisten Echtheitseigenschaften sind als technische Begriffe klar umgrenzt und teilweise mit exakten Methoden messbar.

Licht

Licht ist, wie Wärme oder Elektrizität, eine von vielen Energieformen. Der Begriff Licht bezeichnet dabei den für das menschliche Auge sichtbaren Bereich des elektromagnetischen Strahlungsspektrums mit Wellenlängen zwischen 400 nm (Blau) und 800 nm (Rot). Diese Frequenzen entsprechen in etwa der Größenordnung $3 \cdot 10^{14}$ für Ultraviolett (UV-Wellenlänge unter 400 nm) und Infrarot (IR-Wellenlänge über 800 nm). Jede Wellenlänge findet ihre Entsprechung in einer bestimmten Lichtfarbe.

Durch Energiezufuhr können chemische Prozesse in Gang gesetzt oder beschleunigt werden. So kann die farbliche Veränderung eines Pigmentes im Licht als eine durch Lichtzufuhr ausgelöste oder beschleunigte chemische Veränderung des Pigmentes bezeichnet werden.

Jeder kennt die heilsame Wirkung der unsichtbaren Infrarotstrahlen, die für die menschliche Haut ungefährlich sind und in beliebiger Menge vertragen werden. Die unsichtbare Ultraviolettstrahlung, die sich jenseits des violetten Endes im Spektrum fortsetzt und auch Bestandteil des Sonnenlichtes ist, wird von der Haut jedoch nur begrenzt vertragen und kann zu unangenehmen Verbrennungen führen, dem so genannten Sonnenbrand. Eine ähnlich aggressive Wirkung üben Ultraviolettstrahlen auch auf Pigmente und Bindemittel aus. *E. A. Becker* verglich in sehr anschaulicher Weise die Wirkung von Infrarotstrahlen mit Regentropfen und die von Ultraviolettstrahlen mit Hagelkörnern. Die Wirkung der Ultraviolettstrahlen ist außen selbstverständlich weit größer als in Innenräumen, wo der Lichteinfall durch das Mauerwerk abgeschirmt wird und das Fensterglas einen Teil der UV-Strahlung zurückhält.

Bei der Prüfung der Lichtechtheit eines Pigmentes müssen natürlich alle nicht mit der Lichteinwirkung zusammenhängenden Einflüsse ausgeschaltet werden. Die Bindemittel müssen mit in die Prüfung einbezogen werden, weil Pigmente allein nicht verwendet werden – außer im ungefirnissten Pastellbild. Bindemittel und andere Hilfsstoffe im Aufstrich können ebenso wie ihr Nichtvorhandensein die Lichtechtheit eines Pigmentes beeinflussen.

Beispiel für die Wirkung von Lichtstrahlen bei Ölbindemitteln

Man stelle sich ein und dasselbe Pigment vor: einmal in Leinöl und einmal in einer stark verdünnten Leimlösung angerieben. Von beiden Malfarben wird ein Aufstrich gemacht.

Im ersten Fall bildet der Ölfilm eine optische Brücke, über die auffallendes Licht tiefer eindringen kann, wodurch das dunklere, satt glänzende Aussehen des Ölfarbenaufstrichs entsteht. Man sagt: »Der Aufstrich trocknet mit Tiefenlicht auf.« Mit dem sichtbaren Licht dringt auch die Ultraviolettstrahlung tiefer ein. Bei Lasuren dringen die Strahlen bis zum Malgrund durch. Der Ölfilm, der die Pigmentteilchen umhüllt, wirkt als Schutzfilter und schwächt die Strahlenwirkung. Da der Strahlenweg im Aufstrich lang ist (bei Lasuren ist er am längsten), ist die Menge an Lichtenergie je Volumen Aufstrichschicht gering. Jedes Pigment besitzt hier eine relativ gute Lichtechtheit, da eine eventuelle Veränderung der Farbtönung langsam vor sich geht. Findet aber eine Veränderung der Farbtönung statt, macht sie sich bis tief in den Aufstrich bemerkbar. Bei Lasuren wird die Farbtönung im ungünstigsten Fall sogar bis zur nächsten deckenden Schicht zerstört.

Beispiel für die Wirkung von Lichtstrahlen bei Leimbindemitteln

In einem matten Leimfarbenaufstrich sieht der Strahlenweg ganz anders aus. Hier sind die Pigmentteilchen nur schwach mit dem Malgrund verklebt und nicht in einen zusammenhängenden Film eingebettet. (Im Pastellbild haften sie sogar nur durch Adhäsion.) In diesen Aufstrichen sind die Pigmente nur von Luft umgeben, ohne filternde Schutzwirkung. Da es keine optische Brücke gibt, dringen weder die sichtbaren Lichtstrahlen noch die unsichtbaren Ultraviolettstrahlen tief in den Aufstrich ein. Man sagt dazu: »Der Aufstrich trocknet mit Oberflächenlicht auf.« Die harten Ultraviolettstrahlen entfalten ihre volle Wirkung vorwiegend auf der Oberfläche des Leimfarbenaufstriches.

Bei diesem sehr kurzen Strahlenweg im Aufstrich ist die Energiemenge je Volumen Aufstrichschicht groß, und die Lichtechtheit eines Pigmentes ist hier geringer als im Ölfarbenfilm und verändert sich rascher. Doch im Gegensatz zum Ölfarbenaufstrich beschränkt sich die Veränderung in der Farbtönung auf die Oberfläche. Durch Kratzen an der oberen Aufstrichschicht lässt sich die darunter liegende ursprüngliche Farbtönung wieder sichtbar machen.

Diese beiden Beispiele zeigen, dass die Angaben zur Lichtechtheit eines Pigmentes immer in Relation zu einem bestimmten Bindemittelsystem gesehen werden müssen. Je nachdem, ob ein Pigment in Öl, in fetter oder magerer Tempera oder im Leimbindemittel gelöst ist, dementsprechend ist seine Widerstandsfähigkeit gegen Licht verschieden groß.

Die Wirkung weiß ausgemischter Pigmente

Unter Lichteinwirkung verändern die meisten Pigmente ihre Farbtönung in Weißausmischung stärker und rascher als im Vollton. Dies ist wichtig zu wissen, denn Pigmente werden weit häufiger mit Weiß abgemischt als im Vollton vermalt. Für dieses Phänomen gibt es bislang keine eindeutige wissenschaftliche Erklärung. Man nimmt an, dass es sich dabei nicht um eine Verringerung der Lichtechtheit des Pigmentes in geringerer Buntpigmentkonzentration handelt, sondern dass die Ergebnisse des Lichtangriffs in der Weißabmischung deutlicher hervortreten als im Vollton. Zumindest für die gut lichtechten Pigmente ist dies auch zutreffend.

Prüfung auf Lichtechtheit

Prüfung von Pigmenten

Die raschesten Resultate liefert bei der Prüfung auf Lichtechtheit die Belichtung von Leimfarbenaufstrichen. Noch präzisere Ergebnisse erhält man, wenn nicht nur der Vollton, sondern auch verschiedene Ausmischungen mit Zinkweiß (beispielsweise im Verhältnis 1 : 10 oder 1 : 100) belichtet werden.

Zunächst wird ein Aufstrich vertikal in zwei und horizontal in fünf gleiche Teile geteilt. Dann wird die oberste Horizontalspalte der rechten Hälfte mit schwarzem Papier abgedeckt, nach Ablauf von zwei Monaten folgt die zweite rechte Horizontalspalte, und so weiter im Zweimonatsrhythmus, bis alle Spalten auf der rechten Seite abgedeckt sind. Die linke Hälfte des Aufstrichs bleibt während der gesamten Prüfungszeit unverändert der Lichteinwirkung ausgesetzt. Belichtet wird hinter Glas mit Tageslicht. Pigmente für den Außenbereich müssen im Freien belichtet werden.

Die jeweils im Zweimonatsrhythmus in Erscheinung tretenden Veränderungen der Farbtönung lassen Rückschlüsse auf die Lichtechtheit des geprüften Pigmentes zu. Dabei ist es ratsam, parallel zu diesem Test ein vertrautes Pigment zu belichten, um einen Vergleich für die Beurteilung zu haben.

Prüfung von Malfarben verschiedener Hersteller

Die Prüfung verarbeitungsfertiger Malfarben verschiedener Hersteller auf Lichtechtheit ist nur sinnvoll, wenn Malfarben gleichartiger Qualität sowie gleicher oder ähnlicher Farbtönung miteinander verglichen werden.

Auf die Schmalseite eines Malgrundes im Format DIN A4 werden ca. 3 cm breite Aufstriche untereinander aufgetragen. Neben jedem Aufstrich werden links und rechts Farbname und Hersteller notiert. Sobald der Malgrund vollständig durchgetrocknet ist, wird er längs halbiert. Eine Hälfte wird an einem lichtgeschützten Ort aufbewahrt, z. B. in einer Schublade; die andere Hälfte wird hinter einer Fensterscheibe befestigt und einen Sommer lang ununterbrochen dem Licht ausgesetzt.

Legt man hinterher beide Hälften aneinander, lassen sich die Veränderungen im Farbton feststellen. Auch bei dieser Prüfung wird empfohlen, zum Vergleich parallel ein bekanntes Produkt zu prüfen.

Wirkung von Licht auf den Bindemittelanteil

Nicht nur die Pigmente, sondern auch der Bindemittelanteil des Aufstriches ist den harten, kurzwelligen Strahlen des Sonnenlichtes ausgesetzt. Aus Untersuchungen ist bekannt, wie differenziert verschiedene UV-Wellenlängen auf hochmolekulare Öl- und Harzfilme wirken und welche aggressiven Wirkungen sie im Zusammenhang mit Feuchtigkeit ausüben können. Oberflächliche Filmzerstörungen, Bläschen- und Rissbildungen sowie Ausbleichungen sind Folgen der Einwirkung bestimmter Wellenlängen des UV-Spektrums, die nicht immer konstant sind.

Neben diesen unerwünschten Wirkungen, etwa der Ausbleichung von Pigmenten, gibt es allerdings auch durchaus erwünschte Reaktionen, z. B. dass unter Lichtabschluss aufgetretene Vergilbungen von Ölbildern durch Ausbleichen wieder rückgängig gemacht werden.

Für die Schädlichkeit des Faktors Licht gilt generell: *Je kurzwelliger, desto energiereicher; je energiereicher, desto schädlicher.*

Der Infrarotanteil im Licht darf ebenfalls nicht unterschätzt werden, denn auch er führt bei Lichteinfall zu Materialbelastungen.

Lichtechtheitsprüfung und Wollskala

Die Lichtechtheit eines Pigmentes wird nach DIN 16525 als Widerstandsfähigkeit gegen die Einwirkung von Licht verstanden. Diese Widerstandsfähigkeit ist bei den verschiedenen Pigmenttypen unterschiedlich ausgeprägt. Zur exakten Bestimmung der Lichtechtheit wurden von Pigment-, Lack- und Künstlerfarbenherstellern verschiedene Methoden entwickelt; in Testversuchen werden dabei Alterungsprozesse von 200 Jahren und mehr simuliert.

Die Lichtechtheit eines Pigmentes wird in erster Linie von seiner Konstitution, Widerstandsfähigkeit und Robustheit aus dem Produktionsprozess bestimmt. Doch auch die Weiterverarbeitung in der eigentlichen Farbherstellung und die Art der praktischen Anwendung durch den Endverbraucher, sprich Maler, spielt eine Rolle. Es muss natürlich berücksichtigt werden, dass Bilder nicht nur dem Einfluss von Licht ausgesetzt sind. Es müssen auch Sekundäreinflüsse beachtet werden.

Seit geraumer Zeit werden Lichtechtheitswerte von Pigmentherstellern und -verarbeitern sowie von Künstlerfarbenherstellern nach der so genannten Wollskala bzw. Wollfotometerskala gemessen. Die Tests werden bei exakt bestimmten Belichtungszeiten unter genau definierten Bedingungen durchgeführt, die präzise interpretiert werden können.

Die Wollskala wurde 1935 von der deutschen Echtheitskommission erarbeitet und hat sich aufgrund ihrer Zuverlässigkeit und einfachen Handhabung fast überall in der Welt als zuverlässiges und plausibles Verfahren zur Bestimmung der Lichtechtheit von Farbstoffen und Pigmenten durchgesetzt. Die Wollskala besteht aus acht Wollstreifen, die mit acht definierten blauen Farbstoffen unterschiedlicher Lichtechtheit eingefärbt sind. Diese genormte Wollskala wird zusammen mit dem zu prüfenden Pigment- oder Künstlerfarbenaufstrich belichtet. Dabei wird eine natürliche Sonneneinstrahlung von Süden her oder entsprechend intensives künstliches Xenonlicht unter Glas simuliert. Die fortlaufende Veränderung durch den »Lichtangriff« wird anhand der Blauskala bestimmt. Im Ergebnis wird der Prüfling dann mit dem Echtheitsgrad auf der Wollskala ausgezeichnet, dem er in der Farbtonveränderung am nächsten kommt. Die höchste Lichtechtheit wird mit Stufe 8, die geringste mit Stufe 1 bezeichnet.

Die Ergebnisse solcher Tests können dennoch nur als ungefähre Richtwerte dienen, denn das Farbsortiment, aus dem Maler heute wählen können, ist sehr umfangreich, und es gibt keine einheitliche Kennzeichnung. So bewerten manche Künstlerfarbenhersteller ihre mit der Wollskala untersuchten Farben nach ihrem jeweiligen firmeninternen Lichtechtheitssystem mit fünf Sternen für maximale Lichtechtheit, andere hingegen vergeben nur drei Sterne. Somit ist ein Vergleich nicht gerade einfach. Zudem sind auch Sekundäreinflüsse zu beachten, denn nicht nur Licht, sondern auch andere Umwelteinflüsse wirken auf die Bilder ein.

Beispiel: Aquarellmalerei

Die Farben, die in der Aquarellmalerei eingesetzt werden, sind sehr empfindlich, da sie nicht zusätzlich von einem Bindemantel umhüllt sind und oft auch nur zart und duftig auf das ebenfalls einem Alterungsprozess unterworfene Papier gesetzt werden. Dennoch wird einigen besonders hochwertigen Pigmenten, wie etwa den Chromoxid-, Kobalt-, Eisenoxid- oder den Kadmiumpigmenten, eine Haltbarkeit von mehr als 200 Jahren zugesprochen. Doch wie so oft geht auch hier nichts über die praktische Erfahrung – am besten

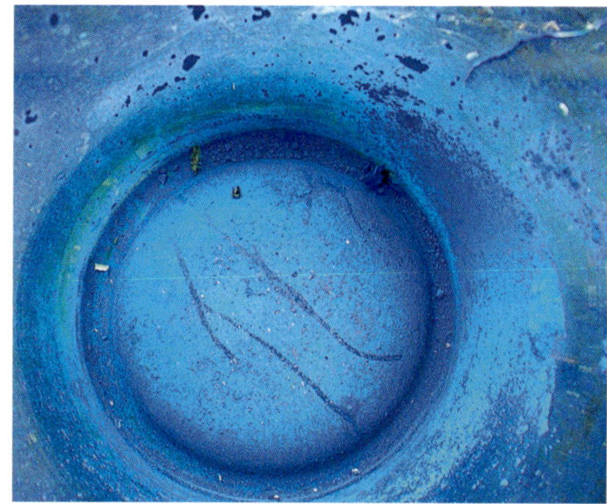

Im Archiv der Farbenfabrik J. BLOCKX Fils s. a. in Belgien konnte man noch ein Glas mit Coelinblauresten entdecken.

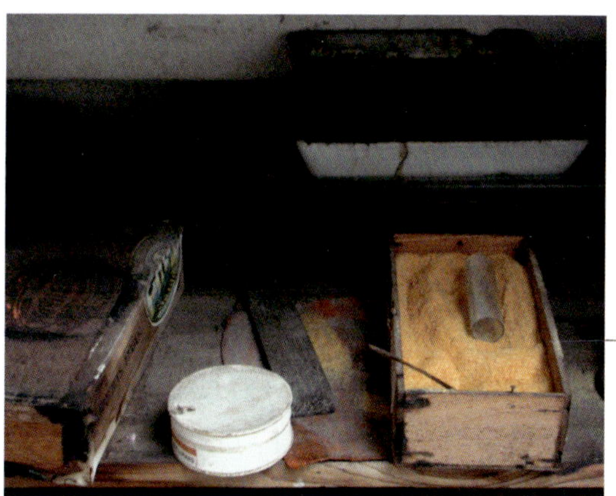

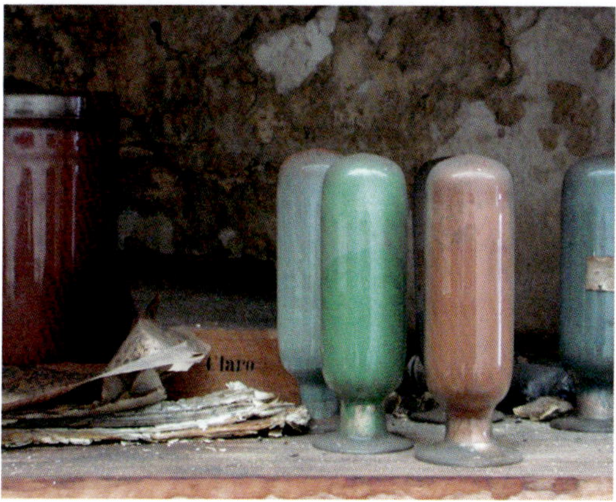

Im alten Archiv, buchstäblich unter der Decke bei J. BLOCKX Fils s. a. in Waregem, fanden sich diese Trouvaillen: exakt beschriftete Gläser der alten selbst hergestellten, oft geglühten Pigmente.

ist es immer noch, verschiedene Produkte selbst auszuprobieren und kritisch zu vergleichen. Im Zweifelsfall lässt man sich vom Farbenhändler beraten oder nimmt Kontakt mit dem Hersteller auf.

Wasser und Wasserdampf

Von Pigmenten, die für künstlerische Arbeiten verwendet werden sollen, wird im Allgemeinen erwartet, dass sie wasserunlöslich sind. Eine Ausnahme bildet das gut lichtechte Zinkgelb, das in der Aquarelltechnik aber wegen seiner Giftigkeit nicht mehr verwendet wird. Weitere Ausnahmen sind einige heute noch gebräuchliche wasserlösliche Preußischblau-Typen sowie auch einige sehr feindisperse Pigmente, die durch feinste Reibung in den Bereich kolloidaler Löslichkeit befördert werden.

Ob ein Pigment wasserlöslich ist, lässt sich folgendermaßen prüfen:

- Buntpigmente: Die Pigmente mit kochendem Wasser übergießen. Nachdem sich das Pigment abgesetzt hat, darf das überstehende Wasser nicht gefärbt sein.
- Wässrige Malfarben: Den gut durchgetrockneten Aufstrich streichfertiger wässriger Malfarben mit normalem Leimfarben-Deckweiß überstreichen. Wasserlösliche Pigmente bluten durch den weißen Aufstrich hindurch.

Ob Gips oder andere mehr oder weniger wasserlösliche weiße Anteile vorhanden sind, die außen ausblühen und dadurch Farbtonveränderungen bewirken können, ist auf diese Weise nicht festzustellen. Eine exakte Prüfung ist nur in einem chemischen Labor möglich. Für Außenarbeiten müssen gipsfreie, außenbeständige Pigmente verwendet werden.

Wirkung von Wasser

Wasser kann nicht nur die Pigmente angreifen, sondern auch andere maltechnisch unerwünschte Folgen haben. Durch Einwirkung von Wasser oder Wasserdampf werden sowohl Bindemittel als auch Pigmente eines Bildes zum Quellen gebracht. Das Wort Quellung bedeutet ganz allgemein die mit Volumenvergrößerung verbundene Aufnahme von Flüssigkeiten, Dämpfen oder Gasen durch den Aufstrichfilm, wobei gleichzeitige Wärmeeinwirkung die Quellung noch verstärkt. Im Extremfall wird dabei der Verbund von Bindemittel, Pigment, Grundierung und Bildträger derart gelockert, dass ein schwerer Bildschaden eintritt. Weitaus mehr Schaden als die Einwirkung von Wasserdampf oder Wasser auf die Bildoberfläche wird durch Feuchtigkeit angerichtet, die von der Bildrückseite angreift. Dies gilt besonders für Bilder, die auf einer hygroskopischen, d. h. wasserempfindlich bleibenden Grundierung wie Gips- oder Kreidegrund gemalt sind. Auch bestimmte Trägermaterialien sind und bleiben dauerhaft hygroskopisch.

Die Quellung von Malfilmen hat jedoch auch ihre guten Seiten; vorausgesetzt, sie tritt in Maßen auf, kann sie sogar erwünscht sein. Geringe Mengen Feuchtigkeit im jungen Ölfilm fördern beim Trocknen die Entstehung saurer Spaltprodukte; diese bilden mit aktiven Pigmenten wie z. B. Kremser Weiß oder Zinkweiß die filmstabilisierenden Blei- und Zinkseifen. Bei allen filmbildenden Malfarben ist Filmquellung auch deshalb erwünscht, weil die meisten Bildträger ebenfalls quellbar sind und die Filme dann den Bewegungen des Bildträgers besser folgen können. Das heißt, dass Quellvermögen und Haftvermögen einander in gewisser Weise bedingen. Die Quellung eines Malfilms muss dabei natürlich in Grenzen bleiben und darf auf keinen Fall durch Zugabe wasseranziehender Mittel, die im Film verbleiben, verstärkt oder verlängert werden.

Schließlich sei noch erwähnt, dass Feuchtigkeit in engem Zusammenhang mit der Lichtechtheit von Pigmenten steht. Unter der Einwirkung von Licht und Wärme reagieren Wasserdampf und Luftsauerstoff zu Wasserstoffperoxid, das organische Bindemittel angreift und auch organische Pigmente oxidieren und ausbleichen kann. Bei gutem Raumklima ist eine solche Gefährdung für Bilder in Innenräumen zwar nicht sehr groß, aber auch minimale Einflüsse addieren sich im Laufe der Zeit. In Museen werden daher Temperatur und Luftfeuchtigkeit fortlaufend kontrolliert und reguliert.

Organische Lösemittel

Lösemittelempfindliche Pigmente

Pigmente, die in Öl, Acryl oder gefirnisster Tempera vermalt werden, sollten in Terpentinöl, Testbenzin, Alkohol oder ähnlichen Lösemitteln unlöslich oder zumindest schwer löslich sein, damit sie sich beim Verdünnen der Malfarbe, beim Firnissen oder bei späterer Firnisabnahme auflösen können.

Ob ein Pigment lösemittelunlöslich ist, lässt sich am Beispiel der Spritechtheit folgendermaßen prüfen:

- Das Pigment mit Spiritus übergießen, in einem verschlossenen Glas durchschütteln und in warmes Wasser stellen. Nachdem sich das Pigment abgesetzt hat, darf der überstehende Spiritus nicht angefärbt sein.
- Den gut durchgetrockneten Aufstrich von Malfarben mit einem Alkoholfirnis überziehen. Spritlösliche Pigmente werden gelöst und laufen im Firnis aus.

Vom Altertum bis in unsere Zeit sind immer wieder lösemittelempfindliche Pigmente in Bildern vermalt worden, ob aus Unkenntnis oder aus Mangel an geeigneten Pigmenten. Meist zeigen sie sich in den Lasuren, für die sie im Firnis dispergiert verwendet worden sind. Abgesehen von ihrer meist mangelhaften Lichtechtheit erschweren sie Restaurierarbeiten, indem sie beim Einsatz von Lösemitteln an Bildstellen wandern können, wo sie nicht vorgesehen waren.

Öllösliche Pigmente

Pigmente, die in Öl oder ölhaltigen Malmitteln vermalt werden, sollten sowohl gegen die oben erwähnten Lösemittel beständig als auch ölunlöslich sein.

Ob ein Pigment ölunlöslich ist, lässt sich folgendermaßen prüfen:

- Den gut durchgetrockneten Ölfarbenaufstrich des zu prüfenden Pigmentes mit einer weißen Ölfarbe deckend überstreichen. Öllösliche Pigmente bluten aus, d. h., sie wandern in den weißen Aufstrich und färben ihn.

Wenn in der Untermalung öllösliche oder kolloidal lösliche Farbmittel verwendet werden, wandern sie im Laufe der Zeit zur Bildoberfläche und verfärben sie. Sie wandern jedoch nicht nur an die Oberfläche, sondern bewegen sich auch in die Breite und in die Tiefe. Daher ist von ihrer Verwendung in Lasuren unbedingt abzuraten.

Besonders der von manchen Malern noch bis vor hundert Jahren in Untermalungen verwendete Asphalt ist beispielhaft für die Zerstörungen, die öllösliche Farbmittel in der Ölmalerei anrichten. Darunter sind Gemälde von hohem künstlerischen Rang, wie etwa die Münchener Bilder von *Hans von Marées*; hier hilft nur noch eine möglichst kühle Lagerung, um den Verfall des Bildes, der durch den thermoplastischen Asphalt begünstigt wird, aufzuhalten. Und auch wenn *Rembrandt* Asphalt in Lasuren verwendet hat, so ist dies nicht unbedingt zur Nachahmung empfohlen.

Lösemittelempfindlich bleibende Bindemittelbestandteile

Trocknende Öle wie Leinöl trocknen durch Oxidation (Sauerstoffaufnahme) und Polymerisation (Vernetzungsreaktionen der Moleküle). Dabei baut sich allmählich ein Linoxinfilm auf, der sich zunehmend verfestigt und im Laufe der Jahre immer härter und lösemittelbeständiger wird. Frische Ölfarbenfilme sind noch so lösemittelempfindlich, dass sie bei zu frühem Firnissen durch das im Firnis enthaltene Terpentinöl oder Testbenzin wieder angelöst werden und dann kleben. Sie müssen dann erneut trocknen, bevor sie wiederum gefirnisst werden. Sehr alte Leinölfilme hingegen behaupten sich sogar gegen so starke Lösemittel wie Trichloräthylen.

Filme aus Harzlösungen – Hauptbestandteil oder alleiniges Malmittel in der Ölmalerei – trocknen physikalisch nur durch Verdunsten der Lösemittel, nicht wie Leinöl durch Sauerstoffaufnahme. Dabei kehrt das Harz zu seinem ursprünglichen festen Zustand zurück, und da es keine chemische Umwandlung mitgemacht hat, bleibt es nach wie vor lösemittelempfindlich. So wird mit den üblichen Malmitteln stets eine lösemittelempfindlich bleibende Komponente in den lösemittelunempfindlich werdenden Ölfilm eingebracht.

Durch die Alkydharzmalmittel kann der Ölmaler auf Malmittel zurückgreifen, die nicht mehr wie Dammar- oder Mastixmalmittel reversibel auftrocknen. Alkydharzmalmittel trocknen, wie die trocknenden Öle, chemisch durch Oxidation, und ihre Filme werden in Terpentinöl unlöslich, wie das auch bei den Filmen reiner Ölfarben der Fall ist.

Wird ein Ölbild mit einer Dammar- oder Mastixlösung in Terpentinöl gefirnisst, dann oxidiert und polymerisiert der Harzfilm auch langfristig nur wenig und bleibt deshalb auch lange löslich. Von einer reinen, harzfreien Ölmalerei kann er relativ bedenkenlos abgenommen werden. Seine Löslichkeit büßt er erst nach sehr langer Zeit ein; dabei steht nicht eindeutig fest, ob dies auf Oxidationen oder Vernetzungen des Harzes oder auf ein allmähliches Verwachsen des Firnisfilmes mit der eigentlichen Bildschicht zurückzuführen ist.

Bemerkenswert ist, dass bei der Herstellung von Acrylfarben für die eigentliche Malfarbe auch terpentinöl- und benzinunlöslich auftrocknende Bindemittel verwendet werden können. Für den Firnis dagegen kommen als Harzkomponente Acrylharzkombinationen infrage, deren Filme außergewöhnlich lange benzinlöslich bleiben und ohne Gefährdung der Bildschicht noch lange nach dem Auftrag abgenommen werden können.

Ähnliche Möglichkeiten eröffnen sich durch die im Laufe der Zeit terpentinölunlöslich auftrocknenden Alkydharze, wenn deren Lösungen als Malmittel in Lasuren verwendet werden. Das gesamte Ölbild einschließlich der Lasuren kann dann terpentinölfest und benzinfest auftrocknen. Dies ermöglicht auch eine Schichtenmalerei mit einer effektiveren Trocknung. Darüber gelegte Harzfirnisse können falls nötig mit milden Lösemitteln abgenommen werden, ohne dass mit der Lasur die eigentliche Bildschicht angelöst wird.

Gilben an Filmen trocknender Öle

Alternde Filme trocknender Öle neigen stets zum Gilben – ein Phänomen, das hauptsächlich unter Lichtabschluss auftritt und auf der Bildung farbiger Oxidationsprodukte der ungesättigten Fettsäureglyzeride beruht; es sind dies genau jene Ölbestandteile, die für das gute Trocknen des Leinöls verantwortlich sind. Dass alte Ölbilder scheinbar nachdunkeln, ist darauf zurückzuführen, dass sie mit der Zeit transparenter werden; dadurch verstärkt sich ihr Tiefenlicht, und deshalb wirkt das Bild dunkler. Mohn- und Sonnenblumenöl gilben zwar nicht wie Leinöl, besitzen aber auch nicht dessen maltechnische Eigenschaften; so fehlt ihnen die gut trocknende Linolensäure.

Das Gilben der Filme trocknender Öle und ihre negativen Auswirkungen auf die farbliche Qualität von Ölbildern werden in der maltechnischen Literatur teilweise stark übertrieben. Die Ursachen für das Gilben oder Bräunen alter Bilder lagen häufig im Herstellungsprozess der Malmittel und Firnisse begründet, die noch bis ins 19. Jahrhundert im offenen Kessel unter Luftzutritt zusammengekocht wurden und neben obskuren Pigmenten und gilbungsfördernden Trockenstoffen sehr viel häufiger für starke Gilbungen verantwortlich gewesen sein dürften als die zum Anreiben eines Pigmentes notwendigen trocknenden Öle.

Gilbungstendenzen machen sich besonders in weißen Bildstellen sowie in zarten, kühlen Blau - tönungen bemerkbar. Eine deutliche Gilbung tritt auf, wenn

- Ölfarbe zu dick aufgetragen wird;
- Ölfarbe zu fett, d. h. mit zu viel Öl vermalt wird;
- Ölfarbe zu stark sikkativiert wird;
- Ölbilder längere Zeit unter Lichtabschluss gelagert sind;
- die Feuchtigkeitseinwirkung ein gewisses Maß überschreitet.

Die Problematik des Gilbens bei kalten Farbtönungen, besonders bei Blautönen, war den alten Meistern wohl bekannt. So trug, laut *Théodore de Mayerne*, *Antonis van Dyck* in seinen Ölbildern das Blau der Draperien in Tempera auf, um Farbtonverwerfungen zu umgehen. Aus dem gleichen Grund wählten auch Maler des 19. Jahrhunderts, wie z. B. *Gustave Courbet*, Tempera für das Blau des Himmels. Ölfarbenaufstriche, die durch Lichtmangel nachgedunkelt sind, hellen sich innerhalb kurzer Zeit wieder auf, wenn sie dem Licht ausgesetzt werden, gewinnen dabei aber ihre ursprüngliche Helligkeit nicht immer ganz zurück.

Seifenbildung aktiver Pigmente

Von den Malpigmenten, die heute gebräuchlich sind, haben vor allem Kremser Weiß und Zinkweiß basischen Charakter. Sie können darum mit Ölsäuren reagieren und Metall-Ölsäure-Verbindungen bilden, chemisch Seifen genannt. Auch Chromgelbe, Bleimennige (z. B. Saturnrot) und die Zinkgelbe gehören in diese Gruppe.

Die Manganseifenbildung bei Umbren wirkt trocknungsbeschleunigend; wegen ihrer Quellungsneigung hat dies maltechnisch allerdings keine positiven Auswirkungen. Bleiseifen hingegen verringern nicht nur die Trockenzeit öliger Filme, sie stabilisieren auch das gesamte System. Durch Neutralisierung saurer Spaltprodukte der alternden Ölfilme verbessern sie das Haftvermögen und die Filmfestigkeit. In diesem Zusammenhang ist bemerkenswert, dass die Quellung eines Ölfilmes, die auf Dauer filmzerstörend wirkt, gleichzeitig eine verstärkte Seifenbildung in Gang bringt, die eine entgegengesetzte, stabilisierende Wirkung hat. So wird die Bedeutung von Kremser Weiß im Bild – für Maler schon immer selbstverständlich – erst im Hinblick auf seine Reaktionsfähigkeit mit fetten Ölen verständlich.

Säuren

Saure Malmittel

Selten sind Malmittel so sauer, dass sie Pigmente angreifen oder eine Reaktion zwischen den Pigmenten auslösen. Eine schwach saure Reaktion findet in Lösungen von Gummiarabikum statt. Bei Pigmentierung mit Zinksulfidpigmenten (Lithopone, Deckweiß) und nicht stabilisierten Ultramarinpigmenten, die schwach gebundene Schwefelanteile enthalten, kann deshalb Schwefelwasserstoff frei werden, was sich durch einen Geruch nach faulen Eiern bemerkbar macht. Stattdessen muss dann mit Titanweiß bzw. alternativen Blaupigmenten gearbeitet werden.

Ob ein wässriges Malmittel sauer reagiert, lässt sich im Zweifelsfall rasch und zuverlässig ermitteln, indem man seinen pH-Wert mithilfe von Indikatorpapier (erhältlich im Laborbedarf oder in Apotheken) misst. Reines neutrales Wasser hat einen pH-Wert von 7. Saure Flüssigkeiten haben einen niedrigeren, alkalisch (also basisch) reagierende Flüssigkeiten einen höheren pH-Wert.

Beispiel: Eine 1%ige wässrige Sodalösung besitzt einen pH-Wert von ca. 12, eine 1%ige wässrige Essigsäurelösung von ca. 3. Haushaltsüblicher Speiseessig ist eine 5- bis 8%ige Lösung von Essigsäure.

Prüfung auf Säurebeständigkeit

Um die Säurebeständigkeit eines Pigments in einem bestimmten sauren Malmittel zu prüfen, werden Pigment und Malmittel gründlich vermischt und einige Tage stehen gelassen. Möglicherweise werden Reaktionen und/oder Farbtonveränderungen erkennbar. In der Wandmalerei können saure Grundiermittel gefährlich sein. Wenn ein solches Grundiermittel verwendet wurde, muss der Grund vor dem Malen auf Neutralität geprüft und wenn nötig nachgewaschen werden.

Saure Gase (Industriegase)

Auch saure Gase wie Schwefelwasserstoff und Schwefeldioxid sind negativ einzuordnen. Schwefelwasserstoffgas, das auch in ländlichen Gegenden vorkommt, kann zusammen mit bleihaltigen Pigmenten wie Kremser Weiß, Chromgelb und Neapelgelb Bleisulfid bilden und dadurch Bräunungen und Schwärzungen auslösen. Aus Schwefeldioxid entsteht in Verbindung mit Feuchtigkeit schweflige Säure, die organische Pigmente ausbleichen und bei Langzeiteinwirkung Ultramarin entfärben kann.

Alkalien

Kalkechtheit

Ein Pigment, dessen Farbtönung von gelöschtem Kalk nicht verändert und das von gelöschtem Kalk nicht gelöst wird, ist kalkecht.

Ob ein Pigment kalkecht ist, lässt sich folgendermaßen prüfen:

- Das Pigment mit gelöschtem Kalk in einem Reagenzglas gut durchschütteln und mehrere Tage stehen lassen. Im Vergleich mit einer frisch hergestellten Aufschlämmung im gleichen Mengenverhältnis wird die Echtheit geprüft.

Wenn die Farbtönung unverändert und das Pigment im überstehenden Wasser nicht in Lösung gegangen ist, kann es mit Kalk verarbeitet werden. Ist die Farbtönung geringfügig verändert und/oder ist das überstehende Wasser wenig angefärbt, dann kann das Pigment zwar nicht in Kalk, bei geringeren Ansprüchen aber evtl. auf Kalkputzgründen verwendet werden (z.B. Chromorange und bestimmte organische Pigmente). Dennoch lassen sich diese auch als »bedingt kalkecht« bezeichneten Pigmente ebenfalls für dauerhafte künstlerische Arbeiten einsetzen.

Beispiel für die Brauchbarkeit einiger Pigmente für Fresko

Die unbedingte Kalkechtheit eines Pigmentes wird nicht selten mit seiner Brauchbarkeit für Fresko im Außenbereich gleichgesetzt. Das ist jedoch nicht zutreffend. Kalkechte Ultramarinblautypen können empfindlich gegen Schwefeldioxid aus der Luft sein, und das kalkechte Neapelgelb ist stets gegen Schwefelwasserstoff empfindlich. Auch rote und gelbe Kadmiumpigmente neigen im Außenbereich zu Ausblühungen, da sie mit der Luftkohlensäure teilweise zu weißem Kadmiumkarbonat reagieren.

Zementechtheit

Zementecht ist ein Pigment, dessen Farbtönung durch Zement nicht zerstört wird und das in Zement keine Ausblühungen hervorruft.

Ob ein Pigment zementecht ist, lässt sich folgendermaßen prüfen:

- Es werden zwei Zementplatten hergestellt; die eine wird mit dem zu prüfenden Pigment durchgefärbt, die andere bleibt ungefärbt. Zum Anrühren wird destilliertes Wasser verwendet. Nachdem beide Platten durchgehärtet sind, legt man sie für sechs Tage in Wasser und lässt sie dann an der Luft trocknen. Wenn die Farbtönung sich nicht verändert hat und keine Ausblühungen aufgetreten sind, dann gilt das Pigment als zementecht.

Zementechtheit ist jedoch nicht mit Kalkechtheit gleichzusetzen; im Zement bleibt die Alkalität länger erhalten und kann darum länger auf das Pigment einwirken. Außer bei Sgraffito-Arbeiten wird Zementechtheit im Allgemeinen von Malpigmenten nicht verlangt.

Wasserglasechtheit

Wasserglasecht ist ein Pigment, wenn es mit Farbenwasserglas gemischt weder seine Farbtönung ändert noch stockt, eindickt oder ausblüht.

Ob ein Pigment wasserglasecht ist, lässt sich folgendermaßen prüfen:

- Das zu prüfende Pigment wird mit Farbenwasserglas angerührt. Bildet sich eine zähe oder gallerartige Masse, dann ist das Pigment ungeeignet. Bleibt die Mischung verstreichbar, dann wird auf trockenen Kalkputz aufgestrichen. Gleichzeitig erfolgt ein Kontrollaufstrich mit unpigmentiertem Wasserglas. Nach einigen Tagen stellt sich heraus, ob Ausblühungen oder Zerstörungen aufgetreten sind. Für dauerhafte künstlerische Arbeiten sind nur verarbeitungsfertige Wasserglasmalfarben geeignet, z. B. Keim'sche Mineralfarben. Die Selbstherstellung ist nicht zu empfehlen.

Pigmentmischungen

Es ist schon viel über die Gefahren von Pigmentmischungen geschrieben worden, besonders in älteren Büchern über Mal- und Anstrichstoffe. Pigmentverträglichkeit ist offensichtlich ein wichtiges Thema gewesen. Inzwischen ist bekannt, dass Verfärbungen eher auf Pigmentverunreinigungen und die Verarbeitung von sauren Malmitteln zurückzuführen waren als auf die Pigmente selbst. Seit Pigmente und Malfarben ohne störende Verunreinigungen hergestellt werden und die Kupferpigmente aus der Malerei verschwunden sind, hat das Thema Pigmentmischung an Problematik verloren.

Als Musterbeispiel einer gefährlichen Pigmentmischung galt stets die Verbindung bleihaltiger Pigmente (Kremser Weiß, Chromgelb o. Ä.) mit schwefelhaltigen Pigmenten (Ultramarinblau, Kadmiumgelb). Man befürchtete, freies Blei und freier Schwefel könnten sich zu Bleisulfid verbinden und Farbtonverwerfungen hervorrufen. Beim Arbeiten mit einwandfreien Pigmenten und neutralen Bindemitteln konnten solche Reaktionen aber weder bei Versuchen noch in der malerischen Praxis nachgewiesen werden.

Mischungen trockener Pigmente verändern ihre Farbtönung durch chemische Reaktionen überhaupt nicht, abgesehen von einer möglichen Veränderung durch Lichteinwirkung. Reaktionen sind im intakten Ölfilm auch nicht zu erwarten; bei wässrigen Aufstrichen kann es da schon kritischer werden. In jedem Fall bedarf es schon einer Einwirkung von außen, wie ungewöhnlich hoher Feuchtigkeit oder eines Angriffs von Säuren oder sauren Gasen (Schwefelwasserstoff, Schwefeldioxid), ehe Pigmente zerstört werden. Ihre Zerfallsprodukte können dann miteinander oder mit den von außen einwirkenden Agenzien reagieren.

Mit Recht wurde früher vor folgenden Mischungen gewarnt:

Kupferpigmente, z.B. Bergblau,
Bremer Blau, Schweinfurter Grün
+ Blei-, Kadmium- und schwefelhaltige
Pigmente

»echter« Zinnober
+ Kremser Weiß, Chromgelb, Zinkgelb,
Berliner Blau

Kupferpigmente und Zinkgelb sind inzwischen längst durch andere, weniger gefährliche Pigmente ersetzt worden, und echter Zinnober wird nur noch selten vermalt; alle anderen Pigmentmischungen sind ungefährlich, wenn handwerklich richtig gearbeitet wird.

Colour Index System

Inzwischen werden die Pigmente nicht mehr nur über die Namen identifiziert, sondern über die so genannte Colour Index Nummer. Der international eingeführte Colour Index ist ein mehrbändiges und ständig ergänztes Nachschlagewerk über Farbmittel, das von der British Society of Dyers and Colourists in Zusammenarbeit mit der American Association of Textile Chemists and Colorists herausgegeben wird. Enthalten sind Informationen über die chemische Struktur, klassische Namen, Erfinder, Patente, Synthese, Löslichkeit und Reaktionsverhalten der Farbmittel.

Das C.I.-System enthält den so genannten »generic name« und die Nummer. Aber leider wird häufig genug nur der Begriff der »Nr.« für dieses System verwendet. Für den Endverbraucher ist jedoch der »generic name«, den die Farbenhersteller generell verwenden, viel praktischer und wesentlich aussagekräftiger. Denn auf dieser Basis kommen einem die Pigmente und Pigmentgruppen näher; verhältnismäßig gut gelingt es dann, wenn zudem auch die notwendigen chemischen Angaben geliefert werden.

Das Colour Index System sortiert u. a. die wichtigsten Pigmente und Farbstoffe nach Gruppen und Farbtönungen systematisch vor mit einer alphanumerischen Bezeichnung. Eine fünfstellige Zahl gibt dann nicht nur eine Feinabstimmung nach der chemischen Konstitution der Pigmente. Denn die Anzahl der synthetisch hergestellten Pigmente und Farbstoffe ist fast unüberschaubar geworden. In allen Ländern der Welt werden Farbtönungen, auch die von Künstlerfarben, nicht selten mit Fantasiebezeichnungen benannt, die missverständlich sind und zu Irrtümern und Verwechslungen führen können. Das geht vom Zitronengelb über das Indischgelb zum Saftgrün über zum Helioechtblau und dann weiter zum Permanentrosa und zum Geraniumlack, die zu allem Überfluss dann auch noch rötlich, bläulich oder violett sein können.

Aber auch Künstlerfarben mit offenbar ganz unmissverständlicher Namensgebung wie z.B. »Zinnober hell« oder »Kadmiumrot dunkel« können die Pigmente enthalten, die im Namen vorkommen – müssen es aber nicht unbedingt. Oft sind diese Namen vom Hersteller oder Händler nur als Farbtonbezeichnung gedacht und den originalen Pigmenten in guter Absicht nachgestellt. Woher soll dann aber ein Maler wissen, welche Pigmente er vermalt?

Glücklicherweise nennen nun einige, aber durchaus nicht alle, Künstlerfarbenhersteller auf den Etiketten oder in Katalogen die verwendeten Pigmente, wobei es aber manchmal sehr kurz, unvollständig oder missverständlich zugeht, schon aus praktischen Gründen, weil eben der Platz auf dem kleinen Etikett nicht ausreicht.

Bei ausländischen Produkten wird die Verständigung noch etwas verzwickter, als sie es bei den gewohnten Inlandsprodukten schon ist. Da gibt es nämlich zum deutschen »Meier-Rot« noch ein französisches »Dupont-Rouge« und zur angelsächsischen Vervollständigung auch noch ein »Smith's Red«. Da weiß ein Maler nur noch, dass es sich bei dieser Namensgebung um deutsch- oder eben fremdsprachliche Trivial- bzw. firmen - interne Namen von Pigmenten handelt, unter denen sich beim besten Willen nun niemand mehr etwas vorstellen kann. Misstrauische Seelen fürchten manchmal sogar, sie sollten sich gar nichts vorstellen können. Nennt ein Hersteller jedoch in dem lobenswerten Bestreben, endlich Klarheit in die Sache zu bringen, die teilweise sehr langen, sehr komplizierten und oft zungenbrecherischen chemischen Bezeichnungen der Pigmente, dann bessert er oft nichts. Vielleicht frustriert er sogar den Maler, der kein Chemiker ist. Was kann der Colour Index (C.I.) dem Maler nun wirklich nützen?

Die Künstlerfarbenhersteller, die neben den Pigmentbezeichnungen auch die Colour Index Nummer auf ihre Etiketten drucken und sie in ihre Dokumentationen, in die Kataloge, auf Preislisten und in die Farbkarten aufgenommen haben, beweisen nicht nur Kommunikationswilligkeit, sondern auch Selbstbewusstsein. Diese Angaben werden ja nicht nur von ihren Malerkunden gelesen, sondern auch von ihrer nationalen und internationalen Konkurrenz und den »Mitbewerbern«.

Damit fordern sie ihre Mitbewerber heraus, dasselbe zu tun. Natürlich erhoffen sie sich dabei einen Aufmerksamkeitsbonus beim Maler, aber: Schadet das? Solche Herausforderungen wirken häufig infektiös, und es wäre kein Wunder, wenn in absehbarer Zeit dem Fach seitens der Künstlerfarbenhersteller und -händler Pigmentdeklarationen vorlägen, wie sie in dieser Transparenz und Genauigkeit bisher unbekannt waren und von denen ein Max Doerner nur hätte träumen können. Dem Maler kann ein solches Wetteifern seiner Lieferanten nur nützlich und angenehm sein. Er benötigt dann weder chemische noch fremdsprachliche Kenntnisse, um angebotene Pigmente und Pigmentangaben in fertigen Malfarben in Zusammensetzung und Preis vergleichen zu können.

Gewiss, er muss zwar derzeit noch bei seinem Künstlerfarbenhersteller oder -händler nachfragen, wenn er sich für die Vorteile interessiert, die ihm das C.I.-System bieten kann. Es werden ihm aber in absehbarer Zeit mit großer Wahrscheinlichkeit neutrale Hilfen zur Verfügung stehen, die ihm die Orientierung erleichtern und Vergleiche einfach machen, vielleicht sogar Preisvergleiche ermöglichen.

Es sieht ganz so aus, als stünde man mit der Einführung der Pigmentbezeichnung nach dem C.I.-System am Beginn einer Entwicklung, die jetzt viel leichter als bisher zu einer Durchsichtigkeit des Pigmentgebietes für den Maler führt. Wie sieht nun eine C.I.-Nummerierung in der Praxis aus?

Beispiele

Kadmiumgelb hell	C.I. Pigment Gelb 37	C.I. Nr. 77.199
Chromgelb hell	C.I. Pigment Gelb 34	C.I. Nr. 77.600
Monoazopigment	C.I. Pigment Gelb 1	C.I. Nr. 11.680

Diese drei Pigmente besitzen eine ähnliche Farbtönung; *koloristisch* kann eines das andere ersetzen.

Pariser Blau	C.I. Pigment Blau 27	C.I. Nr. 77.510
Phthalozyaninblau	C.I. Pigment Blau 15	C.I. Nr. 74.160

Beide Pigmente sind koloristisch ähnlich; der Maler ersetzt häufig das eine durch das andere.

Die nachfolgende Tabelle ist nach der E-Nummer sortiert und zeigt eine Gegenüberstellung der Nummern.

CI-Nr.	Farbstoff	E-Nr.
15.985	Sunsetgelb FCF, Gelborange S	E 110
16.255	Ponceau 4R, Cochenillerot A	E 124
18.050	Rot 2G	E 128
28.440	Brillantschwarz BN, Schwarz PN	E 151
42.051	Patentblau V	E 131
75.470	Cochenille, Karminsäure, Karmin	E 120
77.220	Kalziumkarbonat	E 170
77.891	Titandioxid	E 171
77.491, 77.492, 77.499	Eisenoxide und -hydroxide	E 172

Zur Planung eines Kunstwerkes sei generell gesagt …

Zuerst sollten folgende Punkte geklärt werden:

- Aufbau des Malgrunds
- Klärung, ob eine Vorbehandlung des Untergrunds notwendig ist
- Wahl der geeigneten Maltechnik
- Wahl der geeigneten Malfarbe sowie Bereitstellung der ausreichenden Menge an Malfarbe (eventuell Modifizierung durch Verdünnung, Verdickung etc.)
- Abschließender Schutz des Werkes (Versiegelung, Firnis, Anti-Graffiti)

Folgende Komponenten verdienen besondere Beachtung:

- örtliche Verhältnisse, z.B. Witterung, Installationen für die Arbeit (Arbeitsgerüst etc.)
- vorgegebene Arbeitszeit/en
- Farbmenge, z.B. Tuben-, Flaschen- oder Gebindegrößen
- geeignete Werkzeuge, Schutzmaßnahmen und weitere Hilfsmittel

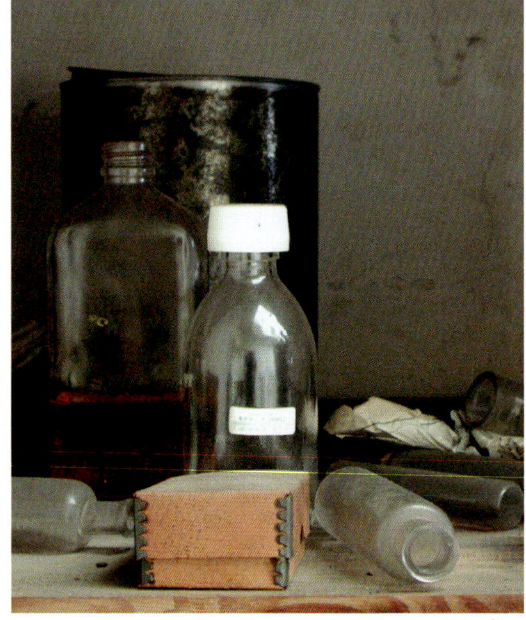

Bei J. BLOCKX Fils s.a. am alten Standort (Waregem/Belgien) sind selbst die Verpackungen der damaligen Zeit noch überliefert.

MALTECHNIKEN

Aquarellmalerei

Aquarellfarben besitzen kein Bindemittel im eigentlichen Sinne, das wie bei anderen Farben die Pigmente in einen Film einbindet und auf dem Malgrund verklebt. Bindemittel haben hier lediglich die Funktion, die Farben lagerfähig bzw. gebrauchsfertig zu halten, bis sie vermalt werden. Die Bezeichnung Malmittel wäre hier eigentlich zutreffender, denn die Aquarellfarben wandern in das Papier als eigentlichen Malgrund, das die kleinen und feinen Pigmentteilchen absorbiert. Je saugfähiger das Papier ist, desto besser werden die Farben aufgenommen. Die »feine« Erscheinung mancher Aquarelle ist also gewissermaßen auf die Färbung der Papierfasern zurückzuführen.

Dennoch enthalten die Malmittel in Aquarellfarben nichtflüchtige Bestandteile, so genannte »Schutzkolloide«, die das Flocken der Pigmentteilchen verhindern. In der Farbenherstellung werden dafür neben natürlichen Netzmitteln wie Ochsengalle auch synthetische Netzmittel sowie Gummiarabikum oder Tragant eingesetzt, seltener auch Dextrin. Diese Besonderheiten von Aquarellfarben machen u.a. ein Selbstherstellen unmöglich.

Als Farbmittel werden meist feindisperse Pigmente verwendet, deren Korngrößen kolloidalen Charakter besitzen und deshalb bestens für die Herstellung von Aquarellfarben geeignet sind. Früher versuchten Aquarellfarbenhersteller, dieses feine Korn durch starkes Reiben auf Walzenstühlen zu erreichen, was jedoch oft nur auf Kosten der Farbschönheit gelang.

Aquarellfarben werden als Paste in Tuben oder als feste Farbstücke angeboten. Zunächst wird in der Fabrik eine fein angeriebene Aquarellfarbenpaste hergestellt. Diese kann entweder flüssig auf Tuben aufgezogen oder zu Stücken verarbeitet werden. Dies geschieht entweder mittels Gießverfahren, wobei die Paste in Kunststoffnäpfchen gegossen und anschließend im Trockenschrank getrocknet wird, oder der Paste werden mittels Wärme im Vakuum vorsichtig die wässrigen Anteile entzogen. Dabei entsteht ein zäh-elastischer Farbkuchen, aus dem die kleinen Aquarellfarbenstücke ausgestanzt werden.

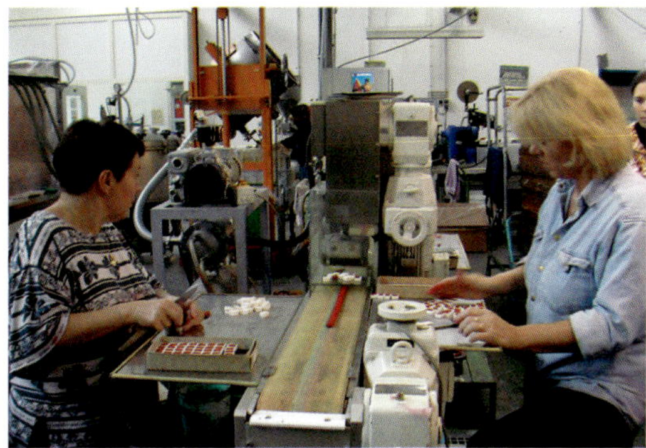

Nach der Fertigstellung der kleinen Aquarellstücke werden diese vorsichtig von Hand in die Näpfchen eingelegt; bei Lukas-Künstlerfarben, Dr. Fr. Schoenfeld GmbH & Co., Düsseldorf.

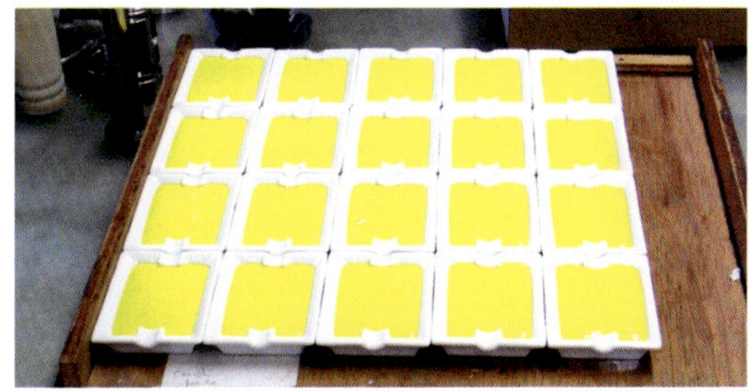

Wohl einmalig sind die etwa 4 x 5 cm großen Aquarellnäpfe aus Keramik von J. BLOCKX Fils s.a., Nandrin / Belgien.

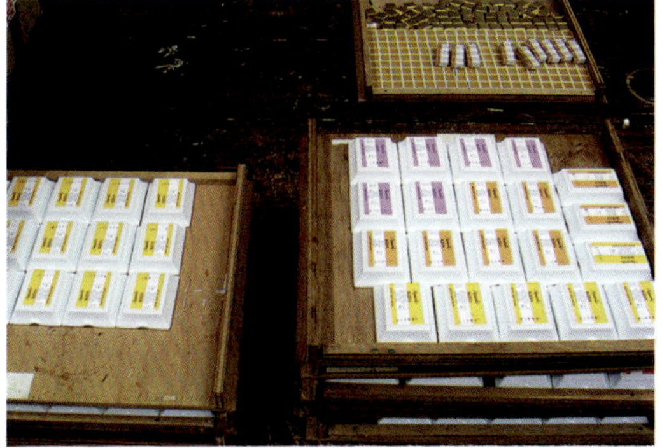

Hier erkennt man den Unterschied zwischen den großen (vorn) und den kleineren (hinten) Aquarellnäpfen; beim Einkauf sollte bedacht werden, welche Größe tatsächlich gebraucht wird.

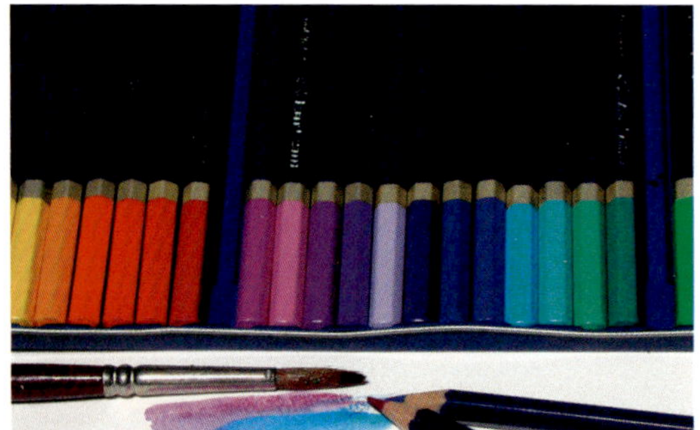

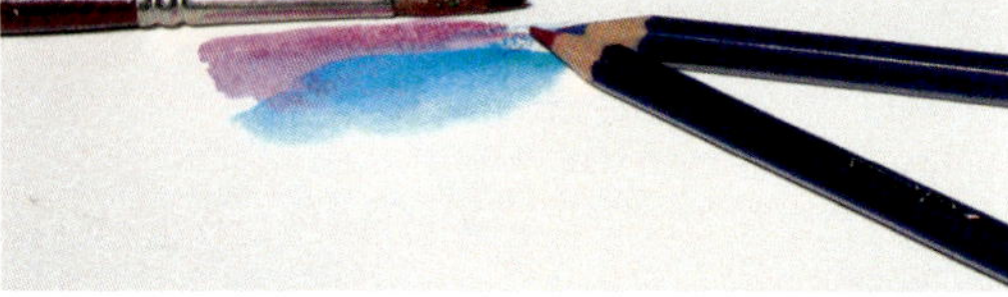

Aquarellstifte »Albrecht Dürer« von Faber-Castell, Stein bei Nürnberg

Die Schweizer Künstlerfarbenfabrik Lascaux hat die so genannten Aquacryl-Farben entwickelt. Wie echte Aquarellfarben bleiben auch diese stets wieder löslich vermalbar. Zudem wird ein hochglänzend bis matt auftrocknendes Malmittel bzw. Hilfsmedium offeriert, mit dem diese Wiederlöslichkeit manipulierbar ist. Von Faber-Castell in Stein bei Nürnberg werden außerdem Aquarellfarbstifte angeboten.

Malgründe und Malgeräte

Da in der Aquarellmalerei das Farbenmischen besonders einfach ist, lässt sich mit einer relativ kleinen Palette von nur wenigen Farbtönen arbeiten. Der lasierende Malfarbenauftrag von stark verdünnten Aquarellfarben wird durch den hellen Untergrund von Papieren noch unterstützt, denn bei reiner Aquarellmalerei geht das Licht gerade vom Untergrund aus. Dabei handelt es sich meistens um Papier; aber auch helle Sorten von Pergament, Seide oder Batist sowie Kreide- und Gipsgründe werden verwendet. In jedem Fall sollten all diese Malgründe so sauber wie möglich – und fettfrei! – und zudem möglichst unveränderlich sein, weil sie die Farben dann besser annehmen.

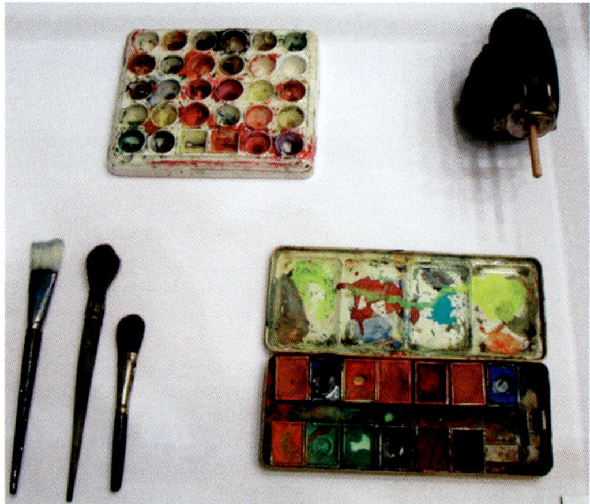

Arne Jacobsens Aquarellkasten

Die teuren handgeschöpften Büttenpapiere erlauben das in dieser Technik beliebte Verwaschen; auf ihnen »steht« die Farbe besonders natürlich. Neben speziellen Aquarellpapieren kann man heute die meisten hochveredelten Zeichenpapiere verwenden.

Auf rau gekörnten Papieren wirken die Farben optisch attraktiver und haften auch besser. Sie wirken lebendig und locker, weil sich in den kleinen Erhebungen bzw. Vertiefungen Licht und Schatten fängt. Die Papiere sollten lichtecht sein, damit sich die Farbtöne in der Gesamtkomposition nicht verändern. Die Papiere dürfen nicht oder nur wenig gerollt werden. Daher bewahrt man sie am besten in Mappen oder Schubläden auf.

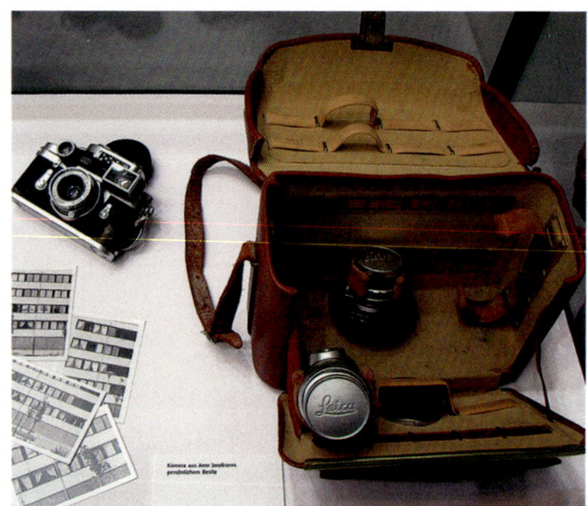

Arne Jacobsens Fotoausrüstung

Zum Malen wird das Aquarellpapier mit Reißnägeln auf ein Reißbrett gespannt oder mit Kleister auf einen Rahmen aufgezogen. Dazu wird die Papierfläche rückseitig genässt, der Rand leicht gefaltet, mit dem Kleister bestrichen und dann glatt angedrückt. Das Papier dehnt sich beim Nässen zunächst aus und wird wellig, zieht sich dann aber beim Trocknen wieder glatt.

Pinsel

Hochwertige Aquarellpinsel zeichnen sich vor allem durch eine gute Spitze aus; der Besatz darf sich in keinem Fall spalten oder gar einen Bauch bilden, sondern muss sein keilförmiges Aussehen behalten. Neben Rotmarderpinseln eignen sich besonders so genannte Fischhaarpinsel und breite Verwaschpinsel. Nach Gebrauch müssen Aquarellpinsel ausgewaschen und sofort in die korrekte Form gebracht werden, damit die Spitzen nicht leiden.

Das Malen

Durch leichtes Aufsetzen des Bleistiftes wird mit wenigen Strichen und sparsamem Radieren die erste Umrisszeichnung gefertigt. Man muss sehr vorsichtig auf- oder umzeichnen, ohne die Malfläche zu beschädigen, damit das Papier die Farbe gleichmäßig annimmt.

Zunächst feuchtet man das Papier leicht mit einem Schwamm oder einem weichen Tuch o. Ä. an und lässt das Wasser etwas einziehen, sodass es nicht mehr auf der Oberfläche steht. Nun kann mit dem Malen begonnen werden. Als einziges Malmittel wird dabei Wasser benötigt, das möglichst rein sein sollte. In Gegenden mit sehr hartem, kalkhaltigem Wasser ist destilliertes Wasser eine gute Alternative.

Um eine leichte und lockere Farbwirkung zu erzielen, sollte man die Farbwahl stark einschränken und eher Wert auf Lasurtöne wie Indischgelb, Krapplack oder Pariser Blau legen. Dabei wird stets vom Schatten zum Licht gearbeitet, beginnend bei den dunklen Farbtönen und über die Mitteltöne zu den hellsten Farben übergehend. Man kann aber auch versuchen, die Lichter auszusparen und die Farben über die Fläche zu treiben.

Korrekturen: Tipps und Ratschläge

Die Malflächen sollten nie direkt berührt werden. Entfettet wird mit verdünntem Salmiakgeist oder Ochsengalle. Die Malfläche kann mit feinem Bimssteinmehl, Kork und Wasser glatt geschliffen werden.

Sodann wird abgerieben, mit Wasser nachgewaschen und bei leichtem Druck auf oder zwischen guten Fließpapieren getrocknet.

Pastellmalerei

Pastellfarben beziehen ihre Wirkung aus reinem Oberflächenlicht. Als quasi trockene Farbpulver kommen sie reinen Pigmenten wohl am nächsten. Da die Farbmittel aber nur locker auf dem Untergrund haften, sind Pastellmalereien äußerst empfindlich gegen mechanische Verletzungen.

Im Grunde stellt die Pastellmalerei ein Malen mit Pigmenten auf möglichst rauem Maluntergrund dar. Die Pigmente haften hierbei einfach durch Adhäsion, d. h. sie werden nicht zusätzlich noch von einem Bindemittel gehalten. »Bindemittel« erfüllen hier lediglich die Funktion, die Pigmente in eine malbereite Form zu bringen, z. B. als Pastellstifte. Pastellmaler malen aber auch oft direkt mit Pigmentpulvern. Weil die Adhäsionskräfte jedoch häufig nicht ausreichen, werden Pastellmalereien mit einem extrem stark verdünnten Firnis, dem Fixativ, zusätzlich fixiert. Das fertige Bild sollte dann zusätzlich mittels Verglasung geschützt werden.

Mit den weicheren, meist runden Pastellkreiden lassen sich gute malerische Ergebnisse erzielen. Für höhere gestalterische Ansprüche bieten sich die härteren vierkantförmigen Pastellkreiden an, die es auch in Holz gefasst gibt – ideal für die künstlerische Arbeit auf Reisen.

Beim Mischen von Pastellfarben sollte man bedenken, dass der meist raue Untergrund oft nur eine bestimmte Menge Pastellkreide aufzunehmen vermag. Denn beim Mischen wird im Prinzip nur wieder die Farbmenge von der ersten Schicht an Pastellkreiden beiseite geschoben, die sich dann farbig vermischt. Meist wird dies erst bemerkt, wenn Farbpartikel lose vom Maluntergrund abfallen. In diesem Fall kann der erste Aufstrich durch eine Zwischen-Fixierschicht abgesichert werden. Dennoch überzeugen Pastellkreiden vor allem unvermischt.

Auch *Leonardo da Vinci* (1452–1519) hat mit Pastellkreide gearbeitet, allerdings nur zeichnerisch angedeutet, etwa bei dem Porträt *»Isabella d'Este«*, Erzherzogin von Mantua von 1499 (Musée du Louvre, Cabinet des Dessins, Paris). Hier führte *da Vinci* mit ockergelbem Pastell auf Karton über schwarzer Kreide und Rötel die Höhungen aus.

Mit dem 16. Jahrhundert kam die Pastelltechnik nach Deutschland, Frankreich und Italien; zunächst wurde sie meist nur nachträglich oder in dekorativer Absicht verwendet. Ihre Sternstunde erlebte die Pastellmalerei im 17. und 18. Jahrhundert, und in gewisser Weise dauert sie bis heute an: Über viele bekannte Darstellungen der Impressionisten findet sie noch immer weite Verbreitung.

Die Künstlerfarbenfabrik J. BLOCKX Fils s.a. in Belgien setzt bei der Herstellung ihrer Pastellkreiden italienische Großküchenmaschinen ein, die ursprünglich für die Pasta-Produktion entwickelt worden waren. Folgerichtig ähneln sich auch beide Prozesse.

Selbstherstellung von Pastellstiften

Leim oder Gelatine dürfen höchstens 3%ig in Wasser gelöst werden. Schon 2%iges Gummiarabikum macht die Farben leicht spröde und ergibt später harte, krustige Pastelle. Wer Pastellstifte selbst herstellen will, sollte nur beste, ungiftige Künstlerpigmente verwenden. Denn in keiner anderen Technik ist das Pigment so stark den Aggressionen der UV-Strahlen ausgesetzt, und man sollte von der filternden Wirkung einer einfachen Verglasung nicht zu viel erwarten.

Rezept

3 g Tragantgummi in
1 Liter Wasser aufquellen lassen.

Dann wird die daraus entstandene gallertartige Masse bis zur Kleisterkonsistenz erwärmt.

Sodann wird das Farbpulver fest in Wasser angerieben und anschließend die vorbereitete Tragantmasse als Bindemittel hinzugefügt. Man lässt die Farbe etwas antrocknen oder entzieht ihr Wasser, indem man sie auf weißes Fließpapier ausrollt. Die Farbe darf nicht mehr ankleben, muss aber formbar bleiben; zu stark entwässerte Farbe würde krümeln. Nun wird der Farbteig mit den Händen ausgewalzt.

Schon aus praktischen Gründen wird man sich dickere Stifte herstellen, als im Handel erhältlich sind: Mit solchen »Handstücken« kann man vor allem mit der Breitfläche schön großflächig arbeiten.

Der getrocknete und malbereite Stift soll noch begierig Wasser ansaugen.

Malgründe für Pastellmalerei

Als Untergrund für Pastellmalereien eignen sich Papier, Karton, Pappen und auch Gewebe. Eine gewisse Rauheit des Grundes ist dabei stets von Vorteil. Ist der Maluntergrund allerdings zu rau, wirkt er wie eine Reibe, und aufgrund des Abriebs wird viel Farbe verbraucht. Alle Maluntergründe für die Pastellmalerei müssen vor Beginn der Arbeit präpariert sein, d.h., sie müssen aufgespannt oder auf feste Unterlagen gebracht werden, damit sie möglichst beständig sind.

Jedes gute Malpapier und jeder gute Karton mit rauer Oberfläche eignen sich als Malgrund. Interessant sind auch die Velourspapiere, die in vielen Farbtönungen hergestellt werden. *Joan Miró* verwendete sogar Sandpapiere, die normalerweise als Schleifmittel dienen. Wichtig ist in jedem Fall, die Eigenschaften und Beständigkeit des Malgrundes zu kennen.

Das Malen

Man kann die Farbtöne klar, spitz, fein oder breit und unvermittelt nebeneinander oder sogar übereinander setzen. Ein dunkel durchscheinender Untergrund kann dabei geschickt in die Bildkomposition mit einbezogen werden. Man kann die Farben mit dem Finger, dem Pinsel oder anderen Utensilien auftragen. Die Töne lassen sich so durch leichtes Verwischen mit dem Finger oder Vertreiben mit dem Pinsel zusammenführen, was einen weichen, fast samtigen Effekt ergibt.

Große Flächen bearbeitet man mit der breiten Seite der Stifte; die selbst angefertigten »Handstücke« sind dafür besonders gut geeignet. Fehlerhafte Partien können einfach durch Abstauben entfernt werden. Pastell eignet sich auch für die schnelle zeichnerische Arbeit in der Natur, etwa für einfache Ideenskizzen. Auch zu schwer geratene Farbpartien, etwa in Ölbildern, können durch Übermalen mit Pastellkreide überspielt werden.

Einige Hinweise zum Malen mit Pastell

Vorzeichnungen werden am besten mit weicheren Zeichenkohlen begonnen. Sie sind dem Pastell am ähnlichsten und können abgefegt werden, um die spätere Farbigkeit nicht zu verdunkeln oder gar noch nachzufärben. Wird die Pastellfarbe geschlossen oder strichelnd aufgetragen, so zeigt sich die Entstehungsgeschichte des Bildes in den

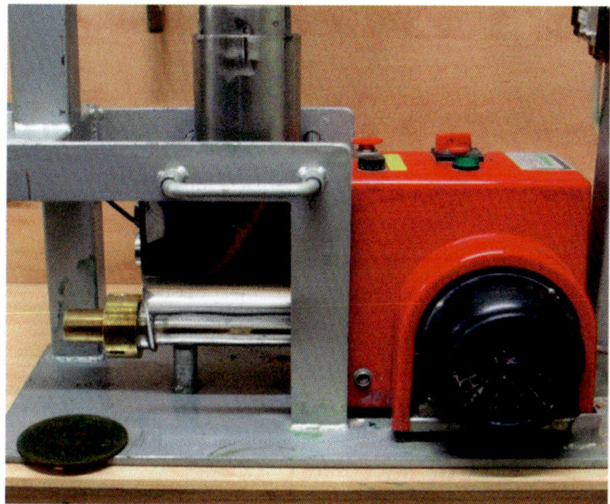

Mit dieser Pastamaschine wird bei J. BLOCKX Fils s. a. der Pastellteig gerührt.

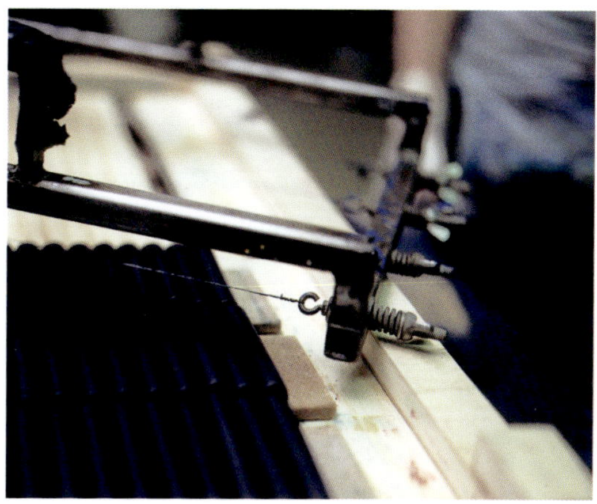

Bei der Fa. Schmincke in Erkrath schneidet man die Pastellstäbchen mit eigens konstruierten Sägen.

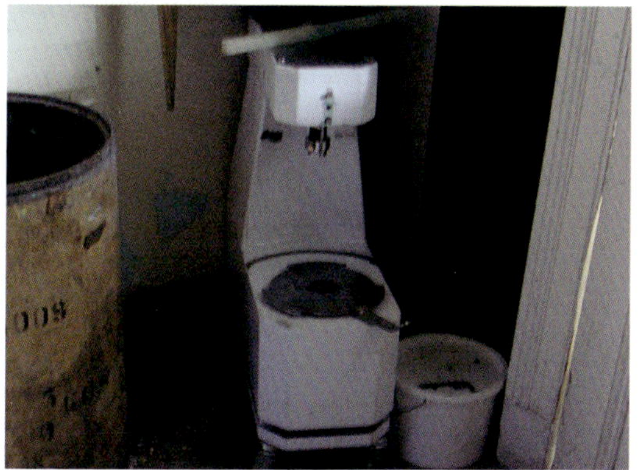

Die italienischen Pastamaschinen dienen bei J. BLOCKX Fils s. a. auch dazu, den Pastellteig zu Stangen auszuformen.

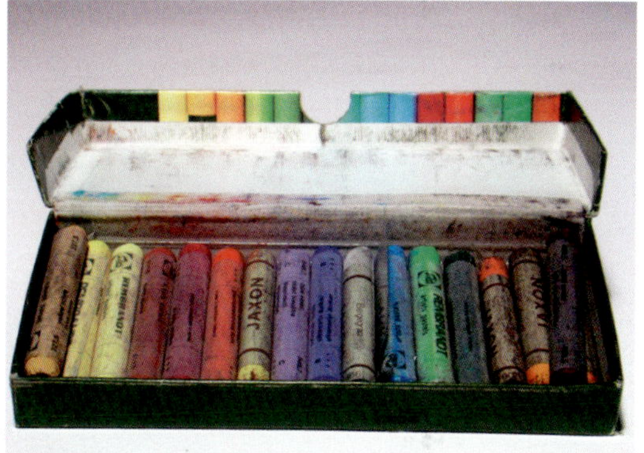

Die besonders weichen »soft pastels for artists« verkauft Talens / Niederlande unter dem Markennamen »Rembrandt«.

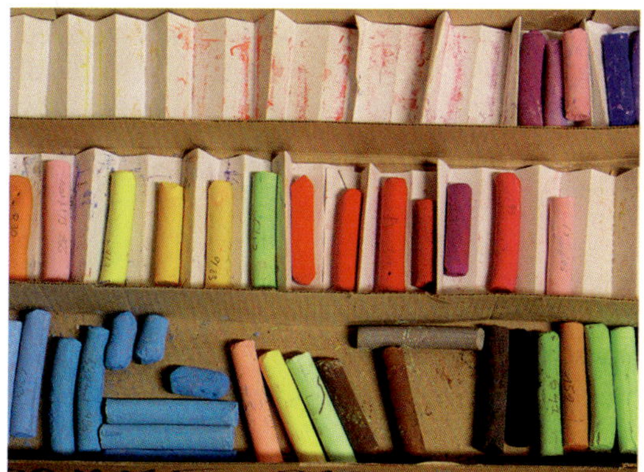

Die fertig ausgezogenen Pastellstangen werden bei J. BLOCKX Fils s. a. chargenweise im Labor aufbewahrt; hier hat übrigens nur der Firmeninhaber Zutritt.

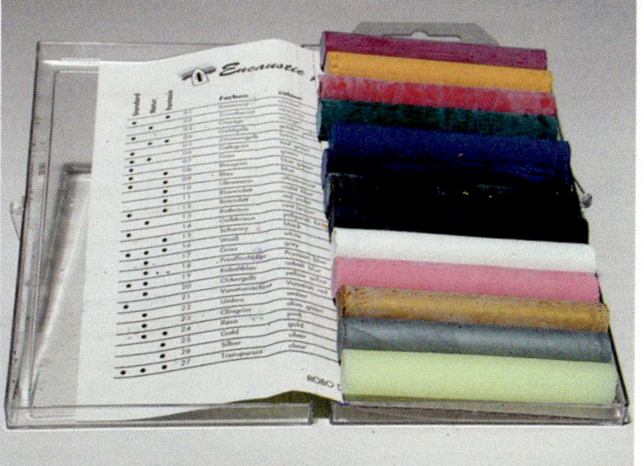

Wachspastellstifte von Hobbyring als »Encaustic Painting Wachs« mit 13 Stück

so genannten Texturen. Es empfiehlt sich, stets einige Farbskizzen anzufertigen, bevor man mit dem Farbauftrag beginnt.

Die Fixierung fällt besonders auf dunklem Papier auf. Generell wirken die Farbtöne dadurch nicht nur plastischer, sondern Verwischungen treten noch deutlicher hervor. Darum sollte man nur mit einem guten, kristallklaren Fixativ arbeiten, das so schwach wie möglich und nicht mehr als nötig aufgetragen wird.

Korrekturen sollten zuerst mit einem scharfen Messer oder einer Rasierklinge vorgenommen werden, bevor mit dem speziellen Knetgummi radiert wird. Die entsprechende Stelle wird dann zwischenfixiert und nach dem Trocknen des Fixativs mit der richtigen Farbe retuschiert.

Pastellfarben können mit verschiedenen wässrigen Malsystemen kombiniert werden, z. B. Aquarell, Gouache oder Acryl, auch Öl ist denkbar. *Max Beckmann* führte beispielsweise seine Korrekturen in Ölgemälden mit Pastellkreiden aus, wenn er sich an eine noch vage Kontur in Form und Farbe herantastete.

Das Fixieren

Das Fixieren von Pastellen ist nicht ganz unproblematisch. Denn bei zu starkem oder unsachgemäßem Fixieren verliert sich häufig das charakteristische Farbkolorit. Die Farbkörperchen, die im Pastell locker aufeinander liegen und im Oberflächenlicht von allen Seiten reflektieren, verändern beim Fixieren ihre Anordnung zueinander und damit ihre optische Wirkung. Die Farbschicht dunkelt nach und büßt teilweise ihren duftigen Charakter ein – statt des Oberflächenlichtes wirkt jetzt Tiefenlicht.

Alle handelsüblichen Fixative weisen naturgemäß die eben genannten Nachteile auf. Das »beste« Fixativ findet man durch Ausprobieren oder indem man sich Rat bei befreundeten Künstlern oder im Fachhandel sucht. Zur Auswahl stehen rasch verdunstende Fixative wie Schellack-, Mastix- oder Dammarharzfixative, bei deren Herstellung Lösungen von Harz in Benzin oder Alkohol eingesetzt werden, und langsamer verdunstende Fixative, die aus Verbindungen wässriger und alkoholischer Bestandteile bestehen, z. B. Kasein- oder Gelatinefixative. Von einem Einsatz artfremder Produkte, wie z. B. Haarsprays, ist dringend abzuraten, da evtl. unvorhergesehene chemische Reaktionen eintreten können!

Rezepte für rasch verdunstende Fixative (nach Max Doerner)

Mastixharzfixativ

2 % Mastixharz in
98 % Äther gelöst,
eventuell mit Spiritus verdünnt

Dammarfixativ

2 % Dammar (möglichst farblose Stücke) in
98 % Benzin gelöst

Zaponlackfixativ

Zaponlack, mit Äther stark verdünnt

Schellackfixativ

Gewöhnliches Schellackfixativ, verdünnt mit 2–3 Teilen Brennspiritus, oder eine 2 %ige Schellacklösung

Wässrige Fixiermittel

Wässrige Fixiermittel sind verdünnte Kaseinlösungen (im Verhältnis 1 : 5) und Seifenlösungen, laut Doerner-Institut auch wässrige Kunststoffemulsionen wie Caparol und Immunin (beide 1 : 5 mit Wasser verdünnt).

Rein wässrige Bindemittel wirken verdunkelnd, da sie lange nass bleiben. Der Nachteil bei rein wässrigen Pastellfixativen ist die Tropfenbildung infolge der Oberflächenspannung des Wassers. Nach *de Mayerne* und *Pernety* wurden früher Pastelle fixiert, indem man sie mit der Rückseite in stark verdünntes Gummiarabikum oder Fischleim legte und anschließend auf einer Glasplatte trocknen ließ.

Gelatinefixativ

4 % Gelatine in Wasser gelöst,
dazu die gleiche Menge Spiritus

Temperamalerei

Für das Anreiben von Temperafarben werden Emulsionen verwendet. Mehr als bei jeder anderen Maltechnik beeinflusst hier die Zusammensetzung des Malmittels den Malvorgang wie auch die Wirkung des fertigen Bildes. Je nach Verwendungszweck können Emulsionsfarben zum Vermalen mit Wasser oder mit verdünnter Emulsion vermischt werden, bei einer fetten Tempera auch mit Terpentinöl oder fetten Ölen.

Als wässrige Anteile in Temperamalfarben eignen sich:

- Hühnerei,
- Kaseinleime,
- tierische Leime,
- Pflanzenleime.

Als ölige Phasen eignen sich:

- alle trocknenden Öle und ihre Standöle sowie
- die aus ihnen hergestellten Lacke,
- Alkydharzlösungen,
- Harzlösungen,
- Terpentine,
- Wachse.

Zur Herstellung einer Emulsion

Für das Zusammenmischen der oben genannten Anteile bzw. Phasen benötigt man nur eine einfache, saubere und verschließbare Flasche. Die Zusammensetzung der Emulsion sollte einfach sein, d.h. nicht zu viele verschiedene Bestandteile enthalten, und die Konsistenz der zu emulgierenden Stoffe wie der Zumischungen sollte möglichst dickflüssig gewählt werden.

Besonders gut geeignet sind Dammarfirnis (im Verhältnis 1 : 2 bis 1 : 3 in Terpentinöl gelöst) oder auch eingedicktes Öl o. Ä.

Richtrezeptur für eine magere Eitempera

Eine magere (= wassermischbare) Eitempera lässt sich auf mehrere Arten herstellen:

- mit einer Dammarlösung,
- mit Leinöl oder
- mit Alkydharzmalmittel bzw.
- mit Alkydharzlack.

Die angegebene Maßeinheit (= Raumteil) bezieht sich auf das Volumen des ganzen Hühnereies.

Rezept für magere Eitempera mit Dammarlösung

1 Raumteil Hühnerei (= das ganze Ei)
1 Raumteil Dammarlösung (1 : 3 in Terpentinöl)
1 – 3 Raumteile Wasser

Rezept für magere Eitempera mit Leinöl

1 Raumteil Hühnerei (= das ganze Ei)
1 Raumteil Leinöl
1 – 3 Raumteile Wasser

Rezept für magere Eitempera mit Alkydharzmalmittel

1 Raumteil Hühnerei (= das ganze Ei)
1 Raumteil Alkydharzmalmittel
1 – 3 Raumteile Wasser

Rezept für magere Eitempera mit Alkydharzlack

1 Raumteil Hühnerei (= das ganze Ei)
1 Raumteil Alkydharzlack
1 – 3 Raumteile Wasser

Die jeweiligen Zutaten werden nacheinander unter ständigem Schütteln in die Flasche gefüllt, und zwar in der festgesetzten Reihenfolge:

1. das Ei,
2. die ölige Komponente,
3. das Wasser. (Tropfenweise beginnen!)

Tipps zu den wechselnden Komponenten

Die öligen bzw. harzigen Bestandteile der Emulsion können auch in beliebigem Verhältnis untereinander gemischt werden. Man kann z. B. die Zugabe von 1 Raumteil Leinöl durch eine Mischung aus 1/3 Raumteil Leinöl und 2/3 Raumteilen Dammarfirnis ersetzen. Dabei gilt: Je höher der Anteil an Harzfirnissen, desto magerer wird die Emulsion; je höher der Anteil an Ölen oder Ölfirnissen, desto fetter fällt sie aus. Noch kräftiger wird die Emulsion, wenn der Tempera statt reinen Wassers eine etwa 5%ige Gelatine-, Kleister- oder Leimlösung beigegeben wird.

Verwendung und Eigenschaften von Ei in Tempera

Eidotter besteht zu rund 50 % aus Wasser und zu 30 % aus nicht trocknendem Eieröl, das die Eitempera geschmeidig hält. Ein weiterer Bestandteil des Dotters, der Eiweißstoff Vitellin, erhöht die Emulsionsfähigkeit. Eidotter kann noch einmal die gleiche Menge öliger Stoffe in sich aufnehmen.

Nach einem alten Rezept kam auf ein Eidotter jeweils eine halbe Eierschale Leinölfirnis und eine halbe Eierschale Wasser – eine solche Tempera ist allerdings schon ziemlich fett!

Eiweiß besteht zu rund 85 % aus Wasser und mit einem Anteil von nur ca. 0,5 % aus sehr wenig Öl. Hinzu kommen etwa 12 % Albumin als Klebstoff (im Dotter liegt der Anteil bei etwa 15 %). Eiweiß wird durch Erhitzen bei etwa 70 °C fest und ist dann wasserunlöslich. In frischem Zustand kann es durch Alaunzugabe wasserunlöslich gemacht werden.

Die gelbe Farbe des Dotters wirkt sich im Allgemeinen nicht störend aus, da sie nach einigen Wochen ausbleicht. Beim Auftrocknen der Eiemulsion bildet sich eine sehr elastische Haut, die widerstandsfähiger als Ölfarbe wird.

Alaun mit Eiweiß vermischt man nach *Doerner* so: »Eiweiß, mit Alaun vermischt, gibt eine körperhafte Farbe mit pastosem Strich. Man löst Alaun 1 : 10 in Wasser und gibt etwa ein Viertel dieser Lösung dem Eiweiß zu. Die Mischung kann emulgiert werden mit Ölen und Harzen. [...] Ultramarin muss man bei Alaunverwendung durch Kobalt ersetzen. Eiweiß, mit dickem Dammar- oder Mastixfirnis vermengt, gibt ein eigenartig wirkendes, aber nicht leicht zu behandelndes Harzmalmittel für Ölfarbe. Eiweiß wird durch Belichtung fest, d. h. wasserunlöslich, genauso wie durch Erwärmung. Ein Zusatz von Eigelb erscheint immer sehr ratsam, um die Tempera geschmeidig zu halten.«

Trocknung einer mageren Tempera

Eine magere Tempera trocknet im Prinzip nur durch Verdunsten des Wassers auf. Sie wird schnell fest und kann schon bald übermalt werden. Es dauert allerdings, wie bei allen fetten Ölen, einige Tage, bis das enthaltene Öl vollständig durchgetrocknet ist. Es bleibt jedem selbst überlassen, ob man lieber mit einer fetten oder mageren Tempera arbeiten möchte – dementsprechend können die Öl- oder Wasserzugaben variiert werden.

Eine Emulsion wird am besten möglichst frisch zubereitet. Man sollte also immer nur so viel Ei emulgieren, wie man auch verbrauchen kann. Fertige Emulsionen müssen kühl und gut verschlossen aufbewahrt und baldmöglichst verbraucht werden, denn faulende Emulsionen haften schlecht. Auch gegen Schimmel behandelte Emulsionen, wie etwa auch Leimlösungen, verlieren bei längerer Lagerung an Bindevermögen.

Gefäße, in denen einmal eine Emulsion faulig geworden ist, müssen sehr sorgfältig gereinigt, am besten ausgekocht werden; im Zweifelsfall entsorgt man sie, denn verbleibende Schmutzreste würden jede neue Emulsion rasch unbrauchbar machen.

Emulsionszugaben

Wird einer Emulsion eine größere Menge Dotter zugegeben, um sie geschmeidiger zu erhalten, kann es leicht passieren, dass die Farbe schmiert; außerdem trocknet sie schlecht und neigt beim Übermalen zu Rissen und Sprüngen. Sie ähnelt in der Wirkung einer zu fetten, ölüberladenen Tempera, die auch noch nachdunkeln wird.

Durch Zugabe schwer trocknender Öle, wie z. B. Rizinusöl, lässt sich das feste Eintrocknen einer Tempera über lange Zeiträume hinauszögern. Im Grunde stellt man sich auf diese Weise eine Art Ölfarbe her, allerdings mit dem Nachteil, dass die Tempera nicht mehr vermalbar ist, nachdem das Wasser verdunstet ist.

Längeres Aufbewahren

Lässt man Emulsionen über einen längeren Zeitraum stehen, besonders bei starker Verdunstung, setzen sich oft die öligen Anteile auf der Oberfläche ab. Darum empfiehlt es sich, sie vor Gebrauch kräftig zu schütteln, damit sich die Bestandteile wieder verbinden. In stark kalkhaltigem Wasser kann es zu Ausflockungen kommen. Deshalb sollte stets gereinigtes, destilliertes oder abgekochtes Wasser verwendet werden.

Das Malen

Der Malgrund und die Palette

Für Temperamalerei eignet sich am besten ein magerer Malgrund, der außerdem möglichst rein, hell und fest sein sollte. Mit Eitempera und Kasein lässt sich zwar auch auf Halbkreidegründen malen, die schönste Wirkung wird aber auf einem mageren weißen Grund erzielt. Künstliche Emulsionen haften nicht gut auf fetten Gründen, außer man vermalt sie mit Ei- oder Kaseinemulsion oder verarbeitet sie nass in nass in einem Aufstrich dieser Malmittel. Die optimale Helligkeit und Farbwirkung bietet ein weißer Grund. Dieser sollte auch in nassem Zustand möglichst hell und gleichmäßig sein. Das gilt nicht nur für das Arbeiten mit gefirnisster Tempera, wo sich der kleinste Flecken sofort bemerkbar macht, auch bei der ungefirnissten Tempera wirkt der Grund später durch. Sehr geeignet sind Kaseingründe auf Holz, aber auch Leinwandgründe, Pappe, Papier oder Mauerwerk können als Malgrund für Tempera dienen. Soll Tempera mit Wasser vermalt werden, muss der Grund zuvor durch Alaunzugabe gehärtet werden, da sich sonst die Grundierschicht lösen und die Leinwand quellen würde. Das Malen auf farbigen Gründen, z. B. Tonpapieren, gelingt nur, wenn mit ungefirnisster Tempera und Weißhöhung gearbeitet wird.

Weiß gestrichene Paletten aus Blech mit Vertiefungen für die einzelnen Farben sind sehr praktisch, man kann aber auch eine Holzpalette mit weißem Emaillack anstreichen. Die Farben sollten nach der Arbeit nicht unter Wasser gesetzt werden; dadurch werden sie ausgelaugt, trocknen heller und schwammiger auf und verändern sich beim späteren Firnissen stärker. Es ist besser, die Farbe mit einem feuchten Tuch zu bedecken, das die Farbe jedoch nicht unmittelbar berühren soll. Die beste Lösung ist, nur so viel Farbe aufzusetzen, wie man vermalen will. Nach Gebrauch müssen Palette und Pinsel sofort sorgfältig gereinigt werden, da die Farben, insbesondere die Kaseinfarben, sehr rasch hart werden.

Runde Borstenpinsel eignen sich sehr gut für das Malen mit Tempera; für zeichnerische Details nimmt man am besten Marderpinsel und Schlepper. Als Mal- oder Verdünnungsmittel dienen Wasser oder verdünnte Emulsion. Bei natürlichen Temperasorten kann auch Terpentinöl verwendet werden; es gibt allerdings keinen ersichtlichen Grund, eine so fette Tempera zu verwenden, dass sie sich nur mit Terpentinöl und nicht mit Wasser vermalen lässt.

Einige Hinweise zum Malen mit Tempera

Eine Vorzeichnung erleichtert die Arbeit. Am besten trägt man die Konturen mit verdünnter Tusche auf. Dabei ist darauf zu achten, dass der Grund möglichst sauber bleibt. Man kann entweder auf trockenem Grund malen oder den Grund vorher anfeuchten, z. B. mit einem Schwamm. Wasser muss generell sehr vorsichtig eingesetzt werden.

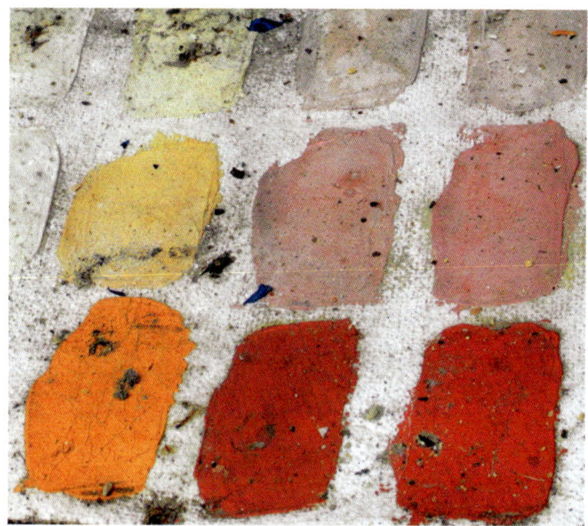

Ca. 75 Jahre alte Tempera-Farbaufstriche, natürlich gealtert

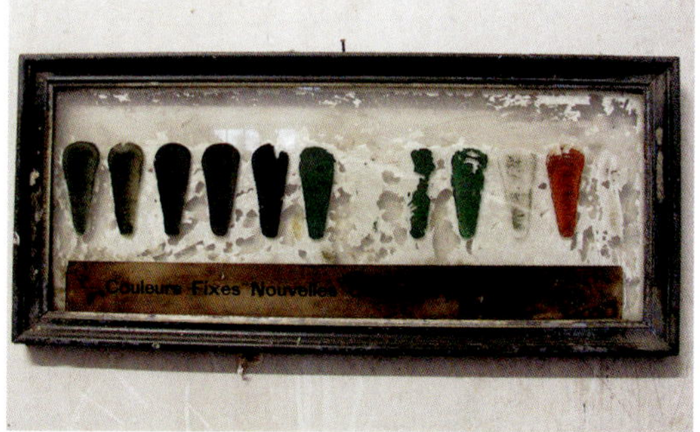

Ca. 75 Jahre alte Tempera-Farbaufstriche, hinter Glas gealtert

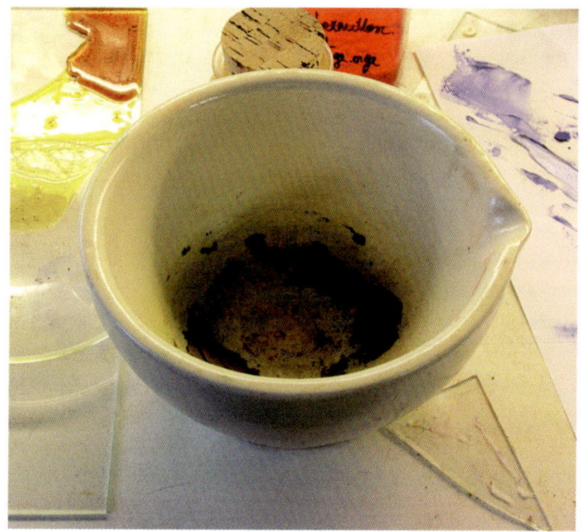

Reibschale mit den Zutaten für eine Temperafarbe, natürlich selbst hergestellt

Manche Maler besprühen die Leinwand von beiden Seiten. Dabei besteht allerdings die Gefahr, dass das Wasser und damit auch das Bindemittel herabläuft und so die Farbe ihren Halt verliert; beim späteren Firnissen platzt sie dann – als Folge des Volumenverlustes bei der Verdunstung des Wassers – häufig ab. Bei manchen Bindemitteln setzt auch Fäulnis ein. Einfacher scheint da die Methode, einen genässten Filz auf der Rückseite der Leinwand anzubringen. Wird während des Malvorgangs ein Übersprühen mit Wasser notwendig, muss dies vorsichtig gemacht werden, da sich sonst die Farbe stark lockern kann. Wird eine Schicht mehrfach übermalt, müssen die unteren Schichten stärker gebunden sein als die oberen, sonst kommt es zu Rissbildung.

Auch wenn Malen eine sehr persönliche Angelegenheit ist, gibt es doch gewisse Regeln, die durch die Beschaffenheit des verwendeten Materials bedingt sind. Sie sollen den Maler nicht in seiner individuellen Ausdrucksweise einschränken; ihre Beachtung kann ihm aber viel Ärger und Verlust an Zeit und Material ersparen und der Langlebigkeit seiner Gemälde zugute kommen. In diesem Sinne sollen die folgenden Ausführungen als Anregungen, nicht als bindende Vorschriften verstanden werden. Der Experimentierfreudigkeit sind also keine Grenzen gesetzt.

Gerade beim Thema Temperaemulsionen wurde ja bereits die Fülle an Möglichkeiten hervorgehoben, die das Material bietet, besonders da diese Emulsionen in jedem Verhältnis untereinander mischbar sind und sehr brauchbare Bindemittel ergeben. Man erinnere sich an *Lenbachs* Ausspruch: »Man kann mit allem malen, was pappt.«

Auf sehr feinen Geweben wie Batist malten die alten Meister in Wasserfarbentechniken *(a guazzo)*, entweder ohne Grundierung oder mit einem Vorstrich aus Alaunleimwasser; das Weiß wurde ausgespart oder später aufgesetzt (vgl. *Dürers* Apostelköpfe in den Uffizien). Die Leinwand wurde auf der Rückseite angefeuchtet oder über feuchte Stoffe gespannt. In ungefirnisster Tempera kann anstelle von Kremser Weiß auch Zinkweiß verwendet werden. Die Halbkreidegrundmasse dient einigen Malern als billiges Temperaweiß. Ungefirnisste Tempera wird häufig für dekorative Arbeiten, auch »al secco« benutzt.

Gefirnisste Tempera

Beim Firnissen von Temperabildern hat man häufig mit der Schwierigkeit zu kämpfen, dass unerwünschte Veränderungen im Farbton auftreten. An die Stelle des matten Oberflächenlichtes tritt durch den Firnisauftrag ein glasfensterartig wirkendes Tiefenlicht, das einzelne Farben grell und hart erscheinen lässt. Besonders nachteilig wirkt sich das auf das Rot der Hauttöne aus. Hinzu kommt, dass die Farben sich nicht gleichmäßig verändern: So zeigen einige Farbtöne fast gar keine Veränderung, andere – wie etwa Ultramarin, Krapp oder Chromoxidgrün feurig – stechen dafür desto bunter hervor. Wurden mehrere Farbschichten übereinander aufgetragen, fällt die Veränderung noch unberechenbarer aus als bei bloßen Aufstrichen.

Zwischenfirnis

Um die Veränderungen der Temperafarbe durch das Firnissen möglichst gering zu halten, empfiehlt es sich, einen dünnen Zwischenfirnis aufzutragen, um sich einen Gesamteindruck von der Arbeit zu verschaffen und eingeschlagene Stellen herauszuholen. Ein bewährtes Mittel ist z. B. 0,5%ige Gelatine in Wasser gelöst. Diese Lösung eignet sich auch als Vorfirnis vor dem eigentlichen Schlussfirnis. Solche Zwischenlagen dürfen nur ganz sparsam aufgetragen werden, da Zwischenschichten bloßer Bindemittel ohne Farbstoff generell die Haftung darüber liegender Farbschichten gefährden. Das gilt auch für das ebenfalls verbreitete Einlassen der Bilder mit Temperaemulsion. Auch Mastix oder Dammar in Terpentin sowie Venezianer Terpentin 1 : 1 mit Terpentinöl verdünnt können als Zwischenfirnis verwendet werden.

Nicht sehr empfehlenswert sind Ölzwischenlagen, da sie durch Gilben die Farbwirkung beeinträchtigen. Eiweißzwischenlagen werden sehr spröde und bräunen. Bei alleiniger Verwendung von Emulsionen als Zwischenlage muss in den noch nassen Auftrag deckend hineingemalt werden, sonst kommt es zu Rissbildung.

Schlussfirnis

Als Schlussfirnis für Tempera kommen weder Spiritus- noch fette Ölfirnisse infrage, sondern ausschließlich Harzessenzfirnisse, d. h. Mastix oder Dammar in Terpentinöl.

Ein Überzug mit in Harzessenzfirnis steif angeriebenem Zinkweiß oder Kremser Weiß, dem ein Drittel Mohnöl beigemischt wird, bewahrt weitgehend den Farbcharakter der Tempera. Auch gebleichtes Bienenwachs, heiß mit dem Pinsel aufgetragen und sofort mit einem Lappen verrieben, ergibt einen sehr schönen, matt glänzenden und widerstandsfähigen Überzug. Wachs kann auch

1 : 3 mit Terpentinöl verdünnt werden. Vor dem abschließenden Firnissen müssen die Bilder gut durchgetrocknet sein. Gefirnisste Temperabilder dürfen zum Trocknen niemals in die Sonne gestellt werden.

Synthetische Temperamalmittel

Die modernen vollsynthetischen wässrigen Malmittel besitzen ähnliche Benetzungseigenschaften wie das Hühnerei und verfügen auch über ein gutes Bindevermögen für Pigmente. Der Vorteil dieser Malmittel gegenüber dem Hühnerei ist, dass sie nicht faulen und dementsprechend nicht stinken können.

Wird eine solche Farbe als einziges Malmittel verwendet, kann man sie wahlweise mit Wasser oder mit Terpentinöl verdünnen. Sind die Malfarben gut abgebunden, trocknen sie wasserunempfindlich auf, ansonsten bleiben die Aufstriche wasserempfindlich.

Bei Zusatz zu einer Aquarellfarbe – oder zu einer Gouache – trocknen deren Aufstriche wasserunempfindlich auf, wenn ihnen die richtige Menge synthetisches Malmittel zugesetzt wird. Das richtige Mengenverhältnis muss jeder Maler selbst ausprobieren.

Auch Ölfarben können mit einem entsprechenden Zusatz versehen werden; er muss sorgfältig eingearbeitet werden, bis eine homogene Masse entsteht. Anschließend lässt sich die Ölfarbe mit Wasser verdünnen.

Die guten Benetzungseigenschaften dieser Malmittel beziehen sich nicht nur auf die üblichen Bindemittel, sondern kommen auch auf schwer benetzbaren Malgründen, wie Ölgründen beispielsweise, sowie auf trockenen oder noch nicht vollständig durchgetrockneten Ölbildern zur Geltung. Nicht empfehlenswert sind solche Malmittel für unpigmentierte Aufstriche oder als Zwischenfirnis; von pastosen, pigmentierten Aufträgen ist abzuraten.

Gummitempera

Gummi ist, anders als die Harze, in Wasser löslich, in ätherischen und fetten Ölen aber unlöslich. Gummiarabikum wird am besten in Stücken gekauft (gute Sorten sind z. B. Kordofan oder Senegalgummi). Zur Herstellung einer Gummilösung wird es pulverisiert und langsam in heißes Wasser eingerührt.

Man benötigt:

1 Raumteil pulverisiertes Gummi auf
2–3 Raumteile Wasser.

Die eher dickflüssige Gummilösung kann wie Eitempera mit fetten Ölen emulgiert werden. Dem Gummileim kann maximal die doppelte Menge Öl zugegeben weren. Dabei sollte man allerdings darauf achten, dass keine zu fette Tempera entsteht.

Dextrin

Dextrin ist Stärkegummi, das beim Erhitzen der Stärke auf 200 bis 290 °C entsteht. Für Emulsionen ist es jedoch nicht so gut geeignet, da es zu spröde ist und in Wasser leicht löslich bleibt. Wird Wasserglas zugegeben, fällt zwar Gummiarabikum aus der Lösung aus, nicht aber Dextrin.

Tragant

Ähnlich wie bei tierischen Leimen lässt man etwa 4 % Tragant in Wasser oder Alkohol vorquellen. Die dabei entstehende schleimige Masse muss durch ein Tuch gepresst werden. Später wird dann mit Wasser weiter verdünnt. Gelber Tragant ist besser geeignet als der weiße.

Max Doerner schrieb: »Eine Tragantlösung kann ebenfalls mit fetten Ölen emulgiert werden. Tragantmalereien müssen aber dünn gehalten werden, denn die Farbe verhält sich ähnlich einer Leimmalerei; Tragantmalerei darf auch erst sehr spät gefirnisst werden. Versuche, mit Zusätzen von Tragant in Temperamalmitteln das Trocknen zu verlangsamen, hatten nicht den gewünschten Erfolg. Als Zusatz zur Stärketempera kann Tragant verwendet werden. Er dient auch für die Herstellung von Pastellstiften.«

Kirschgummi

Kirschgummi – fälschlicherweise auch oft als Kirschharz bezeichnet – wird bereits im 12. Jahrhundert als Malmittel erwähnt. Kirschgummi kann viel Wasser aufnehmen und ist in frischem Zustand ohne weiteres wasserlöslich. Nach dem Quellen in Wasser muss es durch ein Tuch gedrückt werden.

Max Doerner empfahl: »Man sucht möglichst reine, glatte, rindenfreie Stücke aus. Etwa 10 %

Gummi genügen zu einer dicken Lösung. Es bleibt immer viel ungelöstes Gummi im Tuch zurück, das man dann weiterquellen lässt. Warmes Wasser beschleunigt das Quellen. Mit Salzsäure kann man Kirschgummi direkt wasserlöslich machen, aber das Produkt müsste erst wieder durch Zugabe von Laugen neutralisiert werden. Von solchen Maßnahmen wird jedoch dringend abgeraten. Auch durch Kochen kann Kirschgummilösung erhalten werden. Geringe Alkoholzugabe verhindert das Faulen für einige Zeit. Der Gummischleim kann leicht mit fetten Ölen, Balsamen usw. emulgiert werden.«

Kaseintempera

Die Verwendung von Kasein in der künstlerischen Maltechnik hat eine lange Tradition. Frischer Quark – oder Topfen, wie er im süddeutschen Sprachraum genannt wird – wird auf dem Reibstein verrieben. Durch Zugabe von etwa einem Fünftel gelöschtem Kalk wird die Masse sofort fließend und kann mit Ei emulgiert werden; sie bleibt weiter mit Wasser verdünnbar. Topfenkasein wird seit Jahrhunderten von Tischlern als besonders starker und wetterfester Leim vor allem für die Verwendung im Außenbereich geschätzt.

Max Doerner schrieb dazu: »Der Quark muss täglich frisch genommen werden. In 2 bis 3 Minuten ist das Kasein fertig. Es ist nicht ratsam, etwa ungelöschten Kalk einzusetzen, denn es können davon Teilchen im Bilde zurückbleiben, die nachlöschen (treiben) und abfallen. Topfenkasein muss sehr stark, mit 2 bis 3 Teilen Wasser verdünnt werden. Man prüfe das durch einen Farbaufstrich, der am nächsten Tage wischfest getrocknet sein soll.

Man prüft so alten Putz auf seine Festigkeit für Bemalung. Topfenkasein bindet rasch und vortrefflich ab, wird sehr hart und leuchtkräftig. Als Beimischung zum Freskokalkmörtel kann Topfenkasein im Freien verwendet werden, darf aber nach Prof. Klemmer 5 % des Kalkes nicht überschreiten, da sonst der Mörtel klebrig würde. Das Kasein macht den Mörtel widerstandsfähiger gegen Witterungseinflüsse, die Farbwirkung aber grauer als Fresko allein. Eine größere Kaseinzugabe würde das Freskomalen unmöglich machen. Ein Anreiben der Freskofarbe mit verdünntem Kasein oder abgerahmter Milch ist möglich, als Verdünnungsmittel dient nur Wasser. Die Kaseinemulsion ließe sich auf festen Gründen wie Holz oder Pappe verwenden, doch nur mit Freskofarben wegen des darin enthaltenen Kalkes.«

Emulsion mit anderen Stoffen

Die auf Leinölbasis hergestellten Emulsionen gilben stark. Für die Verwendung im Innenraum oder im Tafelbild können Harzfirnisse und Wachsseife, Venezianer Terpentin oder Mohnöl mit Topfenkasein emulgiert werden. Kasein ist derber und wird härter als Eitempera; eine Emulgierung ist hier nicht erforderlich.

Kaseinlösung

50 g technisch reines wasserunlösliches Kasein in
250 ml Wasser anrühren und dabei mäßig erwärmen.

In der Zwischenzeit rührt man 15 g kohlensaures Ammoniumkarbonat (Hirschhornsalz) mit einer kleinen Menge Wasser an, zerdrückt alle Knollen und gibt die Lösung zu dem erwärmten Kasein. Sofort wallt die Masse auf, ein Anzeichen dafür, dass die Kohlensäure entweicht. Nun wird noch ein paarmal umgerührt, und sobald sie nicht mehr schäumt, ist die Kaseinlösung fertig.

Die fertige Lösung sieht weißlich trübe und kleisterartig aus. Das Kasein darf nicht zu stark erhitzt werden; es genügt, wenn es lauwarm wird. Wird Wasser mit einem hohen Härtegrad verwendet, bildet sich kohlensaurer Kalk, der sich als weiße Schicht am Boden absetzt, aber unschädlich ist und entfernt werden kann.

Das Hirschhornsalz muss möglichst frisch sein. Dies erkennt man an der Stärke des Aufwallens.

Ammoniakkasein

Ammoniakkasein bleibt lange haltbar, wenn es unverdünnt in sauberen und gut verschlossenen Flaschen aufbewahrt und jeweils erst kurz vor Gebrauch mit Wasser vermischt wird. Es besitzt ebenfalls eine starke Klebefähigkeit, wenn auch nicht mit der des Kalkkaseins vergleichbar, und wird rasch wasserfest, sodass eine Härtung, wie z. B. bei Leim, überflüssig ist. Für Staffeleibilder ist Ammoniakkasein vorzüglich geeignet. Emulsionen mit Leinöl gilben stark. Mohnöl, Harzessenzfirnisse, Venezianer Terpentin, Wachsseife, helles Standöl sowie Spiköl werden mit Kasein emulgiert.

Der Vorteil des Ammoniakkaseins ist, dass das Lösemittel völlig unschädlich ist (Hirschhornsalz wird auch als Backpulver verwendet) und sich vollständig verflüchtigt, anders als bei Soda- oder Boraxlösungen, die auf Wänden zu Ausblühungen neigen. Handelsübliche Kaseine sind im Allgemeinen in Kali- oder Natronlauge, Borax oder Soda gelöst erhältlich. Diese Laugen verbleiben auf Dauer im Bild und greifen bestimmte Farben an. Deshalb müssen gelöste Kaseine vor dem Kauf erst auf Laugenfreiheit geprüft werden (Lackmustest).

Ammoniakkasein kann auch mit Salmiakgeist hergestellt werden. Dabei wird Kasein im gleichen Verhältnis wie oben angegeben mit Salmiakgeist (wässrige Lösung von Ammoniakgas in Wasser) übergossen und zugedeckt stehen gelassen. Es dauert jedoch viel länger, bis die Lösung eintritt, und das Ergebnis ist auch nicht so gut wie zuvor beschrieben. Nach einem gewerblichen Rezept kann Topfen auch mit Salmiakgeist verrührt oder übergossen werden, doch ist dieses Kasein weniger bindefähig als Ammoniakkasein und auch weniger beständig. Im Übrigen würden sich Kupferfarben durch den Salmiakgeist tiefblau verfärben.

Emulsionsmalmittel mit tierischem Leim

Gelatine

Gelatine, zu etwa 4 bis 6 % in heißem Wasser gelöst, stellt eine besonders feine Leimsorte dar. Gelatinelösungen zeichnen sich durch gute Haftung aus und verleihen dem pigmentierten Aufstrich einen pastellartig hellen Charakter. Gelatinelösungen können für sich allein emulgiert oder als Zusatz zu Ei- und Wachstempera gegeben werden.

Leimlösungen fanden bei den alten Meistern vielfache Verwendung. So ist ein Rezept von *Leonardo* für dekorative Malereien bekannt, demzufolge die Leinwand geleimt und später mit nur in Wasser geriebener Farbe auf die trockene Leimung gearbeitet wurde. Es wurden häufig reine Leimmalereien nach Art unserer Gouachefarbe gemacht.

Das lästige Stocken der Leime lässt sich durch Zusätze von starkem Essig beseitigen, der aber auf einige Farben, wie z. B. Ultramarin, eine schädigende Wirkung ausübt. Das Sulzen des Leims lässt sich durch anhaltendes Kochen beheben, doch verliert der Leim dadurch auch einen großen Teil seiner Klebekraft.

Pergamentleim

Pergamentleim (colla di ritaglio), als Malmaterial der Miniaturmaler bekannt, wird aus Hautabfällen von Lämmern und jungen Ziegen durch Verkochen bis zur Lösung hergestellt.

Pergamentabfälle in möglichst kleinste Schnipsel schneiden.

1 Raumteil Pergamentschnipsel und
3–4 Raumteile Wasser

mindestens 10 Stunden vorquellen lassen.

Anschließend die vorgequollene Lösung ca. 24 Stunden im Wasserbad bei 50 bis 70 °C konstant erwärmen. Diese Temperatur darf nicht überschritten werden, da die Lösung sonst ihre Klebkraft verliert. Verdunstetes Wasser muss wieder aufgefüllt oder das Gefäß von vornherein mit einem Deckel verschlossen werden. Nach vollständigem Auflösen wird die Lösung durch ein Tuch abgeseiht und gefiltert.

Durch eine anschließende Zugabe von 7 % Weinessig lässt sich der Pergamentleim auch in kaltem Zustand verarbeiten. Später können noch etwa 3 Raumteile Alkohol zu der Lösung gegeben werden. Die Reihenfolge – erst Essig, dann Alkohol – muss unbedingt eingehalten werden, sonst besteht die Gefahr des Koagulierens (Ausflockens).

Hausenblasenleim, Fischleim

Hausenblasenleim und anderer Fischleim wird durch Verkochen von Fischblasen hergestellt. Nachdem er in kaltem Wasser gequollen ist, kann er emulgiert werden. Fischleim ist aber wegen seiner starken hygroskopischen Wirkung nicht unbedingt empfehlenswert. Alle Leime neigen zum Abblättern, wenn zu viele Schichten übereinander gemalt werden, besonders bei zu dickem Bindemittel und noch mehr bei lasierendem Auftrag. Zwei oder drei Leimschichten sollten deshalb nicht überschritten werden.

Emulsionsmalmittel mit Stärkekleistern

Max Doerner empfahl Reisstärke, auch Kartoffel- oder Weizenstärke sei verwendbar.

Rezept für Stärkekleister

50 g Stärke mit etwas kaltem Wasser fein verrühren und in
300 ml kochendes Wasser langsam einrühren.

Die Lösung dickt beim Rühren rasch kleisterartig ein und ist dann gebrauchsfertig.

Je gründlicher umgerührt wird, am besten bis zum Erkalten der Kleistermasse, desto besser fällt die spätere Qualität des Kleisters aus. Es wird empfohlen, die Kleistermasse anschließend durch ein Tuch zu drücken. Mit Ölen und Harzen kann der Kleister zu einer Kleistertempera emulgiert werden.

»Stärkekleisteremulsionen ergeben sehr helle, gouacheartige Töne. Weil Stärke frei von Stickstoffen und Schwefel ist, wird sie ohne Einwirkung auf Farbmittel sein; Stärke haftet aber schlecht auf fetten Gründen. Darum ist Stärke nicht in Verbindung mit Ölfarben zu empfehlen, denn sie neigt hier zum Abblättern. Im Handel sind oft viele Präparate – Kunstleime, Pflanzenleime usw. – zu finden, die durch Alkalien aufgeschlossene Stärke enthalten. Diese Stoffe können häufig schädlich auf Farbmittel einwirken, und eine damit aufgeschlossene Stärke wird dadurch wasserunlöslich.

Stärkekleister mit Venezianer Terpentin (im Verhältnis von 3 : 1 oder 4 : 1) bildet eine Emulsion, die beim Restaurieren zum Aufziehen von Bildern auf neue Leinwand, dem so genannten Doublieren, häufig noch benutzt wird«, heißt es bei *Doerner.*

Rezept für Roggenmehlkleister
nach *Max Doerner*

1 Raumteil Roggenmehl in
10–15 Raumteile kochendes Wasser langsam einrühren.

Das Mehl wird zuvor mit einem Teil des Wassers angedickt. Dieser Kleister kann ebenfalls mit Ei emulgiert werden. Zahlreiche gewerbliche Temperarezepte für den Maler- und Anstreicherbereich basierten auf Roggenkleisteremulsionen, die häufig mit Leimlösungen und Leinölfirnis angesetzt wurden. Besonders interessant ist das folgende gewerbliche Rezept für die Bemalung großer dekorativer Flächen:

Rezept für Roggenmehlkleister mit Leinöl

125 g Roggenmehl mit
50 ml warmem Wasser anrühren.

Dazu kommen:
100 ml kaltes Wasser; nach dem Zusammenrühren
300 ml kochendes Wasser, dann
125 ml Leinölfirnis;
darauf dann:
100 ml kaltes Wasser und nochmals
125 ml Leinölfirnis.

Anschließend kann beliebig mit Wasser verdünnt werden.

Gouachefarben

In der Wiedergabe der Farbtöne wird das unverglaste Aquarell an Farbechtheit und Natürlichkeit nur noch von den Gouachefarben übertroffen, einer alten Maltechnik mit Deckfarben. Allen Farbtönen sind weiße Füllstoffe zugesetzt wie Schwerspat, Tonerde usw. oder eben Deckfarben.

Man verwendet am besten kräftige Borsten- oder Haarpinsel und farbige Untergründe, z. B. farbig getöntes Papier oder Leinwand. Man setzt pastos und halbtrocken mit wenig Bindemittel auf, wodurch sehr günstige stoffliche Wirkungen erzielt werden.

Gouachefarbe wird häufig durch die vielseitigere Tempera ersetzt. Oft werden so genannte Plaka(t)- oder billige Temperafarben benutzt, eine Leimfarbe mit Füllstoffen, mit der sich Flächen gut decken lassen. (Wasserfestigkeit wird nicht verlangt.)

Fixieren

Gouachemalerei kann gefestigt und wasserunlöslich gemacht werden durch Bestäubung mit 4%iger Gelatine und nachfolgendem Fixieren mit Alaunlösung.

Acrylmalerei

Das Prinzip zur Herstellung von Acrylharzdispersion war bereits Anfang der 1930er-Jahre entwickelt. Infolge des Zweiten Weltkrieges wurde die industrielle Herstellung jedoch erst um 1950 in den USA aufgenommen, zunächst für die Verwendung als Fassadenfarbe. Für den Künstlerbedarf kamen Acrylfarben erst Mitte der 1960er-Jahre in Europa auf den Markt. Dabei erwiesen sich so genannte Acrylatbinder als die besten Bindemittel für Acrylmalfarben. Hier spielen vor allem die Polymerisatharze, die durch die Polymerisation von Acrylsäuren und Methacrylsäuren hergestellt werden, die Hauptrolle.

Als ölfreie Emulsionsfarben sind Acrylfarben im eigentlichen Sinne auch »Temperafarben«, da hier Wasser als Verdünnungsmittel eingesetzt wird. Zur Unterscheidung von den öl- bzw. harzhaltigen Emulsionen wurde im deutschen Sprachraum dennoch der Eigenname »Dispersion« eingeführt, denn schließlich wird beim Vorgang der Emulsionspolymerisation das Monomer in Form wässriger Emulsion dispergiert, um dann in feine stabile Verteilung überzugehen.

Diese Bindemittel altern nicht und bleiben dauerhaft elastisch; sie oxidieren, vergilben, runzeln oder krakelieren nicht. Sie trocknen glasklar auf und erhalten die volle natürliche Leuchtkraft der Farbmittel. Acrylfarben sind zwar wasserverdünnbare Kunststoffe und Dispersionsfarben, trocknen aber zu kontinuierlich wasserfesten Filmen auf. Diese Produkte haben in vielen Bereichen, besonders aber beim Wandanstrich im Außen- wie im Innenbereich, die herkömmlichen Lackfarben weitgehend verdrängt und gehören zu den zuverlässigsten Anstrichmitteln überhaupt.

Im künstlerischen Bereich haben sich fast ausnahmslos reine Acryldispersionen durchgesetzt. Im Gegensatz zu den Produkten für das Maler- und Lackiererhandwerk stellen Künstler-Acrylfarbenhersteller quasi nur ein Basismaterial her, das aus drei Phasen (Bindemittel – Pigment – Wasser) besteht. Reine Acrylemulsionen können zum Selbstherstellen von Acrylfarben verwendet werden, da sie bereits alle notwendigen Additive (Schutzkolloide, Netzmittel, Biozide usw.) enthalten.

Acrylfarben haften im Prinzip auf jedem sauberen und fettfreien Untergrund. Die stabile Emulsion bildet eine milchige Flüssigkeit, die sich beim Farbmischen oder nach dem Auftrag zuerst ein wenig aufhellt, nach dem Trocknen dann aber die

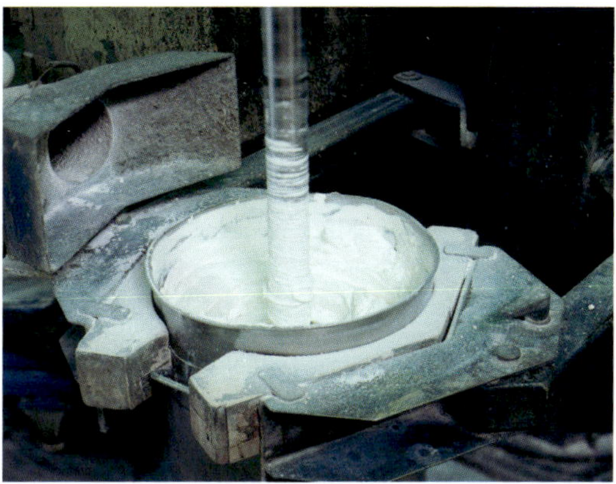

In dem so genannten Dissolver wird der Farbteig angerührt; bei der Fa. Schmincke in Erkrath.

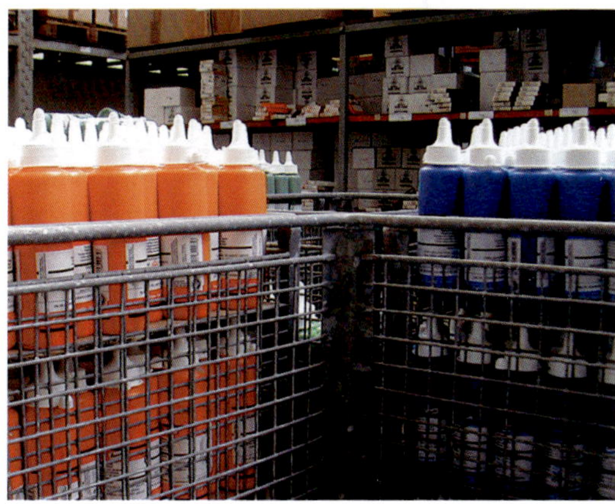

Verpackungen mit Acrylfarben im Lager der Fa. Lukas-Künstlerfarben, November 2002

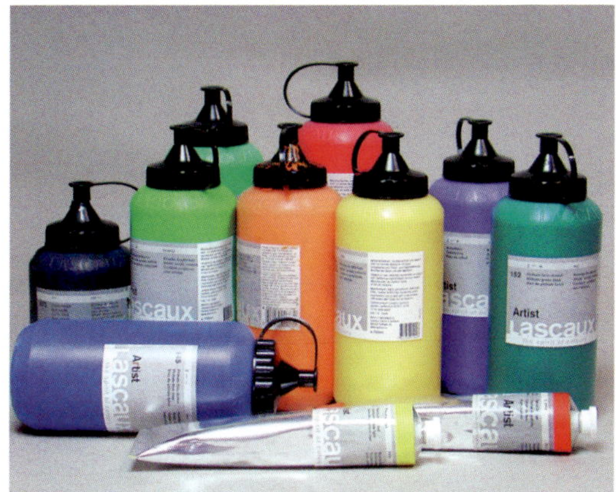

Große Plastikflaschen-Verpackungen, gefüllt mit Acrylfarben aus der Produktion von Lascaux, Brüttisellen / Schweiz

volle Farbkraft entfaltet. Ihre Schichten sind elastisch hart, hoch alterungsbeständig und außerordentlich gut haftfest, und fertige Bilder können nach angemessener Trocknungszeit ohne weiteres gerollt werden. Dank dieser Eigenschaften kann man Acrylfarben in jeder Maltechnik, von schwer pastos bis hin zu feinsten Pinselstrichen und Lasuren, verarbeiten.

Acrylfarben sind ihrer Eigenschaft nach wasserverdünnbar, werden aber nach dem Trocknen wasserunlöslich. Das bedeutet, dass einmal getrocknete Farben nicht mehr verwendbar sind. Man kann sie jedoch noch eine gewisse Zeit mit heißem Wasser wieder anquellen und von nicht saugenden Untergründen auch problemlos entfernen. In Alkohol, Azeton sowie in Kunstharz- und Nitroverdünnern bleiben Acrylfarben löslich. Das ist gut zu wissen, wenn Farbflecken oder Farbreste entfernt werden sollen.

Acrylfarben sind vielseitig einsetzbar, auf jedem Untergrund und in jeder Technik: Sie können verdünnt oder unverdünnt gespachtelt, von schwer pastos bis pinselfein aufgetragen und deckend oder lasierend vermalt werden. Die Farben trocknen seidenmatt auf, bei dünnem Auftrag innerhalb weniger Minuten, bei sehr dicken Schichten je nach Temperaturverhältnissen in etlichen Stunden. Die vollständige Durchhärtung benötigt längere Zeit; dennoch können auch dicke Schichten nach einigen Stunden übermalt werden, ohne dass Rissbildung zu befürchten ist.

Trocknung

In nassem Zustand sind Acrylfarben kälteempfindlich; während der Verarbeitung und Trocknung sollte die Temperatur nicht unter 10 bis 15 °C liegen. Acrylfarben trocknen zunächst heller auf, weil die milchige Bindemittelemulsion in der feuchten Acrylfarbe aufhellend wirkt, und dunkeln dann später nach. Erst nach dem Trocknen erhalten sie ihren eigentlichen Farbwert. Dieser Vorgang ist bei Farbausmischungen mit Weiß stärker als bei anderen Farbtönen zu beobachten. Ansonsten gelten dieselben physikalischen Gesetzmäßigkeiten wie bei anderen Emulsionsfarben.

Beim Trocknungsvorgang schlägt ein Teil des Wassers in den Malgrund ein, der Rest verdunstet. Die auf dem Malgrund zurückbleibenden kleinen Kunststoffpartikel fließen unter normalen Temperaturbedingungen zu einem zusammenhängenden Film zusammen, wodurch die vorhandenen Pigmente quasi »verschweißt« und eingelagert werden. Weil es sich bei den Acrylharzen um Thermoplaste, d. h. in der Wärme verformbare Stoffe handelt, kann unterhalb der Mindesttemperatur, die bei Acryldispersionen mit üblicher Zusammensetzung bei 10 °C liegt, keine vollständige Filmbildung stattfinden.

Alterungsbeständigkeit

Die Beständigkeit von Acrylfarben hängt von verschiedenen Faktoren ab. Ein guter Schutz vor negativen Einflüssen, etwa durch Wasser, Klima, atmosphärische Verhältnisse o. Ä., wird durch Erhöhung der Bindemittelanteile bei höherer Schichtdicke erreicht. Es reicht also meist schon ein ordentlich dicker Farbauftrag. Auch eine zuverlässige Schlussversiegelung bietet einen wirkungsvollen Schutz. Damit werden die Pigmente abgedichtet und vor klimatischen Einflüssen bewahrt; das Eindringen von Wasser in den Farbfilm wird verhindert und Schmutzablagerungen lassen sich besser entfernen.

Filmeigenschaften und trocknungsverzögernde Malmittel

Das in wässrigen Malfarben enthaltene Wasser entweicht beim Trocknen stets vollständig aus dem Aufstrich. Bei Acryldispersionen bleiben nur der Kunststoff und die eingelagerten Pigmente zurück. Daher nimmt ein pastoser Auftrag von Wasserfarben beim Trocknen deutlich erkennbar an Volumen ab. Durch Zusatz von Malmitteln kann die Trockenzeit von Acrylfarben fast beliebig variiert werden. Diese Malmittel täuschen allerdings auch oft einen Festkörpergehalt vor, der gar nicht vorhanden ist. Die Festkörpergehalte der auf dem Markt erhältlichen Acrylfarben können um 30 bis 40 % variieren.

Der Festkörpergehalt einer Acrylfarbe steht aber in direktem Zusammenhang mit ihrer Fähigkeit, im pastosen Farbauftrag stehen zu bleiben und das Volumen zu halten. Gute Acryl-Dispersionsfarben besitzen einen hohen Festkörpergehalt und können dementsprechend schwer pastos aufgesetzt, deckend vermalt und lasierend verwaschen werden. Selbst sehr dicke Aufträge trocknen mit der Zeit gut durch und zeigen dabei keine Tendenz zum Runzeln oder Abrutschen, wie man es von zu dicken Ölfarbenaufträgen kennt.

Acrylkunststofffilme sind chemisch mit dem Plexiglas verwandt. Sie besitzen nahezu ideale maltechnologische Eigenschaften: Unter normalen Bedingungen haften sie auf allen üblichen Untergründen, auch bei dickem Auftrag, die Filme oxidieren nicht und bleiben dauerhaft hochelastisch, sie sind alterungs-, chemikalien- und temperaturbeständig, sind und bleiben wasserhell und vergilben nicht. Nach dem Auftrocknen sind die Filme wasserdampfdurchlässig, wodurch auch die Bildträger, z.B. Putzgründe, ihre Wasserdampfdurchlässigkeit behalten. Die Temperatur- und Chemikalienbeständigkeit steht auch im Zusammenhang mit den jeweiligen Pigmenteigenschaften. Die getrockneten Filme sind wasser-, terpentinöl- und benzinunlöslich.

Malgründe

Bei der Verarbeitung von Acrylfarben ist der geeignete Untergrund die wichtigste Voraussetzung überhaupt, ebenso wie seine Vorbehandlung. Als Malgrund eignen sich alle malbereiten Untergründe aus dem Fachhandel. Auf allen festen Bildträgern kann man auch ohne besondere Grundierung malen, sofern sie normal bzw. wenig bis nicht saugend sind. Prinzipiell kann auf Leinwand, Karton, Papier, Holz usw. direkt und ohne Vorbehandlung gemalt werden. Dabei muss dann jeweils die Konsistenz der Acrylfarben eingestellt werden, um etwa unerwünschtes Durchschlagen auf die Leinwandrückseite zu vermeiden.

Leinwand

Die Appreturen von textilen Geweben sind wasserempfindlich. Sie sollten daher vor dem Grundieren oder Malen immer ausgewaschen werden. Auch auf ein Vorleimen mit wasserempfindlich bleibenden Leimen verzichtet man besser. Direktes Grundieren oder Malen ist vorzuziehen.

Empfehlenswert sind Halbkreidegründe oder magere Ölgründe. Saugende Kreidegründe eignen sich meist nicht für den stabilen Acrylfarbenauftrag. Da die Qualität von fertig grundierten Leinwänden stark variiert, sollten sie vorsichtshalber mit leichtem Seifenwasser oder mit Wasser unter Zusatz einiger Tropfen Spülmittel nachgewaschen und anschließend nachgrundiert werden. Unbehandelte Leinwände werden mit Primer/Weiß oder einfacher Studio-Acrylfarbe Weiß vorbehandelt; um ein Durchschlagen der Grundierung zu vermeiden, wird beim Vorbehandeln nicht verdünnt. Wenn eine transparente Beschichtung erwünscht ist, kann auch mit einem etwa 25% verdünnten Acrylharz-Medium grundiert werden.

Imprägnierte Leinwände sollte man in jedem Fall grundieren; die Grundierung kann mittels Pinsel, Bürste oder Rolle aufgetragen werden. Als Grundiermasse kann mit etwa 25% Wasser verdünnte Acrylfarbe dienen. Wird ein höherer Deckungsgrad gewüscht, kann dann ein zweiter Aufstrich erfolgen. Wird auf eine Imprägnierung verzichtet, muss die erste Grundierung stärker, etwa 1 : 1, verdünnt werden.

Holz, Span- oder Holzfaserplatten

Holz, Span- oder Holzfaserplatten als Bildträger werden mit einem im Verhältnis 1 : 2 bis 1 : 4 mit Wasser verdünnten Acryllack imprägniert. Zuvor müssen alle Verunreinigungen, wie Wachs oder Fett, mit Lösemittel entfernt werden. Danach wird die Oberfläche mit feinem Schleifpapier geschliffen.

Auf diese Fläche kann eigentlich schon gemalt werden. Eine Grundierung mit weißer Studio-Acrylfarbe, mit mindestens 25% Wasser verdünnt, ist dennoch empfehlenswert.

Wandmalerei und Außenanstriche

Für alle Arbeiten auf der Wand oder auf Metallen etc. gilt: Je sorgfältiger die Planung, desto länger die Lebensdauer.

Als Bildträger ist ein gesunder lufttrockener Kalkputz ebenso gut geeignet wie andere Putze oder Zementuntergründe. Da solche Gründe aber oft ungleichmäßig saugen, muss zunächst durch eine Grundierung für gleichmäßige Saugfähigkeit gesorgt werden.

Grundsätzlich sind bei Wandmalereien folgende Punkte zu beachten:

- Der Malgrund muss trocken, fettfrei und sauber sein. Ein Voranstrich sorgt für bessere Haftung.
- Der Untergrund darf nicht bröckeln, sanden, blättern oder kreiden. Notfalls muss nachbehandelt werden (spachteln, Tiefgrund aufbringen, lockere Bereiche durch Abkratzen oder Abbürsten etc. entfernen, ausgleichen, verfestigen und abschließend isolieren).
- Glatte oder fette Untergründe müssen aufgeraut oder mit Salmiakwasser angelaugt und eventuell mit Haftgrund vorgestrichen werden.
- Metallische Untergründe müssen rostfrei und fettfrei sein; nach dem Reinigen mit Rostschutzgrundierung vorstreichen (Eisenmetalle).
- Bei unregelmäßiger oder zu starker Saugkraft muss der Untergrund mit verdünnter Acrylfarbe oder Acrylprimer isoliert werden.

Metalle sind ebenfalls sichere Bildträger für Acrylfarben. Unedle Metallflächen sind vor dem Bemalen gründlich von Korrosionen zu befreien und sodann mit Grundierung aus Korrosionsschutz-Alkydharzfarbe zu passivieren.

Grundierung

Schon aus optischen Gründen ist eine weiße oder andersfarbige Grundierung angebracht. Stark saugende Bildträger können mit gebrauchsfertigen Grundierungen aus dem Fachhandel (Verarbeitungsvorschrift der Hersteller beachten!) oder mit stark verdünnter Acrylfarbe (5 bis 10 Teile Wasser auf 1 Teil Acrylfarbe) mehrmals vorgrundiert werden.

Gipsputze und Gipsplatten sollten vorher am besten mit lösungsmittelhaltigem Tiefgrund isoliert werden. Es gilt: Je feinporiger und saugender ein Untergrund ist, desto häufiger muss bei starker Verdünnung grundiert werden, damit das Grundiermittel richtig einziehen und sich im Untergrund verankern kann. Die angebotenen Grundiermittel basieren oft auf Dispersionen mit geringer Teilchengröße der Kunststoffpartikel in tief eindringenden Kunstharzlösungen.

Zum Malen mit Acrylfarben

Acrylfarben sind nur mit Wasser verdünnbar und trocknen immer wasserunlöslich, zum Teil sogar wasser- und wetterfest auf. Acrylfarben trocknen zudem relativ schnell an. (Von einer Kombination mit Harzlösungen oder Ölfarben ist aber abzuraten, weil dabei der auf technisch raffinierte Weise in Dispersion gehaltene Kunststoffanteil bei seiner gesunden Verfilmung gestört würde und deshalb vom Gesamtsystem keine gute Verfilmung erwartet werden kann.)

Wegen der raschen Antrocknung von Acrylfarben vermalt man sie statt von der flachen Palette besser von einer Wasserfarbenpalette mit Vertiefungen, aus Farbschalen oder aus Näpfen. Auf diese Weise lassen sich die Acrylfarben leicht nass halten und länger vermalen.

Ebenso schnell wie auf dem Malgrund trocknen Acrylfarben auch auf dem Arbeitsgerät. Pinsel, Spachtel und andere Arbeitsgeräte, die mit der Acrylfarbe in Berührung gekommen sind, müssen sofort in Wasser gestellt oder gereinigt werden. Einmal getrocknete Acrylfilme lassen sich später nur noch in scharfen Lösungsmitteln, in Alkohol, in Estern und Ketonen, also Nitroverdünnung, anquellen oder anlösen. Verklebte Tubenverschlüsse werden durch Eintauchen in heißes Wasser wieder gängig.

Ebenso wie Ei- und Kasein-Emulsionsfarben sind Acryl-Dispersionsfarben hervorragende Untermalfarben für die Ölmalerei. Umgekehrt ergeben Ölfarbenfilme keinen besonders guten Malgrund für Acrylfarben, da wässrige Malfarbe nicht gut auf »fetten« Untergründen haftet.

Wenn man Dispersionsfarben verschiedener Hersteller gleichzeitig verwenden will, so empfiehlt es sich, die Verträglichkeit zuvor zu testen. Mischungen, die koagulieren oder ihre Konsistenz auffallend verändern, sollten nicht vermalt werden.

Selbstherstellen einer Acrylfarbe

Nur selten stellen sich Maler ihre Malfarben aus Acryldispersion selbst her; meist werden fabrikmäßig hergestellte Acrylfarben verarbeitet. Denn oft treten große Schwierigkeiten bei der Benetzung organischer Pigmente auf, etwa bei Pariser Blau, Elfenbeinschwarz usw. Dann kann es zu so genannten Nesterbildungen und in der Folge zu Malschäden kommen. Deshalb sollte man sich möglichst auf die Verarbeitung spezifisch schwerer und besser mit Wasser benetzbarer Pigmente beschränken. (Schwer zu benetzende Pigmente lassen sich durch Zusätze von synthetischen Netzmitteln oder mit einem Schuss Ethanol im Ansatzwasser leichter benetzen.)

Generell werden die Pigmente vorher in Wasser eingesumpft (mindestens 24 Stunden). Vor der Zumischung der Acryldispersion wird überstehendes Wasser abgegossen. Dann wird die Kunststoffdispersion in den gut durchgezogenen wässrigen Pigmentbrei gleichmäßig eingerührt.

Als Daumenregel für den Ansatz gilt:

1 Raumteil Acryldispersion auf
2 Raumteile Pigment-Wasser-Paste

Ein solcher Aufstrich trocknet dann in der Regel wasserfest auf.

Ist das noch nicht der Fall, dann sollte stärker abgebunden werden.

Das Einarbeiten organischer Pigmente in Acrylfarben sollte man besser der Künstlerfarbenindustrie überlassen, denn das richtige Verhältnis von Bindemittel, Pigment und Substrat, sprich: eine homogene Dispersion aller Bestandteile, ist schwer zu erreichen.

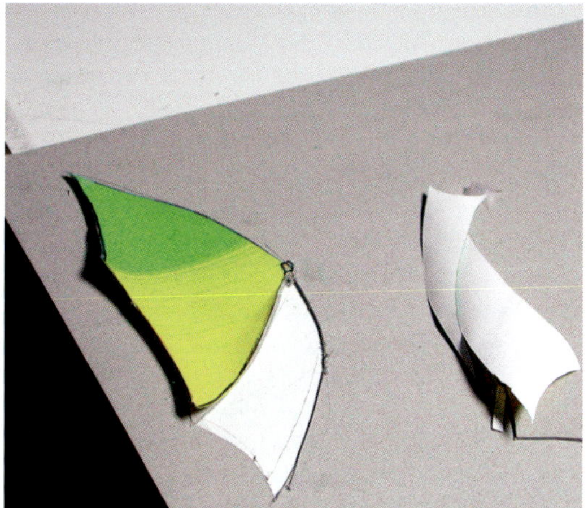

Zunächst wird nach einer ausgedruckten Fotovorlage der Umriss des Sonnenschirms vorbereitet und aus festem Karton zugeschnitten.

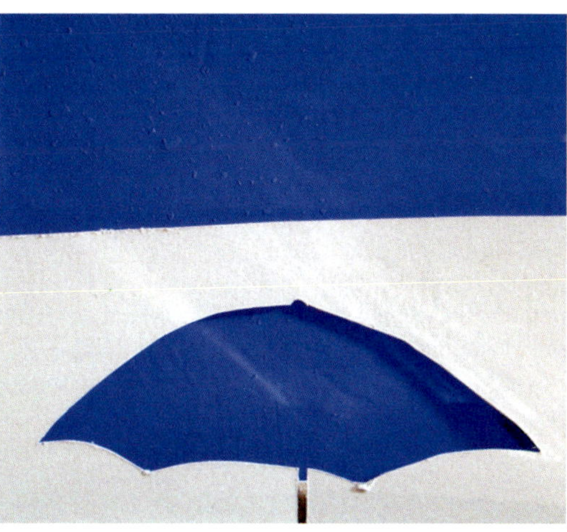

Auf den in dunklem Ultramarinblau und besonders matt vorbereiteten Untergrund (mit Decora von Lascaux Colours, Schweiz) wird die »Maske« gelegt.

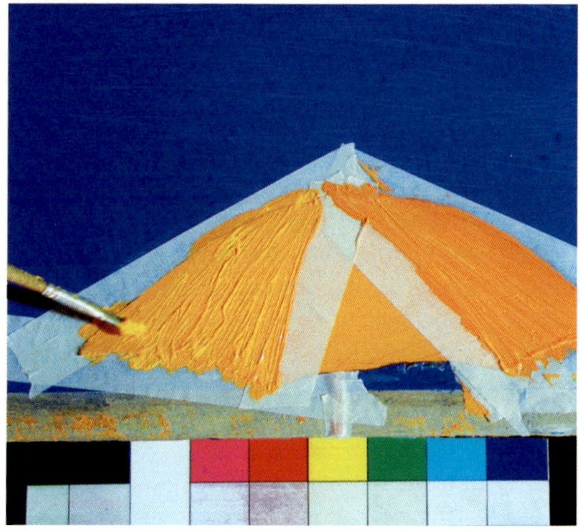

Mit vielen Farbaufträgen baut sich allmählich der orangefarbene Schirm auf; die scharfen Konturen werden mit Klebeband geschützt.

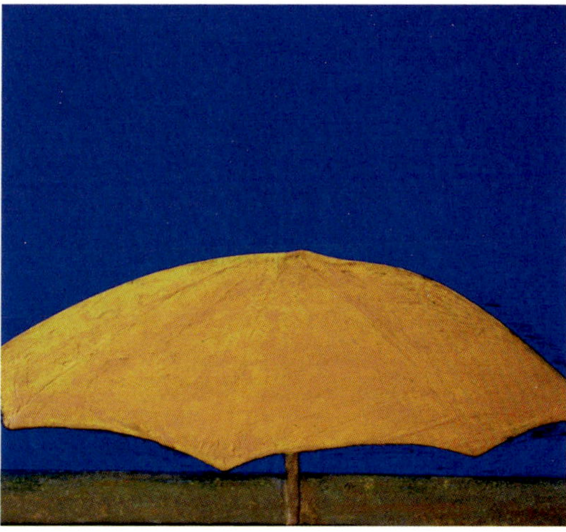

Der vor allem aus Künstleracrylfarben (Artist Colours Lascaux, Schweiz) zusammengesetzte Sonnenschirm steht am Strand. »La petite chose VIII–XI«, 2004, Acryl auf Holz, 33,5 x 43 cm

Acrylkünstlerfarben

Als qualitativ hochwertige echte Temperafarben sind Acrylkünstlerfarben vielseitig verwendbar. Ihre Echtheit, Reinheit und Farbtiefe sind optimal eingestellt.

Studioacrylfarben

Studioacrylfarben werden speziell für großflächige dekorative Anwendungen hergestellt. Im Vergleich mit den Acrylkünstlerfarben sind sie weniger pastos eingestellt, und die verwendeten Pigmente sind weniger hochwertig; daher sind sie entsprechend preisgünstiger. Sie sind ideal als hochwertige Dispersionsfarbe bei Großanwendungen im Baubereich einsetzbar.

Acryl-Aquarellfarben

Acryl-Aquarellfarben lassen sich sehr fein und wieder löslich auftragen und kommen damit der Aquarelltechnik sehr nah. Bei der Herstellung werden hochwertige Pigmente und spezielle Acrylbindemittel eingesetzt.

Aquacryl enthält höhere Bindemittelanteile im Vergleich mit herkömmlicher Aquarellfarbe. Durch die besondere Bindemittelkombination wird die Anlösbarkeit verzögert.

Lasierende Effekte

Durch starke Verdünnung lassen sich bei aquarellartigem Auftrag lasierende Effekte erzielen. Die meisten Lasurpigmente sind entsprechend gekennzeichnet. Sie müssen besonders gut abgebunden sein. Der Farbverbrauch reduziert sich dabei natürlich erheblich. Da die getrockneten Acrylfarbenfilme hochlichtecht eingestellt sind, gilben sie auch nicht.

Spachteltechnik

Bei der Spachteltechnik geht es nicht, wie oft irrtümlich angenommen, um einen möglichst dicken Farbauftrag; mit dieser Technik sollen im Wesentlichen feine und strukturlose Oberflächen erzielt werden. Beim reliefartigen Aufbau werden die Farben sukzessive, Schicht für Schicht, übereinander gelegt. Soll aber dick und pastos aufgetragen werden, muss rasch und gezielt mit dem Borstenpinsel gearbeitet werden. Für die Spachteltechnik sind geeignete Malmittel mit speziellen Zuschlagstoffen im Fachhandel erhältlich.

Mal- bzw. Verdünnungsmittel und Hilfsmittel

Als Mal- und Verdünnungsmittel genügt in der Regel Wasser. Gute Acrylfarben trocknen selbst noch in lasierendem Auftrag wasserfest auf, sodass kein »Einschlagen« zu befürchten ist.

Um die oft extrem kurze Trocknungszeit von Acrylfarben zu verlängern und bei längerer Offenzeit nass in nass malen zu können, werden bei Arbeiten im Innenbereich Trocknungsverzögerer eingesetzt. Auch durch Verdünnen mit einer 2- bis 5%igen Glutolinleimlösung (anstelle von Wasser) kann eine längere Offenzeit erreicht werden. Jeder Acrylfarbenhersteller bietet zudem seine eigenen Trocknungsverzögerer an.

Acrylfarbenmalmittel, z. B. Füllstoffe

Manche Hersteller haben darüber hinaus noch weitere Acrylfarbenmalmittel im Sortiment, die ebenfalls Verdickungsmittel sind, aber neben der Leimsubstanz anorganische Füllstoffe enthalten, die einer zu dünnen oder zu stark verlaufenden Acrylfarbe Struktur und Körper geben.

Für die Mischtechnik mit Ölfarben können Acrylfarben aufgrund ihrer schnellen Trocknung als idealer Malgrund dienen. Auch ein Mischen beider Farben nass in nass ist möglich.

Acrylharzfirnisse

Acrylbilder können mit Dammar-, Mastix- und Zyklohexanonharzfirnissen versiegelt werden. Es gibt aber auch aus bestimmten benzinlöslichen Acrylharzen hergestellte Firnisse mit den typischen Acrylharzeigenschaften, deren Filme lange Zeit benzinlöslich bleiben. Ein solcher Firnisfilm kann von einem benzinlöslich aufgetrockneten Acrylfarbenbild mit einem Lösemittel, mit Benzin z. B., abgenommen werden, ohne dass die eigentliche Malschicht angequollen oder angelöst wird.

Ölmalerei

Prinzipiell handelt es sich bei der fabrikmäßigen Herstellung von Ölmalfarben um den gleichen Vorgang wie bei der eigenen Herstellung von geriebenen Farben mittels Läufer und Reibplatte. Bei diesem Verfahren werden vor allem Bindemittel und Pigmente homogenisiert und dabei auch die Luft ausgetrieben. In allen Künstlerfarbenfabriken werden diese Gemische zuerst in Hochleistungsrührwerken angeteigt und schließlich auf Dreiwalzenstühlen »angerieben«, wobei auch eventuelle Pigmentzusammenballungen behoben werden.

Die besseren Künstlerölfarben zeichnen sich dadurch aus, dass die wertvollen und teuren anorganischen Pigmente in reiner Form, also unverschnitten und ungeschönt, vorliegen. Nur organische Pigmente werden mit den notwendigen Substraten, Streckmitteln oder Füllstoffen verbessert, um sie vermalbar zu halten.

In den günstigen Sorten der Studienölfarben werden teure Pigmente verschnitten oder imitiert. Dies muss auf dem Etikett kenntlich gemacht werden. Bei den oft noch viel günstigeren Akademie- oder Dekorationsölfarben wird durch einen erhöhten Anteil an Streckmitteln und Füllstoffen der Preis weiter herabgesetzt.

Die Qualitätsmaßstäbe der verschiedenen Künstlerfarbenhersteller gehen da oft weit auseinander.

Selbstanreiben der Ölfarben

Für das eigenständige Anreiben einer Ölmalfarbe gibt es diverse Werkzeuge bzw. Utensilien, die man ohnehin im Atelier benötigt, wenn man nach den Anleitungen dieses Buches arbeiten will (vgl. Abbildungen S. 33). Dazu gehören

- ein mittelgroßer, an der Unterseite aufgerauter Glasläufer,
- eine Reibplatte oder Glasplatte,
- ein sauberer Spachtel und / oder
- ein größeres Palettenmesser,
- Reinigungsmaterial, wie Putzlappen oder Haushaltsrollen, sowie
- Zeitungspapier, besser noch Gummi oder Filz, als Schutz für die Glasplatte.

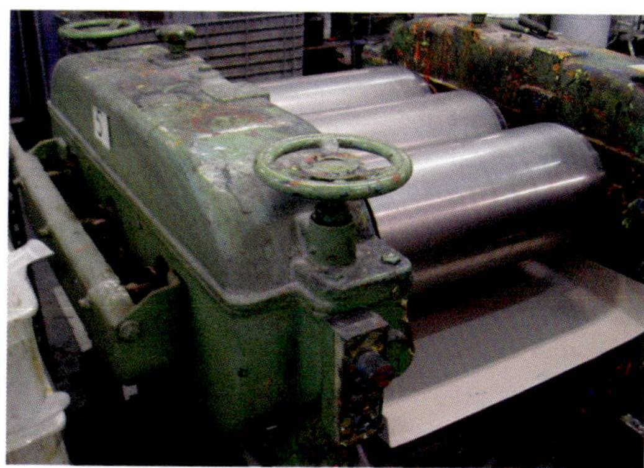

Die drei Walzen auf den Walzenstühlen (Lukas-Künstlerfarben, Dr. Fr. Schoenfeld GmbH & Co., Düsseldorf) bestehen aus Stahl.

Anteigen der Ölmalfarbe

Beim Reiben größerer Vorräte beginnt man mit den hellen Tönen, zunächst mit Weiß und dann über Gelb zu Rot und den dunklen Farbtönen hin. Bei stark färbenden Pigmenten, wie Krapplack oder Preußischblau, muss sehr auf Hygiene geachtet werden. Besondere Sorgfalt ist auch beim Umgang mit giftigen Pigmenten geboten, die normalerweise nicht mehr angeboten werden und ohnehin nicht so einfach zu besorgen sind. Einfache Vorsichtsmaßnahmen sind hier das Tragen von Handschuhen, Staubschutzmasken o. Ä., um Körperkontakt mit den Wirkstoffen zu vermeiden.

Auf dem Reibstein wird dem Pigment zuerst nur wenig Öl beigegeben, dann wird beides mit einem Spachtel vermengt. Bindemittel, Pigmente und alle übrigen Materialien werden stets von der bereits angeteigten Malfarbe auf der Reibplatte getrennt. Mit kreis- oder achtförmigen Bewegungen wird bei leichtem Druck unter dem Glasläufer immer nur eine etwa walnussgroße Menge allmählich über die ganze Reibplatte ausgebreitet. Eventuell muss nochmals nachgerieben werden. Die Malfarbe, die anfangs noch zu trocken erscheint, wird durch das Reiben bald flüssig – sie »schwitzt«. Öl sollte bei Bedarf vorsichtig und nur tropfenweise hinzugefügt werden. Ist die Malfarbe dennoch zu flüssig geraten, lässt sich dies durch weitere Pigmentzugabe ausgleichen (vgl. Abbildungen rechts).

Es sollte so pastos und dick angerieben werden, dass die Farbe »steht«. Am Ende muss sie sanft unter dem Läufer über die Reibplatte gleiten. Dann reibt man die gesamte Menge noch

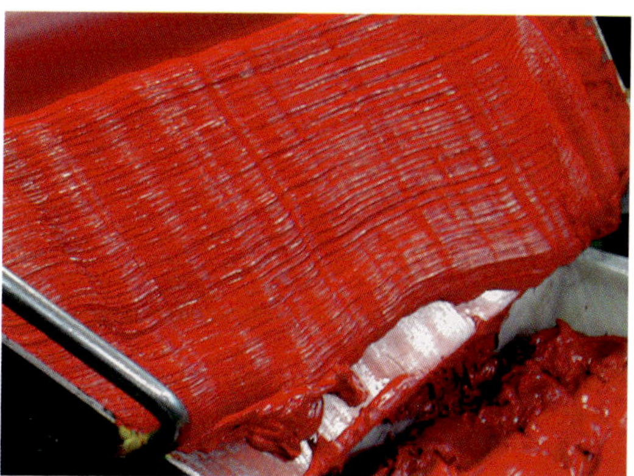

Beim maschinellen Reiben wird die Pigment-Bindemittel-Paste unter Druckeinwirkung verdichtet, wobei so genannte »Pigmentnester« oder Luftblasen ausgetrieben werden.

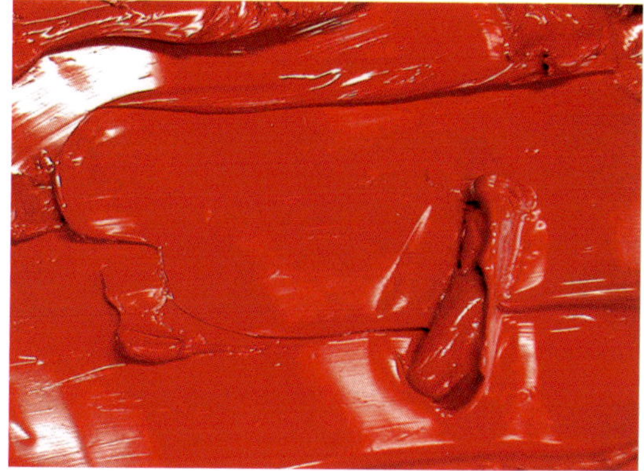

Die fertig angeriebene Ölfarbe erhält noch ein wenig Ruhezeit, bevor sie in Tuben oder Dosen abgefüllt werden kann.

einmal kurz durch, um ihr die für das Malen notwendige Konsistenz zu verleihen. Leinöl benötigt zuweilen einen geringen Zusatz von Wachs oder Tonerdehydraten.

Die fertig angeriebene Malfarbe füllt man dann sorgfältig mit einem Spachtel in Tuben (leere Tuben sind im gut sortierten Fachhandel erhältlich). Durch leichtes Aufstoßen senkt sich die Malfarbe in der Tube ab. Nach dem Befüllen der Tube biegt man den Rand um. Man kann die fertige Farbe auch in weithalsigen Gläsern aufbewahren, indem man eine Lage Wasser darüber stehen lässt; allerdings vertragen dies nicht alle in Öl angeriebenen Farben.

Reinigen

Verschmutzungen beseitigt man zunächst mit Terpentinöl, Kreide, Schmierseife oder, wenn zur Hand, mit Sägemehl, das man über den Farbresten stehen lassen kann. Danach wird mit Schmierseife oder Grüner Seife noch einmal sorgfältig nachgewaschen. Ölfarbenreste mit Rückständen von lösemittelhaltiger Seife und/oder Sägemehl müssen als Sondermüll entsorgt werden.

Ölfarbensysteme

Ätherische Öle sind geeignet, um Ölfarben mager und dünnflüssig zu machen, während gekochte Öle oder Öllacke eine fette Farbe ergeben. Venezianer Terpentin, eingedicktes Öl und Standöle geben den besten Schmelz und emailleartige Oberflächen.

Harzölfarbe

Harzölfarben bestehen generell aus

- Pigmenten,
- Naturharzlösungen in Terpentinölen o. Ä. sowie
- Malmitteln mit sikkativiertem Leinöl,

da ein solcher Firnis gewisse Mengen an Trockenstoff und anderen Zusätzen benötigt. Neben diesen Additiven sollten bei organischen Pigmenten in Naturharzlösungen auch die notwendigen Füllstoffe zugesetzt werden.

Alkydharzölfarbe

Die Alkydharzölfarben enthalten als Malmittel meist ein in Terpentinöl gelöstes und »langölig« sikkativiertes Alkydharz, dessen Ölanteil zwischen 60 und 70% liegt. Oft wurde aber auch das gewählte Alkydharz mit Leinöl verkocht und auf diese Weise die Antrockenzeit verlängert.

Man kann sich seine Alkydharzölfarben auch selbst herstellen, indem man reine Ölfarbe mit Alkydharzmalmitteln oder einem hochwertigen hellen Alkydharzlack aus dem Malerfachgeschäft mischt; entsprechend dem Mengenverhältnis lässt sich so die Trockenzeit der Farbe individuell einstellen.

Alkydharzölfarben bilden hochelastische, terpentinölunlöslich auftrocknende Aufstriche mit hervorragenden Haftungseigenschaften. Je nach Alkydharzanteil trocknen sie schneller an und besser durch als reine Ölfarben oder Harzölfarben.

Ölharzfarbe (Lackfarbe)

Lackfarben waren bis zur Mitte des 19. Jahrhunderts in Handel und Handwerk ebenso bekannt wie beliebt und tauchen zuweilen noch als »Farben alter Meister« auf. Sie bestanden aus sehr harten Harzen (Bernstein oder Kopal), die in fetten kochenden Ölen gelöst wurden. Soll eine duftig matte, pastose Wirkung erzielt werden, sind diese Öllacke allerdings nicht zu empfehlen.

Malmittel

Malmittel werden verwendet, um die Ölfarbe während des Arbeitens zu verdünnen oder um ihre Trocknungseigenschaften zu verbessern. Die Zusammensetzung von Malmitteln sollte stets einfach sein.

Es gibt schnell trocknende und langsam trocknende Malmittel. Schnell trocknende Malmittel gehören nur in die unteren Malschichten. Bei der Verwendung langsam trocknender Malmittel sollte der Grund so gut wie nicht saugend sein; zudem muss die Verwendung von Terpentinöl vermieden werden, weil es die Trocknung begünstigt.

Balsame

Balsame, besonders Venezianer und Straßburger Terpentin, geben der Farbe zwar eine geschmeidige Konsistenz, besonders in Verbindung mit eingedicktem Leinöl, sie müssen jedoch vorsichtig dosiert werden, da die Bildoberfläche sonst klebrig wird.

Fette Öle

Fette Öle dürfen nur äußerst sparsam als Malmittel eingesetzt werden. Meist kann man sich ihre Verwendung als Malmittel ohnehin ersparen, da

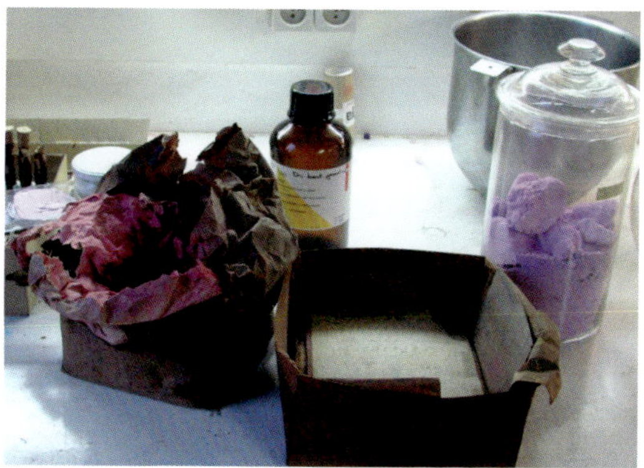

Im alten Laboratorium von J. BLOCKX Fils s. a. in Waregem befanden sich diese originalen Farbmaterialien.

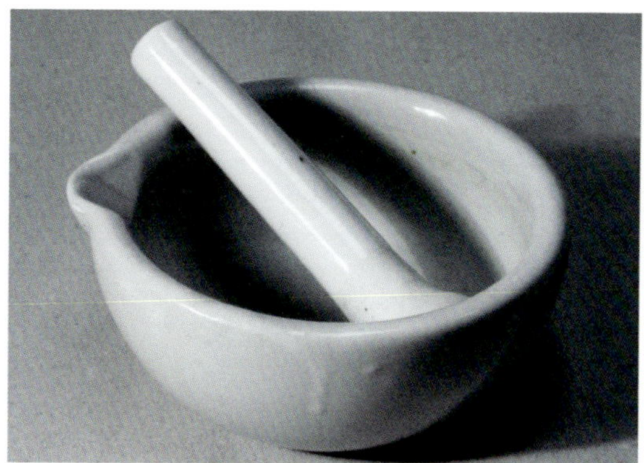

Mit Mörser und Pistill aus Keramik kann man sich Tempera- oder Leimfarben selbst herstellen; auch für kleine Mengen Kitt- und Kreidemassen eignet sich die Reibschale.

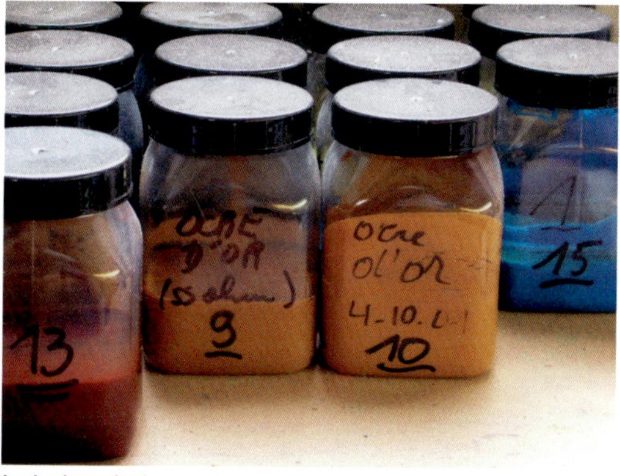

In jedem Labor einer Farbfirma werden Farbproben der einzelnen Chargen gezogen und mit Datum und Nummer archiviert; bei J. BLOCKX Fils s. a.

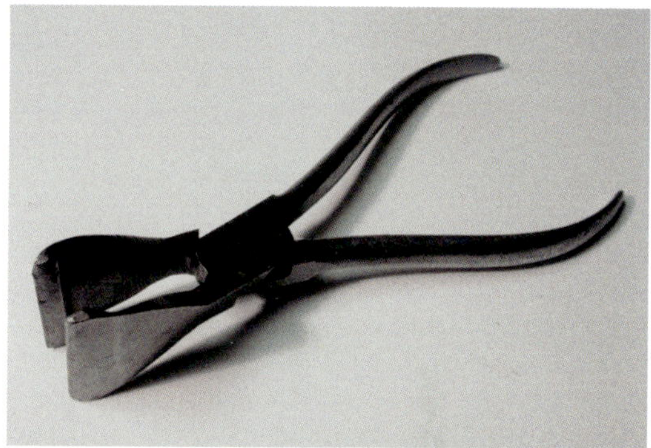

Diese Tubenzange stammt aus der ehemaligen Farbenfabrik »Drei Mühlen« in Gießen – ein Geschenk des Farbchemikers H. G. Müller, eines Nachfahren der Produzenten.

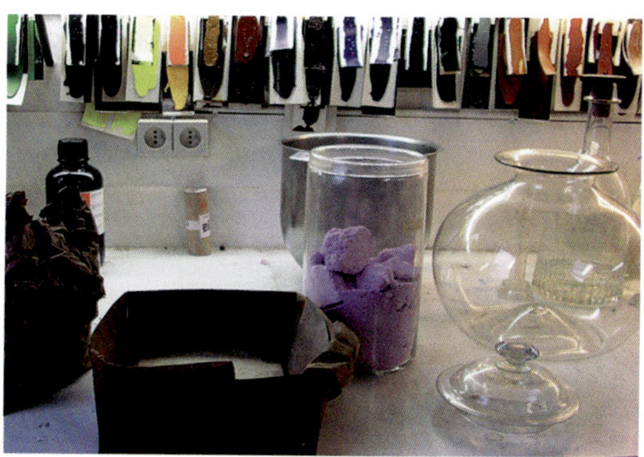

Um den Qualitätsstandard einer Farbcharge besser überprüfen zu können, werden jeweils Aufstriche in malerisch gängigen Dicken aufgebracht und aufbewahrt.

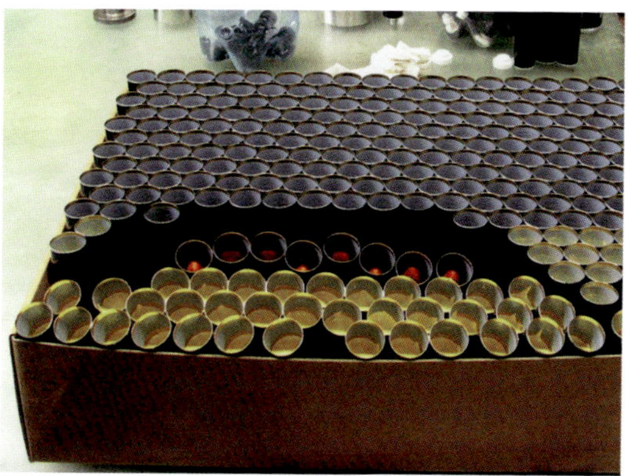

Nach dem Abfüllen der Ölfarben in Tuben kann nochmals eventuell vorhandene Luft entweichen.

ihr Anteil in den handelsüblichen Tubenölfarben hoch genug ist. Alle fetten trocknenden Öle geben der Farbe einen besonderen Schmelz; bei einem zu hohen Anteil kann die Bildoberfläche jedoch unangenehm speckig erscheinen. Leinöl wird beim Trocknen am festesten, gilbt aber und ergibt eine glattere Ausstrahlung. Nussöl ergibt einen flüssigen bis zeichnerischen Strich. Bei Mohnöl ist Vorsicht geboten; es ist fett und eher für einen »buttrigen« Auftrag geeignet.

Harzessenzfirnisse, Mastix und Dammar

Die in Terpentinöl gelösten Harzessenzfirnisse von Mastix oder Dammar verleihen den Farben Leuchtkraft und Transparenz. Im Übermaß verwendet kann allerdings der gefürchtete zähflüssige Glasfenstereffekt auftreten. Harzessenzfirnisse trocknen rasch, gilben wenig oder kaum und geben der Farbe Schmelz. Gegenüber den fetten Ölen haben sie den Vorteil, dass sie in noch feuchten Schichten rascher übermalt werden können. Da sie allein verwendet zu spröde sind, werden ihnen als Malmittel fette Öle zugesetzt.

Harzwachsfarbe und Wachslösungen

Wachslösungen geben der Farbe eine buttrige Konsistenz (Malbutter). Mit ihnen lässt sich eine besonders luftige Mattwirkung erzielen. Nur eine Mischung mit Harzessenzfirnissen ist empfehlenswert, nicht aber mit fetten Ölen.

Zur Herstellung wird einem Harzfirnis, z.B. Dammar in Terpentin, zunächst gelöstes Wachs zugesetzt. Dieses Malmittel wird mit einem kleinen Spachtel unter die Ölfarbe gemischt und sogleich vermalt. Mit diesen Farben wird eine duftige, stumpf-matte Wirkung bei großer Reinheit und Klarheit erreicht.

Durch Zugabe von etwas Bologneser Kreide oder Tonerdehydrat – in Pulverform oder in Terpentinöl verrieben – lässt sich eine pastos eingestellte Mattfarbe herstellen, die beispielsweise für dekorative Anwendungen geeignet ist. Auch Mischungen von Wachsharzfirnis oder reinem Mastixfirnis mit Bologneser Kreide eignen sich als Malmittel.

Tipp: *Malmittel sollen nicht erst während des Malens auf der Palette zusammengemischt werden, sondern in ausreichender Menge vorbereitet sein; auf diese Weise hat man ein Malmittel in gleicher Zusammensetzung zur Verfügung, das für das gesamte Bild ausreicht.*

Das Malen

Vorbemerkung

Ölfarben werden direkt aus der Tube verarbeitet. Sie werden nur noch mit Terpentinöl auf Malkonsistenz verdünnt oder mit einem Malmittel verarbeitet.

Dabei gilt stets die Regel: *»Fett auf Mager«*

Als Malgrund dienen entweder Tempera-, Acryl- oder Aquarellfarben, in feinen Schichten aufgetragen, oder eine durch Verdünnen mit Terpentinöl »gemagerte« Ölfarbe, auf der sich die folgende Farbschicht zuverlässig verankern kann.

Terpentinöl verdunstet vollständig und rückstandsfrei aus dem Aufstrich; insofern stellt es kein Malmittel dar, sondern ein Löse- oder Verdünnungsmittel.

Malmittel werden verwendet, um die Trockenzeit der Farbe zu beschleunigen bzw. zu verlangsamen oder um ihre Filmbeschaffenheit zu verändern. Neben fertigen Malmitteln und Firnissen sind auch alle Rohstoffe zur Selbstherstellung von Malhilfsmitteln im Fachhandel erhältlich. Bei der Auswahl der Produkte lohnt es sich, auf hochwertige Qualität zu achten. Naturgemäß ist ein gut destilliertes, einwandfrei gelagertes Terpentinöl teurer als gewöhnliches Terpentinöl für Anstrichzwecke. Dasselbe gilt für gesundheitlich unbedenkliche Lösemittel. Auch bei Naturharzen sind große Unterschiede in Helligkeit und Reinheit zu verzeichnen.

Max Doerner schrieb zum Malen mit Ölfarben: »Bei der Ölfarbe ist der Unterschied zwischen nasser und getrockneter Farbe am geringsten in allen Techniken. Infolgedessen ist Ölfarbe das gegebene Material für naturwahre Darstellung, bei der es auf genaue Berechnung eines Farbtones, auf das Treffen gegebener Farbtöne bis in die feinsten Abstufungen ankommt (Valeurs). Kein anderes Material erlaubt solche Vielseitigkeit in der Darstellungsart wie die Ölfarbe. Die scheinbare Leichtigkeit der Behandlung, die rasche und unmittelbare Wirkung gibt, die leicht zu erreichende Verbindung und Verschmelzung der Töne und die Möglichkeit, über nicht Gelungenes deckend darüber zu malen, nass in nass zu korrigieren und zu ändern, ist die Ursache, dass die Ölmalerei die verbreitetste Technik geworden ist.«

Die Aufzeichnung

Die Aufzeichnung muss ebenso einfach wie genau sein. Dabei muss klar sein, dass sie bis zum Schluss der Malarbeit benutzt wird. Geeignet sind vor allem Kohle, aber auch gute Tempera- und die Acrylfarben; Aquarellfarben oder Tuschen können hier ebenfalls eingesetzt werden. Blei- oder Buntstifte hingegen sind völlig ungeeignet, denn sie wachsen regelrecht durch dünne Schichten und Farbtöne hindurch. (Am ungünstigsten sind Tintenstifte oder die so genannten Filzstifte, denn sie wachsen selbst durch dickste Ölschichten noch bis an die Bildoberfläche hindurch.) Nach dem Übertragen des Bildmotivs von einer bereits vorgefertigen Skizze auf die Bildgrundierung muss die Bildfläche mit einem kleinen Handfeger gesäubert werden.

Die Untermalung

Eine richtige Untermalung sollte mager und noch gut übermalbar sein. Es eignen sich Tempera- und Acrylfarben, aber auch »gemagerte« Ölfarben. Sie muss verhältnismäßig pigmentreich und entsprechend bindemittelarm sein, somit matt auftrocknen. Aus praktischen Gründen sollten diese Bildschichten gut und rasch trocknen, was dem Maler bei der Verwendung von Temperen sehr entgegenkommen wird. Mit ihnen kann man fast zeichnerisch arbeiten, und sie sind schon binnen kurzem übermalbar.

Eine magere Tempera etwa bietet auch den Vorteil, dass sie bereits für die Binde- und Malmittel der Ölfarbschichten in der späteren Übermalung unlöslich ist: Verfehlte Übermalungen sind infolgedessen leicht zu entfernen, ohne später den Untergrund zu ruinieren. Natürlich eignen sich nur Ei- oder Kaseintempera für solche Art der Untermalung, nicht aber Gummitemperen. Aquarell als Untermalung für Öl ist nur in lichten Tönen über weißem Grund verwendbar; sie wurden früher sporadisch als Untermalung feinster Werke mit Leim überzogen verwendet.

Der Farbauftrag

Sinnvollerweise malt man von den dunklen Partien zu den helleren; so lässt man sich die Möglichkeiten nach beiden Seiten hin offen. Dabei setzt man die Farben frisch und locker übereinander, aber nicht ineinander verrieben – ohne Mischen auf der Palette und ohne Rücksicht auf Einzelheiten. Dabei ist eine gewisse Entspanntheit notwendig, damit beim Übereinandersetzen der Farbtöne der Unterton bei der Mischung nicht verloren geht, sondern erhalten bleibt und mitwirkt.

Die so genannte »tonige« Malerei: Der erste Farbauftrag entfaltet bei der Verwendung von Ölfarben höchste Attraktivität, wenn diese schon bei der Untermalung leicht dickflüssig und etwas deckender aufgetragen wird. Sie behält dabei ihre feste Eigenart und ist dennoch so flüssig, dass sogar nass in nass vermalt werden kann. Die unteren Malschichten sollten im Bild reich an Farbkörpern, also bindemittelarm sein, damit sie rasch und sicher für den weiteren Farbauftrag auftrocknen. Deckende – nicht dicke (!) – Farben sind also nur angezeigt, weil sie hier erstens wesentlich fester durchtrocknen – müssen! – als zweitens etwa die oberen Farbschichten, in allen Lasuren oder auch noch im Schlussfirnis. Denn ganz besonders hier funktioniert die bewährte Malerregel, dass fett über mager gemalt werden soll. Das sollte jedoch nicht im Extrem verstanden werden, wenn etwa eine wirklich ganz magere von einer übermäßig fetten Farbenschicht übermalt wird. Man muss sich immer bewusst sein, dass dabei ein Zuviel an Öl, an Bindemittel überhaupt, eine große Unsicherheit im Bild bedeutet. Darum sollte man eher sparsam damit umgehen.

Der so genannte deckende »körperhafte« Farbauftrag: Durch den zweiten und deckenden, »körperhaften« Farbauftrag erzielt man oft sehr reizvolle »stoffliche« Resultate, die die vorhandene Helligkeit noch steigern und dabei eine noch bessere Leuchtkraft quasi schon in der Tiefe erzeugen. Dabei sind jedoch die deckend gemalten Partien per se noch wesentlich haltbarer als jene lasierend oder mit Firniszugaben vermalten Bildbereiche. Aber auf körperhaft und zudem pastos gemalten Bildpartien lässt sich der Tonwert im Umfang wie in der Wirkungsweise ebenso anheben, wie es etwa auch der Gebrauch starker Farbkontraste zeigt. Nun muss die Ölfarbe in dünnen und zudem pigmentreichen Farbschichten stets über die gut getrocknete Unterlage aufgestrichen werden. Nur bei der Verwendung von Harzölfarben kann noch in halbnasse Partien gearbeitet werden. Dann sollte man allerdings bei diesen Lasurtönen möglichst sparsam mit den Bindemitteln umgehen.

Tipp zum so genannten Einschlagen

Terpentinöl oder überhaupt ätherische Ölzugaben zerreißen gewissermaßen die Farbe und nehmen ihr den geschlossen wirkenden Farbauftrag. Eine häufig auftretende störende Nachwirkung ist das so genannte Einschlagen beim Trocknen von Ölfarben, sodass die ursprüngliche Farbwirkung dann nicht mehr richtig erkennbar ist. Das ist dann meist auf ein übermäßiges Absaugen des Bindemittels bei zu stark saugendem Untergrund oder auf die Verwendung zu magerer Farbschichten in der Untermalung zurückzuführen. Auch allzu schnell verdunstende Lösemittelreste auf meist »glänzenden« Unterlagen können hier die Ursache sein. Aber auch wirklich »fett« vermalte Farbschichten schützen keineswegs vor diesem Einschlagen. Darum sollte man auch niemals auf solchen eingeschlagenen Partien weitermalen, ohne zuvor leicht zwischengefirnisst oder mit einem Malmittel retuschiert zu haben.

Die Lasur

Lasuren werden generell mit transparenten Farbtönen auf helleren Untergründen, Untermalungen und sogar auf Metallauflagen ausgeführt. Ölfarben verleihen dem Bild nach dem Trocknen Transparenz und Tiefenlicht, wobei eine gewisse Klarheit mit größerer Farbschönheit erreicht wird. Dabei wirken Lasurtöne immer nach vorn. Es wäre darum nicht nur unangebracht, sondern auch hinderlich, bestimmte zurückhaltend wirkende Töne – etwa in der Himmelspartie – zu lasieren. Lasuren erfordern stets hellere Unterlagen bei körperhaftem Unterton, da sie ja an sich schon »körperlos« sind. Wie auch in der Färberei setzt die Lasur beispielsweise den helleren Grundton geradezu voraus, der damit sowohl gefärbt als auch dann erst vertiefend wirkt. Im Prinzip kann ein weißer oder neutraler Unterton durch eine Lasur in alle Richtungen »eingefärbt« werden, während ein stark farbiger, gar noch grauer Unterton je nach Farbsättigung entsprechend mehr oder minder ausdruckslos wirken wird.

Es sollten stets nur lasierende Farbtöne verwendet werden, denn sonst wäre der Lasureffekt verfehlt. Einerseits nehmen die Lasuren das Licht auf, andererseits bekommen ihre Farben das leicht »lichtlose« Schimmern, wenn sie deckend vermalt wurden. Weil sie selbst aber quasi ohne Körper sind, benötigen sie farbkräftige und zugleich körperhafte Farbtöne. Zu ihrer Herstellung verwendet man am besten Harzfirnis oder wenig Venezianer Terpentin von eingedicktem Öl.

Das Schummern

Durch noch leichtes, dünnes Übergehen warmer dunklerer Partien – früher gern auch als Schummern bezeichneter Malvorgang –, etwa mithilfe ockerfarbiger oder rötlich brauner Lasurtöne, entstehen sehr schön wirkende Grautöne. Der zuvor aufgesetzte Grundton scheint dabei durch alle Farbtöne hindurch. Die mittleren Farbtöne werden flüssig und nuancenreich darauf eingesetzt. So erscheint der Farbton, zuvor noch dezent, erst allmählich im Bild und wird später dann gesteigert. Durch Variationen in den einzelnen feinen Farbstimmungen lassen sich auch ganz besonders schöne Farbwirkungen erzielen. Erst am Schluss müssen die hohen Lichter und tiefsten Schatten sicher und zugleich kräftig aufgesetzt werden.

Diese »Deckfarbe« zeigt dann den Pinselstrich und Pinselschwung; sie akzentuiert die Ausdrucks- und so auch die Darstellungsweise aus der Hand des Malers. Ihr »Ton« wirkt dann luftig, lichter sogar noch als der Lasurton; sie ist günstig für eine Textur bei einer gewissen Körperlichkeit.

Die Primamalerei (Malerei alla prima)

Oft bildete sie den endgültigen Abschluss künstlerischer Malarbeit: Denn dabei arbeitet man möglichst direkt auf eine Schlusswirkung des fertigen Bildes hin. Meist überwiegen die Schnelligkeit und das Skizzenhafte bei der Primamalerei. Farbwirkung und Zeichnung mit Modellationen sollen sich zugleich und auf einmal vollziehen. Schichtenweiser Farbauftrag wäre dabei unmöglich. Um verzögerte bzw. längere Trocknungszeiten erreichen zu können, ist der Einsatz entsprechender Malmittel ratsam.

Oft beginnt man dabei ohne Vorzeichnung, setzt Farbton neben Farbton frei und breit und nass in nass ineinander. Man kann die Farbtöne auch sacht, sozusagen nur wischend und weich einsetzen und sofort durch zeichnerisch hineingesetzte Schärfen von Hell nach Dunkel fertig malen. Auch hierbei müssen höchste Lichter und tiefere Schatten erst zum Schluss sicher und betont aufgesetzt werden. Der Farbauftrag sollte anfänglich nicht zu dick gehalten werden und sich erst allmählich verstärken, wenn man sich dann seiner Sache schon sicher ist. Der fertige Eindruck vom Bild ist dann gleichsam »aus einem Guss«!

Die Schichtenmalerei

Die Schichtenmalerei ist im Prinzip zeichnerische Vorarbeit wie zugleich Modellierung; auch eine leichte Farbangabe kann schon in der Untermalung gegeben werden. Mit wenigen Farbtönen wird das Bild angelegt und dann schichtenweise Farbton für Farbton, getreu dem Grundsatz »fett auf mager«, zum endgültigen Farbauftrag geführt. Dabei soll eine richtig ausgeführte Untermalung den nachfolgenden Farbauftrag erleichtern. Aber eine Untermalung, die schon annähernd den späteren beabsichtigten Farbwerten entspricht, kann leicht zu einem Verlust an Frische führen: Daher sollte eine kontrastfarbige Untermalung vorgezogen werden, in der die Farbtöne zum Teil noch gebrochen werden.

Übereinander gelegte warme Farbtöne lassen sich in der Farbwirkung zwar noch steigern, schwächen sich aber andererseits beim Übereinanderlegen warmer und kalter Farbschichten dann wieder ab. Gleichmäßigkeit in der Bildanlage wäre bei einheitlicher Untermalung ratsam. Dabei soll und darf die Untermalung einer späteren Übermalung noch nicht vorgreifen.

Je besser und genauer die untere Arbeit sowohl technisch als auch in Zeichnung und Modellierung ausgearbeitet wurde, desto sicherer und vollendeter kann die Übermalung ausgeführt werden. In den unteren Bildschichten sollten die Lichtwirkung und die Modellierung schon vorgegeben sein, jedoch noch nach Belieben variiert werden können.

Getreu der Maxime:

- unten im Bild – Helligkeit und noch flache Ausdrucksform,
- oben im Bild – Kolorierung und verstärkendes Ausformen.

Die Untertuschung

Untertuschungen werden gern zum leichteren und besseren Gelingen von Farbwerten im Bild eingesetzt. Dazu wird auf dem hellen Untergrund mit Terpentinöl verdünnte – also magere – Ölfarbe aquarellartig so dünn wie möglich und nur leicht flächig aufgesetzt. Dann malt man sogleich in die Untertuschung hinein, wird allmählich immer deckender, wie es etwa bei der so genannten Tonmalerei geschieht. Lässt man die Untertuschung aber gut durchtrocknen und war der Grund zudem noch hell weiß bis silbrig grau, dann ist die Untertuschung eine bewährte Grundlage für die Weiterarbeit.

Zwischenfirnisse

Zwischenfirnisse dienen dazu, die bereits trockene Farbschicht in der Untermalung wieder leicht anzufeuchten, um eine gute Verbindung der Farbtöne in den Farbschichten herbeizuführen oder um dann erneut nass in nass malen zu können. Harzfirnisse von Mastix und Dammar sind dünn aufgestrichen gute Zwischenfirnisse: für sich allein oder in Kombination mit wenig fetten Ölen, verdünnt mit etwas Terpentinöl. Fette Öle für sich allein sind u. a. wegen des Gilbens nicht zu empfehlen. Abzuraten ist von den so genannten Spritfirnissen oder von Schellack- oder Spiköl-Lösungen. Sie trocknen zwar schnell an, werden aber bald schon spröde und bilden dann eine dichte, trennende Zwischenlage zwischen den Bildschichten, sodass eine richtige Verankerung nicht möglich ist. Ebenso wenig sind Leimlösungen brauchbar.

Retuschen

Mit Retuschen kann man noch Bildteile in bereits angetrockneter Farbe korrigieren. Dazu malt man am besten immer ein ganzes Teilstück zu seinen Grenzen hin, damit sich beim Auftrocknen bildende Flecken nicht störend bemerkbar machen können. Komplett getrocknete kleinere Fehlerstellen muss man erst sehr dünn mit Firnis oder Malmittel einreiben. Ein Herausputzen mit Terpentinöl ist aber kaum ratsam, da man dies zuerst trocknen lassen und später dann dickfarbig übermalen müsste.

Schlussfirnis

Für den Schlussfirnis gilt: Je länger das Bild zum Trocknen Zeit hat, desto besser. Ölbilder dürfen in keinem Fall zu früh gefirnisst werden: Profis sprechen von einem Jahr Trocknungszeit. Da während des Trocknungsprozesses die Farbschichten aufgrund des Volumenverlustes der Bindemittel noch arbeiten, tritt bei vorzeitigem Firnissen Rissbildung auf. Farbschichten mit Mohnölanteilen sind dabei wegen ihrer langsamen Trocknung besonders gefährdet. Auch darf der Firnis nicht härter werden als die Bildschicht; auch in diesem Fall sind Risse unvermeidlich. Idealerweise sollte das Bild so gemalt sein, dass die Oberfläche weder zu glänzend noch zu matt ist und vorerst keinen Firnis benötigt.

Als Schlussfirnis für Ölbilder empfiehlt sich eine dünne Schicht Harzessenzfirnis (von Mastix oder Dammarharzen) 1 : 3 in Terpentinöl gelöst.

Wenn man sich seinen eigenen Gemäldefirnis mit Terpentinöl herstellt, sollte die Mischung nicht erst unmittelbar vor Gebrauch angesetzt werden; das Terpentinöl muss genügend Zeit haben, um sich gut mit dem Firnis zu verbinden, da es sonst die Farbschichten anlöst. Die Mischung sollte auch stets in ausreichender Menge hergestellt werden, sodass sie für das gesamte Bild ausreicht und eine gleichmäßige Wirkung gewährleistet ist. (Da Terpentinöl als reizend eingestuft ist, sollte dieses Lösemittel möglichst sparsam eingesetzt werden!)

Ungeeignete Firnissorten

Für das Firnissen von Ölbildern ungeeignet sind Ölfirnisse, wie Bernsteinfirnis, Kopalfirnis und Leinölfirnis, sowie Mastix oder Dammar in Öl gekocht. Fette Ölfirnisse verursachen speckigen Glanz und starkes Gilben – die Bilder nehmen später eine bräunliche Verfärbung an. Ebenso ungeeignet sind die spröden Spiritusfirnisse, z. B. aus Mastix oder Schellack.

Vorbereitung zum Firnissen eines Bildes

Bevor man mit dem Firnissen beginnt, muss ein Bild gut durchgetrocknet sein; es darf an keiner Stelle mehr kleben. Außerdem muss es frei von Oberflächenschmutz, Staub o. Ä. sein. Neben seiner Schutzwirkung hat der Firnis vor allem die Aufgabe, die Farbwirkung des Bildes gleichmäßig sichtbar zu erhalten. Der Firnis selbst muss leicht streichbar sein und darf nicht durch zu starken Glanz die Wirkung des Bildes übertönen.

Der Raum, in dem gefirnisst wird, sollte trocken und mäßig warm sein. Der Firnis wird aus einer flachen Schale dünn und leicht mit breitem Pinsel aufgetragen und soll möglichst staubfrei und im Licht trocknen können.

Die reinen Mastix- oder Dammaressenzfirnisse sind nach etwa einem Tag klebfrei aufgetrocknet. Die Selbstherstellung von Firnissen ist einfach und unbedingt zu empfehlen.

Mattfirnis

Ein Mattfirnis entsteht durch geringe Zumischung von gereinigtem (weißem) Bienenwachs zum Mastix- oder Dammarfirnis 1 : 3 in Terpentinöl gelöst. Einige Maler tragen diese Terpentinöl-Wachs-Mischung als dünne Schicht über einem trockenen Firnis auf; sie soll dann leichter zu entfernen sein.

Rezepte zum Selbstherstellen von Malmitteln und Firnissen

Schnell trocknendes Malmittel (trocknungsbeschleunigend)

Die einfache 25%ige Dammarlösung ist ein schnell trocknendes, also die Trocknung beschleunigendes Malmittel für Ölfarben. Manche Maler bevorzugen eine stärkere Verdünnung und verdünnen die Lösung in einer Flasche oder auf der Palette weiter.

300 g reines Balsamterpentinöl
100 g helles Dammarharz

---

400 g Dammarlösung 25%ig in Terpentinöl

Das Balsamterpentinöl wird in ein Schraubglas o. Ä. gegeben und das unzerkleinerte Dammarharz in einem Teestrumpf oder Teebeutel eingehängt. Je nach Menge hat sich der Dammar meist nach ca. einem Tag oder über Nacht vollständig aufgelöst und kann dann durch zwei bis drei Lagen Papierfilter (Kaffeefilter) filtriert werden. Eine leichte Eintrübung der Lösung ist normal und bedeutet keinen Qualitätsverlust.

Mastix oder Zyklohexanonharz

Eine Lösung von Mastix oder Zyklohexanonharz wird auf die gleiche Weise hergestellt, erfordert jedoch einen höheren Zeitaufwand. Wenn man sich Malmittel oder Malfirnisse selbst herstellen will, ist das Arbeiten mit Dammar am unproblematischsten.

Langsam trocknendes Malmittel (trocknungsverzögernd)

1 Raumteil Dammarlösung 25%ig
in Terpentinöl und
2 Raumteile Mohnöl

---

3 Raumteile langsam trocknendes
(trocknungsverzögerndes) Malmittel

Wenn eine geringere Trocknungsverzögerung erwünscht ist, kann mit Leinöl gearbeitet werden. Eine stärkere Trocknungsverzögerung erreicht man durch eine Erhöhung des Mohnölanteils.

Schlussfirnis

2 Raumteile Dammarlösung 25%ig
in Terpentinöl und
1 Raumteil reines Balsamterpentinöl

---

3 Raumteile Schlussfirnis für Ölbilder

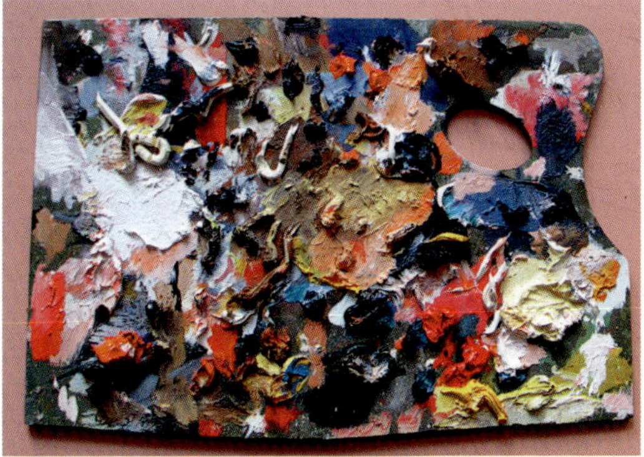

Eine Palette des New Yorker Malers Alex Katz zeigt den vorausschauenden Umgang mit Ölfarbe; alle Farbtöne werden stets in ausreichender Menge vorgehalten.

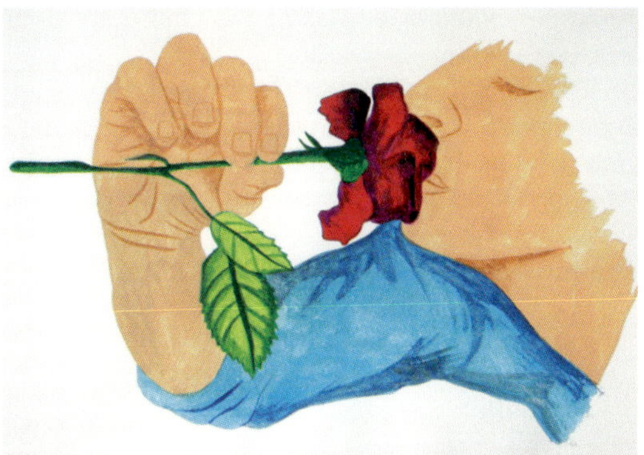

Die Offenbacher Rosenmalerin Sabine Hartung in einem ihrer wenigen Selbstporträts

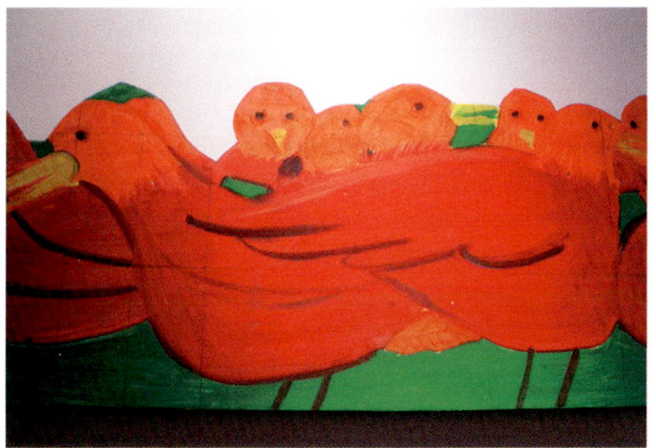

Alex Katz bedient sich bei der Umsetzung von Großobjekten so genannter Maquetten (Modelle); hier eine Situation in seinem Depot.

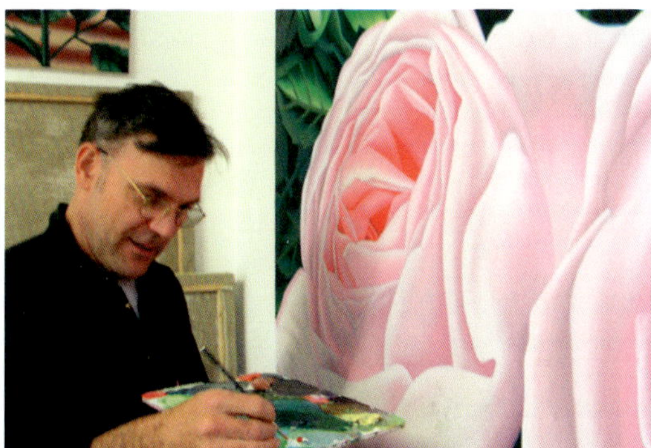

Der Autor beim Erklären von Farbmischungen im Atelier Rosenhaus der Malerin Sabine Hartung

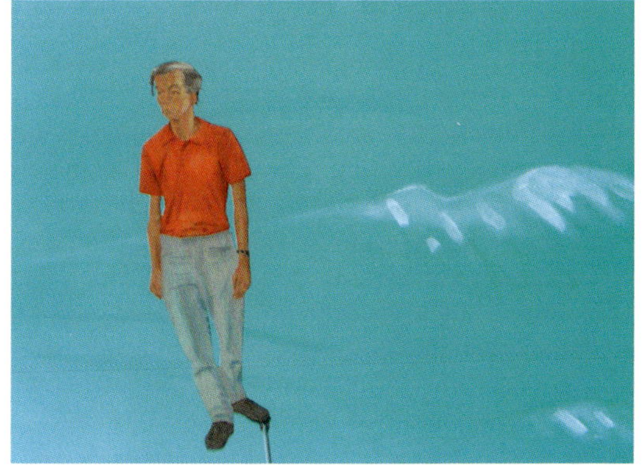

Zu dieser ungewöhnlichen Situation in Alex Katz' Studio in Chelsea kam es, als eines seiner »Cutouts« in Öl auf Aluminium vor einem großen Ölgemälde stand.

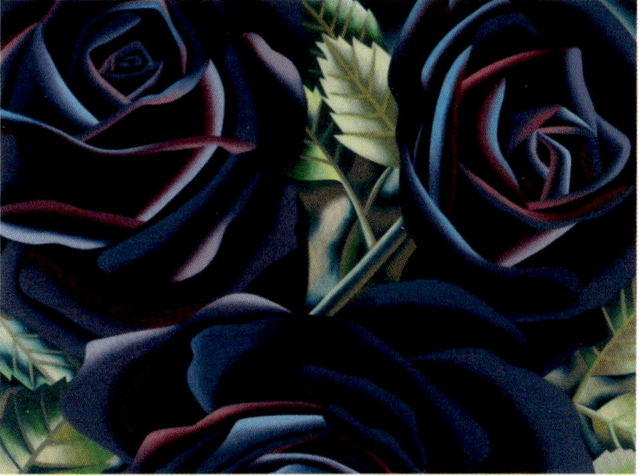

Um den Bildern einen frischen, seidigen Glanz zu verleihen, verwendet Sabine Hartung Mohnöle; hier das Porträt der »Schwarzen Rose«; 2003, Öl auf Leinwand, 120 x 120 cm.

Je nach gewünschtem Glanz wird mit mehr oder weniger Terpentinöl verdünnt.

Bei den so genannten Retuschier- oder Zwischenfirnissen handelt es sich um verdünnte Schlussfirnisse, die im Verdünnungsgrad der jeweiligen Bildsituation angepasst werden.

Bienenwachspaste

2 Gewichtsteile	reines Balsamterpentinöl
1 Gewichtsteil	reines Bienenwachs DAB
3 Gewichtsteile	Bienenwachspaste

Um das Bienenwachs aufzulösen, wird das Terpentinöl im Wasserbad auf eine Temperatur zwischen 65 und 70 °C erwärmt.

Unter der Bezeichnung Gemäldewachs gibt es solche Wachspasten auch fertig im Handel zu kaufen. Die Paste wird dünn mit einem weichen Pinsel oder einem fusselfreien Tuch aufgetragen. Diese Art Wachsfirnis ergibt einen weichen, matten Glanz.

Man kann auch etwa 5 bis 10 % dieser Wachspaste dem Schlussfirnis zusetzen. Damit erhält man einen Harz-Wachs-Firnis, der mit seidigem Glanz auftrocknet.

Alkoholischer Mastixfirnis

8 Gewichtsteile reiner Alkohol
2 Gewichtsteile Mastix
10 Gewichtsteile Mastix-Alkoholfirnis

Das Harz wird wie oben beschrieben gelöst und sodann filtriert.

Alkoholfirnisse, die auch aus alkohollöslichen Kunstharzen hergestellt werden können, sind früher öfter als Zwischenfirnis oder Retuschierfirnis eingesetzt worden, etwa um eingeschlagene Stellen herauszuholen.

Wasservermischbare Künstler-Ölfarben

Diese Farben wurden vor allem entwickelt, um die in kleinen Räumen oft als unangenehm empfundene Geruchsbelästigung zu umgehen. Dabei wurde darauf geachtet, dass die wasservermischbare Künstler-Ölfarbe wie ihre mit Terpentinöl verdünnbaren Geschwister bei buttriger Konsistenz den typischen Pinselstrich ermöglichen. Gleiches gilt für die geforderte möglichst hohe Lichtechtheit der verwendeten Pigmente und die charakteristisch lange Offenzeit bei Ölfarben generell – die im Übrigen bis zum Schluss modifizierbar sein sollte.

In der Regel werden hierzu die gleichen reinen, also u. a. entschleimten und gebleichten Lein- und Sonnenblumenöle verwendet, die dann allerdings in der Weise modifiziert wurden, dass sie nicht mehr wasserabstoßend, sondern wasserbindend wirken.

Die Eigenschaft, mit Wasser mischbar bzw. mit Seife auswaschbar zu sein, geht den wasservermischbaren Künstler-Ölfarben im oxidativen Trocknungsprozess verloren. Dieser verläuft sehr ähnlich zu den terpentinverdünnbaren Ölfarben ab.

Das Malen

Unter normalen Bedingungen sollten alle mit bis zu zweifachem Pinselauftrag aufgestrichenen Filme (das entspricht etwa einer Schichtdicke von 80 µ) innerhalb von zwei bis vier Tagen trocknen. Das ist jedoch noch von vielen zusätzlichen Faktoren abhängig – generell sollte ein etwa halbwöchiger Trocknungszeitraum eingeplant werden.

Dabei zeigen die wasservermischbaren Künstler-Ölfarben das gleiche Trocknungsverhalten wie die terpentinölvermischbaren Künstler-Ölfarben, das pigment- und schichtdickenabhängig bei dem langsam fortschreitenden Oxidationsprozess bis zu einem Jahr dauern kann. Dann sind die Farben allerdings so gut und sicher durchgetrocknet, dass einem reversiblen Firnisauftrag nichts mehr im Wege steht.

Übrigens lassen sich diese Farben auch mit den klassischen Ölfarben mischen, verlieren dann aber zusehends ihre Wasservermischbarkeit. Sie können dann – bis zur vollständigen Trocknung – mit allen klassischen Malmitteln der Ölmalerei verarbeitet und verdünnt werden.

Wasservermischbare Künstler-Ölfarben können auch mit Acryl- und sogar mit Gouache- sowie mit Airbrushfarben gemischt werden. Hierbei sollte aber besonders achtsam gearbeitet werden, d. h.,

- die Farben müssen gleichmäßig und gut durchgemischt werden, um etwaige Rissbildung zu umgehen;

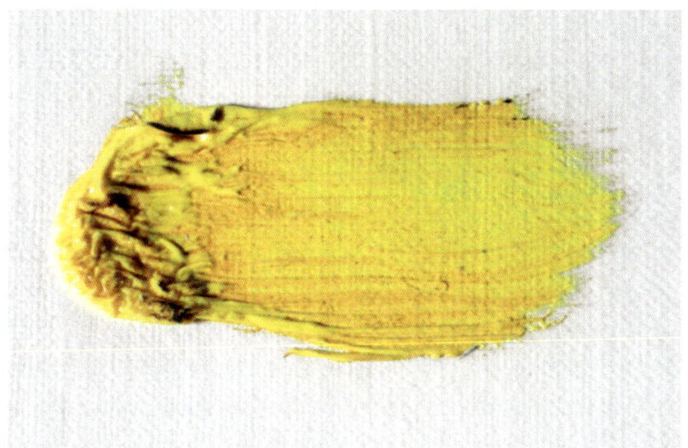

Helioechtgelb, hell (0045); Lukas, Berlin (wasservermalbare Ölfarbe)

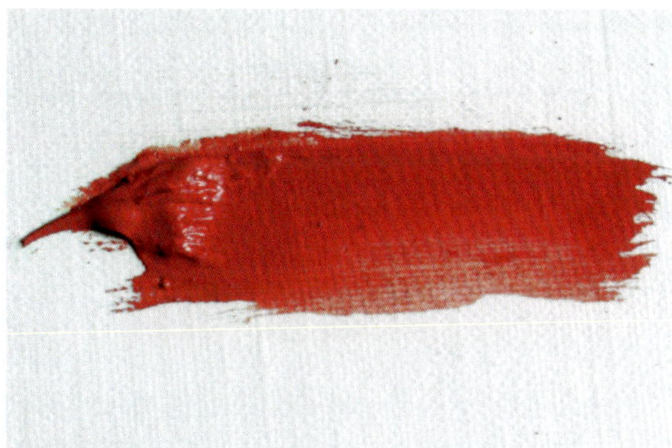

Kadmiumrot, mittel (0074); Lukas, Berlin (wasservermalbare Ölfarbe)

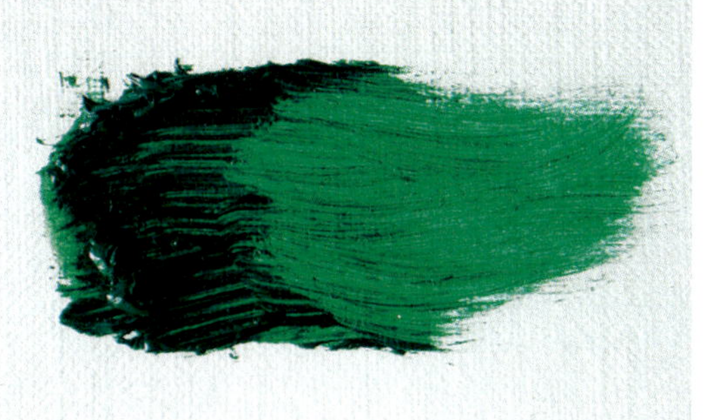

Chromoxidgrün feurig (0154); Lukas, Berlin (wasservermalbare Ölfarbe)

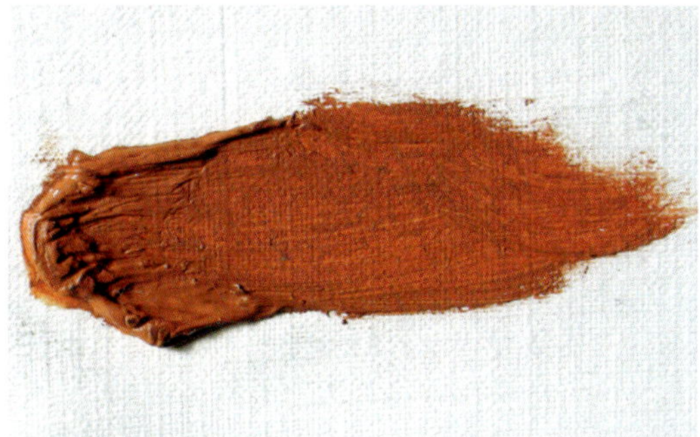

Fleischocker (0056); Lukas, Berlin (wasservermalbare Ölfarbe)

- bei Gouachefarben darf nicht pastos gearbeitet werden;
- die Airbrushfarben müssen 1 : 1 mit Wasser vermischt werden.

Malmittel

Die chemisch-technisch modifizierten Öle sind aufgrund der Wasservermischbarkeit träge bei der Trocknung, d. h., sie benötigen eine etwas längere Trockenzeit. Modifizierte Standöle verleihen als Malmittel dem Farbauftrag mehr Glanz. Malmittel, die die Trocknung beschleunigen, »magern« die Farbausmischungen.

Durch die quasi emulsionsartige Beschaffenheit werden die Malfarben optisch weiß aufgehellt. Dieser Zustand irritiert zwar beim Abmischen der Farbtöne, verschwindet beim Trocknen jedoch vollständig.

Ein Zusatz von wasservermischbaren Künstler-Ölfarben zu klassischen Ölfarben lässt diese ebenfalls wasservermischbar werden. Allerdings nur bis zu einem Anteil von maximal 30 % – bei höheren Dosen verliert die Farbe ihre Wasservermischbarkeit wieder.

Es ist immer ratsam, Probeflächen oder Testfarbaufstriche anzufertigen; das erleichtert es, sich auf den beabsichtigten Malstil einzustellen bzw. die geforderte Qualität der Filme zu erreichen.

Stellen Sie vor Beginn der Arbeit sicher, dass alle Farbtöne und Malmittel in ausreichender Menge zur Verfügung stehen.

Wachsmalerei (Enkaustik)

Als Wachsmalerei oder Enkaustik wird eine Maltechnik bezeichnet, in der Wachse als Bindemittel dienen. Der Begriff Enkaustik ist von dem griechischen εγκαειν (*enkaen* = einbrennen) abgeleitet, und seine Verwendung beruht sicherlich auf ungenauen Textübertragungen bzw. abweichenden Deutungen antiker Texte. Dies mag sicher dadurch begründet sein, dass originale antike Schriftquellen nur bruchstückhaft erhalten sind bzw. unvollständig übertragen wurden. Als weitere Bezeichnungen antiker Elemente der Wachsmalerei haben sich die »Fachbegriffe« Punisches Wachs und Ganosis (γανωσις) erhalten.

Beschreibungen dieser Techniken finden wir bei *Vitruv* und *Plinius*. Vitruv beschreibt das Vermalen von Wachsen an Schiffen oder Streitwagen, und auch ein als Ganosis bezeichnetes Verfahren wird von ihm erwähnt. *Plinius* berichtet genauer von einer Signatur eines Bildes des *Elasippos* in Ägina mit εγκαειν (er hat es eingebrannt). So wurde der Sammelbegriff Enkaustik als Bezeichnung für verschiedene Wachsmalverfahren geprägt.

Bis heute setzen sich Künstler, Historiker und Kunstwissenschaftler mit dieser antiken Kunsttechnik und ihren diversen technischen Spielarten auseinander. Entsprechend komplex sind die kunsttechnischen Fachbegriffe für einzelne in der Antike belegte und ebenso in der Neuzeit erprobte und angewendete Wachsmalverfahren. Aus der Antike sind allerdings nur wenige Denkmäler mit Wachsmalverfahren erhalten.

Schon im Lucca-Manuskript (Ende 8. Jahrhunderts) findet sich ein Hinweis auf das Malen mit Wachs, und auch andere mittelalterliche Quellen belegen die Verwendung von Wachs in verschiedenen Malmitteln. In der Renaissance wurde die klassische Literatur, und mit ihr auch die Textstellen zur Wachsmalerei, wieder aufgegriffen. Auch die heutige Auseinandersetzung mit der Enkaustik basiert auf den wenigen antiken Quellentexten und den Erkenntnissen der Archäologie.

Punisches Wachs

Laut *Hans Gert Müller* lässt sich der Herstellungsvorgang von Punischem Wachs durch Verseifung von Bienenwachs mit Soda rekonstruieren; die dadurch entstehende wasserdispergierbare Wachsseife wird anschließend mehrere Male mit Meerwasser gekocht; bei diesem Vorgang werden cerotin- und melissinsaures Natrium in wasserunlösliche Magnesium- und Kalziumsalze überführt. Der Schmelzpunkt erhöht sich dadurch um etwa 20 °C. Nachdem die Umsetzung stattgefunden hat, schwimmt das Punische Wachs auf dem Wasser. Jetzt muss es nur noch gründlich nachgewaschen werden, um alle Alkalienreste zu entfernen. Dass Punisches Wachs ein fester Stoff ist, ist bereits von dem Münchener Konservator *A. Stois* und zuvor von *Alexander Eibner* nachgewiesen worden.

Rezeptur für Punisches Wachs:

50 g Bienenwachs in
250–330 ml Meerwasser
im Wasserbad schmelzen.
5 g Soda während des Erwärmens
hinzufügen.

Anstelle von 5 g Soda können auch
5 g Pottasche bzw. 10 g Hirschhornsalz
verwendet werden.
(Da das Hirschhornsalz eine schwächere Wirkung hat, wird die doppelte Menge benötigt.)

Die noch feinbröcklige Masse wird nach dem Abkühlen zunächst abgefiltert und dann getrocknet. Das noch unfertige punische Wachs wird in 250–330 ml Meerwasser noch zwei weitere Male nachgekocht, d. h., es finden insgesamt drei Kochvorgänge statt.

Dieses Endprodukt soll im Verhalten dem Bienenwachs entsprechen. Mit seinem auf 85 bis 95 °C erhöhten Schmelzpunkt ist dieses modifizierte Punische Wachs wesentlich härter als Bienenwachs, verliert jedoch aufgrund seiner höheren Sprödigkeit an Elastizität.

Malen mit kaltflüssigem Wachs

Mit Wasser, Leim oder Kasein vermischt kann kaltflüssiges Wachs (Wachsseife, Wachsemulsion) wie jede andere Tempera auch aufgetragen werden. Durch Reiben mit einem weichen Tuch erhält die Oberfläche einen sanft-matten, bei erhöhter Politur stärkeren Glanz.

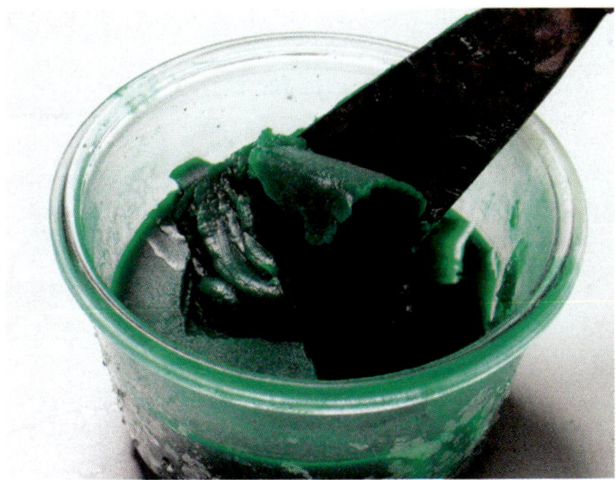

Die mit Chromoxidgrün feurig eingefärbte Wachs-Harz-Paste wird mit dem Spachtel in ein wärmeunempfindliches Gefäß (aus nahe liegenden Gründen hier ein Weckglas) abgefüllt.

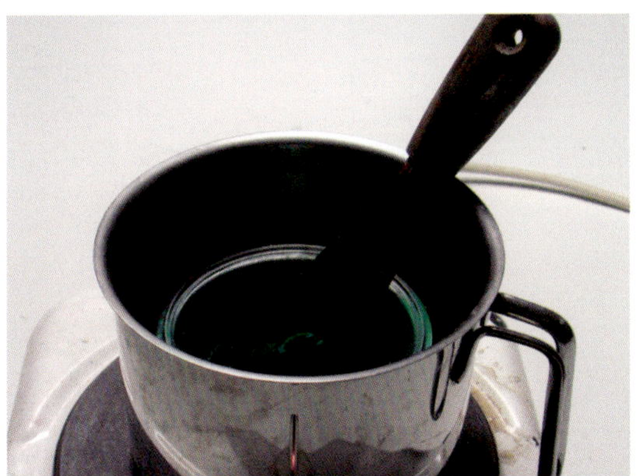

Das mit grün gefärbter Wachs-Harz-Paste befüllte Weckglas wird im Wasserbad vorsichtig bis zur Schmelze auf ca. 70 bis 80 °C erwärmt.

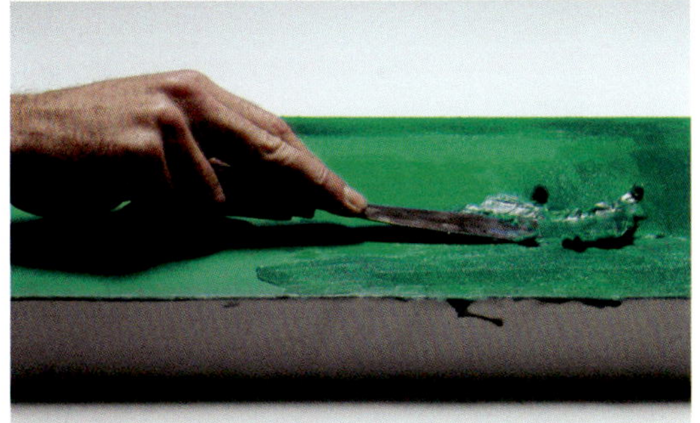

Nun kann die Wachsfarbe mit einem (ebenfalls erwärmten) Lackspachtel auf die Malfläche aufgetragen werden. Wenn die Malfläche abgekühlt ist, lässt sie sich problemlos polieren.

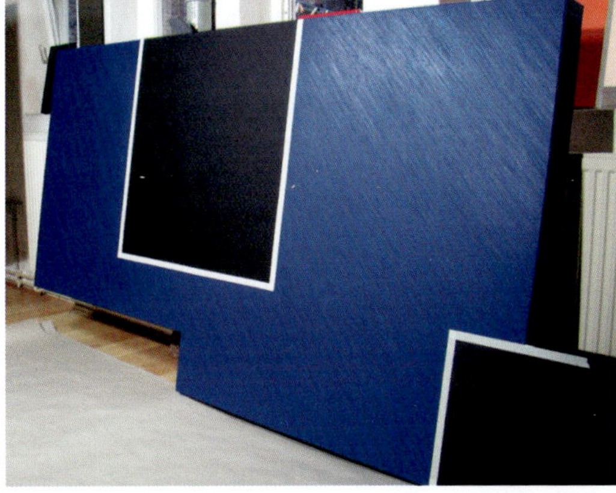

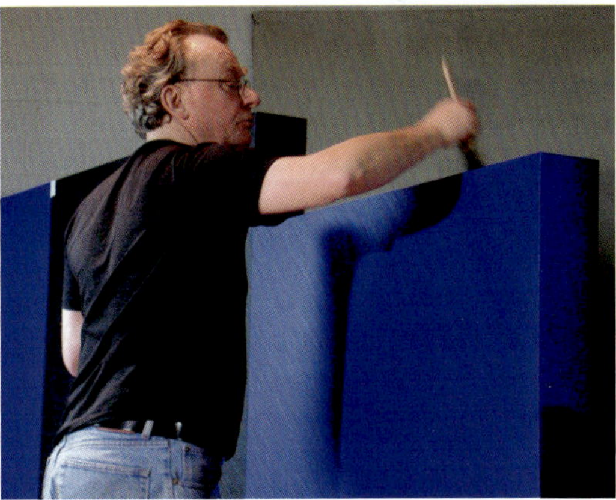

Der Konzeptkünstler HD Schrader mit einer seiner größten Arbeiten im Altonaer Atelier. Schrader verwendete hier eigens angefertigte Wachsfarben – übrigens handelt es sich bei der dunklen Bildpartie um Preußischblau! In den gewollten Farbgraten und hohen Pinselspuren fängt sich leicht Staub; diesen entfernt der Künstler gerade.

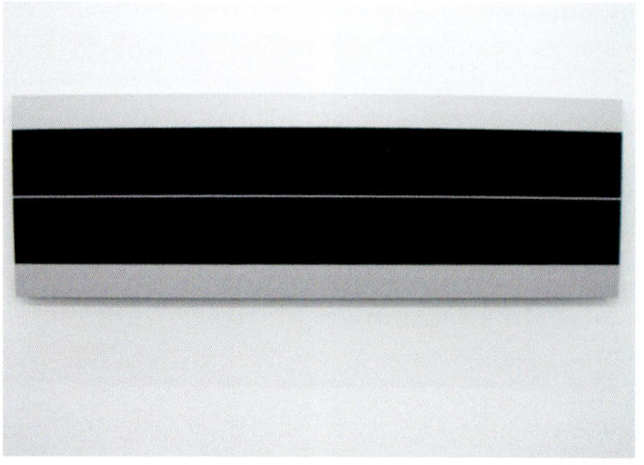

Frank Gerritz arbeitet mit Stiften von Oilbar (Wachs/Öl) auf eloxiertem Aluminium auch in größeren Formaten. Wir sehen hier Teile seiner Hängung in der Sammlung Falckenberg in Hamburg-Harburg, Sommer 2003 (Courtesy Galerie Munro).

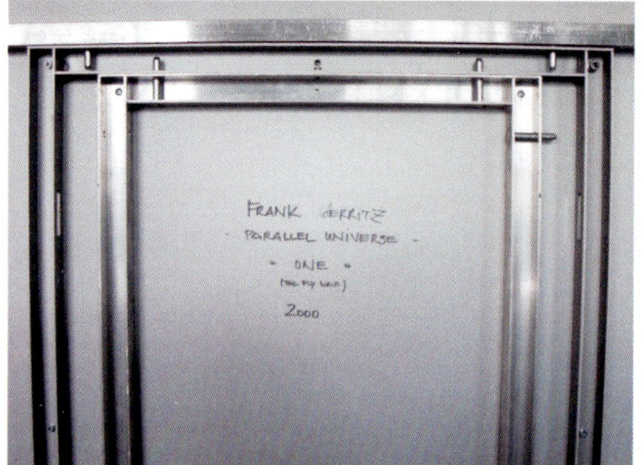

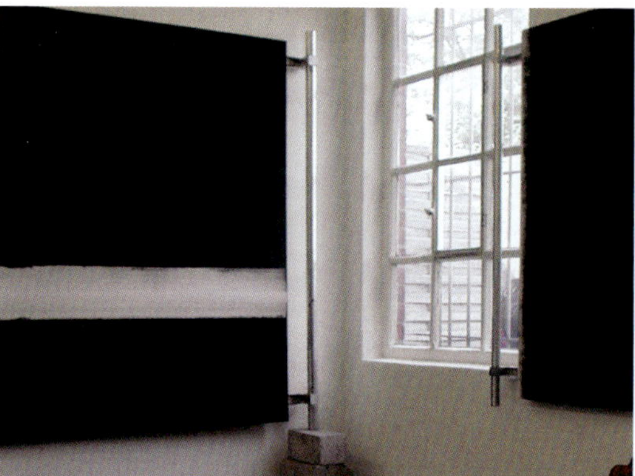

Gerritz' Bildträger werden von Metallspezialisten eigens angefertigt; hier die Konstruktionsansicht einer Rückseite. Damit sie sich auch unkompliziert behandeln lassen, hat Gerritz Tragevorrichtungen ersonnen, die hier seitlich erkennbar sind.

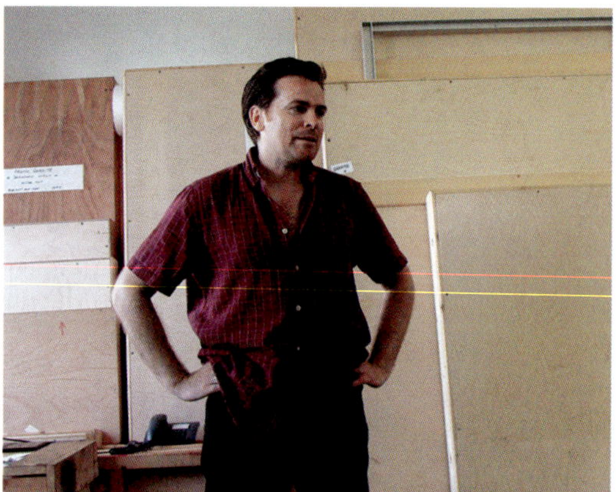

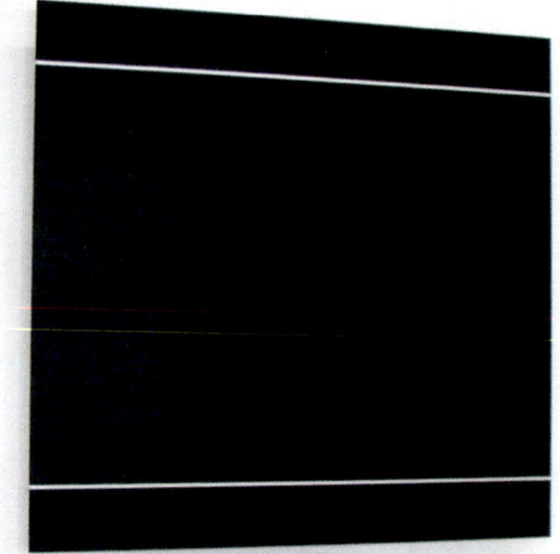

Die mattschwarzen Oberflächen sind nicht nur anfangs empfindlich; solche delikaten Oberflächen verlangen daher nach besonderem Schutz. Frank Gerritz steht hier in seinem Hamburger Atelier vor den Verpackungen für seine Bilder.

***Wehltes* Wachs-Ammonium-Seife**

10 g Ammoniumkarbonat in
60 ml kaltes Wasser einstreuen und
25 g gebleichtes Bienenwachs in
25 g Terpentinöl schmelzen.

Die Wasser-Ammonium-Lösung und die Wachslösung im Wasserbad zusammenschütten und gut umrühren. Wegen des starken Aufschäumens sollte ein ausreichend großes Gefäß verwendet werden. Der gesamte Kochvorgang soll mindestens 45 Minuten dauern.

***Doerners* Wachs-Emulsion (Wachsseife)**

25 g weißes gereinigtes Bienenwachs in
250 ml Wasser schmelzen
10 g Hirschhornsalz (Ammoniumkarbonat) in wenig Wasser anrühren und hinzufügen.

Sofern das Hirschhornsalz frisch ist, wallt die Masse sofort auf. Weiter erwärmen, bis schließlich das Aufschäumen aufhört, und die Masse unter Umrühren erkalten lassen.

Anstelle von 10 g Hirschhornsalz kann die Emulsion auch mit 5 g Pottasche oder Soda hergestellt werden, jedoch verflüchtigt sich das Ammoniak vollständig, während Soda und Pottasche zurückbleiben und dauernd hygroskopisch wirken.

Wachsseife ist milchig weiß und jahrelang haltbar. Sie kann mit Harzfirnissen oder fetten Ölen (Mohnöl), mit Balsamen (Venezianer Terpentin), Leimwasser oder Gelatine sowie anderen Temperen vermischt werden. Unter der Bezeichnung Cera colla diente Wachsseife mit Leimwasser den byzantinischen Malern als Malmittel. Auch *Sir Joshua Reynolds* pries eine Wachsemulsion mit Venezianer Terpentin als bestes aller Malmittel.

Wachsemulsionen ergeben einen wunderbar weichen und schmelzenden Farbauftrag und auf Gipsgründen eine außerordentliche Helligkeit. Die Handhabung ist einfach und durch den Wasserstrich auch zeichnerisch eingehende Behandlung möglich. Die Farbschicht kann oberflächlich leicht eingebrannt werden, um sie glatter und widerstandsfähiger gegen atmosphärische Einflüsse zu machen. Dies ist jedoch nicht unbedingt erforderlich. Durch leichtes Reiben oder Bürsten lässt sich ein schöner Mattglanz erreichen.

Metallisieren: Vergolden und Bronzieren

Ein goldener Bildhintergrund ist mehr als nur ein außergewöhnlicher Farbton – in der Buchmalerei wie in der Tafelmalerei des Mittelalters besaß er vor allem mythologische Bedeutung. Die Farbe Gold symbolisierte das Himmlische, die Sonne, das Licht schlechthin. Erst um 1400 traten an die Stelle des starren goldfarbenen Bildhintergrunds fein gemalte Landschaften oder architektonische Darstellungen. Nur die Himmelspartien wurden noch längere Zeit in Gold belassen.

Die Polimentvergoldung oder Glanzvergoldung ist nicht nur die älteste, sondern auch die edelste Vergoldungstechnik. Sie bedarf etlicher Arbeitsschritte und eingehender Grundvorbereitungen; nur so werden die hochglänzenden Goldflächen erreicht.

Unter Vergoldung versteht man ganz allgemein das Auflegen gelben Blattmetalls in jeder Form; dazu gehört eine adäquate handwerkliche Vorbereitung des Werkstückes. Vergolden kann man mit wässrig-, ölig-, harz-, wachs- oder dispersionsgebundenen Bindemitteln, die der jeweiligen Technik auch ihren Namen geben. Vergoldungen auf metallischen Untergründen gehören zu den Galvanisierungstechniken.

Von wässrigen Vergoldungen (Wasservergoldungen) wie Glanzpoliment- oder Branntweinvergoldung und Leimvergoldung spricht man, wenn das Vergolden in wässriger Bindung ausgeführt wird. Von allen Vergoldungstechniken ergibt die polierte Branntweinvergoldung die glatteste und glänzendste Oberfläche.

Blattgold

Vergoldungstechniken haben eine langjährige Tradition, die bis in vorgeschichtliche Zeit zurückreicht. Nicht nur Tempelwände und Kultobjekte, sondern auch Gegenstände des täglichen Gebrauchs wurden von ägyptischen, griechischen und römischen Handwerkern vergoldet. Schon in Jahrtausende alten indischen und chinesischen Quellen wird von Gold und Vergoldungen berichtet. Auch im Alten Testament sind Goldarbeiten überliefert; dabei wird sogar zwischen Arbeiten aus massivem Gold und einfachen Goldblechen unterschieden. Weil Gold seit jeher teuer ist, wurden schon früh Techniken entwickelt, es so dünn wie möglich auszuwalzen oder zu hämmern, um mit der gleichen Menge noch größere Flächen vergolden zu können.

Chemie

Gold (lat. aurum; chemisches Symbol: »Au«, Ordnungszahl 79) zählt zu den Edelmetallen. Sein Schmelzpunkt liegt bei 1063 °C, der Siedepunkt bei 2960 °C. Reines Gold ist nicht oxidierbar, also absolut wärme- und luftbeständig. Es ist relativ weich und dehnbar und lässt sich entsprechend gut polieren. Um es härter und widerstandsfähiger zu machen, wird es oft mit Kupfer oder Silber legiert.

Zur Herstellung von Blattgold

Das Zentrum der deutschen Blattgoldproduktion ist die Gegend um Nürnberg und Fürth. Hier wurde das Goldschlagen, ähnlich wie die Pinselmacherei, lange Zeit in Heimarbeit ausgeübt.

Zunächst wird das Gold in Gasschmelzöfen ausgeschmolzen; nach 20 bis 30 Minuten ist das Gold flüssig und kann in Barren, so genannte Zainen (oder Planschen, wie sie warm ausgeschmiedet heißen), gegossen werden. Die fertigen Barren sind etwa 4 mm dick. Auf Stahlwalzen werden sie nun geschmeidig geglüht und zu Bändern ausgewalzt, deren Stärke nur noch etwa 1/20 mm beträgt. Das Goldband wird in kleine Quadrate geschnitten. Diese so genannten Quartiere werden zwischen Lagen feinsten Pergamentpapiers gestapelt und anschließend ebenfalls mit Pergament eingeschlagen. Ein Stoß von 500 bis 600 dieser Goldbleche ergibt eine Quetsche.

Die Quetschen werden mit Federhämmern weiter bearbeitet und unter ständigem Kühlen zu einer ovalen Form von etwa 12 bis 14 cm Durchmesser geschlagen. Anschließend werden die Goldbleche aus der Quetsche genommen und mit neuen Papierzwischenlagen versehen. Dieser Stoß wird dann auf eine Größe von ca. 5 x 5 cm zurechtgeschnitten. Nun beginnt das Dünnschlagen in Goldschlägerformen. Hierbei werden die Goldblättchen zwischen Spezialfolie geschichtet und in Stapeln von etwa 2500 Blatt in computergesteuerten Schlagwerken auf eine Stärke von 1/6000 mm gebracht.

Die weitere Verarbeitung erfolgt nun von Hand. Von den Goldschlägern werden die Goldblättchen nochmals ausgeschlagen und weisen nach dem »Fertigmachen« nur noch eine Stärke von 1/8000 bis 1/9000 mm auf. Die unregelmäßig geschlagenen Blättchen werden dann aus den Formen genommen und mit dem Beschneidermesser zugeschnitten. Dann werden sie Blatt für Blatt in kleine Seidenpapierheftchen à 25 Blatt eingelegt und zu Packen von je 12 Heftchen abgepackt, also einer Gesamtmenge von 300 Blatt.

Karat

Der Goldgehalt einer Legierung wird auf einer 24-stufigen Skala in Karat (K) angegeben; bei 24-karätigem Gold handelt es sich dementsprechend um reines Gold.

Der Begriff Karat stammt ursprünglich aus dem Arabischen (qīrat) oder Griechischen (κερατιον = kerátion) und bezeichnete die Samen des Johannisbrotbaums, die früher zum Wiegen von Gold und Edelsteinen benutzt wurden.

Die Reinheitsbezeichnung nach Karat ist inzwischen von der Definition in tausendstel Milligramm der Legierung abgelöst worden.

24 Karat	=	1000/1000 Goldgehalt
18 Karat	=	750/1000 Goldgehalt
12 Karat	=	500/1000 Goldgehalt

Blattgold ist u. a. in den folgenden Farbsorten im Handel erhältlich:

reines Scheidegold	24 Karat
Dukatengold	23 Karat
Orangegold	22 Karat
Gelbgold	21 Karat
Zitrongold	18 Karat
Grüngold	16 Karat
Weißgold	13 Karat

Goldstärken

Zum Vergolden werden Goldblätter in folgenden Stärken verwendet:

1/9000 mm	Einfachgold
1/4500 mm	Doppelgold
1/3000 mm	Dreifachgold

Einfachgold wird für Innenarbeiten wie Rahmungen usw. verwendet, während Dreifachgold, das praktisch porenfrei ist, überwiegend im Außenbereich verarbeitet wird.

Größen und Namen

Gold wird in unterschiedlichen Größen und Formen gehandelt – in Quadraten von 65 bis 90 mm und außerdem als so genanntes Rollengold – und ist in den Farben Rot, Orange, Zitron, Grün, Hellgrün und Weißgold erhältlich.

Transfer- oder Sturmgold

Für Arbeiten im Freien empfiehlt sich besonders das so genannte Transfergold oder Sturmgold bzw. Turmgold.

Die einzelnen Goldblätter sind hier auf Seidenpapier fixiert und können problemlos auch bei Wind und Wetter verarbeitet werden, ohne dass etwas von dem wertvollen Material verloren geht.

Das Blattgold wird mit der Schere zugeschnitten, dann wird es aufgelegt und angedrückt. Hinterher wird einfach die Papierschicht abgezogen.

Goldpulver und verwandte Werkstoffe

Muschelgold

Muschelgold ist echtes Goldpulver, wie es im frühen Mittelalter von Malern, Schreibern und Vergoldern verwendet wurde. Es wurde aus dünn gehämmertem Blattgold hergestellt, das erst grob zerkleinert und dann mit Honig und groben Kochsalzstücken gemischt und mit dem Läufer auf einer Reibplatte oder mit der Reibkeule im Mörser kräftig verrieben wurde.

Sobald das Pulver fein genug war, konnten Honig und Salz ausgewaschen werden. Echtgoldpulver ist in Döschen à 2 Gramm im Handel erhältlich.

Silberpulver

Ähnlich wie Goldpulver wurde auch pulverisiertes Silbermetall in der Malerei verarbeitet. Als Bindemittel dient meist Eiklar oder eine Gummiarabikum-Lösung.

Silberpulver wurde allerdings seltener als Goldpulver verwendet, da es infolge des Schwefelwasserstoffgehalts der Luft innerhalb kurzer Zeit schwarz anläuft. Silber bewahrt nur bei vollkommenem Luftabschluss sein ursprüngliches Aussehen und muss unbedingt durch einen Lacküberzug geschützt werden.

Musivgold

Schon seit dem 13. Jahrhundert ist Musivgold als goldfarbenes Pigment bekannt. Das auch als *aurum musivum* bezeichnete Zinndisulfid wird durch Erhitzen von Zinnsalzen mit Schwefel gewonnen. Es ist wie echtes Goldpulver zum Schreiben, Malen und Vergolden geeignet und ebenfalls lichtbeständig und säurefest, jedoch nicht laugenbeständig.

In seltenen Fällen wurde auch eine Verwendung von Musivsilber nachgewiesen. Dabei handelte es sich um eine Legierung aus Zinn, Wismut und Quecksilber. Auch hier diente Eiklar oder Gummiarabikum-Lösung als Malmittel.

Musieren, Musivische Arbeit und Mosaik

Materialnamen

Viele zum »Musieren« angewandte Malverfahren, ob auf Malfarben oder auf Goldgründen, können unter dem Begriff Musiergold zusammengefasst werden. Außer Blattmetallen, Goldpulver und anderen Metallpulvern kann dabei auch Musivgold verwendet werden.

Auch andere Malmaterialien, die nicht aus Zinndisulfid bestehen, werden als Musivgold bezeichnet. So sind die musivischen Arbeiten, die Mosaiktechnik und das Musieren, das als rein dekorative Vergoldertechnik eher untergeordnete Bedeutung hat, auf die gleiche etymologische Wurzel zurückzuführen.

Nach Meinung von Sprachwissenschaftlern gehen sie entweder auf die arabischen Materialnamen *muzauwag* oder *musanic* (reich geschmückt, reich verziert) oder auf die griechischen Wörter *mousa* (μουσα = Muse) bzw. *museios* (μουσειος = den Musen geweiht, künstlerisch) zurück. Daraus entstand dann der lateinische Begriff *musivum opus* (musivische Arbeit), der Einlegearbeiten aus Glasstücken oder Steinen bezeichnete, und aus diesem wiederum das mittellateinische *mosaicum*, das italienische *mosaico* sowie das französische *mosaique*.

Mosaik

Als Mosaik wird eine alte orientalische Einlegetechnik bezeichnet, bei der farbige Glas-, Keramik- oder Steinstückchen mit Kalkmörtel auf ei-

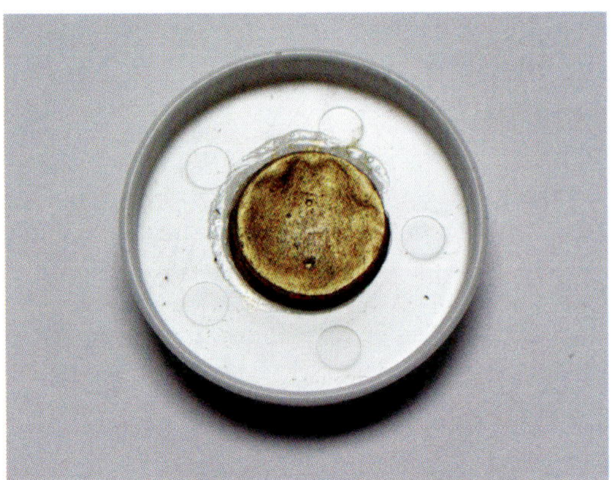

Das teure, weil echte Muschelgold ist heute ganz profan in einfachen Plastikschälchen verpackt erhältlich.

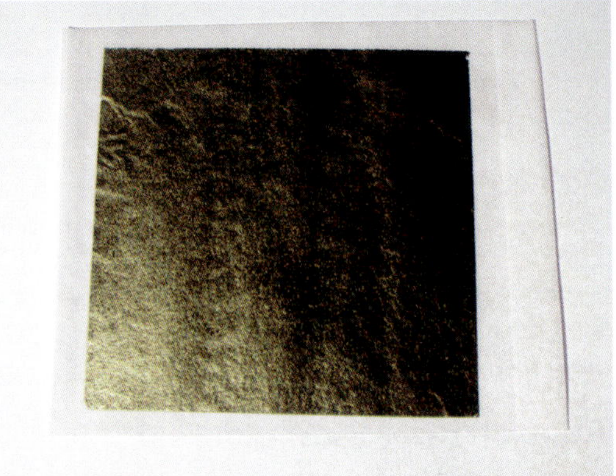

Das ebenfalls sehr kostspielige Transfergold wird zwecks einfacher Handhabung auf Seidenpapier aufgedampft und ist damit auch für weniger geübte Hände praktikabel.

nem festen Untergrund fixiert werden. Über Griechenland und Ost-Rom gelangte diese Technik in den Mittelmeerraum und wurde schließlich in ganz Europa bekannt.

In hellenistischen Mosaiken wurden manchmal so kleine Mosaiksteinchen verwendet, dass sich mit ihnen feine, fast malerische Farbübergänge erzielen ließen. *Plinius* verwendete dafür die griechische Bezeichnung *lithostroton* (λιθοστρωτον), was so viel wie »Streu von kleinen Steinchen« bedeutet.

Auf byzantinischen und islamischen Mosaiken sind vielerorts Mosaiksteine aus Glas mit kunstvoll eingearbeitetem Blattgold oder Blattsilber erkennbar. In Rom und Ravenna wurden im frühen Mittelalter mit Metalloxiden eingefärbte und mit Gold eingelegte Glasmosaiksteine verarbeitet. Ihrer hohen Empfindlichkeit wegen sind sie vorwiegend an Wänden, seltener als Fußbodenbelegung zu finden.

Musieren oder Florieren nannten die Buch- und Tafelmaler des Mittelalters die Technik, eine bereits glanzvergoldete Partie mit einem zweiten Goldauftrag zu versehen, der jedoch nicht poliert wurde. Es wurde manchmal auch Muschel- oder Musivgold zeichnerisch aufgetragen und nur mit Eiklar oder Weichharzen fixiert, nicht aber poliert.

Schlagmetalle

Blattaluminium (Schlagaluminium), Blattkupfer und andere Ersatzstoffe für edle Blattmetalle werden als Schlagmetall, Metallgold oder Kompositionsgold bezeichnet. Sie werden ähnlich wie echtes Blattgold hergestellt, besitzen aber weder dessen hohe Qualität noch die gleichmäßige dünne Feinheit. Zur Unterscheidung von echtem Blattgold werden sie meist in größeren Formaten hergestellt.

Schlagmetall / Kompositionsgold

Diese Zinn-Kupfer-Legierungen eignen sich ausschließlich für dekorative Zwecke und Innenanwendungen. Da sie unbeständig sind und generell zur Oxidation neigen, müssen sie mit einem geeigneten Schutzüberzug versehen werden (Schellacklösung, Zaponlack o. Ä.). Je nach anteiligem Kupfer- oder Zinngehalt entstehen Farbtöne vom hellsten Zitron über Orange bis zum dunkelsten Blattkupfer.

Kompositionsgold wird wie Blattgold in Heftchen gehandelt (allerdings ohne die Zwischenlage aus Papier). Schlagmetalle werden in Schlägen à 50 Blatt oder Kistchen zu 100 Schlägen à 50 Blatt (= 5000 Blatt) gehandelt.

Blattaluminium

Ähnlich wie Blattsilber wird Blattaluminium aus reinem Aluminium gefertigt. Es ist zwar im Prinzip wetter- und alkalienbeständig, jedoch gegen Säuren empfindlich (Aluminiumkrankheit). Auch dickere (Haushalts-)Aluminiumfolien können mit etwas Geschick in der Vergoldungstechnik eingesetzt werden.

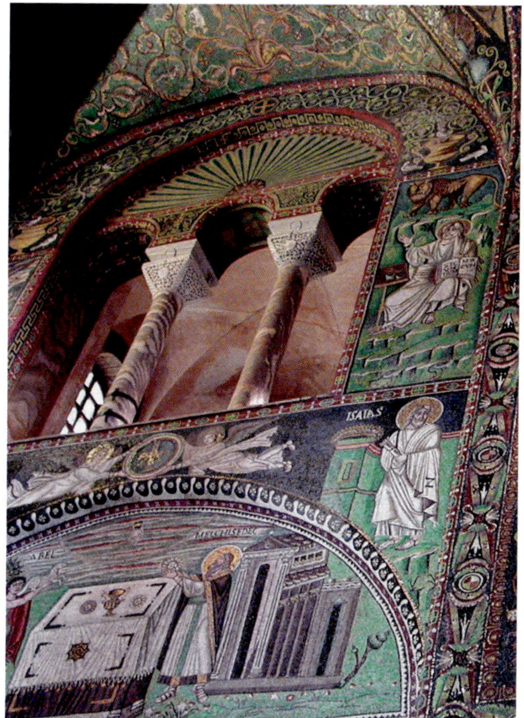

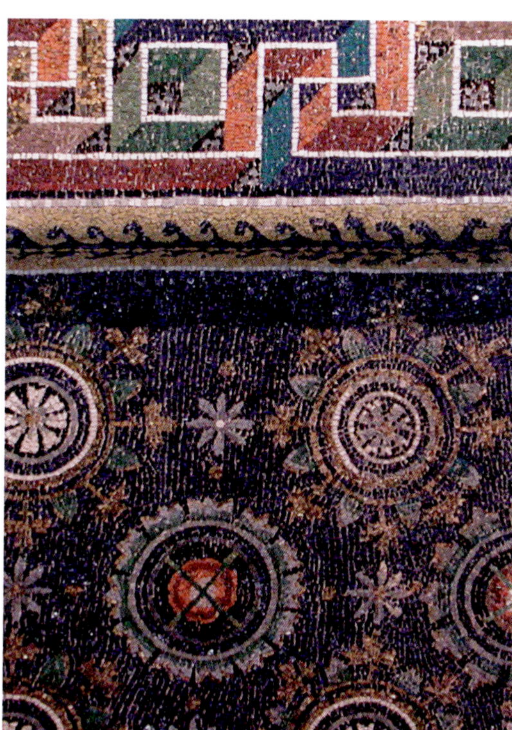

Nahezu der gesamte Innenraum der Basilika in Ravenna an der italienischen Adriaküste ist mit Mosaiken dekoriert. Selbst in der nahen Aufsicht sind die weichen Konturen der Darstellungen noch erkennbar. Die hell reflektierenden Steinchen sind mit Blattgold belegt.

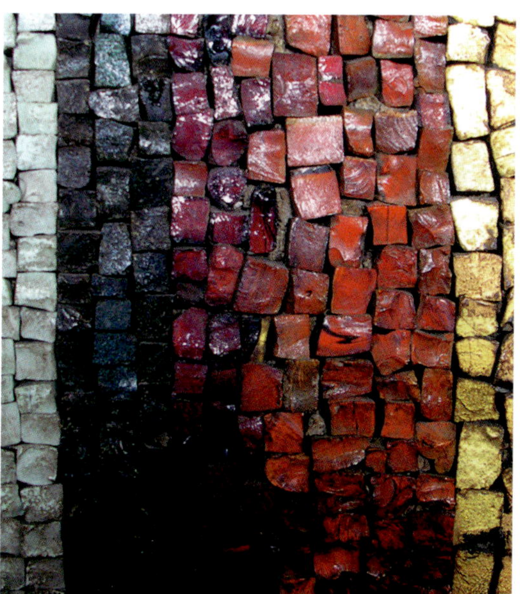

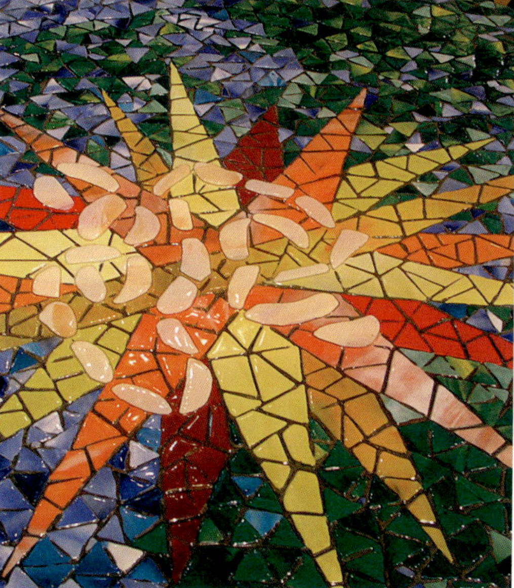

Mit diesen etwa ein Quadratzentimeter großen Mosaiksteinchen ist die große Kuppel von San Pietro im Vatikan in Rom ausgekleidet. Ein anonymer Künstler hat diesen Tisch aus Barcelona entworfen. Unterdessen liefert die Keramikindustrie hellgelbe, fast golden erscheinende Glasuren.

Zwischgold

Qualitativ hochwertiges Zwischgold besteht auf der Innenseite aus Silber und auf der Außenseite aus Gold.

Nichtmetallische Bronziermittel

Graphitpulver

Der natürlich vorkommende Kohlenstoff mit dem Namen Graphit hat sich auf die Dauer als Pigment in der Malerei nicht richtig durchsetzen können. Er fand jedoch als Rohstoff für die so genannten Bleistifte Verwendung.

Graphitpulver kam bei den Malern seit dem 17. Jahrhundert vielfach zum Einsatz: als so genannte »Eisenfarbe« zur naturgetreuen Darstellung metallischer Gegenstände auf Gemälden, als Ofenschwärze oder Eisenbronze zum Fassen und Schwärzen von Öfen oder Kamineinfassungen sowie zum Schönen von Guss- und Schmiedeeisen. Graphit kann ohne Bindemittel direkt aufgerieben werden und ist extrem hitzebeständig.

Die Technik der Polimentglanzvergoldung

Echtvergolden, Branntweinvergoldung

Die Herstellung eines Vergoldergrundes ist eine komplexe handwerkliche Technik und das Vergolden selbst ein eigenständiger Berufszweig. Vergolder ist ein Lehrberuf mit der Gesellenprüfung als Abschluss. Die Bedingungen für den Erhalt des Meisterbriefes sind in der Handwerksrolle festgelegt.

Vorbereitung

Als Füllstoffe geeignet sind Kreiden, Steinkreide, Schwerspat (Bariumsulfat, $BaSO_4$) oder Naturgips und totgerührter Gips. Als wässrige Bindemittel für die Grundierungen dienen Glutinleime wie Pergament- und Knochenleim, in einigen Fällen auch Hasenleim.

Der Untergrund muss einwandfrei und vor allem gut ausgetrocknet und fettfrei sein. Pechstellen und so genannte Harzgallen müssen entfernt werden. Größere Aststellen bohrt man am besten aus und bessert sie mit demselben Grundiermaterial aus; Leimfugen werden mit dünnem Gazestoff überklebt. Dazu müssen zwei Leimlösungen vorbereitet werden.

Leimlösung I (als Vergoldergrund)

100 g Kölner Leim oder Hautleim in
750 ml Wasser einrühren.

24 Stunden vorquellen lassen. Danach im Wasserbad bis zur vollständigen Auflösung des Leims erwärmen; die Temperatur sollte dabei nicht höher als 60 bis 70 °C sein.

Leimlösung II (Polimentleim)

50 g Kölner Leim oder Hautleim in
1000 ml Wasser einrühren
und fortfahren wie oben beschrieben.

Vorleimung und Leimtränkung

Voranstriche erfolgen in der Regel mit wässrigem Bindemittel und in sättigendem Anstrich mit tierischen Leimen. Der Auftrag sollte möglichst heiß erfolgen und je nach Saugfähigkeit des Untergrundes gegebenenfalls wiederholt werden. Die folgenden Grundierungsschichten sind dann ebenfalls wässrig gebunden. Ölgrundierungen (mit Leinöl) können entsprechend einen Voranstrich mit einem trockenen Öl erhalten; hier wird die Grundierung meist warm bis heiß aufgetragen und nach Bedarf wiederholt.

Beim Vorleimen wird zunächst ein Raumteil der Leimlösung I mit bis zu drei Raumteilen Wasser verdünnt, im Wasserbad auf etwa 50 °C erwärmt und dann gleichmäßig dünn und zügig aufgestrichen. Um eine gute Haftung zu erreichen, soll das Leimwasser noch warm verarbeitet werden. Dieser Vorgang sollte je nach Materialbeschaffenheit und Untergrund etwa zweimal wiederholt werden. Bei regelmäßigem Auftrag zeigt sich ein gleichmäßiger Glanz.

Verbessern des Trägers

Holzsplitter werden abgesprengt und Unebenheiten mit Kittmasse aus Leimkreide- oder Gipsgrund eingeebnet. Danach wird weiter versäubert durch Verschleifen oder Reparieren der Kittung.

Anschließend wird Kreide- oder Gipsgrund oder graue Steinkreide aufgetragen. Die Grundiermasse wird möglichst warm in Leim aufgestupft, jedoch erst nach vollständigem Durchtrocknen der Leimtränken.

Rezept für den Steingrund

2 Raumteilen Leimlösung I
gibt man langsam
1 Raumteil Steingrund zu.

Anschließend wird die Masse durch ein feinmaschiges Sieb gedrückt.

Der im Wasserbad erwärmte Steingrund wird dünn bis »schleierartig« auf das vorgeleimte Holz aufgeschummert.

Grundierungsauftrag

Danach beginnt erst die eigentliche Grundierung mit leimgebundenen Gründen. Diese sind stets warm aufzutragen, bei Bedarf auch mehrlagig. Nach dem Trocknen des Steingrundes wird der weiße Grund – oder Vergoldergrund – je nach Art des Trägers und der gewünschten Oberfläche mehrfach warm aufgetragen.

Rezept für den weißen Grund

1 Raumteil Champagnerkreide und
1 Raumteil Bologneser Kreide

fein vermahlen und mit warmer Leimlösung I verrühren.

Das gemahlene Kreidegemisch wird unter langsamem Rühren löffelweise zugegeben, immer nur gerade so viel, wie die dicker werdende Masse aufnimmt, bis zur vollständigen Sättigung der Lösung. Dies macht sich durch die Bildung kleiner Inselchen bemerkbar. Dabei sollte man darauf achten, dass die Masse im Wasserbad nicht zu heiß wird. Ebenso darf nicht zu stark gerührt werden, da sich sonst Blasen bilden. Anschließend wird die Masse durch ein feinmaschiges Sieb getrieben, um Klumpenbildung zu vermeiden.

Diese Grundierung muss von Lage zu Lage schwächer abgebunden sein. Nachdem die erste Lage noch aufgestupft wird, geht man bei den nächsten Lagen zu modellierendem Aufstreichen und ausgleichendem Glätten der Oberfläche über. Der weiße Grund wird anschließend kreuzweise stupfend als dünne Schicht darüber gelegt. Sollte die erste Grundierschicht zu dick geraten sein, muss sie mit der Leimlösung II leicht verdünnt werden.

Danach werden die nächsten Grundierschichten aufgetragen, stets kreuzweise zum vorherigen Aufstrich. Zwischendurch kann der Grund immer wieder geschliffen oder auch erneut mit einem Repariereisen o.Ä. versäubert werden (hier können dann eventuell die Applikationen erfolgen).

Die abschließende Grundierung, das so genannte Ausgrundieren, ist besonders wichtig, wenn eine gleichmäßige und glatte Fläche erreicht werden soll. Die Grundiermasse muss also besonders geschmeidig sein, damit auch große Flächen ebenmäßig und einheitlich werden.

Beim Ausgrundieren gibt man 3 bis 5 Teile Spiritus zu der Leim-Kreide-Masse, die dann mit einem weichen Borstenpinsel – wieder kreuzweise zur vorherigen Schicht – aufgetragen wird. Sofort wird eine weitere Lage flüssige Grundierung auf die noch feuchte Grundierung aufgetragen, um eine optimale Glätte zu erreichen.

Erst nach vollständiger Trocknung wird der weiße Grund geglättet oder geschliffen und gründlich entstaubt. Nun folgt die Lösche. Dabei ist zu beachten, dass der Grund absolut fett- und ölfrei ist und bleibt.

Rezeptur für die Lösche

Zunächst wird eine kleinere Polimentmenge mit Wasser fein verrieben und einem Raumteil Leimlösung II als Färbemittel beigegeben (gerade so viel, dass der Aufstrich leicht angefärbt wird).

Diese Lösche wird im Wasserbad erwärmt und mit einem sauberen Borstenpinsel auf den gründlich gesäuberten Grund mager aufgetragen. Nach dem Trocknen wird frottiert oder gebürstet, erst dann wird das Poliment aufgestrichen, der eigentliche Untergrund für die Vergoldung.

Bolus und Poliment

Bolus (Ton, Tonerde und wasserhaltige Aluminiumsilikate) kommt von Natur aus in weißer, gelber, roter und grauer, seltener in schwarzer Farbe vor. Die gelbliche Färbung kommt dabei vom Eisengelbgehalt (Eisenoxidhydroxid; FeO[OH]), die rote Farbe von Eisenrotanteilen (Eisenoxid; Fe_3O_3). Weißer Bolus erhält seine helle Farbe durch Magnesiumoxid (MgO). Bolus ist meist in Hütchenform, aber auch in eckigen Stückchen erhältlich. Bisweilen werden auch die durchscheinenden

Polimentanstriche an Vergoldungen irrtümlich als Bolus bezeichnet.

Unter Poliment versteht man jedoch den für die Vergoldung aufbereiteten Bolus. Auch der eigentliche malhandwerkliche Aufstrich sowie der fertige Auftrag werden als Poliment bezeichnet. Als Bindemittel für Polimente dienen tierische Leime oder Eiklar. Polimentmasse ist auch gebrauchsfertig angerührt erhältlich. Der oft auch »Goldgrund« genannte Bolus ist gereinigt und geschlämmt, ist fett und kann mit oder ohne Bindemittelzusatz verwendet werden.

Polimentauflagen

Das Poliment wird in mehreren Lagen, auch in verschiedenen Farben oder mit verschiedenen Bindemitteln, aufgelegt. Zur Herstellung wird der Lösche gerade so viel fein geriebenes Poliment zugefügt, dass der Anstrich deckend, aber noch schwach abgebunden aufgetragen werden kann.

Herstellung

Zur Herstellung des Poliments gibt man der Leimlösung II bis zur völligen Deckung fein geriebenen farbigen Bolus bei. Vor dem letzten Aufstrich fügt man dem Poliment noch etwas Spiritus zu.

Rezept

Fertig angerührtes Poliment aus dem Fachhandel mit
18 g Gelatine in
333 ml Wasser verdünnen.

Die Polimentmasse im Wasserbad erwärmen. Nach dem Eindicken kann sie aufgestrichen werden. Falls nötig können weitere Polimentaufstriche folgen. Das Poliment sollte nach dem Trocknen stets mit einem weichen Tuch abgerieben und immer peinlich sauber gehalten werden. Auf bereits polimentierte Oberflächen darf kein Staub gelangen, da er sich durch das hauchdünne Gold durchreiben könnte.

Nun kann mit dem eigentlichen Vergolden, dem Belegen mit Blattmetallen, begonnen werden.

Eierpoliment

Mit Eiklar lässt sich das so genannte Eierpoliment herstellen. Dafür wird zunächst das Eiweiß geschlagen. Das Eiklar setzt sich nach einer Weile als klare Flüssigkeit ab.

Rezept und Herstellung von Eierpoliment

Zunächst werden die Bolus-Hütchen pulverisiert und das Eiklar von etwa drei Eiern hinzugegeben. Die Masse wird auf der Reibplatte möglichst fein verrieben und dann im Verhältnis von etwa einem Teil Spiritus (Ethanol) zu fünf Teilen Wasser verdünnt.

So lässt sich mit Eiweiß angeriebenes Poliment besonders dünn aufstreichen.

Anschießen und Polieren

Anschießen nennt man das Auflegen der Blattmetalle mit dem so genannten Vergolderbesteck. Grundsätzlich lassen sich alle Blattmetalle für die Glanzpolimentvergoldung verwenden. Unedle Metalle sind allerdings aufgrund ihrer höheren Blattstärke weniger flexibel und lassen sich dementsprechend schwerer auflegen und polieren.

Die dafür notwendige Netze besteht aus einem Wasser-Alkohol-Gemisch im Verhältnis von etwa 1 : 1. Früher nahm man dafür einfachen Schnaps oder Branntwein (»Branntweinvergoldung«). Zugaben von Zucker oder Honig zur Netze sind erprobte Hilfsmittel, um die Anschießbarkeit zu verbessern.

Anschießen

Vor allem ist es wichtig, immer nur so viel Fläche mit Poliment zu belegen, wie man polieren will, denn ausgetrocknetes Poliment kann die Haftung des Blattgoldes beinträchtigen.

Der Polimentanstrich wird mit der Netze angefeuchtet, und das auf dem Vergolderkissen zurechtgeschnittene Goldblatt wird vorsichtig aufgelegt. Als Anschießer eignet sich am besten ein breiter, sehr feiner Pinsel aus Fehhaar.

Polieren

Nach einigen Stunden ist das aufgelegte Blattgold so weit angetrocknet, dass es mit dem Achatstein (oder einem Tierzahn) bei mäßigem Druck auf Hochglanz poliert werden kann. Das Erkennen der richtigen Trockenzeit erfordert eine gewisse Erfahrung. Zum Polieren darf der Untergrund mit dem aufgestrichenen Poliment weder zu trocken noch zu feucht oder gar noch nass sein.

Bei zu hoher Feuchtigkeit schiebt sich das Gold beim Polieren ab, bei zu starker Trocknung muss man beim Polieren starken Druck ausüben, wodurch es zu Streifenbildung kommen kann.

Die matte Vergoldung

Sollten matte Partien erwünscht sein, werden die entsprechenden Stellen nicht mit dem Achatstein poliert, sondern nochmals mit der Netze überzogen und anschließlich mit einem hauchdünnen Leimüberzug versehen. In diesen Partien dürfen beim Anschießen keine Falten oder Runzeln entstehen.

Sobald das angeschossene Metall »angezogen« hat, wird es mit einem besonders weichen Pinsel mit sauberem, dünnem Leimwasser »ausgeleimt«.

Glanzversilberung

Im Prinzip geht man beim Arbeiten mit Silber genauso vor wie oben beschrieben. Allerdings ist Silber vergleichsweise dick und nicht so empfindlich, sodass Anschießen und Polieren etwas einfacher ist. Allerdings sollte das aufgelegte Blattsilber nach dem Polieren alsbald mit einem Überzug aus Schellack oder Zaponlack geschützt werden, um Oxidieren und Anlaufen zu vermeiden. Sollten die als Folge der Silberoxidation entstehenden Bräunungen oder Schwärzungen jedoch als reizvoller Effekt erwünscht sein, kann man statt zu überziehen diesem Prozess sogar mit Oxidationsmitteln nachhelfen.

Lüstertechniken

Bei der früher üblichen »Lüstervergoldung« wurde dünn ausgeschlagenes Zinn mit einem goldähnlichen Lack überzogen. Lüstertechniken werden generell mit gefärbten Lacken ausgeführt, d.h., Gold oder Silber wird in gelblichen bis blauschwarzen Schattierungen getönt. Der einfachste Überzug lässt sich mit Schellack in den Sorten blond bis rubinfarben ausführen.

Lüsterfarben (lat. lustare = erhellen) sind mit farbigen Lasuren überzogene Metallauflagen. Technisch sind sie mit dem Goldfirnis verwandt, gelten aber per Definition als eigenständige Buntfarben mit metallischem Charakter. Lüsterungen findet man heute nur noch als Farbeffekt auf Polimentglanz- und Mattversilberungen.

Die Technik der Ölvergoldung

Auch wenn die so genannte Ölvergoldung nicht zu den edelsten Vergoldungstechniken zählt, trifft dennoch die verbreitete Meinung, Ölgold sei minderwertig und eine Erfindung des Kunsthandwerks im 19. Jahrhundert, nicht zu. Vielmehr handelt es sich um eine uralte maltechnische und malhandwerkliche Tradition, die bereits im Lucca-Manuskript Ende des 8. Jahrhunderts erwähnt wird.

Ölig angelegte Blattmetalle werden nicht poliert, sondern nur mit Watte oder anderem weichen Material leicht angedrückt und eventuell angerieben. Rückstände werden nicht mehr wie früher mit Hasenpfote oder Federwisch (Gänseschwinge), sondern mit einem weichen Pinsel abgefegt. Damit das Anlegemittel stehen bleiben kann, benötigt es eine Isolierschicht, die den Untergrund völlig absperrt. Diese Isolierschicht kann noch farbig eingetönt werden. Auch hierbei gilt, je glatter der Fassungsträger und je glatter der Auftrag des Isolierfilms und des Anlegemittels ist, desto glänzender werden künftige Blattmetallauflagen darauf stehen.

Ölvergoldungen werden nach dem jeweiligen Anlegeöl benannt. Auch Begriffe wie »Beize«, »Mixtion«, »Goldfarbe« oder die aus heutiger Sicht falsche Bezeichnung »Mordent« wurden früher für die Anlegemittel verwendet. Zum Anlegen eignen sich alle trocknenden Öle (Lein-, Mohn-, Hanf-, Nussöl), die so aufbereitet werden, dass sie die Trocknungszeit verkürzen. Heute sind diese Öle als so genannte »Mixtionen« mit verschiedenen Trocknungseigenschaften erhältlich. Sie können untereinander gemischt oder mit Balsamterpentinöl verdünnt werden, um die Trockenzeiten individuell anzupassen. Früher bestanden die Mixtionen wahrscheinlich aus sikkativierten Leinölen, die zudem mit Kopalen verkocht wurden.

Es muss stets gut vorgearbeitet, d.h. exakt geschliffen, grundiert und nachgesäubert werden. Als Schlussüberzug hat sich Rubin-Schellack am besten bewährt. Nach der Vorbehandlung kann das Anlegeöl auf die isolierten Flächen aufgetragen werden. Nach dem Trocknen können dann die Blattmetalle aufgelegt werden. Der vergoldungsbereite Trockenzustand ist dann erreicht, wenn man mit dem Finger über die Fläche streicht und es pfeift oder singt, wie der Fachmann sagt.

Man kann mit Blattgold oder Blattsilber in Öl vergolden oder weit billiger mit Schlagmetallen oder Aluminium. Alle Blattmetallsorten können sowohl in der Polimentvergoldung als auch in der Ölvergoldung verarbeitet werden.

Bei Ölvergoldung an witterungsintensiven Objekten, z.B. an Kirchturmspitzen, Wetterfahnen, Gittern oder Schildern, sollte nur echtes Gold verwendet werden. Nach mehrmaligem Vorstreichen mit Korrosionsschutzfarbe erfolgt ein Schellacküberzug in zwei bis drei Schichten; danach wird der Mixtionsanstrich aufgebracht, der die eigentliche Grundlage für die Ölvergoldung bildet. Hierbei ist auf gleichmäßigen Farbauftrag zu achten, damit das Gold gut haftet.

Vergoldungen mit Wachsanlegemitteln

Wachshaltige Bindemittel werden gern als »Mordent« bezeichnet. Der Begriff wird jedoch generell auf alle »schnellen Bindemittel« angewandt, so auch in der Vergoldungstechnik. So genannte Leimmordents stellen Mischungen aus tierischen Leimen mit Venezianer Terpentin o. Ä. dar. Wachsmordents sind aus der Barockmalerei bekannt; hier wurden sie zum Aufblitzen (Mosaiken) eingesetzt, für figürliche wie ornamentale Wandmalerei. Mordents wurden auch für das Setzen von Glanzlichtern verwendet, überhaupt für Höhungen im Allgemeinen. Die Wachsmordents zeichnen sich dabei durch besten Glanz und höchste Leuchtkraft aus.

Richtrezeptur

2 Raumteile (Bienen-)Wachs
1 Raumteil Leinöl
1 Raumteil Venezianer Terpentin
werden im Wasserbad geschmolzen.

Auf die flüssig aufgetragene Schmelze wird das Blattmetall schnell angeschossen und danach der Überschuss abgekehrt. Bei großen Flächen muss beidhändig gearbeitet werden: Mit einer Hand wird das Bindemittel angelegt, mit der anderen das Blattmetall angeschossen. Der Vorteil ist, dass dieses leicht dickliche Bindemittel auf saugenden Gründen ohne Isolierschicht direkt aufgetragen werden kann. Durch den pastosen Auftrag reflektieren sie dann, z. B. auf Stuck, besonders leuchtend.

Während Leim- und Eidotteremulsionsmordents wegen einer Überbindung zu Schüssel- und / oder Krakeleebildung sowie zum Ausbrechen neigen, sind Wachsmordents sehr alterungsbeständig. Leider wird beim Renovieren oder Restaurieren von Raumfassungen zunehmend auf Anlegemittel auf Dispersionsbasis zurückgegriffen, die die Schönheit von Mordents im Allgemeinen und Wachsmordents im Besonderen nicht erreichen können.

Mordentvergoldung

Die so genannte Mordentvergoldung wird manchmal auf Gips oder Stuck angebracht. Diese Technik verleiht dem Gold ein außergewöhnlich schönes Feuer, und durch den sichtbar bleibenden Pinselauftrag entsteht ein reizvoller handwerklicher Effekt.

Rezeptur für Mordentmasse

3 Raumteile Venezianer Terpentin
+ 1 Raumteil Standöl
+ 1 Raumteil Bienenwachs

im Wasserbad gut erwärmen; die Masse muss noch warm mit einem Pinsel aufgetragen werden.

Bereits nach 15 Minuten Trockenzeit kann das Blattgold aufgelegt werden.

Weitere Vergoldungsarten

Man kann auch auf nahezu angetrockneten Lacküberzügen schon in sehr einfacher Weise vergolden. Dabei wird meist mit gelben oder roten Lacken gearbeitet. Doch selbst für diese einfache Technik bedarf es einer gewissen Erfahrung.

Einige Hersteller bieten auch diverse Alternativprodukte auf der Basis synthetischer Bindemittel an, die auch ohne aufwändigen Aufbau mit Kreidegrund polierfähig sind.

Für die Arbeit mit diesen Spezialgoldgründen sind Grundkenntnisse im Vergolden mit Poliment oder Mixtion unentbehrlich. Des Weiteren sollten die Arbeitsanweisungen des Herstellers genau beachtet werden.

Bronzen

Seit etwa Mitte des 18. Jahrhunderts ist der Begriff Bronze (oder Bronce) Bestandteil des deutschen Wortschatzes. Bronze ist in zahlreichen Schattierungen erhältlich: vom dunklen Kupferton über Goldbronze bis zur hellen Silberbronze. Man darf jedoch nicht außer Acht lassen, dass es sich bei Bronzen um Metallpulver unedler Herkunft handelt, die anlaufen. Selbst wenn sie durch einen Überzug geschützt sind, können sie sich verfärben.

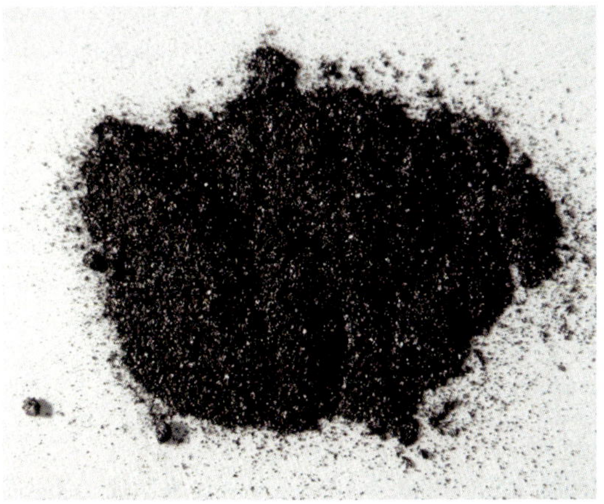

Graphitpulver

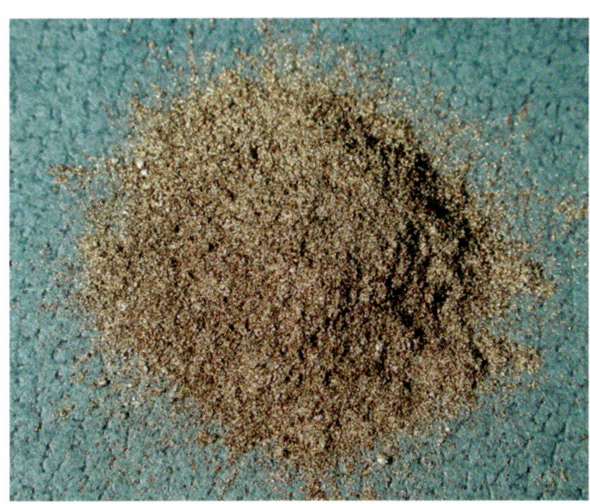

Polierbronzen im »Farbton« Bleichgold

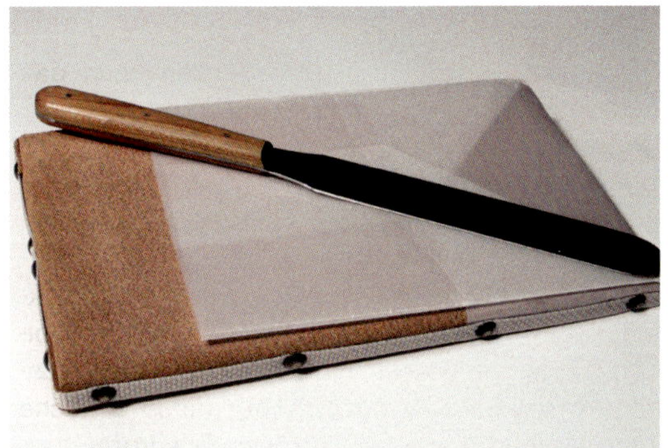

Das übrige Vergolderbesteck besteht aus einem speziellen Messer und Kissen, hier mit einem Windschutz aus Pergament.

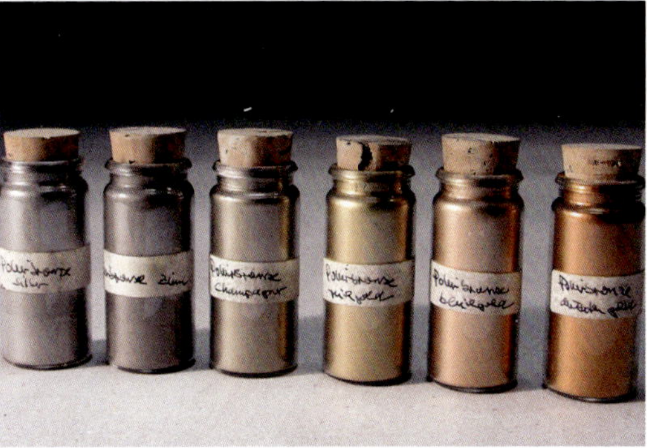

Die verschiedenen »Farbtöne« von Polierbronzen im Vergleich

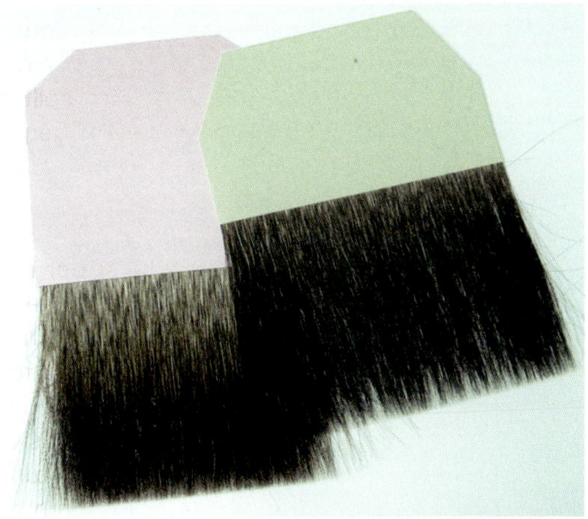

Zwei Anschießer in unterschiedlicher Breite und Farbtönung; damit wird das Blattgold angehoben und auf-, besser abgelegt.

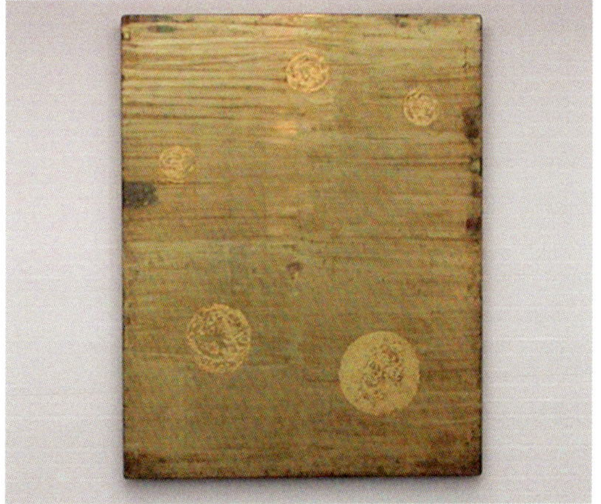

Der französische Künstler Yves Klein (1928–1962) verwendete für den Mittelteil seines Triptychons in Louisiana, Humlebæk, DK (Monogold [MG 17], 1960) reines zitronfarbiges Blattgold.

Mit dem Begriff Bronzierung werden viele mögliche Anstrichtechniken mit und ohne Bindemittel bezeichnet, bei denen Metallpulver als möglicher Werkstoff dienen. Das Bronzieren umfasst dagegen nur jene Fassungstechniken, in denen durch den Einsatz von Farbmitteln das Aussehen kupferhaltiger Metalle imitiert werden soll.

Die Farbtönung von Bronzeaufstrichen ist ebenso von der Art der Legierung abhängig wie von der Feinheit der Metallschuppen, der Art der Politur und nicht zuletzt der Auswahl der verwendeten Malmittel (Tinkturen), deren Lösemittel den Farbton ebenfalls in sehr starkem Maße beeinflussen.

Alle in der Anstrichtechnik gebräuchlichen Metallschuppenpulver werden als Bronze oder Bronce bezeichnet. Sie sind jedoch nur sehr entfernt mit der echten Bronze verwandt, jener rötlich gelben Kupfer-Zinn-Legierung, die Werkstoff für den künstlerischen Bronzeguss ist. Die zu Gusszwecken hergestellte Legierung enthält neben Kupfer und Zinn meist auch kleinere Mengen Zink und/oder Blei und zuweilen sehr geringe Beimischungen von Aluminium oder Beryllium.

Messing ist eine Legierung aus Kupfer und Zink. Als Tombak oder Schlagmetall wird eine andere Kupfer-Zink-Legierung bezeichnet, deren Zinkgehalt allerdings weniger als 30% beträgt. Sie ist von rötlich goldener Farbe und dient als Werkstoff für unechte Vergoldungen. Die in diesem Abschnitt behandelten Materialien sind alle auch als dünn gehämmerte Blätter im Handel erhältlich.

Goldbronzen

Goldbronzen sind goldfarbige Metallschuppenpulver, die aus Kupfer-Zink-Legierungen hergestellt werden. Zunächst wird die 1000°C heiße Schmelze abgekühlt und zu Metallplättchen gegossen, die nach dem Erstarren zuerst in Grob- und anschließend in Feinstampfwerken zerkleinert werden. Die Schuppenpulver werden dann nach Feinheitsgraden sortiert und nachgeglänzt.

Weil es sich dabei um Legierungen unedler Metalle handelt, oxidieren sie leicht. Dieser Prozess lässt sich durch Schutzüberzüge zwar verzögern, jedoch nicht auf Dauer verhindern. Der Verwendung sind also ganz natürliche Grenzen gesetzt.

Reichgold

höchster Zinkgehalt; Farbe: gelblich grün

Reichbleichgold

mittlerer Zinkgehalt; Farbe: goldgelb

Bleichgold

geringerer Zinkgehalt; Farbe: rötlich

Kupferbronzen

geringster Zinkgehalt bei hohem Kupferanteil

Silberbronze

Mit dem irreführenden Begriff Silberbronze werden die so genannten Aluminiumschuppenpulver aus Reinaluminium bezeichnet, die nach ähnlichen Verfahren wie Goldbronzen hergestellt und mit ähnlichen Tinkturen vermalt werden. Aluminiumbronze ist hitze- und wetterbeständig und kann daher, in Verbindung mit geeigneten Bindemitteln, auch in der Anstrichtechnik verwendet werden, z.B. als Heizkörperfarbe.

PIGMENTE

Direkt hergestellte organische Pigmente

Die direkt hergestellten organischen Pigmente spielen heute sowohl in der Mal- bzw. Anstrichtechnik als auch in der Druckfarbenherstellung die wichtigste Rolle. Da es sich hier um Produkte aus der Chemieforschung handelt, deren Herstellung und Aufbau für den Laien unanschaulich und fremd sind, seien deshalb aus der relativ großen Zahl der zum Malen geeigneten Pigmente aus dieser Gruppe nur einige wenige vorgestellt. Diese Pigmente besitzen teilweise so hohe Echtheiten, dass sie fast ausnahmslos zu den beständigsten Malpigmenten zu zählen sind.

Die direkt hergestellten organischen Pigmente werden aus technischen Gründen niemals direkt, sondern stets mit Füllstoffen zusammen verarbeitet. Ihr enormes Färbevermögen zwingt – schon aus Gründen der besseren Dosierung – zu dieser Maßnahme. Im Übrigen sind nur durch Füllstoffe Körper zu schaffen, die man in Mal- und Anstrichfarben nun einmal braucht.

Beispiel: Azo- und Disazopigmente

Im Gelb- und im Orangebereich spielen bestimmte Azo- und Disazopigmente seit etwa 1910 auch in der Maltechnik eine wichtige Rolle. Ein Pigment dieser Herkunft mit einer etwas grünlich-gelben Farbtönung besitzt, bei sonst guter Lösemittelbeständigkeit, nur eine Empfindlichkeit gegen aromatische Lösemittel wie Benzol und Toluol. Dieses Pigment ist aber gegen Säuren, Laugen und Soda und ebenso gegen schwefelhaltige und saure Gase ausgezeichnet beständig. Seine Lichtbeständigkeit, selbst in starker Weißausmischung, ist besser als die des zitrongelben Kadmiumgelbs und vergleichbar mit der der rötlicheren Kadmiumpigmente. Sein Färbevermögen ist besser als das der anorganischen Pigmente ähnlicher Farbtönung. Die Deckfähigkeit des reinen Pigmentes ist allerdings mäßig, kann aber durch Abmischung mit Füllstoffen und einer relativ kleinen Menge Lithopone oder Titandioxid erheblich verbessert werden. Dieses Pigment ist für alle malerischen Techniken hervorragend geeignet, auch innen auf der Wand, jedoch nicht im Außenbereich, wo auch Kadmiumgelb versagt und man besser auf Nickeltitangelb zurückgreift.

Beispiel: Chinacridone

Bei den direkt hergestellten organischen Rotpigmenten sind eine ganze Reihe sehr gut bis hervorragend für künstlerische Techniken geeignet. Hersteller von Künstlerfarben müssen aus den verschiedenen Pigmentgruppen nur das für den jeweiligen Verwendungszweck am besten geeignete Pigment herausprüfen, um es dann in dem betreffenden Malfarbensystem einzusetzen.

Bei den Rotpigmenten ist in den letzten Jahren eine Pigmentgruppe der so genannten Chinacridone hergestellt worden, die in Lichtechtheit, selbst in starker Weißausmischung, sowie in Säure-, Alkali- und Lösemittelbeständigkeit alle bisher bekannten organischen Rotpigmente übertreffen. Einzelne Pigmente in dieser Reihe gleichen in ihrer universellen Verwendbarkeit in allen Maltechniken etwa den nachfolgend behandelten Phtalozyaninen.

Beispiel: Phtalozyanin

Bei Umsetzungen bestimmter organischer Verbindungen mit Kupfersalzen wurde um 1930 eine Gruppe von organischen Pigmenten entdeckt, die in ihrer chemischen Konstitution an Blattgrün und Blutfarbstoff erinnern. Diese Phtalozyanin genannte Pigmentgruppe enthält einzelne Pigmente von ganz außergewöhnlicher maltechnischer Qualität. Ihre Farbnuancen reichen vom kühlen grünlichen Blau bis hin zum Grün; Reinheit und Klarheit der Farbtönung sind bestechend. Lichtechtheit, Säure- und Laugenechtheit sowie Wasser- und Lösemittelbeständigkeit sind hervorragend, sodass diese Pigmente in allen malerischen Techniken verwendbar sind. Sie haben sich auch im Außenanstrich hervorragend bewährt, sodass kein Grund vorliegt, sie nicht auch für künstlerische Außenarbeiten einzusetzen.

Verarbeitung dieser Pigmente

Will ein Maler ein reines oder ein nur wenig verschnittenes, direkt hergestelltes organisches Pigment verarbeiten, dann wird er regelmäßig feststellen, dass bei der Verarbeitung die gleichen Schwierigkeiten und Probleme auftreten wie bei der Arbeit mit einem reinen oder nur wenig verschnittenen Preußischblau. Diese Pigmente besitzen ein so großes Färbevermögen bei gleichzeitig geringer »Körperhaftigkeit«, dass sie mit Füllstoffen versetzt werden müssen, um daraus eine normal färbende und füllkräftige Malfarbe herstellen zu können.

Ein geeignetes Füllstoffgemisch für Ölfarben kann zum Beispiel aus 100 Gewichtsteilen Tonerdehydrat und 300 Gewichtsteilen Blanc fixe bestehen. Das Gemisch wird mit Keule und Mörser gründlich vorgemischt, bevor man es mit dem färbenden Pigment zusammenbringt. In Wasserfarben arbeitet man besser nur mit Blanc fixe ohne Zusatz von Tonerdehydrat. Mit einem derartigen Füllstoffgemisch kann sich der Maler auf der Reibplatte oder im Mörser seine Malfarben auch selbst verschneiden und damit verbilligen.

Effektpigmente

Tagesleuchtpigmente

Tagesleuchtpigmente bestehen aus einem mit fluoreszierenden Farbstoffen angefärbten harten Kunststoffpulver. Ihre besondere Eigenart besteht darin, dass sie einen Teil der unsichtbaren kurzwelligen UV-Strahlen, die sie absorbieren, in längerwelliges Licht ihrer Eigenfarbe umwandeln. Demnach reflektieren sie mehr sichtbares Licht, als auf sie auffällt. Diese Pigmente wurden zunächst von *Josef Switzer* als Effektpigmente für die Lackindustrie entwickelt; seit den 1940er-Jahren sind sie allgemein bekannt.

Heute werden die Tagesleuchtpigmente aus thermoplastischen, inzwischen aber auch aus hitzebeständigen Kunstharzen hergestellt, die mit mehr oder weniger lichtechten Farbstoffen durchgefärbt werden. Nach vollständiger Färbung lässt man den farbigen Kunststoff erkalten. Er wird dann grob gebrochen und schließlich fein vermahlen.

Die Lichtechtheit der fluoreszierenden Pigmente ist nie so groß wie die von nichtfluoreszierenden ähnlicher Farbtönung. Sie hängt von der Menge und Qualität des Farbstoffes im angefärbten Kunststoff ab. Das Trägermaterial Kunstharz muss wasserhell sein und bleiben. Ferner sollte es elastisch sein und bleiben. In das Trägerharz werden vom Hersteller so genannte UV-Absorber eingearbeitet, organische Stoffe, die die aggressive kurzwellige UV-Einstrahlung in energieärmere, langwellige Lichtstrahlen umwandeln und damit für den Farbstoff, das Trägerharz und das Bindemittel ungefährlicher machen. Als Malmittel eignen sich die Lösungen von Kunstharzen, zum Beispiel von Acrylharzen.

Perlglanzpigmente

Jeder kennt die Wirkung von Fischschuppen, die irisierenden Effekte auf dünnen Ölschichten, auf Seifenblasen und auf Vogelfedern. Diese optische Erscheinung bezeichnete man früher als Newton'sche Farben oder Farbe dünner Plättchen. Heute spricht man von Interferenzfarben. Metallisch glänzende und sehr gut deckende Pigmente kennen wir von den Metallschuppenpulvern. Perlglanzpigmente besitzen die gleiche Blättchenstruktur, sind jedoch völlig transparent. Einfallendes Licht brechen sie im Aufstrich auf mehreren Ebenen. Dadurch kommt die irisierende Wirkung zustande.

Natürliche Fischschuppen, auch Fischsilber genannt, sind ziemlich teuer und werden heute noch in Nagellacken verwendet. Die Pigmentindustrie stellt aber inzwischen auch relativ preiswerte Produkte mit diesen optischen Eigenschaften her, die beispielsweise aus extrem dünnen Plättchen von farblosem Titandioxid bestehen. Der Perlglanzeffekt wurde vor allem in der Dekorationsmalerei geschätzt. Der Anstreicher brauchte die Perlglanzpigmente nur in die pigmentierten Anstrichfarben einzurühren, um den gewünschten Effekt im Aufstrich zu erreichen.

Weiße Pigmente

Bleiweiß

Kremser Weiß, Kremnitzer Weiß, Schieferweiß, Schneeweiß, Silberweiß

Psimithium, Cerussa (cerosa) oder Cerussa alba
basisches Bleikarbonat; $2PbCO_3(OH)_2$
gesundheitsschädlich

Die früheste Nachricht vom Bleiweiß verdanken wir *Theophrast* (372–287 v. Chr.), einem Schüler des *Aristoteles.* Auch der Römer *Vitruvius Pollio* (84–22 v. Chr.) erwähnt in seinem Werk »De architectura«, wie später auch *Gaius Plinius* (23–79 n. Chr.), dieses erste vollsynthethisch hergestellte anorganische Pigment; auch in den mittelalterlichen Rezeptsammlungen des Lucca-Manuskripts, der Mappae Clavicula, in *Theophilus'* und *Heraclius'* Schriften dienten stets metallisches Blei und Essig zur Herstellung von Bleiweiß. Im Laufe der Zeit entwickelte sich das heute noch bekannte holländische Loogenverfahren. (Loogen sind die Oxidationsräume, in denen Bleiplatten, eingepackt in Steinzeugtöpfe, eingestellt in Pferdemist und Lohe, der Einwirkung von Wärme, Essigsäure und Luft ausgesetzt wurden. Nach etwa vier Wochen war die Umsetzung von metallischem Blei in das weiße basische Bleikarbonat beendet. Es wurde aus den Töpfen geschlämmt, getrocknet und gemahlen.)

Bei dem so genannten Klagenfurter Verfahren treten Weintrester, Bierhefe oder gärungsfähige Obstsäfte an die Stelle von Essig. Diese Methode verläuft langsamer, soll aber zu einem besonders weißen und lockeren Produkt führen. Auf diese Weise entstand das erste so genannte Kremser Weiß, das dann unter Zusatz von Bleiazetat oder Pflanzenleimen zu Hütchen oder kleinen Blöcken gepresst in den Handel kam.

Im Jahr 1839 wurde von *Gustav Dietel* in Eisenach erstmals das Deutsche Kammerverfahren praktiziert. Dabei werden sehr dünne, lange Bleilappen in großen Räumen auf Holzgestelle gehängt und hier einem bestimmten Gemisch aus Luft, Kohlendioxid sowie Wasser- und Essigsäuredämpfen ausgesetzt. Das Blei wird chemisch zuerst in basisch-essigsaures Blei und sodann in basisches Bleikarbonat umgewandelt. Der Bleiweißschlamm wird dann gewaschen, gesiebt, getrocknet und gemahlen.

Diese unwirtschaftlichen Verfahren wurden später durch Fällungsverfahren abgelöst. Blei und Bleioxide wurden zunächst in Essigsäure gelöst; aus dieser Bleiazetatlösung wurde dann durch Eindrücken von Kohlendioxid das Pigment ausgefällt. Abschließend wurde auch hier gewaschen, getrocknet und gemahlen.

Zwei Eigenschaften von Bleiweiß sind maltechnisch von Bedeutung. Eine gewisse Schwäche stellt seine Empfindlichkeit gegen Schwefelwasserstoff und Schwefeldioxid dar. Ein bedeutsamer Vorzug hingegen ist, dass es als aktives Pigment mit trocknenden Ölen die so genannten Bleiseifen bildet.

Maltechnische Schwächen von Bleiweiß

Das weiße basische Bleikarbonat setzt sich unter Einwirkung von Schwefelwasserstoffgas und Schwefeldioxidgas leicht in schwarz-braunes Bleisulfid um. Eine solche Bleisulfidbildung macht sich im Bild aber nicht durch Bräunungen oder Schwärzungen bemerkbar, sondern vielmehr durch Gilbungen, die sich meist auf Bilder beschränken, die in wässrigen Maltechniken gemalt wurden. Durch intakte Firnisfilme geschützte Ölbilder weisen jedoch nicht diese Art von Gilbung auf. Bleiweiß ist darum fast vollständig aus der Anstrichtechnik verschwunden. Ein Gilben von Bleiweißaufstrichen im Licht ist hauptsächlich auf die Einwirkung schwefliger Gase und die Bildung von Bleisulfid zurückzuführen. Ein intakter und geschlossener Firnisfilm ist stets ein guter Schutz gegen schweflige Gase.

Maltechnische Stärken von Bleiweiß

Basisches Bleikarbonat reagiert mit den Fettsäuren der maltechnisch verwendeten Öle und bildet mit ihnen Bleiseifen. Solche Pigmente werden als aktive Pigmente bezeichnet. Denn Bleiseifen fördern die Trocknung und machen den getrockneten Ölfarbenfilm unempfindlicher gegen Feuchtigkeit. Gleichzeitig stärken sie auch Elastizität, Haftvermögen, Flexibilität und Härte. Das basische Bleikarbonat neutralisiert die sauren Abbauprodukte des alternden Ölfilms und wirkt damit auch filmstabilisierend. Schon geringe Beimischungen von Bleiweiß verbessern die maltechnische Qualität eines pigmentierten Ölfarbenfilmes erheblich. Es gilt als sicher, dass der gute Erhaltungszustand vieler Gemälde der Anwesenheit von Bleiweiß im Ölfarbenfilm zuzuschreiben ist.

Bleiweiß / Kremser Weiß war und ist das Weißpigment in der Ölfarbentechnik. Öl färbt und deckt gut bis sehr gut, die Farbtönung geht dabei

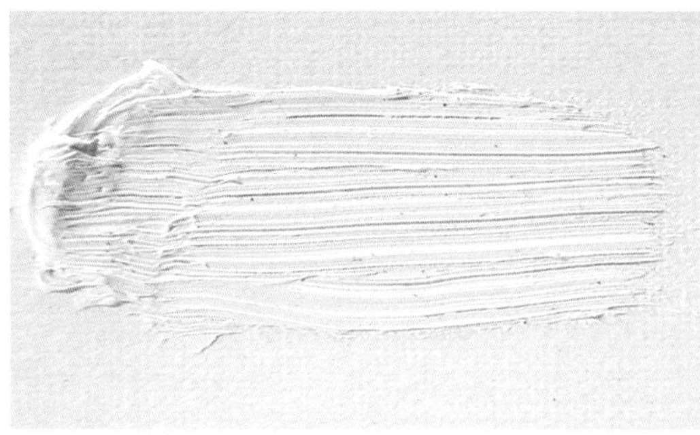

Zinkweiß

Titanweiß

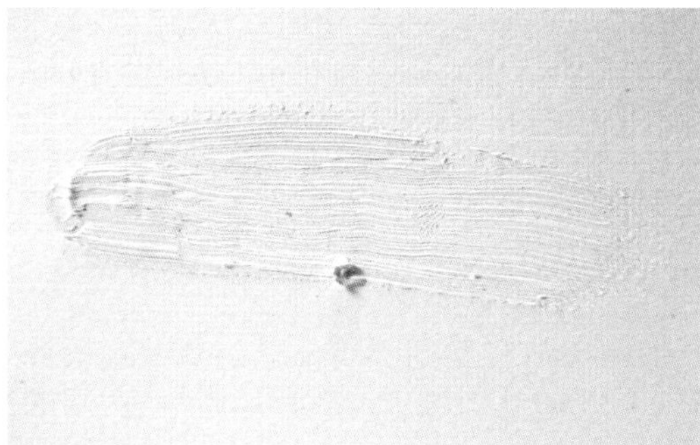

Deckweiß

leicht ins Gelbliche. In Kalk, im Fresko und in Wasserglas ist es jedoch aufgrund seiner Säure- und Alkalienempfindlichkeit unbrauchbar. Die Warnung vor einer Mischung aus Bleiweiß mit schwefelhaltigen Pigmenten (Zinksulfid, Ultramarin, Kadmiumsulfid usw.) ist wohl begründet, wenn sie in der Abspaltung von Schwefel und der Reaktion mit Blei ihre Ursache haben soll.

Gesundheitsschädlichkeit

In Europa und im außereuropäischen Ausland ist die Bleiweißverwendung in der Malerei zugunsten von Titanweiß, Zinkweiß und deren Mischungen zurückgegangen. Diese Entwicklung hat ihren Grund in der Gesundheitsschädlichkeit von Bleipigmenten. Als basisches Karbonat von Blei ist u.a. Bleiweiß in Magensäure löslich. Da die Verarbeitung von Pulver-Bleiweiß erhebliche gesundheitliche Schäden verursachen kann, sollten keine Bleiweißpigmente mehr gekauft werden. Sie sollten auch nicht im Atelier gelagert und vor allem nicht zu Malgrundfarben oder Ölfarben verarbeitet werden. Soll Bleiweiß aus irgendwelchen Gründen dennoch trocken verarbeitet werden, dann muss unbedingt wenigstens eine Staubschutzmaske getragen werden.

Werden dagegen fabrikmäßig hergestellte Bleiweiß-Ölfarben benutzt, dann wird Bleiweiß kaum aufgenommen, sofern die einfachsten Regeln der Sauberkeit beachtet werden: Also während der Arbeit mit Bleifarben nicht essen, nicht rauchen, nicht trinken und sich nach getaner Arbeit gründlich die Hände waschen; damit schließt man Gefahren für die eigene Gesundheit mit einiger Sicherheit aus.

Andere Bleiweißpigmente

Pattinsonweiß (= basisches Bleichlorid $PbCl_2 \cdot Pb[OH]_2$) und Solfobleiweiß (basisches Bleisulfat $PbO \cdot 2\,PbSO_4$) sind neutrale Bleisulfate ($PbSO_4$). Das Fell'sche Bleiweiß (basisches Bleisulfit, basisches $3\,PbSO_3 \cdot Pb[OH]_2$) wurde im vorletzten Jahrhundert produziert.

Diese Pigmente fanden allerdings nur selten Verwendung und dürften kaum mehr im Handel sein.

Zinkweiß

Permanentweiß, Chinesischweiß, Schneeweiß, Permanent Chinesisches Weiß

Zinkoxid; ZnO

Als »Lana Philosophica« war Zinkoxid schon seit dem Mittelalter in Europa bekannt, denn es entstand bei der Herstellung von Messing als lästiges Nebenprodukt. Erst in den 1830er-Jahren wurde das Pigment fabrikmäßig hergestellt und wenig später auch in Malfarben verwendet.

Man unterscheidet zwischen Farbenzinkoxid und dem eigentlichen Zinkweiß. Beide bestehen im Wesentlichen aus dem chemischen Stoff Zinkoxid. Farbenzinkoxid wird u.a. aus bleihaltigem Zinkerz hergestellt. Es ist jedoch bleihaltig, nicht rein weiß und darum für die Herstellung weißer Malfarben ungeeignet. Das für Malzwecke geeignete bläulich weiße Zinkoxid wird durch Verdampfen metallischen Zinks und Oxidation des Zinkdampfes durch Heißluft hergestellt. Dieser Zinkweißrauch wird dabei in Kammern niedergeschlagen und dort in drei Fraktionen getrennt, die sich nur durch Teilchengröße unterscheiden. Die Fraktion mit dem höchsten Feinheits- und Weißgrad heißt Weißsiegel, darauf folgen mit abnehmender Feinheit Grünsiegel und Rotsiegel. Diese preiswertere Sorte eignet sich wegen ihres geringeren Bindemittelbedarfs gut zum Selbstanreiben von Ölfarben und zur Selbstherstellung von Malgrundierfarben. Der Zinkoxidgehalt muss nach DIN-Norm mindestens 99 % betragen, faktisch liegt er zwischen 99,3 und 99,7 %.

Da Zinkweiß fluoresziert und Ultraviolettstrahlung sichtbar machen kann, ist es eine Ausnahmeerscheinung unter den Weißpigmenten. Die Fluoreszenz sichert ihm eine rasche Erkennung unter der Quarzlampe und verleiht ihm infolge der Restfluoreszenz auch im Sonnenlicht eine bemerkenswerte Leuchtkraft. Gerade dadurch unterscheidet es sich von anderen Weißpigmenten, denn mit Zinkweiß pigmentierte Aufstriche reflektieren mehr sichtbares Licht, als auf sie einstrahlt.

Als aktives Pigment bildet auch Zinkweiß mit trocknenden Ölen Seifen, die trocknungsbeschleunigend und filmstabilisierend wirken. Zinkweißölfilme trocknen meist härter und spröder auf und sind weniger flexibel als Kremser-Weiß-Filme. Auf unvollständig getrockneten oder weich-elastischen Malgründen bzw. Untermalungen können sie deshalb reißen oder sogar Sprünge bilden.

Zinkweiß ist säure- und alkalienempfindlich. In sauren Bindemitteln dickt es rasch ein. Aber in der Wasserglastechnik ist es unentbehrlich und dient hier als Abbindebeschleuniger. In Öl deckt es weniger gut als Bleiweiß und besitzt eine Farbnuance ins kühle Bläuliche. Die Lichtechtheit von Zinkweiß ist einwandfrei, und so ist es für Öl-, Tempera- und Aquarelltechnik geeignet.

Titanweiß

Titandioxid; TiO_2

Titandioxid ist ein Oxid des Metalls Titan. Schon um 1870 wird von einem Versuch berichtet, Titandioxid als Pigment zu verwenden. Aber erst in den 1920er-Jahren begann man in den USA und in Norwegen mit der Herstellung einer Titanweißsorte, die 25 % Titandioxid als deckenden und färbenden Bestandteil enthielt.

Bei der Herstellung werden Titan-Eisenerze mit Schwefelsäure aufgeschlossen und noch vorhandene Eisensalze entfernt. Titansulfat wird dann hydrolysiert, gewaschen, zu Titandioxid geglüht und gemahlen. Bei der Herstellung kann Titandioxid heute entweder in der Anatasform- oder in der Rutilformmodifikation anfallen. Beide Kristallstrukturen besitzen maltechnisch unterschiedliche Eigenschaften. Neben dem Rutil, das sich oberhalb 1040 °C entwickelt, und der Anatasform, welche sich unterhalb 860 °C bildet, kann zwischen 860 und 1040 °C die so genannte Brokkitform kristallographisch hergestellt werden.

Bis 1938 wurde nur die Anatasform hergestellt, die eine Neigung zeigte, im Licht organische Stoffe zu oxidieren – z. B. Filme trocknender Öle oder organische Pigmente –, und sie damit beschädigte. Maltechnisch unangenehm ist ein durch Anatasgegenwart hervorgerufenes Ausbleichen bei organischen Pigmenten. Diese Aufhellung wird durch die Neigung des Anataskristalls, an die Aufstrichoberfläche zu wandern, verstärkt. All dies hat die maltechnische Brauchbarkeit der alten Anatastypen zweifelhaft erscheinen lassen. Seit 1938 wird Titandioxid auch in der Kristallmodifikation der Rutilform hergestellt, die fotochemisch weniger aktiv ist als die stabilisierten Anatasformen.

Von allen Weißpigmenten besitzen Titandioxide das höchste Deck- und Färbevermögen. Die Anatas deckt etwa 20 bis 30 % weniger und ist bläulich weiß; ein zarter Gelbstich von Rutilpigmenten stört im Bild meist nicht. Beide Modifikationen sind säure- und alkalienbeständig und in allen Maltechniken einsetzbar; Rutil ist vom Maler jedoch unbedingt vorzuziehen. Titandioxid ist kein aktives Pigment, weil es nicht zur Seifenbildung fähig und in den bekannten Säuren oder Laugen unlöslich ist.

Zinksulfidpigmente

Lithopone, Deckweiß

Zinksulfidpigmente, Bariumsulfat als Substrate und Füllstoffe

Lithopone und auch das reine Zinksulfid gehören zu den zuverlässigsten Malpigmenten überhaupt. Als ein natürliches Zinksulfid ist Zinkblende schon lange bekannt, wurde aber selten als Pigment benutzt und spielte maltechnisch nie eine Rolle. Das erste Patent zur Herstellung von Zinksulfid wurde im Jahr 1850 für ein Metallweiß genanntes Pigment erteilt. Um 1870 erscheint der Name Lithopone in einem belgischen Patent und hat sich seitdem als Bezeichnung für diese Pigmente eingebürgert. Der färbende und deckende Bestandteil ist Zinksulfid (ZnS). Bariumsulfat ($BaSO_4$) ist entweder als Substrat vom Fällungsprozess her enthalten oder als Verschnitt natürlichem Schwerspat beigemischt.

Aus einer Zink- und einer Bariumlauge wird die grau-weißliche Rohlithopone gefällt, filtriert, getrocknet und geglüht. Zum Erreichen der optimalen Teilchengröße wird in Wasser abgeschreckt, danach getrocknet und gemahlen.

Handelsmarken

Im Handel befinden sich sowohl reines Zinksulfid wie auch die Lithopone genannten Substrat- bzw. Verschnittpigmente, deren Deck- und Färbevermögen mit höherem Zinksulfidgehalt steigt. Reines Zinksulfid ist unter dem Namen Sachtolith erhältlich, dessen Deck- und Färbevermögen besonders gut ist. Lithopone werden heute nur noch in zwei Qualitäten hergestellt: Lithopone Rotsiegel mit 30% Zinksulfid und Lithopone Silbersiegel mit 60% Zinksulfid. Sachtolith und Lithopone gibt es in den drei Ausführungen:

L = als Standardware;
D = mit verbesserter Benetzbarkeit und Dispergierbarkeit;
DS = mit besonders feindispersen Teilchen.

Für die Malerei geeignet sind die Typen L und D. Industrielle Sondertypen sind für den Maler nicht interessant.

Zinksulfidpigmente werden unter Schwefelwasserstoffentwicklung selbst von schwachen Säuren zersetzt. Sie sind in allen Maltechniken, auch in Wasserglas, anwendbar und mit allen Pigmenten verträglich. Ihre Lichtechtheit ist sehr gut. Ihre Farbnuancen können sowohl ins Gelbliche wie auch ins Bläuliche gehen. Hauptanwendungsgebiete sind die Öl-, Acryl-, Tempera- und Aquarellfarbentechnik, auch die Grundierung von Malgründen. Auch die Zinksulfidpigmente sind nicht zur Seifenbildung fähig und gleichsam passive Pigmente.

Kreide, Kalkspat, Marmormehl, Steinkreide

Kalziumkarbonat

Kalziumkarbonate entstanden aus Panzern von Kreidetieren (Kreidezeit) und unterscheiden sich nur durch Kristallstruktur oder Körnung. Kreide ist locker, weich und durch Tonbestandteile mehr oder weniger quellfähig. In der Regel werden die englischen, dänischen, Hannover'schen oder Rügener Kreiden geschlämmt, um grobe Teile und Quarze zu beseitigen. Bei der französischen Champagnerkreide kann darauf verzichtet werden, da sie meist mit rotierenden Metallbürsten direkt durch Stäuben aus den Vorkommen abgebaut wird.

Kreide wurde schon früh in der Maltechnik verwendet. Das *paraetonium* des *Plinius* war eine Kreideart, die schon in Malgründen verwendet wurde. Künstlich hergestellte, gefällte Kreiden sind reiner und feiner als Naturkreiden. Sie haben aber genau wie die mit Öl leicht benetzbaren, die so genannten ölfreundlichen Kreidesorten in der Maltechnik keine Bedeutung erlangt. *Cennino Cennini* berichtet von einem ganz besonderen Material, dem Bianco di San Giovanni. Wenn buttrig-pastose Stücke von Sumpfkalk aus der Grube gestochen, auf einem Brett getrocknet, wiederholt genässt und dabei der Einwirkung der Luftkohlensäure ausgesetzt werden, entsteht dabei eine Mischung von Kalziumkarbonat mit Löschkalk, eben Bianco di San Giovanni. Es ist damals besonders in der Secco-Technik verarbeitet worden, beispielsweise in Kasein.

Kreide ist lichtecht, wenig wasserlöslich, unter Kohlendioxidentwicklung säurelöslich, in Alkalien unlöslich. Sie deckt in wässrigen Bindemitteln, in öligen ist sie transparent; ihr Färbevermögen ist mäßig bis gut. Nicht nur wegen dieser geringen Deckfähigkeit und der ihr eigenen Farbtontrübung und Trocknungshemmung wird Kreide in der Öltechnik nicht verwendet, sondern hauptsächlich wegen ihrer störenden Neigung zum Quellen und wegen der geringen Durchlässigkeit gegenüber den harten kurzwelligen Ultraviolettstrahlen, die bei Kreidegegenwart die Filmoberfläche leicht zerstören. Dabei werden die Pigmentpartikel ihres Haltes beraubt, und besonders außen wird das berüchtigte Kreiden hervorgerufen.

Kreide dient insbesondere im nördlichen Europa seit Jahrhunderten als Weißpigment in Malgrundierungen (Kreidegrund), während südlich der Alpen fast ausschließlich Gips (Gesso) als

Pigment zum Grundieren verwendet wurde. Kreide findet auch als Füllstoff Verwendung: in wässrigen Malfarben, in Pastellstiften und Kreiden, in Kitten von Restauratoren und in Vergoldergrundierungen.

Kalkspat

ist rein weiß, aber von geringerem Färbevermögen und in Wasser weniger quellend als Kreide. Er wird von alters her als Verschnittmittel verwendet (er wurde in Pompeji und in Kunstwerken der italienischen Renaissance nachgewiesen). Heute findet man ihn als Substrat oder als Verschnittmittel im gipsfreien Englischrot und im Titanweiß.

Marmormehl

ist ein grobkörniger Kalkspat, der praktisch wasserunempfindlich ist. Es wird in Freskogründen als Beischlag in den unteren Schichten verwendet.

Steinkreide

wird ein Kalksteinmehl aus der Juraformation genannt, das in manchen alten Grundierungen eine Rolle gespielt hat und heute noch in der Vergoldertechnik benutzt wird.

Leichtspat

Lenzin, Gips, Analin, Alabaster, Bologneser Kreide, Brillantweiß, Mineralweiß

Kalziumsulfat; $CaSO_4$

Kalziumsulfate entstanden aus Ablagerungen salzhaltiger Gewässer. Gips kommt in der Natur als Dihydrat und als Anhydrit (= wasserfreies Kalziumsulfat, $CaSO_4$) vor. Dihydrat (totgerührter Gips, künstliches Kalziumdihydrat, $CaSO_4 \cdot 2\ H_2O$) entsteht beim Brennen bei ca. 150 °C aus Kalziumhemihydrat ($CaSO_4 \cdot {}^1/_2\ H_2O$). Unter totgerührtem Gips versteht man einen über die Tropfzeit und den Abbindepunkt hinaus ständig gerührten und gebrannten Gips, der durch die Wasseraufnahme zum Dihydrat wird. Er bindet nicht zu einer kompakten Masse ab und bleibt dabei kleinteilig. So ist auch das Zerkleinern und Zermahlen bereits abgebundenen Gipses ein historisch belegtes Verfahren. Diese Gipsmodifikationen nennt man auch Bologneser Kreide; sie wird nicht eingesumpft, sondern man säuft sie in eine Grundierung ein, man lässt sie quasi »ersaufen«. Beim Brennen von Gips wird Kristallwasser abgegeben. Bei Temperaturen zwischen 100 und 200 °C bildet sich ein Hemihydrat ($CaSO_4 \cdot {}^1/_2\ H_2O$).

Durch Brennen kann so bei Temperaturen von etwa 300 °C entstehen:

- Modellgips (z. B. für Bildhauerarbeiten);
- Stuckgips (z. B. für Stuckarbeiten).

Durch Brennen bei 300 °C wird Kristallwasser vollständig ausgetrieben; es entsteht:

- totgebrannter Gips (Analin).

Durch Brennen bei Temperaturen über 300 °C werden

- Baugips, Estrichgips und Diaragips hergestellt.

Bei Temperaturen zwischen 900 und 1000 °C bildet sich wasserfreies Kalziumsulfat ($CaSO_4$).

Leichtspat kommt meist zusammen mit Steinsalz vor und wird nach Farbtönung sortiert und nur gemahlen. Das reinweiße Lenzin enthält Kristallwasser, ist lichtecht, wenig wasserlöslich und neigt deswegen im Außenbereich zu Ausblühungen. In öligen Bindemitteln ist es transparent, in wässrigen Bindemitteln jedoch deckend. In Wasserglas dickt es unter Bildung von Kalziumsilikat rasch ein. Es wird als Pigment für Malgrundierungen (Gipsgrund), als Pigmentverschnitt in wässrigen Malfarben und zur Herstellung von Kreidestiften – die vielfach nicht aus Kreide, sondern aus Gips bestehen – und von Pastellstiften verwendet.

Schwerspat

Barytweiß, Blanc fixe, Permanentweiß

Bariumsulfat; $BaSO_4$

Schwerspat wird bergmännisch abgebaut und zunächst nach Farben sortiert. Dabei werden dunkle, durch Eisen- und Manganbestandteile gefärbte Sorten aussortiert, danach wird er gewaschen und gemahlen.

Bariumsulfat ist lichtecht, in Wasser, Säuren und Laugen unlöslich. Es trocknet in öligen Bindemitteln transparent und in wässrigen Bindemitteln deckend auf. Schwerspat ist maltechnisch als Verschnittmittel und Füllstoff in allen Techniken brauchbar. – Das chemisch gefällte Bariumsulfat Blanc fixe verfügt über die gleichen Eigenschaften wie natürlicher Schwerspat. Es ist reiner weiß und spezifisch etwas leichter, besitzt aber einen höheren Bindemittelbedarf.

Ton

China Clay, Kaolin, Porzellanerde, Pfeifenton, Kollererde, weißer Bolus, Neuburger Kieselkreide

wasserhaltige Tonerde, Aluminiumsilikathydrate

Ton und besonders Feldspat ist ein Verwitterungsprodukt von Silikatgesteinen (vulkanischem Urgestein). Weil Ton aus verschiedenen Ausgangsmaterialien besteht, ist auch der chemische Aufbau je nach Ursprung heterogen.

Die einzelnen Sorten sind in Farbe und Reinheit verschieden. Als reinstes und weißestes Produkt ist Kaolin dem Ton am ähnlichsten. Reiner Ton ist säure- und laugenbeständig und bleibt beim Erhitzen rein weiß. Ton wird in Grundierungen oder für Pastellstifte gebraucht oder als Zusatz für in Öl geriebene Farben, die kurz werden sollen. Ultramarinfarben, Ocker, Umbra und Grüne Erden besitzen einen natürlichen Tongehalt. Ocker sind – ebenso wie die gebrannten Ocker, roter Bolus und Rötel – durch den Eisengehalt gefärbte Tone.

Ton hält das Wasser lange fest und neigt in manchen Sorten sogar noch zu weiterer Verwitterung. Das dürfte vielleicht das Verhalten einzelner Farbkörper im Fresko, aber auch im Ölbild (Verwitterung des Firnisses über Ultramarinblau und Umbra) erklären. Daher muss von seiner Verwendung in Grundierungen abgeraten werden. Auch die Deckfähigkeit des Tones ist sehr gering. Als Leimfarbe eignet er sich vorzüglich. Die so genannte Neuburger Kieselkreide ist ein kieselsäurehaltiger Ton.

Reiner Ton in Pulverform heißt weißer Bolus, auch Bolus alba genannt. Eine Unterteilung zwischen rotem und weißem Ton lässt sich allerdings nicht zwingend herstellen, da die Namensgebung bei diesen Produkten oft gleichzeitig vorkommt; überdies ist der Übergang zwischen Kaolinen und Ocker eher fließend.

Mergel sind verunreinigte Tone, die viel Kalziumkarbonat oder Magnesiumkarbonat enthalten. Sie sind im Freskokalk aufgrund ihrer Neigung zum Auswittern oder Nichtabbinden sehr nachteilig.

Transparentweiß

Tonerdehydrat, Tonerde

Aluminiumhydroxid-Oxidhydrat-Gemisch;

$Al_2O_3 \cdot n\ H_2O + n\ AlO(OH)$

Tonerdehydrat entsteht durch Fällen aus einer wässrigen Alaunlösung (Kalium-Aluminium-Sulfat) nach Zugabe einer Lösung von Soda (Natriumkarbonat), Pottasche (Kaliumkarbonat) oder Ammoniak. Transparentweiß ist ein synthetisch hergestellter weißer Füllstoff, der in Ölmalmitteln nicht deckt und färbt. In wässrigen Malfarben wird er nicht gebraucht. Er ist in der Pigmentindustrie häufig Substrat bei der Herstellung von Farblacken.

In der Künstlerfarbenindustrie und beim Selbstherstellen von Ölfarben durch den Maler kann Tonerdehydrat als Verschnitt-, Verdickungs- und Absatzverhinderungsmittel dienen, das die eigentliche Farbtönung des Buntpigmentes nicht oder kaum verweißlicht. Als Absatzverhinderungsmittel für Tubenölfarben ist der Tonerde allerdings ein sehr kleiner Zusatz von in Leinöl gelöstem Bienenwachs vorzuziehen.

Auch kann man aus Tonerdehydrat und einer Dammarlösung praktisch farblose und in Terpentinöl löslich bleibende Gemäldekitte herstellen. Sollten die Kitte unlöslich auftrocknen und besonders zuverlässig haften, dann ist die Verwendung eines farblos auftrocknenden Alkydharzmalmittels allerdings vorteilhaft.

Talk

Talkum, Speckstein, Federweiß

wasserhaltiges Magnesiumsilikat

Dieser weiße, seifige und weiche Füllstoff besitzt ein sehr geringes Deck- und Färbevermögen. Er eignet sich darum genau wie Transparentweiß zur Herstellung so genannter Bilderkitte. Talkum wird manchmal in Farbstiften verwendet, seltener bei der Herstellung von Grundierfarben.

Antimonweiß

Antimontrioxid; Sb_4O_6

krebserregend

Antimonweiß, auch Antimonoxid, kann nach verschiedenen patentierten Verfahren gewonnen werden, wobei man überwiegend Antimontrioxid erhält. Es ist ein gut deckendes, jedoch schwach nachgilbendes Pigment, das auch als Bleiweißersatz angeboten wurde, da es weniger giftig ist. Antimontrioxid selbst ist stark krebserregend (und kennzeichnungspflichtig!). In England wurde es um 1920 von der Cookson Lead and Antimony Co. Ltd. unter dem Handelsnamen Timonox als Pigment eingeführt, hat sich jedoch nicht durchgesetzt.

Wismutweiß

Spanischweiß, Perlweiß, Schminkweiß

basisches Wismutnitrat, z. B. $Bi(OH)_2 \cdot NO_3$ oder $Bi_2O_2(OH)(NO_3)$

Das im 19. Jahrhundert erstmalig hergestellte Wismutweiß fand auch nur wenig Einsatz. Es wird durch Lösen von Wismutmetall in rauchender Salpetersäure und anschließendem Ausfällen mit Wasser hergestellt. Früher diente es vor allem als Schminke. Es ist zwar lichtecht, aber nicht temperaturbeständig und wurde später durch das Zinkweiß verdrängt.

Früher wurde Wismutmetall vor allem in Deutschland und der Schweiz bei der Wismutmalerei eingesetzt, wo es in Leimbindemitteln auf Kreidegrund aufgetragen und anschließend poliert wurde.

Wenn wismuthaltige Harze oder Harzseifen erhitzt werden, lassen sich irisierende Effekte erzielen. Dabei scheidet das Metall dann durch Reduktion Metall ab und erzeugt, eventuell unter Verwendung anderer Metalle, einen Perlmutterglanz.

Gelbe Pigmente

Blei-Zinn-Gelb

Bleistannat, Blei-Zinn-Oxid und/oder Bleiglas mit Blei-Zinn-Oxid; Pb_2SnO_4

gesundheitsschädlich

Dieses zarte »Gelb der alten Meister« wurde nur etwa vom 15. bis zum 17. Jahrhundert in der europäischen Malerei verwendet. Möglicherweise geriet es im 18. Jahrhundert durch das neu aufgekommene Neapelgelb allmählich in Vergessenheit. Erst 1941 wurde es durch *Richard Jacobis* Untersuchungen in Substanzproben alter Gemälde wiederentdeckt. Blei-Zinn-Gelb wird etwa durch Erhitzen einer Mischung aus Mennige (Pb_3O_4) und Zinndioxid (SnO_2) auf 650 bis 800 °C gewonnen. Bei niedrigeren Temperaturen entstehen wärmere Typen und bei höheren Temperaturen die kühlen, eher zitronenfarbigen. Blei-Zinn-Gelb ist sowohl in Öl als auch in wässrigen Bindemitteln gut deckend und lichtbeständig. Neben dem gebräuchlichen Blei-Zinn-Gelb wurde in böhmischen und venezianischen Gemälden ein anderer Aufbau festgestellt, der aus einer durch Blei-Zinn-Oxid gelb gefärbten Bleiglasmasse besteht. Für die Malerei unserer Zeit spielt es keine Rolle mehr, da es qualitativ wie koloristisch durch andere Pigmente ersetzt wurde.

Neapelgelb

Bleiantimonat

Blei-Antimonoxid-Verbindungen mit wechselnder Zusammensetzung; $Pb(SbO_3)_2$ oder $Pb(SbO_4)_2$

gesundheitsschädlich

In seiner chemischen Zusammensetzung entspricht es dem Mineral Bindheimit und wird noch heute als Malfarbe gebraucht. Eine einheitliche chemische Zusammensetzung kann für dieses Pigment jedoch nicht angegeben werden. Als Malpigment wurde Neapelgelb wahrscheinlich erst nach dem 17. Jahrhundert verwendet, obwohl mit Blei-Antimon-Verbindungen gefärbte Gläser schon in vorchristlicher Zeit bekannt waren. Bisweilen wurde die Ansicht vertreten, es sei schon in Babylon und Assyrien bekannt gewesen. *Plinius* kannte es offenbar nicht, und noch im 17. Jahrhundert kommt es relativ selten vor. Gesichert ist die Verwendung von Neapelgelb in der Malerei erst vom 18. Jahrhundert an. Nach mehreren Verfahren kann es durch Glühen blei- und antimonhaltiger Substanzen (Gemische von Blei- und Antimonoxid oder von Brechweinstein [Antimonsalz], Bleinitrat und Kochsalz) hergestellt werden. Dabei entstehen je nach Verfahren und Art des Ausgangsmaterials Farbtönungen vom grünlichen bis ins rötliche Gelb.

Neapelgelb deckt sehr gut, sein Färbevermögen ist allerdings mäßig. Licht- und Kalkechtheit sind hervorragend, sodass es in der Freskomalerei oft verwendet worden ist, und auch in der Wasserglastechnik steht es gut auf der Wand. Seine Hauptverwendung war aber die Öl-, Tempera- und Aquarellmalerei, wo es wegen seiner aparten Farbtönung sehr geschätzt war. Als Blei-

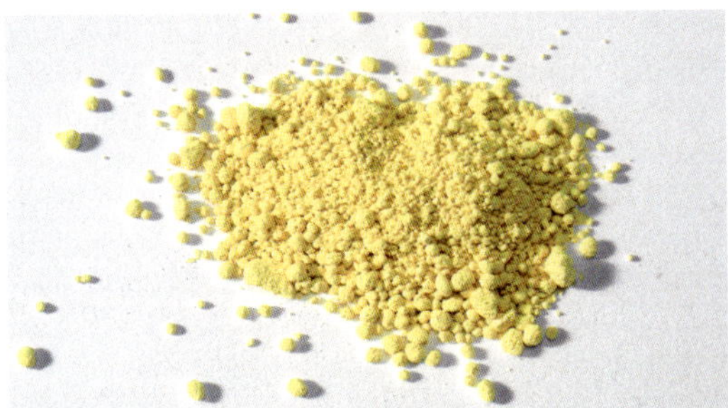

Blei-Zinn-Gelb

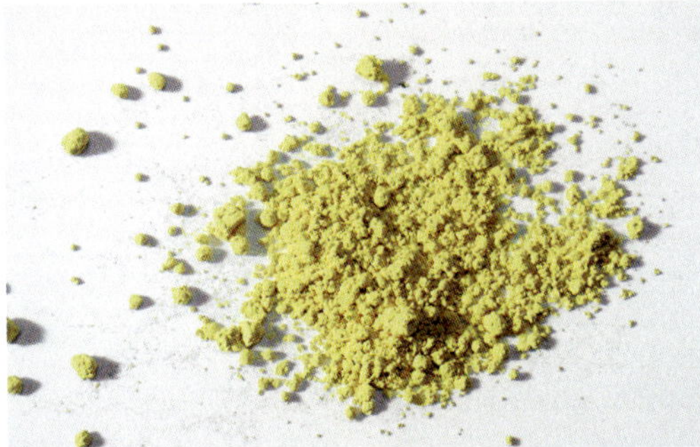

Neapelgelb

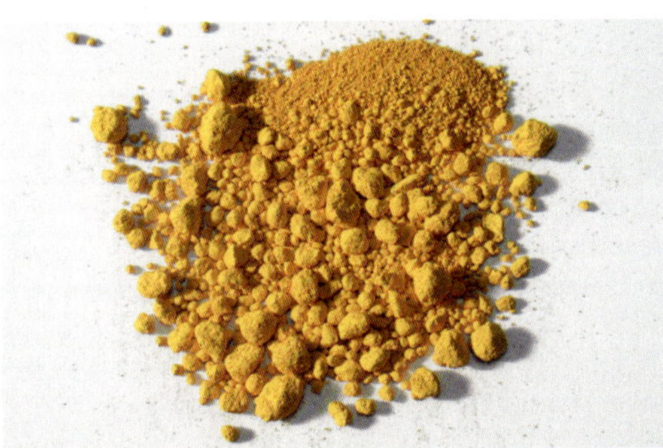

Chromgelb

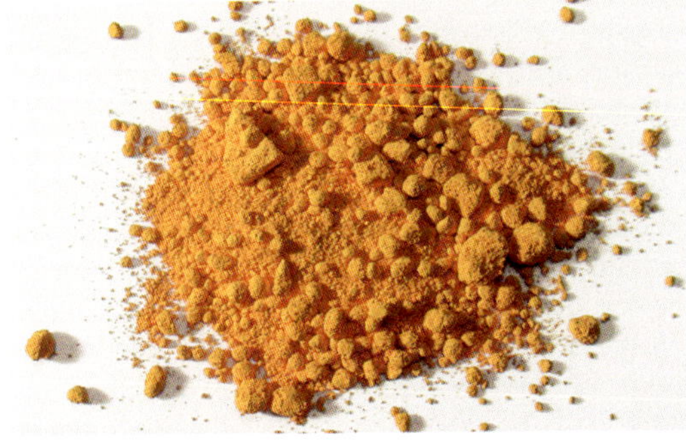

Kadmiumgelb

pigment beschleunigt auch Neapelgelb die Öltrocknung. Im Ölbindemittel ist es beständiger als im wässrigen Bindemittel, wo es sich in Anwesenheit von Schwefelverbindungen (schwefelhaltige Verunreinigungen oder Pigmente) in schwarzes Bleisulfid umwandeln kann. Wegen dieser Empfindlichkeit und weil es gesundheitsschädlich ist, wird Neapelgelb in der Künstlerfarbenindustrie und in der Anstrichtechnik heute nicht mehr verwendet.

Chromgelb

Kölner Gelb, Königsgelb, Leipziger Gelb, Neugelb, Zitronengelb, Zwickauer Gelb

Bleichromat; $PbCrO_4$

gesundheitsschädlich

Chromgelb zählte zu den wichtigsten modernen gelben Pigmenten und war im 19. Jahrhundert als Malfarbe allgemein verbreitet. 1809 wurde es von dem Franzosen *Henri Vauquelin* erstmals im Labor dargestellt; schon etwa zehn Jahre später wurde es als Pigment in größerem Umfang hergestellt und kam in den Handel. Dieses Mischkristall- oder Mischphasenpigment aus Bleichromat und Bleisulfat wird noch heute aus Lösungen von Blei- und Chromsalzen und Natriumsulfat gefällt, gewaschen, schließlich getrocknet und sodann gemahlen. Herstellungsbedingungen und Stabilisierungsmethoden bestimmen auch hierbei die Farbtönung und die Qualität des Endproduktes.

Deck- und Färbevermögen von Chromgelb waren und sind immer gut bis sehr gut, während die Beständigkeit gegen Alkalien, Licht, Mineralsäuren und saure Gase (Schwefelwasserstoff, Schwefeldioxid) oft zu wünschen übrig ließ. Bei längerer Belichtung und/oder bei Feuchtigkeit zerfielen die alten Chromgelbe an der Oberfläche oft in schwarz-braunes Bleisulfid oder in Chromoxidgrün. So wird denn auch die »rätselhafte« Farbtönung im Sonnenblumenbild *van Goghs* (in München) entstanden sein, die schon *Max Doerner* um 1930 erwähnte.

Heute kann die Pigmentindustrie lichtstabilisierte Chromgelbe liefern, die im Vollton wie in starker Weißausmischung höchste Bewertungen verdienen. Sie gehören zu den solidesten und beständigsten Gelbpigmenten, die dem Maler heute zur Verfügung stehen. Sie sind hervorragend geeignet zur Pigmentierung von Öl-, Acryl-, Tempera-, Leim- und Aquarellfarben. Unangenehm störend bleibt allerdings nach wie vor ihre Gesundheitsschädlichkeit. Auch kalk- oder zementecht sind die Chromgelbe nicht geworden, und sogar gegen Mineralsäuren blieben sie empfindlich.

Kadmiumgelb

Mischkristalle aus Kadmiumsulfid (CdS)
und Zinksulfid (ZnS); ZnS · CdS
als Stäube gesundheitsgefährdend

Kadmium als Metall wurde 1817 zuerst von *Friedrich Stromeyer* dargestellt, aber erst 1829 von *Melandri* als Pigment vorgeschlagen. Schon um 1830 soll mit Kadmiumgelb gemalt worden sein, obwohl es erst seit 1849 in größerem Maße hergestellt wurde. Ein natürliches Kadmiumsulfid und als Mineral selten vorkommend ist Greenockit, das offenbar nie als Pigment verwendet wurde.

Kadmiumpigmente werden auf unterschiedliche Weise hergestellt:

- durch Fällung aus Kadmiumsalzlösung mit Schwefelwasserstoff oder Alkalisulfiden – bei helleren Sorten mit Zinksalzen – und anschließendes Brennen oder
- durch Brennen von Kadmiumkarbonat mit Schwefel.

Die Herstellungsbedingungen beeinflussen die Teilchengröße und bestimmen so die einzelnen Nuancen im Farbton. Bei der Herstellung von Kadmiumrot wird Selen in den Fällungs- oder Brennprozess mit eingebaut.

Reine Kadmiumgelbpigmente enthalten geringe Mengen Substrat (z. B. Zinksulfid), das in Form von Mischkristallen in das Pigment eingebaut wird und einfach dazugehört. Außer in den zitrongelben Typen ist ihre Lichtechtheit ausgezeichnet, sie steigt vom Hellgelb zum Dunkelrot erheblich an. Deck- und Färbevermögen sind gut bis sehr gut, bloß im Orangebereich ist das Deckvermögen geringer. Reine Kadmiumpigmente sind gegen Mineralsäuren empfindlich. Obwohl ihre Beständigkeit gegen Alkalien – und damit gegen Kalk – einwandfrei ist, sollten sie nur innen verwendet werden. Außen führt ihre Luftempfindlichkeit oft zur Bildung von weißem Kadmiumkarbonat oder Kadmiumsulfat. Es legt sich wie ein Schleier über die Malerei, wenn das Pigment nicht durch einen intakten Film geschützt wurde. Hier verhalten sich die dunklen, mehr blaustichigen Sorten besser, obwohl auch sie nicht beständig genug sind, um für die Außenanwendung empfohlen zu werden.

Alle Kadmiumpigmente können generell mit allen Pigmenten gemischt werden und sind in allen Maltechniken die schönsten und beständigsten Pigmente in den Gelb-, Orange- und Rotbereichen.

Nur die Lichtechtheit des Kadmiumgelbzitrons wird von einem organischen Azopigment gleichen Farbtons übertroffen. Die maltechnischen Eigenschaften der zuvor erwähnten Substratpigmente reichen an die reinen Typen nicht heran.

Kadmofix, Kadmopone, Kadmolith

auch: Cadmofix, Cadmopone, Cadmolith

Seit 1927 wurden in den USA so genannte Kadmopone oder Kadmiumgelb-Lithopone, ein Mischpigment aus Kadmiumsulfid und Bariumsulfat oder Zinksulfid, Kadmiumsulfid und Bariumsulfat, hergestellt.

Die Kadmofix, Kadmopone oder Kadmolith genannten Substratpigmente werden aus Kadmiumsulfat und Schwefelbariumlauge gefällt. Sie enthalten erhebliche Mengen (ca. 50 %, also bis zur Häfte ihres Volumens) Bariumsulfat und Zinksulfid. Sie sind deshalb maltechnisch weniger wertvoll und entsprechend günstig im Preis.

Brillantgelb

ist eine Mischung der Pigmente Zinkweiß und Kadmiumgelb.

Zinkgelb

Barytgelb oder gelbes Ultramarin

Bariumchromat; $BaCrO_4$
als Strontiumgelb Strontiumchromat; $SrCrO_4$
Zinkchromat; $ZnCrO_4$
giftig und krebserregend

Henri Vauquelin, der Entdecker des Chroms, beschrieb 1809 Zinkchromat, das aber erst seit 1850 als Pigment hergestellt wurde. Alle Chromate – Kalziumchromat ($CaCrO_4$), basisches Kadmiumchromat ($CdCrO_4 \cdot Cd[OH]_2$), Wismutchromat und das basische Eisenchromat (Sideringelb) – entstehen durch Fällen von Chromatlösungen in den entsprechenden Metallsalzlösungen. Im Laboratorium wurden diese Verbindungen überwiegend bereits am Anfang des 19. Jahrhunderts hergestellt, doch als Pigmente waren sie kaum vor 1850 erhältlich. Wirkliche Verbreitung hat nur das Zinkgelb gefunden.

Die Herstellungsart aus metallischem Zink, Schwefelsäure und anschließender Fällung mit Chromsalzen scheint die Ursache der starken Wasserlöslichkeit der früheren Zinkgelbtypen gewesen zu sein. Bis vor kurzem wurde Zinkgelb aus einer Mischung von Zinkoxid und Zinksulfat mit einer Chromsalzlösung gefällt, anschließend wurde gewaschen und getrocknet und durch Zusatz von Chemikalien die Wasserechtheit erheblich verbessert. Zinkgelb ist gut lichtecht, dagegen sind seine Deckfähigkeit und das Färbevermögen gering. In Öl beschleunigt es die Trocknung, weil seine Fähigkeit, Seifen zu bilden, durch die Zunahme wasserlöslicher Anteile steigt. In Öl kann es leicht zum Vergrünen neigen. Gegen Säuren und Alkalien ist es nicht beständig. In der Malerei wurde Zinkgelb in Öl-, Tempera- und Aquarellfarben gebraucht. Aus Zinkgelb und Preußischblau wurden durch Nassverkollerung die Zinkgrüne hergestellt.

Seit bekannt ist, dass Zinkchromat Krebs erregt, wird es in Künstlerfarbenfabriken nicht mehr verarbeitet.

Massicot, Bleiglätte

Bleigelb, Königsgelb

gelbes Bleioxid; PbO
gesundheitsschädlich

Beim Erhitzen auf ca. 300 °C gehen metallisches Blei und Bleiweiß durch Oxidation zuerst in gelbe Bleiglätte über; daraus entsteht dann später die orangerote Bleimennige. Die gelbe bis rötlich gelbe Bleiglätte, wie sie bei der Oxidation von geschmolzenem Blei an der Luft entsteht, hat dieselbe chemische Zusammensetzung. Genau genommen gilt die Bezeichnung Massicot nur für Bleioxid, das bei Temperaturen unterhalb von 400 °C gewonnen wurde, während Bleiglätte das aus geschmolzenem Blei erhaltene Oxid bezeichnet. Beide Bleipigmente sind nur wenig jünger als Bleiweiß. *Dioscorides, Plinius* und *Vitruv* berichten, Cerussa usta (gebranntes Bleiweiß) sei durch Zufall bei einem Schiffsbrand in Piräus entdeckt worden, als ein mit Cerussa (= Bleiweiß) beladenes Schiff in Brand geraten war.

Die fabrikmäßige Herstellung ist indes recht kompliziert; man kommt auf verschiedenen Wegen zu Produkten der unterschiedlichsten Art. Bis zur Mitte des vorigen Jahrhunderts nahm man noch irrtümlich an, dass Massicot als Bleipigment in der europäischen Malerei verbreitet gewesen sei. Da *massicot* oder *masticot* in Quellenschriften oft erwähnt wurden und viele gelbe Malfarben sich als bleihaltig erwiesen, hat man es mit dem *giallorino* in Zusammenhang gebracht.

Das gelbe Bleioxid Massicot ist im Licht nicht haltbar, denn es verfärbt sich rötlich bis bräunlich. Darum ist es nur selten als Malpigment verwendet worden. Als Bleipigment beschleunigt es die Öltrocknung, ist darum als Ölanreibung nicht lange lagerfähig, weil es rasch eindickt.

Realgar, Auripigment

natürliches bzw. künstliches Schwefelarsen
Arsenblende; As_2S_3
giftig, gesundheitsschädlich

Lange vor *Plinius* und *Vitruv,* die sie als *auripigmentum* und *sandaraca* beschrieben, waren diese Schwefel-Arsen-Verbindungen im alten China oder Ägypten als Pigmente schon bekannt. Später werden sie in mittelalterlichen Rezeptsammlungen oder anderen Schriften zur Maltechnik erwähnt.

Auripigment kommt als zitron- bis orangegelbes Arsensulfid natürlich vor. Im 19. Jahrhundert war künstlich hergestelltes gelbes Arsensulfid als Operment, Königsgelb und Rauschgelb im Handel und wurde größtenteils in der Temperamalerei verwendet.

Die rote, kristalline Schwefelarsenmodifikation Realgar bzw. Sandarak kommt oft natürlich gemeinsam mit dem Auripigment vor. Früher wurde es auch als Rauschrot bezeichnet. Es kann ebenfalls künstlich hergestellt werden. Seine leuchtend rote Farbtönung geht beim Zerkleinern in Orangegelb über.

Heute werden beide Arsenpigmente in Malfarben kaum noch verwendet, da sie sehr giftig sind. Reines Auripigment ergibt gut deckende, gegen Licht und chemische Einflüsse beständige Öl- und Temperafarben. In wässrigen Bindemitteln kann es sich durch die Bildung schwarzen Blei- oder Kupfersulfids dunkel färben, wenn es mit blei- oder kupferhaltigen Pigmenten reagiert.

Gummigutt

Baumharz
giftig

Gummiguttbäume – Guttiferen – sind eine Garcinienart, die in Thailand, auf Ceylon oder in Indien vorkommt. Sie liefern gelbes Farbharz, das zu etwa 20% wasserlösliches Gummi enthält und damit eine fast natürliche Aquarellfarbe darstellt. Wegen der leuchtenden goldgelben Farbtönung wurde Gummigutt gern in der Buchmalerei des Mittelalters verwendet, und flämische Maler scheinen es sogar in Öl benutzt zu haben. Später taucht es auch in den so genannten Spritfirnissen auf, denn in ihnen ist es ebenso wie in Öl löslich. Es ist nicht bekannt, wann genau das in Ostasien seit langem bekannte Gummigutt den Weg nach Europa fand. Früher wurde es in Aquarellfarben nicht allein, sondern in Mischungen mit natürlichem Indigo- oder Preußischblau als Farbmittel benutzt. Diese Mischfarbe benötigt keinen Bindemittelzusatz und hieß ursprünglich Hooker's Green oder Hookers Grün. Wegen der mangelhaften Lichtechtheit und seiner Giftigkeit wurde es durch beständigere, ungiftigere Pigmente gleicher Farbtönung ersetzt.

Indischgelb

Purrée, organischer Farbstoff
Magnesiumsalz der Euxathinsäure
Seit der Mitte des 19. Jahrhunderts war echtes Indischgelb als Malpigment in Europa bekannt, und es ist einige Jahrzehnte hier gern vermalt worden. Das Pigment gewann man in Indien, u. a. in Bengalen, aus dem eigentümlich gelb verfärbten Urin von Kühen, die man zuvor mit Mangoblättern gefüttert hatte. Durch Eindampfen wurde die Flüssigkeit zunächst verdichtet und unlösliche Rückstände daraufhin durch Waschen gereinigt. Dieses Magnesiumsalz der Euxanthinsäure stellt einen natürlichen Farblack dar. Eine echte getrocknete Indischgelb-Knolle ist, wenn auch unappetitlich, das Kleinod jeder Malmaterialiensammlung.

Die Lichtechtheit des absolut lasierenden, aber trübe gelben Pigmentes war recht gut, und es wurde besonders als Lasurpigment in Aquarell- und Ölfarben geschätzt. Da die Gewinnung aus Kuhharn inzwischen aus Tierschutzgründen verboten ist, wird es heute durch synthetische organische Pigmente mit gleicher Farbgebung bei besseren Echtheiten ersetzt. Im Handel ist es als so genanntes Indischgelb imitiert erhältlich, zumeist als Farblack aus synthetischen Farbstoffen.

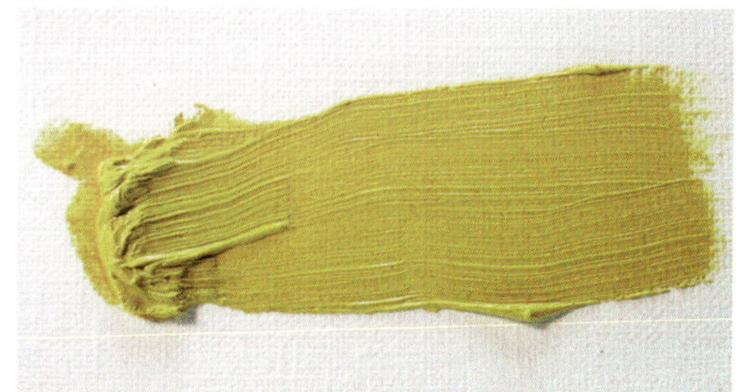

Zinkgelb

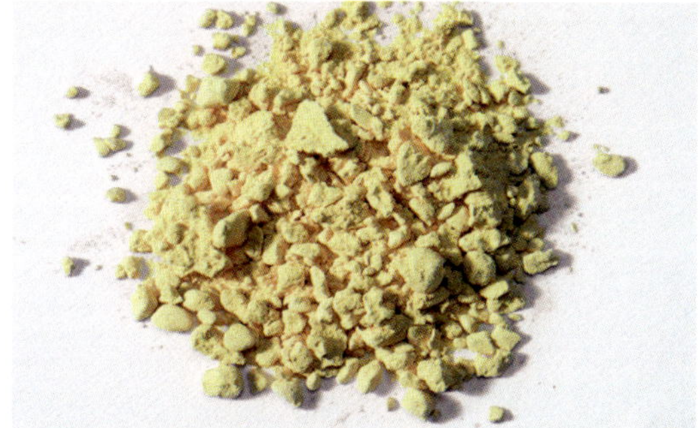

Massicot, Bleiglätte

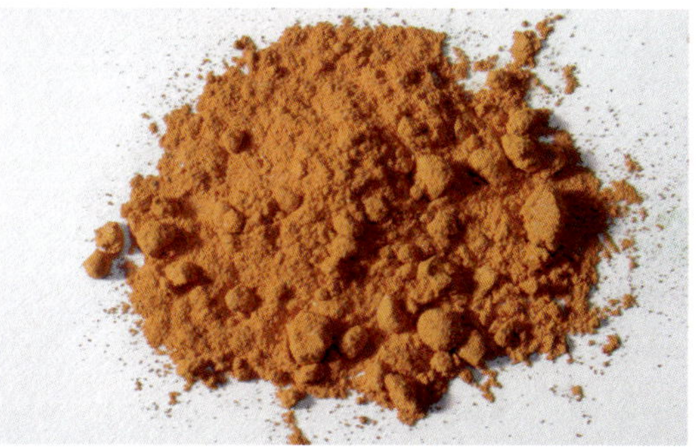

Realgar

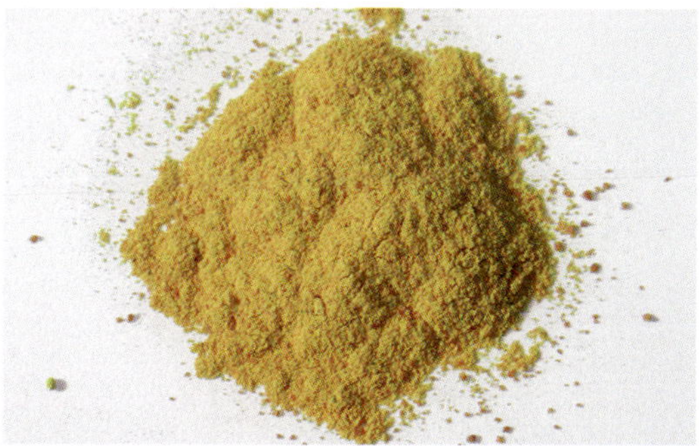

Gummigutt

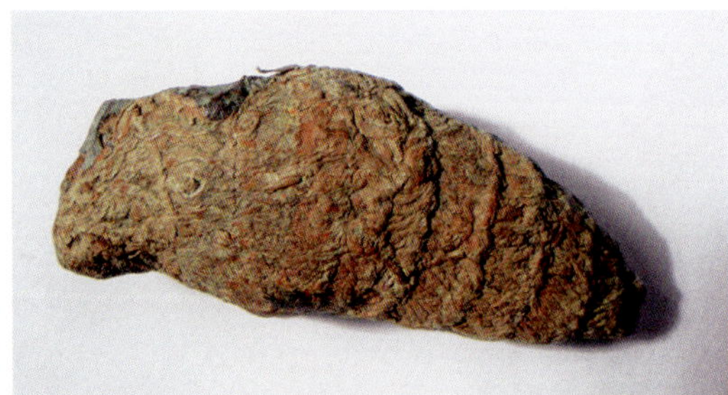

Indischgelb als Rohstoff in Knollenform

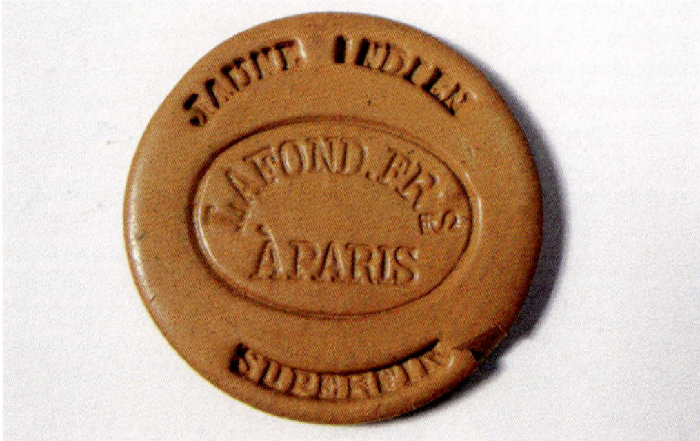

Echtes Indischgelb als historisches Aquarell

Kobaltgelb

Aureolin

komplexes wasserhaltiges Kobaltkaliumnitrat
$K_3[Co(NO_2)_6] \cdot H_2O$
gesundheitsschädlich

Diese zu einem gewissen Grad wasserlösliche Kobaltverbindung wurde von *N. W. Fischer* 1848 in Breslau entdeckt. Um 1860 wurde sie, u. a. von der englischen Malfarbenfirma Winsor & Newton, als Pigment eingeführt und überwiegend in der Aquarelltechnik benutzt. Aureolin ist säure- und alkaliempfindlich. Seine Licht- und Luftempfindlichkeit wurde verschieden beurteilt. Dieses rein gelbe und deckende Pigment scheint zwar allein oder auch in Mischung mit anorganischen Pigmenten recht beständig zu sein, bei Mischungen mit organischen Pigmenten sind jedoch Farbtonveränderungen beobachtet worden.

Vermutlich wegen seiner geringeren Deckfähigkeit in Ölbindemitteln wurde Aureolin bei Lasuren als Ersatz für Indischgelb verwendet; auch als Pigment für Wasserfarben wurde es eingesetzt. Heute wird Kobaltgelb durch beständigere und zuverlässigere Pigmente ersetzt.

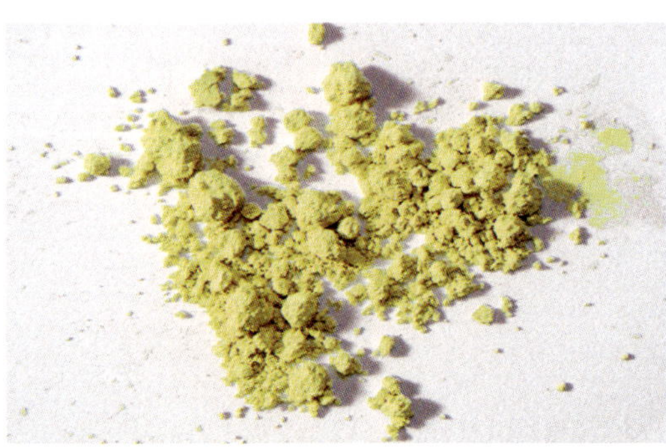

Nickeltitangelb

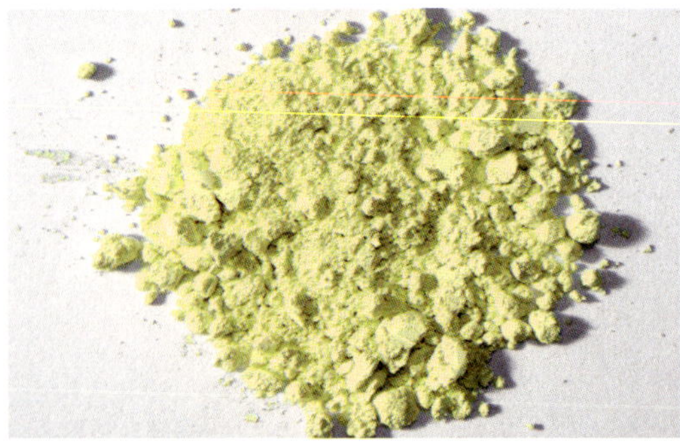

Barytgelb

Musivgold

Zinndisulfid; SnS_2

Es gibt zahlreiche quellenschriftliche Belege zur Herstellung von Musivgold, die ins 13. Jahrhundert zurückreichen. Weniger zahlreich wurde Zinndisulfid jedoch bisher in Kunstwerken – und damit seine tatsächliche Verwendung – nachgewiesen. Obgleich sie nicht identisch sind, steht die lateinische Bezeichnung *aurum musivum* für Musivgold und auch Musiergold. Musiergold ist generell eine mögliche Bezeichnung für viele zum so genannten »Musieren« benötigte Malverfahren auf Malfarben- wie auf Goldgrund. Dabei kann neben Blattmetall, Gold- und anderen Metallpulvern auch Musivgold zur Anwendung kommen. So werden unter dem Oberbegriff Musivgold auch viele Materialien zusammengefasst, die nicht aus Zinndisulfid bestehen.

Zur Herstellung von Musivgold waren neben Schwefel und Zinn noch Quecksilber und Salmiak notwendig. Je nach Verfahren entstand ein leicht metallisch schimmernder Malstoff von fahlgelblichem über gold-gelblichen bis zu rötlichgelblichem Farbton. Fein gerieben eignete sich dieses Pigment sogar in wässrigen Bindemitteln.

Friedlieb Ferdinand Runge (1795–1867) dokumentiert ein seit dem ausgehenden 18. Jahrhundert angewandtes Rezept, wonach Zinn, Quecksilber, Schwefelblume und Salmiak »Zweifach-Schwefelzinn« ergaben. Wegen der gesundheitsschädlichen Wirkung von Quecksilber verwendet man heute jedoch Metallbronzen.

Seltene gelbe Pigmente

Urangelb

Natriumuranat; $Na_2U_2O_7 + 6\ H_2O$
Bariumuranat; BaU_2O_7
Kalziumuranat; CaU_2O_7
radioaktiv und giftig

Urangelb wird auf sehr komplizierte Weise hergestellt. Diesen Pigmenten wurden, wohl wegen der aparten Herkunft und des enormen Preises, sagenhafte Eigenschaften nachgesagt. Als Pigmente wurden sie indessen nur selten verwendet, dienten aber zum Gelbfärben von Glas sowie als Farben in der Porzellanmalerei. Diese Pigmentgruppe hat in der Maltechnik keine Bedeutung.

Nickeltitangelb

Titandioxid mit Nickel- und Antimonoxiden im Kristallgitter

In den 1950er-Jahren wurde dieses Pigment zum ersten Mal in den USA aus Mischkristallen der Oxide von Titan, Nickel und Antimon hergestellt. Die technologischen Eigenschaften ähneln denen der Titandioxide.

In der Farbtönung gleichen diese Pigmente dem Neapelgelb: Sie decken gut, färben befriedigend, sind hoch lichtecht, hitzebeständig und beständig gegen Industrieabgase, sie sind kalk- und zementecht und eignen sich für das Fresko. Man kann Nickeltitangelb in allen üblichen Malfarben einsetzen. Seit Nickeltitangelb dem Maler zur Verfügung steht, kann er das Neapelgelb koloristisch durch ein technologisch besseres Pigment ersetzen, das dazu noch den Vorzug besitzt, ungiftig zu sein.

In diese nicht gesundheitsschädliche Pigmentgruppe gehören auch die Chromtitangelbe, die mehr zum Orange neigen. Sie sind ebenfalls Mischphasenpigmente mit Titan-, Antimon- und Chromoxiden im Molekül. In ihren maltechnischen Eigenschaften ähneln sie dem Nickeltitangelb.

Gelbes Ultramarin

Bariumchromat; Strontiumchromat; Barytgelb
giftig

Die mit dem irreführenden Namen »gelbes Ultramarin« bezeichneten Pigmente wurden Anfang des 19. Jahrhunderts bekannt, aber erst weit später vermalt. Sie sind säureempfindlich, wenig wasserlöslich, können außen ausblühen und sind im Fresko ungeeignet. Ihre Lichtbeständigkeit ist aber gut. (In Öl sind, wahrscheinlich durch Reduktionen im Licht, Vergrünungen beobachtet worden.) Deckfähigkeit und Färbevermögen sind gering. Sie wurden überwiegend für Aquarellfarben benutzt, wo sie inzwischen durch ungiftige Pigmente ersetzt worden sind.

Kasseler Gelb

Turners Gelb, Mineralgelb, Veroneser Gelb, Patentgelb
Bleioxidchlorid; $PbCl_2 \cdot 6\ PbO$
gesundheitsschädlich

Durch Glühen von gelbem Bleioxid (oder Mennige) mit Kochsalz oder aber durch Schmelzen von Bleiglätte mit Salmiak (Ammoniumchlorid) kann dieses Pigment hergestellt werden. Es ist in Alkalien unlöslich, löst sich aber in Wasser oder Säuren und war gelegentlich Bestandteil von Ölfarben. Obwohl dieses lichtbeständige, gut deckende Pigment seit Jahrhunderten bekannt ist, wurde es selten verwendet.

Anilingelb

Zu Anfang des 19. Jahrhunderts wurde mit der Herstellung von Farblacken aus Steinkohlenteer begonnen. Im Jahre 1900 entstand der erste Vertreter einer Gruppe sehr beständiger gelber Pigmente auf der Basis von Azofarbstoffen. Zu diesen so genannten Pigmentfarbstoffen aus Teerfarbstoffen gehören auch der Azofarbstoff Anilingelb sowie die Nitrofarbstoffe Martiusgelb (Naphthylamingelb) und Naphtholgelb SL (S = säureecht; L = lichtecht). Heute finden Pigmente unter Bezeichnungen wie Hansagelb und Echtgelb (Litholechtgelb) auch in Malfarben vielfach Verwendung.

Gelbe Pflanzenfarbstoffe

Aus bestimmten Pflanzenfarbstoffen können verschiedene gelbe Farblacke hergestellt werden. Verwendung können sie in Öl als Lasurfarbe oder in wässrigen Bindemitteln, z. B. in Aquarellfarben, finden; maltechnisch sind sie jedoch kaum von Bedeutung.

Schüttgelb, Stil de grain

Farblack

Aus süd- oder mitteleuropäischen Kreuzbeeren lässt sich mit Wasser eine Farbstofflösung gewinnen, deren Extrakt, auf Tonerde oder andere Substrate gefällt, hellgelbe bis gelblich olivgrüne Farblacke ergibt. Schüttgelb wurde mit Alaun durch Fällung auf Kreide oder andere Substrate erzeugt.

Der hauptsächliche Farbstoff der Gelbbeerenlacke nennt sich nach verschiedenen Rhamnusarten Rhamnetin oder Querzitrin mit anderen Glukosiden. Gelb- bis olivgrüne Farblacke sind u. a. auch aus reifen Gelbbeeren herstellbar und werden als Schüttgrün oder Saftgrün bezeichnet, das sich mit Indigokarmin nach Ausfällen mit Zinnsalz auf Tonerde bildet.

Die außergewöhnlich lichtunechten, aber dennoch zum Malen geeigneten Farblacke von grünlichem bis bräunlichem Gelb wurden durch vollsynthetische Produkte ersetzt. Die ehemals als gelber oder grüner Lack mit oder ohne Beinamen bezeichneten Farblacke wurden auf ähnliche Weise aus Pflanzenfarbstoffen hergestellt und sind insgesamt ebenso wenig lichtecht. Das heute im Handel erhältliche Schüttgelb oder Stil de grain enthält meist synthetische gelbe Farbstoffe.

Gelbe Farblacke

Querzitronlacke

Die lasierenden Farblacke aus der Rinde nordamerikanischer Eichen, vor allem der Färbereiche (Quercus tinctoria), wurden auch als Schüttgelb bezeichnet. Färbender Bestandteil ist das aus dem Flavin gewonnene Querzetin.

Gelbholz wird aus dem südamerikanischen Fustik- oder Färbermaulbeerbaum (Morus tinctoria; färbender Bestandteil: Morin) gewonnen. Auch diese trüben gelb-braunen Farblacke zeichnen sich durch geringe Lichtechtheit aus.

Der so genannte Fiselholzlack wird aus dem Holzmehl des in Südeuropa wild wachsenden, bei uns in Parkanlagen angepflanzten Perückenbaums (Rhus cotinus L. oder Gerberbaum) gewonnen. Der daraus hergestellte Farblack, dessen färbender Bestandteil das Fisetin darstellt, ist lasierend und von rötlich gelber Farbe. Der nach Ausfällen mit Zinnsalz auf Tonerde gebildete Lack ist gelb.

Die in Mitteleuropa wachsende Färberreseda (Reseda luteola L.) enthält den gelben Pflanzenfarbstoff Luteolin. Dieser Wau oder auch Färberwau diente zum Färben und wurde nach Angaben der Quellenschriften auch als Farblack in der Miniaturmalerei verwendet. Auch aus Curcuma, einer in Asien heimischen Gelbwurzel (Curcuma tinctoria L.), sollen gelbe Farblacke hergestellt worden sein.

Als Safran bezeichnet man getrocknete Blütennarben verschiedener in Südeuropa und im Orient heimischer Krokussorten, die auch als Gewürz Verwendung finden. Mit Wasser wurde der Pflanzenfarbstoff Crocetin extrahiert, aber nicht verlackt, sondern trocken oder in konzentrierter Lösung unmittelbar mit dem Bindemittel verarbeitet.

Safflor oder Zaffer ist ein roter Pflanzenfarbstoff aus den Blüten der Färberdistel (wilder Safran oder Bürstenkraut). Der färbende Bestandteil Carthamin ist als Farbstoff unbeständig, lichtempfindlich und für die Farbenindustrie daher ohne Bedeutung; er findet aber regelmäßig noch in der Kosmetik, in der Lebensmittelindustrie oder in der Seidenfärbung Anwendung.

Aus den Samen der Färberdistel lässt sich fettes Öl als Safflorӧl gewinnen.

Gelbe Ocker

Gelbe Ocker wurden als Pigmente schon seit frühester Zeit benutzt. Man findet Ocker in ägyptischen, griechischen und römischen Malereien gleichermaßen häufig wie auch in allen späteren Epochen der europäischen Malerei, denn er lässt sich in allen Arten der Malerei anwenden. In Ostasien zählt gelber Ocker zu den am häufigsten verwendeten Pigmenten überhaupt.

Die Farbe der natürlich vorkommenden gelben Ocker wird durch den Hydratgehalt der wasserhaltigen Eisenoxide (Goethit, $Fe_2O_3 \cdot H_2O$) bestimmt, die beim Brennen Wasser abgeben, wobei rote Ocker entstehen. Als Terra di Siena, Sienaerde oder italienischer Ocker wird eine besondere Art gelber, manganhaltiger Ocker mit hohem Eisengehalt (50 bis 70 % Fe_2O_3) bezeichnet, dessen schönste Sorten in der Nähe von Siena vorkommen. Die Sienaerden wirken in Ölbindemitteln lasierend. (Nach dem Brennvorgang entsteht auch hier die rote Terra di Siena gebrannt.)

Heutigen Qualitätsansprüchen und dem Bedarf an möglichst gleich bleibender Qualität der Farbtönung werden die Naturprodukte nicht immer gerecht. Aus künstlich hergestellten Eisenoxidgelben, Kaolin, Quarz, feindisperser Kieselsäure, Spat und anderen Füllstoffen können Ocker mit genau definierten und reproduzierbaren Farbtönungen hergestellt werden, die den Erden aus natürlichen Lagerstätten entsprechen.

Ocker werden im Tagebau gewonnen, geschlämmt und gemahlen. Ihr Färbevermögen steigt mit dem Eisengehalt. Das Deckvermögen ist vom Eisengehalt wie von der Anwesenheit kolloidaler Kieselsäure abhängig. Die früher in Farbschönheit unerreichten französischen Ocker werden nicht selten durch künstliche Ocker ersetzt, die ihren Vorbildern in Farbtönung in nichts nachstehen. Natürliche Ocker werden aber auch, um bessere und gleich bleibende Eigenschaften zu erzielen, oft gemischt; ihr Färbevermögen und ihre Deckfähigkeit werden teilweise mit synthetischem Eisenoxidgelb verbessert. Die genannten Operationen sind, selbst bei Anlegen strengster Maßstäbe, technisch nicht zu beanstanden. Die Unregelmäßigkeiten in der Farbtönung und in den maltechnischen Eigenschaften, die notwendigerweise jedem Naturocker eigen sind, können auf diese Weise weitgehend korrigiert werden. Diese Korrekturmöglichkeiten haben die natürlichen Ocker durchaus nicht verdrängt, sie haben dem Verbraucher aber größere Sicherheit bei der Verwendung von Ockerpigmenten gebracht.

Ocker und Sienen sind gut bis sehr gut lichtecht, wasser- und laugenbeständig, aber säureempfindlich. Die Deckfähigkeit der Ocker in öligen Bindemitteln ist mittel bis gut. Die echten Terra di Siena genannten, in Italien gegrabenen Ocker sind wegen ihres hohen Gehaltes an kolloidaler Kieselsäure ausgesprochene Lasurpigmente. Sie sind in allen Techniken innen wie außen verwendbar und mit allen Pigmenten verträglich. Ihre hervorragenden maltechnischen Eigenschaften und ihre universelle Brauchbarkeit haben sie zu einem der wichtigsten Malpigmente überhaupt gemacht.

Terra di Siena

Die ursprünglich nur bei Siena, später auch in der ganzen Toskana und sogar auf Sardinien gewonnenen italienischen Ocker sind unter dem Namen Terra di Siena bekannt. Sie bestehen zu 45 bis

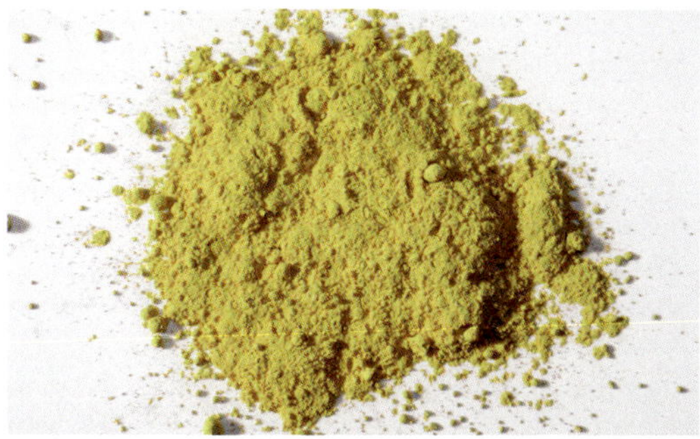

Schüttgelb

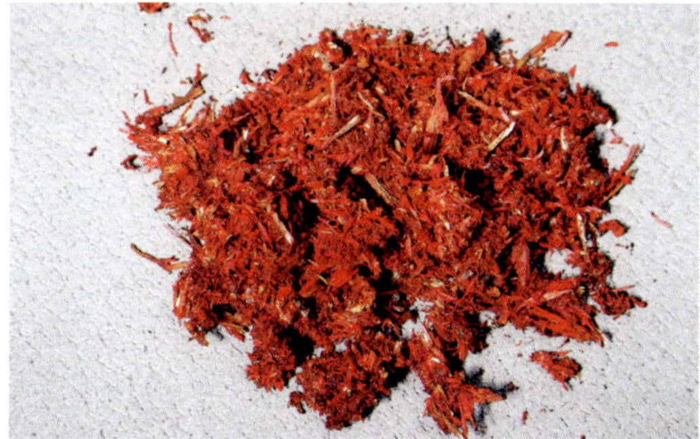

Safflor

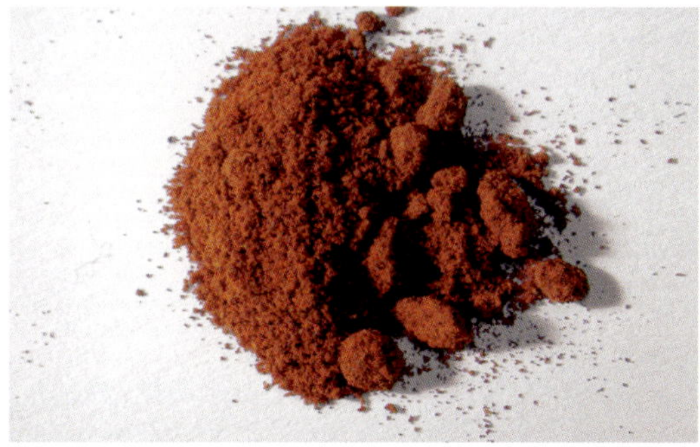

Safran

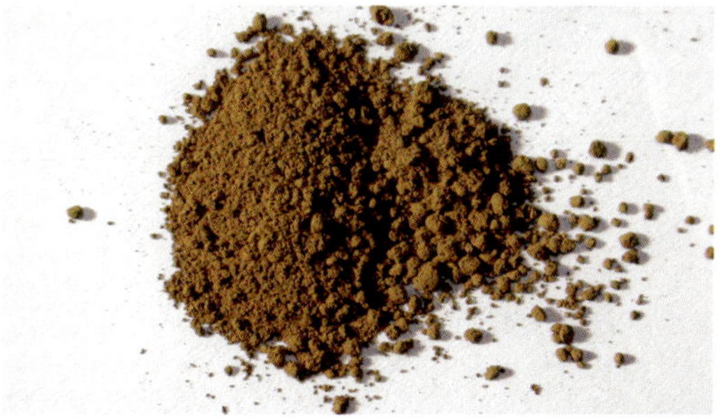

Terra di Siena natur

70 % aus Eisenoxidhydrat und enthalten große Mengen kolloidaler Kieselsäure, die in Untermalungen zum Durchwachsen in die darüber liegende Malschicht neigen können. Von hohem Bindemittelbedarf und zum Teil schwer zu reiben, besitzen sie in den guten Sorten hohe Lasurfähigkeit, ein gutes Färbevermögen sowie eine bemerkenswerte Farbtiefe. Trotz der durch den hohen Ölbedarf hervorgerufenen langsamen Durchtrocknung und ihrer Neigung, im Ölfilm durch Bildung dunklerer Hydrate nachzudunkeln, erfreuen sich echte Sienaerden seit Jahrhunderten großer Beliebtheit.

Marsgelb

Marsgelb, ein künstlicher gelber Ocker, der seit dem 19. Jahrhundert bekannt ist, wird aus Eisensalzen, Alaun und Alkalien (Kalk, Pottasche) hergestellt. Die gelben Ocker enthalten (gelbes) Eisenoxidhydrat, wechselnde Anteile von Aluminiumsilikaten (Ton, Kaolin), grobe kristalline Kieselsäure (Quarz) und feine kollidale Kieselsäure sowie Kalziumsalze.

Aus Eisenchloridlösungen mit Kalk gefällte nichtkristalline und als Marsgelb bezeichnete Pigmente sind meist so feindispers, dass sie bei hohem Ölbedarf nur langsam trocknen, relativ stark lasieren und auch durch Ölfilme durchwachsen können. Marspigmente enthielten früher oft Gips oder Kalziumkarbonat; heute sind auch gipsfreie Sorten auf dem Markt.

Eisenoxidpigmente

Als natürliche Eisenoxide kommen die Erdpigmente auch vielfältig in der Natur vor und werden nach unterschiedlichen Methoden gesucht und aufbereitet. Sie können aber auch als verschieden gebildete Pigmente in Form von Eisenoxiden, Eisenhydroxiden oder Eisenhydroxaten auf künstlichem Weg, etwa durch Rösten oder Fällen usw., hergestellt werden. Die Fabrikatbenennungen dieser unzähligen Produkte sind ebenso unübersichtlich wie manche Fantasiebezeichnungen, mehrdeutig oder sogar irreführend.

»Bunte« Erdpigmente

Die bunten Erdpigmente wurden durch eine natürliche Fällung farbgebender Substanzen, Eisen- und Manganverbindungen auf ton- und quarzhaltige Erden gewonnen. Die Erden dienten dabei als Trägersubstanzen (Substrate). Die Erdpigmente werden sowohl über als auch unter Tage abgebaut, häufig durch Schlämmen gereinigt, teils durch Brennen aufbereitet und in der Farbtönung verändert. Durch Schlämmen, z. B. in terrassenartigen Gruben, werden bei strömendem Wasser und unter Rühren Fremdstoffe entfernt und die kornkleineren (leichten) von den korngröberen (schweren) Bestandteilen getrennt.

Natürliche Eisenoxidpigmente

Als Roteisenstein, Eisenglanz, Eisenglimmer, Roteisenglanz, roter Blutstein (Fe_2O_3) bezeichnet man Pigmente, deren Tönung von Rot bis Rotbraun über Stahlgrau bis Schwarz reicht. Sie stammen zumeist aus Deutschland (Gießen, Siegerland, Sachsen, Harz), der Schweiz (Graubünden), dem Banat und den USA. Unter Magnetit (Magneteisenerz Fe_3O_4 oder $Fe_2O_3 \cdot FeO$) versteht man braune bis schwarze Pigmente, die ebenfalls aus Deutschland, Skandinavien sowie Nord- und Südamerika stammen. Dunkle rubinrote bis helle gelbrote Eisenoxidpigmente mit Namen wie Rubinglimmer, Goethit oder Pyrrhosiderit ($Fe_2O_3 \cdot H_2O$) kommen hauptsächlich aus dem Siegerland und dem früheren Schlesien oder Böhmen.

So genannter Gelbeisenstein ($Fe_2O_3 \cdot 2\ H_2O$) ist von gelblicher Farbe. Die Brauneisenstein, Limonit, brauner Glaskopf oder Bohnerz ($Fe_2O_3 \cdot 3\ H_2O$ oder $Fe_2O_3 \cdot n\ H_2O$) genannten Sorten waren in Sümpfen und Mooren als Toneisenstein weit verbreitet und haben Farbtönungen von Gelb über Braun bis Schwarz.

Künstliche Eisenpigmente

Vom 17. Jahrhundert an konnten rote Eisenerzpigmente künstlich, etwa durch Erhitzen von Eisensulfat, jedoch erst ab dem 19. Jahrhundert fabrikmäßig in größeren Mengen hergestellt werden. Diese künstlich hergestellten Eisenoxidpigmente (oder Ocker) tragen Namen wie Caput mortuum, Eisenmennige, Englisch- oder Indischrot, Marsgelb oder -rot, Morellensalz, Pariser Rot, Pompejanischrot oder Venezianischrot. Sie zählen zu den am häufigsten verwendeten Pigmenten in der Malerei überhaupt: vom frühen Ägypten über die Antike und das Mittelalter bis in die Neuzeit hinein. Ihre Farbtöne reichen vom blassen Gelb bis zum stumpfen Rotbraun.

Eisenoxidpigmente sind wie Ocker in wässrigen wie öligen Bindemitteln beständig und eignen sich aufgrund ihrer Alkalienbeständigkeit auch für die Wandmalerei. Ihre Deckfähigkeit wechselt mit der chemischen Zusammensetzung der jeweiligen Pigmente; aber gegen atmosphärische Einflüsse und auch Chemikalien sind sie weitgehend unempfindlich.

Künstliche Eisenoxidpigmente lassen sich in verschiedenen Farbtönungen und Reinheitsstufen herstellen. Die Farbskala reicht von Olivgelb (Eisenoxidgelb, Marsgelb) über Rot (Eisenoxidrot, Englischrot) und violettstichige Rotsorten (Caput mortuum) bis hin zum schwarzen Eisenoxid. Die künstlichen braunen Eisenoxide werden zumeist durch Mischung von Eisenoxidgelb, -rot und -schwarz hergestellt.

Schon in der Antike waren künstliche rote Eisenoxidpigmente bekannt. *Plinius* berichtet, dass die künstliche Rubrica durch Brennen von Eisenkies hergestellt worden sei. Die Alchemisten des Mittelalters, die ihre Schwefelsäure aus Vitriolstein herstellten, haben den eisenhaltigen Rückstand Kolkothar oder Caput mortuum (Totenkopf) genannt, heute noch eine Bezeichnung für bläuliche, substrathaltige Eisenoxidrotpigmente. Im 18. Jahrhundert sind dann erste gelbe Eisenpigmente durch Fällen hergestellt worden, die wir in unserem heutigen Sprachgebrauch Marspigmente nennen.

Brennen von Erd- bzw. Eisenoxidpigmenten
Durch Kalzinieren (Brennen) werden Feuchtigkeit und Hydratwasser ausgetrieben

- und/oder oxidiert und damit die Farbtönung verwandelt
- und/oder die Korngröße der Pigmente verändert.

Gebrannte Ocker und Sienaerden, die durch Umwandlung des gelben Eisenoxidhydrats in rotes Eisenoxid im Farbton zu Rot hin verändert werden, zeigen aber oft eine Braunfärbung, die sich umso deutlicher bemerkbar macht, je mehr Manganbestandteile im Rohprodukt enthalten waren.

Reine Eisenoxidpigmente

Die maltechnisch wertvollsten Eisenoxidpigmente (Eisenoxidgelb, Eisenoxidrot, Eisenoxidschwarz) entstehen aus Eisensalzlösungen. Mit gelöschtem Kalk lassen sich unter Einblasen von Luft in offenen Behältern bei niedrigen Temperaturen gelbe und bei höheren Temperaturen schwarze kristalline Eisenoxidpigmente fällen. Teilweise werden sie auch durch Oxidation von metallischem Eisen gewonnen, etwa bei der Anilinfabrikation. Im Drehrohrofen kann aus den gelben oder schwarzen Eisenoxiden Eixenoxidrot geglüht werden. So verschieden und komplex wie die Ausgangsmaterialien, Fällungsmittel und Beischlagstoffe sind auch die Herstellungsmethoden.

Eisenoxidgelb

Die als Eisenoxidgelb (Eisenoxidgehalt: 84 bis 88 %) oder Eisenoxidrot bezeichneten reinen Eisenoxidpigmente sind ihres hohen Eisengehaltes wegen sehr deckfähig und haben ein ausgezeichnetes Färbevermögen. Ihre Lichtechtheit ist hervorragend, und sie sind mit allen Pigmenten verträglich, daher auch in allen Maltechniken brauchbar. Ihr Gehalt wasserlöslicher Salze ist mit 0,4 bis 1 % so gering, dass sie auch im Außenbereich unbedenklich verwendet werden können. Als Verunreinigungen enthalten sie Silikate.

Rote Pigmente

Die in Malfarben gebräuchlichen Pigmente sind sowohl natürliche als auch gebrannte Ockersorten, deren Bezeichnungen sich überwiegend nach ihrer Herkunft richten: deutscher, französischer, italienischer Ocker (Terra di Siena, Terra di Pozzuoli), oder sich einfach auf ihren Farbton beziehen: Rotocker, Lichtocker, Hellocker, Goldocker. Natürliche Rotpigmente werden aus tonhaltigen, verwitterten Eisengesteinen (rote Ocker) oder aus Eisenerzen (Spanischrot, Persischrot) durch Schlämmen und Mahlen gewonnen. Dieser Pigmenttyp ist in vulkanischen Gegenden durch natürliches Brennen aus gelben Ockern entstanden.

Rote Ocker

Rote Ocker sind natürliche Farberden in stumpfer, gedeckter Farbgebung. Sie bestehen hauptsächlich aus Aluminiumsilikaten (Ton), Quarz und Eisenoxiden und enthalten das rote wasserfreie Eisenoxid Hämatit (Fe_2O_3). Diese Eisenoxide sind daher für die Farbgebung ausschlaggebend. Gelbe Ocker enthalten wasserhaltige Eisenoxide (Goethit [$Fe_2O_3 \cdot H_2O$]), die beim Brennen das Wasser abgeben und sich dann als rote Ocker zeigen.

In Zusammensetzung, Eigenschaften und maltechnischer Eignung ähneln sie gelben Ockern. Sie sind in allen Techniken verwendbar (manche Sorten können allerdings Sulfate enthalten und dicken dann in Wasserglas ein), mit allen Pigmenten verträglich und hoch lichtecht. Sie werden schon seit der Eiszeit als Malpigmente verwendet. *Plinius* und *Vitruv* bezeichnen sie als Rubrica und Sinopis. Ihnen waren kapadozische (sinopis pontica), nordafrikanische (sinopis africana) und lemnische Erden (sinopis lemnia) geläufig; Letztere soll einmal im Jahr feierlich gegraben worden sein.

Terra di Pozzuoli

Die echte in der Gegend des Vesuvs abgebaute Terra di Pozzuoli enthält Sulfate, die mit Kalk abgemischt einen natürlichen Zement ergeben. Deswegen scheinen die echten Typen besonders für *fresco buono* geeignet, wobei die Sulfatanwesenheit jedoch Ausblühungen erwarten lässt; darum ist Vorsicht angebracht. Auch die Rotocker ähnlicher Herkunft, unter anderen Namen ebenfalls beliebte Malpigmente, sind in der Farbtönung einer echten Erde aus Pozzuoli gleichzusetzen.

Roter Bolus

Mit rotem Bolus pigmentierte Malgründe waren im 13. Jahrhundert und auch zuvor schon in Mode. Sie konnten aber gelegentlich zu allerlei Problemen führen, wenn die kolloidal fein verteilten Bolusteilchen durch die Malschicht hindurchwuchsen und dazu auf der Bildoberfläche sichtbar wurden. Besonders fette und tonreiche Rotocker werden als Poliment in der so genannten Poliment- oder Glanzvergoldung benutzt, wo sie den eigentlichen Goldträger bilden und erst durch ihre Geschmeidigkeit das angeschossene Gold polierfähig machen.

Spanisch- und Persischrot

Die aus Roteisenstein oder Raseneisenerz gewonnenen Pigmente Persischrot und Spanischrot wurden ursprünglich in Persien und Spanien gewonnen; ihre Bedeutung als Malpigmente war nur von kurzer Dauer, ihre Namen leben aber als Farbtonbezeichnungen weiter.

Englisch-, Venezianisch-, Pompejanisch- und Indischrot

Weniger wertvoll und dementsprechend billiger sind die verschnittenen, substrathaltigen oder auch künstlichen Eisenoxidpigmente. Substrathaltige Eisenoxidpigmente können durch Glühen mit Kalk oder Kalkspat aus Industrierückständen wie Bauxit, Vitriol- und Alaunschlamm gewonnen werden. Die hellen Sorten kommen als Englischrot und die dunkleren Sorten als Venezianisch-, Pompejanisch- und Indischrot in den Handel.

Oxidrot

Fe_2O_3

Als Oxidrot kommen ausgewitterte Kiesabbrände der Schwefelsäurefabrikation in den Handel. Sie sind völlig durchoxidiert und teilweise nur gewaschen und gemahlen. Die Pigmentindustrie liefert heute diese Sorten neutral und auch frei von zum Ausblühen neigenden Substanzen. Früher enthielten diese Pigmente entweder Gips, andere waren schwefelsauer und manche reagierten alkalisch.

Für künstlerische Arbeiten bestimmte Oxidpigmente dürfen weder sauer noch alkalisch reagieren; sie müssen frei von Gips und allen zum Ausblühen neigenden Stoffen sein. Zweifelsohne sind die so genannten reinen gefällten Eisenoxidpigmente maltechnisch am wertvollsten. Aber auch Sorten mit niedrigerem Eisengehalt sind brauchbar, wenn sie die oben erwähnten Forderungen erfüllen. Deckfähigkeit und Färbevermögen steigen mit dem Eisenoxid- bzw. dem Eisenoxidhydratgehalt. Außenbeständigkeit, Lichtechtheit, Zement- und Kalkechtheit (auch im Fresko) sind hervorragend. Ihre Widerstandsfähigkeit gegen saure Industriegase ist einwandfrei, denn in starken Mineralsäuren sind die künstlichen Eisenoxidpigmente nur teilweise löslich. Sie sind mit allen Pigmenten und Malmitteln verträglich und gehören darum zu den beständigsten Pigmenten in der Maltechnik.

Caput mortuum

Caput mortuum (deutsch: Totenkopf) ist ein altes synthetisches Pigment, dessen seltsamer Name auf seine Herkunft hinweist. Denn schon im 15. Jahrhundert haben sich Alchemisten mit der

Darstellung von Schwefelsäure beschäftigt. Neben der so genannten rauchenden Schwefelsäure, die wegen ihrer Dickflüssigkeit auch Vitriolöl genannt wurde, fiel beim Abrösten von Pyrit unter sehr hohen Temperaturen als Rückstand ein sehr feines bläulich violettes Pulver an. Dem Sprachgebrauch ihres Berufsstandes folgend bezeichneten die Alchemisten es als »Caput mortuum«, sozusagen als »wertlos«. Der mysteriöse Name ist bis heute geblieben, obwohl bläuliche Eisenoxide heute ganz anders hergestellt werden.

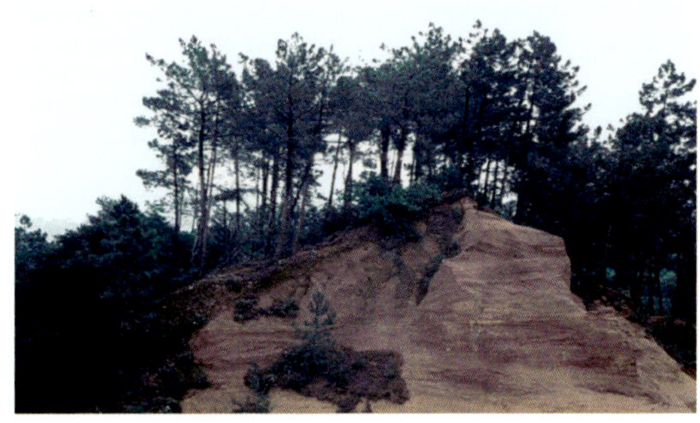

Rote Ockerfelsen bei Roussillon, Provence/Frankreich

Marsrot

Durch Glühen aus Marsgelb wird dieses Pigment gewonnen und weist entsprechend auch die gleichen Eigenschaften auf. Marspigmente sind wegen ihrer schönen Farbtönungen beliebt, aber bestenfalls auf der Wand brauchbar; für künstlerische Arbeiten sind sie nicht zu empfehlen. Marspigmente enthielten früher stets Kalziumkarbonat oder Gips; heute sind unter dieser Bezeichnung auch gipsfreie Sorten auf dem Markt.

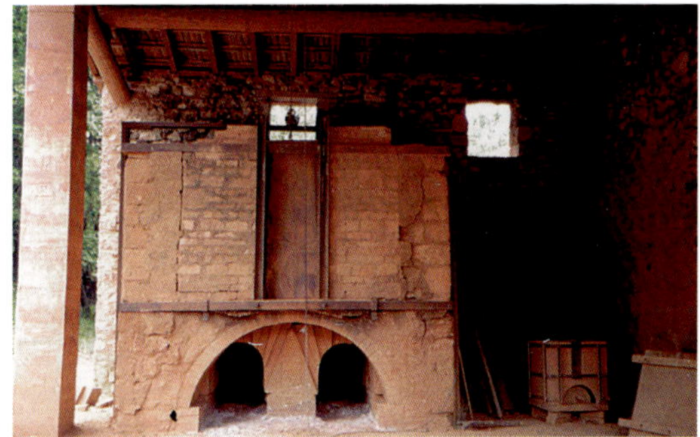

Dieser alte Fabrikofen in der Ancienne Usine d'Ocre Mathieu bei Roussillon ist noch zum Glühen der Ocker funktionsbereit.

Eisenoxidrot

Eisenoxidrot bei Fällung mit Soda; Fe_2O_3

Seit dem frühesten Altertum wird dieses Pigment benutzt. Es kommt in Form von Eisenerzen natürlich vor und trägt Namen wie Hämatit, Roteisenstein, Blutstein, Glaskopf, Eisenglanz etc. Mit Ton oder Quarz verunreinigt wird es auch als Oxid-, Persisch- oder Spanischrot bezeichnet.

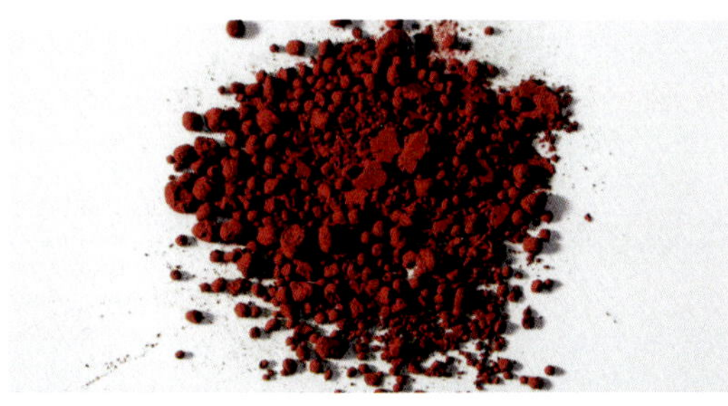

Venezianischrot

Zinnober

Quecksilbersulfid; HgS

Zinnober kommt als Mineral natürlich vor; aus Quecksilber und Schwefel kann es auch künstlich hergestellt werden. So genannte Bergzinnober sind natürliche Zinnober und finden sich vielerorts in Schiefer eingebettet. Als Pigment war Zinnober schon in Ägypten und im alten China bekannt. *Plinius* und *Vitruv* nennen ihn *minium,* ein Name, der später auf das rote Pigment Mennige überging. In der Antike wurde die Bezeichnung *cinnabaris* sowohl für Zinnober als auch für Drachenblutharz verwendet.

Die Zinnobergewinnung in den ursprünglich karthagischen Bergwerken um Almadén und auch der Zinnobervertrieb waren im Römischen Reich kaiserliches Regal. Man nimmt an, dass bis ins 16. Jahrhundert hinein natürlicher Bergzinnober vermalt wurde, wenngleich der Alchemist *Geber*

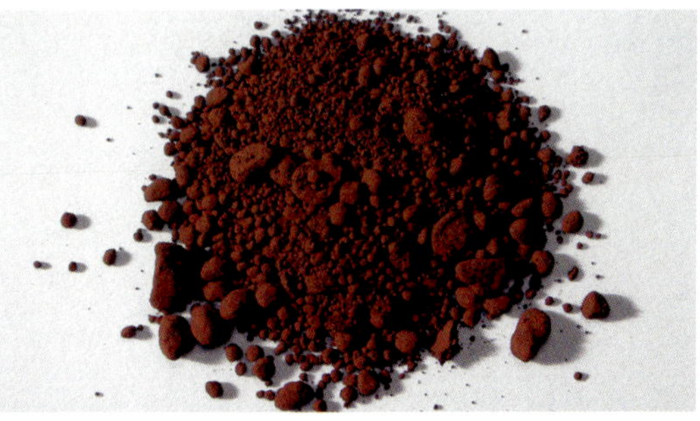

Caput mortuum

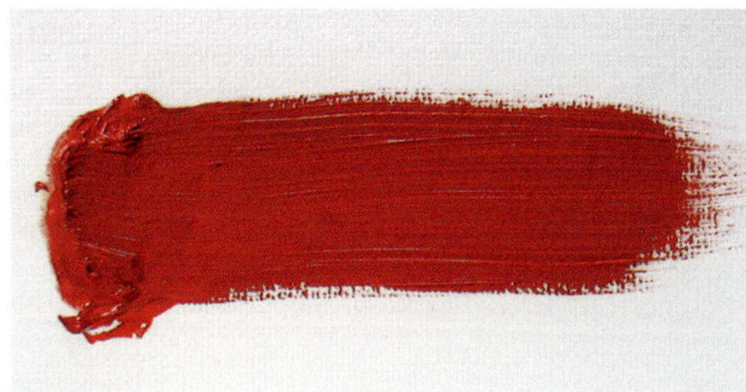

Zinnober

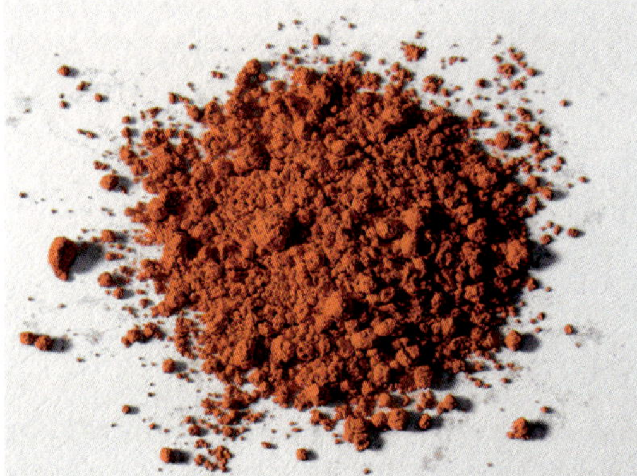

Mennige

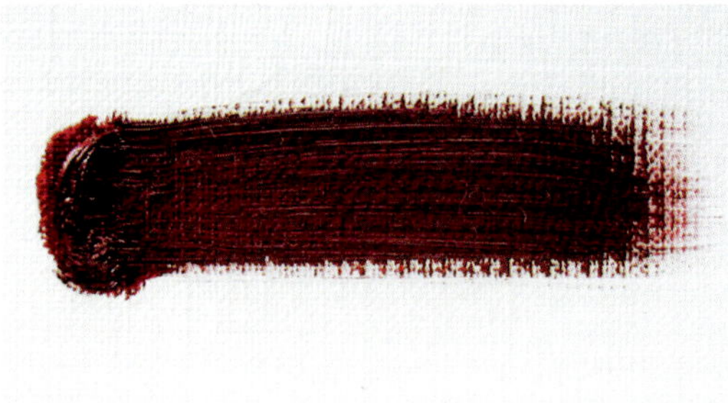

Krapplack hell

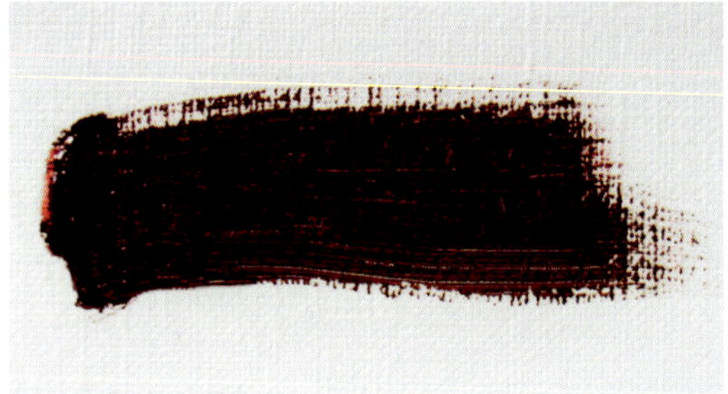

Krapplack dunkel

(9. Jahrhundert) und auch *Albertus Magnus* (13. Jahrhundert) die künstliche Herstellung bereits gekannt haben.

Seit 1785 wird in Idria im ehemaligen Jugoslawien, wo bis vor kurzem noch Quecksilber gewonnen wird, die Zinnoberherstellung fabrikmäßig betrieben. Hauptsächlich geschieht dies auf trockenem Weg durch Erhitzen von Quecksilber mit Schwefel. Der dabei entstehende so genannte Mohr, die schwarze Modifikation von Quecksilbersulfid, wird dann erhitzt. Dabei wird zuerst freier Schwefel abdestilliert, sodann das rote Quecksilbersulfid sublimiert und aufgefangen. Später sind auch andere Herstellungsverfahren entwickelt worden, von denen einige durch Fällungsreaktionen auf nassem Wege erfolgten.

Zinnober ist spezifisch sehr schwer und hat daher einen sehr geringen Bindemittelbedarf; er ist unlöslich in Alkalien und Säuren. Sein Deckvermögen ist hervorragend, das Färbevermögen hingegen mäßig. Zinnober trocknet in Öl sehr langsam, während er in wässrigen Bindemitteln angerieben zuweilen sehr rasch hart wird. Die Lichtechtheit von Zinnober ist eher zweifelhaft, weil er in die beständigere, aber schwarze Quecksilbersulfidmodifikation übergehen kann.

Bis zur Einführung der roten Kadmiumpigmente in der Maltechnik war Zinnober unersetzbar. Darum haben sachkundige Maler immer darauf geachtet, ihn entweder mit Krapplacklasuren (die ihn gleichzeitig noch feuriger erscheinen ließen) oder mit Firnisfilmen vor allzu starker Lichteinwirkung zu schützen. Das Quecksilbersulfid Zinnober ist im Gegensatz zu Quecksilbermetall und organischen Quecksilberverbindungen weder gesundheitsschädlich noch giftig: Weil Zinnober in Magensäure unlöslich ist, wird er nicht aufgenommen.

Aufgrund mangelnder Nachfrage wird Zinnober kaum noch hergestellt. Dafür hat der Maler im Kadmiumrot nun ein sicheres Pigment, das Zinnober koloristisch ersetzt.

Bleimennige

Saturnrot

Bleiorthoplumbat; Pb_3O_4 oder Pb_2PbO_4
gesundheitsschädlich

Die früher von Malern viel verwendete Bleimennige, auch Saturnrot genannt, soll im Altertum sogar im Fresko vermalt worden sein. In der Tafelmalerei findet man sie seit der Renaissance. Bleimennige beschleunigt die Öltrocknung; entsprechend dicken ihre Ölfarben beim Lagern ein. Als Malpigment ist sie aufgrund ihrer geringen Lichtechtheit schon lange bedeutungslos. Bleimennige dient heute höchstens noch als Rostschutzpigment in der Anstrichtechnik.

Notabene

Man scheint sich nicht immer und nicht an allen Orten über den Unterschied zwischen Bleimennige und dem echten Zinnober einig gewesen zu sein. Für beide Pigmente wird nämlich der Name *minium* verwendet. Für Mennige ist zwar auch der Ausdruck *minium secundarium* üblich gewesen, doch damit wurden, wie auch mit *minium falsum*, besonders farbschöne Rotockersorten bezeichnet. Immerhin hat Mennige bei der Herstellung mittelalterlicher Handschriften noch eine wichtige Rolle gespielt. Dabei hat der Miniator Initialen und Überschriften mit Miniumrot angelegt, was auch mit Bleimennige oder mit Zinnober geschehen konnte. Seit dieser Zeit etwa heißen kleinformatige Malereien Miniaturen. Sollte eines dieser beiden Bleipigmente heute überhaupt noch von einem Maler benutzt werden, dann sind die gleichen Vorsichtsregeln zu beachten wie bei Kremser Weiß.

Molybdatrot

Mineralfeuerrot

Mischkristall von Bleimolybdat und Bleichromat; ungefähre Zusammensetzung:
7 $PbChrO_4 \cdot 2\ PbSO_4 \cdot 1\ PbChrO_4$
gesundheitsschädlich

Die als Molybdatrot bezeichneten Pigmente sind Mischkristalle aus Bleimolybdat und Bleichromat und als solche eigentlich eine Weiterentwicklung des Chromgelbs. Im Jahre 1863 entdeckte *Schulze*, dass diese zwei Kristalle durch den Einbau von farblosem Bleimolybdat in gelbes Bleichromat rote Mischkristalle bilden können. Molybdatrot und -orange sind seit etwa 1930 im Handel.

Die enge chemische Verwandtschaft mit Chromgelb schafft hier vergleichbare maltechnische Eigenschaften. Seit es licht- und schwefeldioxidstabilisierte Chromgelbtypen gibt, sind mit den roten Bleimolybdaten maltechnisch brauchbare Pigmente entstanden. Sie decken gut bei hoher Lichtechtheit, und man verwendet sie zur Pigmentierung von Öl-, Acryl-, Tempera-, Leim- und Aquarellfarben. Sie sind aber weder kalk- noch zementbeständig.

Krapplack

Wurzelkrapplack

Fällungen aus Alizarin und Aluminiumhydroxid

Wahrscheinlich haben Griechen und Römer die Färberröte, das Labkraut *rubia tinctorum,* durch ihren Handel mit Indien kennen gelernt. Zuerst wurde die Färberröte im Vorderen Orient, später dann auch in den Mittelmeerländern angebaut. *Dioscorides* bezeichnet die Adsorptionspigmente des roten Wurzelextrakts auf Kreide oder Gips als Erydrodanon, *Plinius* nennt sie Rubia. Spätestens in der Zeit der Kreuzzüge scheint der Krapplack in Westeuropa bekannt gewesen und hergestellt worden zu sein, und bis zur Entwicklung der Alizarinlacke gehörte er zu den wichtigsten Pigmenten der europäischen Malerei.

Wurzelkrappgewinnung

Aus den Wurzeln der Färberröte, die in Südeuropa zur Krappgewinnung in großem Umfang angebaut worden ist, lassen sich durch Behandlung mit Wasserdampf und verdünnten Säuren Farbstoffgemische extrahieren. Je nach Wahl der Aufschlussmittel und -methoden werden bestimmte Farbstoffgruppen angereichert, die dann bei der Fällung mit Tonerdehydrat, Kalkspat oder anderen Substraten Farbtönungen von hellem Rosa bis zu dunklem Violettrot liefern. Diese Wurzelkrapplacke besaßen hohe Brillanz und eine sehr schöne Lasurwirkung. Sie waren aber, mit Ausnahme der hellrosa Tönungen, von merklicher Lichtunechtheit, die heute kein Maler mehr hinnehmen würde.

Den so genannten gebrannten Krapplacken, die eine Mode des 19. Jahrhunderts waren, wurde durch Erhitzen auf über 100 °C der Wassergehalt entzogen. Dadurch nahmen sie eine dunklere Tönung an.

Alizarinkrapplack

Im Jahre 1868 entdeckten zwei deutsche Chemiker im Alizarin das wichtigste färbende Prinzip des natürlichen Krapplacks. Noch im gleichen Jahr entwickelten sie dann ein technisches Herstellungsverfahren, wodurch innerhalb kurzer Zeit der Wurzelkrapplack vom Markt verdrängt wurde. Von nun an konnten Krapplacke aus reinen, definierbaren Substanzen hergestellt und damit viele Schwächen der Wurzelkrapplacke beseitigt werden, die heute nur noch als Farbname, aber nicht mehr als Pigment existieren.

Herstellung von Alizarinkrapplack

Die Herstellung eines guten Alizarinkrapplacks ist ein recht komplizierter technologischer Prozess. Er wird heute aus synthetischem Alizarin in Anwesenheit einiger Hilfsstoffe mit und zugleich auf Tonerdehydrat gefällt. Dabei geht das Alizarin mit dem Tonerdehydrat eine komplexe Verbindung ein. Weil Krapplack wegen seines geringen spezifischen Gewichtes beim Gebrauch stark staubt, wurde früher die zum Selbstanreiben bestimmte Ware mit geringen Mengen Leim zu Stücken gebunden, um die Handhabung zu erleichtern.

Gute Alizarinkrapplacke sind wasser-, öl- und lösungsmittelecht, stark lasierend und brillant in der Farbtönung. Die Lichtechtheit ist gut, erreicht aber nicht die Lichtechtheit bestimmter direkt hergestellter organischer Pigmente von ähnlicher Farbtönung. Die Kalkechtheit des Krapplacks ist zweifelhaft; auch außen sollte er nicht verwendet werden. Wegen seiner geringen Teilchengröße und seiner dementsprechend großen spezifischen Oberfläche hat er einen hohen Ölbedarf. Krapplack-Ölfarben trocknen infolgedessen langsam, was im Allgemeinen nicht stört, weil sie als lasierende Ölfarben generell nur sehr dünn aufgetragen werden. Krapplack wird in Öl-, Acryl-, Tempera-, Leim- und Aquarellfarben verwendet. Wenn er Teilchen enthält, die sich dem Kolloidgebiet nähern, kann er in der Tube zum Eindicken neigen.

Heute können die alten Wurzelkrapplacke, die es in der Malerei schon seit Jahrzehnten nicht mehr gibt, und mittlerweile auch deren Imitationen, die Alizarinkrapplacke, durch direkt hergestellte, nicht zum Eindicken neigende organische Pigmente ersetzt werden. Man muss sie nur mit geeigneten Füllstoffen kombinieren, um das gewünschte Lasurvermögen zu erreichen.

Diese Krapplackimitationen sind koloristisch mit den echten Krapplacken vergleichbar und können diese sogar an Farbschönheit und Brillanz übertreffen. Ferner verfügen sie über hervorragende maltechnische Eigenschaften, speziell was die Lichtechtheit betrifft. An diesem wie an manch anderem Beispiel, etwa beim Kasseler Braun, wird klar, dass Pigmentimitationen zuweilen über bessere maltechnische Qualitäten verfügen können als das originale Vorbild. Das ändert aber nichts an der Tatsache, dass sie Imitationen sind und als solche gekennzeichnet werden müssen.

Purpur

Der Purpur gehört zu den ältesten organischen Farbmitteln. Bei den Griechen hieß er *ostreion,* und *Plinius,* der ihn als *purpurissum* angibt, beschreibt den antiken Herstellungsprozess. Noch ist aber nicht durch Untersuchungen belegt, ob und in welchen Dimensionen dieser sagenumwobene Farbstoff in der Antike und im Mittelalter Anwendung fand.

Der im Mitelmeerraum aus einer Drüse der Purpurschnecke (Murex brandaris l.) gewonnene wasserlösliche, gelbliche Saft wurde nicht nur auf textile Gewebe, sondern auch auf Substrate, vornehmlich Kreidearten, gefällt, wo sich sein lösliches Gelb rasch in ein Purpurrot verwandelte und dabei unlöslich wurde. Durch Auswahl der Schneckenarten und Zugabe anderer Farbstoffe konnten damals schon Farblacke von hellem Rosa bis zu tiefem Violett erzielt werden.

Später wurde der Purpur, wohl wegen seines hohen Preises, vom Kermes und dem orientalischen Krapp abgelöst. Man nimmt an, dass für die Herstellung von nur einem Gramm des reinen Purpurfarbstoffs 10 000 Purpurschnecken ihr Leben lassen mussten. Der Purpurfarbstoff ist ein enger chemischer Verwandter des Indigofarbstoffs.

Kermes

Alkermes

Der rote Kermessaft wird von den weiblichen Tieren der Schildlausart Coccus ilicis produziert, die auf den in Südeuropa beheimateten Kermeseichen lebt. Vor der Eiablage werden ihre beerenähnlichen Körper abgeerntet und getrocknet. Der Farbstoff wird mit Wasser extrahiert und mit alkalischer Alaunlösung verlackt.

Der Kermes- oder Karmoisinlack, wie auch der so genannte venezianische Scharlach, war ursprünglich ein reiner Kermesfarblack. Aus der ursprünglich arabischen Bezeichnung Kermes entstand der englische Ausdruck *crimson.* Wahrscheinlich wurde aus Kermes auch die Bezeichnung Karmin für den Farbstoff der Koschenillelaus hergeleitet.

Die Kermesfarblacke waren weniger farbschön und lichtecht als die späteren Koschenillelacke und sind im 16. Jahrhundert von diesen fast ganz aus der europäischen Malerei verdrängt worden.

Karmin

Koschenille (cochenille)

Bei der Eroberung Mexikos im 16. Jahrhundert lernten die spanischen Eroberer die baumartigen Feigenkakteen, eine Opuntienart, kennen und machten sie auch bald im südlichen Europa heimisch, beispielsweise auf Sizilien und den Kanarischen Inseln. Die Feigenkakteen tragen nicht nur wohlschmeckende Früchte, sie sind auch die Wirtspflanzen für die Schildlausart Coccus cacti. Deren flügellose Weibchen wurden und werden teils heute noch von den Pflanzen abgesammelt und getrocknet als Koschenille gehandelt. Ihr wasserlöslicher roter Farbstoff kann ebenso wie der Kermesfarbstoff verlackt werden, denn die Karminsäure besitzt eine ähnliche chemische Konstitution wie der Farbstoff der Kermes-Schildlaus.

Wird zudem die lösliche Karminsäure mit alkalischem Tonerdehydrat gefällt, dann entsteht das substratarme Karminnaccarat, wahrscheinlich ein Salz der Karminsäure und deshalb ein Beispiel für einen fast substratlosen Farblack. Das Naccarat stellt die schönste und farbkräftigste Sorte des Karmins dar. Karminfarblacke, die mithilfe von Aluminiumazetat oder Zinksalzen entstanden oder auch auf Stärke niedergeschlagen worden sind – und damit mehr Substrate enthalten –, werden als Karminlack bezeichnet.

Echtheit und Farbschönheit der Karminpigmente sind zwar größer als die der Kermesabkömmlinge, aber aufgrund von Bräunungen reicht ihre Lichtechtheit, insbesondere in wässrigen Malmitteln, nicht aus, sodass sie zuerst den Alizarinlacken und später den vollsynthetischen organischen Pigmenten weichen mussten. Nur selten wird noch natürliches Karmin in der Malerei verwendet, und wenn, dann sicher eher aus sentimentalen denn aus sachlichen Gründen.

Die ungiftige Koschenille wurde als Farbmittel zur Herstellung von kosmetischen Produkten sowie in der Lebensmittelindustrie verwendet. Heute wird sie nur noch in den Anden für die heimische Färberei angebaut und ist als getrocknetes Granulat im Handel. Eine regelrechte Renaissance setzte durch die Naturfreunde ein, die in alten Rezeptbüchern forschten, um tradierte, ökologisch bessere Färbemethoden zu finden, die sich dank der starken Färbekraft leicht anwenden lassen.

Kadmiumrot

Mischkristalle aus Kadmiumsulfid und Kadmiumselenid; CdS (Se)

Gegen Ende des 19. Jahrhunderts wurde ein rotes Kadmiumselenid als Pigment erstmalig erwähnt, die großtechnische Produktion begann jedoch erst um 1910. Dieses seit knapp 100 Jahren hergestellte Pigment ist hoch lichtecht, sehr beständig und gut deckend; damit hat es den Zinnober praktisch vollständig ersetzt.

Kadmiumzinnober

Mischkristalle aus Kadmiumsulfid (CdS) und Quecksilber (HgS)

Auch dieses Pigment wird seit knapp 100 Jahren hergestellt. Es besteht, wie der Name schon sagt, aus einer Mischung von Kadmiumsulfid und Zinnober.

Kadmopone

Seit Ende der 1920er-Jahre werden die so genannten Kadmopone, die auch als Kadmiumrot-Lithopone bezeichnet werden, als Mischpigmente aus Kadmiumsulfid bzw. -rot und Bariumsulfat oder Zinksulfid, Kadmiumsulfid und Bariumsulfat hergestellt, hauptsächlich in den USA.

Seltene rote Farbmittel

Drachenblut

Als Harz des Drachenbaumes aus dem Vorderen Orient (Dracaena draco L.) oder der Rottangpalme (Calamus spp.) Südostasiens war Drachenblut schon in der Antike als Sanguis draconis, Sandis oder Dracontea bekannt; *Dioscurides* bezeichnet es als Cinnabaris (ζιννaβαρις). Das Gemisch zweier Ester (der Benzoesäure und einer Benzoylessigsäure), neben anderen Stoffen, löst sich rötlich in Alkohol und in Äther vollständig.

Im Mittelalter wurde es in der Buchmalerei verwendet und mitunter auch noch in der Miniatur- und Aquarellmalerei. Es soll auch zum Färben von Firnissen benutzt worden sein. Heute findet es nur noch sehr begrenzt als Aquarell- oder Spritfarbstoff Verwendung. Im Handel ist nur noch das Palmendrachenbluthharz aus Sumatra.

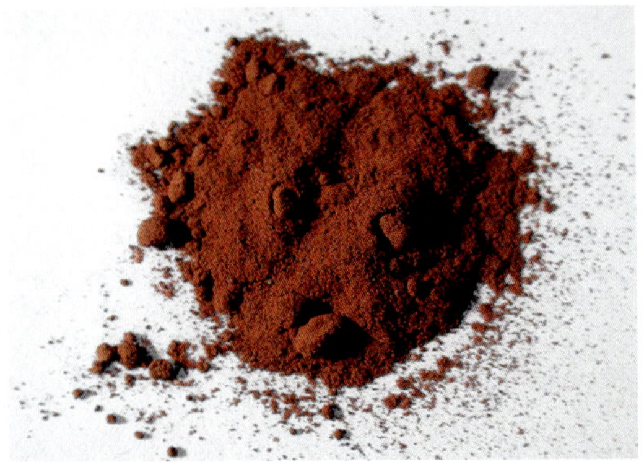

Drachenblut

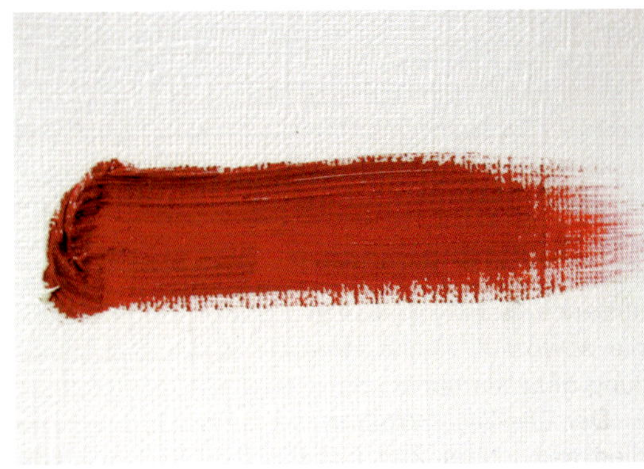

Kadmiumrot

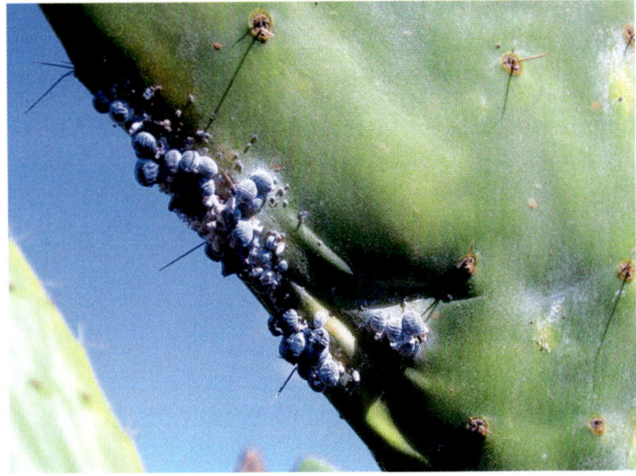

Hier ist der Befall der Cochenilleläuse gut erkennbar. Noch heute wird gern auf Färbungen von kräftigem Gelb bis hin zu schönem Rot zurückgegriffen.

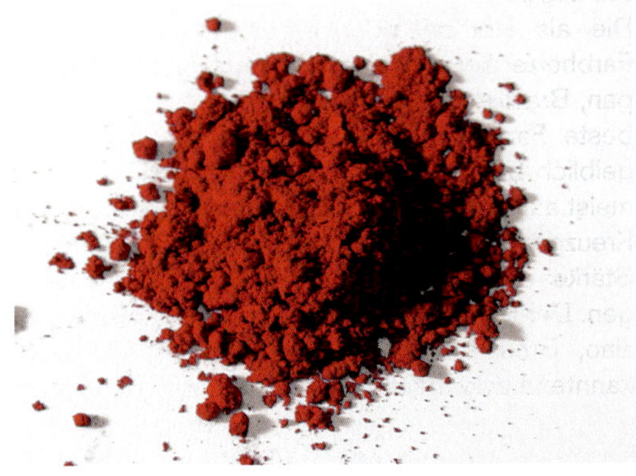

Lac Dye

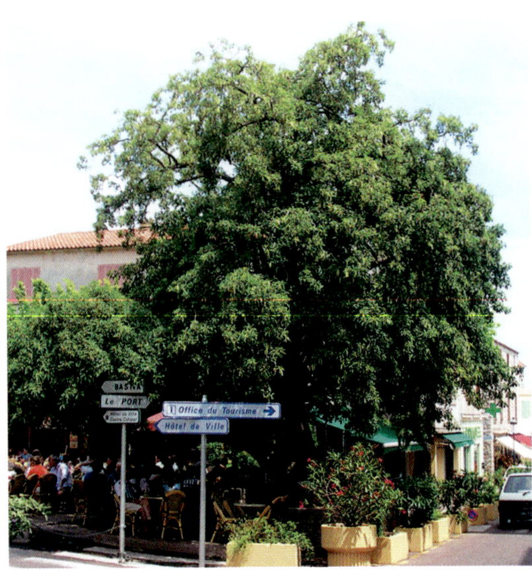

Bella Ombra (Nachtschattengewächs), Porto-Vecchio

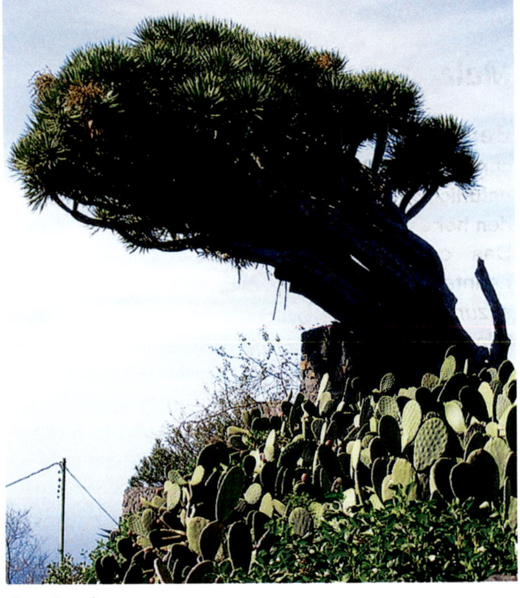

Drachenbaum

Lac Dye

Als Farbstoff tierischer Herkunft ist Lac Dye (auch Lac-Lac) im Schellack enthalten. Aus dem Schellack-Rohprodukt (auch Körner- oder Stocklack) wird nach der Reinigung mit verdünnter Sodalösung Lac Dye extrahiert. Daraus gewinnt man dann durch Zusatz von Alaun oder durch Eindampfen den roten Farblack als Ausfällung. Der färbende Bestandteil ist dabei die Laccainsäure, die sowohl in Farbe als auch in Zusammensetzung dem Karmin ähnelt.

Der Lac-Dye-Farbstoff ist in Ostasien und Indien seit langer Zeit bekannt und soll von den Arabern nach Europa gebracht worden sein.

Rotholz

Die als Rotholz oder Brasilholz bezeichneten Farbhölzer kommen zumeist aus Asien, Indien, Japan, Brasilien und Jamaika; von dort stammt das beste Fernambuk-Holz. Die daraus extrahierten gelblich braunen bis rötlichen Farblacke werden meist auf Tonerde, z. T. mithilfe von Gelbholz- oder Kreuzdornbeerenextrakt, gefällt und auf Kaolin, Stärke oder ähnliche Substrate niedergeschlagen. Der Farbstoff dieser schon früh auch als Verzino, Bresil-, Presilien- oder Presilgenholz bekannten Lacke heißt Brasilein.

Grüne Pigmente

Malachit

Berggrün, Malachitgrün

chrysocolla (Plinius), verde azzuro (Cennini)
natürliches basisches Kupferkarbonat mit verschieden hohem Wassergehalt; etwa 2 $CuCO_3Cu(OH)_2$

Das grüne basische Kupferkarbonat *(Plinius* nannte es *chrysocolla*, bei *Cennini* heißt es *verde azzurro)* wurde überwiegend in Temperabindemitteln oder im Fresko eingesetzt. Weil es infolge besonderer kolloidaler Feinheit durch Ölfilme »wachsen« konnte, mussten Maler dieses Pigment möglichst in der obersten Bildschicht aufbringen. Zum Ende des 18. Jahrhunderts verschwand es aus der europäischen Malerei. Eine synthetische Herstellung ist nicht bekannt. Als Kupferpigment kann sich Malachit wie auch Azurit unter Schwefeleinwirkung zu braun-schwarzem Kupfersulfid umsetzen. Azurit kommt als Mineral oft gemeinsam mit Malachit vor und unterscheidet sich nur durch die basischen Anteile.

Chromgrüne

Chromoxidgrün stumpf

Chromoxid; Cr_2O_3

Das olivgrüne Chromoxid wurde 1809 von *Henri Vauquelin* entdeckt und anfangs als Farbmittel für Keramikglasuren empfohlen. Aber erst um 1860 scheint es fabrikmäßig hergestellt worden zu sein. Kaliumbichromat wird gemeinsam mit reduzierenden Stoffen in Tiegeln oder Retorten geglüht. Dann wird der Rohbrand gewaschen, abermals geglüht und schließlich fein gemahlen.

Chromoxidgrün stumpf ist das beständigste Grünpigment überhaupt. Seine Deckfähigkeit und das Färbevermögen sind sehr gut. Es ist gegen alle Löse- und Bindemittel beständig und mit allen Pigmenten verträglich, vollkommen beständig auch gegen Licht in starker Weißausmischung, und es widersteht allen Alkalien, Säuren und sauren Gasen.

Im Fresko, in Kalk und in Zement, also außen, widersteht es selbst den aggressiveren Einwirkungen. Chromoxidgrün stumpf ist damit für alle Maltechniken geeignet und wird sogar in Keramikglasuren verwendet.

Chromoxidgrün feurig

Smaragdgrün, Mittlergrün, Guignets Grün
Chromoxidhydrat; 2 $Cr_2O_3 \cdot 3\ H_2O$ oder $Cr_2O_3 \cdot 2\ H_2O$

Das feurig grüne Chromoxidhydrat wurde 1850 erstmals genau beschrieben, obwohl es schon um 1840 in Frankreich von *Pannetier* hergestellt wurde. Die Patente von *Guignet* zur fabrikmäßigen Herstellung dieses Pigmentes stammen aus dem Jahr 1859; erst danach wurde es in größerem Umfang hergestellt (Guignets Grün). Das Pigment wird noch heute nach dem Verfahren von *Guignet* gefertigt: Kaliumbichromat und Borsäure werden in Retorten bei 600 °C geglüht. Das zuerst entstandene Chromoxidborat wird gewässert, wobei es sich in Chromoxidhydrat und Borsäure zersetzt. Lösliche Bestandteile werden ausgewaschen; es wird dann gefiltert, wiederholt gemahlen, gewaschen und getrocknet.

Das feurige Chromoxidgrün ist ein besonders farbschönes Lasurpigment mit sehr gutem Färbevermögen. Wie bei allen Lasurpigmenten schluckt

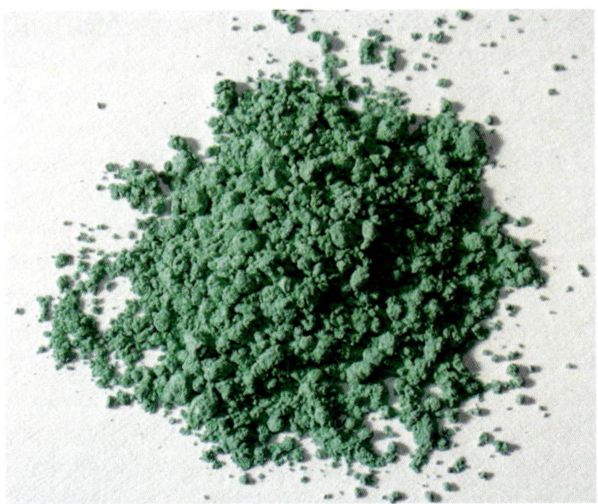

Malachitgrün

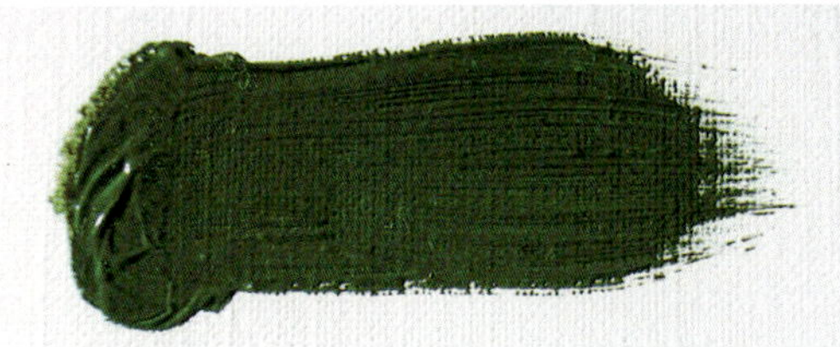

Chromoxidgrün stumpf

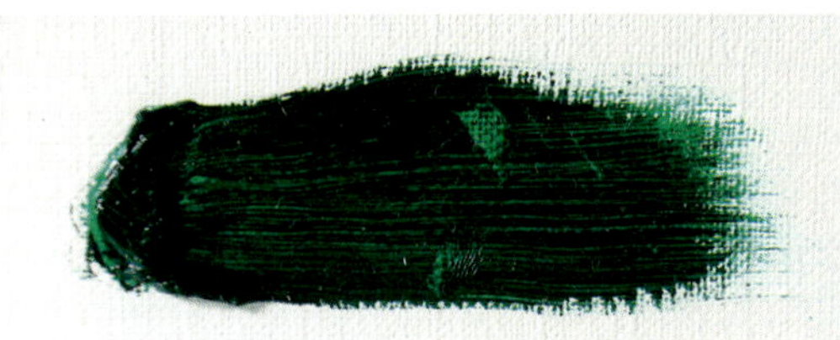

Chromoxidgrün feurig

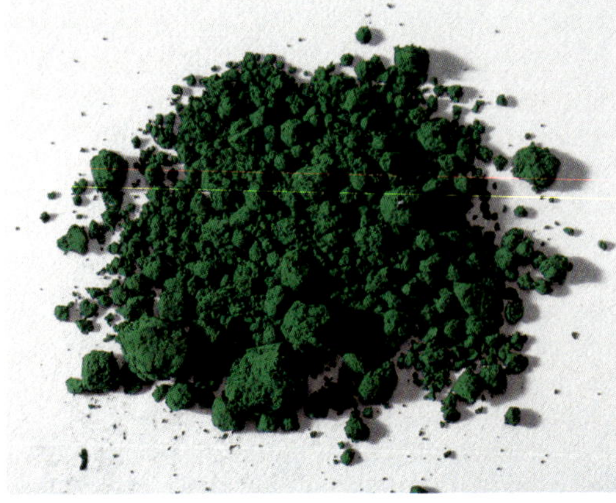

Kobaltgrün

ein dicker Anstrich das einfallende Licht nahezu vollständig und sieht deshalb fast schwarz aus. Dieses Pigment ist in allen maltechnisch relevanten Löse- und Bindemitteln unlöslich. Es ist sogar in starker Aufhellung einwandfrei beständig gegen Licht. Alkalien und Säuren greifen es nicht an, sodass es mit allen Pigmenten gemischt und in allen Maltechniken verwendet werden kann. Die sehr geringe Teilchengröße von Chromoxidhydratgrün kann dazu führen, dass es zuweilen in Tuben eindickt.

Kobaltgrün

Rinmans Grün, Türkisgrün, Gellerts Grün

Kobalt-Zinkoxid oder Kobalt-Zink-Aluminiumoxid; CoO = 4,8–5 ZnO

neuerdings Kobalt-Aluminium-Titan-Nickel-Zinkoxid als Spinell

Dieses Pigment wurde 1780 von *Sven Rinman* durch Fällen von Zink- und Kobaltsulfat in Anwesenheit von Soda bei anschließendem Glühen hergestellt. Später wurde auch Zinkoxid mit Kobaltsulfat geglüht. Vermutlich wegen des hohen Preises wurde Kobaltgrün in der Malerei ab der Mitte des 19. Jahrhunderts nur selten verwendet. Die verschiedenen Sorten unterschieden sich in Helligkeit und Blaustich, und diese Pigmentart gibt es zuweilen heute noch. Die Lichtechtheit der alten oxidischen Pigmente ist sehr gut. Sie sind beständig gegen verdünnte Säuren, nicht aber gegen Alkalien und deswegen im Fresko nicht geeignet.

Heute wird das alte Kobaltgrün meist durch ein Spinell aus Kobalt-Aluminium-Titan-Nickel-Zinkoxid ersetzt, das über ausgezeichnete maltechnische Eigenschaften verfügt und in allen Techniken Verwendung findet.

Grüne Erden

Eisensilikate

Grüne Erden oder Sande werden gegraben, zuweilen geschlämmt und gemahlen; sie entstanden durch Verwitterung von Kalzium-Magnesium-Eisensilikaten. *Plinius* berichtet von der in der römischen Wandmalerei viel gebrauchten *creta viridis.* Die frühen italienischen Maler unterlegten mit Grünen Erden die Hauttöne und schufen so differenzierte optische Nuancen als *verdaccio,* welche durch echte subtraktive Farbenmischung zustande kamen.

Die grobkörnig-kristallinen Grünerden sind im Aufbau etwa mit den quarzreichen, sandigen Ockern vergleichbar, nur dass sie durch Eisensilikate gefärbt sind. Ebenso wie die Ocker verlieren Grüne Erden beim Erhitzen bzw. beim Brennen auch den Wasseranteil und gehen als so genannte gebrannte Grüne Erden in braune bis rote Farbtönungen über; somit ähneln sie in den maltechnischen Eigenschaften auch den Ockern. Grüne Erden sind sehr lichtecht, alkalienbeständig und für das Außenfresko geeignet, wenig säureempfindlich, in allen Maltechniken verwendbar, mit allen Pigmenten verträglich. In Öl lasieren sie, in wässrigen Bindemitteln ist ihre Deckfähigkeit mäßig bis gut. Ihr Färbevermögen ist gering, die Trocknung in Öl normal.

Aus der Gegend um Verona stammen die farbschönsten Grünerden. Andere Sorten kamen aus Böhmen oder Deutschland. Oft sind diese Namen nur noch Farbtonbezeichnungen, denn es werden kaum noch farbschöne und natürlich gewachsene Grüne Erden abgebaut. Die für Malzwecke benötigten Mengen müssen deshalb oft, ähnlich wie die Ocker, aus Aluminiumsilikaten, Quarz und Kalkspat oder anderen Substraten zusammen mit Chrom- und Eisenoxiden abgemischt, gekollert und standardisiert werden.

Grünspan

neutrale und basische Kupferazetate mit wechselnder Zusammensetzung;
etwa n $Cu(OH)_2 \cdot (CH_3COO_3)_2 \cdot n\ H_2O$
gesundheitsschädlich

Grünspan ist schon seit dem Altertum bekannt; *Plinius* und *Vitruv* nennen dieses künstlich hergestellte Pigment *aerugo.* Man hat durch Einlegen von Kupferblech in Essig, saurem Wein oder Weintrester offenbar sehr früh gelernt, verschiedene Farbtönungen von hellem Grün bis zu dunklerem Blaugrün herzustellen, die aber alle nur eine mäßige Lichtechtheit besaßen. In Ölfilmen und in fetten Emulsionen lasiert Grünspan und ist dort einigermaßen lichtecht, vielleicht weil dabei Reaktionen zwischen Grünspan und Ölsäuren zu Kupferoleat möglich sind, die im ölhaltigen Film übrigens auch trocknungsbeschleunigend wirken. In Leimen und ölarmen Emulsionen ist Bräunung möglich, weil sich bei Schwefelgegenwart Kupfersulfid bilden kann; möglich ist auch Oxidation zu schwarz-braunen Kupferoxiden. Grünspan ist alkalienempfindlich und deshalb auf der Wand unbrauchbar.

Vom 12. Jahrhundert bis ins 17. Jahrhundert waren Kupferazetate wichtige Pigmente in Buchmalerei, Fassmalerei und im Staffeleibild. Diese überlieferten handwerklichen Erfahrungen haben *de Mayerne* zu der Empfehlung veranlasst, grünspanhaltige Filme zu firnissen.

Kupferresinat

Der mit *Rubens* befreundete Apother *de Mayerne* berichtete von der Herstellung und Verwendung eines grünen Kupfer-Lasurpigmentes in Flandern, das durch Lösen von Grünspan in Terpentinen gewonnen wurde. Als ein Kupferresinat, entstanden durch Reaktion zwischen Kupfer und den Harzsäuren der Terpentine, besaß es Pigment- und auch Trockenstoffeigenschaften.

Schweinfurter Grün

Kupferarsenitazetat;
$Cu(CH_3COO_3)_2 \cdot 3\ Cu(AsO_2)_2$
giftig

Dieses Pigment ist zwar schon im Jahr 1800 in Wien von *Mitis* (Mitisgrün) dargestellt, aber erst 1814 in Schweinfurt fabrikmäßig hergestellt worden. Die alte Herstellung bestand darin, Grünspan mit Arsen zu fällen und mit Säuren nachzubehandeln; sodann wurde gewaschen, gefiltert und getrocknet. Seine Lichtechtheit galt nach den damaligen Normen als gut. Die Kalk- und Säurebeständigkeit ist hingegen schlecht. Im wässrigen Bindemittel zersetzte es sich leicht und verfärbte sich in Mischungen mit blei- oder schwefelhaltigen Pigmenten und Verunreinigungen schwarz. Seit 1880 wurde dieses Pigment seiner Giftigkeit wegen entweder verboten, oder aber seine Verwendung wurde so erschwert, dass es bald aus allen Mal- und Anstrichfarben verschwunden war. In der Anstrichmittelindustrie wurden mit dem giftigen Schweinfurter Grün allerdings noch eine gewisse Zeit Schiffsbodenfarben pigmentiert.

Als Fantasiebezeichnung lebt Schweinfurter Grün auch heute noch weiter neben den Namen, mit denen früher die Farbtönung bezeichnet wurde: Vert Paul Veronese, Deckgrün, Emeraldgrün und Smaragdgrün.

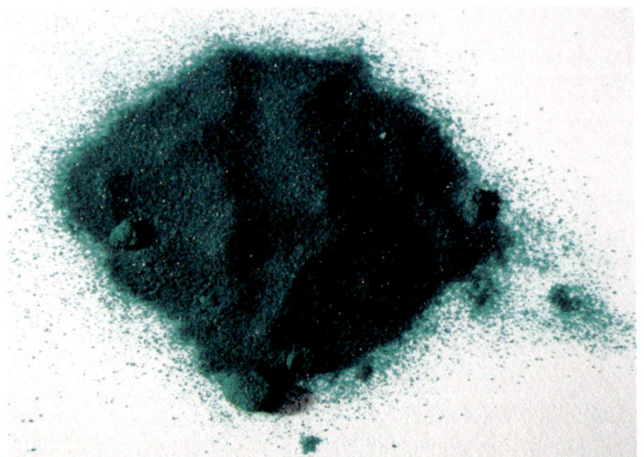

Grünspan

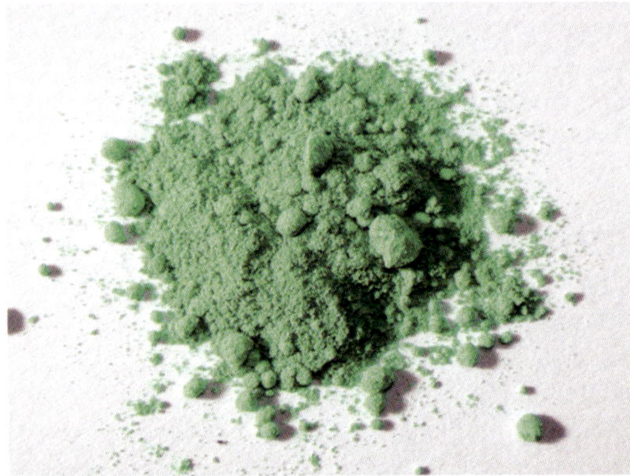

Schweinfurter Grün

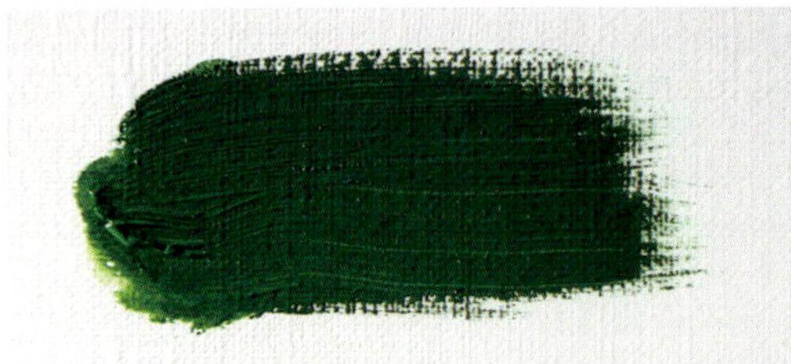

Zinkgrün

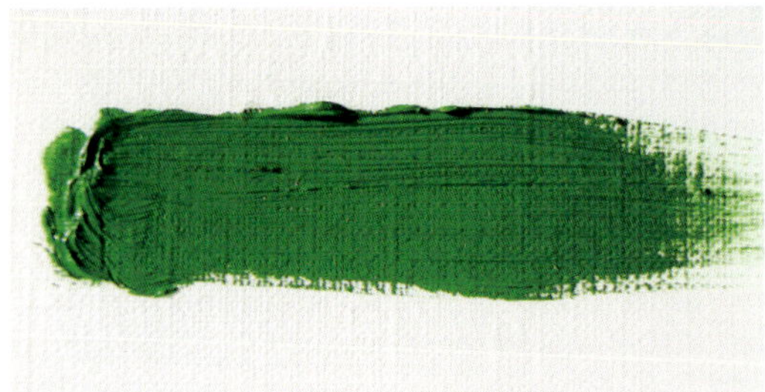

Kadmiumgrün

Mischgrüne

Grüne Malfarben bestehen häufig aus Mischungen blauer und gelber Pigmente. Dabei übernehmen diese Mischungen ebenso oft die guten wie auch die schlechten Eigenschaften ihrer Komponenten. Sie sind regelmäßig weniger rein und leuchtend in der Farbe als die grünen Pigmente. Schon im 19. Jahrhundert oder noch früher boten Pigmenthersteller bereits fertig präparierte grüne Pigmentmischungen an, deren bekannteste vielleicht bis heute das Chromgrün ist.

Chromgrün, Zinnobergrün

Mischpigment aus Chromgelb und Preußischblau oder Phtalozyaninblau
gesundheitsschädlich

Die Chromgrün oder Zinnobergrün genannten Mischpigmente sind seit etwa 1830 bekannt und kamen wahrscheinlich bereits um 1820 gleichzeitig mit dem Chromgelb in den Handel. Teils werden diese aus Chromgelb und Eisenzyanblau nass gekollert, teils wird bei Anwesenheit der einen Komponente im Fällbottich die andere Komponente gefällt. Die Farbtönung dieser Produkte hängt vom Verhältnis der beiden Komponenten ab, die maltechnischen Eigenschaften gleichen denen der Grundpigmente. Wegen des unterschiedlichen spezifischen Gewichtes der Ausgangsmaterialien tritt beim Mischen von Chromgelb und Preußischblau auf der Palette zuweilen Ausblauen auf, d.h., das spezifisch leichtere Eisenzyanblau schwimmt an die Oberfläche des frischen Aufstriches und dunkelt ihn nach. Wegen seiner Alkalienempfindlichkeit eignet es sich nicht für die Wandmalerei, doch in Ölfarben ist es beständig.

Chromgrün ist das im 19. Jahrhundert am häufigsten vorkommende grüne Pigment. Verschnittene Sorten kamen mit Namen wie Ahorngrün, Seidengrün, Smaragdgrün und Resedagrün in den Handel.

Die aus Chromgelb und dem organischen Pigment Phtalozyaninblau hergestellten Mischungen, die so genannten Chromechtgrüne, sind wesentlich brillanter und reiner in der Farbtönung und infolge Fehlens von Eisenzyanblau auch lichtechter als die billigeren Chromgrüne konventioneller Art. Für Malzwecke sind diese Chromechtgrüne ganz besonders gut geeignet, und das umso mehr, wenn sie dazu noch stabilisiertes Chromgelb enthalten. Störend bleibt aber auch an dieser Stelle die Gesundheitsschädlichkeit des Chromgelbs, die den Benutzer zu den gleichen Vorsichtsmaßnahmen wie beim Kremser Weiß zwingt.

Permanentgrün

Mischungen aus Chromoxidhydratgrün und Zinkgelb oder hellen Chromgelbsorten oder auch verschnittene Chromoxidhydratgrüne werden zuweilen als Permanentgrün oder Viktoriagrün in den Handel gebracht. Mischungen mit Preußischblau und Heliogenblau, aber auch mit Kadmiumgelb oder Chromgelb führen zu sehr schönen feurigen Grünfarbtönungen.

Zinkgrün

auch grüner Zinnober

Darunter versteht man Mischungen von Zinkchromat mit Preußischblau (Berliner Blau), die jedoch in Malfarben bei weitem nicht so häufig anzutreffen sind wie Chromgrün. In der zweiten Hälfte des 19. Jahrhunderts stellte man eine Reihe von grünen Chrompigmenten her, die neben Chromoxidgrün Chromphosphale enthalten, wie z. B. Plessys Grün, Schnitzers Grün oder Arnauds Grün. Diese wurden jedoch kaum in Gemälden, sondern vor allem als Scharffeuerfarben für Porzellan und Keramik verwendet. Dasselbe gilt für Koechlins Chromgrün oder Türkisgrün, eine Chrom-Kobalt-Aluminiumoxid-Verbindung.

Kadmiumgrün

Mit Kadmiumgrün wird eine Pigmentmischung bezeichnet, die aus Kadmiumgelb und Chromoxidgrün feurig besteht. Auf diese Weise entstehen reine, sehr gut lichtechte Grüntönungen, die sich insbesondere in der Ölmalerei großer Beliebtheit erfreuen. Ihre maltechnischen Beständigkeiten gleichen denen ihrer Mischkomponenten und sind infolgedessen hervorragend.

Barytgrün

Rosenstiels Grün

Beide Bariummangunale sind Erfindungen des 19. Jahrhunderts. Böttgers Barytgrün und Rosenstiels Grün haben nur sehr wenig Verwendung gefunden.

Hookers Grün

Gelegentlich wird auch Hookers Grün (Hooker's Green) angeboten. Diese Mischung aus Gummigutt und Preußischblau wurde ursprünglich seit dem 19. Jahrhundert vor allem in englischen Aquarellfarben verwendet.

Andere grüne Pigmente

Blattgrün (Chlorophyll)

In der Natur existieren im Gegensatz zu den vielen roten und gelben Farbstoffen außer Chlorophyll (Blattgrün) kaum grüne Farbstoffe. Chlorophyll ergibt allerdings wenig schöne grüne und kaum lichtbeständige Farblacke. In den Schriftquellen zur Buchmalerei sind Farbmittel aus Pflanzensäften, wie z. B. aus Schwertlilien, erwähnt, deren färbender Bestandteil wohl Chlorophyll gewesen sein muss.

Saftgrün

So wurde der Saft reifer Kreuzbeeren bezeichnet, der oft in Blasen sirupartig eingedickt und aufbewahrt (Blasengrün) oder mit Alaun und Soda zu Schüttgrün verarbeitet wurde.

Blaue und violette Pigmente

Ultramarinpigmente

chemisch komplexe Aluminium-Natrium-Silikate mit in das Kristallgitter eingebautem Schwefel; etwa $(Na_{10}Al_6Si_6O_4S_2)_x$

Echtes Ultramarin, Lapislazuli, Lazurit

Dieses Pigment ist seit etwa 5000 Jahren in Asien bekannt (Mesopotamien, Ägypten, China, Tibet). Lapislazuli wurde in Ägypten bereits in dekorativen Einlegearbeiten verwendet. Von den antiken Schriftstellern *Theophrast* (unter dem Namen *Saphirus*) und *Plinius* wurde es beschrieben, doch einen Hinweis für eine Verwendung als Pigment vor der Zeitrechnung gibt es nicht. Das bei *Plinius* erwähnte *caeruleum scythicum* ist vermutlich Lazurit gewesen. Später wurde es in unterschiedlichen Schreibweisen lateinisch als *az(z)ur(r)um ultramarinum* und in Italien als *azzurro oltramarino* bezeichnet.

Das Mineral Lazurit, auch als Lapislazuli oder Lasurstein bekannt, wurde im Mittelalter aus dem Orient nach Europa eingeführt; gelegentlich gibt es auch die Bezeichnungen *lazur* oder *lazurium* für natürliches Ultramarin.

Als frühestes Beispiel für eine Verwendung von zermahlenem Lapislazuli dürften afghanische

Malereien gelten. *Marco Polo* berichtete 1271 über die Gewinnung eines blauen Pigmentes aus dem Mineral, als er die Minen an den wichtigen und lange bekannten Lapislazuli-Lagerstätten besuchte. Andere Beispiele für das Vorhandensein von Ultramarin sind in Asien etwa chinesische Malereien des 10. und 11. Jahrhunderts oder indische Wandgemälde aus dem folgenden Jahrhundert. Ultramarin wurde auch in frühmittelalterlichen Buchminiaturen nachgewiesen. Vom 14. Jahrhundert an kommt es häufiger im europäischen Staffeleibild vor, aber zu Beginn des 18. Jahrhunderts geht seine Verwendung allmählich zurück, wenn es auch noch im 19. Jahrhundert weiter benutzt wird.

Aus den besseren Lapislazuli-Sorten konnte man natürliches Ultramarin als Pigment einfach nur durch Mahlen und anschließendes Waschen erhalten. Auf mühevolle Weise mussten minderwertige Lapislazuli-Sorten von den oft sehr harten Verunreinigungen befreit und zerkleinert werden, bis endlich das auch heute noch kostspielige Pigment malbereit vorlag.

Gelegentlich wurde Malern neben Gold auch das wertvolle Ultramarin von ihren Auftraggebern zur Verfügung gestellt, dessen Verwendung sich meist auf kostbare Bildpartien beschänkte. Echtes Ultramarin ist ein Lasurpigment, das in Öl und Tempera vermalt wurde.

Künstliches Ultramarin

Die erste Analyse des echten Ultramarins erfolgte im Jahre 1806. Aber 1828 veröffentlichten praktisch zeitgleich und unabhängig voneinander die Chemiker *J. B. Guimet* in Toulouse, *Chr. Gmelin* in Tübingen und *F. A. Köttig* in Meißen Methoden für die synthetische Herstellung künstlichen Ultramarins. Im Jahr darauf soll die Meißener Porzellanmanufaktur bereits künstliches Ultramarin hergestellt haben. Die erste Ultramarinfabrik wurde 1830 in Frankreich gegründet, und 1834 nahm die erste deutsche Ultramarinfabrik ihre Produktion auf.

Aus Kaolin, Quarz, Soda, Glaubersalz und Schwefel wird unter Zugabe von Reduktionsmitteln (Pech, Holz- oder Steinkohle) das Ultramarin in Schamottriegeln gebrannt. Die Höchsttemperatur der blauen Sorten beträgt 700 bis 800 °C. Das Brennen einer Charge dauert mit Abkühlzeit etwa zwölf Tage. Zuerst ist der Rohbrand grünlich gefärbt; er erhält die blaue Farbtönung und Pigmenteigenschaft erst bei der Weiterbehandlung: Abkühlen, Waschen, Nassmahlen, Schlämmen, Trocknen und Trockenmahlen.

Das nur selten in Malfarben aufgefundene Ultramaringrün ist reicher an Natriumsulfat, enthält aber weniger Soda und Schwefel. Es wird bei Temperaturen um 900 °C schnell gebrannt und rasch abgekühlt. Ultramarinviolett und -rot wird aus blauem Ultramarin unter kontinuierlichem Natriumentzug mit Chlor oder Chlorwasserstoffgas bei abschließendem Auswaschen gewonnen. Die unterschiedlichen Farbtönungen ergeben sich infolge wechselnder Verbindungen mit Alkalien und Schwefel; auch der Kristallaufbau spielt beim Entstehen der Nuancen eine Rolle.

Alle Ultramarinpigmente sind kalkecht. Für künstlerische Arbeiten in Fresko, Kalk oder auf Zement sind jedoch nur stabilisierte, kieselsäurearme Sorten geeignet, die über gute Alkalibeständigkeit verfügen und frei von Salzen sind. Die Säurebeständigkeit der Ultramarine ist von Natur aus gering. Säuren oder saure Gase entfärben das Pigment, wenn aus Ultramarin unter Schwefelwasserstoffentwicklung Schwefel freigesetzt wird. Es gibt aber auch kieselsäurereiche, säurebeständige Spezialsorten.

Im wässrigen Bindemittel, wie Pflanzengummi, Leim oder Eitempera, ergibt Ultramarin rein blau leuchtende Farben. Im Ölbindemittel erscheint es infolge Tiefenlichtes bei dicken Schichten dunkelblau, fast schwarz. Deshalb wurde es in Öl meist mit Bleiweiß vermischt oder als dünne Lasur über eine weiße bis hellblaue Untermalung gesetzt. Auch in starker Weißausmischung sind die Ultramarinpigmente gut lichtecht. Sie sind mit allen Pigmenten verträglich, unlöslich in organischen Lösungs- und Bindemitteln, besitzen aber keine gute Wasserechtheit.

Außen sowie auf schlecht belüfteten oder feuchten Innenwänden ist auf diese Wasserempfindlichkeit – wegen der Gefahr des Ausblühens – Rücksicht zu nehmen. Aber wegen ihrer außergewöhnlich guten maltechnischen Eigenschaften und ihrer spezifischen Farbtönung gehören die Ultramarine in der Öl-, Tempera- und Aquarellmalerei zu den unentbehrlichen blauen Malpigmenten. Ihr Färbevermögen differiert in den einzelnen Sorten. Daher sollten Maler beim Pigmentkauf eventuell beachten, ihre Auswahl in erster Linie nach dem Verwendungszweck und nicht nach der Farbtönung zu treffen.

Notabene: Ultramarinkrankheit

Säuren und Säuredämpfe können Ultramarin zersetzen, und die ursprüngliche Farbigkeit verblasst von Graublau über Grau zu Gräulich-Weiß. Auch

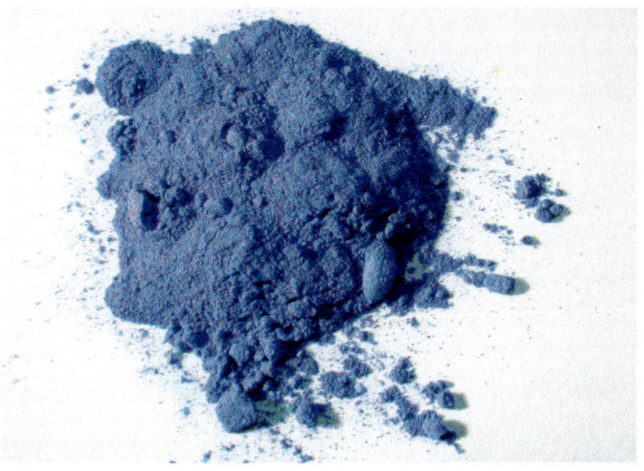

Lapislazuli

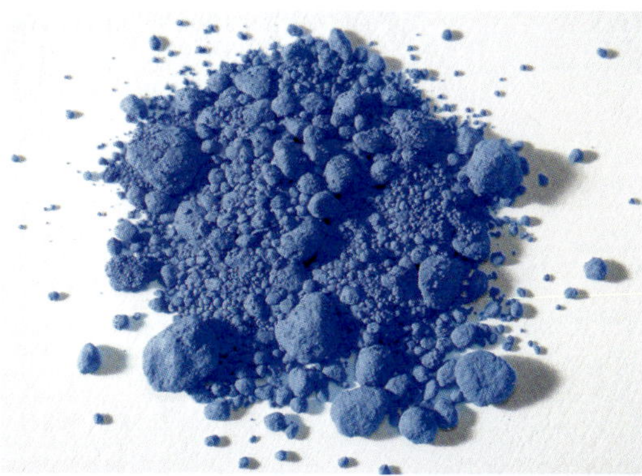

Ultramarin hell

kann im Ölfilm die andauernde Einwirkung von Feuchtigkeit eine Quellung der Pigmentpartikel verursachen, und im ungünstigsten Fall kapituliert die Pigment-Bindemittel-Bindung. Wenn überdies saure Gase auf das Pigment einwirken, kann dies eine Entfärbung zur Folge haben. Dieses äußerst komplexe Phänomen wird als Ultramarinkrankheit bezeichnet. Sie ist vermeidbar, wenn die richtige Pigmentsorte im richtigen Malmittel verwendet und das Bild nicht anormalen Feuchtigkeits- oder Säureeinflüssen ausgesetzt wird. Eine vermutliche »Ultramarinkrankheit« kann sich jedoch auch als eine Trübung des Bindemittels oder Firnisses herausstellen. Dabei streuen mikrofeine Risse auftreffendes Licht und erwecken so den Eindruck einer matten oder blassen Farbigkeit: Dies wird in der Fachsprache als Bindemittel- oder Firniskrepierungen bezeichnet.

Kobaltpigmente

Kobaltblau

Kobaltoxid-Aluminiumoxid; $CoO \cdot Al_2O_4$

Schon im Jahr 1777 entdeckt, wurde es erst 1802 von dem französischen Chemiker *Louis-Jacques Thénard* durch Glühen von Tonerdehydrat mit Kobaltphosphat dargestellt. Das nach ihm benannte Thénards Blau wird seit der Mitte des 19. Jahrhunderts in der Malerei verwendet. Heutige Kobaltblau-Typen (Spinelle von der Art Kobaltoxid-Aluminiumoxid) besitzen ausnahmslos hervorragende Echtheitseigenschaften. Wird Chromoxid in den Spinell eingebaut, verschiebt sich die Farbtönung leicht ins Grünliche.

Lichtechtheit, Alkali-, Hitze- und Säurebeständigkeit sind einwandfrei, und ihre Mischbarkeit ist mit allen Pigmenten gegeben. Trotz des hohen Preises wird dieses Pigment wegen seiner beachtlichen maltechnischen Eigenschaften und der kühlen, klaren Blautönung in allen malerischen Techniken gern verwendet. Kobaltblau ist ein ausgesprochenes Lasurpigment, sein Färbevermögen ist indes gering. Es beschleunigt im Ölfilm die Trocknung, und in Aquarellfarben neigt es infolge seiner groben Struktur bisweilen zum Gerinnen.

Coelinblau

Ceruleum; $CoO \cdot SnO_2$

Anfang des 19. Jahrhunderts wurde Coelinblau bekannt, wenn es auch vorher hin und wieder hergestellt bzw. verwendet wurde. Es wurde ursprünglich durch Glühen von Kobaltsulfat mit Zinndioxid und Kieselsäure produziert. Das Pigment stellt wahrscheinlich ein Gemisch von blauem Kobaltsilikat mit grünblauem Kobaltstannat dar.

In seinen Echtheitseigenschaften und Verträglichkeiten mit anderen Pigmenten ähnelt es Kobaltblau; seine Farbtönung ist jedoch wesentlich grünlicher. So ist sein Deckvermögen gut, das Färbevermögen jedoch gering. Als Kobaltpigment beschleunigt es die Öltrocknung, in Aquarellfarben neigt es aber wie Kobaltblau zum Gerinnen. Coelinblau ist für alle malerischen Techniken geeignet.

Heute werden oft Mischkristalle aus Kobaltoxid-Chromoxid-Aluminiumoxid zur Darstellung der Coelinblau-Farbtönung verwendet, Pigmente mit hervorragenden Beständigkeiten, Eigenschaften und ebenfalls für alle Techniken geeignet. In diese Gruppe gehören auch die mit Grünblauoxid bzw. Blaugrünoxid bezeichneten Pigmente.

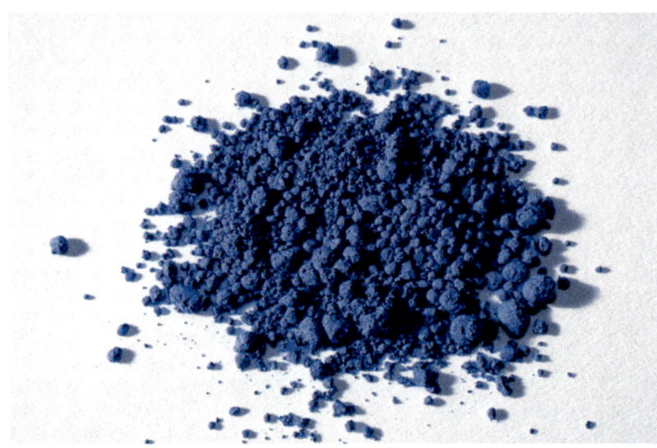

Kobaltblau hell

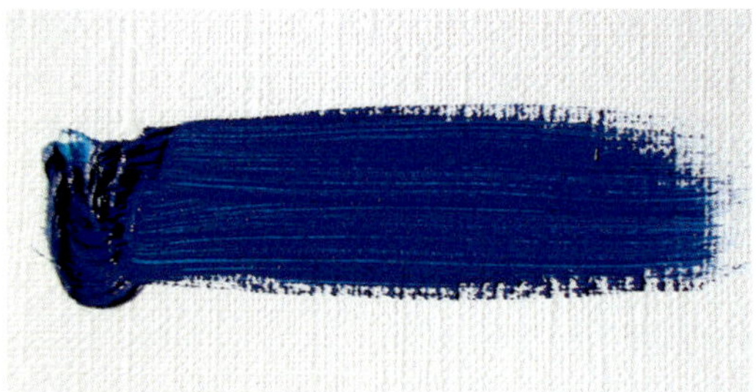

Kobaltblau hell

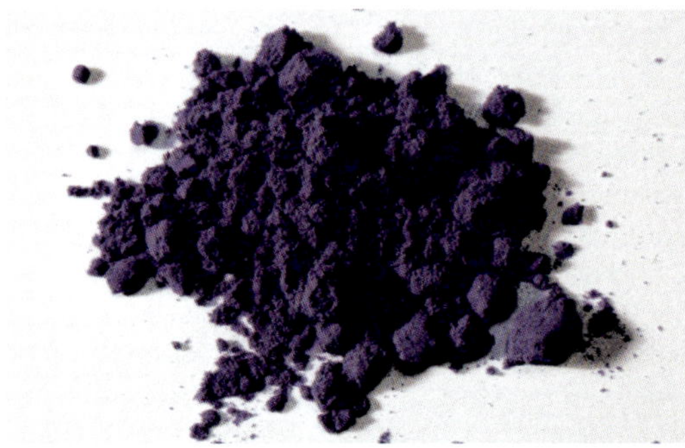

Kobaltviolett

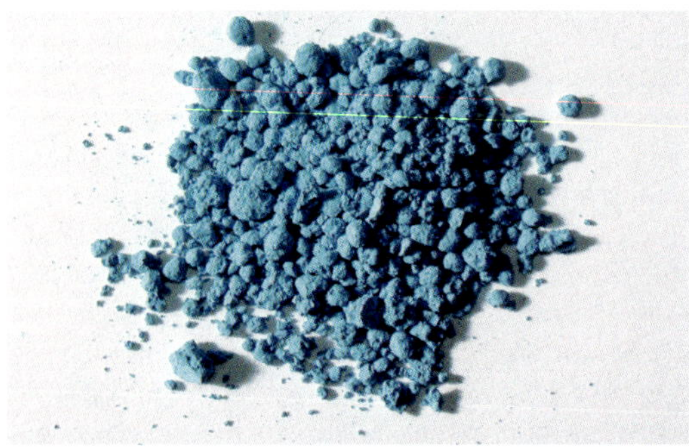

Coelinblau

Kobaltviolett hell

Kobaltarseniat

sehr giftig

Dieses helle Kobaltviolett wird als Künstlerpigment nicht mehr gebraucht. Das rötlich violette Kobaltphosphat wurde 1859 entdeckt; es ist zwar gut lichtecht, aber sehr giftig. Deck- und Färbevermögen sind gering. Auch ist es nicht kalkecht, und in wässrigen Bindemitteln sind Verdickungen beobachtet worden; in Aquarellfarben neigt es zum Ausflocken.

Kobaltviolett

Als Alternative zu Kobaltviolett hell steht aber ein Kobaltmagnesiumphosphat zur Verfügung, das eine besonders klar leuchtende Farbtönung besitzt. Hingegen ist es nicht kalk- und zementbeständig, jedoch selbst in starken Weißausmischungen hervorragend lichtecht und deshalb sehr geschätzt. Es wird gern in Künstler-Ölfarben und in Künstler-Aquarellfarben verwendet. Maler benutzten es, wenn sie sich Malfarben selbst pigmentieren wollten. Auch dieses Pigment kann in Wasserfarben oder in der Tube nachdicken, während es in Aquarellfarben sogar ausflockt. Dieses Ausflocken im Aquarellauszug ist geradezu ein Echtheitsbeweis für die Anwesenheit echten Kobaltvioletts.

Smalte

Kobaltglas

Smalte ist das älteste Kobaltpigment, das in frühen Versionen schon im Altertum (Ägypten, Mykenae) bekannt war. Durch das Rösten von Kobalterzen wird ein mit Kobalt angereichertes Zwischenprodukt hergestellt, das Zaffer oder auch Safflor genannt wurde. Durch Zusammenschmelzen von Zaffer mit Quarz und Alkali entsteht dann, als ein durch Kobalt tiefblau gefärbtes Glas, die Smalte. Durch Ausgießen der Schmelze in kaltes Wasser zerfällt sie zu einem groben blassblauen Pigment. Danach wird gemahlen, gewaschen und geschlämmt. Weil mit abnehmender Korngröße auch die Farbe verblasst, darf Smalte nur grob gemahlen werden. Deswegen hat dieses Pigment ein schlechtes Deckvermögen und färbt auch wenig. In Öl gebunden kann es bei starkem Tiefenlicht nahezu schwarz erscheinen. Einen deckenden blauen Malauftrag erhält man durch Zusatz von Bleiweiß und anderen Weißpigmenten oder durch andere, stärker blau färbende Pigmente.

Smalte war offenbar in Europa ersmals im 15. Jahrhundert in venezianischen Glasmanufakturen bekannt, wo böhmische Glasmacher wiederum die Herstellung erlernten. Im 16. Jahrhundert nahmen sächsische Blaufarbenwerke die Herstellung auf. Dieses mit Kobalt als färbendem Bestandteil pulverisierte Glas (so genanntes Kaliglas) kam unter verschiedenen Bezeichnungen, etwa nach den Orten seiner Entstehung, in den Handel (Sächsisch-, Böhmisch- und Schwäbischblau und auch als Zaffer bzw. Zafferblau, Dumonts Blau und Azurblau).

Smalte gilt als überwiegend beständig gegen Licht, Laugen und Säuren, und in vielen Gemälden hat es sich ohne wesentliche Umwandlungen auch gehalten. In jenen Malereien, in denen Smalte vergraute, ist meist das instabile Kobalt aus der Glasfritte in das Bindemittel gewandert.

Manganpigmente

Manganblau, Mangancoelinblau

Mischkristall aus Bariummanganat und Bariumsulfat; $BaMnO_4 \cdot BaSO_4$

Im 19. Jahrhundert scheint man Pigmenteigenschaften in blauen Mischkristallen aus Bariummanganat und -sulfat vermutet zu haben. Maltechnische Bedeutung haben die damals bekannten Produkte wohl nicht gehabt. Erst 1907 soll ein Manganblau mit Pigmenteigenschaften zwar dargestellt worden sein, aber erst Anfang der 1930er-Jahre ist in Uerdingen die Herstellung dieses Pigmentes aufgenommen worden.

Manganblau wird aus Lösungen von Kaliumpermanganat und Bariumnitrat mit Natriumsulfat gefällt. Anschließend wird geglüht, gewaschen und gemahlen. Es ist sehr gut lichtecht, in Kalk und Zement beständig. Aber gegen Mineralsäuren, saure schweflige Gase und auch gegen Soda wird seine Echtheit ab und zu angezweifelt. Deck- und Färbevermögen sind gering.

Wegen seiner leuchtend kühlen, nicht rotstichigen Farbnuance, die zusammen mit Kadmiumgelb zu leuchtenden und lichtechten Grüntönen führt, wird es in Öl-, Acryl-, Tempera- und Aquarellfarben aus koloristischen Gründen geschätzt, und für Freskoarbeiten stellt es eine große Bereicherung der Palette dar. Von der Pigmentindustrie wird das alte Manganblau heute oft durch ein Pigment mit Spinell-Struktur des Systems Kobaltoxid-Chromoxid-Aluminiumoxid ersetzt. Es ist farbschön, licht- und wetterecht, darüber hinaus wasser-, säure-, kalk- und zementecht und in organischen Lösemitteln nicht löslich.

Manganviolett

Manganammoniumphosphat; $(NH_4)_2Mn_2(P_2O_7)_2$

Wie das von *Leykauf* in Nürnberg 1868 erstmals hergestellte Nürnberger Violett wird es heute noch in ähnlicher Weise aus Braunstein und Phosphorsäure in Anwesenheit von Ammoniak gewonnen. Um 1900 wurde es von Künstlerfarbenherstellern verwendet und als Manganviolett bezeichnet.

Das Pigment ist lichtecht, aber nicht säure- und laugenbeständig. Auf oder in Kalk (Fresko) und in Wasserglas ist es nicht brauchbar. Für alle anderen Techniken ist es aber geeignet und mit allen Pigmenten verträglich. Das Deck- und Färbevermögen ist befriedigend bis gut.

Eisenzyanpigmente

Berliner Blau, Pariser Blau, Preußischblau, Miloriblau

Ferriferrozyanid; $Fe_7(CO)_{18}$

Im Jahre 1704 hatte *Diesbach*, der »Farbenkünstler« in Berlin, dieses tiefblaue, stark färbende Pigment entdeckt. Um 1730 wurde das Herstellungsverfahren bekannt, und seit 1750 ist Eisenzyanblau (auch Cyaneisenblau) in steigendem Umfang hergestellt und verwendet worden. Der Name Miloriblau erinnert an den ersten französischen Hersteller dieses Pigmentes. Heute werden meist die feindispersen dunkleren Sorten als Pariser Blau und Preußischblau bezeichnet, während die gröber dispersen, helleren Berliner Blau und Miloriblau genannt werden. Die Benennungen wechseln aber; als generelle Bezeichnung hat sich Berliner Blau durchgesetzt. Die verschiedenen Namen waren aber zuerst Herkunftsbezeichnungen.

In der alten Herstellung fällte man direkt aus Eisenchlorid und gelbem Blutlaugensalz und erhielt dabei ein kolloidfeines Pigment, das sich schwer verarbeiten ließ. Heute fällt man aus Eisensulfat und gelbem Blutlaugensalz den so genannten Weißteig als Vorprodukt, der durch anschließende Oxidation in Berliner Blau umgesetzt wird. Durch Varianten in der Herstellung, den Bedingungen und den Oxidationsmitteln werden Pigmentsorten verschiedenster Farbtönungen und maltechnischer Eigenschaften erzielt.

Im Fertigprodukt besitzt es einen Wassergehalt von 3 bis 5%; dieses so genannte »Konstitutionswasser« ist Bestandteil des Pigmentes. Es bestimmt den Farbton und macht das Berliner Blau zu einem wasserfreundlichen Pigment, das sich in Öle nicht so leicht einarbeiten lässt. Die in der Aquarelltechnik so geschätzten wasserlöslichen Sorten entstehen durch Zusatz von Oxalsäure zum Blauteig.

Eisenzyanpigmente sind beständig gegen verdünnte Säuren und im Allgemeinen auch rauchgasfest. Alkalien zersetzen das Pigment aber sofort in bräunliches Eisenhydroxid. Deshalb ist ihre Verwendung in Kalk, auf der Wand, in Zement und in alkalischen Leimen (Kasein) ausgeschlossen. In anderen maltechnisch üblichen Bindemitteln wird Berliner Blau seit der Mitte des 18. Jahrhunderts viel verwendet. Es ist mit allen Pigmenten verträglich und infolge seiner geringen Teilchengröße und seines Brechungsindex (1,56 etwa in Öl) ein ausgesprochenes Lasurpigment. Im Leimaufstrich und im dickeren öligen Auftrag deckt es durch Lichtabsorption. Sein Färbevermögen ist außergewöhnlich gut. In Öl wirkt es stark trocknungsbeschleunigend. Berliner Blau gehört wegen seiner schönen Farbtönung und der guten, tiefen Lasurwirkung zu den beliebtesten und viel verwendeten Malpigmenten.

Notabene: Lichtechtheit von Eisenzyanblau
Im Vollton ist die Lichtechtheit recht gut und in den meisten Buntpigmentmischungen ebenso. In der Regel sind die helleren Sorten beständiger als die dunklen, die aber gerade wegen ihrer größeren Farbtiefe vom Maler bevorzugt werden.

In der Aufhellung mit Zink- und Titanweiß sinkt aber die Lichtechtheit bei steigendem Weißgehalt ganz rapide, wobei Mischungen im Ölfilm noch beständiger bleiben als im wässrigen Bindemittel. Diese Ausbleichungen in Zinkweißgegenwart sind zum ersten Mal schon 1849 von dem französischen Chemiker *M.E. Chevreul* beobachtet und beschrieben worden. Das Ausbleichen von Berliner Blau in Anwesenheit von Zinkweiß oder Titandioxid ist auf eine durch Licht angeregte chemische Reaktion zurückzuführen, bei der Berliner Blau wieder auf seine Vorstufe, den Weißteig, reduziert wird. Wenn die Atmosphäre feuchter wird, läuft diese Reaktion umso schneller ab. Das erklärt auch, warum Mischungen dieser Art im Ölfilm noch farbbeständiger sind als im Leimaufstrich.

Am besten verhalten sich Aufhellungen von Berliner Blau mit Zinksulfidpigmenten und den Lithoponen. Sie können hier als beständig gelten. Mischungen mit Kremser Weiß bleichen nicht stark aus, neigen aber im Licht etwas zum Bräunen. Wer Preußischblau aufhellen will, sollte das nur mit Lithopone als Weißpigment tun. Für Blauaufhellungen sollte man besser lichtbeständige Blaupigmente verwenden. Pigmente ähnlicher Farbtönung mit außergewöhnlich hoher Lichtechtheit in der Abmischung mit allen Weißpigmenten stehen mit Heliogenblau oder Helioechtblau (Phthalozyaninblau) als organische Pigmente zur Verfügung.

Ägyptischblau

Kupferkalziumsilikat
etwa $CaO \cdot CuO \cdot 4\ SiO_2$ oder $CaCuSi_2O_5$
Plinius hat dieses in der Antike wohl noch bekannte Material als puteolanum bezeichnet. Es wurde durch Schmelzen von Kupferverbindungen mit Quarz und Alkalien hergestellt, wie es u. a. auf Wandmalereien der Antike zu finden ist. In der Farbtönung entspricht dieses glasartige Schmelzgemenge in etwa dem Azurit. Die Herstellung von Ägyptischblau gelang erst wieder zu Beginn des 20. Jahrhunderts; es wird noch heute in Frankreich produziert. Dieses auch Pompejanischblau genannte Pigment ist licht-, säure- und weitgehend kalkbeständig, wirkt aber im Ölbindemittel oder mit Harz oder Wachs überzogen fast schwarz. Nicht nur dadurch kommt es Smalte sehr nahe; es darf ebenfalls nur relativ grobkörnig verarbeitet werden, weil es bei zu starker Feinkörnigkeit verblassen könnte.

Bremer Blau

Kupferhydroxid
$Cu(OH)_2$
Das vor allem im 19. Jahrhundert hergestellte Bremer Blau war ein reines, nicht rotstichiges Blaupigment, das am ehesten in der Farbtönung von Manganblau wiederzufinden wäre. Es war kalkecht, vergrünte aber in Öl und wurde im Licht weißlich trübe. Deckfähigkeit und Färbevermögen waren sehr gering. Daher fand es in Malfarben nur wenig Verwendung.

Indigo

organisches Pigment
Ägyptische und römische Maler haben Indigo als Pigment gleichermaßen gern verwendet. Vom 14. bis ins 19. Jahrhundert wurde es auch in der europäischen Malerei als Pigment in Öl-, Tempera- und Aquarellfarben gebraucht. Die Indigopflanze (Indigofera tinctoria L.) wurde schon im Altertum in Indien angebaut. Das von dort importierte Indigo war schon *Plinius* und *Vitruv* als *indicum* bekannt.

Nach der Blüte werden die Stängel der Indigopflanze abgeerntet, zerkleinert und dann im Wasser gegoren. Es bildet sich dann das gelblich weiße wasserlösliche Indoxyl, das sich beim Rühren durch Lufteinschlag in das wasserunlösliche blaue Indigopigment oxidieren lässt. Zum Färben von Textilien wird üblicherweise das unlösliche blaue Indigofarbmittel mit Natriumhydrosulfit zum wasserlöslichen Indigoweiß reduziert, wenn man es auf textile Fasern aufziehen lässt und anschließend dem Luftsauerstoff aussetzt. Dabei entsteht durch Oxidation auf der Faser wieder das blaue Indigo. Dieser Färbevorgang, den man auch als Verküpen bezeichnet, ist ein Färben mit einem so genannten Küpenfarbstoff. Dabei wird ein unlösliches Farbmittel durch Reduktion wasserlöslich gemacht, um dann nach dem Färbevorgang durch Sauerstoffeinwirkung auf der Faser wieder unlöslich zu werden. Auch der in Europa wachsende Färberwaid (Isatis tinctoria L.) und der chinesische Färberknöterich (Polygonum tinctorium L.) bilden mit ihren Blättern so ein Vorprodukt des in Wasser und Öl unlöslichen Indigopigmentes.

Während Indigo als Malpigment längst keine Rolle mehr spielt, weil seine Lichtechtheit nicht besonders gut ist, wird es noch immer zum Färben von Textilien verwendet. So werden Jeansstoffe beispielsweise mit Indigo gefärbt.

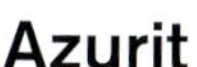

Azurit

Bergblau, Azuritblau, Azur, Kupferlasur

natürliches basisches Kupferkarbonat mit verschieden hohem Wassergehalt; 2 $CuCO_3Cu(OH)_2$
Azurit und Malachit sind zwei natürliche Kupferpigmente, die oft in Kupferlagerstätten zusammen aufgefunden werden. Beide sind basische Kupferkarbonate, die sich chemisch durch den

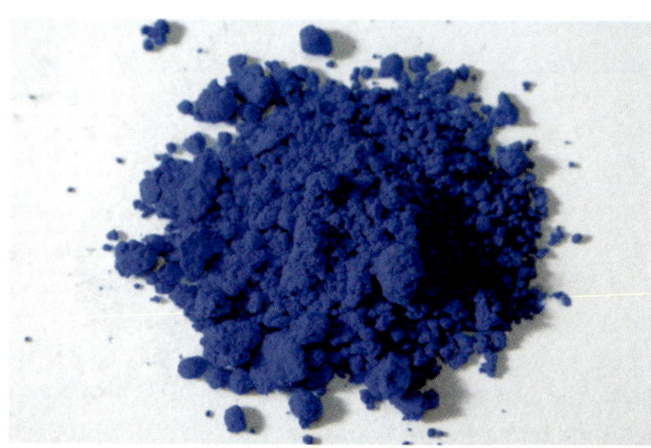

Smalte

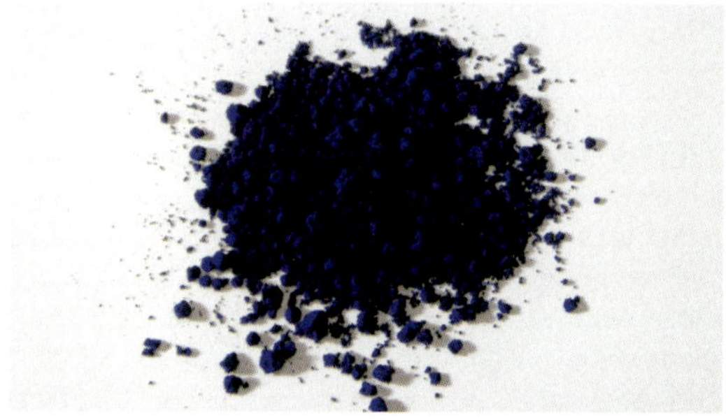

Pariser Blau

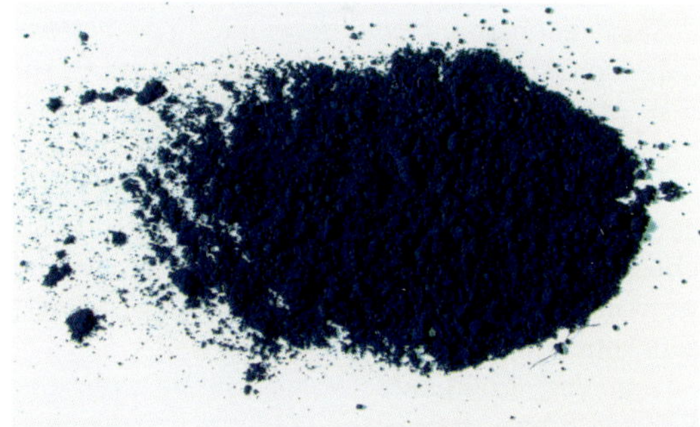

Indigo

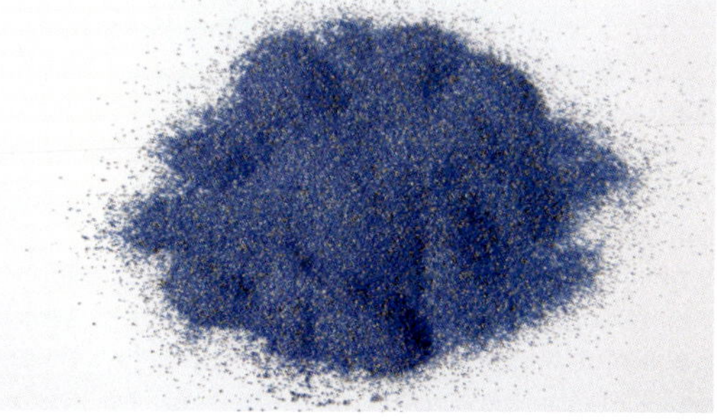

Azurit

Gehalt basischer Anteile voneinander unterscheiden. Beide Pigmente werden durch Sortieren, Zerkleinern und Mahlen beim abschließenden Schlämmen gewonnen. Im Gegensatz zum echten mineralischen Ultramarinpigment war Azurit als Pigment bereits in der Antike bekannt. Das *armenium* und das *caeruleum* des *Plinius* werden wahrscheinlich Azuritarten gewesen sein. Zur besseren Unterscheidung vom natürlichen Ultramarin wurde Azurit früher auch *azzurrum circamarinum* oder *azzurro dell'Allemagna* in unterschiedlichen Schreibweisen genannt. Es war wohl bis zur Mitte des 18. Jahrhunderts das in der europäischen Malerei am häufigsten verwendete blaue Pigment. In Ostasien fand Azurit ebenso viel Verwendung, und in Japan gebraucht man es teilweise heute noch.

Azurit ist ein unter normalen Bedingungen beständiges Pigment, das im wässrigen Bindemittel, wie Eitempera oder Pflanzengummi, im Ölbindemittel und auch mit Kalk verarbeitet werden kann, weil es alkalibeständig ist. Im wässrigen Bindemittel weist Azurit eine leuchtend blaue Farbe auf, die leicht grünlich wirkt und eine schwach violette Tönung besitzt. Nahezu schwarz sehen oft reine Ölfarbschichten von Azurit wegen des starken Tiefenlichtes aus. Zusätze von Bleiweiß ergeben deckende, rein blaue Malfarben.

Das leuchtend blaue basische Kupferkarbonat, auch Azurblau, Azurit, Kupferlasur und Bergblau genannt, gab es in vielen Nuancen von einem grünlichen bis zu einem rötlichen Blau. Die jeweiligen Farbtönungen sind vom Hydratwassergehalt und den Korngrößen abhängig. Manche Maler haben es in ölfreiem Leimbindemittel vermalt, weil sich im Aufstrich bei Ölgegenwart grünliches Kupferoleat bilden kann.

Die Vergilbung des Ölbindemittels oder der Firnisse führte dazu, dass mitunter ursprünglich blaue Bildpartien grünlich erschienen. Gelbe Lasuren über blauen, etwa azurithaltigen Bildpartien kann man aber auch bewusst zum Grün geführt haben. In der Wandmalerei kann hingegen ein Vergrünen ursprünglich blauer Azurit-Partien auf die Modifikation von Azurit in Paratacamit, ein basisches Kupferchlorid, zurückgeführt werden. Aber auch in wässrigen Medien sind Vergrünungen möglich. Dies wiederum wird auf eine mögliche chemische Umwandlung blauen Azurits in grünen Malachit zurückgeführt. Unter Schwefeleinwirkung können sich überdies Azurit wie Malachit als Kupferpigmente sogar zu braunschwarzem Kupfersulfid umsetzen.

Blaue Pigmente aus Kupfersalzen

Maltechnische Quellen früherer Jahrhunderte gaben zahlreiche Rezepte zur Herstellung blauer Pigmente aus Kupfersalzen an: letztlich alles Versuche, Azurit künstlich herzustellen. Diese künstlichen Kupferblaus, die teils auf der Basis von Kupferkarbonat – in der Zusammensetzung dem Azurit ähnlich –, teils auf der Basis anderer Kupfersalze hergestellt waren, erwiesen sich meist als unbeständig. Als Verditer, Bleu verditre oder Cendres bleues bezeichnet man die künstlich hergestellten basischen Kupferkarbonate, die dem Ausgangsmaterial Azurit entsprechen. Verditer unterscheidet sich von Azurit meist nur durch ein feineres und gleichmäßigeres Korn, oft auch durch eine blassere Farbe. Von feinteiligen und farbschwachen Azuritsorten ist Verditer manchmal nicht zu unterscheiden.

Eine gewisse Bedeutung als Ersatz für Azurit in der Wandmalerei hatte einst das so genannte Kalkblau oder Neuwieder Blau, das aus Kupfersulfatlösung und Kalk hergestellt wurde. In Gegenwart von Schwefelverbindungen wandelt es sich, leichter noch als Azurit, in schwarzes Kupfersulfid um. In Ölbindemitteln verändert sich dessen Farbe von Blau nach Grün. Oft hat es sich jedoch im Laufe der Zeit teilweise oder sogar nahezu vollständig in Kupferchloroxid zersetzt.

Vom 18. Jahrhundert an wurde auch Bergblau künstlich hergestellt; es hat jedoch heute keine Bedeutung mehr.

Braune Pigmente

Vor dem 16. Jahrhundert hatten rein braune Pigmente in Bildern meist nur eine untergeordnete Funktion. Oft war hier überhaupt kein braunes Pigment enthalten, sondern lediglich eine braune Pigment-Ausmischung. Erst mit der Entfaltung der tonigen Malerei gewannen reine Brauntöne überhaupt an Bedeutung.

Umbra

färbende Bestandteile: Braunstein, Eisenoxide, Eisensilikate

Umbren werden aus Verwitterungen manganhaltiger Eisengesteine gegraben, geschlämmt und gemahlen. In ihrer Zusammensetzung ähneln sie den Ockern. Die Farbtönungen liegen zwischen dunklem Ocker und tiefem Braun und sind vom Verhältnis der Mangan- und Eisenverbindungen abhängig. Je höher der Mangananteil, desto brauner ist der Farbton (umgekehrt ist auch die Farbtönung der gelben Ocker umso reiner und gelblicher, je weniger Mangan enthalten ist). Diese so genannten Ockerumbren besitzen in der Regel geringe Mangananteile und einen großen Eisen- und Silikatgehalt. Sie sind kristallin und damit nicht besonders fein im Korn.

Echte Umbren werden vorwiegend in Zypern, aber auch in Italien und teilweise in Deutschland gegraben. Sie zeichnen sich durch hohen Mangangehalt und kolloidalfeine Anteile aus. Besonders die grünlichen, durch Eisensilikate gefärbten Typen werden von Malern gern verwendet. Der Mangangehalt der Umbren hat aber nicht nur Einfluss auf die Farbtönung, sondern auch auf das Deck- und Färbevermögen, d.h. mit wachsendem Mangangehalt steigen Deck- und Färbekraft. Die Verwendung von Umbren kann bis zur Eiszeit zurückverfolgt werden. Umbren vertragen sich mit allen Pigmenten und sind in allen Maltechniken einsetzbar. Ihre Lichtechtheit ist sehr gut; die Trockenfähigkeit in Öl steigt mit dem Mangangehalt, der in Form von Braunstein vorliegt und so als Trockenstoff mitwirkt.

Eine maltechnische Gefahrenquelle stellen die in echten Umbren enthaltenen kolloiddispersen Anteile dar. Die aus Mangan und Öl entstehenden Manganseifen beschleunigen zwar die Trocknung, gleichzeitig können sie aber mit feinen Kolloidteilchen auch in die obere Bildschicht durchwachsen und hier ein Nachdunkeln in den Bildpartien verursachen. Dieses Durchwachsen zeigt sich umso auffälliger, je heller die jeweilige Untermalung ist.

Durch Brennen verlieren Umbren Kristallwasser und die Korngröße nimmt zu. Dadurch verringert sich der Bedarf an Bindemittel, die Deckfähigkeit erhöht sich und die Farbtönung verschiebt sich zu einem rötlichen Braun (gebrannte Umbra). Bei der Herstellung in Pigmentfabriken wird die für Umbren typische Farbtönung aus synthetischen Eisenoxiden, Braunstein und geeigneten Füllstoffen zusammengekollert. Auf den so genannten Kollergängen werden Pigmentmischungen in großem Maßstab hergestellt. Maltechnisch ist gegen diese künstlichen Produkte nichts einzuwenden, solange einwandfreie Ausgangsstoffe verwendet werden und ordentlich gearbeitet wird. Gute Produkte sind in allen Maltechniken brauchbar; sie besitzen einwandfreie Echtheiten, und da sie keine kolloiddispersen Anteile enthalten, neigen sie nicht zum Durchwachsen wie manche natürlichen Umbren.

Kasseler Braun

Van-Dyck-Braun, Kesselbraun, Kölnische Erde

erdige Braunkohle

Die im Tagebau bei Kassel, Köln und auch in Sachsen oder Thüringen gewonnenen Braunkohlen werden durch Sieben und Schlämmen von Sand- und Holzanteilen befreit und gemahlen. Als Pigment wird das Kasseler Braun seit dem 17. Jahrhundert in der Ölmalerei verwendet. Besonders schöne Sorten entfalten eine große Farbtiefe und Leuchtkraft in Lasuren, im deckenden Aufstrich wirkt es hingegen bräunlich bis schwarz. Kasseler Braun ist wenig lichtecht und bedarf zur Verbesserung seiner Lichtbeständigkeit entweder eines schützenden Films (Ölmalerei) oder besser noch eines Firnisüberzuges. In Weiß gesetzt zeigt es Farbnuancen vom ockerigen Gelb über krappähnliches Rot bis hin zum satten Dunkelbraun.

Das Färbevermögen ist zufrieden stellend. Sein Ölbedarf ist sehr hoch und die Trocknung im Ölfilm dementsprechend langsam. Eventuell enthaltene kolloidale Substanzen können zu einem »Durchwachsen« in die Übermalung neigen. Das sollte bei einer Verwendung in der Untermalung beachtet werden. Bei zu starkem Auftrag bleibt der Film länger weich, und in schneller bzw. härter durchtrocknenden Übermalungen kann es zu Rissbildung kommen. Kasseler Braun ist nicht säure- und alkalibeständig und kann deshalb in basischen Malmitteln nicht verwendet werden. In der Öl-, Tempera- und Aquarelltechnik wird es hingegen gern benutzt.

Aufgrund der maltechnischen Mängel des Kasseler Brauns sind für deckende Aufträge Mischungen aus Ockern, Umbren und gebrannten Sienen zu bevorzugen; deren Farbtönung lässt sich mit einer geringen Menge Elfenbeinschwarz einstellen. Die Farbtönung der gemahlenen Braunkohle kann bei der industriellen Herstellung mit maltechnisch sicheren Pigmenten imitiert werden. Dabei ist die Nachbildung oft wertvoller als das originale Pigment. Der Nuancenreichtum, den echtes Kasseler Braun in Lasuren entfaltet, ist mit Oxidpigmenten allerdings nur schwer zu erreichen.

Asphalt und Mumie

Echter Asphalt, Erdpech oder auch der Trinidad-Asphalt fanden in der Malerei wegen der Verunreinigungen seltener Verwendung. Asphalt und Mumie können nur in der Öltechnik verwendet werden und stellen kein Pigment im eigentlichen Sinne dar, sondern besitzen aufgrund ihrer Löslichkeit in Öl nur Farbstoffcharakter.

Asphalt

Bitumen, Erdpech

Asphalt tritt in Gegenden mit Ölvorkommen in braunen bis schwarzen Massen auf. Er fand schon im alten Ägypten und in Mesopotamien als Klebe- bzw. Dichtungsmittel oder bei der Konservierung Verwendung. Am längsten bekannt sind wahrscheinlich die syrischen Vorkommen am Toten Meer.

Vom 16. Jahrhundert an wurde Asphalt auf dem europäischen Kontinent verwendet, und im 18. Jahrhundert trat er dann auch in der englischen Malerei auf. Im Deutschland des 19. Jahrhunderts übernahm die Münchener Schule Asphalt in ihre neuere Malerei, wo er hauptsächlich als Lasurfarbe in Ölbindemitteln verwendet wurde. Der aus Kohlenwasserstoffen und verschiedenartigen sauerstoff-, stickstoff- sowie schwefelhaltigen Verbindungen bestehende Asphalt löst sich nur teilweise in Ölbindemitteln und verzögert so das Trocknen. Asphalt-Ölfarben wurden auch durch Lösen von Asphalt in heißem Leinöl hergestellt.

Asphalt sollte auf keinen Fall in Lasuren, vor allem nicht in der Untermalung verwendet werden. In Lasuren wandert er regelrecht und bleibt nicht nur auf die Partien beschränkt, für die er ursprünglich bestimmt war. Aus der Untermalung wächst er in die oberen Bildschichten hindurch und verfärbt sie über kurz oder lang dunkel. Zudem ist und bleibt Asphalt thermoplastisch: Bei Erwärmung wird er weich und bringt nicht selten die Übermalungen zum Abrutschen.

Mumie

Glanzpech

Zusammen mit Weihrauch und anderen Naturharzen wurde syrischer Asphalt von den alten Ägyptern zum Mumifizieren verwendet. Seit dem 16. Jahrhundert wurde in der europäischen Malerei durch Zerkleinern und Mahlen von Mumienteilen ein braun-schwarzes Material gewonnen, das in der Ölmalerei als Farbmittel für braune Lasuren Verwendung fand. Schon *Plinius* erwähnt die Verwendung von Mumiensubstanz zu Malzwecken; er bezeichnet sie als »unbequem« und »neumodisch«. Die Farbeigenschaften von Mumie entsprechen weitgehend denen des Asphalts.

Sepia

Sekret des Tintenfisches
Sepia officinalis

Sepia ist das braun-schwarze Sekret aus der Eingeweidedrüse des Tintenfisches, das dieser bei Gefahr ausstößt, um zu seinem Schutz das Wasser zu verdunkeln. Sepia wird aus den Tintendrüsen gewonnen. Sie werden herausgeschnitten, auf Schnüren aufgereiht und an der Sonne getrocknet. Die Sepiaschnüre sind Handelsware. Die getrockneten Drüsen können zerkleinert und ohne weitere Vorbereitung als Pigment in Künstlerfarben verarbeitet werden. Eine bessere Qualität erhält man jedoch, wenn man mit Ammoniak oder Alkali das eigentliche Sepia-Pigment aus den Drüsen herauslöst, filtert und das Pigment mit Salzsäure wieder fällt, auswäscht und dann erst trocknet. Als Pigment soll Sepia von *Seydelmann* Ende des 18. Jahrhunderts verbreitet worden sein.

Echte Sepia ist eine organische Säure, die in Alkohol löslich, aber in Wasser kaum löslich ist. Sie ist gut lichtecht und wird trotz des Fischgeruchs besonders in der Aquarellmalerei hoch geschätzt. Sie eignet sich zum Lavieren und ebenso als Tinte. Diese Farbtönung wird von den Künstlerfarbenherstellern koloristisch meist durch eine Mischung von maltechnisch zuverlässigen anorganischen und organischen Pigmenten nachgestellt, die dem Maler die Farbnuance Sepia liefern, ihm aber den penetranten Fischgeruch ersparen.

Bister

Rußbraun

Bister sind entweder gereinigte braune Verbrennungsrückstände von Holz, die Teer, Ruß und Harz enthalten, oder die aus Kasseler Braun hergestellten Humus- und Huminsäuren. Das braune Pigment wurde fast ausschließlich in wässrigen Techniken gebraucht. Diese Bezeichnung wird aber auch für mineralischen Bister und Manganbraun verwendet.

Manganbraun

Manganbister, mineralischer Bister; Mn_2O_3

Dieses Pigment besteht hauptsächlich aus Manganoxiden und wurde aus dem Manganerz gleicher Zusammensetzung (Manganit) gewonnen. Durch Fällen der Salzlösungen von Mangan, die im 19. Jahrhundert bei der Chlorgewinnung aus Braunstein und Salzsäure als Abfallprodukte anfielen, konnte Manganbraun durch Natronlaugenzusatz hergestellt werden. Auch Fällungen von Manganchlorid mit Chlorkalk oder Umsetzungen mit Kalziumkarbonat sind technisch möglich. Manganbraun diente als Pigment in Leim-, Öl- und Kalkfarben, ist aber heute kaum noch in Gebrauch.

Umbra gebrannt

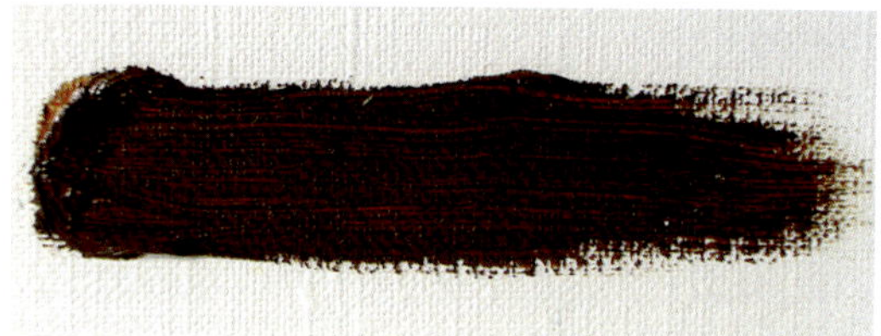

Umbra natur

Seltene Braunpigmente

Römisch-Braun, Van-Dyck-Rot, Florentiner Braun, Hatchetts Braun

Kupferferrozyanid; $Cu_2Fe(CN)_6$

Im 19. Jahrhundert wurde das auch als Ferrozyankupfer bekannte rötlich bis violett-braune Pigment aus Blutlaugensalz (Kaliumferrozyanid) und Kupfersalz hergestellt. Bei Fällung mit Ammoniak und Kreide erhielt es den Namen Van-Dyck-Rot. Unter diesem Namen oder als Florentiner Braun, Hatchetts Braun, Neubraun oder Römischbraun leben die Farbtöne zumeist in anderer Zusammensetzung weiter.

Kasseler Braun

Eisenoxidbraun

Preußischbraun oder Berliner Braun

Sehr dunkle rot-braune Eisenoxidtypen mit einem hohen Eisenoxidanteil wurden durch Glühen hergestellt. Sie kamen als Preußischbraun oder Berliner Braun in den Handel.

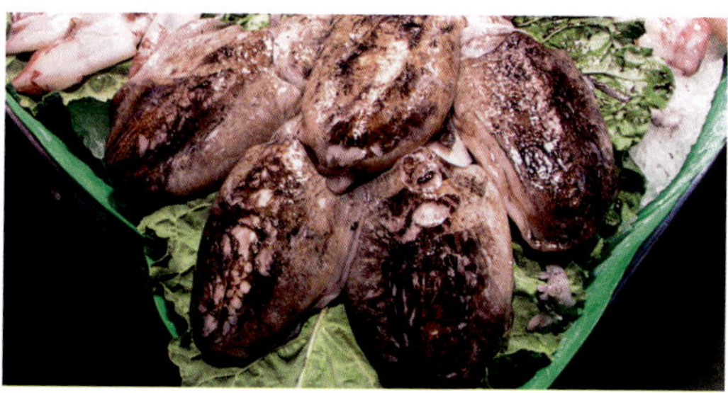

Sepia an der Fischtheke auf dem Markt St. Josep La Bouqeria in Barcelona

Schwarze Pigmente

Nicht alle schwarzen Partien auf Kunstwerken enthalten auch schwarze Pigmente. Schwarz kann ebenso eine Mischung aus dunklem Blau oder roten Farblacken sein; oft erscheinen in schwarzen Malfarben darum auch blaue und rote Farbmittel. Für echte schwarze Pigmente gibt es eine nach ihrer Herkunft benannte komplexe Einteilung, wie nachstehend aufgeführt:

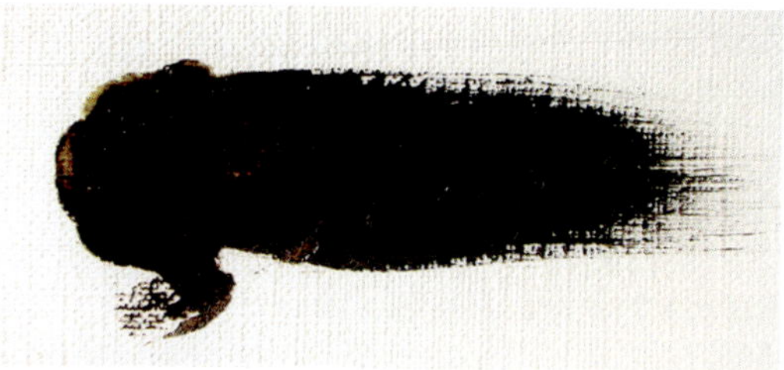

Van-Dyck-Braun

Nicht kohlenstoffhaltige schwarze Pigmente werden in

- natürliche schwarze Pigmente, z. B. Manganschwarz, und
- künstliche schwarze Pigmente, z. B. Eisenoxidschwarz,

eingeteilt.

Zu den natürlichen kohlenstoffhaltigen »schwarzen« Pigmenten zählen besonders die dunklen, fast schwarzen Sorten von Kasseler Braun oder Asphalt.

Die künstlichen kohlenstoffhaltigen schwarzen Pigmente werden unterschieden nach jenen, die aus

- tierischen Substanzen (z. B. Elfenbein- / Beinschwarz),
- pflanzlichen Substanzen (z. B. Rebschwarz)

oder

- durch unvollständige Verbrennung von Holz, Teer, Erdöl, Gasen (z. B. Ruße)

gewonnen werden.

Beinschwarz

Elfenbeinschwarz

künstliches kohlenstoffhaltiges tierisches Pigment

Plinius berichtet von *Apelles,* dem Hofmaler *Alexanders des Großen,* er habe durch Erhitzen von Elfenbein schwarzes Elephantinum hergestellt. Das bekannteste und am häufigsten verwendete Schwarzpigment der Malerei ist Beinschwarz, das aus durch trockene Destillation entfetteten Knochen oder Abfällen von Elfenbein hergestellt wird. Der maßgebliche Grundstoff ist feinster kolloidaler Kohlenstoff. Neben diesem färbenden Anteil enthält Elfenbeinschwarz beträchtliche Mengen Kalziumphosphat, die ihm ein leicht grau-blaues Kolorit verleihen. Das bräunlich bis bläulich schwarze und äußerst beständige Pigment wird auch als Knochenkohle oder Knochenschwarz bezeichnet. Mit Zusätzen von Pariser Blau heißt es auch Pariser Schwarz, Frankfurter Schwarz oder Lackschwarz.

Pflanzenschwarz

Kernschwarz, Rebschwarz

Wiederum von *Plinius* erfahren wir, Kernschwarz sei im Altertum zuerst durch Verkohlen von Traubenkernen hergestellt worden. Heute wird es durch Verkohlen bzw. Erhitzen unter Luftabschluss aus Holz oder pflanzlichen Abfällen, teilweise auch direkt aus Braunkohle gewonnen. Das verkohlte Material wird erst gemahlen und dann gewaschen, um Verunreinigungen zu entfernen. Die kohlenstoffreichen und farbkräftigen Rebschwärzen besitzen einen höheren Bindemittelbedarf als Elfenbeinschwarz. Die damit angeriebenen Ölfarben trocknen darum etwas langsamer als Elfenbeinschwarz-Ölfarben.

Das gräulich-schwarze, wenig färbende Pigment ist gegen Säuren, Laugen und Chemikalien aller Art unempfindlich. Diese Schwärzen sind hoch lichtecht, mit allen Pigmenten verträglich und in allen Techniken einsetzbar. Auf der Wand sind aber nur jene Sorten brauchbar, denen die ausblühfähigen Salze entzogen wurden. Andere Benennungen können auch Korkschwarz, Holzkohleschwarz oder Hefeschwarz sein, die aber nicht unbedingt auf die Verwendung eines bestimmten Ausgangsmaterials schließen lassen. Ein Hefeschwarz kann ebenso das eingangs erwähnte Kernschwarz des *Plinius* gewesen sein wie das aus Weintrester gebrannte Tryginon (Tresterschwarz), eine Erfindung der attischen Maler *Polygnot* und *Mikon.*

Ruße

Ruß ist seit der steinzeitlichen Höhlenmalerei über das Altertum bis in die Neuzeit als Farbmittel verwendet worden. Bereits im zweiten Jahrtausend v. Chr. gab es in China Verfahren für die Gewinnung von Ruß und damit zur Herstellung von Tuschen. Bei *Vitruv* finden wir eine ausführliche Beschreibung der Rußherstellung aus Harzen in regulierbaren Öfen. In Europa begann man Ruß im 18. Jahrhundert großtechnisch aus Harz, Kiefernstumpen oder Ölen zu gewinnen. Je nach Ausgangsmaterial unterscheidet man Gasruß, Holzruß und Flammruß.

Ruße sind feinteilige, stark färbende Pigmente mit unterschiedlich hohem Bindemittelbedarf. Infolgedessen trocknen Ruße im Ölbindemittel nur sehr langsam. Ruße sind lichtbeständig und unempfindlich gegen Säuren, Alkalien und viele Chemikalien. Da viele Ruße Öl enthalten, muss man sie in wässrigen Bindemitteln entsprechend benetzen. Kolloidfein geriebene Ruße werden wegen des starken Färbevermögens gern als Farbmittel in Aquarellfarben und Tuschen verwendet. Auch in der Druckfarbenindustrie wurden Ruße häufig als Farbmittel eingesetzt.

Holzruß

Holzruß wird durch Verbrennen oder Glühen von Holz und abschließendes Sieben gewonnen. Bei der Verwendung harzreichen Kiefernholzes entstehen graue Sorten von oft geringer Farbkraft. Kienruß und echter brauner Bister entstehen aus Buchenholz.

Lampenruß

Lampenruß, auch Flammruß oder Lampenschwarz genannt, wird durch kontrollierte Verbrennung mineralölhaltiger Materialien gewonnen. Für die Herstellung wurden früher Dochtlampen in Rußkammern eingestellt. Von anderen Schwärzen unterscheidet sich der Ruß dadurch, dass er aus praktisch reinem Kohlenstoff mit geringen Beimengungen von anorganischen Bestandteilen und Teer besteht. Dadurch ist er noch kornfreier und besitzt von allen das höchste Deck- und Färbevermögen. Er wird durch Verbrennung künstlich gewonnen.

Gasruß

Gasruß wurde erstmals in den USA durch Verbrennen verschiedener Gase produziert. Eine besonders schwarze Rußsorte ist Diamantschwarz.

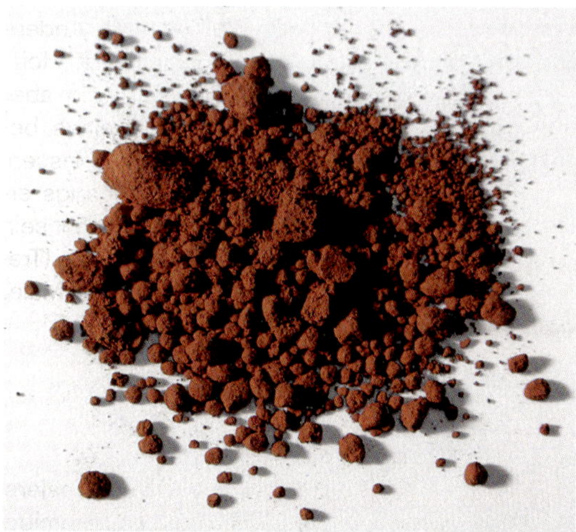

Terra di Pozzuoli

Rebschwarz

Beinschwarz

Holzkohlemehl

Manganschwarz

Zementschwarz

Manganoxide und Braunstein; MnO_2

Manganschwarz enthält neben Braunstein auch Manganoxide, wenig Eisenoxid und Kieselsäure. Natürliche Manganerzvorkommen dienen hauptsächlich der Gewinnung von Mangan und seinen Salzen. Bei entsprechender Zerkleinerung können sie auch als Pigment dienen. Schwarzes Manganoxid kann auch künstlich hergestellt werden.

Das schwarz-graue, hoch lichtechte Pigment wird wegen seines geringen Preises auch in billigen Leim- und Ölfarben verarbeitet. Zudem eignet es sich zum Einfärben von Kalk- und Kunststeinanstrichen sowie von Zement, dessen Färbung ihm auch den Namen gibt: Zementschwarz. Es beschleunigt wie Umbra die Öltrocknung und lässt sich in allen malerischen Techniken innen wie außen verwenden.

Schieferschwarz

Erdschwarz, Ölschwarz, Mineralschwarz

Schieferschwarz, ein dunkler, fein gemahlener, kohlenstoffhaltiger Tonschiefer, wird bergmännisch abgebaut. Tonschiefer diente früher auch als schwarze Kreide zum Zeichnen. Gemahlen wurde er vereinzelt auch als Pigment in Mal- oder anderen Farben verwendet.

Eisenoxidschwarz

Eisenoxid

Fe_3O_4

Obwohl schwarzes Eisenoxid (Eisenoxidgehalt etwa 90 bis 94 %) als Magnetit natürlich vorkommt, wurde es anscheinend nicht als Pigment verwendet. In Gemälden des späten 19. Jahrhunderts fand man vereinzelt Eisenoxidschwarz, das vermutlich wie die gelben und roten Eisenoxidpigmente synthetisch hergestellt wurde. Synthetisches Eisenoxidschwarz verdrängt auch zunehmend die klassischen Kohlenstoffpigmente Pflanzen- und Beinschwarz.

Anilinschwarz

Der einzige synthetische schwarze Farbstoff, der auch als Pigment Verwendung findet, ist Anilinschwarz (Pigmentschwarz, Pigmenttiefschwarz oder Diamantschwarz). Er wurde im 19. Jahrhundert erstmals hergestellt und gehört zu den echtesten organischen Farbstoffen überhaupt.

BINDE- UND LÖSEMITTEL

Für die Herstellung einer Malfarbe müssen die Pigmente mit dem Bindemittel gründlich verrieben werden. Dieses Anreiben der Farben wurde bis zur Industrialisierung im 19. Jahrhundert in den Malerwerkstätten noch überwiegend von Gehilfen oder Malerlehrlingen erledigt. Dazu wurde ein »Läufer« auf der angerauten Stein- oder Glasplatte benutzt oder Mörser und Reibkeule (Pistill).

In den großen Künstlerfarbenfabriken werden Pigmente und Bindemittel zuerst in Knetwerken angeteigt, dann wird der Teig auf so genannten Walzenstühlen zu Malfarben von pastenförmiger Konsistenz gerieben.

Bindemittel sind entweder von Natur aus flüssige Verbindungen, oder aber sie sind Lösungen fester Stoffe. Nach Verdunsten des Lösungsmittels oder Erhärten des Bindemittels werden die Farbmittelteilchen miteinander verkittet und fest auf die Unterlage angeklebt. Bindemittel lassen sich einteilen nach Herkunft (pflanzliche, mineralische, tierische und synthetische Bindemittel), Zusammensetzung (natürliche und synthetische Harze und Eiweißstoffe) oder nach der Art des verwendeten Lösemittels, wie im Folgenden beschrieben.

Die Bindemittel lassen sich nach Art des Trocknens oder Erhärtens einteilen in:

- **Physikalisch trocknende Bindemittel**
  Nach dem Verdunsten der jeweiligen Lösungsmittel bleibt das Bindemittel auch im gealterten Zustand in gewisser Weise löslich (z. B. Lösungen von Harzen und Pflanzengummen).

- **Chemisch trocknende Bindemittel**
  Diese erhärten in chemischen Prozessen (Oxidation, Polymerisation, Kondensation) und gehen dann in den festen Zustand über (z. B. die trocknenden Öle).

- **Physikalisch und chemisch trocknende Bindemittel**
  Nach Verdunsten des Lösungsmittels bleibt das Bindemittel zurück, härtet dann durch chemische Prozesse und wird schließlich unlöslich (z. B. Eidotter und Kaseinlösungen).

- **Thermoplastisch trocknende Bindemittel**
  Sie werden in geschmolzenem Zustand aufgetragen und erstarren dann beim Abkühlen (z. B. Wachs / Enkaustik).

Jacques Blockx reibt Ölfarben von Hand in seinem Farblabor.

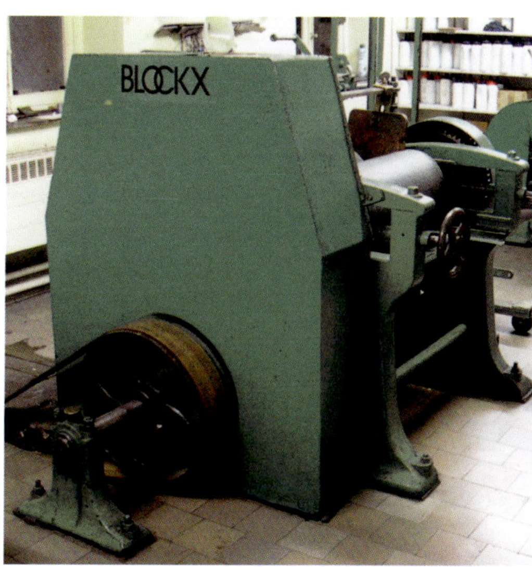

Der große Dreiwalzenstuhl bei J. BLOCKX Fils s. a. in Nandrin, Belgien

Nichtwässrige Techniken

Trocknende Öle

Trocknende Öle, auch fette Öle genannt, heißen die pflanzlichen Öle, welche unter Einwirkung von Luftsauerstoff einen mehr oder weniger klebfreien und elastisch auf dem Untergrund haftenden Film bilden. Sie absorbieren durch ihre ungesättigten Fettsäuren (meist Linolen- und Linolsäure) Sauerstoff aus der Luft. Ihre Verwendung in Mal- und Anstrichfarben beruht auf der Fähigkeit, mithilfe von Oxidation zu verfilmen.

Die folgenden so genannten trocknenden Öle sind maltechnisch von Bedeutung:

- Leinöl
- Walnusskernöl
- Sonnenblumenöl
- Mohnöl

Diese Öle sind alle in Terpentinöl oder in Benzinkohlenwasserstoffen löslich. Sie bestehen überwiegend aus einer Verbindung von Glyzerin, einem dreiwertigen Alkohol, mit Fettsäuren; darum heißen sie auch fette Öle. Die Wörter Öl und Fett bezeichnen nur jeweils den Zustand und weisen darauf hin, ob eine Substanz bei Normaltemperatur flüssig oder salbenartig fest ist.

Die Glyzerin-Fettsäure-Verbindung wird chemisch als Ester bezeichnet, wobei ein Glyzerinrest drei Fettsäurereste bindet. Meist sind in einer Ölart verschiedene Fettsäuren mit unterschiedlichen Eigenschaften enthalten. Die Struktur eines solchen Esters kann man sich so vorstellen:

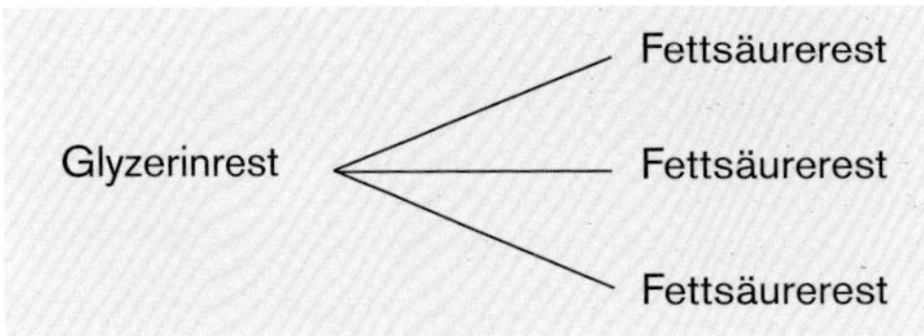

Glyzerin-Fettsäure-Verbindung

Neben den Triglyzeriden sind in jedem trocknenden Öl noch freies Glyzerin, freie Fettsäuren sowie anorganische und arteigene organische Beistoffe in geringen Mengen enthalten.

Die Trockenfähigkeit und die Trockengeschwindigkeit eines fetten Öles werden bestimmt durch:

- die chemische Beschaffenheit seiner Fettsäuren, d.h. ihre Oxidierbarkeit (= Reaktionsfähigkeit mit Luftsauerstoff),
- die Menge verschiedener Fettsäuren und
- die hierin enthaltenen Beistoffe.

Leinöl ist zwar stets Leinöl, doch die Eigenschaften können sich je nach Wachstumsbedingungen der Saat, Herkunft oder Art der Ölherstellung unterscheiden. Dabei beeinflussen auch die Fettsäuren oder Beistoffe die Qualität eines maltechnischen Filmes. Besonders diese zwei Fettsäuren bestimmen die Trockenfähigkeit.

Drei ungesättigte Fettsäuren

Weil sie an drei Stellen Sauerstoff aufnehmen kann, ist die Linolensäure die reaktionsfähigste und trocknet somit rasch. Die Linolsäure ist weniger reaktionsfähig, da sie nur zwei reaktionsfähige Oxidationspunkte besitzt. Die Ölsäure vermag aber den Trockenprozess nur wenig zu beeinflussen, da sie nur an einer Stelle ihres Moleküls oxidiert. Diese drei Fettsäuren werden als ungesättigt bezeichnet.

Übrige Ölbestandteile

Alle übrigen Ölbestandteile können keinen Sauerstoff aufnehmen und deshalb nicht trocknen, wie etwa die gesättigten Fettsäuren. Wenn sie auch die Verfilmungsgeschwindigkeit nicht positiv beeinflussen, so scheinen sie dennoch Einfluss auf die Filmqualität zu haben.

Ölgewinnung

Schon im Altertum und im Mittelalter wurden die trocknenden Öle durch einfaches Auspressen der Pflanzensamen gewonnen: zuerst auf einfachen Keilpressen, später auch auf Schraubenpressen. Dieses Kaltschlagöl ist relativ hell und lässt sich nicht nur als Speiseöl, sondern eben in der Mal- und Anstrichtechnik benutzen.

Wegen der schonenden Behandlung enthalten solcherart gepresste Öle weniger Schleimstoffe und geringe Mengen an Farbstoffen, etwa aus den Samenhüllen. Lange Zeit galt das kaltgeschlagene Öl als besonders gut geeignet zum Malen. Unterdessen wurden Raffinationsverfahren entwickelt, die alle Verunreinigungen auch aus industriell gepressten Ölen beseitigen.

Öltrocknung und Sikkativierung

Die fetten Öle enthalten eigene Katalysatoren und trocknen chemisch durch Autoxidation, also durch die »freiwillige« Sauerstoffaufnahme ungesättigter Fettsäuren. Dabei geht flüssiges Öl über halbfeste Zwischenstufen in einen festen, elastischen Film über. Dieser Film kann Pigmente einlagern und beim Trocknen auf dem Malgrund gleichsam festkleben.

Die Aufstriche nehmen dabei an Gewicht und auch an Volumen zu, was bei einem zu dicken Auftrag oder bei zu starker Sikkativierung als Runzelbildung erkennbar wird. Dieses Runzeln ist hier quasi eine sichtbare Volumenvergrößerung im Film des Farbauftrags, die an der Grenzfläche Luft / Film aufgrund höherer Sauerstoffkonzentration stärker auftritt als in den unteren Schichten.

Oxidationsvorgang

Wenn dieser Oxidationsvorgang in Gang gebracht ist, geht er im Übrigen weiter durch die ganze Filmbildung. Denn er kann den zuerst noch zäh-elastischen Film über lange Zeiträume (etwa Jahrzehnte) hart und unlöslich in Lösemitteln werden lassen (und ihn gleichsam sehr langsam verbrennen). Denn der Film, der durch Sauerstoffaufnahme an Gewicht zunahm, verliert erst im Laufe der Zeit durch oxidative Abspaltungen an Substanz. Dabei spaltet er etwa Aldehyde, Kohlendioxid, Ameisen- und Essigsäure ab. Zu Beginn der Filmtrocknung überwiegt noch die Gewichtszunahme (= Sauerstoff wird aufgenommen), später überwiegt der Gewichtsverlust (Substanzverlust).

Öltrocknung

Leinöl trocknet am schnellsten; es braucht zur Trocknung je nach Zusammensetzung und äußeren Trocknungsbedingungen fünf bis zwölf Tage. Die Nuss-, Mohn- und Sonnenblumenöle haben eine längere Trockenzeit. Deshalb muss man so genannte Katalysatoren als Trocknungsbeschleuniger in Form von Sikkativen einarbeiten (um das Öl zu einer für die Malpraxis akzeptablen Trockenzeit zu zwingen). Katalysatoren werden in der Technik Stoffe genannt, die chemische Reaktionen einleiten oder beschleunigen, ohne selbst durch diesen Vorgang verändert zu werden. Sikkative sind solche Katalysatoren in der Ölmalerei.

Sikkative

Die meist in der Ölmalerei gebrauchten Sikkative sind Lösungen von Trockenstoffen in flüchtigen Lösemitteln, etwa Terpentinöl oder Testbenzin. Als Trockenstoffe bezeichnet man auch die löslichen Metallverbindungen, zumeist Kobalt-, Blei- oder Manganseifen, welche die Trockenzeit der trocknenden Öle beträchtlich verkürzen. Metallseifen sind Verbindungen des jeweiligen Metalls mit bestimmten organischen Säuren.

Wirkung der Sikkativmetalle

Es darf angenommen werden, dass die Metalle nicht nur beim Trocknen als Sauerstoffüberträger an die ungesättigten Fettsäuren tätig sind, sondern auch bei der Polymerisation das trocknende Öl von dem flüssigen in den festen Filmzustand überführen (Molekülzusammenschluss). Die Wirkung der Sikkativmetalle ist dabei verschieden.

Kobaltsikkativ

Kobalt soll zwar die Oberflächentrocknung begünstigen, aber rasch eine Haut bilden und deshalb einen Ölfilm nicht vollständig durchtrocknen lassen. In der richtigen Menge angewendet, ist Kobalt ein ebenso vorzüglicher wie zuverlässiger Trockner, der rasch einsetzt und zu einer gleichmäßig ablaufenden Verfilmung führt, die den Film elastisch erhält und auch weiße Farben nicht verfärbt.

Bleisikkativ

Dieses Sikkativ wird aus toxikologischen Gründen nicht mehr angeboten und sollte unbedingt vermieden werden! Es schien mehr die Polymerisation zu fördern, als die Sauerstoffaufnahme zu beschleunigen. Allein angewendet, reicht es zur Trockenwirkung nicht aus und wird deshalb meist mit Kobalt kombiniert.

Mangansikkativ

Mangan steht in seiner Wirkung zwischen Blei und Kobalt. Es wird in der Maltechnik nicht so sehr geschätzt, weil es eine Neigung zur Vergilbung des Malfilmes besitzt.

Regel: *Die in den Ölfilm eingebrachten Trockenstoffe verlieren nach beendeter Trocknung nicht ihre Fähigkeit, Sauerstoff zu übertragen; daher dürfen sie nie im Übermaß verwendet werden.*

Da man nie weiß, wie viel Trockenstoff die gekauften Ölfarben bereits enthalten, ist es ein Wagnis nachzusikkativieren. Man sollte besser abwarten, bis die Ölfarbe getrocknet ist.

Ölfirnis

Das trocknende Öl, dem in der Ölmühle bei höheren Temperaturen (bei etwa 130 °C) feste Trockenstoffe zugefügt wurden, bezeichnet man als Ölfirnis, der auch in der Anstrichtechnik benutzt wird.

Wenn einem schleimfreien und gebleichten Öl Trockenstoff als Sikkativlösung bei Normaltemperatur zugesetzt wird, dann wird das als »kalt bereiteter Firnis« bezeichnet, der sich meist auch für Malzwecke eignet.

Überlieferte Sikkativ-Bezeichnungen

Siccativ de Courtrai nannte man früher das Blei-Mangan-Sikkativ. Sein Name verweist auf das heutige Kortrijk (Courtrai).

Siccativ de Cobalt war ein reines Kobaltsikkativ.

Siccativ de Haarlem war gar kein Sikkativ, sondern eine rasch trocknende Öl-Harz-Verkochung, ein rasch trocknender, magerer Lack.

Auch das Wort Seifen steht in engem Zusammenhang mit den Sikkativen. Es lässt an die aktiven Pigmente denken, die in öligem Aufstrich mit Fettsäuren zusammen ebenfalls Seifen bilden und deshalb die Filmtrocknung beschleunigen, überdies noch andere maltechnisch günstige Wirkungen besitzen.

Trocknungsfördernde und trocknungshemmende Pigmente

Neben den trocknungsfördernden Pigmenten, wie Blei-, Zink-, Kobalt-, Manganpigmente, gibt es auch Trocknungsverzögerer. Das sind hauptsächlich die feindispersen Pigmente, die sich dem kolloiden Bereich nähern. Sie tendieren zur Adsorption (Ansaugen) der Trockenstoffe und machen sie so für die Trocknung unwirksam. So adsorbieren Elfenbeinschwarz und Krapplack stets einen Teil des Trockenstoffes. Dabei verliert eine Ölfarbe langsam an Trocknungsfähigkeit. Darum wird in solchen Fällen gern mit so genannten Futtertrocknern gearbeitet, die die Adsorptionsfähigkeit der Pigmente herabsetzen, um so eine einwandfreie Trockenzeit sicherzustellen.

Auftragsstärke, Temperatur, Licht und Luftfeuchtigkeit

Die Trockenzeit wird auch merklich durch Auftragsstärke, Temperatur, Licht und Luftfeuchtigkeit (Filmdicke) beeinflusst.

- Für die Temperatur gilt die alte chemische Faustregel: Ein Temperaturanstieg von 10 °C verdoppelt in etwa die Reaktionsgeschwindigkeit.
- Bei direktem Sonnenlicht trocknen Ölfilme wesentlich schneller als im Streulicht eines Ateliers – oder gar noch in Dunkelheit. Es sind überwiegend die energiereichen Ultraviolettstrahlen, die sich reaktionsbeschleunigend auswirken.
- Luftfeuchtigkeit wirkt dagegen verschieden. Während die Trockenfähigkeit von Mangan bei erhöhter Feuchtigkeit leidet, benötigt Kobalt hingegen einen gewissen Grad an Feuchtigkeit, um die trocknungsbeschleunigende Wirkung zu erhalten.

Für die Filmdicke gilt: *Die Trockenzeit steigt im Quadrat zur Filmdicke. (Ist ein Film doppelt so dick, benötigt er also die vierfache Trockenzeit.) Abgesehen davon können dickere Ölfilme niemals so gesund durchtrocknen wie dünne. In solchen Fällen fördern eben die aktiven Pigmente die Durchtrocknung.*

Die folgende Tabelle gibt Aufschluss über die Trockenzeiten von Leinölfilmen:

Filmdicke	Trockenzeit
> 80 µ	ca. 1–2 Tage
> 100 µ	ca. 2 Tage
> 200 µ	ca. 4 Tage
> 400 µ	ca. 16 Tage
> 800 µ	ca. 256 Tage

Die Verwendung von Harzen bedingt auch stets die Anwesenheit flüchtiger Lösemittel. Wenn diese möglicherweise aus dicken Filmen noch nicht vollständig entweichen konnten, bevor sich eine Haut gebildet hat, besteht bei Wärmeeinwirkung das Risiko der Bildung von Blasen, die später kleinere Farbabsprengungen zur Folge haben können.

Schließlich sind in jedem Öl neben anorganischen Verunreinigungen noch Schleimstoffe enthalten, die ganz erheblichen Einfluss auf Trockenfähigkeit und maltechnische Filmqualität ausüben. Schleimstoffe enthalten neben anorganischen Bestandteilen Eiweißkörper, Kohlehydrate und Glyzerin-Fettsäure-Phosphorsäure-Verbindungen nach Art des Lezithins. Sie sind in der Saat enthalten und gehen beim Pressen mitsamt der Schalenfarbstoffe in umso größeren Mengen in das Öl über, je feuchter die Saat beim Pressen ist. Selbst bei trockener Saat und noch bei kalter Pressung lässt sich die Anwesenheit von Schleimstoffen im Öl nicht vermeiden. Diese Schleime wirken nicht nur trocknungshemmend; weil sie als Wasser-Öl-Emulgatoren wirken, sind und bleiben sie auch außerordentlich feuchtigkeitsempfindlich. Ihre Entfernung ist unumgänglich, wenn man ein maltechnisch brauchbares Öl herstellen will.

Leinöl

Leinöl wird aus den Samen der für die Ölgewinnung gezüchteten Lein- oder Flachspflanze (Linum usitatissimum L.) gewonnen, die uns, wenn auch in anderer Züchtung, die Flachsfaser liefert. Reifegrad und Reinheit der Samen sind für die Beschaffenheit des späteren Produktes ausschlaggebend. Je nach Bodenart, Düngung, Wetter und Jahrgang fällt die Ölqualität verschieden aus. Argentinien, die USA, Indien und die Staaten der früheren Sowjetunion sind die bedeutendsten Anbauländer für Leinsaat.

Der Linolensäureanteil des Leinöls, der für rasches und solides Durchtrocknen der Ölfilme sorgt, ist aber auch Ursache für das Gilben und Nachdunkeln dieser Filme bei Lichtabschluss.

Ausgangsprodukt für das zur Künstlerfarbenherstellung geeignete Leinöl ist das entschleimte und sehr helle Lackleinöl (in Deutschland über DIN-Normen geregelt). Die Rohleinöle, die noch Farb- und Schleimstoffe enthalten, werden in Malfarben generell nicht benutzt. Der notwendige Gehalt freier Fettsäuren im Öl richtet sich nach der Art der zu reibenden Pigmente. Universell geeignet sind Leinöle mit einer Säurezahl zwischen 4 und 6; mit ihnen lassen sich die Pigmente besser benetzen als mit neutralen Ölen.

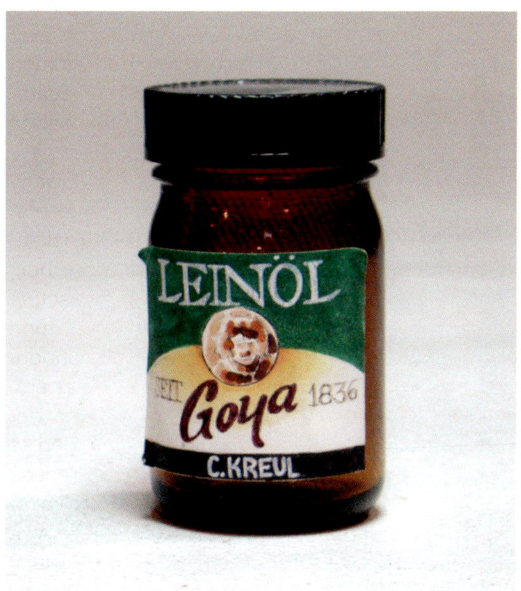

Leinölflasche mit dem Etikett eines nicht ausgeführten Entwurfs; Thomas Sommer

Zur Herstellung der früher geschätzten kaltgeschlagenen, d.h. kaltgepressten Leinöle wurde die Saat auf dem Kollergang (oder Walzenstuhl) gemahlen bzw. zerkleinert und bei Wasserdampf erhitzt, um der trockenen Saat die nötige Feuchtigkeit hinzuzufügen. In Tücher eingeschlagen wurde die Masse dann hydraulisch gepresst.

Man sollte stets nur das beste kaltgeschlagene Öl für Speisezwecke kaufen, wenn es zum Selbstanreiben von Ölfarben verwendet werden soll.

Leinölstandöl

Das helle Leinölstandöl wird aus Lackleinöl bei etwa 280 °C im geschlossenen Stahlkessel bei sauerstofffreier Atmosphäre gekocht. Dazu werden inerte, reaktionsarme Gase (Kohlendioxid, Stickstoff) eingeleitet, damit das Öl ausschließlich durch molekulare Umlagerungen und Vernetzungen (Polymerisation) verdickt. Haftfestigkeit, Feuchtigkeitsunempfindlichkeit und Elastizität der Filme von Standöl sind weit höher als die normaler Leinölfilme. Wegen des geringen Gehaltes gilbungsfähiger Gruppen sinkt auch die Gilbungsfähigkeit im Aufstrich.

Die Trockenzeit der Leinölstandöle ist bedeutend länger als die der normalen Leinöle. Durch Polymerisation eingedickt, sikkativiert und mit Terpentinöl auf Malmittelkonsistenz gebracht, sind Leinölstandöle trotz der langsamen Trocknung sehr zuverlässige Malmittel in der Ölmalerei. Malresultate wie weiche Übergänge, Schmelz oder Glanz sind ohne Schwierigkeit mit Leinölstandöl-Lösungen zu erreichen. Besonders in der Lasurtechnik können verdünnte Leinölstandöle bei einiger Übung hilfreiche Dienste leisten.

Walnusskernöl

Dieses gelbliche Nussöl liegt sowohl in Zusammensetzung wie in maltechnischen Eigenschaften zwischen Leinöl und Mohnöl. Weil seine Filme bei etwa 110 °C schmelzen, ähnelt es mehr dem Mohnöl. Aufgrund der geringen Menge an Linolensäure trocknet es etwas schneller als Mohnöl; eine einwandfreie Durchtrocknung wird dennoch oft nicht erreicht. Dieses früher in Italien häufiger verwendete Öl spielt in der Malerei keine Rolle mehr.

Mohnöl

Mohn wird überwiegend in China, Indien und im gesamten Vorderen Orient angebaut. Aus gereinigten Samen wird das blassgoldene »wei-

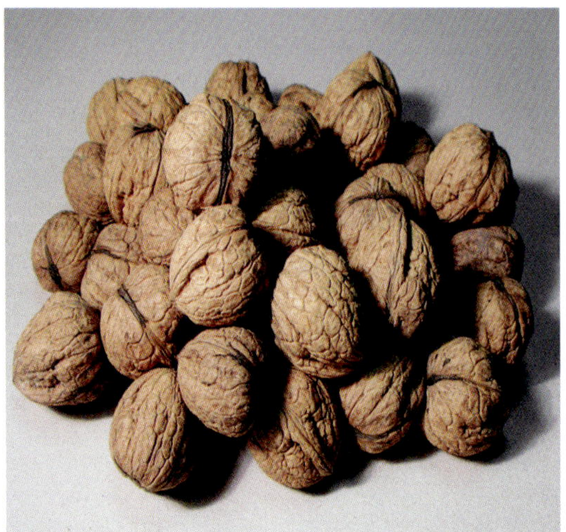

Walnüsse aus dem Alten Land, Hamburg

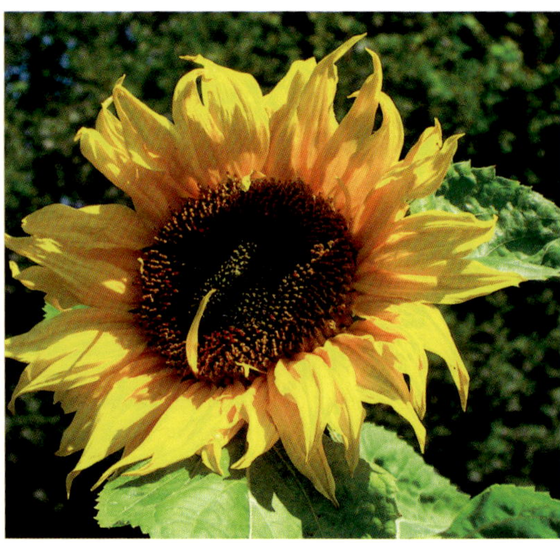

Sonnenblumen an der Carlsburg, Schlei

ße Mohnöl« gepresst. Die bei hohen Temperaturen gepressten Nachschlagöle besitzen einen leichten Stich ins Rötliche. Mohnöl wird seit dem 17. Jahrhundert in der Malerei verwendet.

Das linolensäurefreie Mohnöl neigt weniger zum Gilben als Leinöl, wahrscheinlich wird es deshalb schon lange zum Anreiben von Weißpigmenten verwendet. Dieser maltechnische Vorzug wird durch eine längere Trockenzeit bei geringerer Filmqualität der Mohnölfilme im Vergleich zum Leinölfilm erkauft. Nur gemeinsam mit den aktiven weißen Pigmenten Kremser Weiß und Zinkweiß erreichen Mohnölfilme eine maltechnisch wirklich gute Qualität. Denn dann wird sogar ohne Sikkativierung eine befriedigende Trockenzeit erreicht. Durch das Fehlen der Linolensäure ergibt sich ein vollständig anderer Trocknungsverlauf.

Reine Mohnölfarben lassen sich noch nach sechs bis acht Tagen nass in nass vermalen, auch wenn sie weder Kremser Weiß noch Zinkweiß enthalten. Wegen der geringen Trocknungsneigung hauten und runzeln sie auch weniger als Leinölfarben. Vom 17. bis weit ins 20. Jahrhundert hinein spielte Mohnöl als Anreibemittel für Ölfarben, allein oder in Mischung mit Leinöl, anscheinend eine beachtliche Rolle.

Mängel von Mohnöl

Zwei Mängel von Mohnöl geben allerdings zu einer kritischen Betrachtung Anlass.

- **Frühsprungbildung im Mohnölfilm**
  Mohnölfilme spalten beim Trocknen enorme Mengen Filmabbauprodukte ab, die zum Frühschwundsprung neigen. Dieser Frühsprung erfolgt nur in relativ jungen Malschichten und kommt dabei sowohl bei dünnen als auch dicken Aufträgen vor. Besonders stark tritt er bei feindispersen Pigmenten auf. Der Frühsprung unterscheidet sich vom Alterssprung, weil er nicht wie dieser vertikal durch die gesamte Bildschicht und Grundierung verläuft.

- **Rissbildung im Mohnölfilm**
  Rissbildungen sind immer dann unvermeidlich, wenn langsam trocknende (länger weich bleibende) Mohnölfilme über normal durchtrocknende (also rascher hart verfilmende) Leinölfilme gestrichen werden. Der bereits starre Leinölfilm kann den Bewegungen eines weichen Mohnölfilms nicht folgen.

Originalrezept zur Anfeuchtung von Lasuren:

1/3 Mastixfirnis mit
2/3 Mohnöl und
eine kleine Menge
weißes Wachs in Terpentinöl
als Lasuranfeuchtung (zum Hineinmalen)

Sonnenblumenöl

Die Samenkerne der Sonnenblume enthalten etwa 50% Öl, das durch Pressen oder Extrahieren gewonnen wird. Während Sonnenblumenöl immer als Nahrungsmittel verwendet wurde, hat man es in der russischen Malerei schon früh auch als Bindemittel für Ölfarben benutzt. In Zusammensetzung und maltechnischen Eigenschaften ähnelt es dem Mohnöl und kann es ersetzen.

Harze

Naturharze

Baumexkrete, die als natürlicher Wundverschluss künstlich hervorgerufener Verletzungen dienen, nennt man Harze. Sie bestehen zum größten Teil aus kompliziert gebauten organischen Harzsäuren, Harzestern, Harzalkoholen und anderen Verbindungen; teils enthalten diese Baumexkrete noch ihre ätherischen Öle. Sind sie von mehr oder weniger zähflüssiger Konsistenz, bezeichnet man sie als Balsame. Sind die ätherischen Öle entwichen und die Harze zu festen Stücken erstarrt, gehören sie zu den Harzen im engeren Sinne. Die wasserlöslichen und wasserlöslich bleibenden harzartigen Pflanzenexkrete werden Pflanzengummen genannt; Harze dagegen sind in Alkohol, Terpentin, Benzin o. Ä. löslich.

Rezente, fossile und rezentfossile Harze

Je nach Alter unterscheidet man rezente, rezentfossile und fossile Harze. Die rezenten Harze werden von lebenden Bäumen gewonnen. Rezentfossile Harze können dagegen Jahrhunderte alt sein und teils aus dem Boden geholt werden. Je nach Alter und äußeren (Boden-)Einflüssen haben sie sich chemisch mehr oder weniger verändert, was sich bei alten Sorten an einer verminderten Löslichkeit erkennen lässt. Zu den fossilen Harzen gehört nur der Bernstein, dem ein Alter von über 100 000 Jahren zugeschrieben wird. Maltechnisch relevante Harze sind stets rezent.

Mit den chemischen Veränderungen beim Alterungsprozess werden die Harze in der Regel unlöslich. Auch Naturharze neigen im Vergleich mit fetten Ölen zur Autoxidation, aber nur in sehr geringem Umfang. Der Zeitraum, in dem ein rezentes Harz unlöslich wird, ist enorm groß. Einige rezente Harze, die in der XIX. Dynastie in Ägypten bei der Balsamierung verwendet wurden, sind noch heute, 3000 Jahre später, einwandfrei in Alkohol löslich. Synthetische Harze, also Kunstharze, sind im 19. Jahrhundert erstmals gezielt in chemischen Laboratorien dargestellt worden. Seit 1901 das erste Glyptalharz hergestellt wurde, wird eine Kunstharzforschung betrieben, die zur Produktion wichtiger Rohstoffe für die Lack- und die Künstlerfarbenindustrie geführt hat.

Terpentine und Balsame

Als Terpentine bezeichnet man die Balsame der Nadelbäume. Die Terpentine der Edeltannen und Lärchen zählen zu den feinen und die aller anderen Baumarten zu den gemeinen Terpentinen. Die Terpentine bestehen aus dem eigentlichen Harz und den ätherischen Ölen, den so genannten Terpentinölen. Durch Destillation lassen sich Harz und Terpentinöl voneinander trennen. Die Abbildung auf S. 143 zeigt die Balsamterpentinöl-Gewinnung in Mittelportugal.

Lärchenterpentin

Die Lärche ist fast überall in Europa verbreitet. Balsam wird jedoch nur in der Steiermark sowie in Nord- und Südtirol aus der Stammpflanze Larix decidua gewonnen. Im Frühjahr wird der Baum bis ins Kernholz angebohrt, das Bohrloch wird mittels eines Holzkeiles verschlossen und im Herbst ausgekratzt. Je nach Alter und Standort liefert ein Baum pro Jahr zwischen 200 und 4000 Gramm Terpentin. Dieser Balsam hieß früher auch Venezianisches Terpentin, da der gesamte Tiroler Handel damals über Venedig abgewickelt wurde.

Lärchenterpentin ist hellgelb bis bräunlich gelb, klar und von honigartiger Konsistenz; es schmeckt bitter und verläuft zu einem klaren, nicht fest werdenden Film. Wichtig ist seine Eigenschaft – im Unterschied zum Straßburger Terpentin –, keine Harzsäuren auskristallisieren zu lassen. Unter dem Mikroskop sind Verfälschungen mit gewöhnlichem Terpentin (= Kolophonium) leicht zu erkennen, da gewöhnliches Terpentin Harzsäuren in großer Menge auskristallisiert. Es ist in Terpentinöl, Benzin und Alkohol löslich. Lärchenterpentin ist verseifbar.

Die Zusammensetzung ist etwa:
70 % Larizinolsäuren,
20 % Lärchenterpentinöl,
10 % Unverseifbares.

Venezianer Terpentin

Venezianisches Terpentin wurde früher häufig als Harzkomponente in Firnissen oder als Malmittel verwendet, wenn diese noch andere Harze oder trocknende Öle als Filmbildner enthielten. Aber zum einen klebt es lange und gilbt auch; zum anderen neigt es zum Verspröden, wenn es einmal trocken ist.

Dieses alte Material wurde zuweilen noch in Malemulsionen verwendet. Mit Terpentinöl in Harzlösungen oder in fetten Ölen abgemischt kann dieses Malmittel emailleartige Wirkungen hervorbringen oder das Ineinanderschwimmen von Übergängen bei der Ölmalerei begünstigen.

Straßburger Terpentin

Früher lieferten die im Elsass geharzten Weißtannen das so genannte Straßburger Terpentin. Heute ist dieser Balsam allerdings kaum mehr erhältlich. Es bestand etwa zu 65 % aus Harz und zu 35 % aus ätherischem Öl, war hellgelb bis bräunlich, vollkommen durchsichtig und von dünner sirupartiger Konsistenz. Das ätherische Öl besitzt die gleichen technologischen Eigenschaften wie das gewöhnliche Terpentinöl. Das Harz enthielt eine geringe Menge Abietolsäure, die in Lösungen stark zum Auskristallisieren neigte. Diesem schwer zugänglichen Material wurden außergewöhnliche maltechnische Eigenschaften zugeschrieben; es besitzt ähnliche Eigenschaften wie Kolophonium.

Kanadabalsam

Der so genannte Kanada- oder auch Oregonbalsam enthält zu etwa 25 % ätherisches Öl, riecht aromatisch, ist und bleibt wasserklar und in dünner Schicht farblos. Deshalb wird er zum Verkleben und Einbetten mikroskopischer Präparate benutzt; in der Maltechnik konnte er sich nicht durchsetzen.

Elemibalsam

Dieser auf den Philippinen oder in Südamerika gewonnene Balsam fließt sehr dünn aus der Rinde und ist von heller rötlicher oder grünlicher Färbung.

Zur Reinigung werden alle Sorten vor der Verarbeitung erst in Alkohol gelöst und filtriert. In der Lackindustrie kam Elemi früher als Weichmacher in Sprit- und Nitrozelluloselacken zum Einsatz; maltechnisch wurde es ab und an zum Elastifizieren von Firnissen eingesetzt. Man hat es jedoch immer mit Vorsicht betrachtet.

Kopaivabalsam

Kopaivabalsam wurde erst im 17. Jahrhundert in Europa bekannt und fand zunächst nur in der Medizin Verwendung. Für maltechnische Zwecke wurden der aus Venezuela stammende dickflüssige Maracaibobalsam wie auch der aus Brasilien stammende Parabalsam empfohlen.

Maracaibobalsam enthält 40 % Kopaivaöl, der besonders stark nachdunkelnde Parabalsam besitzt 80 % Balsamöl. Beide Balsame enthalten kristalline Harzsäuren und unterliegen damit der Autoxidation, d. h., sie verharzen und verbräunen mit der Zeit. Die Balsamöle besitzen aber einen sehr hohen Siedepunkt (um 260 °C); sie sind kaum flüchtig, sodass sie nicht als Lösemittel, sondern als lösende Weichmacher im Film betrachtet werden sollten, die ihre lösende Wirkung auf unabsehbare Zeit beibehalten. Kopaivabalsam gehört in den Giftschrank von Restauratoren und Malern!

Rezente Harze

Kolophonium

Der Balsamausfluss von Koniferen wird durch Anschneiden der Rinde in Gang gesetzt. Er wird am Baum in Töpfen aufgefangen, gesammelt und durch Wasserdampfdestillation in Harz und Terpentinöl getrennt. Die stark flüchtige »Terpentinessenz« wird bei manchen Verfahren abgetrennt, um milder riechende Terpentinöle zu erhalten. Der kristalline Rückstand ist Kolophonium, das sich weder für die Firnis- noch für die Malmittelherstellung eignet, weil es zu sauer ist, spröde auftrocknet und zudem im Film noch nachklebt.

Sandarak

Das Harz Sandarak ist nicht identisch mit dem alten Pigment Sandarak. (Im Mittelalter wurden die Pigmente Auripigment und Massicot zuweilen auch als Sandarak bezeichnet.)

Sandarak, das Koniferenexkret von der nordafrikanischen Küste, wird in gelblichen bis rotbraunen eiszapfenähnlichen Stücken gehandelt und wurde früher oft mit Kolophonium verfälscht. Im Mittelalter und noch im 19. Jahrhundert wurde dieses Harz in Alkoholfirnissen verwendet. Weil es spröde und ziemlich dunkle Filme liefert, ist es in der Maltechnik schon seit längerer Zeit nicht mehr in Gebrauch.

Mastix

Die Mastix-Pistazie wird u. a. auf der griechischen Insel Chios von alters her geharzt. Durch leichtes Anritzen der Rinde tritt das Harz in »Tränen« aus. Mastix wird in seiner Heimat zum Harzen von Wein benutzt, war und ist als Kauharz ein natürlicher Kaugummi; in der Medizin diente es früher als Klebstoff Masticol zum Ankleben von Verbänden.

Die »Tränen« sind von blassem Gelb, kleben beim Kauen und schmecken angenehm aromatisch. Das Harz erweicht bei Temperaturen von 80 bis 90 °C und schmilzt schließlich bei 100 bis 120 °C. Es ist härter als Dammar und gilbt etwas stärker. In Terpentinöl und Alkohol ist es fast vollständig löslich; seine Löslichkeit in Benzin ist dagegen unterschiedlich. Die Säurezahl von Mastix liegt zwischen 50 und 80.

Mastixlösungen in Terpentinöl sind als »Mastixfirnisse« im Handel erhältlich.

Herstellen von Mastixfirnis

Am besten wird ein mit Mastixharz befüllter Gazebeutel (auch »Teestrümpfe« haben sich bewährt) in eine mit Terpentinöl gefüllte Weithalsflasche eingehängt. Das Harz soll dabei in das Terpentinöl eintauchen und sich langsam auflösen. Es wäre falsch, das Harz vorher zu pulverisieren, weil es dann zusammenklebt. Zeitweiliges Schütteln beschleunigt den Lösungsvorgang; Wärmeeinwirkung sollte vermieden werden. Verunreinigungen können durch mehrere Lagen Kaffeefilterpapier über einem Glastrichter oder durch einen Damenstrumpf abfiltriert werden.

Rezept für Mastixfirnis

Zum Herstellen von Mastixfirnis löst man das Harz in Terpentinöl im Verhältnis:
1 Gewichtsteil Harz
3–4 Gewichtsteile Terpentinöl

Rezept für Mastix-Malmittel

Malmittel für die Herstellung von Malemulsionen hält man etwas harzreicher, in folgendem Verhältnis:
1 Gewichtsteil Harz
2–3 Gewichtsteile Terpentinöl

Dammar

Die besten, hellsten Dammarsorten kommen aus Sumatra und sind daher auch unter dem Handelsnamen »Batavia Dammar« erhältlich. Das Harz wird in Baumkulturen abgesammelt und nach Helligkeit und Stückgröße sortiert. Weil in Indonesien alle Harze als »Dammar« bezeichnet werden, gibt es keine bestimmbaren Stammpflanzen. Für Malzwecke sind nur die hellsten Sorten geeignet, am besten in großen Stücken. Pulverware und Granulat neigen beim Lösen, ähnlich wie Mastix, zum Zusammenkleben; sie sind zwar billiger, enthalten aber auch mehr Verunreinigungen.

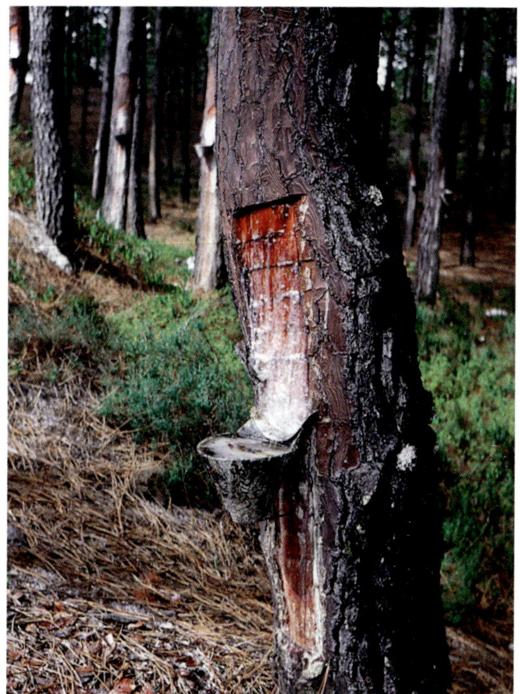

Beim kontrollierten Harzen der Koniferen unweit von Nazaré / Portugal wird Harzfluss unten im Gefäß aufgefangen.

Gute Dammarsorten sind sowohl in Terpentinöl als auch in Testbenzin vollständig löslich, in Alkohol dagegen nur teilweise. Charakteristisch für Dammarlösungen ist ihre leichte Trübung. Sie wird durch hochoxidierte Harzsäuren, den Dammarwachs, und durch Feuchtigkeit hervorgerufen. Diese Trübung kann durch Filtrieren im Glastrichter durch eine doppelte Lage Kaffeefilterpapier beseitigt werden. Der Erweichungspunkt der verschiedenen Dammarsorten liegt meist zwischen 70 und 80 °C. Sie schmelzen dünnflüssig bei etwa 150 °C; ihre Säurezahl liegt zwischen 30 und 50.

Dammarfirnis

Dammarlösungen werden sowohl als Schluss- wie auch als Retuschierfirnisse verwendet, ebenso als Malmittel in der Ölmalerei und als Bestandteil von Malemulsionen. Dammarfilme trocknen anfangs elastisch, später zu leicht spröden Firnisfilmen auf. Sie gilben etwas weniger als

Mastixfilme. Dammarlösungen sind als »Dammarfirnis« im Handel erhältlich. Eine Dammarlösung stellt man wie folgt selbst her:

Rezept für Dammarfirnis

Man löst das Harz in Terpentinöl im Verhältnis:
1 Gewichtsteil Dammarharz
3–4 Gewichtsteile Terpentinöl

Rezept für Dammar-Malmittel

Als harzreicheres Malmittel zum Verarbeiten mit Ölfarben oder zum Herstellen von Malemulsionen löst man so:
1 Gewichtsteil Dammarharz
2–3 Gewichtsteile Terpentinöl

Kopal- und Bernsteinlacke in der Malerei

Fossile Harze wie Bernstein und rezentfossile Harze wie Kopal zählen zu den härtesten Naturharzen überhaupt. Sie sind in üblichen Lösemitteln unlöslich. Man muss sie auf eine recht komplizierte Weise in fetten Ölen (etwa Leinöl) lösen. Dazu muss das Harz zuerst »ausgeschmolzen«, also öllöslich werden. Dabei werden in einem Kessel bei Temperaturen um 300 °C die langkettigen Harzsäuremoleküle »gecrackt« (zerrissen) und so auf die Länge gebracht, die eine chemische Verbindung des Harzes mit dem fetten Öl erlaubt (»Umesterung«). Dabei verliert das Harz bis zu 30 % an Gewicht, und der Sud wird merklich dunkler. Sobald die Ölverträglichkeit erreicht ist, wird heißes Öl zum Sud gegeben und so lange verkocht, bis der Sud klar ist. Nach dem Abkühlen kann dieses Lackkonzentrat mit Terpentinöl oder Testbenzin verdünnt und sikkativiert werden.

Bei diesem Lackkochprozess entsteht eine völlig neue Substanz, eine Harz-Öl-Verbindung, ein Harz-Öl-Lack oder Harz-Öl-Firnis. Diese kann man nun mit Terpentinöl verdünnen. Ihre Filme trocknen dann allerdings terpentinölunlöslich auf.

Historisches über Firnisse

Schon *Plinius* stellte fest: *»... resina omnis dissolvitur oleo ...«* – alles Harz wird von Öl gelöst. Wir wissen jedoch nicht, welches Öl und welches Harz gemeint waren. Auch spätere Quellen überliefern nur ein Lösen von Harzen in heißem Öl. Erst von *Theophilus Presbyter* aus dem Kloster Helmarshausen wird ein Ausschmelzvorgang präzise beschrieben: »... siede, bis der dritte Teil verschwunden ist ...«, und dann folgte die Verkochung bis zur richtigen Lackkonsistenz mit vorgewärmtem Öl. *Theophilus* erwähnt übrigens auch ein Harz, »... quod vocatur fornis ...« – das Firnis genannt wird.

Die so gekochten Lacke oder Firnisse trockneten zwar schneller und lieferten auch widerstandsfähigere, bei höherem Glanz auftrocknende Filme als die fetten Öle von Leinöl oder das Nussöl allein. Sie waren aber ziemlich dunkel und zähflüssig. Deshalb musste man sie richtiggehend mit dem Handballen in die Bildoberflächen einreiben.

Erst seit Anfang des 17. Jahrhunderts stand dem Maler Terpentinöl zum Verdünnen dieser Firnissude in ausreichender Menge und zu einem akzeptablen Preis zur Verfügung. Man kannte nunmehr auch die rezenten Weichharze wie Dammar, die wesentlich hellere und hell bleibende Firnisfilme lieferten. Deren Harzanteil trocknet jedoch nicht wie ein trocknendes Öl oder ein verkochter Kopallack terpentinölunlöslich auf – Weichharzfilme der reinen Harzlösungen oder Harz-Öl-Gemische bleiben stets lösemittelempfindlich, selbst wenn eine gewisse Menge Leinöl zugemischt wurde. Da ein Gemisch aus Harz und Öl andere chemische Eigenschaften besitzt als die Verbindung zwischen Harz und Öl, können verkochte Lacke als Malmittel in der Bildsubstanz eigentlich keinen Schaden anrichten. Als Firnisse werden heute dennoch nur ölfreie Harzlösungen verwendet, die besonders hell bleibende Filme liefern sowie in Terpentinöl löslich sind und bleiben.

Schellack

Der alkohollösliche Schellack ist das Exkret der Lacklaus (Coccus lacca), die auf verschiedenen Baumarten in Indien und Thailand lebt, und damit das einzige Harz tierischen Ursprungs. Die Läuse in den Schellackplantagen sind auch Handelsartikel. Durch Anbinden der mit Läusen besetzten Zweige werden Äste oder Zweige unbefallener Bäume »infiziert«. Nach der Befruchtung beginnt bei den Weibchen eine starke Harzausscheidung, die das Tier und schließlich auch den Zweig umgibt und in der es nach der Eiablage verendet.

Auf komplizierte Weise wird der Blätterschellack hergestellt, der teils naturfarbig, teils gebleicht im Handel erhältlich ist. Schellack wird gebleicht, indem besonders helle Sorten in Sodalösung gelöst und der Wirkung sauerstoffabgebender Chemikalien ausgesetzt werden. Anschließend wird das wachsfreie Harz durch Säure ausgefällt und gründlich nachgewaschen. Um ihre Alkohollöslichkeit zu verlängern, werden Schellacke unter Wasser aufbewahrt (die Löslichkeit verringert sich im Laufe der Zeit jedoch und verschwindet schließlich ganz).

Schellack ist nur in Alkohol löslich. Seine Filme trocknen hart-elastisch und wasserfest auf und sind mechanisch sehr widerstandsfähig. Als Firnisharz auf Öl- und Temperabildern ist er jedoch zu spröde. Zudem stört auf Ölfilmen der Alkoholgehalt. Früher wurden 2%ige alkoholische Lösungen als Fixative verwendet, heute dienen dazu stark verdünnte Kunstharzlösungen. Schellacklösungen sollten stets in Glasflaschen aufbewahrt werden.

Die alkoholische Schellacklösung ist übrigens ein ausgezeichnetes Isoliermittel, mit dem man heute noch in der Mal- und Anstrichtechnik in altbewährter handwerklicher Manier »Harzgallen« in Hölzern isoliert.

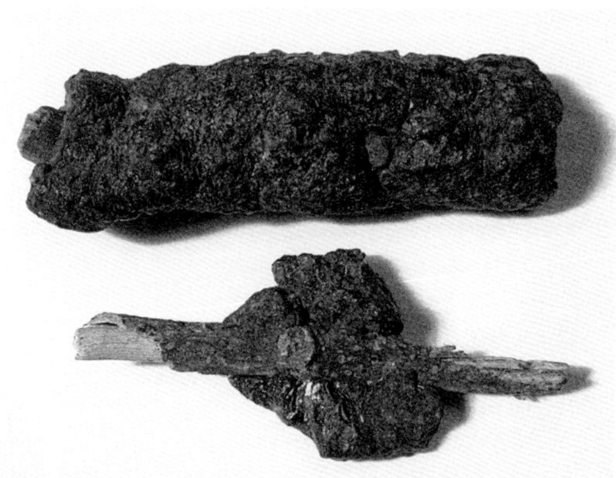

Der so genannte Stocklack erhält seine typische Form, nachdem er mithilfe stabiler Ästchen aus dem Sud abgestrichen wurde.

Kunstharze

Kunstharze bilden die Naturharze nicht nach. Sie weisen darum oft chemische und physikalische Eigenschaften auf, wie sie bei den Naturstoffen nicht vorkommen. Kunstharze lösen sich auch in Wasser und werden oft als Bindemittel in Form wässriger Dispersionen verwendet (in Wasser feinst verteilte Harzteilchen). In gewisser Weise ähneln sie den Temperabindemitteln. Die gängigsten synthetischen Bindemittel für Malfarben sind Acrylharzdispersionen bzw. die Acrylharze.

Acrylharze

1915 wurde das grundlegende Patent für die Herstellung von Acrylkunststoffen erteilt, das zur Herstellung von Acrylharzen (und auch zur Herstellung von Plexiglas) geführt hat, die heute in der Anstrich- oder Maltechnik und auch in vielen anderen Industriezweigen zur Anwendung kommen.

Aus den Grundstoffen Acrylsäure und Methacrylsäure können Kunstharze mit ebenso vielfältigen wie differenzierten Eigenschaften hergestellt werden. Die Harze entstehen dabei entweder als festes Harz, als Harzlösung in Lösemitteln gelöst oder auch mikroskopisch fein verteilt in wässriger Dispersion. Quasi im Baukastensystem werden bei der so genannten Kopolymerisation Harze mit genau definierten technologischen Eigenschaften produziert. Die Herstellung wird von der chemischen Großindustrie übernommen, sodass diese Harze, Harzlösungen oder Dispersionen für die Künstlerfarbenfabriken so genannte Halbfertigfabrikate darstellen.

Besonders die Abkömmlinge der Methacrylsäure werden als Harze für die Herstellung lichtechter, hochelastischer und gut haftender Firnisse in den Künstlerfarbenfabriken eingesetzt. Die Filme sind lichtecht, alterungsbeständig und lange in Benzin löslich. Feindisperse Lösungen und auch feine Dispersionen können als Isoliermittel auf stark saugenden Untergründen verwendet werden. Acrylharze in Lösung oder Dispersion werden auch als Klebemittel in der Restauriertechnik eingesetzt. Die Acryldispersionen sind Malmittel bei der Herstellung von Acryldispersionsfarben.

Alkydharze

Aus der Gruppe der Alkydharze sind hauptsächlich die öl- und fettsäuremodifizierten Typen für den Maler interessant. Es handelt sich dabei nicht um feste Harze im üblichen Sinn, sondern vielmehr um echte chemische Verbindungen von öligen und harzigen Substanzen, gleichsam Lackkonzentrate. Sie besitzen meist eine honigartige Konsistenz und müssen bei Wärme mit Terpentinöl und/oder anderen Lösemitteln verdünnt werden. Manchmal werden sie zuvor noch mit Leinöl verkocht, bevor man mit ihnen etwas anfangen kann.

Alkydharze werden aus dem Harzanteil hergestellt, der aus Polykarbonsäuren (z. B. Phtalsäure) und aus Polyalkoholen (z. B. Glyzerin) besteht. In diese Polyester können sowohl trocknende Öle wie Leinöl als auch nichttrocknende Öle wie Sojaöl, Palmkernöl u. a. eingebaut werden. Neben den ölmodifizierten Polyestern können auch ölfreie hergestellt werden. Der Ölanteil der Harze liegt zwischen 20 % und 70 %.

Die ersten Patente, die zur Entwicklung der Alkydharze geführt haben, stammen noch aus dem 19. Jahrhundert; Alkydharze werden seit etwa 80 Jahren in der Lackindustrie verwendet.

Alkydharzfarben sind mit Terpentinöl verdünnbar; in dünnem Auftrag trocknen sie extrem rasch an und in dickem Auftrag gut durch. Je nach Gesamtrezeptur und Auswahl der Alkydharze entstehen bei richtiger Beimischung Malmittel für gut haftende, elastisch und »hornhart« auftrocknende Filme, die selbst bei Lichtabschluss selten vergilben. Diese Filme trocknen chemisch wie die »echten« Ölfarben: Nach Verdunsten der Lösemittel lagern sie Sauerstoff in die Moleküle des Bindemittels ein und werden erst mit der Zeit für Terpentinöl unlöslich. Auch ihr Alterungsverhalten ist dem der trocknenden Öle verwandt.

Generell können Alkydharzfarben zusammen mit allen Ölfarben verarbeitet werden. Damit lassen sich Dauer und Ablauf der Trocknung in beiden Malfarbensystemen definieren: Ölfarben lassen sich zu rascherem Antrocknen und besserem Durchtrocknen bringen; umgekehrt lässt sich die Antrockenzeit der Alkydharzfarben verlängern. Die Künstlerfarbenindustrie bietet Alkydharzlösungen als Malmittel an, mit denen man sich aus Künstler-Ölfarbe eine Alkydharz-Ölfarbe ermischen kann. Damit können sich Maler ihre Alkydharz-Ölfarbe nach Bedarf selbst zubereiten und sind so unabhängig vom Künstlerfarbenhersteller. Entsprechende Instruktionen der Farbenhersteller sind dabei zu beachten.

Zyklohexanonharz

Aus Zyklohexanon, Methyl-Zyklohexanon oder einer Kombination von beiden lassen sich wasserhelle Kunstharze von höchster Lichtechtheit herstellen; sie sind völlig neutral, gegen Säuren, Laugen und Chemikalien beständig und trocknen als Harze allein und in Mischung mit fetten Ölen zu hochelastischen, gut haftenden Filmen auf. Mit Ausnahme von Methyl- und Äthylalkohol sind sie in allen gebräuchlichen Lösemitteln löslich. Ihr Erweichungspunkt liegt zwischen 75 und 90 °C. Aufgrund der synthetischen Herstellung sind keine Verunreinigungen vorhanden.

Das in Deutschland früher häufig verwendete AW2-Harz wurde technisch durch das Ketonharz N ersetzt, ein Kondensationsprodukt von Zyklohexanon, das seine Löslichkeit in Terpentinöl über längere Zeit behält. Bisher sind keine Bedenken gegen diese Harzgruppe angemeldet worden.

Rezept für Zyklohexanonharzfirnis

Man löst das Zyklohexanonharz im Verhältnis:
1 Gewichtsteil Zyklohexanonharz
3–4 Gewichtsteile Terpentinöl
oder Testbenzin

Rezept für Zyklohexanonharz-Malmittel

1 Gewichtsteil Zyklohexanonharz
2–3 Gewichtsteile Terpentinöl
oder Testbenzin

Firnisfilme aus Zyklohexanonharzen haben eine geringere Neigung zum Blauen oder Blauanlaufen. Bei Untersuchungen dieser merkwürdigen Erscheinung wurde festgestellt, dass es sich hier um einen feinkristallinen Niederschlag von Ammoniumsulfat handelt. Die genauere Ursache konnte aber nicht ermittelt werden. Sicherlich haben Temperaturschwankungen vor, während und nach dem Firnissen eines Bildes einen gewissen Einfluss auf dieses Blauanlaufen, erklären können sie diesen Prozess jedoch nicht.

Bienenwachs

Junge Arbeitsbienen schwitzen das Wachs aus, das zum Wabenbau verwendet wird. Frische Honigwaben liefern das helle, so genannte Jungfernwachs; Leer- und Brutwaben bestehen aus dunklerem Wachs. Die Farbe ist auch von den Pflanzenarten abhängig, von denen die Bienen gesammelt haben. Die Widerstandsfähigkeit (und damit die Bleichbarkeit) des Wachses wird von der Art und Menge der Pflanzenfarbstoffe bestimmt. Bienenwachs setzt sich aus Wachssäureestern, Cerotinsäure, Melissinsäure (kurz: Cerin), hochschmelzenden gesättigten Kohlenwasserstoffen sowie einem geringen Anteil an Geruchs- und Farbstoffen zusammen.

Rohwachs wird mit Dampf geschmolzen und sodann nachgereinigt. Für die Sonnenbleiche wurde früher das Bienenwachs in dünne Platten oder Bänder ausgegossen und so dem Sonnenlicht ausgesetzt. Auch Bleicherden wurden benutzt, ein inzwischen kaum noch gebräuchliches Verfahren. Heute wird meist mit Chemikalien gebleicht und anschließend gründlich nachgewaschen. Das gebleichte Bienenwachs ist hellweiß und leicht opak; es ist geruchs- bzw. geschmacksneutral, etwas härter als das Rohwachs und kann geringe Mengen von Paraffin oder Ceresin enthalten.

Bienenwachs schmilzt bei 60 bis 65 °C und ist bei Wärme in Terpentinöl, Benzin oder fetten Ölen leicht löslich. In Wasser ist es weder löslich noch quellbar, auch in kaltem Alkohol ist es unlöslich. In heißem Alkohol ist es zwar löslich, fällt aber bei Kälte wieder aus – gelöst bleiben nur die Cerotin- und Melissinsäureanteile. Das Wachs ist lichtecht, gegen Säuren unempfindlich und nicht oxidierbar. Damit gehört Bienenwachs zu den beständigsten organischen Substanzen, die wir kennen.

Bienenwachsseifen oder Wachsdispersionen

Mithilfe von Ammoniak oder Ammoniumkarbonat lässt sich der Cerinanteil leicht in wasserlösliche Ammoniumseifen überführen. Damit kann man die so genannte Bienenwachsseife herstellen. Diese »Seife« ist eher eine Wachsdispersion, bei der die im Cerin enthaltenen Säuren als Emulgatoren wirken und so die übrige Wachssubstanz in Wasser dispergierbar machen. Hin und wieder werden sie Temperamalmitteln zur Erhöhung der Wasserfestigkeit zugesetzt.

Rezept für Bienenwachsseife (mit Wasser mischbares Bienenwachs)

20 g Ammoniumkarbonat werden in
100 g Wasser gelöst;
25 g Bienenwachs nacheinander
hinzufügen.

Die Masse etwa eine halbe Stunde unter ständigem Rühren erhitzen. Wegen der zu erwartenden Schaumbildung empfiehlt es sich, dies in einem großen Topf zu tun, am besten natürlich im Wasserbad.

Eine Bienenwachslösung in Terpentinöl kann auch als Schlussfirnis für durchgetrocknete Öl- und Temperabilder verwendet werden. Die zunächst noch matte Oberfläche erhält durch leichtes Polieren mit der weichen Bürste oder einem Stofflappen edlen Glanz. Störend ist allerdings – infolge des niedrigen Schmelzpunktes – ein leichtes Nachkleben der Wachsfläche, wodurch die Oberfläche schmutzanfälliger wird. Dafür lassen sich Wachsfirnisse leicht wieder vom Bild entfernen. Man kann auch – wie Künstlerfarbenhersteller – durch Zugabe sehr geringer Mengen Bienenwachs die Ölfarbe stabilisieren, um so einer Pigment-Bindemittel-Entmischung entgegenzuwirken.

Bienenwachs als Malmaterial im Laufe der Zeit

Seit die wunderbare Wirkung von Bienenhonig als Süßstoff bekannt wurde, gehörte sicher bald auch Bienenwachs zu einem oft verwendeten Material. Das auch als Ganosis bezeichnete Punische Wachs diente in der antiken Mal- und Anstrichtechnik als Bindemittel und wurde als »antiker« Überzug – etwa für Skulpturen – verwendet. *Plinius* beschrieb seine Herstellung und Verarbeitung etwas unklar als Wachsüberzugsverfahren. Bis ins 6. Jahrhundert n. Chr. scheint technisch modifiziertes Bienenwachs neben anderen Materialien in Gebrauch gewesen zu sein.

Vom 16. bis 18. Jahrhundert hat es so manchen Versuch gegeben, die enkaustischen Malverfahren der Antike wiederzuentdecken. Vor allem wurde oft versucht, die Rezepte für Punisches Wachs zu rekonstruieren. Die verschollene Technik übte eine solche Faszination aus, dass noch in den 1930er-Jahren Dr. *Hans Schmidt* in München elektrisch heizbare Malinstrumente entwickelte, um der Enkaustik neue Freunde zu verschaffen. In *H. Urbans* Monumentalfarbe wurde eine Wachsharzmischung mit Tubenölfarbe vermalt und sodann eingebrannt. Seine »punische« Wachs-Pottasche-Ei-Emulsion gab der *Marées*-Schüler *von Pidoll* als verbesserte Eitempera heraus.

Das Punische Wachs kann durch eine »Verseifung« von Bienenwachs mit Soda hergestellt werden; dabei entsteht zunächst wasserdispergierbare Wachsseife (siehe oben). Wird anschließend mit Meerwasser gekocht und dies mehrmals wiederholt, dann wird cerotin- und melissinsaures Natrium in die entsprechenden Magnesium- und Kalziumsalze überführt. Durch die Magnesium- und Kalziumsalze des Cerins wird der Schmelzpunkt um etwa 20 °C erhöht. Danach schwimmt das Punische Wachs auf dem Wasser und kann abgeschöpft werden; es muss noch gründlich nachgewaschen werden, um Alkalireste zu entfernen.

Wässrige Techniken

Kalk

Kalkstein
gebrannter Kalk ätzend
gelöschter Kalk ätzend
ungiftig

Freskomalerei (fresco buono)

Gelöschter Kalk ist sowohl in der Freskomalerei (= fresco buono) als auch im handwerklichen Kalkanstrich gleichzeitig Bindemittel und Weißpigment. Er wird aus gewachsenem Kalkstein (Kalziumkarbonat) gewonnen. Dieser wird gebrannt und verliert dabei Kohlendioxid. Dann geht er in Kalziumoxid über, den gebrannten Kalk. Dieser gebrannte Kalk wird in Gruben in Wasser eingesumpft, dann wird er gelöscht, nimmt dabei begierig Wasser auf und wird zu Kalziumhydroxid, gelöschtem Kalk.

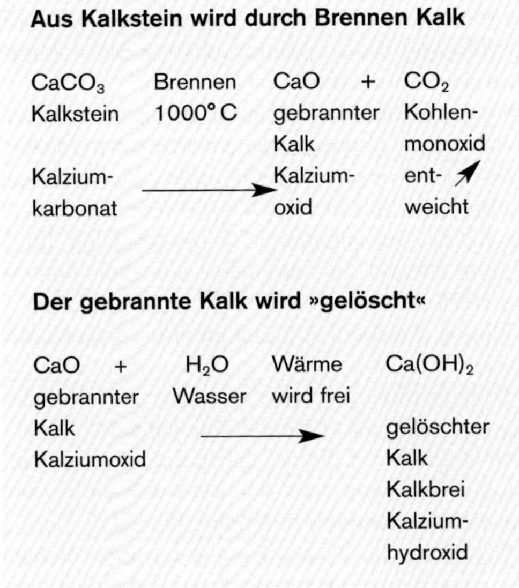

Kalk, der für Malzwecke bestimmt ist, sollte mindestens drei Jahre in der Kalkgrube eingesumpft werden. Dadurch kann er sich zum einen vollständig in gelöschten Kalk umsetzen und sich zum anderen durch Absetzen aller möglichen Verunreinigungen entledigen. Bei der Verarbeitung von nicht vollständig gelöschtem Kalk besteht die Gefahr des Nachlöschens auf der Wand (Bildung kleiner Sprengkörner). Kalk wird im *fresco buono* nicht zum Dispergieren der Pigmente benötigt – dazu diente bereits reines Wasser oder stark verdünntes klares Kalkwasser –, sondern vielmehr zum Ansetzen eines fachgerechten Malgrundes, dem Kalkputz. Aus dem Freskogrund tritt der gelöschte Kalk langsam an die Oberfläche, schwitzt sozusagen aus, und bildet bei entsprechend dünnem Farbauftrag über den Pigmenten die zum Schutz nötige Kalksinterhaut. Bei diesem Wochen oder sogar Monate dauernden Trocknungsprozess entsteht unter Einfluss von Luftkohlendioxid aus gelöschtem Kalk wieder Kalziumkarbonat – als Kalkstein ursprünglich Ausgangsmaterial der Kalkherstellung!

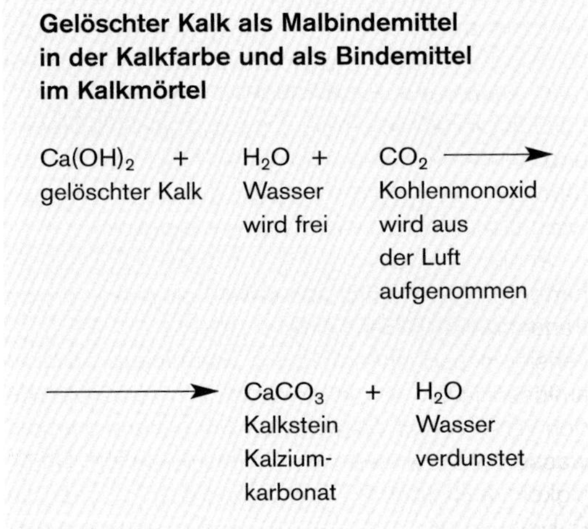

Bei Verwendung von gelöschtem Kalk als Malmittel für Pigmente oder Zusatz anderer Bindemittel wie Milch oder Kasein verläuft der Trocknungsprozess anders. Diese Technik nähert sich der Seccomalerei, die mit Leim-, Tempera-, Kasein- oder Kalkbindemitteln auf trockenem Putz ausgeführt wird. Für einen weißen Kalkfarbenanstrich auf Kalkputz oder Stein wird der Kalkbrei durch Verdünnen mit Wasser streichfähig gemacht und ohne Pigmentzugabe aufgestrichen. Für einen farbigen Kalkfarbenanstrich kann man dem Kalkbrei bis maximal 10 Gewichtsprozente kalkechter Pigmente zusetzen und ihn dann bis zur Streichfähigkeit verdünnen.

Wasserglas

Kaliumsilikat ätzend

Die auf Putzgrund ausgeführte Wasserglas- oder auch Silikatmalerei kann im Vergleich mit der schon im Altertum bekannten Freskomalerei als »jüngere« Wandmaltechnik bezeichnet werden. Wie der Name schon sagt, handelt es sich bei Wasserglas, einem Alkalisilikat, chemisch tatsächlich um wasserlösliches Glas.

Kaliwasserglas wird aus Quarzsand (Quarzmehl, gepulverter Feuerstein) – oder amorpher Kieselsäure (gewaschene Kieselgur) – und Kaliumkarbonat (Pottasche, K_2CO_3) hergestellt. Wird Quarz bei 1400 °C zusammen mit Kaliumkarbonat geschmolzen, entsteht Kaliwasserglas, das Kaliumsalz der Kieselsäure: ein Kaliumsilikat. Bei der Herstellung mit Natriumkarbonat (Soda, Na_2Co_3) entsteht Natronwasserglas, das Natriumsalz der Kieselsäure: Natriumsilikat. Die Herstellung von Wasserglas ähnelt im Prinzip der von festem Glas, allerdings mit dem Unterschied, dass Wasserglas aus Quarz und Soda (oder Pottasche), festes Glas hingegen aus Quarz, Soda (oder Pottasche) und zusätzlich Kalkstein hergestellt wird. Erst durch die Kalksteinkomponente (Kalziumkarbonat) wird Glas nämlich wasserfest.

Ähnlich wie Glas erstarrt Wasserglas zu einer harten, je nach Inhaltsstoffen gelblich bis farblos transparenten, eben glasigen Masse, die sich pulverisieren und unter Druck und Hitze in Wasser auflösen lässt. Gereinigt und mit Nachbesserungen versehen ist Wasserglas dann als sirupartige, wasserklare bis gelbliche, stets geruchlose Flüssigkeit im Handel. Es gibt auch spezielle Sorten in Pulverform, die in Wasser löslich sind, oder Varianten der oben beschriebenen Herstellungsart. Doppelwasserglas ist eine Mischung aus Kali- und Natronwasserglas. Fixierungswasserglas besteht aus Kaliwasserglas mit einem Anteil von 20 bis 25% Natronwasserglas, das vollständig mit Kieselerde gesättigt wurde.

Das in Wasser gelöste, sirupartige und meist wasserklare Wasserglas reagiert infolge hydrolytischer Spaltung in Natron- oder Kalilauge und freie Kieselsäure stark alkalisch und trocknet in zwei Phasen:

1. Nach dem Verdunsten des Wassers bildet sich zunächst eine glasartige Schicht – es findet also erst einmal die physikalische Trocknung statt.
2. Im Anschluss an die physikalische Trocknung findet durch die so genannte Verkieselung unter Einfluss von Luftkohlensäure die chemische Umsetzung zu Quarz (= wasserfreie Kieselsäure, SiO_2) statt. Damit wird ein Teil des Ausgangsmaterials wieder frei, nämlich Pottasche, außerdem Salze, in gewissem Umfang auch Sulfate.

Johann Nepomuk von Fuchs (1774–1856), Lehrer der Chemie und Mineralogie, gilt als der moderne Entdecker von Wasserglas. Schon 1818 berichtete Fuchs erstmalig über Wasserglas, das er zufällig bei der Herstellung von künstlichem Ultramarin entdeckte. 1825 stellte er dann »... ein neues Produkt aus Kieselerde und Kali ...« vor und kannte schon verschiedene Arten Wasserglas. Auch *Josef Schlotthauer* (1789–1869) befasste sich bei seinen maltechnischen Studien mit der Wasserglastechnik, brachte sie aber nicht wirklich voran.

Erst *Friedrich Karl Kuhlmann* griff die Erfindung wieder auf und ließ Wasserglas in seinen Fabriken bei Lille um 1850 mit Diatomenerde (Kieselgur = amorphe Kieselsäure) herstellen. Ihm gelang auch die Erfindung bestimmter Pigmente und ihre Einführung in die Wasserglasmalerei. Auch Blanc fixe wurde von ihm für die Verwendung als Grundierungs- und Deckenanstrich vorgeschlagen. *Max von Pettenkofer* war ebenfalls ein Verfechter der Wasserglastechnik führte eine Fülle von Neuerungen ein. Eine Zeit lang wurde diese Technik als »Stereochromie« (von lat.: stereos = fest; chromos = Farbe) bezeichnet.

Doch erst *Adolf Wilhelm Keim* (1851–1913) verhalf der Wasserglasmalerei zum Erfolg. In Augsburg errichtete er eigens dafür seine chemisch-technische Werkstatt, und 1881 erschien sein Buch »Die Mineral-Malerei«, in dem Techniken und Methoden der Wasserglasmalerei ausführlich beschrieben sind. Noch heute sind die Keim'schen Mineralfarben unter dem Namen ihres ersten Herstellers in folgenden Sorten erhältlich:

A-Technik	=	Keim-Künstlerfarben
B-Technik	=	Keim-Dekorfarben
C-Technik	=	Keim-Anstrichfarben

Für Mal- und Anstrichzwecke ist ausschließlich Kaliwasserglas (Farbenwasserglas) geeignet. Da Natronwasserglas zu Ausblühungen neigt, würde es auf dem Anstrich kristallisieren und einen weißlichen Belag bilden. Farbenwasserglas ist als wasserklare und wasserlösliche Flüssigkeit erhältlich, deren Bindemittel aus in Wasser gelöstem Kaliumsilikat besteht.

Aus den pigmentierten Aufstrichen verdunstet das Wasser, wodurch das Bindemittel wieder in seinen ursrpünglich festen Zustand übergeht. Auf dieses physikalische Trocknen folgt dann das chemische Durchhärten. Dabei wird unter Einfluss von Luftkohlensäure die unlösliche Kieselsäure (Quarz) zurückgebildet, und Kaliumkarbonat tritt aus. Kaliumkarbonat zieht Wasser stark an, zerläuft sehr rasch und wird außen bald abgeregnet. Dabei werden die Pigmente in die vollkommen unlösliche und gegen äußere Einflüsse resistente Quarzschicht eingebaut, die mit dem Putzgrund verkieselt. Durch den Einbau von Zuschlagstoffen wird eine vorzeitige Kieselsäureausfällung verhindert. Auch Pigmente werden gern verwendet, die wie Zinkweiß mit der Kieselsäure reagieren und Silikate bilden. Bei richtiger Anwendung ist Wasserglasmalerei eine äußerst beständige Technik.

Pflanzengummen

Kohlehydrate

Pflanzengummen sind die harzartigen, jedoch wasserlöslichen oder in Wasser quellbaren Pflanzenexkrete aus Bäumen oder Sträuchern. Sie zählen zu den Kohlehydraten und bestehen vorwiegend aus Kohlenstoff, Wasserstoff und Sauerstoff. Gummen bilden in Wasser kolloide Lösungen; diese werden als Leime oder Malmittel verwendet und trocknen durch Verdunsten des Wassers. In ölfreien Aufstrichen sind und bleiben sie – auch in gealtertem Zustand – wasserlöslich und unterscheiden sich dadurch von den Aufstrichen etwa aus Kaseinleim.

Pflanzengummen werden schon lange als Mal-, Binde- und Klebemittel verwendet. Schon in Malereien auf ägyptischen Mumiensärgen wurden sie nachgewiesen, und auch in Quellenschriften zur Maltechnik wird Pflanzengummi häufig erwähnt. In der mittelalterlichen Buchmalerei diente er als Bindemittel. Der Mönch *Theophilus Presbyter* beschrieb im 12. Jahrhundert das Anreiben der Pigmente in Gummilösungen und trocknenden Ölen; er erwähnte auch, dass man »Gummifarben« wegen ihrer rascheren Trocknung oft den Vorzug vor Ölfarben gebe.

Gummileime eignen sich nicht nur als Malmittel für die Aquarell- und Leimtemperamalerei, sie können auch als Verdicker in öligen Emulsionen verwendet werden (Gummi-Öl-Tempera). Pflanzengummilösungen können mit trocknenden Ölen ohne Zusatz eines Emulgators zu Gummitempera emulgiert werden. Gummilösungen sind auch durch Kochen mit Alkalien (etwa Soda) und mit Wachs teilweise verseifbar. Dann entsteht dank der emulgierend wirkenden Wachsseifen eine wässrige Wachsdispersion. Lösungen von Wachs in organischen Lösungsmitteln können auch Temperabindemitteln zugesetzt werden, ähnlich wie Ölen oder Harzlösungen.

Gummiarabikum

Das helle bis gelb-braune, muschelig brechende Gummiarabikum ist das Exkret einer afrikanischen Akazienart. Die Vorkommen in der sudanesischen Provinz Kordofan mit ihren großen Akazienwäldern decken den Großteil des Weltbedarfs (Gummi Kordofan). Gummiarabikum wird wie Gummi Tragant als Schutzkolloid in Aquarellfarben und als Leimbindemittel in Gouachefarben verwendet.

Rezept für eine Gummiarabikum-Stammlösung

50 g Gummiarabikum werden in
50 g Wasser aufgelöst.

Zum Ansetzen dieser Stammlösung hängt man am besten einen mit dem Gummiarabikum gefüllten Gazebeutel in ein mit Wasser gefülltes Glas. (Auch »Teestrümpfe« aus Baumwollgewebe oder Damenstrümpfe aus synthetischem Material sind geeignet.) Verunreinigungen der Gummistücke durch Rindenteile, Erde usw. werden vom Gazebeutel oder vom Strumpf aufgefangen. Das Gummi soll vollständig mit Wasser bedeckt sein und sich langsam darin auflösen. Es sollte auf keinen Fall vorher pulverisiert werden, da sich sonst leicht Klumpen bilden. Wiederholtes Schütteln beschleunigt den Lösungsvorgang; Wärmeeinwirkung ist zu vermeiden, da sich dabei die Gummilösung verfärben würde. Falls nötig können Verunreinigungen abfiltriert werden.

Lösungen von Gummiarabikum reagieren schwach sauer.

Reaktionen mit Lithopone und Ultramarinpigmenten

Bei der Pigmentierung von Gummiarabikumlösungen mit Lithopone oder mit Ultramarinpigmenten kann es durch die Schwefelanteile zu Reaktionen kommen, die sich durch unangenehmen Geruch bemerkbar machen. Maler sollten besser mit Titanweiß pigmentieren und statt Ultramarinblau ein säureunempfindliches Pigment, etwa Heliogenblauverschnitt, verwenden. Bei der Pigmentierung von Gummi-Öl-Emulsionen treten Reaktionen mit Lithopone oder Ultramarinblau selten oder gar nicht auf.

Richtrezeptur für Gummi-Öl-Emulsionen

80 Gewichtsanteile Gummiarabikumlösung und 20 Gewichtsanteile sikkativiertes Leinöl (oder 20 Gewichtsanteile Alkydharzlösung)

Eine solche Gummi-Öl-Emulsion kann man sich einfach und rasch in einer Porzellanreibschale, einem Mörser mit Reibkolben, selbst herstellen.

Kirschgummi

Das Exkret von Steinobstbäumen (Kirsche, Pflaume) ist dunkler und weniger rein, ist aber maltechnisch dem arabischen Gummi ähnlich. Aufgrund höherer Viskosität lassen sich jedoch nur geringer konzentrierte Lösungen herstellen. Dieses Material spielt in der heutigen Malpraxis keine Rolle mehr.

Gummi Tragant

Der Tragant, ein Pflanzengummi aus Astralagus-Sträuchern, ist im Gegensatz zu Gummiarabikum oder Kirschgummi in Wasser nur wenig löslich. Er quillt nur zu einer schleimigen Masse auf und dient daher als Verdickungsmittel.

Der handelsübliche Tragant stammt vorwiegend aus Leguminosenarten persischer und indischer Provenienz. Zur Erleichterung des Lösevorgangs sollten die hellen Tragantstränge zunächst mit Alkohol vorgequollen und später in Wasser gelöst werden. Im Gegensatz zu Gummiarabikum verhält sich Tragant hoch viskoselöslich. Tragant wird auch als »Bindemittel« bei der Herstellung von Pastellstiften verwendet.

Dextrine

Kohlehydrate
abgebaute Stärke

Dextrin wird aus der Stärke von Kartoffeln, Weizen, Mais oder Reis unter Einwirkung von Säuren und Hitze hergestellt. Dabei »verkleistert« die Stärke und geht bei ca. 70 °C in weißes Dextrin über. Bei Temperaturen zwischen 80 bis 160 °C bilden sich stärker abgebaute gelbe Dextrine, die je nach Abbaugrad dicker oder dünner in Wasser löslich sind. Die bei den höheren Temperaturen entstandenen dunklen Sorten sind meist nur dünn löslich.

Das dick lösliche weiße Dextrin wird im Verhältnis 1 : 1 mit Wasser unter Wärme gelöst und erstarrt bei Normaltemperatur zu einer Leimpaste, aus der durch Verdünnung eine Binde- / Malmittellösung für Leimtemperafarben hergestellt werden kann. Eine Verwendung von Dextrinen in Aquarellfarben ist kaum üblich.

Die Lösungen der gelben Dextrine (1 : 1) lassen sich schlank verstreichen und können je nach Pigmentart als Malmittel sowohl in Leimtemperafarben als auch – seltener – in Aquarellfarben verwendet werden.

Klebekraft und Pigmentbindevermögen nehmen vom weißen zum gelben Dextrin ab, während die Wasserlöslichkeit zunimmt. Alle Dextrinaufstriche bleiben wasserlöslich. Eine Herstellung von Dextrin-Öl-Emulsionen ist zwar technisch möglich, wird in der Maltechnik jedoch selten praktiziert. Meist werden den Dextrinbindemitteln wasseranziehende Mittel (Glykol, Glyzerin) zugegeben, um die Klebekraft zu erhalten.

Tierische Leime

Eiweißstoffe
Proteine

Eiweißstoffe oder Proteine bestehen überwiegend aus Kohlenstoff, Wasserstoff, Sauerstoff und Stickstoff; manche enthalten zusätzlich Schwefel und Phosphor. Sie gehören damit zu den organischen Bindemitteln und unterscheiden sich u.a. durch ihren Stickstoffgehalt von Bindemitteln wie Öl, Naturharz oder Pflanzengummi.

Grundbausteine von Eiweißstoffen sind die Aminosäuren, die entsprechend der jeweiligen Eiweißart in charakteristischen Mustern unter- und miteinander verbunden sind. Eiweißstoffe bestehen aus sehr großen Molekülen. Ihre kolloidalen Lösungen in Wasser, wie z.B. Milch und Hühnereiweiß, sind gegen Säuren, Laugen, Salze und zum Teil auch gegen Wärme empfindlich; sie gerinnen und werden unlöslich. Bakterien und Schimmelpilze können Proteine zersetzen. Durch Säuren, Laugen und Enzyme werden diese in Aminosäuren gespalten. Wichtige Bindemittel unter den Eiweißstoffen sind Leim, Kasein und Hühnereiweiß.

Leim ist ein Umwandlungsprodukt der Kollagene in der tierischen Haut sowie in den Knochen und Knorpeln. Nach längerer Behandlung solcher Bindegewebe mit heißem Wasser quellen die Kollagene (Leimbildner) und lösen sich schließlich auf. Je nach Ausgangsmaterial unterscheidet man zwischen Knochenleim, Hautleim, Lederleim, Pergamentleim, Fischleim (aus Fischabfällen), Hasenleim (aus den Abfällen von Kaninchen und anderen Kleintieren) und Störleim (aus den Schwimmblasen von Hausen und Sterlet). Die verschiedenen Leimsorten unterscheiden sich in Farbe, Trockenzeit und Klebefähigkeit. Der Störleim galt lange als der beste und teuerste Leim. Als Gelatine bezeichnet man eine besonders reine, geruch- und farblose Leimsorte.

Schon bei *Plinius* werden Leime als Bindemittel für Anstrichfarben erwähnt. Wässrige Leimlösungen fanden in der Buchmalerei, der Stoffmalerei sowie für Wandfarben in Innenräumen als Bindemittel Verwendung. Bei den Gips- und Kreidegrundierungen von Holz- und Leinwandbildern oder von gefassten (bemalten) Holzskulpturen findet sich so gut wie ausschließlich Leim als Bindemittel. Leimlösungen trocknen unter Spannung auf. Als hygroskopisches Material quillt Leim bei hoher Luftfeuchtigkeit, in trockener Umgebung schrumpft er und verliert dabei an Elastizität.

Durch die Behandlung der im tierischen Gewebe enthaltenen leimartigen Eiweißstoffe (Kollagene) mit heißem Wasser oder Wasserdampf entstehen aus ihnen die wasserlöslichen Glutine. Glutin ist der Hauptbestandteil in tierischen Leimen und Gelatinen.

Ausgangsmaterialien	Bezeichnung des Leimes
Schwimmblasen von Hausen (Stör, Hausen, Sterlet im Kaspischen und Schwarzen Meer)	Störleim und Hausenblasenleim
frische Haut- und Lederabfälle	Haut-, Leder- und Kölner Leim
Knochen	Knochenleim
Fischgräten und -abfälle	Fischleim
Abfälle von Kleintieren	Hasenleim

Der Hausenblasenleim gilt bei Malern und Restauratoren als der beste Leim, weil er bei hervorragendem Klebevermögen sehr lange elastisch bleibt. Dieser Leim ist sehr teuer, hier schwer zu beschaffen und besitzt allein schon deshalb exotischen Reiz. Sehr gute, aber bezahlbare Leime findet man als Hasenleim oder Hautleim im Handel. Diese Leime werden hauptsächlich aus den Häuten von Kleintieren gewonnen. Knochenleime und Fischleime sind zwar billiger, trocknen jedoch weniger elastisch auf.

Gelatine

Als feinste Leimprodukte gelten die farblosen Gelatinen, die in Plättchen oder Pulverform gehandelt werden. Die länger und weniger schonend erhitzten, stärker abgebauten dunkleren Leimsude werden nach dem Abkühlen in Platten geschnitten und auf Netzen getrocknet, wodurch sie die typischen Leimtafelabdrücke bekommen. Statt Tafelleim, auch Kölner Leim genannt, wird heute meist Perlleim hergestellt. Dabei lässt man die Leimbrühe durch Siebe in ein nichtwässriges Lösemittelgemisch von 5 bis 6 Meter Flüssigkeitssäule fallen.

Tierischer Leim wird heute nicht mehr so streng nach Herkunft unterschieden, bezeichnet und gehandelt. Die handelsüblichen tierischen Leime sind meist Mischungen aus Haut- und Knochenleimen. Sie sind niedriger viskos, also dünner löslich als früher, und meist neutral.

Leimbereitung

Zur Leimbereitung lässt man
70 g Trockenleim in
1000 g (= 1 l) Wasser
ca. 24 Stunden vorquellen.

Dann erwärmt man auf nicht über 60 °C im Wasserbad, da bei höheren Temperaturen der Leim zu stark abgebaut und so an Klebekraft verlieren würde.

Konservierung

Leim lässt sich mit Salizylsäure, ein paar Tropfen Nelkenöl oder Spiköl konservieren. Am besten setzt man aber immer nur so viel Leim an, wie man binnen kurzem verarbeiten will, und bewahrt ihn dann im Kühlschrank auf.

Gerben

Alle Verleimungen und Grundierungen von tierischen Leimen bleiben wasserquellbar, es sei denn, sie werden durch Zusatz von 10 Gewichtsprozent Alaun (auf Trockenleim berechnet) »gegerbt«, also wasserunlöslich gemacht.

Kasein

Käsestoff; Bestandteil der Milch

Kasein war als Klebemittel schon im Altertum bekannt. Es wird aus Milch durch Fällung mit Säure erhalten. Das wichtigste Handelsprodukt ist das Milchsäurekasein. Kasein ist wasserquellbar, aber nicht wasserlöslich und ist ein Eiweißkörper, dessen Ammonium- und Alkalisalze wasserlöslich sind. Zur Leimherstellung wird es aufgeschlossen. Kaseinleime faulen leicht und müssen deshalb konserviert werden.

Milch besteht aus ca. 90 % Wasser, 4 % Milchzucker und je 3,5 % Milchöl und Milcheiweiß. Das Milcheiweiß ist der wichtigste Bestandteil des Kaseins und liegt in kolloidaler Lösung vor. Aus Magermilch scheidet sich durch natürliche Säuerung oder Zusatz von Milchsäure Quark bzw. Weißkäse ab, in Österreich und Bayern Topfen genannt. Im Unterschied zu Leim und Hühnereiweiß enthält Kasein zusätzlich Phosphor; aus der Milch gefälltes Kasein ist darum in Wasser unlöslich. Nach der vollständigen Trocknung des Quarks bleibt Kaseinpulver zurück. Für die Verwendung als Bindemittel wird das Kasein mithilfe alkalischer Verbindungen wie Kalk, Borax oder Ammoniumkarbonat aufgeschlossen, d. h. löslich gemacht.

Kalkkaseinfarben waren bereits in der Antike bekannt. Kalkkasein wurde früher als Kaltleim verwendet; es war eines der beständigsten Bindemittel für die Wandmalerei auf trockenem Putz und für Fassadenanstriche. Zum Teil ist es heute noch als Bindemittel in so genannten Plakatfarben enthalten. Kaseinlösungen sind ebenso in der Lage zu emulgieren, wobei so genannte Kasein-Tempera-Bindemittel entstehen. Kaseinfarben trocknen zunächst durch Verdunsten von Wasser, werden jedoch später durch chemische Veränderungen wasserunlöslich.

Aufschluss mit Kalk

Wird Kaseinpulver nach dem Quellen in Wasser mit gelöschtem Kalk aufgeschlossen, verdünnt, dann pigmentiert und auf der Wand vermalt, so bildet sich durch Umsetzung aus Kalk und Kasein das außergewöhnlich haltbare, wasser- und wetterfeste Kalkkasein. (Für die Malerei eignen sich aber nur kalkechte Pigmente!) Da ein solcher Aufstrich ungewöhnlich hart und mit viel Spannung auftrocknet, ist der zu bemalende Putz vorher auf Festigkeit zu prüfen. Am besten geeignet sind frische, »gesunde« Putzgründe. In dieser Form stellt Kasein ein ausgezeichnetes Malmittel für das so genannte *fresco secco* dar, eine Malerei auf trockenem Putz.

Aufschluss mit nichtflüchtigen Alkalien

Kaseinaufschluss ist auch mit Natron- oder Kalilauge und mit bestimmten Natrium- oder Kaliumsalzen möglich. Allerdings können diese Aufstriche nur auf frischen Putzgründen wasserfest auftrocknen, wo sie sich mit Kalk zu unlöslichem Kalkkasein umsetzen. Für alle anderen Malgründe ist dieses Aufschlussverfahren jedoch wegen mangelhafter Wasserfestigkeit der Aufstriche und wegen anderer Gefahren nicht anzuraten.

Aufschluss mit Ammoniak

Für den Aufschluss von Kasein am besten geeignet sind Ammoniak (Salmiakgeist) oder das vollkommen flüchtige Ammoniumkarbonat (Hirschhornsalz). Beide Stoffe verflüchtigen sich aus dem Aufstrich und lassen das nicht wasserlösliche Kasein zurück.

Ein solcher Ammonium-Kasein-Leim kann auch als alleiniges Malmittel benutzt werden. Aber wie alle Kaseinleime trocknet auch er mit großer Spannung auf, und dadurch kommt es bei flexiblen Bildträgern wie Papier, Pappe und textilen Geweben und sogar bei Sperrholz-, Hartfaser- und dünnen Massivholzplatten zu Verwerfungen.

Wird aber Leinölfirnis oder ein Alkydharzmalmittel in den Kaseinleim einemulgiert, beruhigt sich damit dieses Malmittel-System. Die dabei entstehende Kasein-Öl-Emulsion ist in ihren Adhäsions- und Kohäsionskräften ausgewogen, trocknet gut auf und liefert je nach Art der Pigmentierung und Verdünnung bei normaler Aufstrichdicke gut haftende Aufstriche.

Je nach dem Verhältnis von Kaseinleim zur öligen Substanz entstehen dabei Temperamalmittel, deren pigmentierte Aufstriche entweder mehr Ölfarbencharakter oder mehr Leimfarbencharakter zeigen und so gut als Untermalung oder generell für die Weiterarbeit mit Ölfarben dienen können.

Mit Harzlösungen, verdünntem sikkativierten Leinölstandöl, mit Schellack- oder Wachsseifen emulgierte Kaseinemulsionen sind Malmittel für Liebhaber und Kenner.

Sind Kaseinpulver und Hirschhornsalz einigermaßen frisch, ist die Aufschlussreaktion meist von kräftigem Aufwallen und Aufbrausen begleitet. Darum ist es ratsam, das Glas in eine ausreichend große Plastikschüssel zu stellen, um den überquellenden Schaum aufzufangen.

1. Richtrezeptur für einen Kaseinaufschluss mit Hirschhornsalz (Ammoniumkarbonat)

In einem Glas (Weckglas o. Ä.) lässt man 50 g Kaseinpulver über Nacht in 250 g Wasser stehen.

Dabei quillt das Kasein unmerklich vor. Am nächsten Morgen erwärmt man das Gemisch auf 30 bis 50 °C und gibt 15 g Hirschhornsalz, das man vorher auf einem Löffel in Wasser zerdrückt hat, unter Rühren zu.

2. Richtrezeptur für einen Kaseinaufschluss mit Salmiakgeist (Ammoniaklösung)

Anstelle von Hirschhornsalz kann man auch 10 g einer 25%igen Ammoniaklösung als Aufschlussmittel verwenden. Dabei geht man genauso wie oben vor.

Richtrezeptur für eine Ammonium-Kasein-Öl-Emulsion

90–70 Raumteile Ammonium-Kasein-Lösung (siehe oben) und
10–30 Raumteile sikkativierter Leinölfirnis oder Alkydharzlösung
ergeben je 100 Raumteile Ammonium-Kasein-Öl-Emulsion

Die Kasein-Öl-Emulsion wird dann fertig in einem Mörser mit Kolben angerieben.

Konservierung wässriger Malmittel

Alle wässrigen Lösungen, Quellungen oder Emulsionen von Kohlehydraten, z. B. Gummen und Dextrin, wie auch die Lösungen, Quellungen und Emulsionen von Eiweißstoffen, von Proteinen, z. B. von tierischen Leimen, Ei-Emulsionen und von Kasein werden früher oder später von Fäulnisbakterien und Pilzsporen befallen und können dann nicht mehr verarbeitet werden. Auf der Oberfläche breitet sich dabei häufig ein weißlicher bis grau-grünlicher Pilzteppich aus, oder das Malmittel beginnt einfach zu stinken. Im Allgemeinen schafft da schon kühles Lagern Abhilfe.

Dagegen sind im Maleratelier altbewährte Konservierungsmittel wie Nelkenöl und Spiköl (nicht Lavendelöl) einfach in der Handhabung. In der Regel genügt ein Tropfen auf 100 ml Malmittel. Auch Kampfer oder Salizylsäure haben sich bewährt. Nelkenöl und Spiköl sind in guten Künstlerfarbenfachgeschäften und in Apotheken erhältlich. Apotheker können außerdem auch synthetische Konservierungsmittel empfehlen; sie müssen nur wissen, in welchem Medium das Konservierungsmittel verwendet werden soll.

Sind aber die Malmittel und Malfarben durch Pilzbefall oder Fäulnis bereits angegriffen, sollten sie nicht mehr verarbeitet werden. Die betreffenden Gefäße müssen vor der erneuten Verwendung ausgekocht werden.

Zelluloseleime und Zellulosekleister

Zelluloseäther, meist Methylzellulosen, werden in Leimfabriken aus wasserunlöslicher Zellulose durch Umwandlung in wasserlösliche Zelluloseabkömmlinge hergestellt. Die farblosen kleinen Leimplättchen sind in Kleinpackungen im Handel. Sie werden im Maler- und Lackiererhandwerk als Anstrichleime oder Tapetenkleister und in der Anstrichmittelindustrie als Verschnitt- und Trocknungsverzögerungsmittel für Kunsstoffdispersionen verwendet.

Zelluloseleime und -kleister werden durch Einrühren der Methylzellulose in kaltes Wasser als 4%ige Lösung angesetzt. Man lässt sie eine Zeit lang stehen und rührt kräftig durch. Dann ist die Lösung gebrauchsfertig. Diese Leime und Kleister unterscheiden sich nur durch ihre Viskosität:

- Leime ergeben schlanke, gut fließende Lösungen;
- Kleisterquellungen sind zäh und fließen nicht.

Methylzelluloseleime trocknen durch Verdunsten des Wassers; ihre Aufstriche bleiben jedoch stets wasserempfindlich und bringen in die wasserfest auftrocknenden Dispersionsfarbenfilme eine gewisse Menge wasserempfindlicher Substanz ein. Darum werden für Künstlerfarben besser andere, wasserfest auftrocknende Trocknungsverzögerer eingesetzt. Methylzelluloselösungen faulen und schimmeln nicht, sie sind ungiftig und mit allen Pigmenten verträglich. Man sollte beachten, dass ein solcher Leim außerordentlich wenig Festkörper (nur 4 Gewichtsprozente) besitzt. Eine solche Lösung ist eigentlich mehr als verdicktes Wasser anzusehen und nicht als klebekräftiges Leimbindemittel. Als Emulgierhilfsmittel für Öl-in-Wasser-Emulsionen sind Methylzelluloseleime hingegen geeignet.

Hühnerei

Hühnerei war schon in der Antike als Mal- und Bindemittel bekannt. Eiklar wurde auch als Bindemittel für Muschelgold und für die Eierpolimentschicht unter Vergoldungen verwendet. Mittelalterliche Quellenschriften erwähnen das Ei als Bindemittel für Malfarben, etwa in der Buchmalerei. Hühnereiweiß bildet transparente und spröde Filme, die zunächst noch wasserlöslich sind und erst nach einiger Zeit durch Lichteinwirkung unlöslich werden. Die Bestandteile des Eies, Dotter und Eiklar, unterscheiden sich ihrer chemischen Zusammensetzung nach deutlich.

Eiklar enthält neben anderen Beistoffen etwa:

- 85 % Wasser,
- 12 % Eiweißstoffe (Eieralbumin) und
- nur 0,2 % fettes Öl.

Das Eiklar allein hat in der Tafelmalerei wohl weniger eine Rolle gespielt als in der Buchmalerei oder bei der Illuminierung mittelalterlicher Handschriften. Eiklar muss nach der Trennung vom Eidotter noch von den Eiweißsträngen befreit werden, die es mit der Schalenhaut verbinden. Reine Eiweißaufstriche trocknen im Licht und bei Normaltemperatur spröde, hart und wasserunlöslich auf. Die so genannten Eiweißlasurfarben spielten noch in der Fotoretusche eine gewisse Rolle.

Eidotter besteht aus:

- 50 % Wasser,
- 15 % Eiweiß,
- 22 % fettem Öl,
- 10 % Lezithin und
- geringen Mengen Beistoffen.

Das Eidotter stellt infolgedessen eine natürliche Öl-in-Wasser-Emulsion dar. Wird es allein als Malmittel verwendet, so bilden Öl und Eiweiß die Bindemittel, die in Wasser dispergiert vorliegen (das Lezithin wirkt dabei als Emulgator). Wegen der großen Menge an Emulgatorensubstanz können Eidotter (wie auch das Vollei) aus wässrigen, wie Kasein- oder Gummileime, und nichtwässrigen Malmitteln, wie Öle oder Harzlösungen, relativ stabile Malmittelemulsionen erzeugen. Diese maltechnische Erfahrung hat dazu geführt, dass in manchen so genannten Ei-Tempera-Rezepturen die Ei-eigenen Bindemittel eine untergeordnete Rolle spielen, weil man sich nur des Lezithins als Emulgierhilfsmittel für die Malemulsion bediente.

Eidotter oder Vollei als Anreibemittel

Wenn reiner Eidotter als Anreibemittel für Pigmente benutzt wird (mit wenig Wasser oder in dünnen Leimlösungen nach Bedarf verdünnt), dann arbeitet man wegen des hohen Ölgehalts mit einem an sich relativ fetten Temperamalmittel, dessen Aufstrich dem der Öltechnik ähnelt. Die anfänglich durch den Ei-eigenen Farbstoff hervorgerufene Gilbung gibt sich nach einiger Zeit im Licht.

Das Vollei kommt als Anreibemittel häufiger zum Einsatz: Es ist magerer als Dotter, und seine Aufstriche bleiben einige Zeit wasserlöslich. Die reine Eimalerei ist wegen ihrer langsamen Trocknung nur bei dünn strichelndem Auftrag möglich.

Herstellung von Eitemperamalmitteln

Bei der Herstellung von Eitemperamalmitteln wird vor allem das Ei-Lezithin als Emulgator gebraucht. Als wässrige Anteile werden Kasein- und Gummileime und als nichtwässrige die trocknenden Öle, Standöle, Harzlösungen oder auch Venezianisches Terpentin gebraucht.

Als Faustregel gilt: *Auf ein Vollei kommen ein Eivolumen wässriger Malmittel und ein Eivolumen nichtwässriger Malmittel.*

Mit solchen Malemulsionen kann auch schwer-pastos gearbeitet werden. Da eihaltige Malmittel zum Faulen neigen, werden sie am besten stets frisch verwendet bzw. neu angesetzt. Durch Aufstäuben von Alaunlösungen können Ei-Aufstriche und auch die Lösungen von Ei wasserfest gemacht werden. So ein Vollei kann zwar noch wesentlich größere Mengen nichtwässriger Anteile emulgieren, aber mit einem solch fetten Malmittel würde man sich doch schon sehr in die Nähe der Öltechnik begeben.

Der Eiweißstoff Albumin (Blutalbumin) wird aus Blut hergestellt; man verwendete ihn früher als Klebe- oder Bindemittel in der Lederverarbeitung, bei bestimmten Kittmassen der Buchbindetechnik sowie als Mörtelzusatz und als Bindemittel für Farben. Blut war vermutlich eines der frühesten Bindemittel der Malerei überhaupt, beispielsweise in der Höhlenmalerei oder bei den Inuit, die ihr Nasenblut als Bindemittel für Malfarben benutzten.

Kunststoffdispersionen

Kunststoffdispersionen werden in der Anstrichmittel- und Klebstoffindustrie sowie bei der Kunstleder-, Wachstuch- und Pressmassenherstellung als Bindemittel oder Klebemittel verwendet. Als Malmaterial sind Kunststoffdispersionen die Nachfolger der alten Malemulsionen.

Eigenschaften von Kunststoffdispersionen

Trocknung

Wenn eine Kunststoffdispersion auf einen saugenden Grund aufgestrichen wird, schlägt ein Teil des Wassers mit den Emulgatoren und den übrigen Hilfsstoffen in den Grund ein. Ein anderer Teil schwimmt an der Oberfläche. Auf nichtsaugenden Gründen muss das ganze abzugebende Wasser nach außen verdunsten. Das ursprüngliche Gefüge der Dispersion wird dabei zerstört, und sie »bricht«. Alle Kunststoffpartikel legen sich dann über- und nebeneinander auf den Malgrund und »verschweißen« gleichsam bei Temperaturen von mindestens 10 °C zu einem einheitlich geschlossenen, elastischen, schließlich klebfreien, aber doch gut haftenden Film. Dieses Verschweißen der Kunstharzpartikel wird auch als kalter Fluss bezeichnet.

Eignung als Malmittel und Konfektionierung

Aber nicht alle Kunststoff oder Acrylharzdispersionen sind auch als Malmittel geeignet. Manche verfilmen erst bei höheren Temperaturen. Andere bilden bei Normaltemperatur einen klebrigen Film. Wieder andere werden zu spröde. In den verarbeitenden Konfektionsbetrieben können die technologischen Eigenschaften der Dispersionen so verändert werden, dass sie einem genau definierten Endprodukt entsprechen, etwa durch Einschießen von Weichmachern oder auch durch Misch- oder Copolymerisation.

Nur wenige Firmen der chemischen Großindustrie stellen Kunststoffdispersionen überhaupt her. Und genau genommen sind sie für den Künstlerfarbenhersteller eigentlich nur Halbfertigfabrikate und nicht etwa fertige Malmittel. Die Dispersionen werden aus wirtschaftlichen wie aus technischen Gründen umkonfektioniert; dabei werden ihnen stabilisierende Verdickungsmittel, Konservierungsmittel, Pigmentdispergiermittel, Entschäumer und andere Hilfsstoffe zugesetzt.

Kunststoffdispersions-Systeme

Aus der Industrie stehen heute gleich mehrere Kunststoffdispersions-Systeme zur Verfügung:

- Polyvinylazetatdispersionen
- Polyvinylpropionatdispersionen
- Butadienstyroldispersionen
- Acrylharzdispersionen sowie
- ihre Mischungen und die Copolymerisate.

Bei der Vielfalt der Ausgangsmaterialien mit sehr differenzierten Eigenschaften und Möglichkeiten für weitere Variationen bei der Umkonfektionierung ist es mittlerweile nur noch dem Chemotechniker möglich, maltechnische Eignung und zu erwartende Filmbildung überhaupt zu überblicken.

Polyvinylazetatdispersion

Polyvinylazetatdispersionen wurden schon in den 1930er-Jahren als Bindemittel für Anstrichstoffe verwendet, die damals allgemein nur als Binderfarbe bezeichnet wurden. Seitdem wurden die altgewohnten Öl- und Lackfarben (die mit Terpentinöl oder Testbenzin verdünnt wurden) in größerem Umfang von lösungsmittelfreien, wasserverdünnbaren Anstrichfarben abgelöst. Diese Anstriche trockneten, wenn handwerklich richtig gearbeitet wurde, wasserfest und sogar wetterfest auf.

Noch heute wird die Polyvinylazetatdispersion, oft als Copolymerisate mit Acrylharz, in großem Umfang in Malgrundierungen verwendet, sowohl in fabrikmäßig hergestellten Malgrundierungen für Maltuche als auch denen zum Selbstgrundieren.

Dispersionsmalfarben

Die Künstlerfarbenindustrie verwendet heute ausschließlich Acrylharzdispersionen aus Polymerisaten von Acrylsäure- und Methacrylsäureestern zur Herstellung von Dispersionmalfarben. Hier liefern die Acrylester weichere Filme und die Methacrylsäureester gleichzeitig härtere Aufstriche. Härten oder andere Filmeigenschaften hängen von der Länge und auch Art des Alkohols ab, der zur Herstellung der jeweiligen Ester diente. Acrylharze mit langen Alkoholketten sind meist weicher, benzinlöslicher und ölverträglicher als solche mit kurzen Alkoholketten, die dann wieder wasserempfindlicher sind.

Acryldispersionen gehören heute zu den wichtigsten Malmitteln überhaupt. Aus ihnen lassen sich Malfarben herstellen, die sich sowohl für den quasi schwer-pastosen als auch für aquarellartig dünnen, wässrig lasierenden Auftrag eignen. Aber auch Spezialmalmittel oder -firnisse mit differenzierten Eigenschaften können aus ihnen hergestellt werden.

Lösemittel

Um der Malfarbe die jeweils gewünschte Konsistenz zu geben, werden ihr Lösemittel zugesetzt. Diese lösen organische und anorganische Bindemittel ohne chemische Umsetzung und verdunsten vollständig aus dem Aufstrich.

Verdunstungszahl

Die Verdunstungsgeschwindigkeit eines Lösemittels ist aus einer technologischen Kennzahl ersichtlich, der so genannten Verdunstungszahl, die angibt, um wie viel langsamer es im Vergleich zu Diäthyläther (Äther mit der Verdunstungszahl 1) verdunstet.

Siedepunkt und Siedebereich

Die Temperatur, bei der eine Flüssigkeit ohne Änderung ihrer chemischen Zusammensetzung vom flüssigen in den gasförmigen Zustand übergeht, ist der Siedepunkt. Da die meisten Lösemittel jedoch nicht chemisch rein sind, spricht man häufig vom Siedebereich. Entsprechend ihren Siedebereichen kann man Lösemittel etwa wie folgt einteilen:

- Niedrigsieder sieden unterhalb 100 °C
- Mittelsieder sieden zwischen 101 und 150 °C
- Hochsieder sieden zwischen 151 und 250 °C

Lösemittel, die über 250 °C sieden, bleiben fast vollständig im Film erhalten. Sie verdunsten so langsam, dass sie als lösende Weichmachungs- oder Weichhaltungsmittel gelten.

In der Ölmalerei verwendet man ausschließlich Hochsieder als Lösemittel, denn ein Lösemittel darf nicht allzu rasch flüchtig sein, damit es während der Dauer der Pinselverarbeitung wirksam bleibt. Deshalb verwendet man von alters her Terpentinöl, das Siedegrenzen zwischen 150 und 175 °C besitzt (auch in Firnissen und Malmitteln verwendet man solche Hochsieder). Rasch flüchtige Niedrigsieder könnten eine solche Verdunstungskälte auf der Filmoberfläche hervorrufen, dass sich Feuchtigkeit in die Aufstrichoberfläche niederschlägt und das Bindemittel aus der Lösung ausfällt; das gefürchtete Weißanlaufen wäre die Folge.

Ein Lösemittel für filmbildende Malfarben darf die Durchtrocknung aber auch nicht zu lange hinauszögern. Bei Ölfarben könnte es nämlich in dem bereits oberflächlich angetrockneten Film zur Bildung von Lösemittelnestern kommen, die beim Erwärmen Blasen bilden und Filmschäden hervorrufen.

Feuer- und Explosionsgefahr

Die meisten der bekannteren Lösemittel sind brennbar, mit Ausnahme von Chlorkohlenwasserstoffen wie Tetrachlorkohlenstoff, Methylenchlorid usw. Ihre Feuergefährlichkeit hängt von ihrem Flammpunkt und zum Teil auch von ihrer Wasserverdünnbarkeit ab.

Die Temperatur, bei der ein Lösemittel brennbare Dämpfe zu entwickeln beginnt, nennt man Flammpunkt. Das ist für den Anwender wichtig zu wissen, da nur die Lösemitteldämpfe brennen und nicht die Lösemittel selbst. Deswegen:

Lösemittel *dürfen grundsätzlich nicht in der Wärme, auf keinen Fall in der Nähe von Heizkörpern, gelagert werden.*

Für Lösemittel gibt es die folgenden Gefahrenklassen:

- Zur Klasse A gehören alle nicht mit Wasser mischbaren Lösemittel
- Zur Klasse B gehören die mit Wasser mischbaren Lösemittel (wie Benzol, Toluol)

Mit Flammpunkten unter 21 °C besteht bei Leichtbenzinen die höchste Entzündungsgefahr; sie zählen deshalb zur Gefahrenklasse A I. Die wichtigsten Lösemittel des Ölmalers, Terpentinöl und Testbenzin, sind weniger leicht entzündlich; sie besitzen einen Flammpunkt über 21 °C und gehören zur Gefahrenklasse A II. Äthylalkohol und Azeton sind wasserlöslich, daher einfacher zu löschen; sie gehören zur Gefahrenklasse B.

In Arbeitsräumen, in denen mit Lösemitteln hantiert wird, muss für ausreichende Belüftung gesorgt werden, damit sich keine brennbaren, explosiblen und physiologisch gefährlichen Lösemittel-Luft-Gemische bilden können. Da Lösemitteldämpfe schwerer sind als Luft, reicht es deshalb nicht aus, bei offenem Fenster zu arbeiten. Lösemitteldämpfe entweichen nur bei kräftigem Durchzug. Offenes Feuer ist beim Umgang mit Lösemitteln unbedingt zu vermeiden.

Physiologische Wirkung von Lösemitteln

Alle Lösemittel wirken auch physiologisch auf den Organismus. Sie lösen nicht nur fette Öle und Harze, sondern entziehen bei häufigem Kontakt auch der menschlichen Haut einen Teil ihres Fettes, machen sie rissig und spröde und können Entzündungen oder Ausschläge hervorrufen. Es ist ratsam, die Haut nach längerem oder intensivem Kontakt mit Lösemitteln mit einer guten Hautschutzsalbe einzufetten.

Terpentinöl kann bei Allergikern starke Hautreizungen besonders zwischen den Fingern verursachen, die so genannte Terpentinöl- oder Malerkrätze. Manche Lösemittel sind unangenehm, andere sogar sehr gefährlich bzw. giftig, wenn sie durch die Haut in die Blutbahn gelangen oder über die Atemwege in den Körper aufgenommen werden. Benzindämpfe können Benommenheit, Kopfschmerzen, Schwindel und Übelkeit hervorrufen. Benzol, Toluol und Xylol und ihre Dämpfe sind Gifte. Chlorkohlenwasserstoffe lähmen ab einer gewissen Konzentration das Zentralnervensystem – wie von Chloroform allgemein bekannt. Methanol kann in schweren Fällen zu Erblindung führen. In jedem Fall ist beim Umgang mit Lösemitteln Vorsicht geboten!

Terpentinöl

Verdunstungszahl	70–120
Siedebereich	150–175 °C
Flammpunkt	37 °C
Gefahrenklasse	A II; reizend

Das bei der Wasserdampfdestillation des Koniferenbalsams gewonnene ätherische (= verdunstende) Öl wird als Balsamterpentinöl bezeichnet. Aufgrund der verbliebenen Harzreste hinterlässt es beim Trocknen auf weißem Papier einen Rückstand. Durch wiederholtes Destillieren, auch Rektifizieren genannt, können die Harzbestandteile vollständig entfernt werden. Man erhält dann rektifiziertes oder auch doppelt rektifiziertes Terpentinöl, das wichtigste Lösemittel in der Ölmalerei.

Wichtigster Bestandteil des Terpentinöls sind ringartig gebaute organische Verbindungen, die besonders im Licht rasch mit Sauerstoff reagieren und zuerst unbeständige Peroxide bilden. Im Gefolge der Peroxidbildung entstehen selbst in gut destillierten Terpentinölen immer wieder gelbliche Reaktionsprodukte, Abkömmlinge des Kampfers, die teilweise sogar auskristallisieren. Dieses erneute Verharzen ist zu beobachten, wenn Terpentinöl lange bei Wärme und im Licht gelagert wird. Deshalb sollten Terpentinöle stets dunkel und kühl aufbewahrt werden. Verwendet man dennoch ein verharztes Terpentinöl zum Verdünnen von Ölfarben oder zum Lösen von Harzen zur Firnisherstellung, hat dies ein gewisses Nachkleben der Öl- und Firnisfilme zur Folge. Selbst gut rektifizierte Terpentinöle verharzen mit der Zeit, wenn sie nicht luftdicht verschlossen an einem kühlen, dunklen Ort aufbewahrt werden.

Sorgfältig destilliertes Balsamterpentinöl riecht niemals stechend, sondern immer milde und aromatisch. Frisch rektifiziertes Terpentinöl erkennt man daran, dass es auf weißem Fließpapier nur einen rasch verdunstenden Fleck, aber keine Rückstände hinterlässt. Terpentinöl ist das Löse- bzw. Verdünnungsmittel für Ölfarben, Harze und Malmittel schlechthin. Es ist also kein Bindemittel; es besitzt auch keine Klebekraft und kann daher keine Haftung von Pigmenten auf einem Malgrund herbeiführen.

Wird Ölfarbe sehr stark mit Terpentinöl oder einem anderen Lösemittel versetzt, wird das in der Farbe enthaltene Leinöl derart verdünnt, dass es in eine saugende Grundierung einschlägt. Durch die starke Verdünnung wird der Ölfarbenanstrich so bindemittelarm, dass er matt und nicht mehr mit dem üblichen Ölfarbenglanz auf dem Malgrund steht. Auf diese Weise entstehen die so genannten eingeschlagenen Stellen, die den optischen Gesamteindruck des Bildes erheblich stören. Diese erhalten ihren Glanz zurück, indem sie mit stark verdünnter Harzlösung, einem so genannten Retuschierfirnis, überstrichen, übersprüht oder eingerieben werden. Dafür sind auch stark verdünntes Leinöl oder eine stark verdünnte Alkydharzlösung geeignet. Die Filme von Dammar- oder Mastixlösungen sind und bleiben terpentinöllöslich, darum haften nachfolgende Ölfarbenaufstriche auf ihnen nicht gut. Stark verdünnte Leinöl- und Alkydharzfilme dagegen trocknen oxidativ und sind deshalb vorzuziehen.

Nicht mit den Balsamterpentinölen zu verwechseln ist das wesentlich billigere Holzterpentinöl, das durch Wasserdampfdestillation aus harzreichen Holzabfällen gewonnen wird. Gute Sorten sind dem Balsamterpentinöl maltechnisch fast ebenbürtig, allerdings riechen sie ein wenig strenger. Handelt es sich um sorgfältig destillierte Produkte, sind die beiden Terpentinölsorten analytisch kaum zu unterscheiden.

Alle Terpentinöle – ob Balsam- oder Holzterpentinöle – können Hautreizungen hervorrufen, ebenso wie Malmittel, die Terpentinöl enthalten. Deshalb müssen alle Verpackungen von Produkten, die Terpentinöl enthalten, mit einem entsprechenden Warnhinweis (Andreaskreuz, Aufschrift »reizend«) gekennzeichnet sein.

Vor den Wirkungen einer Terpentinölallergie kann man sich leider nicht schützen wie vor Bleiweißstaub. Für Terpentinölallergiker gibt es nur eine Lösung – nicht mit Terpentinöl arbeiten! Das bedeutet im Prinzip, von der Ölmalerei insgesamt Abstand zu nehmen, da fast alle einschlägigen Malmittel Terpentinöl enthalten.

Terpentinfreie Lösemittel

Um einige der unangenehmen Eigenschaften der Terpentinöle zu umgehen, sind auch Ersatzstoffe im Handel erhältlich. Sie sind den echten Terpentinölen nachgestellt, haben eine ähnliche Lösungswirkung auf Harze und Wachse, allerdings mit dem Unterschied, dass sie keine allergischen Reaktionen hervorrufen. Die eingesetzten testbenzinähnlichen (= aliphatischen) Kohlenwasserstoffe enthalten nicht – bzw. nur zu einem sehr geringen Teil – Terpene aus der reizenden Gruppe. Als weitere Zusatz- und Ersatzstoffe werden ihnen Orangen- und Zitrusöle beigemischt. Diese terpentinfreien Lösemittel eignen sich auch zum Lösen von Harzen und Wachsen und zum Verdünnen von Ölfarben.

Mineralölabkömmlinge

Testbenzin

Verdunstungszahl	50–70
Siedebereich	130–220 °C
Flammpunkt	über 21 °C
Gefahrenklasse	A II

So genanntes Lackbenzin bzw. Testbenzin ist ein farbloses, mild riechendes Erdöldestillat, das frei von schwefligen Beimengungen ist. Es darf nicht mehr als 0,2 % an Verdunstungsrückständen enthalten, bei guten Produkten muss der Wert noch darunter liegen. Es handelt sich hierbei nicht um ein chemisch einheitliches Produkt, sondern um ein Gemisch verschiedener kettenförmiger (= aliphatischer) Kohlenwasserstoffe, die manchmal auch ringförmige (= aromatische) Kohlenwasserstoffe enthalten. Gute Testbenzine eignen sich als Löse- und Verdünnungsmittel für Ölfarben und einige Harze. Im Handel werden sie zuweilen unter dem Namen Terpentinölersatz – oder kurz (und falsch) Terpentinersatz – geführt.

Petroleum

Petroleum ist eine Erdölfraktion mit einem Siedebereich zwischen 150 und 300 °C. Demzufolge ist es langsamer flüchtig als Testbenzin und kann nicht mehr so sehr als Lösemittel, sondern in gewisser Weise bereits als Weichmacher gelten.

Leichtbenzine

Leichtbenzine mit einem Siedebereich zwischen 65 und 100 °C, einer Verdunstungszahl um 3 und einem extrem niedrigen Flammpunkt sind für Maler ungeeignet.

Steinkohlenteerabkömmlinge

Benzol

Verdunstungszahl	3
Siedepunkt	80 °C

Benzol und die chemisch und technologisch nahe verwandten Lösemittel Toluol (Siedepunkt: 110 °C, Verdunstungszahl: 6) und Xylol (Siedepunkt: 140 °C, Verdunstungszahl: 13) werden aus Steinkohlenteer destilliert. Sie verdunsten rascher als Terpentinöl und Testbenzin und lösen stärker, auch angetrocknete Ölfarbenfilme. Von diesen drei Lösemitteln ist Benzol das stärkste. Die Dämpfe von allen dreien sind gesundheitsschädlich und giftig bis krebserzeugend! Aufgrund ihrer Giftigkeit und Feuergefährlichkeit sollten diese drei Lösemittel von Malern nicht verwendet werden.

Alkohole

Methylalkohol (Methanol), Äthylalkohol (Ethanol), Isopropylalkohol (Isopropanol), Glyzerin

Der giftige, rasch flüchtige Methylalkohol (Methanol), mit einem Siedepunkt von 65 °C und der Verdunstungszahl 6, spielt in der Malerei keine Rolle. Er ist noch bei Restauratoren in Gebrauch, beispielsweise beim Abnehmen von Firnis. Er besitzt zwar ein stärkeres Lösevermögen als der nächsthöhere Alkohol (Äthylalkohol), dennoch wirkt er bei der Firnisabnahme milder, da er rascher verfliegt und deshalb besser zu kontrollieren ist. Auch relativ frische Acrylfarbreste lassen sich mit Methylalkohol gut lösen.

Ein bedeutenderes Lösemittel ist der Äthylalkohol, der normale Spiritus, mit einem Siedepunkt von 78 °C und der Verdunstungszahl 8. Vergällt stellt er das Lösemittel der Alkoholfirnisse dar. Er kann in jedem Verhältnis mit Wasser gemischt werden. In Verbindung mit Terpentinöl gilt er als gut dosierbares Abbeizmittel bei Firnisabnahmen.

Isopropylalkohol besitzt ein ähnliches Lösevermögen wie Äthylalkohol und kann in Alkoholfirnissen oder -fixativen ebenso gut verwendet werden. Man kann diese auch selbst ansetzen. Den Isopropylalkohol bekommt man in jeder Apotheke. Er wird auch zur Herstellung von kosmetischen Produkten verwendet und ist physiologisch völlig unbedenklich. Da er nicht der Branntweinsteuer unterliegt, ist er außerdem wesentlich billiger als unvergällter Äthylalkohol.

Glyzerin, ein dreiwertiger Alkohol mit einem Siedepunkt von 290 °C, besitzt einen süßlichen Geschmack und zieht Wasser viel stärker an als die oben beschriebenen Alkohole. Wegen seiner hygroskopischen (wasseranziehenden) Eigenschaften wird es in einigen wässrigen Farben, etwa in Aquarell-, Leimtempera- oder auch in Grundierfarben, als haftungsverbessernde Komponente eingesetzt. Als Lösemittel kommt es nicht zum Einsatz. Bei der Verwendung von Glyzerin sollte man stets bedenken, dass es sich um ein im Aufstrich verbleibendes wasseranziehendes Weichmachungsmittel handelt.

Äther, Ester, Ketone

Äthyläther, Methylazetat, Azeton

Ester, Äther und Ketone sind Verbindungen von organischen Säuren und Alkoholen. Die einfachsten und zugleich bekanntesten Vertreter dieser Gruppen sind:

- Äthyläther — Verdunstungszahl 1
Siedepunkt 34 °C
- Methylazetat — Verdunstungszahl 2
Siedepunkt 56 °C
- Azeton — Verdunstungszahl 2
Siedepunkt 56 °C

Sie und die ihnen verwandten höheren Verbindungen dienen in der Anstrichtechnik als Lösemittel für Nitrozelluloselacke und bestimmte Kunstharzlacke. Sie besitzen ein starkes Lösevermögen und werden deshalb in der Restauriertechnik als Lösemittel eingesetzt. Bei diesen Verbindungen handelt es sich um die am stärksten lösenden und zugleich am raschesten verdunstenden Lösemittel ihrer Gruppen.

Die ätherischen Öle

Rosmarinöl

Rosmarinöl ist schwach grün bis farblos, riecht intensiv und löst auch trockene Ölfarbenfilme an. Früher wurde es ebenso als Riechstoff wie als langsam verdunstendes Lösemittel in Malmitteln verwendet. Es wird aus den Blättern und Blüten des Rosmarins (Rosmarinus officinalis) gewonnen.

Lavendelöl

Lavendelöl dient hauptsächlich als Riechstoff. Es wird durch Wasserdampfdestillation aus frischen Blüten der Lavendula fragrans und der Lavendula delphinensis gewonnen, die im Mittelmeergebiet in Höhen über 700 m wachsen.

Spiköl

Spiköl enthält im Gegensatz zum echten Lavendelöl Kampfer, deshalb kann es als Konservierungsmittel in Leimen und Temperaemulsionen dienen. Gewonnen wird es aus der Stammpflanze Lavendula spika, *lavande male* oder *grande lavande,* die im Mittelmeerraum in Berggegenden unterhalb einer Höhe von 700 m wächst und größer als Lavendel wird.

Nelkenöl

Nelkenöl besitzt durch das in ihm enthaltene Eugenol wie Kampfer eine desinfizierende Wirkung. Es bräunt allerdings an der Luft und sollte deshalb nur tropfenweise zugesetzt werden. Durch schonende Wasserdampfdestillation wird es aus den Blüten des auf Sansibar und Madagaskar heimischen Nelkenbaumes Eugenia caryophyllata gewonnen.

Warnung! *Die Verwendung der oben genannten ätherischen Öle als Verdünnungs- oder Malmittel ist nicht zu empfehlen, denn sie verdunsten äußerst langsam und halten so Aufstriche überlange weich.*

Empfehlung: *Gegen die Verwendung von Spiköl und Nelkenöl als Konservierungsmittel in Leim- und Temperafarben gibt es nichts einzuwenden.*

GESUNDHEITSSCHUTZ

Jeder Mensch sollte umweltbewusst handeln und sich der Gefahren bewusst sein, die ihn im täglichen Leben umgeben. Dies trifft in besonderem Maße auf den Künstler zu. Er sollte wissen, wie die von ihm verwendeten Arbeitsmaterialien wirken, z. B. Pigmente oder Lösemittel, und wie er sich gegebenenfalls vor gesundheitlichen Gefahren schützen kann. Giftige Produkte müssen laut Gesetz eindeutig als solche erkennbar sein und vom Hersteller mit Gefahrensymbolen und eindeutigen Aufschriften entsprechend gekennzeichnet werden. Auf größeren Gebinden müssen zusätzlich Sicherheitsratschläge und detaillierte Gefahrenhinweise angebracht werden. Die empfohlenen Vorsichtsmaßnahmen müssen unbedingt eingehalten werden, da es sonst zu schweren Unfällen und bleibenden gesundheitlichen Schäden kommen kann.

Gesundheitliche Gefahren

Künstlerfarben für wässrige Techniken, Öl- oder Pastellmalerei bestehen aus verschiedenen Pigmenten, Bindemitteln und Additiven. Wer seine Malfarben selbst herstellen will, findet die entsprechenden Produkte im Fachhandel: z. B. wässrige Bindemittel wie Gummiarabikum oder Kasein, Öle, organische und anorganische Pigmente sowie diverse Hilfsmittel. Zum Malen werden häufig auch Malmittel verwendet (als Zusätze von Bindemitteln). Ölgemälde, in seltenen Fällen auch Acrylgemälde, werden nach Fertigstellung mit einem Firnis versehen. Die im Malmittel oder Firnis enthaltenen Öle und Harze sind meist in Lösemitteln (Testbenzin oder Ethanol) gelöst. Für Kreide- und Bleistiftzeichnungen werden Fixative auf Äthylalkoholbasis verwendet.

Einige dieser Stoffe sind gesundheitsschädlich und müssen mit der entsprechenden Vorsicht behandelt werden. Hierbei kann es sich um feste, flüssige oder gasförmige Stoffe handeln, die in verschiedenen Fertigprodukten enthalten sind und bei ihrer Freisetzung in den Körper gelangen können: feste und flüssige Stoffe oral oder durch Hautkontakt, gasförmige Stoffe und Stäube über die Atemwege. Besondere Aufmerksamkeit muss auch dem Schutz der Augen gelten.

Feste Stoffe, besonders in Pulverform wie die Pigmente, können als Stäube eingeatmet zu Reizungen der Schleimhäute führen; bei Hautkontakt besteht jedoch nur selten eine Gefahr. Ähnliches gilt für die Verarbeitung von Pastellkreiden oder Füllstoffen (Extender) in Pulverform. Zu den flüssigen Stoffen gehören alle Löse- und Reinigungsmittel sowie Malmittel, Firnisse oder Fixative in den entsprechenden Lösemittelgemischen. Gasförmige Stoffe können durch Verdunsten aus Lösemitteln entstehen und werden beim Sprühen aus Aerosoldosen freigesetzt. Auch entzündliche oder leicht entzündliche Lösemittel stellen im Brandfall eine Gefahr für Mensch und Material dar.

Eine Sonderstellung nehmen bleihaltige Pigmente ein, die kaum mehr in Pulverform erhältlich sind. Bleiweiß, Chromgelb und Molybdatrot sowie viele historische Bleipigmente sind giftig und werden entsprechend mit dem Totenkopf gekennzeichnet. Bleihaltige Pigmente und Farben sind mit Ausnahme bleiweißhaltiger Künstlerfarben verboten. Bleiweiß ist nur noch für restauratorische Zwecke zugelassen und im Handel nicht mehr frei erhältlich.

Säuren und Laugen (z. B. Salzsäure, Ammoniak usw.), Bleichmittel, Soda, Borax oder Glykol werden gelegentlich für Malzwecke benutzt, sind im Fachhandel jedoch kaum noch zu finden. Diese Stoffe und Chemikalien sind ätzend bzw. schleimhautreizend.

Bleiweiß ist nur noch als Ölfarbe und zudem in Dosen für restauratorische Zwecke im Handel. Werden im Einzelhandel Pigmente offen (nach Gewicht in Tüten) angeboten, sollten ihre Eigenschaften immer bekannt sein, z. B. die löslichen Anteile in Kadmiumpigmenten. Ausdrücklich zu warnen ist vor dem hochgiftigen echten Zinnober. Wird Neapelgelb benötigt, sollte man sich vergewissern, ob das Pigment bleihaltig ist.

Viele Produkte sind lösemittelhaltig, wie Malmittel und Firnisse (Testbenzin, vereinzelt Terpentinöl) oder Fixative (Ethanol, Isopropanol). Aerosoldosen enthalten Lösemittel und Treibgas (meist Butan oder Propan) und sind mit dem Zeichen F+ (hoch entzündlich) gekennzeichnet. Beim Versprühen des Inhaltes kann sich durch Freiwerden von leicht entzündlichem Gas ein explosionsfähiges Gemisch bilden. Man muss Feuer, Zündfunken sowie Hitze am Arbeitsplatz vermeiden und sich vor dem Einatmen der Dämpfe schützen.

Erklärung der Gefahrensymbole

Durch die Symbole T (giftig), Xi (reizend), Xn (gesundheitsschädlich), F+ (hoch entzündlich), F (leicht entzündlich) und C (ätzend) werden die Produkte näher gekennzeichnet. Die entsprechende Beschriftung macht auf mögliche Gefahren aufmerksam; so kann der Aufnahme gefährlicher Stoffe vorgebeugt werden. Lösemittel, Firnisse und Fixative sind häufig entzündlich oder leicht entzündlich (Flammensymbol) und in einigen Fällen auch gesundheitsschädlich (Andreaskreuz, Xn) oder reizend (Andreaskreuz, Xi).

Mit der Gefahrenbezeichnung Xi gekennzeichnete Stoffe und Zubereitungen können durch kurzfristigen, längerfristigen oder wiederholten Haut- bzw. Schleimhautkontakt Entzündungen hervorrufen.

Als gesundheitsschädlich eingestufte Stoffe bzw. Zubereitungen können durch Einatmen, Verschlucken oder Hautresorption akute bzw. chronische Gesundheitsschäden verursachen und sogar zum Tode führen.

Mit dem Totenkopf gekennzeichnete giftige Stoffe und Zubereitungen (z. B. Kremser Weiß) können, je nach individueller körperlicher Verfassung, schon durch Einatmen, Verschlucken oder Hautresorption geringer Mengen akute oder chronische Gesundheitsschäden verursachen und sogar zum Tode führen.

Aerosoldosen stehen unter Druck und enthalten entzündliches Treibgas und den meist in einem brennbaren – entzündlichen – Lösemittel gelösten Wirkstoff. Mit dem Flammensymbol und dem Zeichen F+ wird auf die leichte Entflammbarkeit des Inhalts und die erhöhte Feuergefahr beim Versprühen des Doseninhaltes hingewiesen.

Um Gesundheitsgefahren beim Umgang mit bestimmten Stoffen und Zubereitungen erkennbar zu machen, werden diese mit dem Gefahrensymbol auf orangefarbenem Grund, dem entsprechenden Buchstaben zur Gefahrenbezeichnung (z. B. Flammensymbol mit dem Buchstaben F) sowie durch die R-Sätze (Risiko-Sätze bzw. Gefahrenhinweise) und die S-Sätze (Sicherheits-Sätze bzw. Sicherheitsratschläge) gekennzeichnet.

Weniger entzündliche Stoffe oder Zubereitungen – z. B. Firnisse oder Malmittel – werden mit dem Wort »entzündlich« ohne das Gefahrensymbol versehen.

Aufnahme von Gefahrenstoffen

Organische und anorganische Pigmente

Organische Pigmente sind so gut wie nicht bioverfügbar, d. h. nicht löslich in Wasser, Magensäure oder anderen Körperflüssigkeiten, und werden daher nicht als gesundheitsschädlich eingestuft. Anorganische Pigmente enthalten – mit Ausnahme von Titanweiß und Ruß – Schwermetalle, die jedoch chemisch gebunden und ebenfalls nicht bioverfügbar sind, sodass auch bei ihnen keine Gefahr für die Gesundheit besteht. Dasselbe gilt auch für Kadmium- und die meisten Kobaltpigmente, nicht aber für bleihaltige Pigmente. Bleiweiß ist nur noch für restauratorische Zwecke in Gebrauch, wenn kein Alternativprodukt zur Verfügung steht.

Erd-, Eisenoxid- und Chromgrün-Pigmente wie auch Zinkweiß enthalten ebenfalls Schwermetalle. Von diesen geht aber keine Gefahr aus. Daher können anorganische Pigmente nicht grundsätzlich als gesundheitsschädlich eingestuft werden.

Lösemittel

Lösemittel sind mehr oder minder leicht flüchtig, entzündlich oder leicht entzündlich. Ihre Dämpfe können mit Luft zusammen explosionsfähige Gemische bilden (Ethanol, Propanol), beim Einatmen eine narkotisierende Wirkung ausüben (Methanol, Toluol) und bei längerer Einwirkung Hautschäden zur Folge haben (Azeton, Xylol).

Die meisten in der Malerei verwendeten Lösemittel sind mit unterschiedlichen Gefährlichkeitsmerkmalen gekennzeichnet:

1-Butanol	(Xn)
2-Propanol	(F, Xi)
Azeton	(F, Xi)
Ethanol	(F)
Glykole	(diverse)
Terpentinöl	(Xn)
Testbenzin	(Xn, N)
Toluol	(F, Xn)
Xylol	(Xn)

Toxische Wirkung von Lösemitteln

Besonderes Augenmerk sollte bei der Auswahl der Malmaterialien auf die Lösemittel gerichtet werden. Sie müssen ausnahmslos eine Reihe von mehr oder weniger starken, so genannten unspezifischen Wirkungen haben.

Die Toxikologie definiert die schädliche Wirkung chemischer Substanzen auf lebende Orga-

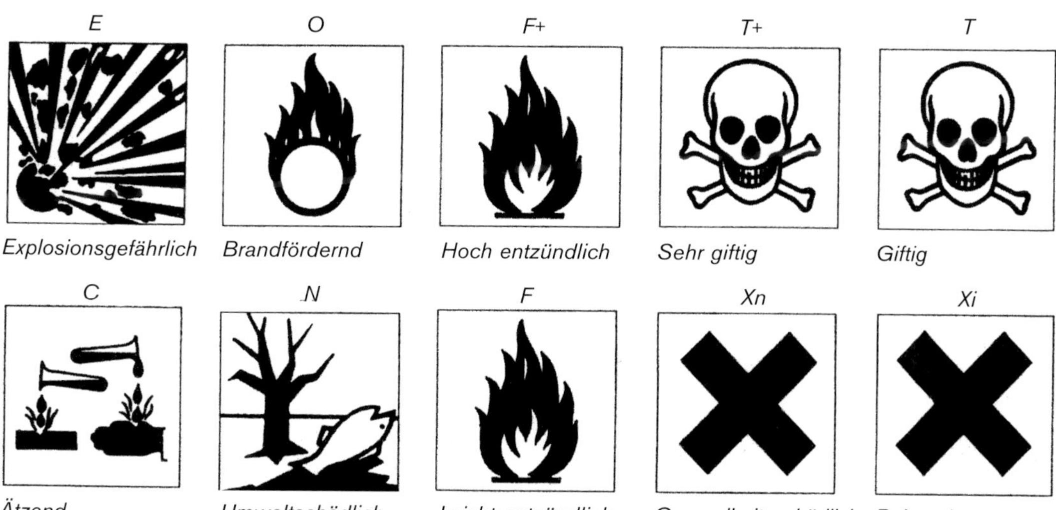

nismen. Solche Substanzen, bei denen das Risiko einer gesundheitlichen Schädigung verhältnismäßig hoch ist, werden gemeinhin als Gifte bezeichnet. Bei den Auswirkungen spielen Faktoren wie Dosis, Einwirkungsart und -dauer, aber auch die jeweilige Konstitution des Betroffenen eine Rolle.

Die Stoffaufnahme ist sowohl von der Konzentration (Menge) als auch von der Einwirkungsdauer am Aufnahmeort abhängig, bei den Atemwegen auch von der Partikelgröße. Nur Feinstaubpartikel mit einem aerodynamischen Durchmesser unter 5 µ gelangen in die tiefsten Abschnitte des Bronchialsystems. Größere Partikel werden vorher im Bronchialbaum abgeschieden und von dort durch das »Selbstreinigungssystem« des Bronchialsystems nach außen befördert oder hier resorbiert.

Man unterscheidet dabei zwischen akuten und chronischen Vergiftungen. Während akute Vergiftungen meist die Folge einer hohen Einzeldosis sind, entwickeln sich chronische Vergiftungen durch die Einwirkung kleiner Giftdosen über einen längeren Zeitraum. Im Verlauf chronischer, also wiederholter Stoffaufnahme kann sich der Stoff im Körper ansammeln (kumulieren), um nach Beendigung der Zufuhr sofort, allmählich oder gar nicht ausgeschieden zu werden.

Allergische Reaktionen spielen bei der Einwirkung chemischer Stoffe eine große Rolle. Unter Allergie versteht man eine individuelle Überempfindlichkeit, die auf einer Antigen-Antikörper-Reaktion beruht und nicht konzentrationsabhängig ist.

Zu den Reiz- oder Ätzstoffen zählen Säuren und Laugen in hoher Konzentration sowie bestimmte organische Verbindungen, beispielsweise Schwefelsäure, Salzsäure, Natronlauge, Kalilauge, Ammoniak oder Formaldehyd. Bei Hautkontakt hängt der Grad der Verätzung oder Reizung von der Konzentration des Reizstoffes, seiner Einwirkungsdauer und Einwirkungsfläche, d. h. von der Dosis ab. Die Haut kann oberflächliche Rötungen oder Blasenbildung aufweisen, es können aber auch tiefer liegende Gewebe geschädigt sein.

Organische Lösemittel, die oft keine spezifischen Gifteigenschaften besitzen, haben hauptsächlich berauschende, in höheren Konzentrationen sogar narkotisierende Wirkung. Bei höheren Konzentrationen über einen längeren Zeitraum besteht Lebensgefahr durch Atemlähmung. Bei anhaltender Einwirkung halogenierter Kohlenwasserstoffe, Alkohole und anderer Lösemittel können chronische Schädigungen der Leber sowie des zentralen Nervensystems auftreten. Eine chronische Schädigung der Atemwege kann durch das Einatmen von Stäuben hervorgerufen werden. Auch die ungiftigen Inertstäube wirken als Fremdkörper und können daher zu einer Reizung der Atmungsorgane führen. Je nach Staubkorngröße können sie in die verschiedenen Abschnitte des Lungen- und Bronchialsystems gelangen. Feinstäube – so werden Stäube mit einem aerodynamischen Durchmesser von weniger als 5 µ genannt (s. o.) – können Bestandteil des einatembaren Gesamtstaubes sein und, da sie nicht ohne weiteres wieder ausgeschieden werden, toxische, chemisch-irritative oder allergene Wirkung haben (Quarzstaub, Asbestfasern). Die toxische Wirkung vieler Schwermetalle auf den menschlichen Organismus macht sich auf unterschiedliche Weise bemerkbar. Bei Blei- oder Quecksilbervergiftungen können z. B. Veränderungen des Blutbildes, Muskelkrämpfe, Schäden des Nervensystems und der Nieren, Schlaflosigkeit usw. auftreten.

Damit wird deutlich, welche Auswirkungen stark gesundheitsschädigende (giftige) Stoffe oder Zubereitungen haben und dass auch weniger giftige, gesundheitsschädliche Stoffe bei häufiger Aufnahme zu einem chronischen Befund oder einer Allergiewirkung führen können. Sorgen Sie deshalb für Hygiene am Arbeitsplatz und beachten Sie die Warnhinweise und Sicherheitsratschläge auf dem Produktetikett.

Beispiele zur Kennzeichnung

- Kremser Weiß / Bleiweiß ist aufgrund seines Bleigehaltes gesundheitsschädlich und deshalb mit dem Andreaskreuz zu kennzeichnen. Das Pigment sollte nicht in Pulverform verwendet werden. Ist eine trockene Verarbeitung unumgänglich, muss dabei eine geeignete Staubschutzmaske getragen werden. Bleiweiß darf nicht in Mund und Magen gelangen. Deshalb sollte bei der Arbeit mit Kremser-Weiß-Ölfarben weder gegessen noch getrunken und auch nicht geraucht werden.
- Terpentinöl wird inzwischen ebenfalls als »reizend« deklariert und mit einem Andreaskreuz gekennzeichnet, da es in unterschiedlichen Stärken eine toxische oder Ekzem auslösende Wirkung zeigen kann. Man sollte beachten, dass zumindest in den Malmitteln und Firnissen für die Ölmalerei oft Terpentinöl enthalten ist.

An den beiden Beispielen Bleiweiß und Terpentinöl wird deutlich, welch hohe Sicherheitsmaßstäbe sowohl in den europäischen Richtlinien als auch in der deutschen Arbeitsstoffverordnung angelegt werden. Kremser Weiß ist schon seit 2000 Jahren in Gebrauch und war bis zur Mitte des 19. Jahrhunderts das einzige deckende Weißpigment in der Ölmalerei; ebenso war Terpentinöl in nahezu jedem Maleratelier zu finden und seit dem 17. Jahrhundert das Löse- und Verdünnungsmittel in der Ölmalerei. Man könnte meinen, hier würden mögliche Gefahren unnötig dramatisiert, doch in einer Zeit erhöhter Umweltbelastung addieren sich die Gesundheitsrisiken, und man muss sich genau informieren, um sich optimal schützen zu können.

Dennoch bleiben viele Fragen offen. Aufgrund der bekannten Gefahren, die von Kadmium ausgehen, gibt es Überlegungen in der Europäischen Union, die Herstellung, das Inverkehrbringen und die Verwendung von Kadmium zu beschränken.

Gesundheitsschutz und Vorbeugung

Endverbraucher werden mit Warnaufschriften auf der Verpackung und auf den Behältnissen ausreichend darauf hingewiesen, welche Gefahren von den Produkten ausgehen und wie man sich dagegen schützt.

Mit Warnhinweisen auf der Verpackung und den Behältnissen wird der Verbraucher auf mögliche Gefahren hingewiesen, die von bestimmten Produkten ausgehen. Vor diesen Gefahren kann man sich jederzeit schützen, wenn man sich mit der Zusammensetzung und der Wirkungsweise des entsprechenden Produktes auseinander setzt. Durch achtlosen Umgang mit Chemikalien kann man sich und andere gefährden. Vor allem wenn es keine räumliche Trennung von Wohn- und Arbeitsbereich gibt, spielen Sauberkeit, persönliche Hygiene und der richtige Umgang mit den Malmaterialien eine wichtige Rolle. Besondere Vorsicht ist geboten, wenn auch Kinder im Haushalt leben: Halten Sie die gefährlichen Materialien generell von ihnen fern!

Lösemittel und lösemittelhaltige Produkte dürfen nicht in der Nähe von Zündquellen (Rauchen, Lichtschalter) verwendet werden. Eine gute Lüftung ist wichtig, damit Lösemittelanteile in der Luft niedrig gehalten werden.

Schutz der Atemwege

Beim Verarbeiten größerer Lösemittelmengen sollte man sich mit einer Filtermaske (Filter A bzw. AX) oder einer Absaugvorrichtung schützen. Eine Absaugung ist nur bei einer Abzugshaube mit integriertem Aktivkohlefilter wirkungsvoll oder wenn ein Abzug ins Freie vorhanden ist. Die elektrischen Teile der Anlage müssen explosionsgeschützt sein (Ex-Ausführung). Auch bei der Verarbeitung von Farben oder lösemittelhaltigen Produkten mit einer Spritzvorrichtung ist eine Abzugshaube mit Abzug sinnvoll. Durch das Tragen einer Maske kann man sich zusätzlich gegen Farb- und Staubpartikel in der Luft schützen.

Schutz von Augen und Haut

Beim Umgang mit Flüssigkeiten und eventuell auch mit Pulvern müssen Augen und Haut geschützt werden. Geeignete Schutzbrillen mit Seitenschutz sind u. a. in Fachgeschäften für Laborbedarf sowie im Chemikalienhandel erhältlich.

Beim Umgang mit gefährlichen flüssigen Hilfsmitteln und auch fertigen Farben müssen als Erstes die Hände geschützt werden, entweder durch Einreiben mit einer Schutzcreme oder durch das Tragen von Handschuhen, die einen besseren Schutz bieten. Das Material muss gegen den Stoff resistent sein und darf sich nicht auflösen, aufweichen oder reißen. Geeignete Materialien sind Vyton, Nitril und Chloropren, da sie gegen unterschiedliche Chemikalien und die meisten Lösemittel resistent sind. Material auf Kautschukbasis hingegen wird z. B. von Testbenzin sofort angegriffen.

Gesetzliches Regelwerk und andere Informationsquellen

Die wichtigste und umfangreichste Verordnung des Chemikaliengesetzes ist die Gefahrstoffverordnung. Sie regelt zusammen mit der Chemikalienverbotsverordnung das Inverkehrbringen von und den Umgang mit Gefahrstoffen. Die Gefahrstoffverordnung (GefStoffV) ist für Firmen verbindlich, die so genannte Publikumsprodukte herstellen und in Verkehr bringen.

Der Grundsatz der GefStoffV lautet: »Ziel dieser Verordnung ist es, den Menschen und die Umwelt vor stoffbedingten Schädigungen zu schützen durch Regelungen zur Einstufung, Kennzeichnung und Verpackung gefährlicher Stoffe und Zubereitungen; Maßnahmen zum Schutz der Beschäftigten und anderer Personen bei Tätigkeiten mit Gefahrstoffen und Beschränkungen für das Herstellen und Verwenden bestimmter gefährlicher Stoffe, Zubereitungen und Erzeugnisse.« Damit ist die Verpflichtung der Produktions- und Distributionsbetriebe gegenüber der Öffentlichkeit im Hinblick auf die Gefahrstoffe klar umrissen.

Die Grundlagen und Vorgaben für die Kennzeichnung von Publikumsprodukten sind in der Gefahrstoffverordnung (GefStoffV) festgehalten. Diese Verordnung regelt die Einstufung, Kennzeichnung, Verpackung und das Inverkehrbringen von Stoffen. Sie enthält außerdem Einschränkungen (z. B. für den Handel), Herstellungs- und Verwendungsverbote.

Für die Kennzeichnung von im Einzelhandel erhältlichen Produkten sind Gefahrensymbole mit der Gefahrenbezeichnung sowie die entsprechenden Hinweise auf die besonderen Gefahren (R-Sätze) und die Sicherheitsratschläge, wie der Gefahr zu begegnen ist (S-Sätze), vorgegeben.

Die zur Zeit aktuellen Kennzeichnungen sind die folgenden:

- explosionsgefährlich (E)
- brandfördernd (O)
- hoch entzündlich (F+)*
- leicht entzündlich (F)*
- entzündlich
- sehr giftig (T+)
- giftig (T)*
- gesundheitsschädlich (Xn)*
- ätzend (C)
- reizend (Xi)*
- sensibilisierend
- krebserzeugend
- fortpflanzungsgefährdend
- erbgutverändernd
- umweltgefährlich (N)

Bei den Malmaterialien begegnet man am häufigsten den Symbolen F und F+, T, Xn und Xi. Sie sind mit dem Sternchen (*) gekennzeichnet:

F+ auf Aerosoldosen, aufgrund des enthaltenen Treibgases
F auf Fixativen, aufgrund des Alkoholanteils
T auf Kremser Weiß und Bleipigmenten
Xn auf vielen Produkten, die Testbenzin oder Terpentinöl enthalten
Xi auf Produkten, die Äthylazetat, Azeton oder Isopropanol enthalten

Sicherheitsdatenblatt

Das Sicherheitsdatenblatt gibt nicht nur Auskunft über die physikalischen und chemischen Eigenschaften eines Produktes, sondern auch über die möglichen Gefahren für Mensch und Umwelt, über den Transport und vor allem den richtigen Umgang. Das Datenblatt liefert Hinweise für die richtige Lagerung, die Entsorgung und Schutzmaßnahmen. Weitere Kapitel geben Aufschluss über Erste-Hilfe-Maßnahmen, über den vorbeugenden Brandschutz und die aktive Brandbekämpfung.

Laut Gefahrstoffverordnung hat der Hersteller von gefährlichen Stoffen oder Zubereitungen – oder derjenige, der solche erneut in den Verkehr bringt – dem Abnehmer ein Sicherheitsdatenblatt zu übermitteln bzw. auf Anfrage zur Verfügung zu stellen.

Diese Vorschrift gilt allerdings nicht bei Abgabe an den privaten Endverbraucher, und es gibt Ausnahmen bei Schädlingsbekämpfungsmitteln. Des Weiteren hat der Hersteller an Gewerbebetriebe (Handwerk) ein Sicherheitsdatenblatt zu liefern, wenn ein Produkt (Zubereitung) nicht kennzeichnungspflichtig ist, jedoch Stoffe enthält, die bei einer höheren Konzentration zu einer Kennzeichnung führen würden.

Minimale Sicherheitsausrüstung im Atelier

- Abzugsvorrichtung und / oder ausreichende Lüftung
- Hausapotheke mit Verbandskasten
- Waschbecken mit fließendem Wasser
- Behälter zur Aufnahme gebrauchter Lösemittel
- Filtermasken, Schutzbrillen u. Ä.
- Giftschrank (abschließbar)
- Feuerlöschgerät und Saugstoffe (z. B. Ölbinder, Katzenstreu)
- Telefon mit Hinweis auf die Nummern von: Arzt, Rettungsdienst und Giftnotrufzentrale

Erste Hilfe

Vor der Verwendung eines Produktes sollte man sich eingehend über seine Eigenschaften und Gefahren informieren, um bei Unfällen wie Verbrennung, Verätzung, Berührung mit Augen und Haut, getränkter Kleidung und Verschlucken sofort die richtigen Maßnahmen treffen zu können. Man sollte es nicht beim flüchtigen Durchlesen des Etiketts oder der Hinweise im Sicherheitsdatenblatt bewenden lassen. Es kann sehr nützlich sein, die knapp gehaltenen R- und S-Sätze zu verinnerlichen. Im Notfall kann man auch mit Ärzten Kontakt aufnehmen oder bei der Giftnotrufzentrale anrufen. Dabei geht allerdings schon kostbare Zeit verloren.

Bei akuter Gefahr ist die richtige Reaktion entscheidend: Wichtigste Maßnahme bei Kontaminationen der Augen oder der Haut ist das sofortige Spülen mit Wasser. Beim Verschlucken von Terpentinöl oder Terpentinersatz sollte kein Erbrechen herbeigeführt werden, sondern unverzüglich ein Arzt oder die Notfallstation eines Krankenhauses aufgesucht werden.

Verhalten im Gefahrfall und Sofortmaßnahmen

Verletzte Personen (auch solche mit Anzeichen von Vergiftungen) sind aus dem Gefahrenbereich zu bergen. Die Helfer müssen sich vorher überzeugen, dass für sie selbst keine Gefährdung besteht. Dann sollte unverzüglich über Notruf ärztliche Hilfe herbeigerufen werden. Bis zum Eintreffen des Rettungsdienstes werden, soweit möglich, Sofortmaßnahmen getroffen.

Informationszentren für Vergiftungsfälle

Wer als Hersteller oder Importeur gefährliche Zubereitungen für den Verbraucher in Verkehr bringt, muss laut Chemikaliengesetz dem Bundesinstitut für Risikobewertung Mitteilungen über Handelsnamen, Angaben über Zusammensetzung, Kennzeichnung, Hinweise zur Verwendung, Vorsichtsmaßnahmen beim Verwenden und Sofortmaßnahmen bei Unfällen machen. Das Bundesinstitut für Risikobewertung ist jedoch keine Giftnotrufzentrale. Die Giftnotrufzentralen sind Institutionen auf Länderebene und meist einer Universität angegliedert.

Informieren Sie sich daher gleich jetzt, wo die nächstgelegene Giftinformationszentrale ist. Halten Sie auch die Adressen und Telefonnummern Ihres Hausarztes, der nächsten Unfallpraxis und des Rettungsdienstes bereit.

BILDTRÄGER

Technisch beständige Arbeiten können nur auf geeigneten und gut vorbereiteten Bildträgern entstehen. Diese tragen die eigentliche Bildschicht, infolgedessen nennt man sie Bildträger. Materialien wie z. B. Putz, Holz, Textilien, Pappe, Papiere, Metalle oder Glas nehmen entsprechend ihren spezifischen Oberflächenstrukturen und Eigenschaften Grundiermaterial bzw. Malfarbe auf unterschiedliche Weise auf. So werden Metalle oder Glas wegen ihrer äußerst geringen Porenanzahl und -tiefe als Bildträger seltener verwendet als andere Materialien mit genügender Porenanzahl und Kapillarentiefe (Kapillaren = Porenkanäle), in denen die Grundierung bzw. Malfarbe sich besser verankern kann. Das Grundiermaterial soll auf dem Bildträger eine Schicht bilden, die sowohl die gewünschte Saugfähigkeit ausbildet als auch gleichzeitig fest auf dem Untergrund haftet, sodass eine solide Verbindung zwischen Bildträger, Grundierung und Malschicht entsteht.

Kapillarität

Die flüssigen Anteile der Grundier- und Malfarben werden von den Kapillaren des Untergrundes tief eingesaugt und dort mechanisch verankert. Das Einsaugen geschieht durch die kapillaren Kräfte, die so genannte Kapillarität. Ihre Wirkung lässt sich mithilfe eines dünnen Glasröhrchens in einem Glas mit Wasser darstellen: Das Wasser steigt innerhalb des Röhrchens merklich hoch, bis über Wasserniveau.

Adhäsionskräfte

Adhäsionskräfte sind die Anziehungskräfte, die bei jedem Aufstrich zwischen den Grenzflächen verschiedener Stoffe auftreten. Allein auf völlig unporösen Bildträgern haftet der Aufstrich ausschließlich durch Adhäsion. In der Regel sind in der Mal- und Anstrichtechnik sowohl Adhäsionskräfte als auch kapillare Kräfte am Werk.

Kohäsion

Die Kohäsion ist eine der Adhäsion entgegengerichtete Kraft, die Malern zuweilen zu schaffen macht. Die Kohäsion hält die Moleküle ein und desselben Materials zusammen. Sind die Kohäsionskräfte einer Malfarbe etwa größer als die Adhäsion zwischen Malgrund und Malfarbe, dann perlt die Farbe, und es müssen Netzmittel eingesetzt werden, um die Kohäsionskräfte und Oberflächenspannungen zu beseitigen und Adhäsion zu ermöglichen.

Netzmittel

Jeder Maler hat es schon einmal beim Aquarellieren erlebt, dass die Kohäsionskräfte einer stark verdünnten Aquarellfarbe stärker als die Adhäsionskräfte zwischen Farbe und Papier sind. Durch Zusatz von Ochsengalle oder eines anderen Netzmittels kann hier Abhilfe geschaffen werden. Das Papier nimmt die Aquarellfarbe wieder an. Ein Netzmittel kann man sich auch selbst aus gewöhnlichem Haushaltsspülmittel herstellen:

100 ml Wasser werden
2–5 Tropfen Spülmittel zugesetzt.

Die Flüssigkeit gut schütteln; sobald sich der Schaum gesetzt hat, tropfenweise der Aquarellfarbe o. Ä. beigeben.

Ochsengalle

Mit dem eigenartigen Ausdruck Ochsengalle werden stark verdünnte Auszüge aus der Gallenflüssigkeit von Rindern bezeichnet, die Chol-, Taurochol- und verwandte Säuren enthalten. Diese Säuren, die übrigens von allen Säugetieren produziert werden, emulgieren die Fette im Darm mit Wasser.

Spannungen in der Malschicht

Auch Kohäsionskräfte können zu sehr unangenehmen Malschäden führen. Aufstriche von Kaseinfarben oder Kunststoffdispersionsfarben trocknen meist mit starker innerer Spannung auf, d. h., ihre Aufstriche werden von starken materialeigenen Kohäsionskräften sozusagen zusammengezogen. Das kann dazu führen, dass Aufstriche bei zu dickem Auftrag vom Malgrund abplatzen und Dispersionsfilme sich geradewegs vom Malgrund abziehen lassen. Maltechnisch gibt es dafür folgende kompliziert klingende Erklärung:

1. Die Stärke der Adhäsionskräfte und der Kapillarität ist von der Schichtdicke des Aufstrichs abhängig.

2. Mit steigender Schichtdicke nehmen andererseits die Kohäsionskräfte zu.

Bei wachsender Filmdicke wirkt deshalb ab einem Punkt X die Kohäsionskraft im Aufstrich stärker als die Summe aus Adhäsion und Kapillarität. Die Folge: Der Aufstrich haftet nicht mehr am Untergrund und lässt sich eventuell sogar abziehen.

Textile Gewebe

Die Herstellung von Stoffen aus den verschiedensten Fasern lässt sich etwa 20 000 Jahre zurückverfolgen. Vermutlich war Flachs (Leinen) die erste textile Pflanzenfaser, aus der Gespinste oder Gewebe hergestellt wurden. Ausgrabungsfunde deuten darauf hin, dass der Ursprung der Kultivierung dieser Faserpflanzen in Ägypten liegt. Hier wurden Leinengewebe als Umhüllung ägyptischer Mumien entdeckt, die auf ca. 3300 v. Chr. datiert wurden.

Man unterscheidet Fäden tierischer (Wolle), pflanzlicher (Baumwolle) oder synthetischer Herkunft (z. B. Dralon). Jedes textile Gewebe wird aus zwei sich kreuzenden Fadengruppen gebildet: den längs gespannten Kettfäden und den Schussfäden, die in Querrichtung zwischen den Kettfäden durchgezogen werden.

Als Material für Bildträger sind von der Antike bis etwa Mitte des 19. Jahrhunderts nur handgewebte Textilien aus Leinen, seltener auch aus Hanf bekannt. In der Folgezeit gab es auch maschinengewebte Textilien. Viele Leinengewebe werden noch heute auf halbautomatischen Webstühlen hergestellt – das bewirkt eine gewisse »natürliche« Unregelmäßigkeit der Bindungsstruktur. Die Normalbreite der für die Malerei bestimmten Gewebe beträgt bis zu 220 cm. Selten findet man heute noch Breiten von drei oder gar vier Metern, die früher durchaus üblich waren.

Leinen- und Flachsgewebe

Flachsgewebe sind seit rund 6000 Jahren bekannt. Aber erst nach der Zeitenwende wurde darauf im eigentlichen Sinn gemalt. So ist eine Verwendung von Leinwand als Kaschiermaterial auf Holzbrettern für ägyptische Mumienporträts in den ersten Jahrhunderten unserer Zeitrechnung überliefert. Wirkliche Bedeutung erlangten Leinwandgewebe in der europäischen Tafelmalerei. Da die Bildformate immer größer und die bislang verwendeten Holztafeln damit zu schwer wurden, mussten die Maler nach leichteren Bildträgern suchen.

Anbau

Die Flachsfasern werden aus den Stängeln des Faserleins (Linum usitatissimum L.) gewonnen. Es handelt sich dabei um die gleiche Stammpflanze wie beim Samenflachs. Obwohl die Pflanze beide Möglichkeiten bietet, ist es nicht möglich, reife Samen für die Ölpressung und eine gute Faser für Flachsgewebe von ein und derselben Pflanze zu erhalten, da die Flachsfaser zu einem weitaus früheren Zeitpunkt geerntet wird, bevor die Samen reif sind. Für den Flachsanbau eignen sich am besten gut gedüngte und gepflegte Böden in Gegenden mit hoher Luftfeuchtigkeit. Der feinste Flachs stammt aus Irland, dem wallonischen Hennegau, Flandern und Nordfrankreich. Leinen ist sehr alterungsbeständig, aber die Reißfestigkeit der Flachsfasern schwankt je nach Wachstumsbedingungen der Leinpflanzen.

Mitte März bis April wird der Flachs gesät. Die Flachspflanze wurzelt tief und verzweigt sich wenig. Die länglichen Blätter sitzen direkt am Stiel. Bei einem Stängeldurchmesser von etwa 1,5 cm erreicht die Pflanze Längen zwischen 60 und 120 cm. Die Faserqualität hängt vom richtigen Erntezeitpunkt ab. Man unterscheidet zwei Sorten Flachs: die blaublumige Sorte mit einer feineren Faser, aber geringerem Ernteertrag, und die normalen weißblumigen Sorten. Geerntet wird während der Blütezeit im Juni, wenn nach dreimonatigem Wachstum die Gelbreife erreicht ist. Die Stängel werden mitsamt der Wurzel aus der Erde gezogen, nachgereift und getrocknet.

Aufbereitung

Im Querschnitt der Flachsstängel sind mehrere Schichten sichtbar. Unter der Rinde des verholzten Stängels liegt die zusammenhängende Bastschicht, aus der die Flachsfasern herausgearbeitet werden. Die Fasern dieser Bastbündel setzen sich aus zahlreichen Einzelfasern zusammen (Elementfasern, Bastzellen), die miteinander durch Pflanzenleim (Pektin) »verklebt« sind. Die Länge einer Einzelfaser beträgt ca. 25 mm, die der technischen Faserbündel im Durchschnitt 50 bis 80 cm und sogar bis zu 100 cm.

Zuerst wird der Flachs auf dem Feld auf Hocken getrocknet. Nach dem weiteren Trocknen in der Scheune wird er im Spätherbst oder Winter von den unreifen Samenhülsen befreit; diesen Vorgang bezeichnet man als »Boken« oder »Riffeln«. Geriffelt wird über einem Riffelkamm, der nicht nur den Samen entfernt, sondern auch den Flachsstängel bricht, sodass die Samenkapseln gleich mit entfernt werden.

Röste

Bei der so genannten »Röste« (auch Verrotten genannt) wird der Basthalm der Einwirkung von Bakterien und Schimmelpilzen ausgesetzt, um mit Hilfe des Fäulnisprozesses die Fasern aus dem Baststängel herauszulösen. Es gibt verschiedene Methoden der »Röste« (oder Rottverfahren), bei denen durch feuchte Wärme gute Wachstumsbedingungen für Bakterien und Schimmelpilze geschaffen werden:

1. In der Feldröste oder Tauröste bleiben die Flachsbündel je nach Witterung vier bis acht Wochen lang auf dem Feld liegen, wo sie Tau, Regen und Luft ausgesetzt sind. In dieser Zeit werden sie ein- oder zweimal gewendet. Die Feldröste ist die billigste und zugleich unsicherste Methode, da sie wetterabhängig ist.
2. Bei der auch Blauröste genannten Kaltwasserröste werden die Flachsbündel in Röstgruben geschichtet und sodann mit Rasen bedeckt. Bei der Triebröste werden die Flachsbündel in stehendes oder liegendes Wasser gelegt und beschwert. Diese Röste dauert je nach Wassertemperatur ca. 10 bis 20 Tage.
3. Bei der Warmwasserröste oder künstlichen Röste liegen die Flachsbündel für ca. 3 bis 5 Tage in Wasser, das konstant auf einer für die Rottbakterien günstigen Temperatur von ca. 28 bis 30 °C gehalten wird. Dieser Vorgang muss genau überwacht werden, damit die Fasern nicht geschädigt werden. Diese neueren Verfahren, die das Röstverfahren insgesamt abkürzen, werden auch als chemische Röste bezeichnet.

Trocknen, Brechen, Schwingen, Hecheln und Spinnen

Nach der Röste werden die Fasern an der Luft, in der Sonne oder in Trockenkammern getrocknet. Darauf folgt die Flachsbreche: Der getrocknete Flachs wird in kurzen Abständen geknickt, wobei die holzigen Anteile zerbrechen, während die biegsamen Fasern unversehrt bleiben.

Beim Hecheln werden dann die Bastbündel in Längsrichtung mithilfe von Nadeln geteilt. Die kurzen Fasern werden dabei als so genanntes Hechelwerg ausgeschieden, denn sie ergeben nur unregelmäßige Garne und Gewebe, die sich nicht für Bildleinwände eignen. Beim anschließenden Schwingen der Faserbündel – auf elektrisch betriebenen Mühlen oder in Schwingturbinen – werden nun auch die letzten verholzten Reste und Stängelteile entfernt. Die aus den Bastbündeln herausgearbeiteten kurzen Fasern werden als Schwingwerg bezeichnet.

Nach all diesen Vorarbeiten bleiben von der ursprünglichen Einwaage von 100 kg Strohflachs nur noch 12 kg Flachsfaser übrig, die zum Verspinnen geeignet sind.

Nach dem Spinnen besitzt das rohe Leinengarn einen hellen, grau-braunen Farbton. Die beste Qualität ergibt das so genannte Hechelflachs, ein langes, gleichmäßiges Fasermaterial, das für glatte Garne und Gewebe verwendet wird.

Spinnen

Vor dem Spinnen werden die Fasern ein weiteres Mal gereinigt und gelockert. Andere Vorarbeiten sind das Kadieren, Krempeln, nochmaliges Hecheln (Entwirren und Parallelstreichen der Fasern) und eventuell Peignieren (Kämmen). Danach wird der geordnete Faserflor zusammengefasst und nochmals durch Strecken verfeinert. Beim Spinnen wird ein Faden beliebiger Länge gebildet, der als Garn oder Gespinst bezeichnet wird.

Aus früheren Zeiten kennt man die Handspindel, eines der ältesten Spinngeräte. Sie wird von Hand in Drehung versetzt und durch die Schwungkraft des Wirtels so lange in Drehung gehalten, bis die der Spindel zugeführten Fasern die gewünschte Stärke aufweisen. Das gesponnene Garn wird auf eine Spule gewickelt und mit einer Schlinge befestigt.

Das Flügelspinnrad geht bis ins 16. Jahrhundert zurück. Es wurde von *Leonardo da Vinci* bzw. von *Johannes Jürgens* entwickelt. Die Flügelspindel wird mit dem Fuß angetrieben, wobei sich deren Flügel unabhängig von der Spindel drehen. Die Flügel laufen schneller, dadurch entsteht die Drehung des Garnes. Es kann dabei fortlaufend gesponnen und aufgewickelt werden.

Gespinste (Garne)

Die Drehrichtung der Gespinste (Garne) wird mit den Buchstaben S (Rechtsdrehung) und Z (Linksdrehung) angegeben. Stark gedrehte Garne heißen harte Garne und sind härter, körnig, reiß- und

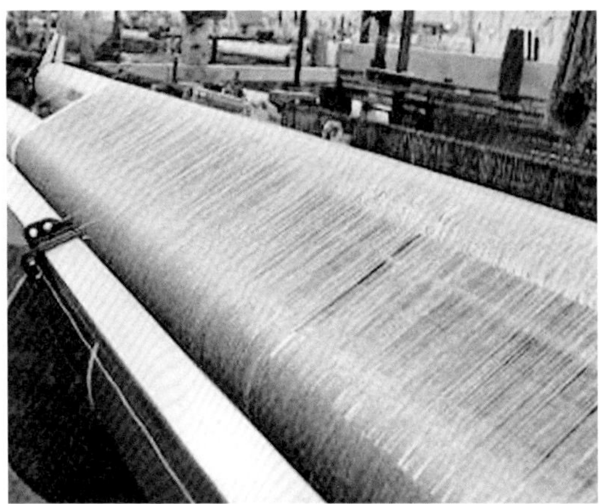

Auf diesem Webstuhl kann man sehr gut den Unterschied zwischen »Schuss« und »Kette« erkennen; bei Libeco-Lagae, Belgien.

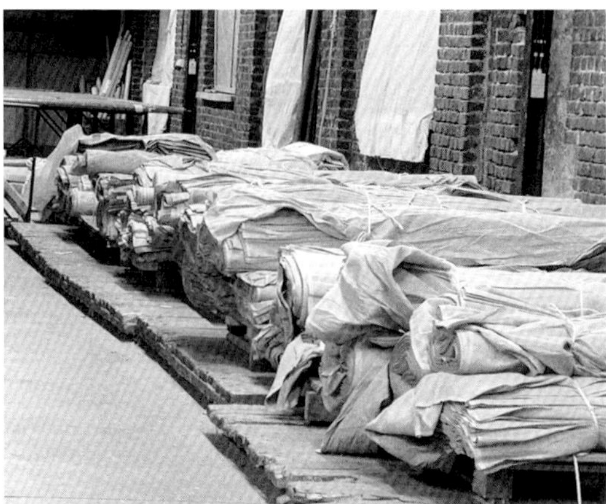

Aufgerollt lagern die Ballen im Leinenlager der Fa. Claessens, dem wohl größten Leinwandbeschichter Europas.

scheuerfest. Locker gedrehte, offene Garne werden weiche Garne genannt; sie sind meist weich und weniger scheuerfest. Überdrehte Garne – so genannte Crêpes – sind elastisch und zeigen zuweilen ein Krangeln. Um die Reißfestigkeit zu erhöhen und eine glattere, gleichmäßigere Oberfläche bei größerem Füllvermögen zu erhalten, werden die Garne zu Zwirnen verarbeitet.

Auch bei Zwirnen wird die Drehrichtung mit den Buchstaben S und Z bezeichnet. Einstufige Zwirne entstehen in einem Zwirnvorgang, während mehrstufige Zwirne in zwei oder mehreren aufeinander folgenden Zwirnvorgängen entstehen.

Weben

Wie Textilienfunde beweisen, ist das Weben eine sehr alte Handwerkstechnik. Ein Gewebe besteht aus Längs- und Querfäden, die sich rechtwinklig kreuzen. Die Längsfäden bezeichnet man als Kette (oder Zettel), die Querfäden als Eintrag oder Schuss. Auf dem Gewichtswebstuhl werden die Längsfäden mithilfe von Gewichten gleichmäßig gespannt. Dabei werden die Querfäden von Hand in einfachster Bindung eingezogen; beim Wenden entsteht dann als sauberer Abschluss die Webkante.

Das Einziehen der Querfäden wird durch die Verwendung von zwei Stäben erleichtert, die die Fäden in zwei Fadengruppen trennen: die geraden und die ungeraden Fäden. Durch Vorziehen der einen oder anderen Fadengruppe entsteht ein so genanntes Fach, in das sich der Querfaden leichter einarbeiten lässt.

Beim Hochwebstuhl werden die Längsfäden senkrecht zwischen Bäumen eingespannt. Auf dem oberen Baum (Kettbaum) sind die Kettfäden angebracht, auf dem unteren Baum (Warenbaum) wird das Gewebe abgewickelt; so können auch größere Stücke gewebt werden.

Mit dem auf einer beweglichen Lade befestigten Kamm (oder Blatt) wird der Querfaden an den gewebten Stoff angeschlagen. Zum Ordnen der vielen Kettfäden werden zwischen dem Kettbaum und den Schäften zwei Teilungsstäbe eingelegt. Sie erleichtern auch das Auffinden gebrochener Kettfäden. Der Querfaden kann auf eine Webnadel gewickelt und so in das Fach eingelegt werden. Eine größere Fadenreserve ermöglicht eine spezielle Spule, die in ein Schiffchen (den so genannten Schützen) gelegt und in das Fach eingeschossen wird.

Bindungsarten

Das Muster, nach dem Kett- und Schussfäden miteinander verbunden werden, nennt man Bindung. Es werden drei Grundbindungsarten in der Weberei unterschieden, von denen sich fast alle anderen Bindungen ableiten lassen:

- Leinenbindung
- Köperbindung
- Atlasbindung

Leinenbindung

Bei dieser einfachsten und engsten Bindung kreuzt sich jeweils ein Schussfaden mit einem Kettfaden. Leinbindige Gewebe, die sich horizon-

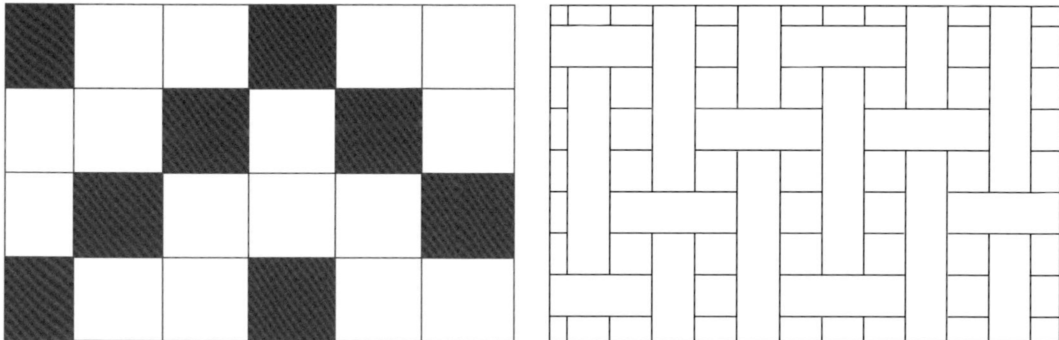

Nach dem Muster der so genannten Patrone (links) ist die Struktur der Bindung sehr gut erkennbar.

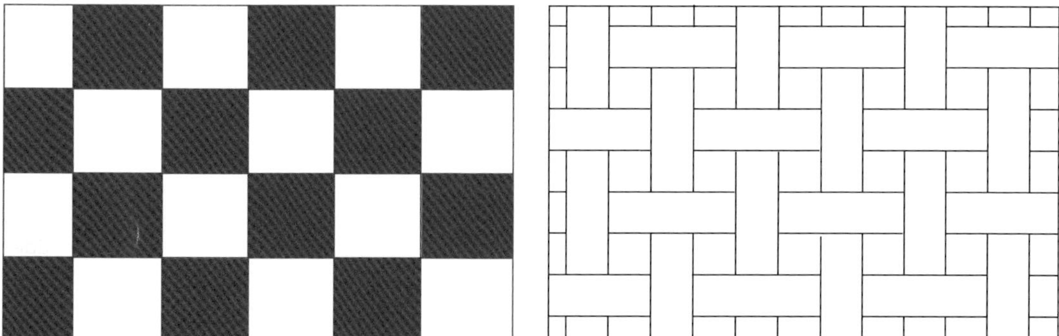

Das gleichmäßige Zusammentreffen jeweils eines Schuss- und Kettfadens gibt der Leinenbindung Festigkeit.

tal, vertikal und diagonal berühren, weisen die meisten Bindungspunkte auf. Sie stellen die festesten Gewebe, weil sie die häufigsten Kreuzungsstellen pro Flächeneinheit haben. Gewebe mit Leinenbindung weisen keine linke oder rechte Seite auf; sie sind hart, scheuer- und schiebefest, knittern jedoch leicht und sind stumpf und glanzlos.

Baumwollstoffe mit Leinenbindung nennt man Kattun. Bei der Panamabindung, einer Ableitung der Leinenbindung, werden die Kett- und Schussfäden doppelt oder sogar mehrfach geführt.

Köperbindung (auch Serge- oder Croisébindung)

Die Köperbindung weist weniger Bindepunkte als die Leinenbindung auf, denn dabei überspringt der Schussfaden zwei Kettfäden und wird erst vom dritten gebunden. Beim nächsten Schussfaden verschiebt sich dann der Bindungspunkt, und es entsteht ein diagonales Muster. Bei der sich daraus ergebenden Gräten- oder Treppenmusterung wird zwischen Z- und S-Grat unterschieden. Letzterer verläuft von unten rechts nach oben links.

Je nach Anzahl der übersprungenen Fäden werden Köper drei- oder mehrbindig genannt (Mehrgratköper). Dabei werden Kett- oder Schussköper nach der jeweils vorstehenden Fadenart auf der Oberseite bezeichnet, denn die Unter- und Oberseiten des Gewebes haben hier ein ungleiches Aussehen.

Fischgrat

Der Fischgrat, auch als Chevron oder gebrochener Köper bezeichnet, ist eine Ableitung der Köperbindung, wobei der Grat nach einer bestimmten Fadenzahl unterbrochen wird. Bei solchen Geweben sind schräg verlaufende Linien nach beiden Seiten deutlich zu erkennen. Es gibt große Leinwandbilder der Venezianer Schule, z.B. von *Tintoretto* oder *Veronese*, die auf grobem Hanfleinen mit Köperbindung gemalt sind.

Atlas- oder Satinbindung

Die lockerste Bindungsart ist die Atlasbindung, bei der stets mindestens vier Kett- oder Schussfäden nebeneinander laufen, die dann vom fünften Faden gebunden werden. Bei der Satinbindung berühren sich die Bindepunkte zwar nicht, sind aber im Bindungsrapport angeordnet. Kett- bzw. Schussfaden liegen meist so dicht beieinander, dass die Bindungspunkte von flottierenden Fäden überdeckt werden. Wie bei der Leinenbindung unterscheidet man bei Geweben mit Satinbindung keine linke oder rechte Warenseite. Atlas- und Köperbindungen sind auch in Variationen möglich.

Drehergewebe
Dies sind poröse, besonders lockere Gewebe, die auf Jacquard-Webmaschinen mit zusätzlichen Litzen (Dreherlitzen) hergestellt werden; daher die Bezeichnung Drehergewebe. Als Maltuche werden sie nicht eingesetzt; aber sie finden in der Restaurierung und Konservierung als Gazestoffe Verwendung.

Hinweis: *Die Strukturen von Geweben sind abhängig von der Art, Dichte und Bindung der verwendeten Faser. Malleinwände sollten beim Ziehen keine Beulen bilden und sich nur wenig in beide Richtungen ausdehnen. Außerdem sollten sie gleichmäßig beweglich sein, damit die Grundierung einheitlich haftet. Mischgewebe, z. B. Halbleinen (Kette = Flachs, Schuss = Baumwolle), sind deshalb weniger geeignet.*

Lockere Bindungsarten und weitmaschige Gewebe haben sich bei Malern selten großer Beliebtheit erfreut. Der wichtigste textile Bildträger war stets das Leinen, das in der Regel in der ihm entsprechenden engen Bindung gewebt wurde.

Baumwollgewebe

Baumwolle zählt zu den ältesten Kulturpflanzen. Aus den Samenhaaren der Baumwollpflanze wird das Baumwollgarn gesponnen, aus dem je nach Fadenstärke feine bis kräftige Maltücher gewebt werden können. Die Hauptanbaugebiete von Baumwolle liegen im Süden der USA, im östlichen Südamerika und in Asien. Die besten Sorten kommen seit Jahrhunderten aus Ägypten. Baumwolle wird schon seit vorgeschichtlicher Zeit verarbeitet, tritt aber als Maltuch erst seit ca. 1900 in größerem Umfang auf – als Leinenersatz.

Baumwollgewebe für Bildträger werden hauptsächlich in Leinen- oder Köperbindung gewebt. Dünne Baumwollgewebe in Leinwandbindung bezeichnet man als Nessel, besonders gute, feinfädige Gewebe als Batist. Bei den Halbleinen besteht die Kette aus Leinen und der Schuss aus Baumwolle. Auf feinem Leinwandbatist ist in Deutschland (von *Albrecht Dürer*) und in Flandern (von *Pieter Breughel*) teils ohne Grundierung gemalt worden. Diese Art Tüchleinmalerei hat äußerst reizvolle und subtile Bilder hervorgebracht.

Hanfgewebe

Die reißfesten, wasserunempfindlichen Fasern der Hanfstaude dienen seit jeher der Herstellung von Seilerwaren. Seit Anfang des 19. Jahrhunderts werden feinere Hanfgewebe von Malern auch als hochwertige Bildträger geschätzt. Hanf wird aus der Hanfpflanze (Cannabis sativa L.) gewonnen.

Jutegewebe

Bastfasern indischer und chinesischer Lindensträucher liefern Jutefasern, die zu groben und starren Geweben verarbeitet werden. Maltechnisch spielen sie kaum eine Rolle, obschon gegen ihre Qualität nichts einzuwenden ist. Auch Rupfen und Sackleinen werden aus Jutefasern hergestellt. Neben Flachs ist Jute die wichtigste Stängelpflanze. Bevor die Jute nach Asien gelangte, wurde sie im mediterranen Raum kultiviert. Jute wird in zwei Arten angebaut: Die Fasern werden aus der Pflanzenart Corchorus olitorius gewonnen, oder sie entstammen der Lindenpflanze Corchorus capsularis, die zuvor als Gemüse- und auch als Medizinalpflanze diente.

Zellwollgewebe

Zellwolle (Kunstseide) wird in verschiedenen Verfahren aus Holzzellstoff gewonnen. Die Zellulose wird dabei chemisch verändert, gelöst und durch feine Düsen zu Fäden gespritzt. Reine Zellwollgewebe haben nur kurze Zeit eine geringe Bedeutung als Bildträger gehabt. Baumwoll-Zellwoll-Mischgewebe dagegen wurden später in relativ großen Mengen für Maltuche verwendet. Wegen ihres Zellwollgehalts sind diese Mischgewebe allerdings feuchtigkeitsempfindlich. Da Zellwolle im Kontakt mit wässrigen Grundiermitteln stärker quillt als Baumwolle, verziehen sich Kette und

Schuss des Mischgewebes verschieden stark. Reine Leinen- oder zumindest reine Baumwollgewebe sind vorzuziehen.

Mischgewebe

Da ihre verschiedenartigen Fasersorten in unterschiedlicher Weise auf Temperatur- und Feuchtigkeitsschwankungen reagieren, besteht bei Mischgeweben die Gefahr, dass sie sich ungleich verziehen und dadurch Unruhe in das System Bildträger – Grundierung – Malschicht gebracht wird.

Dralon

Dralon ist die Handelsbezeichnung einer Polyacrylnitril-Faser, eine synthetische Faser mit seidenähnlichem Griff, die gegen Säuren und Laugen sowie gegen Pilz- und Insektenbefall oder Bakterien beständig ist. Dralongewebe haben sich als Bildträger in der Maltechnik bisher nicht durchsetzen können.

Selten gebräuchliche Gewebebezeichnungen

Mit Römisch Leinen wurden sowohl Hanf- als auch Flachsgewebe bezeichnet, bei denen Kette und Schuss doppelfädig in Leinenbindung gewebt sind. Gewebe, die nur in einer Richtung doppelfädig waren, nannte man Fadenkorn. Als Klötzel- oder Wergleinen bezeichnet man ein Leinen aus weniger gut aufbereiteten Fäden oder Abfallfasern. Hausmacher- oder Bauernleinen wird vielerorts ein gebleichtes, grobfädiges Leinen mit unregelmäßig dicken Fäden genannt. Gobelinleinen ist die Bezeichnung für ein schweres, dichtes Gewebe, bei dem die Kette aus dünn gesponnenem Flachs oder Hanf, der Schuss jedoch häufig aus dicken Baumwollfäden besteht, die dann – wegen ihrer starken Betonung im Bild – waagerecht gespannt werden sollten.

Maltechnische Eigenschaften textiler Bildträger

Alterung

Alle oben genannten natürlichen Fasern bestehen hauptsächlich aus Zellulose und sind natürlichen Alterungsprozessen unterworfen. Diese werden durch die Einwirkung von Sauerstoff, Feuchtigkeit, Licht, Temperatur oder andere chemische und mechanische Einflüsse beschleunigt. Unter normalen Umständen sollten Kunstwerken solche erheblichen mechanischen oder chemischen Schädigungen erspart bleiben oder diese wenigstens gering gehalten werden können.

Biologische Schäden

Um eine biologische Schädigung textiler Fasern zu vermeiden, muss man mögliche Ursachen kennen und entsprechende Vorkehrungen treffen. Wolle beginnt beispielsweise schon bei einem Wassergehalt von ca. 21 % (ca. 85 % relative Luftfeuchte) zu schimmeln; Bakterienwachstum setzt erst bei einer Wasseraktivität von 0,98 (ca. 95 % relative Luftfeuchte) ein. Generell kann man sagen, dass Pilze weniger Feuchtigkeit zum Wachstum benötigen als Bakterien.

Als hygroskopisches Material nehmen auch textile Fasern Feuchtigkeit auf und geben sie ab. Unter einer relativen Luftfeuchte von 65 % findet aber weder Pilz- noch Bakterienwachstum statt. Dazu müsste das Textil auch Nährstoffe für das Wachstum von Pilzen oder Bakterien bieten.

Es gilt also, in den Arbeitsräumen ein Klima herzustellen, das solchen Schäden vorbeugt. Als Schaden verhütende Maßnahmen – ohne den Einsatz chemischer Schutzmittel – seien hier ausreichende Belüftung sowie Hygiene und die damit verbundene regelmäßige Kontrolle erwähnt.

Zahlreiche Veredelungsverfahren mit Schichtenmitteln oder Appreturen können die Eigenschaften eines Stoffes hinsichtlich seines Wasserabsorptionsverhaltens und der Bildung von Mikroorganismen positiv wie negativ beeinflussen.

Bei guter Klimakontrolle ist im Allgemeinen nicht mit Zerstörung durch Mikroorganismen (oder Verschimmelung) zu rechnen. Die besten Methoden zum Schutz von Textilien oder textilen Faserstoffen sind:

1. passiver Schutz (durch Klimakontrolle und Überwachung);
2. aktiver Schutz (durch Biozide).

Auch eine Hinterglashaltung textiler Kunstobjekte ist als konservatorische Maßnahme denkbar. Dadurch wird die Aufbewahrung unter Luftausschluss ermöglicht und der oxidative Fotoabbau verhindert. Unter ästhetischen Gesichtspunkten ist eine solche Lösung jedoch nicht unbedingt befriedigend.

Feuchtigkeit und Temperatur, besonders wenn sie stark schwanken, schaden textilen Bildträgern in ganz besonderem Maße. Bei höheren Temperaturen altern textile Fasern als organische Substanzen rascher. Unter Einwirkung von Luftfeuchtigkeit quellen sie auf, und das Gewebe hängt auf dem Keilrahmen durch; auf Rahmen gespannte Bilder werden bei hohen Luftfeuchtigkeiten und Temperaturen schlaff, ziehen sich aber in trockener Wärme wieder glatt. Bei Leimgrundierungen werden diese Bewegungen noch durch andere Parameter beeinflusst.

Wird ein bei hoher Luftfeuchtigkeit durchhängender textiler Bildträger nachgespannt, dann können sich Sprünge und Risse bilden. Nachspannen darf man grundsätzlich erst dann, wenn das Bild längere Zeit unter normalen Bedingungen zur Ruhe gekommen ist. Deshalb sollten Bilder auf Dauer unter möglichst konstanten atmosphärischen Bedingungen gehängt und aufbewahrt werden.

Optimal ist eine relative Luftfeuchtigkeit von 50 bis 65 % und eine Temperatur um 18 bis 20 °C.

Holz und Holzabkömmlinge

Holz

Geschichte

Schon in der Antike war die Verwendung massiver Holzplatten als Bildträger verbreitet; so wurden etwa ägyptische Mumienporträts und Ikonen auf Holzbretter gemalt. Spalten und Risse im Holz hat man mit Werg ausgestopft und mit weitmaschigem Leinengewebe kaschiert. Ikonenmaler pflegten die Tafeln beidseitig zu leimen, damit sie sich nicht verzogen; darauf wurde dann grundiert und gemalt.

Die frühen italienischen Maler des 12. und 13. Jahrhunderts entwickelten die Arbeitsweise der Tafelbilder weiter. In der Spätrenaissance und im Barock traten die Holztafeln als Bildträger zunehmend in den Hintergrund zugunsten leichterer, mit Leinen bespannter Holzrahmen, mit denen sich noch größere Formate realisieren ließen.

Holzarten

In der Malerei wurden meist heimische Holzarten verwendet, wobei auch regionale Unterschiede eine Rolle spielten. So waren in Süddeutschland überwiegend Linde und Buche, aber auch Fichte, Tanne, Esche, Kiefer und Lärche in Gebrauch, in Norddeutschland, Holland, Flandern, Nordfrankreich und England eher Eiche, aber auch Ulme, Erle und Weide, während in Italien sehr häufig das Holz von Pappel, Zypresse oder Kastanie als Bildträger diente. Im 17. Jahrhundert hielten dann auch exotische Hölzer, wie etwa Mahagoni, in die Malerwerkstatt Einzug.

Aufbau

Holz ist ein natürlich gewachsener Rohstoff mit komplizierter Zusammensetzung; er besteht überwiegend aus Lignin (der eigentlichen Holzsubstanz), Zellulose sowie aus zuckerähnlichen Kohlehydraten. Holz reagiert außerordentlich empfindlich auf verschiedenste Einflüsse und ist darum nicht ganz einfach in der Handhabung.

Die Zellgewebe des Baumstamms, deren Wände den eigentlichen »Holzkörper« bilden, erfüllen verschiedene Aufgaben: Die einen versorgen den Holzorganismus mit nährstoffhaltigem Wasser, andere sind Speicher für Feuchtigkeit, Harz und Holzbeistoffe oder dienen dem Wachstum. Das älteste Holz in der Mitte des Stammes, das so genannte Kernholz, wird bei älteren Bäumen zum Safttransport nicht mehr benötigt und reichert mit der Zeit Harz und Gerbstoffe an; darum ist es im Allgemeinen auch dunkler als das weiter außen liegende weichere Splintholz. Beim Dickenwachstum bilden sich aufgrund der unterschiedlichen Farbgebung des weitzelligen, hellen Frühjahrsholzes und des engzelligen, dunkleren Spätholzes die bekannten Jahresringe, die im Querschnitt deutlich zu erkennen sind. Aus ihrer Anzahl kann man auf das Alter des Baumes schließen. Durch die Jahresringe hindurch laufen die Markstrahlen radial nach außen. Das harzreichere Kernholz ist schwerer, beständiger gegen Holzschädlinge, widerstandsfähiger gegen die Temperatur- und Feuchtigkeitsschwankungen und saugt weniger stark als Splintholz.

Härtegrade

Alle Holzarten besitzen im Großen und Ganzen das gleiche spezifische Gewicht von ca. 1,5 g/cm³. Das heißt, ebenso wie sich Splintholz von Kernholz unterscheidet, unterscheiden sich auch die Weichhölzer von den Harthölzern. Das bedeutet: Je weicher das Holz ist, desto mehr luftgefüllte Hohlräume und desto weniger Holzsubstanz enthält es.

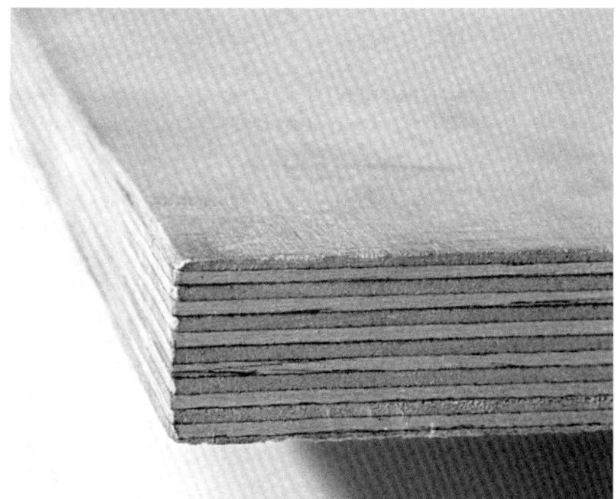

Prinzipiell handelt es sich bei Multiplex um mehrfach geschichtete Holzplatten, die oft wasserfest verleimt sind.

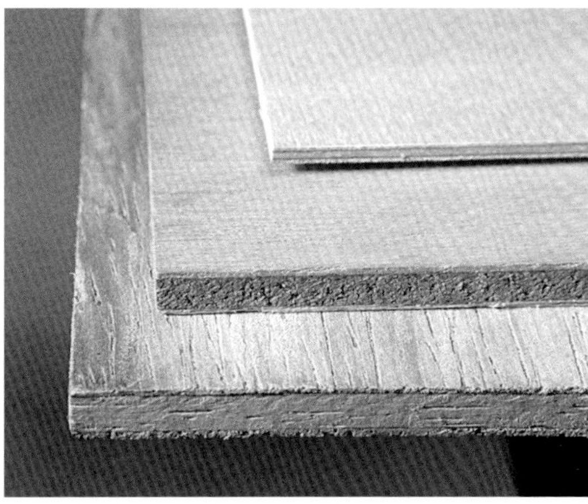

Abhängig von Farbauftrag und Vorbehandlung sind auch gute Sperrhölzer bis zu mittleren Formaten zum Malen geeignet.

Im Folgenden sind die wichtigsten Hölzer nach ihren Härtegraden aufgelistet:

- Besonders hart sind Buchsbaum, Ebenholz, Kirsche, Pockholz, Teak, Weißdorn.
- Hart sind Ahorn, Apfel, Buche, Eibe, Eiche, Esche, Mahagoni, Nussbaum, Palisander, Pflaume, Ulme.
- Weich sind Birke, Erle, Fichte, Gabun, Kastanie, Kiefer, Lärche, Pappel, Tanne, Weide, Zeder.

Wasserhaushalt

Bei frisch geschlagenem Holz kann der Feuchtigkeitsgehalt zwischen 50 und 150 % schwanken, durchschnittlich liegt er bei 70 %. Etwa 30 % Feuchtigkeit werden von den Holzfasern und Holzzellen gebunden. Der Rest liegt ungebunden als »Leitungswasser« in den Hohlräumen und im Leitungssystem vor. Darum muss laut einer alten Malerregel frisches Nadelholz erst einmal ein bis zwei Jahre, Laubholz sogar drei bis vier Jahre gelagert werden, bevor es zum Bildträger taugt.

Zuerst entweicht nur das im Leitungssystem des Holzes vorhandene Wasser. Das Volumen des Holzes verändert sich dabei nicht. Erst bei längerem Trocknen und/oder höheren Temperaturen verdampft auch Feuchtigkeit aus den Zellwänden und Fasern der eigentlichen Holzsubstanz. Dann erst beginnt das Holz zu schrumpfen.

Bei der Lagerung pendelt sich allmählich ein Gleichgewicht zwischen der relativen Luftfeuchte und den Temperaturen der Umgebung und dem Feuchtigkeitsgehalt des Holzes ein. Unter normalen Bedingungen, d. h. bei einer Raumtemperatur von 18 bis 20 °C und einer relativen Luftfeuchtigkeit von 50 bis 65 %, besitzt Holz einen Wassergehalt von 15 bis 17 %. Ein auf natürliche Weise zur Ruhe gekommenes und lange abgelagertes Holz ist kurzfristigen Schwankungen von Temperatur und Feuchtigkeit besser gewachsen.

Über das »Arbeiten« von Holz

Mit jeder Wasserdampfaufnahme und jeder Feuchtigkeitsabgabe verändert sich das Volumen des Holzes – es »arbeitet«. Dieses so genannte »Arbeiten« geht zum einen radial in Richtung der Markstrahlen vor sich, zum anderen – und zwar doppelt so stark – tangential zu den Jahresringen und schließlich – allerdings nur wenig – in Richtung der Baumachse, also in Wuchsrichtung. Das Holz ändert damit nicht nur sein Volumen, sondern auch seine Form.

Leichtes Holz mit vielen Hohlräumen nimmt sehr rasch viel Wasserdampf auf, quillt aber weniger, da nur Fasern und Wand quellen können, nicht aber die Hohlräume.

Schweres Holz nimmt hingegen nur wenig Wasserdampf auf, quillt dabei aber merklich. Besonders ungünstig für massives Holz ist die Lagerung in – meist zu trockener – Heizungsluft.

Herstellung von Malbrettern

Die maltechnische Zuverlässigkeit eines Malbrettes ist nicht nur von der Art des Holzes, sondern auch von der Art des Sägens abhängig. (Früher wurden Malbretter auch mit der Axt oder dem Beil aus den Stämmen geschlagen, wie noch manchmal an Spuren auf den Bildrückseiten zu erkennen ist.) Verläuft der Schnitt radial zum Mark hin, fällt zwar relativ viel Abfallholz an, man erhält aber Bretter, die kaum arbeiten.

Beim üblichen Tangentialschnitt erhält man aus dem mittleren Teil des Stammes ein Brett mit Radialschnittstruktur, das sich optimal als Bildträger eignet, da es die geringste Deformationsneigung besitzt. Die weiteren aus einem Tangentialschnitt entstandenen Bretter haben eine Schwundneigung, die nach außen noch zunimmt.

Bei einem Querschnitt senkrecht zum Baummark würde eine Hirnholzplatte entstehen, die aufgrund ihrer hohen Saugfähigkeit jedoch zu feuchtigkeitsempfindlich und für Malzwecke völlig ungeeignet wäre.

Bei alten niederländischen und flämischen Gemälden waren die Holzbildträger oft aus 2 bis 3 cm starken Brettern mit keilförmigem Grundriss zusammengeleimt, die radial aus dem Stamm herausgearbeitet waren. Bei frühitalienischen Bildern findet man zuweilen sogar Tafeln bis zu 10 cm Stärke. Oft wurden die Bretter zur Sicherheit noch zusätzlich mit Dübeln verbunden oder durch Schwalbenschwänze an den Brettfugen auf Stoß gehalten. Die Fugen wurden des Öfteren mit Rosshaar oder dünnem Gewebe überklebt, um sie unsichtbar zu machen. Es wurden deshalb sogar ganze Tafeln mit Leinwand kaschiert.

Größere Holztafeln werden am besten so zusammengebaut, dass die Markstrahlen an der Kante senkrecht zum Bild verlaufen. Die Herstellung der Holztafeln besorgten übrigens früher nicht die Maler selbst, sondern die Täfler, eine eigene Zunft. Anfänglich war der Zierrahmen in das Bildganze einbezogen – wie man es heute noch oft bei Ikonen sieht. Bei kleineren Formaten waren Bildträger und Rahmen aus einem Stück gearbeitet, bei größeren Formaten war der Rahmen fest mit der Tafel verbunden. Erst ab dem 16. Jahrhundert wurden Bild und Rahmen getrennt, der Rahmen wurde auswechselbar.

Die bemalte Seite einseitig bemalter Holztafeln wölbt sich nach vorne, da die ungeschützte Rückseite atmosphärischen Einflüssen stärker ausgesetzt ist und deshalb schneller austrocknet als die bemalte Vorderseite. Deshalb wird noch heute bei starren Bildträgern auch die Rückseite grundiert und bemalt. Die Bemalung der Rückseite hatte also durchaus nicht nur liturgische Hintergründe, wie etwa bei den Altarretabeln der Gotik.

Vor allem bei Nadelhölzern sollten vor der ersten Grundierung Harzflüsse entfernt werden, etwa durch Auswaschen der Harzgalle, bei anschließender Isolierung mit Schellack. Noch besser ist das Ausstemmen der Harzgallen und Einleimen gleicher Holzteile, was bei alten Bildern noch zu sehen ist. Äste wurden ebenfalls ausgestemmt, da sie beim Schwinden der Bretter sichtbar würden.

Eine weitere alte Handwerksregel lautete, dass geflößtes Holz stets ungeflößtem vorzuziehen sei, auf dem Bau wie in der Malerwerkstatt. Denn geflößtes Holz verliert im Wasser einen großen Teil der in ihm enthaltenen höheren Zuckerarten und anderer Holzinhaltsstoffe, die die eigentlichen Nährböden für das Pilzwachstum sind. Heute kann man mit Holzkonservierungsmitteln alle Hölzer zuverlässig vor Pilzbefall und Anobien (Holzwurm, Holzbock usw.) schützen. Dies muss allerdings vor der Grundierung geschehen.

Sperrholz

Das technische Prinzip der Herstellung von Sperrholz geht auf ein englisches Patent aus dem 18. Jahrhundert zurück. Die industrielle Fertigung wurde aber erst gegen Ende des 19. Jahrhunderts aufgenommen. Seither findet es als Bildträger vielfache Verwendung.

Sperrholz entsteht durch Umleimen eines oder mehrerer dicker Blindfurniere mit dünneren Holzblättern (Deckfurnieren). Dabei wird jede Lage stets quer zur Maserung der nächsten Lage verleimt. Früher wurden Haut-, Knochen- und Kaseinleime für das Verleimen von Sperrholz- und Tischlerplatten verwendet, wodurch die Verleimung oft dauerhaft feuchtigkeitsempfindlich blieb. Heute wird in der industriellen Fertigung mit synthetischen Kunststoffleimen gearbeitet, die unter Druck und bei erhöhten Temperaturen aufgebracht werden, wodurch eine wasserfeste Verleimung erreicht wird. Eine mehrfach verleimte Sperrholzplatte mit ausreichender Gesamtstärke kann man als soliden Bildträger bezeichnen.

Für die Eignung als Bildträger und die spätere Qualität ist neben der Auswahl des Holzes und der Furnierart auch die Art der Verleimung sehr wichtig. Ein oft beobachteter Schaden bei fal-

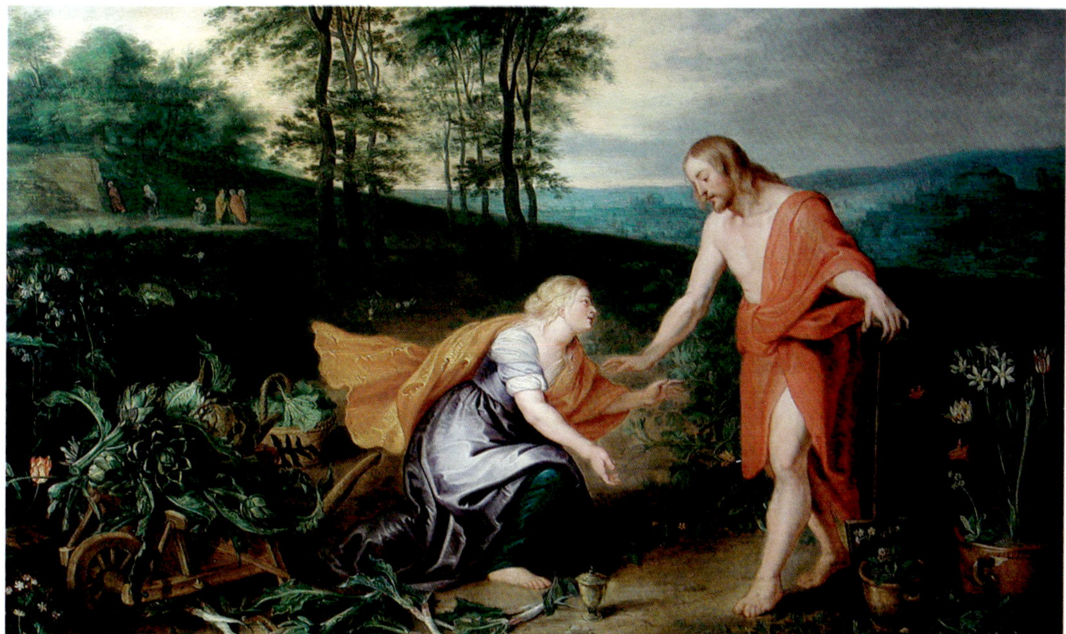

Jan Brueghel d. J. (1601–1678), »Noli me tangere«, ca. 1631, Öl und Tempera auf Holz (Eiche?), 61 x 85 cm, Privatbesitz

scher Verwendung dieses Trägermaterials zeigt sich als typische Krakeleebildung längs zum Faserverlauf des Holzes. Dabei zieht sich die dem Deckfurnier nachfolgende Malschicht gleich mit hoch und bildet in nebeneinander liegenden Formationen der Länge nach viele kleine Risse.

Tischlerplatten

Tischlerplatten bestehen aus zusammengeleimten Holzstäben oder Holzstreifen, mit einem Deckfurnierblatt auf beiden Seiten. Bei richtiger Verwendung können sie als solide und zuverlässige Bildträger gelten. Ihr einziger Nachteil ist ihr hohes Gewicht und bei guten Qualitäten ein relativ hoher Preis. Üblicherweise sind die Stäbe bündig aneinander geleimt. Um Material und Gewicht zu sparen, werden aber auch Platten mit Zwischenräumen zwischen den parallel laufenden Holzstäben hergestellt.

Holzspanplatten

Holzspanplatten werden durch Verpressen von feinen oder groben Holzspänen mit synthetischen Kunststoffleimen als Bindemittel unter Wärme hergestellt. Sie wurden erstmals Ende des 19. Jahrhunderts als künstliches Holz unter dem Namen Xylolith erwähnt, sind aber erst seit etwa 1950 im Handel. Gelegentlich werden sie als Hilfsbildträger eingesetzt. Nachteilig ist jedoch, dass sie zu unkontrollierten Quellungen neigen und die Ecken und Kanten stoßempfindlich sind; bei größeren Formaten ergeben sich überdies Probleme wegen ihres hohen Gewichtes.

Holzfaserplatten

Holzfaserplatten sind seit Anfang des 20. Jahrhunderts bekannt. Sie werden aus Holzfasern von Abfallholzschnitzeln gepresst. Die bei der Herstellung von Hartfaserplatten eingedrückte Drahtsiebmusterung auf der eigentlichen Rückseite wird wegen ihrer leinwandähnlichen Struktur von Malern sehr geschätzt.

Nachteilig ist auch bei den Hartfaserplatten die Stoßempfindlichkeit an Ecken und Kanten sowie ihr Gewicht bei größeren Formaten. (Auf der glatten Seite befinden sich zuweilen noch Rückstände der Trennmittel aus der Produktion: Diese müssen mit entfernt werden, weil sie die Verankerung der Grundierung erheblich stören bzw. verhindern würden.) Die Pressplatten brauchen nicht gegen Holzschädlinge imprägniert zu werden, da bei der Herstellung bereits Schädlingsbekämpfungsmittel eingearbeitet wurden.

Die etwas dickeren Weichfaserplatten (auch als Dämmplatten bekannt) sind wegen ihrer Saugfähigkeit als Bildträger weniger gut geeignet und sollten darum stets kaschiert werden.

Metalle als Bildträger

Metallplatten aus Kupfer, Zink, vereinzelt Eisen und in neuerer Zeit auch Aluminium sind in der Malerei bekannt; sie sind häufig nicht grundiert. Gemälde auf Metallen zeigen sich im Allgemeinen gegen Klimaschwankungen unempfindlich (darum fehlt auch oft die Sprungnetzbildung); vor extremen Temperaturschwankungen – etwa direkter Sonneneinstrahlung – müssen sie dennoch geschützt werden.

Die glatte Metallfläche ist auch gegen Stoßeinwirkung äußerst anfällig. Ein guter Rückseitenschutz (z. B. Hinterlegen mit Hartfaserplatte und Filz) sowie eine flexible Befestigung des Metallbildträgers im Zierrahmen sind unbedingt zu empfehlen.

Kupfer

In der holländischen Miniaturmalerei des 17. Jahrhunderts hat Kupfer eine große Rolle gespielt, sicher wegen des warmen Grundtons. Ein Bildträger aus Kupferblech reagiert aber unter ungünstigen Umständen mit fetten Ölen, und es bildet sich grünes Kupferoleat. Darauf ist auch zu achten, wenn man Wachs-Harz-Mischungen, z. B. bei einer Konservierung, verwendet. In der glatten Oberfläche des Kupfers können sich Malfarben nur schlecht verankern. Dennoch hat gerade diese Glätte der Oberfläche die Miniaturmaler immer sehr gereizt.

Über das Grundieren metallischer Malgründe

Kupferblech muss vor dem Grundieren mit einem geeigneten Lösemittel gründlich entfettet werden. Einer alten Werkstattüberlieferung nach wird dann eine sehr dünne Schicht unverdünnte, dick angeriebene Bleiweiß-Leinölfarbe mit einem Ringpinsel aufgestupft. Nachdem der Auftrag gut durchgetrocknet ist, wird der Vorgang mehrmals wiederholt, bis ein deckender weißer Untergrund entstanden ist.

Durch mehrere Lagen dünner Aufträge entsteht so eine gut haftende Grundierschicht, die eine solide Verbindung zwischen Bildträger und Bildschicht schaffen kann. Gleichzeitig wird auch ein Durchschlagen von grünem Kupferoleat in die Bildschicht vermieden.

Zinkblech und Eisenblech als Bildträger

Zinkbleche und verzinkte Eisenbleche sind als Bildträger nicht besonders empfehlenswert, weil ein maltechnischer Grundieranstrich auf ihnen schlecht haftet. Bei Zink kommt es häufig zum Abplatzen oder Abschälen der Aufstriche.

Eisenbleche müssen vor der Grundierung zunächst vollständig entrostet werden. Traditionell wurden dann mehrere dünne Lagen Bleimennige-Ölfarbe aufgestupft. Dies ist mittlerweile wegen des allgemeinen Verbots von Bleipigmenten fast unmöglich geworden. Heute werden moderne Rostschutzfarben oder Primer verwendet. Erst nach vollständiger Durchtrocknung kann dann weiß grundiert und später darauf gemalt werden.

Aluminium

Seit einigen Jahrzehnten wird, wenn auch in geringem Umfang, Aluminium als Bildträger verwendet. Wenn eine weiße Grundierschicht erwünscht ist, wird stupfend grundiert wie oben bei Kupfer beschrieben; alternativ kann auch mit einer Grundierfarbe für Kreide- oder Halbkreidegründe oder einem weißen Kunststoffdispersions-Haftgrund gearbeitet werden.

Zum Bemalen mit Acrylfarben auf Aluminium gibt ein namhafter Acrylfarben-Hersteller folgendes Verfahren vor:

1. Das Aluminium säubern bzw. waschen, besonders aber entfetten (z. B. mit Alkohol und/oder Detergenz)
2. Paraloid B 72 als lösemittelhaltigen Tiefgrund auftragen
3. Mit Studio-Acrylfarbe oder mit Aquacryl eingefärbter »Structura« grundieren
4. Dann nach Belieben weitermalen …

Mineralische Bildträger

Kalkputz

Kalkmörtel ist meist ein Gemisch aus:

1 Raumteil gelöschter Kalk,
3–3,5 Raumteilen Sand
und einer entsprechenden Menge Wasser.

Dieses Gemisch wird auf dem Bau für das Verputzen von Außen- und Innenwänden von Gebäuden verwendet. Dabei werden selten mehr als zwei Putzlagen übereinander aufgetragen. Kalkmörtel haftet nur gut auf »griffigen«, saugfähigen Untergründen, etwa rohen Ziegelsteinen oder anderen Bausteinen, und auf ölfreien Zementflächen. Besonders glatte Untergründe müssen pikiert, d. h. aufgerissen oder aufgeraut werden, oder sie erhalten vor der ersten Lage als Vorputz einen dünnen zementhaltigen Spritzwurf.

Kalkputz trocknet durch Verdunsten und Einschlagen des Wassers in den Grund: Er haftet durch kapillare Kräfte sehr fest auf porösen Steinflächen. Die Haftfestigkeit steigt im gleichen Maße, wie sich der gelöschte Kalk mit der Luftkohlensäure in sein Ausgangsmaterial, den Kalkstein (Kalziumkarbonat), zurückverwandelt.

Fresko-Maler bzw. Wand-Maler malen stets mit einer Pigment-Wasserschlämme auf frischem Kalkputz. Auf frischem Putz kann man auch mit Kalkfarben oder in Kalkkaseintechnik malen. Erst nach sechs Wochen (je nach Witterungsbedingungen) ist der Putz lufttrocken und so weit gefestigt, dass man auch mit den unverseifbaren Acrylfarben grundieren oder malen kann, vorausgesetzt, dass nur kalkechte Pigmente verwendet werden. Nach etwa einem halben Jahr ist der Putz richtig fest und reagiert neutral. Seine größte Härte und Haftfestigkeit ist aber erst nach Jahren erreicht.

Anstrichtechnische Vorbehandlung

Alle Kalkputzflächen sind porös und deshalb stark saugend; sie werden wasserfest, bleiben aber wasserdampf- und luftdurchlässig. Ob und wie weit ihre Durchlässigkeit erhalten bleibt, ist von der weiteren mal- oder anstrichtechnischen Behandlung abhängig. Mit jedem Aufstrich nimmt die Luftdurchlässigkeit ab. Selbst ein Leimfarbenaufstrich verstopft, wenn auch nur in geringem Umfang, die Poren.

- Kunststoffdispersionsfilme hemmen die Luftdurchlässigkeit deutlich, belassen aber der Wand ihre Wasserdampfdurchlässigkeit.
- Ölfarbenfilme verstopfen die Poren, sodass die Wand nach dem Aufstrich weder Wasserdampf noch Luft durchlässt.

Verlängerte und reine Zementmörtel

Herstellung eines verlängerten Zementmörtels:

2 Raumteile gelöschter Kalk,
1 Raumteil Zement und
9 Raumteile Sand werden unter
Zugabe des nötigen Wassers vermengt.

Ein reiner Zementmörtel enthält:

1 Raumteil Zement und
3 Raumteile Sand

Diese beiden Putzsorten finden gleichermaßen im Außen- wie im Innenbereich Verwendung. Der verlängerte Zementputz ist optisch nicht vom normalen Kalkputz zu unterscheiden. Den reinen Zementputz erkennt man an seiner dunkleren Farbtönung. Beide Putzsorten sind nicht stärker alkalisch, sondern bleiben es nur länger, weswegen Alkalität häufig noch nach Jahren gemessen werden kann.

Maltechnische Problematik

Frische, zementhaltige Putzuntergründe sind nur deshalb maltechnisch problematisch, weil sich das beim Abbinden des Zements bildende Kalziumhydroxid unter dem Einfluss der Luftkohlensäure zu Kalziumkarbonat und unter dem Einfluss schwefelsaurer Gase zu Kalziumsulfat umsetzen kann. In beiden Fällen kann dies als weiße Ausblühung in Erscheinung treten. Solche Ausblühungen können Aufstriche sogar abdrücken. Bei alten, abgebundenen und somit neutral reagierenden zementhaltigen Gründen ist diese Erscheinung nicht mehr zu befürchten.

Wenn aber ein lufttrockener, frischer, zementhaltiger Putzgrund bemalt werden soll und man sich über seine Alkalität noch nicht im Klaren ist oder wenn man den Putzgrund vor der Arbeit festigen muss, weil er z. B. sandet, dann ist Fluatieren angeraten. Das festigt und härtet den Putz und verringert seine Saugfähigkeit.

Fluatieren

Mit dem Sammelnamen Fluate werden verschiedene Neutralisier- und Isoliermittel für kalk- und zementhaltige Untergründe bezeichnet. Hierbei handelt es sich entweder um Salze der Kieselfluorwasserstoffsäure, die vor der Verarbeitung in Wasser aufgelöst werden müssen, oder flüssige Produkte. Wer fluatieren will, sollte sich im Fachhandel gut beraten lassen und die Herstellerangaben genau beachten. Durch Fluatieren wird gleichzeitig die Gefahr des Ausblühens verringert.

Beton

Trockener Beton, ein Gemisch aus Zement, Sand, Kies und Wasser, behält über einen langen Zeitraum eine gewisse Kernfeuchtigkeit und reagiert darum auch lange alkalisch. Frischer Beton sollte vor dem Bemalen fluatiert werden. Nach Ablauf von etwa drei Monaten kann man mit Acrylfarben auf Beton malen. Auf Sichtbetonflächen müssen zuvor die Reste von Schalölen abgewaschen werden. Nach zwei Jahren ist Beton in der Regel so weit abgebunden, dass man auch Ölfarben auftragen kann. Die enthaltenen Pigmente sollten zementbeständig sein.

Gipsgründe

Gipspulver wird durch Brennen von natürlichem Gipsstein, einem wasserhaltigen Kalziumsulfat, bei 120 bis 180 °C hergestellt. Dabei entweicht ein großer Teil seines Kristallwassers. Wird der gebrannte Gips später in Wasser eingesumpft, erstarrt er unter Wasseraufnahme wieder. So kann er als Gipsputzwand oder auch als Gipsplatte Bildträger sein.

Gesso

Gesso, ein seit Jahrhunderten bekannter Gipsgrund, ist eine auf Leimbasis hergestellte Grundierfarbe, die nicht mit den Gipsgründen des Gipser- oder Putzerhandwerks verwechselt werden sollte. Als Malmaterialname von Fertigprodukten im Fachhandel existiert dieser alte Name weiter.

Papiere

Papyrus, der Vorgänger unseres Papiers, war schon vor 4000 Jahren als Beschreibstoff bzw. Malgrund bekannt. Rohstoff für das Papyrusblatt war die in Nordafrika heimische Papyrusstaude (Cyperus papyrus). Deren Markstreifen wurden zunächst entrindet, dann längs und über Kreuz miteinander verklebt, wobei der Papyrussaft als Leim diente, und anschließend glatt gehämmert.

Es entstanden aber auch größere Formate, die so stabil waren, dass sie als Material für Bekleidung, Wickelmaterial für Mumien, zum Bootsbau und zur Herstellung von Schiffstauen verwendet werden konnten. Mit Beginn unserer Zeitrechnung wurden Papyri von einem neuen Schreib- und Malgrund abgelöst: dem Pergament.

Pergament ist im Gegensatz zu Papyrus tierischen Ursprungs. Der Name soll sich auf die Stadt Pergamon beziehen. Pergament wird aus den ungegerbten Häuten von Ziegen, Schafen oder Kälbern hergestellt. Die Häute oder Felle werden, nachdem sie zunächst in einer Kalkbrühe gelagert werden, von Fleisch- und Haarresten befreit, gewaschen und schließlich aufgespannt.

Die eigentliche Kunst beim Herstellen feinen Pergaments ist das gleichmäßige Dünnen mit Messer und Bimsstein. Für die spätere Qualität des Pergaments spielt auch die Wahl der Tierhaut eine wichtige Rolle: Das feinste Pergament erhielt man aus den Häuten noch ungeborener Lämmer.

Pergament war zwar wesentlich teurer als Papyrus, dafür aber auch widerstandsfähiger und stabiler. Außerdem ließ es sich mehrfach verwenden, wenn man die Schrift, Zeichnung oder Buchmalerei mit einem feinen Messer vorsichtig abschabte. Ein solches Pergament, das dann erneut beschrieben oder bemalt werden konnte, nennt man Palimpsest (griech.: »wieder abgekratzt«).

Chinesisches Papier, bekannt auch als Japanpapier, wurde zum ersten Mal vor etwa 2000 Jahren in China hergestellt. Die Erfindung wird Tsai Lun, einem kaiserlichen Beamten der Han-Dynastie (um 100), zugeschrieben. Im 8. Jahrhundert war die Kunst des Papiermachens dann auch in Japan bekannt.

Bis heute ist die traditionelle Herstellungsweise im Prinzip erhalten geblieben: Pflanzenfasern aus Maulbeerbast, Gräsern oder Bambus werden mit Gewebeabfällen gemischt, zerstampft und anschließend gewässert. Dann muss der Faserbrei reifen und wird später mit einem Schöpfrahmen aus Bambus abgeschöpft. Das entstandene Blatt wird auf einer beheizten Hohlmauer getrocknet. Seit dem 17. Jahrhundert ist Japanpapier, das über die Niederlande importiert wurde, auch in Europa erhältlich. Dieses feste, nur wenig geleimte Papier wird heute von Aquarellmalern wie Druckgraphikern als Bild- und Druckträger geschätzt.

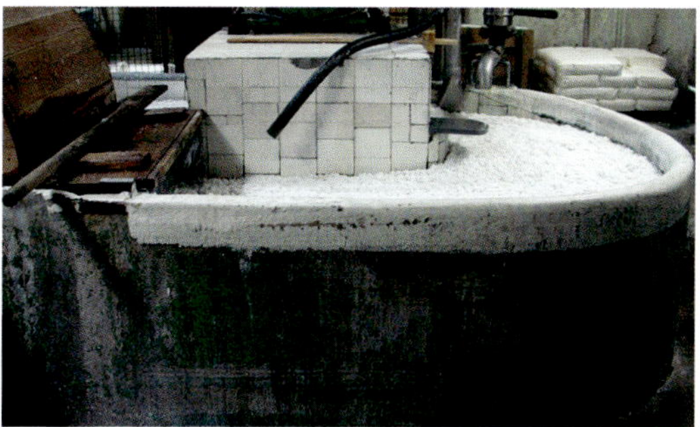

Dieses Becken wird nach dem Ort seiner Erfindung ganz einfach als »Holländer« bezeichnet.

Papierherstellung

Die Araber lernten im 9. Jahrhundert das Papiermachen in Bagdad kennen und brachten es rasch zu handwerklicher Meisterschaft. Bald darauf war die Papierherstellung im gesamten von ihnen politisch beherrschten Mittelmeerraum verbreitet. Das älteste nichtarabische Papier in Europa wurde vermutlich Mitte des 13. Jahrhunderts in Fabriano, Italien, hergestellt. Schon im Manuskript des *Theophilus* (um 1200 n. Chr.) ist von einem »griechischen Pergament« zu lesen, das aus Leinengewebe gemacht sei, und auch *Cennino Cennini* berichtet in seinem Traktat vom Papier, das offenbar seit dem 14. Jahrhundert als Arbeitsmaterial in der Malerwerkstatt genutzt wurde.

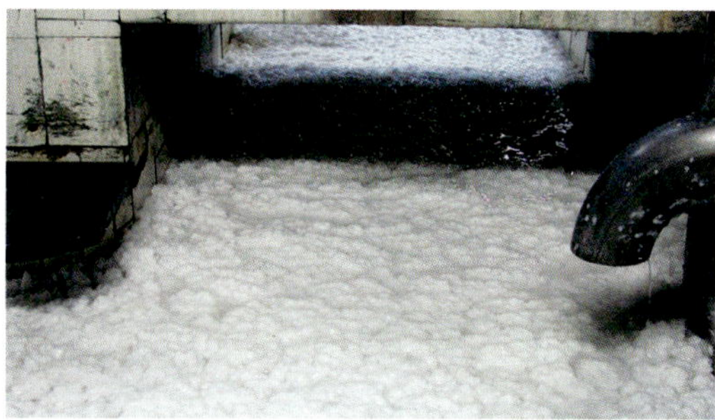

In diesem Bad wird die Papiermasse so in Bewegung gebracht, dass es sogar schäumt.

Handgeschöpfte Hadernpapiere

Ursprünglich wurden in Europa Papiere ausschließlich aus gebrauchten Textilien, Leinenlumpen oder aus Hadern hergestellt, anstelle der Gras-, Strauch- und Baumfasern, die im Fernen Osten die Grundlage der Papierherstellung bildeten. Nach Farben sortiert wurden die Hadern zunächst von Hand mit Messern zerkleinert, dann in Mörsern oder Stampfwerken gestampft und schließlich in Wasser so lange aufbereitet, bis der als »Zeug« bezeichnete Papierstoff reif und zur Blattbildung auf dem Sieb geeignet war.

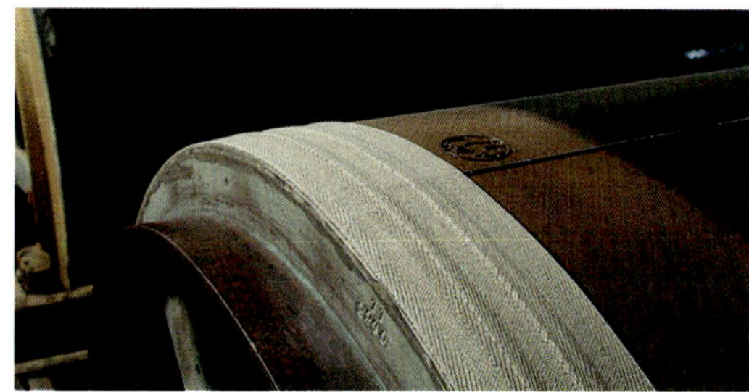

Auch in einem schrägen Anschnitt sind die Rundsiebe noch gut erkennbar. Etwas seitlich befindet sich ein Wasserzeichen.

Bütten

Beim Schöpfen des Papiers von Hand wird das reife Ganzzeug in großen Behältern, so genannten »Bütten«, weiter mit Wasser verdünnt. Daraus schöpft dann der Büttgeselle mit dem Schöpfrahmen, einem mit feinem Bronzegewebe bespannten Holzrahmen, eine dünne Schicht weißlichen Papierbreis heraus. Durch leichtes Rütteln des Rahmens entsteht dann ein gleichmäßig dickes Blatt mit regelmäßiger Verfilzung der Fasern. Fast das gesamte Wasser läuft durch das Gewebe ab. Ist auf dem Bronzegewebe ein Herstellerzeichen angebracht, wird an dieser Stelle die Papiermas-

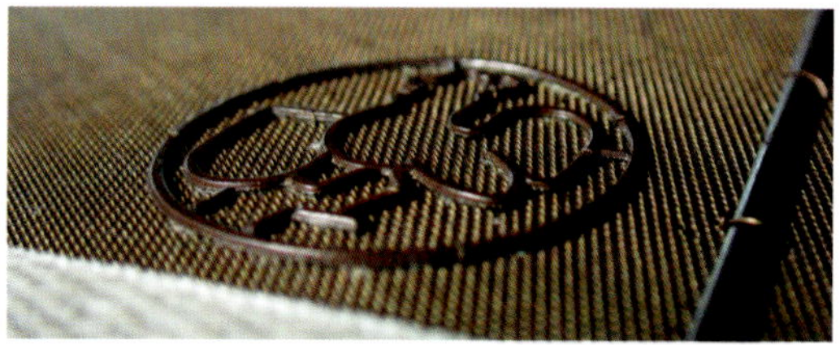

Das Wasserzeichen wird von Hand auf das Sieb aufgebracht. Es gibt Verzeichnisse, in denen die Wasserzeichen eingetragen sind.

se bei der Blattbildung gedünnt, und ein helleres Wasserzeichen entsteht.

Gautschen

Sodann übernimmt der Gautschgeselle vom Büttgesellen den Rahmen mit dem trocknenden Papierbrei und legt – gautscht – ihn zum Entwässern auf einem Wollfilz ab. Das sich dabei bildende Blatt wird sofort mit einem weiteren Filz bedeckt, auf dem wiederum der nächste Papierbogen abgegautscht wird. Sobald ein entsprechend starker Stoß Filz – Papier – Filz entstanden ist, wird dieser gepresst. Dabei läuft stets eine beträchtliche Menge Wasser wieder ab. Nur ein geringerer Teil wird vom Filz angesaugt. Dann wird der Stapel Papierbögen noch einmal ohne Filze gepresst und schließlich zum Trocknen aufgehängt.

Leimung

Danach werden die Bögen einmal oder mehrmals geleimt und erneut getrocknet. Das traditionelle Leimen im Leimbad wird heute auch beim Handschöpfen meist durch einen Leimzusatz zum Ganzzeug ersetzt.

Die handgeschöpften Papiere besitzen nicht nur einen ganz besonderen ästhetischen Reiz. Auch der Faserlauf und die gleichmäßige Verfilzung der Fasern in Längs- und Querrichtung werden von Aquarellmalern wie Kupferdruckern geschätzt, weil sie eine optimale Dimensionsstabilität aufweisen. Den typischen Büttenrand erhalten handgeschöpfte Papiere durch die Verdünnung des nassen Papierstoffs am Rande des Schöpfrahmens.

Maschinell hergestellte Papiere

Die einfachen Stampfwerke zur Zerkleinerung der Papierrohstoffe wurden Mitte des 19. Jahrhunderts von den so genannten Holländern, schweren Mahlwerken, die von holländischen Papiermachern entwickelt worden waren, abgelöst. Diese ersetzte man dann durch noch wirkungsvollere Aufschlussmaschinen, die Kegelstoffmühlen. Die Stoffaufbereitung hat zum Ziel, die Faserstoffe zu zerkleinern, zu quetschen und in Wasser quellen zu lassen, um möglichst rasch zu reifem Ganzzeug zu kommen, das zur Blattbildung geeignet ist.

Reine Hadernpapiere, auch hadernhaltige Papiere, findet man aus Kostengründen nur noch selten. Die meisten Mal- und Zeichenpapiere werden mittlerweile aus den Fasern von Holzzellstoffen hergestellt, nachdem das vergilbende, holzige Lignin entfernt wurde. Aus den ligninfreien Zellstofffasern entstehen die nichtgilbenden holzfreien Papiere.

Die Qualität der verwendeten Rohstoffe, die Sorgfalt bei der Verarbeitung und selbstverständlich die Papierrezeptur sind entscheidend für die Güte dieser Papiere. Bei Holzzellstoff gibt es, ebenso wie bei den heute als Hadernmaterial verwendeten Baumwollfasern, den so genannten Baumwoll-Linters, sehr unterschiedliche Qualitäten und Faserlängen. Bei reinen Hadernpapieren und hadernhaltigen Papieren ist es handelsüblich, den Hadernanteil in Prozent anzugeben.

Neben Zellstofffasern und/oder Hadernmaterial sind auch Leime Bestandteil der Papierrezeptur. Sie stabilisieren die Papiere, sodass sie beschreib- und bemalbar werden, und machen sie alterungsbeständig. Ein ungeleimtes Papierblatt, z.B. ein Lösch- oder Filtrierpapier, saugt so stark, dass es sich weder zum Malen noch zum Beschreiben eignet. Nach dem Leimen und anschließenden Trocknen ist das Blatt nicht nur mechanisch stabilisiert, sondern besitzt auch eine gewisse Nassfestigkeit. Die Leimung muss entsprechend dem späteren Verwendungszweck des Papiers gesteuert werden.

Früher wurde die Leimung der fertigen Papierbögen mit Haut- oder Knochenleim im Leimbad vorgenommen. Die ständig wachsenden Produktionsmengen stellten schließlich die Papier herstellenden Handwerksbetriebe vor die Aufgabe, rationellere Fertigungsverfahren und entsprechende Leimungen zu entwickeln, d.h. den ersten Schritt in Richtung industrielle Fertigung zu vollziehen.

Papierleimungen

Die bislang verwendeten Haut- oder Knochenleime wurden Anfang des 19. Jahrhunderts allmählich durch wässrige Lösungen von Kolophoniumseifen ersetzt, die dem Papierbrei schon im Holländer zugesetzt werden konnten. Nach Zugabe von Alaunlösungen oder anderen sauer reagierenden Chemikalien fallen die Kolophoniumseifen auf die Papierfaser aus und leimen diese in ähnlicher Weise wie zuvor die Hautleime.

Diese Art Harzleimung, von Ilg 1806 für die Papierfabriken entwickelt, hatte allerdings einen gravierenden Nachteil, der heute Sammlern, Museen und Bibliotheken Verdruss bereitet: Der vorzeitige Abbau der Papierzellulosen durch die saure Leimung führte zu Stabilitätsverlusten sowie

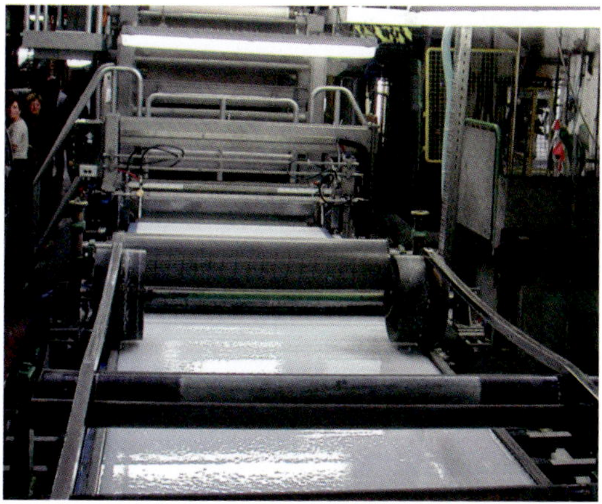

Der Papierbrei fließt in Bahnen von über 100 Metern Länge auf der Langsiebmaschine.

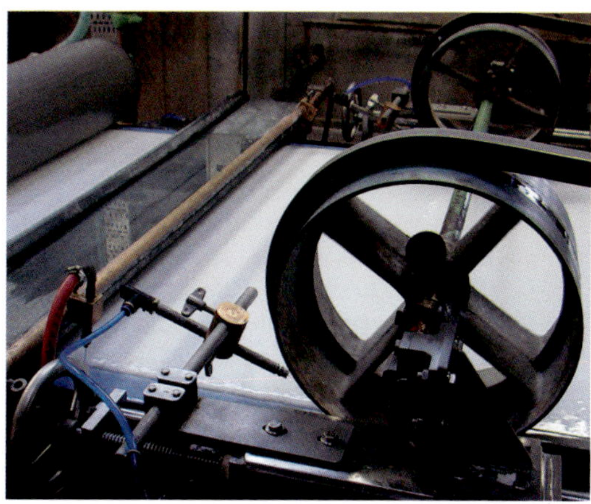

Zum Trocknen der Papierbahnen wird das Wasser allmählich nach unten über das Sieb abgeführt.

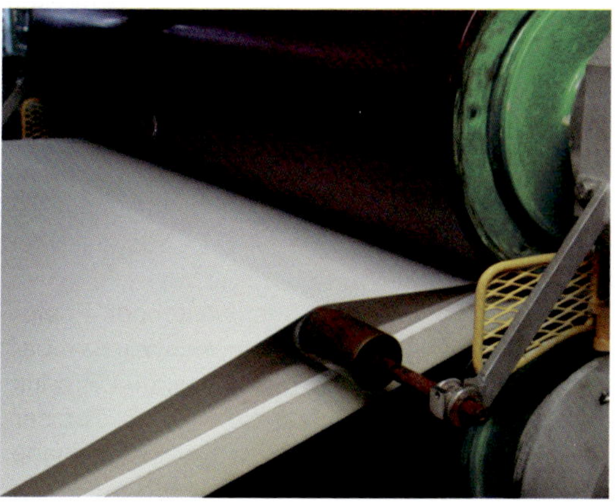

Mit dieser speziellen Vorrichtung wird das getrocknete Papier abgehoben …

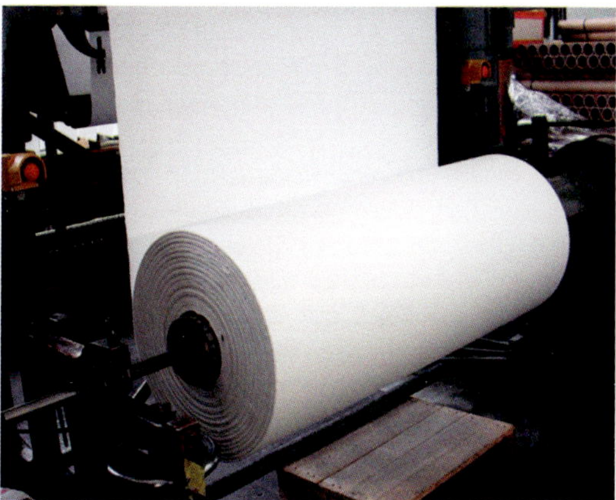

… und nach weiterem Trocknen zu einer großen Rolle aufgewickelt, fertig zur Weiterverarbeitung.

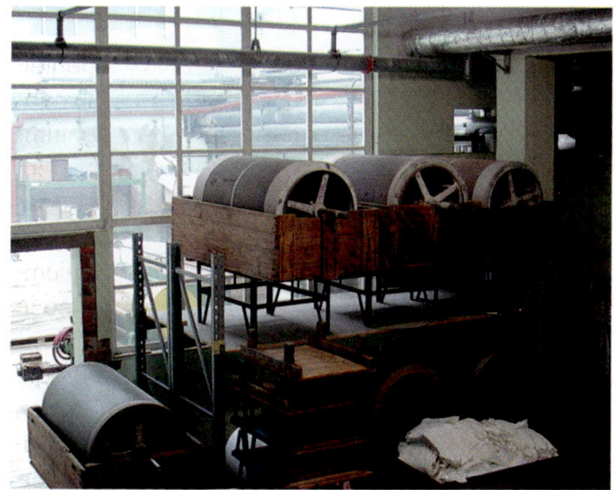

Auf diesen Rundsieben werden die großen Bögen heute noch von Hand geschöpft.

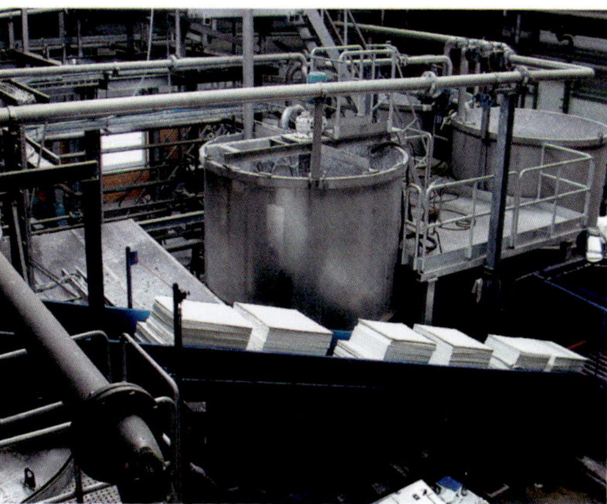

Maschinell geschnittene Papiere laufen bei der Fa. Hahnemühle in Dassel über die Förderbänder.

Papiervergilbungen und -bräunungen. Inzwischen sind neutrale oder leicht alkalische synthetische Leime entwickelt worden, mit denen säurefreie Papiere und Passepartoutkartons hergestellt werden, die alterungsbeständig sowie mechanisch und koloristisch stabil sind.

Des Weiteren enthalten die Rezepturen auch Pigmente und Füllstoffe, die das poröse Papier färben, es »füllen« und das Papiergewicht einstellen. Da der zu verarbeitende Papierstoff, das Ganzzeug, aus einer 1%igen Aufschlämmung von Fasern in Wasser besteht, ist auch die Beschaffenheit des Wassers von großer Bedeutung für die Papierqualität.

Lang- und Rundsiebmaschinen

Heute gibt es zwei Maschinenarten für die Papierherstellung: die Langsieb- und die Rundsiebmaschine. Um 1800 ersann der Franzose *Nicolas Louis Robert* eine Art Vorläufer unserer heutigen Langsiebmaschinen: Er installierte einfach über der Bütte einen Schöpfrahmen, der mechanisch gerüttelt wurde.

Aus dieser simplen Konstruktion hat sich im Laufe der Zeit eine riesige Papiermaschine entwickelt. Über ein präzises Dosiersystem läuft der Papierstoff auf ein mehrere Meter breites, ständig laufendes Endlossieb auf, das quer zur Laufrichtung gerüttelt wird. Das Wasser fließt nach unten ab, die Blattbildung beginnt. Die Papierbahn wird über Gautschpressen transportiert, auf endlosen Filtertüchern vorgetrocknet, dann vollständig in der Maschine getrocknet und schließlich gerollt und verpackt.

Zu Beginn des 19. Jahrhunderts entwickelte *Joseph Bramah* in England eine andere Maschinenart: die Rundsiebmaschine. Dabei rotieren gebogene Siebe auf einem Zylinder in der Bütte. Der Papierstoff setzt sich auf dem Sieb ab, das Wasser läuft nach innen ab, und das sich bildende Blatt wird von einer Gautschwalze vom Zylindersieb abgenommen. Auf dem Zylindersieb sind Metallstege aufgelötet, mit denen der Papierstoff gedünnt wird, sodass der Bogen beim Abnehmen des Papiers von der Gautschwalze an diesen Partien reißt. Auf diese Weise erhält er den für handgeschöpfte Papiere charakteristischen »Büttenrand«.

Die Herstellung handgeschöpfter, hadernhaltiger und auch die reiner Hadernpapiere ist recht kostspielig. Dafür handelt es sich aber auch um Produkte von höchster technologischer Qualität, die sich durch gleichmäßigen Faserlauf in Längs- und Querrichtung, regelmäßige Verfilzung sowie optimale Dimensionsstabilität auszeichnen. Sie stellen die schönsten Produkte der Papiermacherkunst dar und sind für Künstler wie Sammler von höchstem Wert. Der echte Büttenrand ist dabei nur ein Hinweis auf die Herstellungsart und sagt nichts über die eigentliche Papierqualität aus.

Auf der Rundsiebmaschine hergestellte Künstlerpapiere weisen oft eine ähnliche, teilweise sogar identische Stoffzusammensetzung wie handgeschöpfte Papiere auf. Auch Rundsieb-Büttenpapiere zeichnen sich durch eine hohe Gleichmäßigkeit in Faserlauf und Verfilzung aus.

Die meisten für künstlerische Zwecke bestimmten Papiere werden auf Langsiebmaschinen hergestellt. Auch wenn sich die Fasern der Langsiebpapiere überwiegend in Laufrichtung des Siebes orientieren und verfilzen, entstehen dank kunstvoll komponierter Papierrezepturen auch auf Langsiebmaschinen Qualitätspapiere.

Papiersorten

Aquarellpapiere

Nur auf hochwertigen Aquarellpapieren kann man die Wasserfarben- bzw. Aquarelltechnik vollends nutzen. Mit der Herstellung spezieller Aquarellpapiere, die in etwa unseren Qualitätsvorstellungen entsprechen, wurde Mitte des 18. Jahrhunderts in England und etwa 50 Jahre später auch in Frankreich und in Italien begonnen.

Die Oberfläche von Aquarellpapieren ist nicht immer glatt, sondern meist mehr oder weniger rau oder unregelmäßig gewellt (Torchon). Auf guten Aquarellpapieren kann man mit stark verdünnten Aquarellfarben arbeiten, sie in feinsten Farbnuancen verwaschen, gleichmäßige Nass-in-nass-Übergänge schaffen oder Farbtönungen ineinander ziehen. Auch mit Bunt- oder Farbstiften lässt sich auf Aquarellpapier malen.

Tipp: *Aquarellpapier ist in Bögen oder in Blöcken erhältlich. Da sich auch das beste Aquarellpapier bei einseitigem Nässen wölbt und verzieht, muss es fachgerecht vorbereitet werden. Wenn sehr wässrig gemalt werden soll, empfiehlt es sich, das Blatt vom Block zu lösen und zunächst auf beiden Seiten gleichmäßig mit einem nassen Schwamm anzufeuchten. Das Wasser soll einige Zeit einwirken, dann wird es mit einem fusselfreien Tuch abgetupft. Der feuchte*

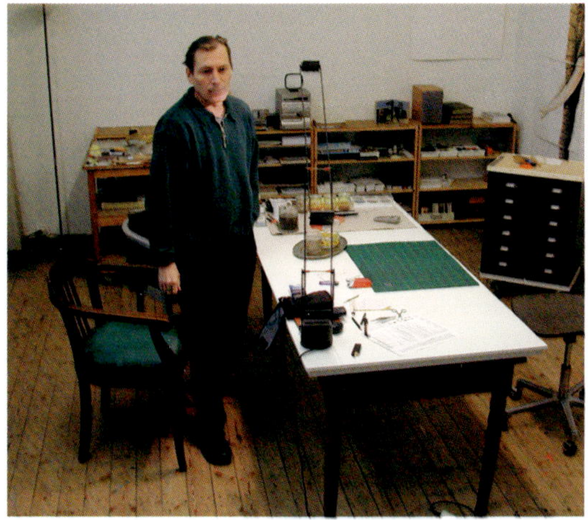

Der Maler und Naturfreund Gisbert Lange am Arbeitstisch in seinem Hamburger Atelier.

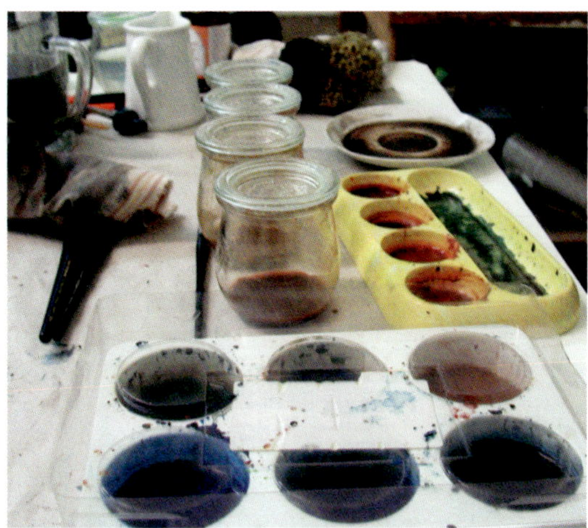

Lange bereitet seine Materialien immer in ausreichender Menge vor, vor allem bei Großformaten.

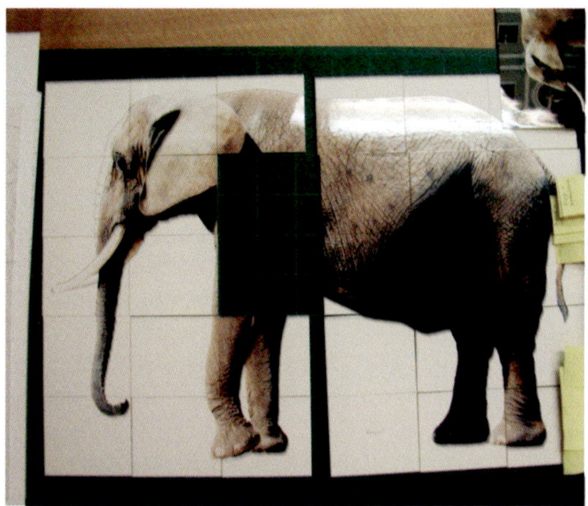

Blatt für Blatt nimmt die afrikanische Elefantendame ihre spätere Form und Farbe an; im Maßstab 1 : 1 ein ziemliches Unterfangen.

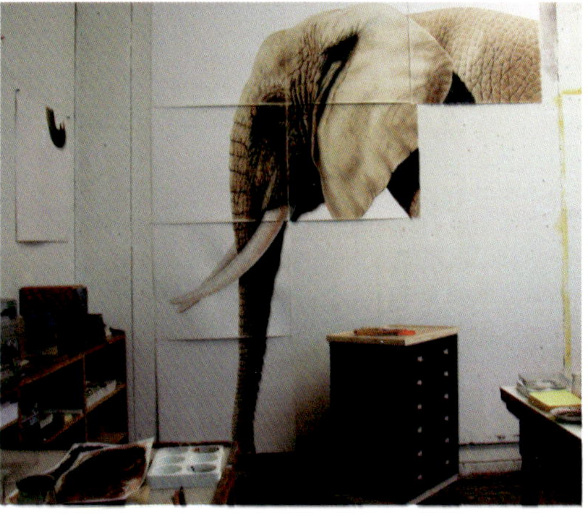

Bei der Vorlage handelt es sich um eine Farbfotografie, nach der Lange sich, auch in der Aufteilung, akribisch richtet.

Bogen wird glatt und straff mit Papierklebeband auf eine saubere Malplatte oder auf eine Glasscheibe auf weißem Untergrund geklebt. Nun kann gemalt oder aquarelliert werden. Nach Abschluss der Arbeit wird das glatt aufgetrocknete Aquarell mit einem scharfen Messer aus dem Kleberahmen herausgeschnitten. (Darum sind auf größeren Aquarellen oft noch umlaufende Papierklebebänder sichtbar.)

Ölmalpapiere

Ölmalpapiere und Universalmalpapiere sind aus gut geleimten Papiermassen gefertigt. Als fertiges Papier müssen sie den oft erheblichen Zugspannungen widerstehen, die bei einigen Maltechniken – etwa bei Acrylfarben – auftreten. Diese Papiere sind meist schwerer als 200 g/m².

Will man ein so kräftiges, stark saugendes Papier selbst grundieren, dann sollte man stets beidseitig mit Kasein- oder Knochenleim oder auch mit stark verdünnter Kunststoffdispersion arbeiten. Für die Herstellung eines guten Papiermalgrunds mit der jeweils richtigen Saugfähigkeit bedarf es schon einer gewissen Erfahrung.

Pastellmalpapiere

Die Pastellmalerei kam, nachdem sie eine Zeit lang in Vergessenheit geraten war, im Frankreich des 19. Jahrhunderts wieder in Mode. Pastellmalpapiere haben eine raue und besonders griffige Oberfläche, wie man sie z. B. bei den Ingres-Papieren findet. Zum Teil werden auch Veloursapapiere verwendet. Diese stellt man durch Aufsieben oder Aufstäuben von Woll- oder Baumwollstaub auf Papiere oder Pappen in mehreren Farbtönen her. Manche Künstler benutzen sogar sehr feine Schleifpapiere oder Schleifleinen als Maluntergründe für ihre Pastellmalerei.

Spezialpapiere für Inkjet-Drucker

Zur Reproduktion künstlerischer Fotografien im Desktop-Bereich gibt es eigens entwickelte Spezialpapiere, z. B. für den Druck auf Inkjet-Druckern. Sie bestechen durch Farbgenauigkeit, wobei sie durchaus der Tradition von Fotopapieren und der Anmut von Künstlerpapieren nahe kommen.

Wie auch andere Papierfabriken hat Hahnemühle in Dassel mit der so genannten Digital FineArt säurefreie, alterungs- und lichtbeständige Echt-Bütten und Akademie-Künstlerpapiere entwickelt, die selbst höchsten Ansprüchen gerecht werden. Dadurch wird die kreative Wiedergabe digital gestalteter Bildmedien erweitert. Dieses wird zusätzlich durch einen größeren Farbraum bei feinen Schwarz-Weiß-Varianten unterstützt. Es können dabei sogar Punkt für Punkt originalgetreu die Merkmale von Aquarell-, Pastell-, Öl- oder Acrylmaltechnik digital abgebildet werden.

Die Vorlage

Zunächst muss das Originalkunstwerk digital fotografiert oder von einer Vorlage eingescannt und im nächsten Schritt digital bearbeitet werden. Für die Belichtung im Scanner ist im Prinzip jede zweidimensionale Arbeit geeignet. Zuvor sollte sichergestellt werden, dass:

- Öl- oder Acrylgemälde vollständig durchgetrocknet sind;
- alle Rahmen oder Befestigungen entfernt sind;
- Pastellzeichnungen fixiert und getrocknet sind;
- die Copyright-Frage geklärt ist, sofern es sich nicht um die eigene Arbeit handelt.

Mit den handelsüblichen Scannern für den Desktop-Bereich können nur flache Kunstwerke gescannt werden. Ist die Vorlage zu groß, sehr pastos oder sogar dreidimensional, muss man auf professionelles Fotografieren oder ein Scannen mit einem Scanback zurückgreifen. So ein Scanback wird direkt auf die Rückseite von Großformatkameras aufgesetzt, die normalerweise nur zur Ausrüstung von professionellen Fotostudios gehören. Der Scan erfolgt hier direkt über ein Interface am Computer.

Entscheidend für die Qualität des späteren Ausdrucks ist die Auflösung des Scans bzw. des digitalen Fotos. Die Bildauflösung wird in dpi (= dots per inch; dt.: Punkte pro Zoll) gemessen. Soll etwa eine Originalvorlage im Format DIN A4 später in gleicher Größe ausgedruckt werden, so empfiehlt sich eine Auflösung von 300 dpi. Für einen Ausdruck in doppelter Größe, also DIN A3, sollte beim Scannen eine Auflösung von 600 dpi gewählt werden. Die Auflösung muss also immer im richtigen Verhältnis zur Größe des Bildes stehen. Denn wie hochwertig die Qualität eines Druckers auch sein mag, wenn die Auflösung nicht stimmt, wird das Bild im Ausdruck immer »pixelig« erscheinen.

Die Wiedergabequalität lässt sich auch durch die Anwendung spezieller Bildbearbeitungsprogramme auf dem Computer beeinflussen. Mithilfe verschiedener Funktionen lassen sich Kontrast, Helligkeit, Farbbalance und andere Eigenschaften einer Vorlage anpassen und verbessern. Dabei ist zu beachten, dass die Farbwiedergabe am Monitor meist nicht hundertprozentig mit dem Ausdruck des Farbdruckers übereinstimmt. Ein verbindliches, farbgetreues Muster liefert nur ein Andruck bzw. ein Proof.

Die meisten Tintenstrahldrucker arbeiten im RGB-Modus (Rot, Grün, Blau), in dem auch der Scan selbst erfolgt. Werden die Bilder für eine Reproduktion auf der Druckerpresse im Vierfarb-Offset-Lithodruck eingerichtet, wie z. B. bei Büchern oder Magazinen, muss der CMYK-Farbraum (Cyan [= Blau], Magenta [= Rot], Yellow [= Gelb], K (für Schwarz [Black]) gewählt werden.

Zum Druck

Im Allgemeinen empfiehlt es sich, beim Druck auf Tintenstrahlpapier als Papiereinstellung »Fotoqualität« (Photoquality Inkjet Paper) oder »Aquarellpapier« (Watercolour Paper) zu wählen. Im Menü für die Seiteneinrichtung kann außerdem die Auflösung für die Ausgabe im Druck zwischen 600 dpi und 2800 dpi variiert werden. Probieren Sie am besten verschiedene Einstellungen aus.

Da es sich beim Drucken auf dem Desktop-Drucker nicht um einen vollautomatischen Druck-

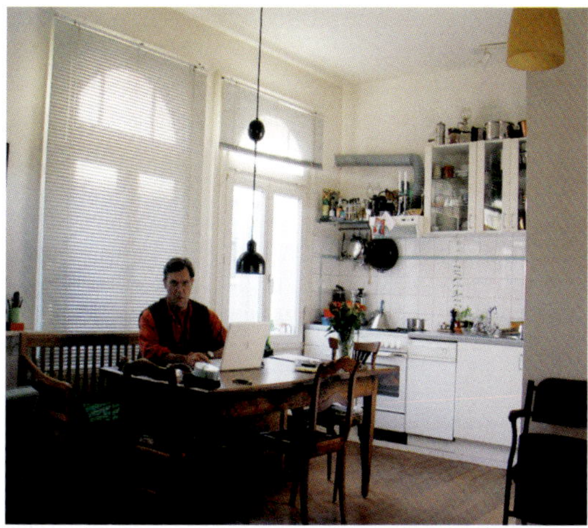

Bei der Suche nach geeigneten Bildern im Computer wurde der Autor fündig: der Blick aus dem Flugzeugfenster zu den Meeralpen.

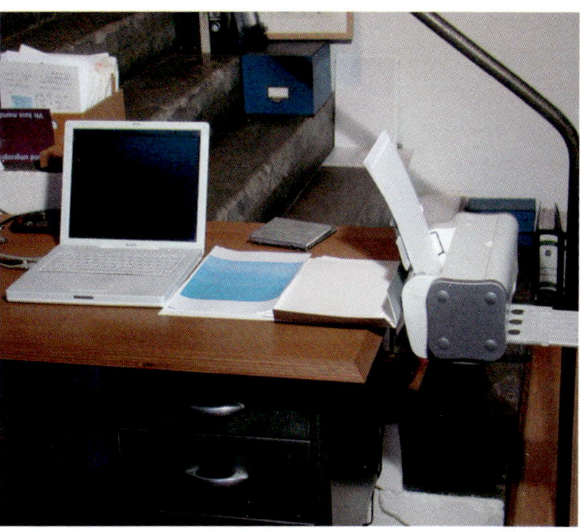

Nachdem die Vorlage für den Ausdruck vorbereitet ist, werden zunächst einige Probeabzüge auf Normalpapier gedruckt.

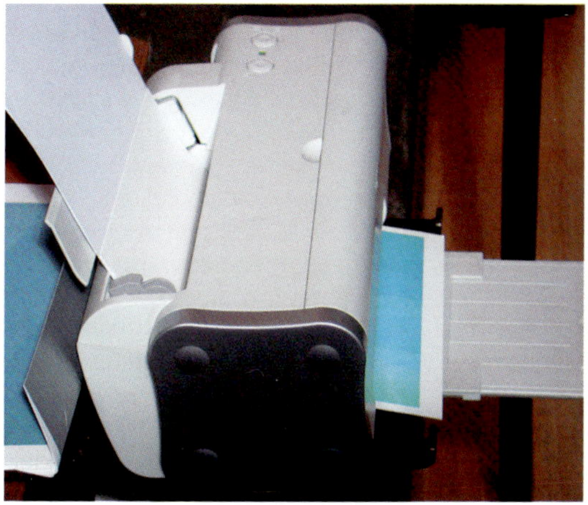

Ein einfacher Tintenstrahldrucker leistet auch in diesem Fall gute Dienste, sofern die Papierqualität stimmt.

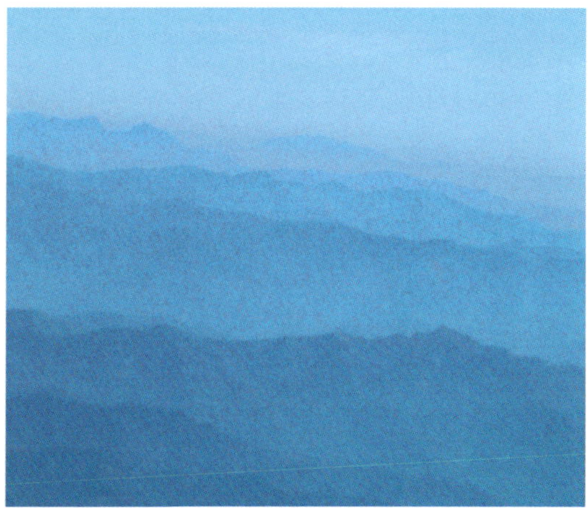

Der fertige Ausdruck zeigt in gewollter Unschärfe und in Anlehnung an die asiatische Tuschemalerei die Bergspitzen der Alpes Maritimes oberhalb von Nizza.

prozess handelt, ist es ratsam, immer nur einen Bogen Papier auf einmal zuzuführen. Achten Sie dabei stets darauf, dass die beschichtete Seite bedruckt wird, und befreien Sie zuvor das Blatt von Staub oder sonstigen Rückständen, da diese zu hellen Fehlstellen im Druck führen können. Vermeiden Sie ansonsten aber generell den Kontakt mit der empfindlichen Bildoberfläche und berühren Sie einzelne Blätter nur an den Kanten. Empfehlenswert ist auch das Tragen von Baumwollhandschuhen.

Großformatdrucker

Beim Einsatz von Großformatdruckern mit Rollenbreiten bis zu 44 Zoll wird eine RIP-Software (RIP = Raster Image Processor; dt.: Rasterbildprozessor) eingesetzt. Hier steht mit entsprechenden Farbprofilen ein präzises Farbmanagement zur Verfügung. Die RIP-Software läuft üblicherweise auf einer separaten Workstation, damit nicht unnötig Speicherplatz auf dem Computer belegt wird.

Auswahl der Medien

Die Wahl des Papiers ist meist ausschlaggebend für die Qualität des Endprodukts. Welches Papier sollte also wofür verwendet werden? Auf beschichteten Aquarellpapieren kann die Tinte unmittelbar auf der Oberfläche bleiben. Dadurch wird ein Verlaufen verhindert und die Qualität der Farben und ihre Auflösung bleiben erhalten. Die Papierhersteller bieten unterschiedliche Papiere an, die bestimmte Anforderungen unterstützen. So eignet sich das »Photo Rag«-Papier von Hahnemühle besser für die Wiedergabe von Fotografien oder komplett am Computer generierten Kunstwerken, während »German Etching« (von derselben Firma) mit seiner weicheren Oberflächenstruktur und stärker betonten naturweißen Färbung ideal für die Wiedergabe von Aquarellen oder detaillierteren Skizzen geeignet ist.

Limitierung von Auflagen

Beim Digital Publishing kann man erst einmal nur das drucken, was man auch ausstellen und/oder verkaufen will – sozusagen Printing on Demand. Das bedeutet eine erhebliche Zeit- und Kostenersparnis. Achten Sie jedoch ganz besonders darauf, dass genau Buch geführt wird über die Art und Menge der Drucke einer limitierten Auflage und dass auch stets signiert, datiert und nummeriert wird.

Alterungsbeständigkeit und Archivfestigkeit

Das Papier muss säurefrei sein. Durch die Einführung stabiler Pigmenttinten hat auch der Kunstmarkt für Giclée-Drucke zugenommen. Das wurde u.a. durch neue Standards bei Geräteherstellern und in der Tintentechnologie ermöglicht. (Die gewöhnlich in Desktop-Druckern zur Anwendung kommenden Tinten basieren auf Farbstoffen, die schneller verblassen.)

Giclée

Der Ausdruck »Giclée« stammt aus dem Französischen und bedeutet hier so viel wie »Herausspritzen«. Dieser Ausdruck kommt dem Prozess ziemlich nahe, wenn die Druckköpfe eines Tintenstrahldruckers das Bild in einem Muster sehr feiner Tropfen auf das Papier sprühen. Die so erzeugte Reproduktion eines Kunstwerkes, einer Fotografie oder eines anderen digital erzeugten Bildwerkes wird Giclée genannt. Der Druck erfolgt dabei mit UV-beständigen Pigmettinten auf einem beschichteten, archivfesten Künstlerpapier.

Ein Erfolg versprechender Giclée-Druck entsteht aus der richtigen Kombination von Ausrüstung, Medium und Tinte. Der Ausdruck lässt sich noch steigern, z.B. durch farbige Übermalungen von Hand, etwa um Farbtöne zu korrigieren oder Strukturen zu betonen. Ein Überzug mit Klarlack schützt die Oberfläche und verleiht ihr zusätzlichen Glanz. Letzteres ist bei Drucken auf Leinwand natürlich besonders attraktiv.

Malpappen

Pappen entstehen durch Zusammenkleben mehrerer Lagen feuchten Papierstoffs; ihr Gewicht beträgt ab 500 g/m² aufwärts. Mischpappen sind in der Regel 3 bis 4 mm dick und bestehen aus einer größeren Menge Papier- und weniger Textilabfällen. Gewöhnlich sind sie schon malbereit, also grundiert, im Handel erhältlich. Sie besitzen meist nur auf einer Seite eine Leinenprägung, werden aber stets beidseitig – mittels Siebdruck oder im Spritzverfahren – weiß grundiert.

Beim Kaschieren von Malpappen müssen stets beide Seiten gleich vorbehandelt werden, da sie sich sonst werfen würden, d.h., sie würden sich zu der mehrschichtigen Seite hin verbiegen. Selbst nach Vorschrift grundierte Malpappen sind gegen Klimaschwankungen wie Temperatur- und Feuchtigkeitsveränderung empfindlich und zeigen diese Neigung zum Verwerfen. Darum sollten Malpappen nur für kleinere Formate bis etwa 40 x 50 cm verwendet werden.

Nicht malbereite Pappen können mit Kasein- oder Knochenleimen, aber auch mit handelsüblichen Grundiermitteln wie Haftgrund, Gesso o.Ä. grundiert werden. Bei besonders saugfähigem Karton sollten die Leime stärker verdünnt werden, damit sie tief eindringen können. Dafür muss dann häufiger grundiert werden. Auch Kreidegrund oder Halbkreidegrund können verwendet werden.

Unbedingt zu beachten ist auch hier die gleichmäßige Behandlung beider Seiten, damit die Pappe sich nicht wirft oder verzieht.

GRUNDIERUNGEN

Neben dem Bildträger zählen die Grundierungen zu den wichtigen Fundamenten, auf denen ein Bild aufgebaut wird. In dem folgenden Text werden malhandwerkliche Erfahrungen weitergegeben, die nicht nur zur Lektüre, sondern auch zur praktischen Umsetzung empfohlen werden. Denn diese althergebrachten Grundierarten – vor allem das Grundieren mit selbst hergestellter Grundierfarbe – besitzen einen ganz eigenen Reiz. Grundiert man mit eigenen Grundierfarben nach den beschriebenen Rezepturen, entstehen bei einiger Übung und Erfahrung Malgründe nach alter Tradition. Dass man beim Selbstgrundieren Materialkosten spart, steht dabei nicht im Vordergrund – dafür muss man reichlich Zeit und in entsprechende Einrichtung investieren.

Um nicht für jedes Einzelstück neue Grundierfarbe anzusetzen, ist es dabei empfehlenswert, mit einem Ansatz Grundierfarbe gleich eine größere Anzahl Bildträger zu grundieren.

Herkömmliche Benennungen wie Kreidegrund, Halbkreidegrund und Ölgrund haben selten noch etwas mit den käuflichen Malgründen oder gar den altüberlieferten Rezepturen gleichen Namens zu tun. Vielmehr sind es heute Bezeichnungen für mehr oder weniger saugende Grundierungen.

Kreidegrund

Fast alle matten, wasserempfindlichen und stark saugenden Grundierungen werden als Kreidegrund bezeichnet. Meist bestehen sie aus Hautleim-Grundierfarbe oder aus stark pigmentierten, matt aufgetrockneten Dispersionsfarben.

Halbkreidegrund

Sowohl die konventionell hergestellten Grundierungen als auch die fabrikatorisch oder manuell mit Dispersionsfarben beschichteten Bildträger heißen Halbkreidegründe.

Man erwartet von ihnen, dass sie wasserunempfindlich sind, mittelstark saugen und dass sich die nachfolgenden Aufstriche gut in ihnen verankern können.

Ölgrund

Derzeit spielen Ölgründe in der Malerei keine Rolle mehr. Wie man die Saugfähigkeit eines Malgrundes herabsetzt, wird im Kapitel »Isolieren von Gips- oder Kreidegrundierungen« beschrieben.

Rezepturen für Grundierfarben

Leimquellung

1000 g (= 1 l) Wasser
70 g Hautleim, Kölner Leim oder Perlleim
1070 g Leimquellung

Die 70 g Trockenleim über Nacht im Wasser quellen lassen (Leimquellung).
Sodann die Masse der Leimquellung im Wasserbad (Leimkocher) auf 60 bis 70 °C erwärmen; auf keinen Fall kochen lassen, da sonst das Klebevermögen stark leidet.

Mit der noch warmen Leimquellung kann mit dem Pinsel (dünn!) vorgeleimt werden. In der Kälte wird der Leim zerrig-gallertig (gestockter Leim) und kann dann dünn aufgespachtelt werden.

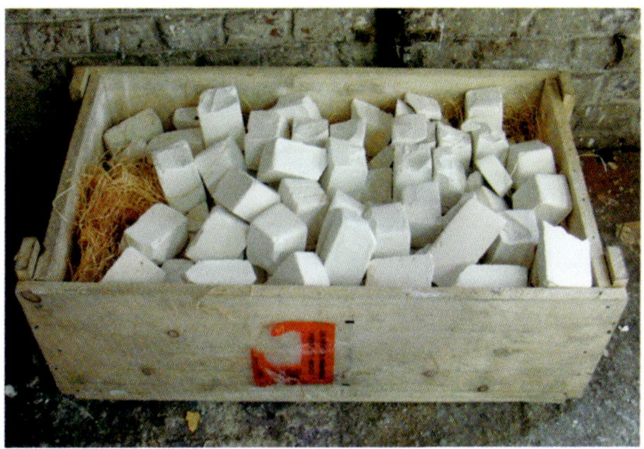

Der Leinwandbeschichter Claessens verarbeitet Kreide in großen Mengen; die Blöcke hier sind ca. 10 cm hoch.

Dieses Vorleimen ist ganz besonders auf festen Bildträgern zweckmäßig. Auf textilen Geweben ist Vorleimen jedoch unbedingt anzuraten, damit die weiße Grundierfarbe nicht durch das Gewebe dringt. Durch einen Zusatz von 10 Gewichtsprozent Alaun auf Trockenleim berechnet trocknet die Leimquellung und/oder der Kreidegrund wasserfest auf. Alaun darf man aber erst kurz vor der Verarbeitung zusetzen.

Kreidegrund in Spachtelkonsistenz

1 Raumteil Kreide
1 Raumteil Lithopone Rotsiegel, Deckweiß
1 Raumteil Leimquellung (wie oben)

---

3 Raumteile Kreidegrund in Spachtelkonsistenz

Den Kreidegrund mischt man am besten mit einem Küchenmixer gründlich durch. Die relativ dicke Masse kann in mehreren dünnen Lagen übereinander gespachtelt werden.

Kreidegrund für Pinselauftrag

Für einen beabsichtigten Pinselauftrag wird der Kreidegrund wie folgt aufbereitet:

1 Raumteil Kreide
1 Raumteil Lithopone Rotsiegel, Deckweiß
2 Raumteile Leimquellung (wie oben)

---

4 Raumteile Kreidegrund für Pinselauftrag

Im Hinblick auf die weißen »Pigmente« ist dieser Kreidegrund insgesamt etwas dünner angesetzt.

In der Regel werden zwei bis etwa sechs dünne Aufträge benötigt. Jeweils vor dem Auftrag der nächsten Schicht sollte dem Kreidegrund ein wenig Wasser zugesetzt werden, denn zum einen verdunstet stets etwas Wasser aus dem warmen Wasserbad, zum anderen sollten auch die Grundierschichten mit jedem Auftrag dünner werden. Falls der Leimquellung kein Alaun zugesetzt wurde, bleibt der getrocknete Kreidegrund wasserempfindlich.

Für Leimfarben- wie für Grundieraufträge gilt die Regel: *»mager auf fett«.*

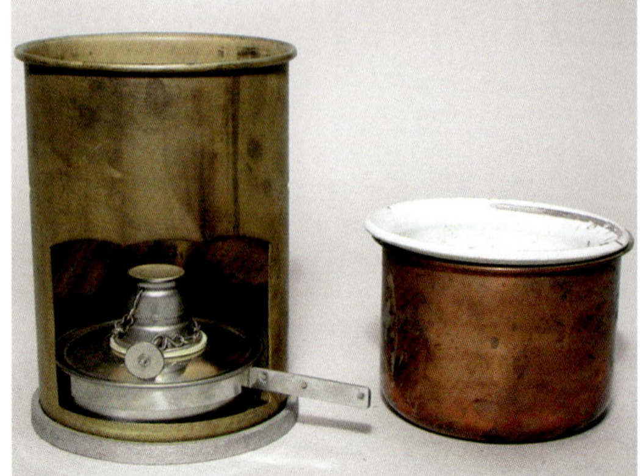

Bei diesem Wasserbad wird die Kupferschale mit Petroleum beheizt; die Masse befindet sich dann in der Keramik.

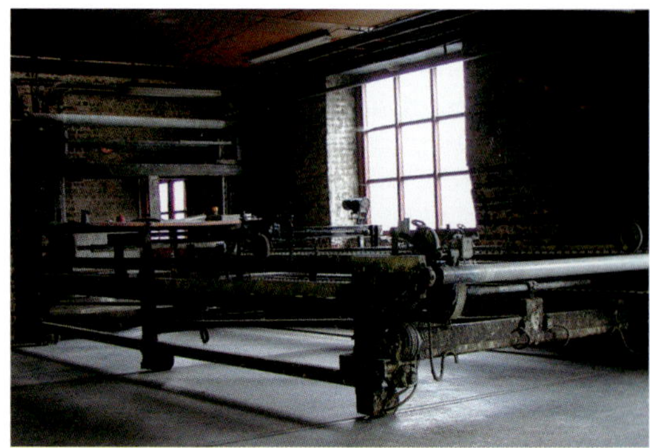

Wenn größere Mengen mit Halbkreidegrund zu grundieren sind, kommt diese alte Beschichtungsapparatur zuweilen noch zum Einsatz.

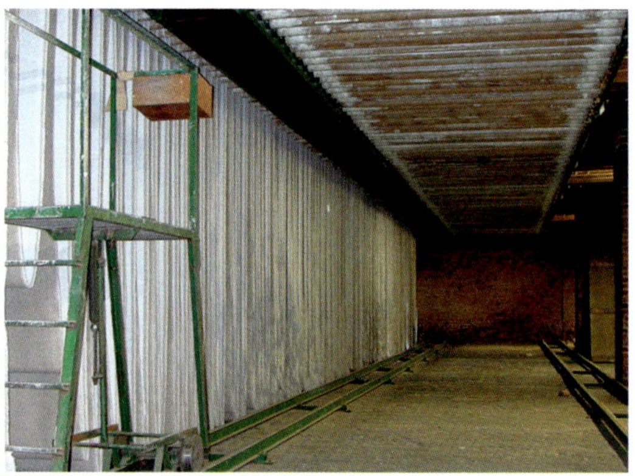

In einem mäßig beheizten Trocknungssaal müssen Halbkreidegründe über mehrere Tage lang austrocknen; die Bahnen hängen sich über Schleifen knitterfrei aus.

Halbkreidegrund

3,0 Raumteile Kreidegrund
1,3 Raumteile sikkativiertes Leinöl, besser: nicht gilbendes Alkydharz-Malmittel oder entsprechenden Alkydharz-Lack mit Küchenmixer gründlich einemulgieren

---

4,3 Raumteile Halbkreidegrund

Der ölige Anteil kann in weiten Grenzen variiert werden.

Regel: *Je höher der Leinöl- bzw. Alkydharz-Anteil, desto weniger saugt die getrocknete Grundierung und desto länger braucht sie zum Durchtrocknen. Sie trocknet insgesamt glänzender und glatter auf.*

Durch den relativ hohen Leinöl- bzw. Alkydharzanteil wird diese Grundierfarbe zu einer Art Ölgrund nach alter Tradition. Ölfarbenaufstriche können sich hier nicht so gut verankern wie in stärker saugenden Grundierungen. Wird statt Leinöl eine Alkydharzlösung als Malmittel oder Lack verwendet, dann entsteht ein nicht gilbender, aber elastischer und ausgezeichnet haftender Malgrund.

Dispersionsgrund

Einen Dispersionsgrund selbst herzustellen ist gar nicht so einfach. Die folgende Anleitung sollte deshalb Schritt für Schritt befolgt werden.

1. Ein verschließbares Glas (Weckglas o. Ä.) zur Hälfte mit Wasser füllen und das Pigmentgemisch aus

1 Raumteil Lithopone / Deckweiß und
1 Raumteil Kreide

zugeben, sodass die Pigmentmenge mit Wasser bedeckt ist. Falls notwendig, erleichtern ein paar Tropfen Isopropylalkohol die Pigmentbenetzung.

2. Das Pigment-Wasser-Gemenge durchrühren und über Nacht stehen lassen.

Die unter 1. und 2. beschriebenen Vorgänge nennt man »Einsumpfen«.

3. Am Tag darauf das überstehende Wasser abgießen.

2 Raumteile Pigment-Wasser-Gemenge (eingesumpft) und
1 Raumteil unpigmentierte Kunststoffdispersion (z. B. Acryldispersion), gründlich verrührt

---

3 Raumteile wasserfest auftrocknende Dispersionsgrundierfarbe.

Hinweis zur Verdünnung:
Weil es sich um handelsübliche Kunststoffdispersion handelt, sollte besser nicht ausschließlich mit Wasser, sondern 1 : 1 mit wasserverdünnter Dispersion gearbeitet werden. Mit dieser wasserverdünnten Dispersion können Gewebe zunächst dünn vorbeschichtet (= vorgeleimt) werden. Für die erste Grundierung kann dem Dispersionsgrund ein Zusatz von 20 bis 30 % dieser wasserverdünnten Dispersion beigegeben werden; so kann er in saugende Träger besser eindringen.

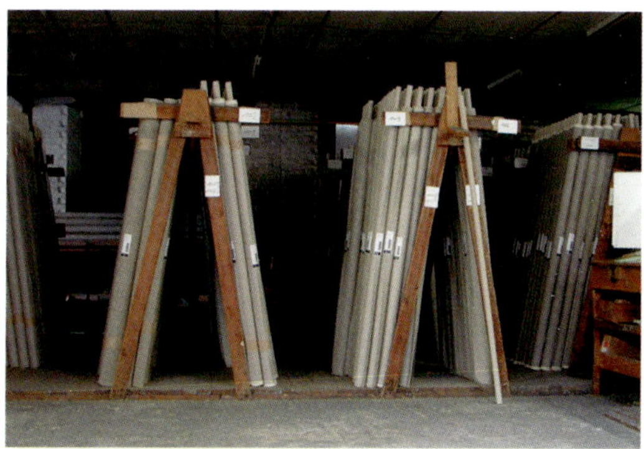

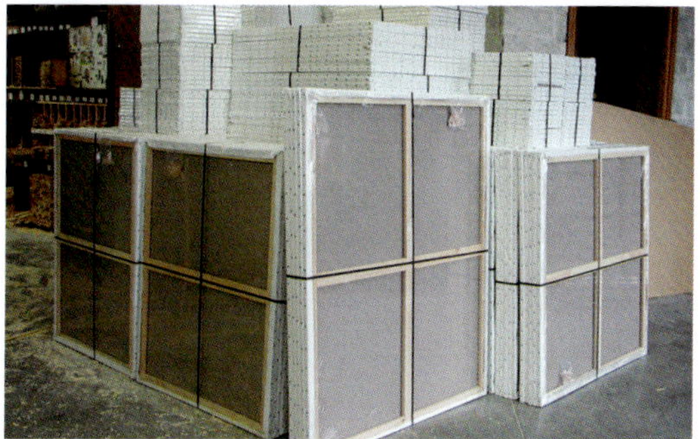

Hier sehen wir eine beispielhafte Art der Lagerung und Verpackung von großen und kleineren Leinwänden. Sie sind nach Größen geordnet, sodass sie sich leicht auffinden lassen.

Käufliches Grundiermaterial

Heute wird häufig mit gekauftem Grundiermaterial gearbeitet, das in unterschiedlichen Qualitäten und Preisstufen im Handel erhältlich ist. Diese Malgrundfarben sind meist wasserverdünnbare, aber stets wasserfest auftrocknende Dispersionsfarben. Man sollte sie nicht »nach Gefühl« verwenden, sondern die jeweiligen Verarbeitungsvorschriften genau einhalten. Es ist zu beachten, dass

- normal saugende, stabile Bildträger, die nicht abblättern oder absanden und deren Oberfläche nicht fettig ist, direkt grundiert werden können;
- zwei oder drei dünne Grundierungen übereinander einen solideren Malgrund bilden als ein dicker Auftrag.

Auf viele Bildträger kann mit einer guten Dispersionsfarbe auch direkt gemalt werden. Grundieren ist immer dann unumgänglich, wenn ein einheitlicher und/oder gleichmäßig saugender Malgrund gewünscht wird. Auf Dispersionsgrund kann mit Ölfarben, Dispersionsfarben, Temperafarben, meist sogar auch mit Aquarellfarben gemalt werden.

Für stark saugende Bildträger wie Gips und Gipsputz sowie auch für übermäßig stark saugende oder sandende Kalkputze gibt es im Fachhandel spezielle Acryldispersionen oder lösemittelhaltige Acrylharzlacke, die besonders feine Kunststoffteilchen enthalten und tief in die saugenden Bildträger eindringen, sie festigen und ihre Saugfähigkeit vermindern.

- Stark saugende Bildträger, wie z. B. Gips, sollten vorgenässt werden, damit anschließend die Filmbildung der Dispersionsfarbe in Ruhe vonstatten geht und sie nicht durch plötzliches Einschlagen des Wassers in den stark saugenden Grund »trocken aufbrennt«.

In diesem Fall könnte sich die Grundierung nicht ausreichend in den Poren und Kapillaren des Malgrundes verankern und würde nur oberflächlich wie eine Haut haften. Für alle stark saugenden Gründe gilt:

Regel: *Je stärker ein Bildträger saugt, desto stärker muss die Grundierfarbe verdünnt werden und desto häufiger ist auch zu grundieren.*

- Der entstehende Aufstrich soll nicht dick und hautartig, sondern dünn bis matt sein und höchstens mit so genanntem Eierschalenglanz auftrocknen.

Neben den speziell für die Grundierung produzierten Malfarben vom Künstlerfarbenhersteller werden oft auch weiße Dispersionsfarben aus dem Farbenhandel verwendet, die eigentlich nur für Anstrichzwecke hergestellt wurden. Hier sollten ausschließlich für den Außenbereich geeignete Dispersionsfarben verwendet werden, nicht jene für den Innenbereich! Denn eine billige Wandfarbe für innen ist keine solide Basis für den Auftrag einer gut abgebundenen Dispersionsfarbe, die mit großer Spannung auftrocknet.

Grundieren auf textilen Geweben

Bis Anfang des 19. Jahrhunderts wurden Bildleinwände gewöhnlich auf einfache Rahmenkonstruktionen gespannt. Befestigt wurden sie mit Schnüren, später mit handgeschmiedeten oder industriell gefertigten Nägeln. Heute wird das Gewebe meist mit U-förmigen Klammern an den Holzrahmen getackert, am besten diagonal zur Leistenkante.

Einfache Spannrahmen zum Grundieren

Einfache Rahmen kann man sich auch selbst herstellen, indem man vier gehobelte Dachlatten auf Gehrung sägt und mit Kleber und Nägeln verbindet.

Dabei wird zunächst geprüft, ob der Rahmen im rechten Winkel steht (dies ist der Fall, wenn beide Diagonalen gleich lang sind). Dann wird der rechte Winkel stabilisiert, z. B. durch Aufbringen dünner Holzleisten oder Aufschrauben von Metallwinkeln.

Keilrahmen

Ein Keilrahmen besteht aus vier exakt auf Gehrung gearbeiteten Holzleisten, die über Falze zusammengesteckt werden. Mittels kleiner Holzkeile, die so eingefügt werden, dass sie mit der Längsseite am Holzrahmen anliegen, werden die gegenüberliegenden Keilrahmenleisten auseinander getrieben und dadurch das Malleinen gespannt. Auch muss die Leiste deutlich nach innen abgeschrägt und weich abgeflacht sein, damit das Gewebe beim Spannen nicht verletzt wird. Gegebenenfalls müssen die Kanten des Rahmens abgerundet werden. Am besten ist es, den gesamten Rahmen mit Schleifpapier vorzubehandeln, bevor das Malleinen aufgezogen wird.

Die Leisten für den Rahmen sollten gerade sein und möglichst aus abgelagertem Holz bestehen. Billige Leisten sind oft schlecht geschreinert und das Holz ist noch frisch. Meist lassen sie sich auch schlechter zusammensetzen. Breite und Höhe, d. h. die Maße der Keilrahmenleisten, müssen den Bildgrößen und Gewebestärken entsprechend ausgewählt werden.

Aluminiumkeilrahmen

Bei Keilrahmen aus Aluminium wird der eigentliche Holzrahmen durch ein Aluminiumprofil verstärkt. Ein Federmechanismus ersetzt die ursprünglichen Keile. Über die seitlich eingesteckten Holzeinschubleisten kann das Gewebe befestigt werden. Dieser Rahmentyp gewährleistet auch bei sehr großformatigen Gemälden eine genaue und gleich bleibende Spannung.

Nach dem Aufspannen des Bildträgers ist die Spannung des Rahmens leicht zu regulieren. Bei extremer Überdehnung oder Überspannung verformt sich die Feder, so wird ein Reißen der Leinwand verhindert. Durch das eingeschobene Holzprofil lässt sich der Bildträger genau wie herkömmliche Holzkeilrahmen mit Nägeln oder Heftklammern befestigen.

Grundierung

Gewebe ohne Grundierung sind empfindlich, porös und sehr stark saugend. Die aufgetragene Farbe wird verschluckt, schlägt in den Grund ein und ihre Wirkung wird unberechenbar. Das aus der Farbe abgesaugte Öl macht die Fasern des Gewebes schnell brüchig. Durch Grundieren wird das Gewebe undurchlässiger, gleichzeitig wird die Leuchtkraft der Farbe verstärkt. Durch die Qualität der Grundierung wird die spätere Haltbarkeit des Bildes erheblich beeinflusst.

Ein gut vorbereiteter Malgrund erlaubt rasches und sicheres Arbeiten und damit einen unmittelbaren Ausdruck dessen, was der Maler zu sagen hat. Generell sollten alle Grundierungen so dünn wie möglich (nicht aber so nass wie möglich) aufgetragen werden.

Feste Maluntergründe

Grundierung auf Holz, Tischlerplatte, Spanplatte u. Ä.

Der Grund auf Brettern – oder auf Holz allgemein – wird folgendermaßen aufgebaut:

Erster Schritt: Herstellung einer Leimlösung
Man nehme 70 g Leim auf 1 l Wasser; im Gegensatz zur Leinwandgrundierung kann diese Leimung auch ruhig stärker sein, z. B. 100 g Leim auf 1 l Wasser.

Zweiter Schritt: Vorleimung
Für die so genannte Vorleimung wird 1 Raumteil Leimlösung wie oben beschrieben mit 2 Raumteilen Wasser verdünnt. Diese Leimung muss sehr dünn und gleichmäßig aufgetragen werden. Auch wenn die Vorleimung nicht unbedingt notwendig ist, so saugt der Grund ohne sie natürlich stärker.

Dritter Schritt: Grundierungsauftrag
Je ein Raumteil Zinkweiß und Naturgips (Leichtspat) werden mit 1/2 Raumteil Wasser gut angerührt. Dazu gibt man 1 bis 1 1/2 Raumteile des Leimwassers und vermengt diese vor dem Aufstreichen.

Die erste Schicht dieser Leim-Gips-Zinkweiß-Grundierung muss ganz dünn, aber nicht nass und nicht mit dem vollen Pinsel, sondern mager und nur gestupft werden, sodass sie wie ein Schleier über dem Untergrund liegt. Davon hängt die Haftung aller übrigen Grundierschichten ab. Nach oberflächlichem Antrocknen, nach 10 bis 30 Minuten, kann ein weiterer ebenso dünner Anstrich – kreuzweise zum vorigen – mit dem Pinsel aufgetragen werden. Dieser Vorgang wird etwa fünf- bis sechsmal wiederholt, bis der Grund gleichmäßig hell und weiß aussieht, auch in nassem Zustand, und keine Strukturen mehr durchscheinen.

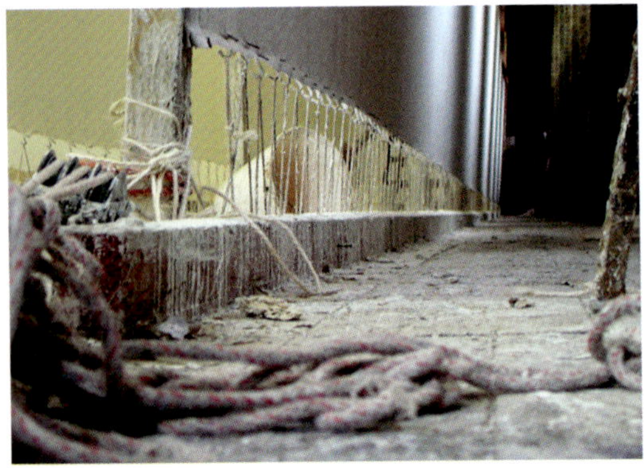

Auch die sehr langen Stoffbahnen werden noch heute mittels einfacher Schnüre oben wie unten straff zum Grundieren gespannt.

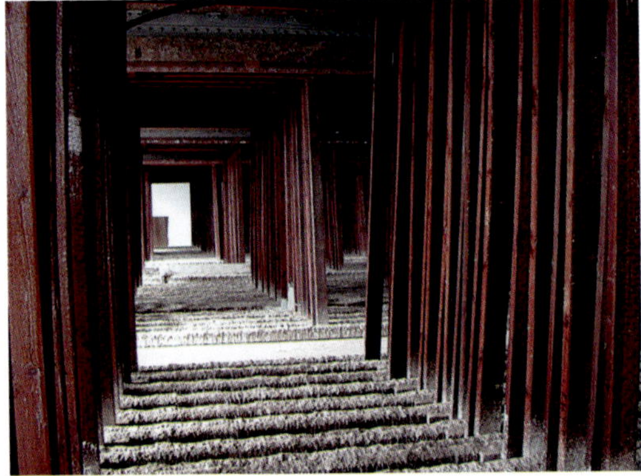

Im Laufe der Zeit hat sich bei Claessens eine ordentliche Menge der großen Beschichtungsrahmen angesammelt.

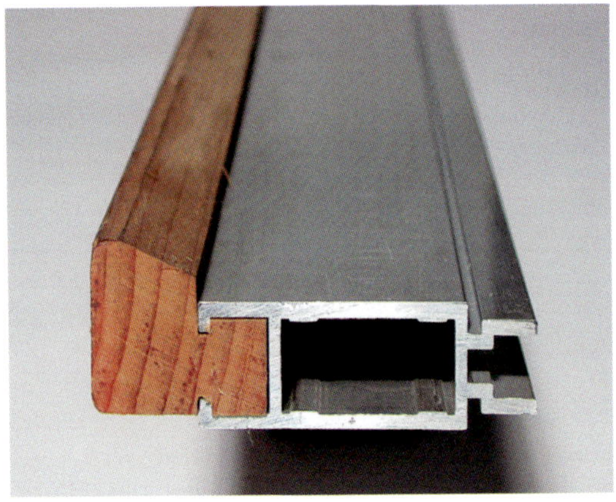

In die Aluminiumprofile wird seitlich ein Holz eingeschoben, an dem die Leinwand mit Tackerklammern oder Nägeln befestigt wird.

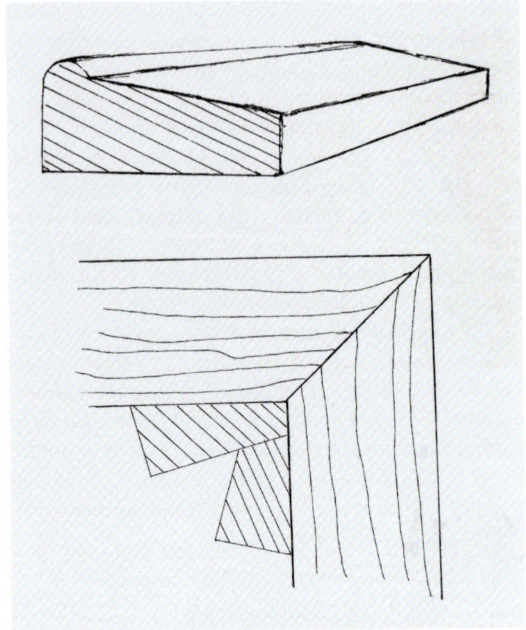

Der hintere Wuckel und die nach innen hin abschrägte Form dienen bei Keilrahmen dazu, die Leinwand auf Abstand zu halten.

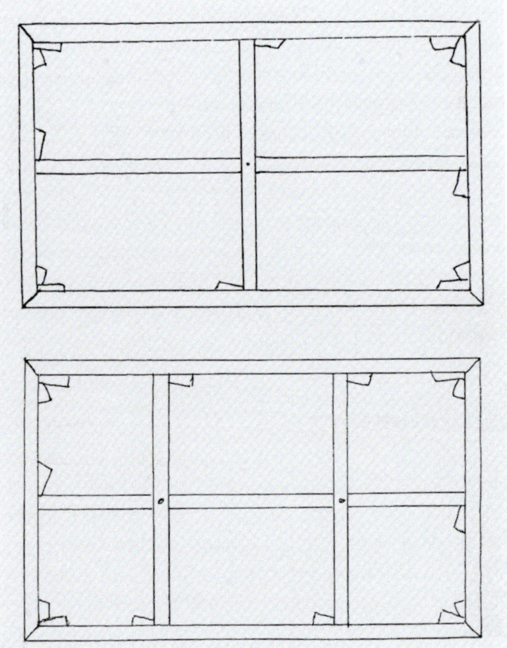

Meist werden die Keile falsch (oft auch gar nicht) eingesetzt; die Maserungen müssen stets parallel zueinander verlaufen.

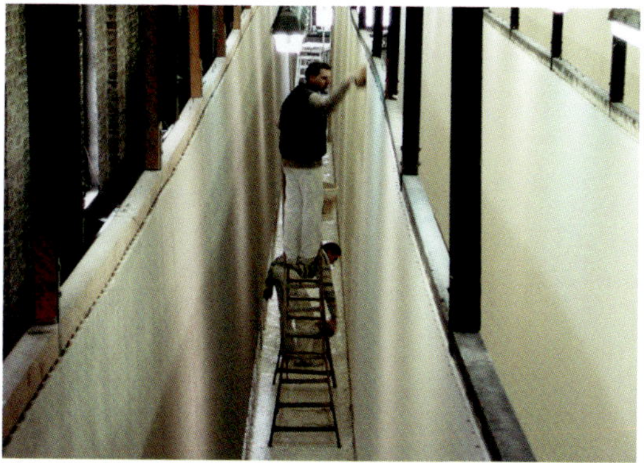

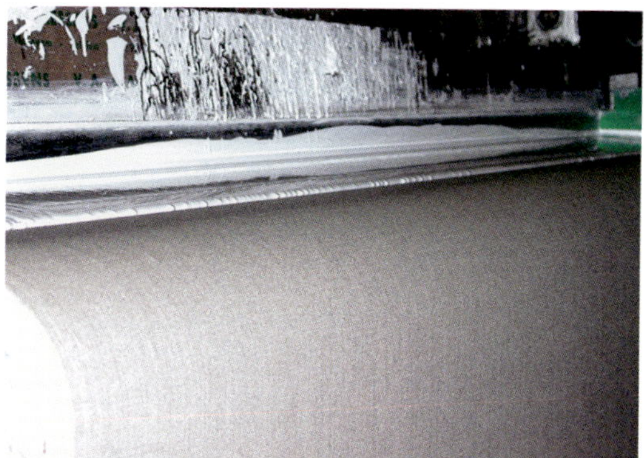

Bei der Beschichtung von Hand wird auch bei diesen Größen stets gleichmäßig von oben nach unten gearbeitet. Dabei wird zu zweit und Hand in Hand gearbeitet. Die Bürsten bzw. Rollen haben ausreichende Größen und Qualitäten, sodass sie auch genügend Grundierfarbe aufnehmen bzw. abgeben.

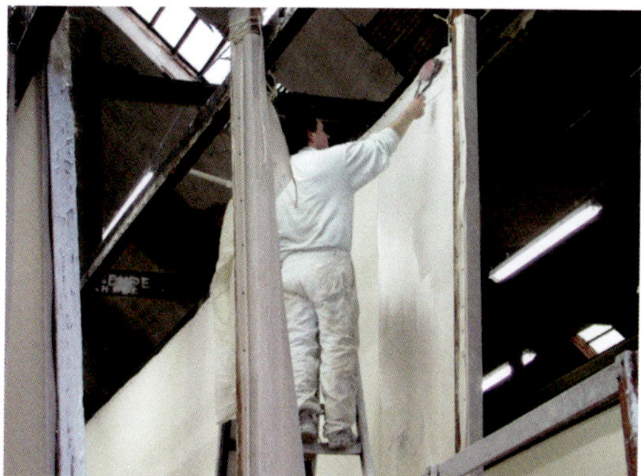

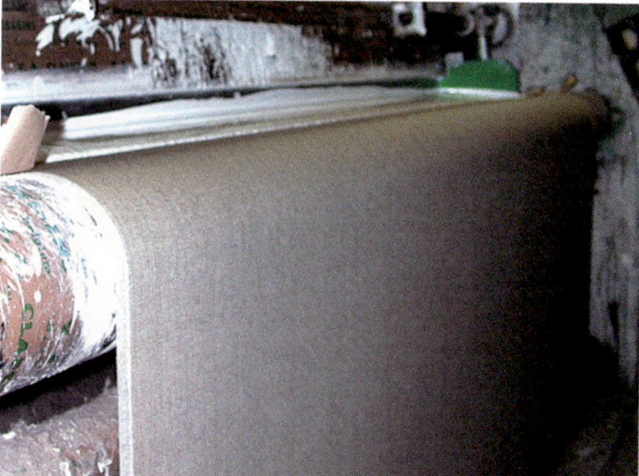

Bei der maschinellen Beschichtungsmethode wird ebenfalls auf einen gleichmäßigen Auftrag der Grundierfarbe geachtet. Über eine spachtelähnliche Vorrichtung wird das textile Gewebe abgezogen. Damit sich die beschichtete Stoffbahn auch gleich wieder aufwickeln lässt, wird über starke Gebläse warme Luft zum Trocknen zugeführt.

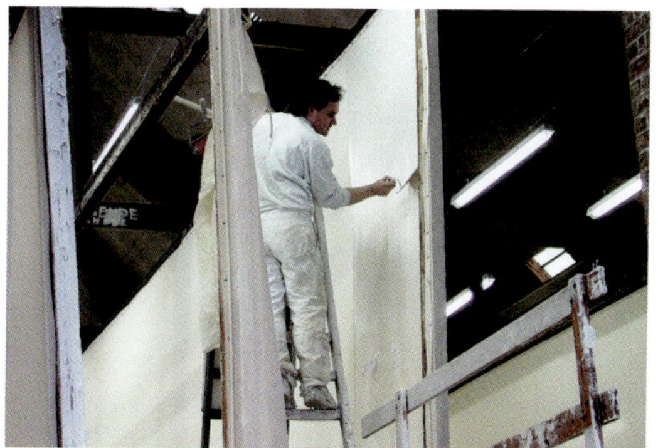

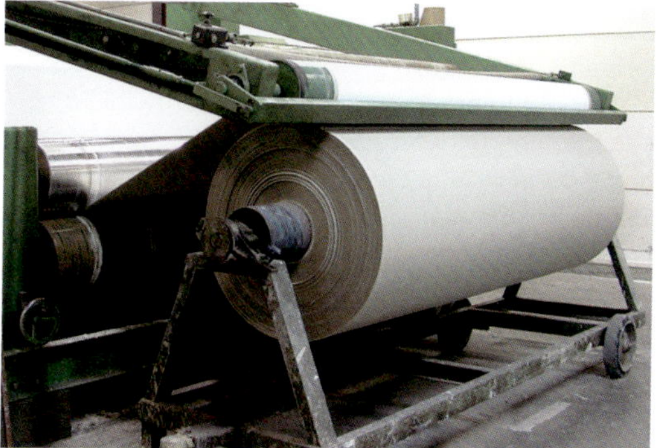

Vor dem Aufspannen größerer Gemälde wird zuerst der Keilrahmen zusammengesetzt und korrekt in Maß und Winkel ausgerichtet. Erst dann wird die Leinwand auf die zuvor gesäuberte und gepolsterte Unterlage ausgerollt. Man beginnt jeweils von der Mitte und arbeitet sich dann zu den Ecken vor. Erst zum Schluss werden die Keile eingesetzt und nachgespannt.

Nach einem Anstrich mit dem Pinsel kann man den folgenden Anstrich auch mit dem Spachtel auftragen und dünn abziehen und den nächsten dann wieder streichen. Dadurch ergeben sich weitaus glattere Gründe. Der Vorteil von Gips- gegenüber Kreidegründen liegt darin, dass man sie nur mit der Spachtelkante zu schaben braucht, während man Kreidegründe schleifen muss. Die alten Meister pflegten die Gründe vor dem Schaben leicht mit dem Pausbeutel und pulverisierter Holzkohle anzustäuben – so wird jede noch so kleine Unebenheit sichtbar.

Beim Schleifen muss man darauf achten, dass der Grund völlig trocken ist und dass man nur schwach nässt, sonst reißt er auf. Besonders glatte Gründe lassen sich durch leichtes Polieren mit einem ganz schwach angefeuchteten Leinwandlappen oder auch durch Abreiben mit dem angefeuchteten Handballen erzielen. Auch beim Schleifen von Kasein- oder Kaseinemulsionsgründen muss man darauf achten, dass der Grund gut ausgetrocknet ist, sonst reißen und krümeln diese Gründe beim Nassschleifen leicht auf. Kaseingründe sollten besonders dünn aufgetragen werden, da sie sonst an der Oberfläche leicht stocken, während sie darunter noch lange feucht bleiben. Weiche Hölzer, wie Fichte, Tanne, Linde und Lärche, erfordern eine besonders sorgfältige Grundierung. 1 bis 2 cm starke Lindenbretter sind als Material hervorragend geeignet.

Zum Aufspannen der Leinwand

Die Leinwand muss immer fadengerade auf einen Keilrahmen gespannt werden, d.h., die Fäden müssen akkurat senkrecht und waagerecht zum Keilrahmen laufen.

Der Keilrahmen muss exakt rechtwinklig zusammengefügt werden. Auch beim nachfolgenden Spannen muss man darauf achten, dass man ihn nicht aus dem Winkelmaß bringt. (Größere Rahmen versteift man mit einem Kreuz, damit sich der Rahmen beim Spannen nicht verbiegt.) Durch diese einfachen Maßnahmen erspart man sich viele Schwierigkeiten beim späteren Einpassen des Bildes in den Rahmen.

Nun legt man den zusammengefügten Keilrahmen auf das Leinwandstück, das nach allen Seiten hin etwa 5 cm überstehen muss, und befestigt es zunächst provisorisch (etwa mit Reißnägeln, Kammzwecken o.Ä.) an jeder Seite des Keil-

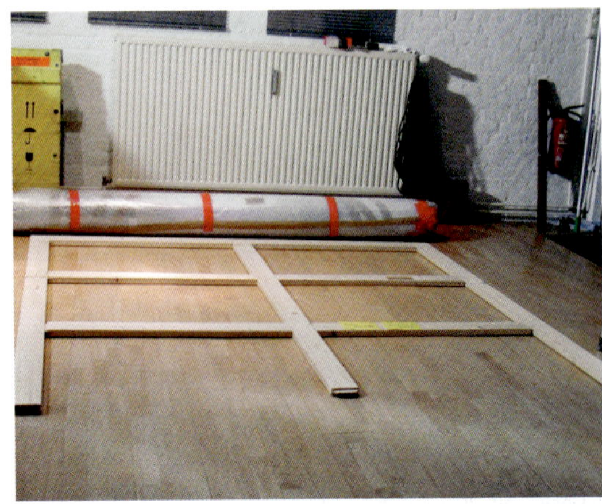

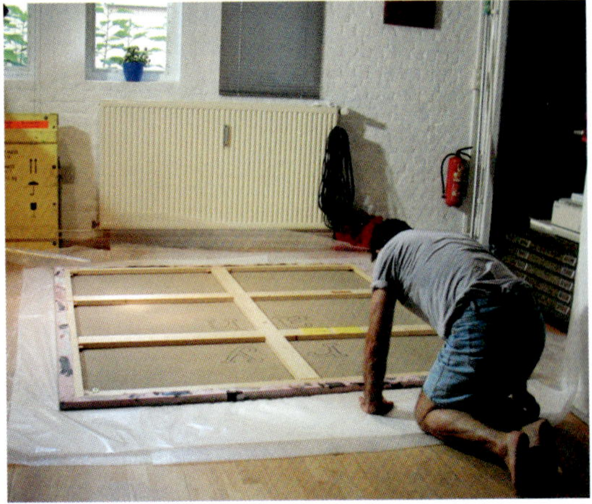

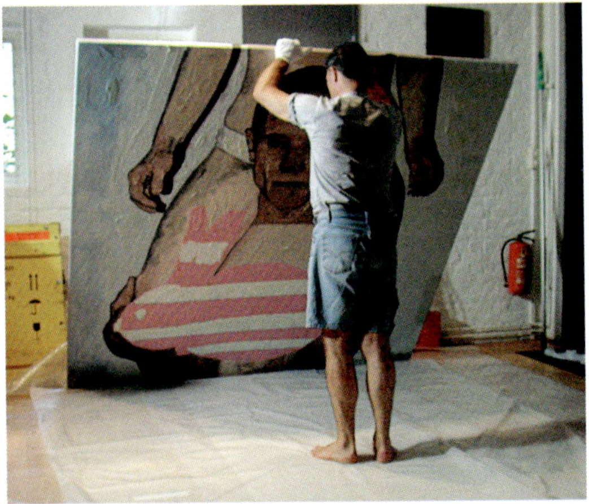

Ein Keilrahmen wird ab einer bestimmten Größe zuerst mit einer einfachen Leiste, dem Steg (hier ohne Abbildung), verstärkt. Je größer dann die Formate werden, desto mehr Möglichkeiten bieten sich: Zunächst folgt ein Kreuz und sodann ein Doppelkreuz (unten).

rahmens. Mit der Spannzange oder mit den Händen zieht man das Leinwandstück dann in der Mitte einer Seite straff an und befestigt es, aber noch nicht zu fest, mit Hammer und Nägeln oder mit dem Tacker. Etwa eine Zangenspannbreite folgt der nächste Nagel oder die nächste Klammer. Dabei dreht man das Gewebe ganz leicht nach außen, um Falten zu vermeiden. Ist eine Seite fertig, fährt man mit der gegenüberliegenden Seite fort. Die Ecken bleiben vorerst noch frei. Einige Leinwandsorten, die sich ungleichmäßig ziehen, müssen evtl. nachgespannt werden.

Die Keile werden nach dem Spannen – oder besser noch erst nach dem Grundieren – in die Ecken eingeschoben und nur ganz leicht eingetrieben. Sie werden erst später benötigt, um ein schlaff gewordenes Gewebe wieder glatt zu spannen. Zu starkes Keilen verursacht Risse, weil Grundierung und Farbschicht nach dem Auftrocknen der beim Keilen entstehenden Bewegung der Leinwand nicht mehr folgen können. Ebenso einfach wie praktisch ist auch die Methode, die Keile zu durchbohren und mit Bindfäden untereinander oder am Keilrahmen zu befestigen, denn sie fallen leicht aus, und so können sie nicht verloren gehen.

Gips- oder Kreidegrund

Leimansatz

1. 70 g Kölner Leim auf 1000 g Wasser
   wird als Vorleimung dünn aufgestrichen.

2. Nach dem Trocknen erfolgt die Grundierung:
   1 Raumteil Naturgips (oder Kreide) und
   1 Raumteil Zinkweiß / Rotsiegel
   werden mit
   1 Raumteil Leimwasser gut verrührt,
   bis die Masse völlig klumpenfrei ist.

   Dazu gibt man wieder
   1 Raumteil leicht erwärmtes Leimwasser
   und mischt unter Erwärmen auf dem
   Wasserbad gut durch.

Nach dem oberflächlichen »Anziehen« erfolgen ein bis mehrere Aufstriche.

Kölner Leim oder Knochenleim sind Naturprodukte, daher kann ihre Klebekraft unterschiedlich ausfallen. Aus diesem Grund kann die Angabe 70 g Leim auf 1 l Wasser nur ein Richtwert sein und ist unter Umständen anzugleichen. Manche Maler empfahlen Mengenverhältnisse, die von der so genannten »Doernerschen Richtrezeptur« abwichen:

Kurt Wehlte nahm nur
50 g Leim auf 1 l Wasser,

Hermann Urban dagegen
80 g Leim auf 1 l Wasser.

Max Doerner empfahl für das Grundieren großer Formate einen höheren Leimanteil, jedoch nicht mehr als 100 g Leim auf 1 l Wasser.

Vorleimung

Eine Vorleimung ist nicht unbedingt nötig, aber empfehlenswert, da ungeleimte Gründe stärker saugen. Die Leimmasse bildet das unpigmentierte Leimwasser. Man streicht nur mit den vordersten Spitzen des gut ausgedrückten Pinsels leicht und ohne Druck über den Bildträger. Die Vorleimung wie auch alle anderen folgenden Schichten benötigen während der Trocknungsphase ein gleichmäßiges Klima.

Durch die Vorleimung zieht sich die Leinwand zunächst zusammen. Dabei quillt der Faden, die Leinwand wird straffer. Nach dem Trocknen dehnt sie sich wieder aus. Nachspannen ist hier besser als Auskeilen, darum sollten Spannnägel oder Tackerklammern nicht gleich zu tief eingetrieben werden. Falten oder Knicke in der Leinwand werden am besten glatt gezogen, solange der Leim noch leicht feucht ist. Die Leinwand darf sich nicht mit der Leimung voll saugen, sonst wird sie später spröde und brüchig (Überleimung).

Herstellung pigmentierter Grundiermassen

Man sumpft die Füllstoffe ein,
gibt also erst nur Wasser zu Kreide oder
Gips zum Zinkweiß.

Diese Masse wird dann gut verrührt, danach wird das Leimwasser zugegeben. Zerfällt die Masse in kleinere Stückchen (was bei schlecht gemahlenem Gips oder Kreide durchaus vorkommen kann), dann treibt man sie vorsorglich durch ein Drahtsieb.

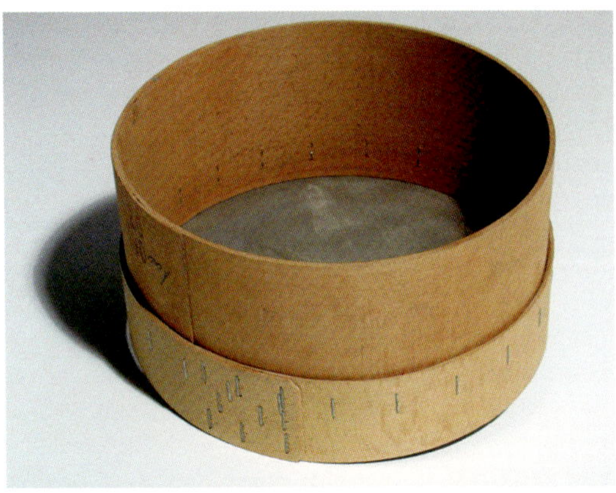

Mit einem solchen Sieb aus dem Fachhandel lassen sich Kreide und generell Füllstoffe sieben, um größere Brocken zu entfernen, die zu Klumpenbildung führen können.

Die Masse sollte eine sahnige Konsistenz und gute Streichfähigkeit besitzen. Um den Grund mit einem Pinsel in ein bis zwei Lagen dünn auftragen zu können, gibt man zwei bis drei Raumteile Wasser zum Unterrühren der Füllstoffe zu. Soll der Grund aber gespachtelt werden, braucht man höchstens einen Raumteil Leimwasser.

Man kann den Grund auch mit einem Spachtel auftragen und abziehen. Das geht besonders gut, wenn er zu gelatinieren, d.h. zu erkalten beginnt. Im Allgemeinen werden zunächst nur zwei Aufstriche übereinander aufgetragen; dabei muss man nicht unbedingt abwarten, bis der vorherige Aufstrich vollständig durchgetrocknet ist. Nach etwa 15 Minuten kann der zweite Überstrich auf die bereits angezogene Fläche ausgeführt werden. Wegen der Wassermenge vertragen Gewebe selten mehr als zwei gespachtelte Überstriche.

Mit dem Spachtel abgezogene Gründe werden glatter, während gestrichene Gründe umso rauer sind, je nasser sie aufgetragen wurden. Abgezogene Gründe sind angenehm griffig und die Farbe hat einen guten Stand. Meist ist kein Schleifen mehr nötig.

Der zweite Aufstrich erfolgt, damit alle Poren der Leinwand abgedeckt werden, in Querrichtung zum ersten. Danach wird mit einem Spachtel abgezogen. Gips eignet sich zum Abziehen meist besser als Kreide, die im Auftrag »schmieriger« ist und auch weniger Leuchtkraft besitzt.

Soll der Grund nur gestrichen und nicht mit dem Spachtel abgezogen werden, so nimmt man mit der Pinselspitze eine kleine Menge Grundiermasse auf und trägt sie dünn auf die Leinwand auf. Man legt zwei bis drei dünne Aufstriche kreuzweise übereinander. Dadurch behält der Grund seine Elastizität, wirkt leuchtend und das Leinwandkorn wird nicht überdeckt. Bei großen Formaten verwendet man zum Grundieren besonders breite Pinsel, Bürsten oder sogar Rollen, wie sie im Malergewerbe gebräuchlich sind.

Der Grund sollte nur dünn und die Poren füllend aufgetragen werden und nicht wie eine starre Schicht auf der Leinwand liegen, sonst besteht die Gefahr, dass er abplatzt. Man darf auch beim Aufstreichen des Grundes keinen allzu starken Druck ausüben. Denn drücken sich die Innenkanten des Keilrahmens beim Grundieren einmal durch, muss gleich nachgespannt oder der Rahmen ausgekeilt werden. Drückt sich die Grundiermasse stellenweise rückseitig durch, entstehen störende Unebenheiten in der Leinwand. Zu dick in einem Zug aufgetragene Gründe werden oft ungleichmäßig und müssen später abgeschliffen werden.

Hinweise: *Nicht verwendete Grundiermassen des Gips- oder Kreidegrundes und auch des Leimwassers kann man für spätere Zwecke aufbewahren, am besten im Kühlschrank, oder man setzt zuvor der Leimlösung oder dem Kreidegrund ein fäulnishemmendes Mittel zu, z.B. ein Desinfektionsmittel; solche Mittel bekommt man in der Apotheke.*

Man sollte auch nicht vergessen, die inzwischen verdunstete Wassermenge wieder hinzuzugeben, sonst werden die oberen Schichten stärker gebunden als die unteren und reißen möglicherweise vom Grund ab.

Gerben des Leimes

Durch Zusetzen etwa eines Zehntels Alaun zu der Leimgewichtsmenge wird dem Leimeiweiß in der Leimlösung die Quellfähigkeit genommen, d.h., es wird wasserunlöslich. Das ist dann von Bedeutung, wenn später mit Wasser als Verdünnungsmittel auf Gips- oder Kreidegrund gemalt werden soll, da dieser sich sonst wieder anlösen würde. Der Grund selbst wird dadurch aber weder wasser- noch ölundurchlässig. Gerbemittel wie Alaun werden dem Leimwasser stets erst kurz vor dem Gebrauch zugesetzt, nicht aber dem Leimwasser, das man aufbewahren will. Alaun besitzt zudem die Eigenschaft, den Pinselstrich stärker hervortreten zu lassen.

Das Schleifen

Grundierungen können sowohl nass als auch trocken geschliffen werden. Dabei sind trocken geschliffene Gründe im Allgemeinen rauer, nass geschliffene glatter.

Damit sich die inneren Keilrahmenkanten nicht durch die aufgespannte Leinwand durchdrücken können, sollte diese unterstützt werden, z. B. mit einem Stück Pappe, das unter den Keilrahmen geschoben wird. Beim trockenen Schleifen arbeitet man mit Sandpapier verschiedener Körnung, Bimsstein oder Bimsmehl, ebenso nach alten Malervorschriften mit *Ossa sepiae* oder Schachtelhalm. Man fährt dabei ohne Druck mit leichten kreis- oder achtförmigen Bewegungen über die Fläche. Beim nassen Schleifen befeuchtet man einen Schwamm mit Wasser und fährt ganz leicht über den gut trockenen Grund. Hat man den Grund einmal aus Versehen zu stark genässt, muss man abwarten, bis dieser wieder angezogen hat, da er sich sonst löst.

Besonders dick aufgestrichene Gründe platzen beim Schleifen leicht, besonders wenn sie zu nass gemacht wurden. Zum nassen Schleifen ist Bimsstein am besten geeignet. Bei Gipsgründen, im Gegensatz zu Kreidegründen, ist ein regelrechtes Schleifen oft nicht nötig. Hier genügt ein leichtes, trockenes Schaben – »Abziehen« – mit der Spachtelkante.

Knoten in der Leinwand sollten am besten schon vorher (!) durch Abschneiden oder durch schwaches Schaben und Schleifen entfernt werden. Dabei übt man von der Rückseite mit der Fingerspitze leichten Druck aus und erfühlt so am besten, wann der Knoten weggeschliffen ist.

Weitmaschige Gewebe müssen vor dem Grundieren zuerst mit Leimwasser, dem ein Zehntel des Leimgewichtes an pulverisiertem Alaun zugesetzt wird, bestrichen werden. Auch die Grundiermasse wird im selben Verhältnis mit Alaun versetzt und dann kalt und in gestocktem Zustand aufgetragen.

In der gut gemeinten Absicht, die Geschmeidigkeit der Grundierung zu erhöhen, sind der Grundiermasse oft Zusätze wie Seife, Schmierseife, Honig, Sirup, Glyzerin und dergleichen beigegeben worden. Diese Stoffe besitzen allerdings den großen Nachteil, dass sie die hygroskopischen Eigenschaften der Gewebe maßgeblich verstärken. So ist die Leinwand durch das ständige Wasseranziehen und -abstoßen ständig in Bewegung, bis die Elastizität schließlich gänzlich ermüdet. Von solchen Zusätzen ist also grundsätzlich abzuraten.

Eine eventuelle Überleimung wird erst nach völligem Trocknen erkennbar. Risse entstehen häufig auch durch zu starkes Auskeilen quer zum ausgekeilten Eck. Auf dem Malgrund dürfen im Gegenlicht keine Lücken oder Sprünge zu sehen sein. Er muss vollständig gleichmäßig erscheinen. Kreidegrund dürfte – bei richtiger Herstellung – beim Nässen kaum etwas von seiner weißen Farbe verlieren. Leinwand, besonders manche Klötzelleinen, die mit Tran gefettet sind, werden dabei sehr dunkel und rufen auch bei Primamalerei ein Nachdunkeln des Bildes hervor. Sehr nass gestrichene Gründe bilden infolge starker Verdunstung beim Trocknen leicht Risse. Wenn Gewebe beim Leimen stark eingehen, kann sich der Keilrahmen verziehen, besonders wenn grünes Holz verwendet wurde. In diesem Fall legt man den Rahmen flach auf den Boden und beschwert ihn an den Ecken bis zur vollständigen Trocknung. Solche Maßnahmen kann man sich ersparen, wenn man das Gewebe vor dem Grundieren anfeuchtet!

Knicke und Beulen in der Grundierung werden von der Rückseite her ein wenig angefeuchtet und sodann die Keile leicht angetrieben. Zerknitterte grundierte Leinwand wird von beiden Seiten leicht genässt, bevor man sie aufspannt, und dann ebenfalls schwach ausgekeilt.

Eigenschaften des Kreidegrundes

Kreidegrund wird wegen seiner günstigen optischen Wirkung verwendet. Helligkeit, Leuchtkraft sowie ein magerer, duftiger und matter Farbencharakter, der sich der Freskowirkung nähern kann, sind Eigenschaften, die von vielen Malern geschätzt werden. Die schöne Mattigkeit wird durch Ölabsaugen im Kreidegrund erreicht. Unterstützt wird sie durch die Technik, die Ölfarbe mit Verdünnungsmitteln wie Terpentinöl, manchmal unter geringer Zugabe von Wachs, fast aquarellartig oder schwach deckend auf feinfädige Leinwand aufzutragen.

Für alle Arten von Grundierungen gilt der Grundsatz: *Je länger man den Grund trocknen lässt, desto besser und fester wird er und desto besser steht die Farbe darauf.*

Isolieren von Gips- oder Kreidegrundierungen

Mit dem Isolieren des Gips- oder Kreidegrundes soll erreicht werden, dass das Saugen aufgehoben bzw. minimiert wird, um dadurch ein längeres Arbeiten zu ermöglichen. Ein isolierter Kreidegrund hat den großen Vorzug, ölfrei zu sein und dadurch der Ölfarbe, die auf magerem Grund am besten steht, zu größter Materialschönheit zu verhelfen. Auf richtig präparierten Gründen kann man tagelang nass in nass malen. Der Kreidegrund darf aber nicht so stark mit Isoliermitteln bestrichen werden, dass er schließlich glänzend und glasig wirkt. Auch ist ein gewisses Ansaugen des Grundes unentbehrlich, um eine gute Verbindung der Farbschicht mit dem Untergrund und der Grundierung zu erreichen. Auf wenig oder überhaupt nicht saugenden Grundierungen kann die Farbe nicht haften. Bei übertriebener Verwendung von Isoliermitteln kann es auch, wie bei der so genannten Überleimung, zu Rissen in der Grundierung kommen.

Wässrige Isoliermittel

Nur wenige Gewebe vertragen wässrige Bindemittel wie Leimaufstriche, Ei- oder Kaseinemulsionen über der Grundierung. Kaseinlösungen wie auch Leimaufstriche müssen etwa im Verhältnis 1 : 3 mit Wasser verdünnt werden. Die Aufstriche dürfen nicht zu feucht oder gar nass aufgetragen werden. Feste Gründe wie Holz oder Pappe vertragen gleich mehrere Leimungen.

Ölige Isolierungen

Harzessenzfirnisse wie Mastix- und Dammarfirnis sind mit Terpentinöl beliebig verdünnbar und stellen sehr brauchbare Überzüge dar, die umso besser werden, je länger sie austrocknen können. Als Isoliermittel besonders gut geeignet ist ein im Verhältnis 1 : 2 oder 1 : 3 in reinem Terpentinöl gelöster Dammarfirnis.

Der Firnisauftrag muss, solange er noch frisch ist, mit einem sauberen Leinenlappen nachgerieben werden, um eventuellen Überschuss aufzunehmen, der sonst glänzen würde. Auf glänzendem Grund aber steht jede Malerei schlecht und ergibt keine gute Verbindung mit dem Malgrund.

Auch Aufstriche fetter Öle (Leinöl, Mohnöl, Nussöl) wären fehl am Platz und würden den mageren Charakter des Grundes und die Haftung verderben.

Schellackisolierungen

Als sehr brauchbar haben sich wegen ihres raschen Trocknens Alkoholfirnisse erwiesen. So kann z. B. der weiße gebleichte Schellack, in Spiritus (Ethanol) gelöst, ähnlich dem Fixativ für Zeichnungen verwendet werden, wenn er auch wesentlich stärker angesetzt wird: etwa 1 Teil auf 2 Teile Spiritus.

Schellackisoliermittel auf Kreidegrund erwiesen sich in Versuchen als gut geeignet, auch wenn sie die auf hygroskopischen Ursachen beruhende Bewegung der Leinwand nur teilweise überwanden. Bei Wasserdampfeinwirkung trat kein Schwinden der Leinwand ein, und selbst bei direkter Wassereinwirkung lösten Farbe und Grund sich nicht von der Leinwand. Diese Lösung kann beliebig mit Ethanol verdünnt werden.

Statt des weißen Schellacks kann auch der ungebleichte blonde Blätterschellack verwendet werden, der aber dem Untergrund einen leicht gelblich-bräunlichen Farbton verleiht. Ist überdies Zinkweiß in der Grundiermasse vorhanden, kommt es rasch zu einer leichten Rotfärbung – wohl eine Reaktion von Resten des Farbharzes, die aber nicht weiter gefährlich ist.

Halbkreide- oder Temperagrund

Herstellung von Halbkreide- oder Temperagrund
(Halbölgrund nach Max Doerner)

Im Halbkreidegrund verbinden sich wässrige Bestandteile (Leimwasser) mit öligen, fetten Bestandteilen (Leinölfirnis) zu einer Emulsion. Nach *Max Doerner* liegt darin das Wesen der Tempera. Für die Ölaufnahme muss die Grundiermasse dickflüssig sein. Kalte, gestockte Kreidegrundmasse eignet sich daher sehr gut zur Herstellung des Halbkreidegrundes. Sie nimmt den Ölfirnis, der anfangs nur tropfenweise mit dem Pinsel eingerührt (emulgiert) wird, leicht auf. Heißer, flüssiger, dünner Grund hingegen nimmt das Öl schlecht auf, und es scheidet sich leicht wieder ab.

Halbkreide- oder Temperagrund
(Halbölgrund nach *Max Doerner*) wird auf folgende Weise hergestellt:

1. Leimaufstrich mit Leimwasser 70 : 1000, wie beim Kreidegrund.

2. Nach dem Trocknen der Leimung:
   Ein gleiches Raummaß Kreide oder Gips, dazu:
   1 gleiches Raummaß Zinkweiß
   1 gleiches Raummaß gestocktes Leimwasser

   Alles wird gründlich vermischt.

3. Dann rührt man unter leichtem Erwärmen auf dem Wasserbad tropfenweise Leinölfirnis ein. Man kann, je nach gewünschter Saugkraft, 1/3 oder 1/2 oder 2/3 Raumteile Leinölfirnis nehmen. Nach der Firniszugabe gibt man noch unter lebhaftem Umrühren

   1 Raummaß Wasser tropfenweise zu.

4. Mit dieser Masse erfolgen 2 bis 3 möglichst dünne Aufstriche.

Gestocktes Leimwasser entsteht durch Gelatinieren bei längerem Stehenlassen der abgekühlten Leimlösung. Es muss locker und feinteilig zerkleinert werden, bevor es mit den Füllstoffen zur Grundierung vermischt wird. Sonst kann sich der Leinölfirnis mit dem Leim nicht zu einer Emulsion verbinden.

Wichtig ist auch die Reihenfolge der Zugaben. Würde man Leinölfirnis vor dem Leim zugeben, so würde es sich mit dem Zinkweiß zu einem unlöslichen Klumpen verbinden und keinen Leim mehr annehmen. Alle Grundierungen, besonders aber die ölhaltigen, sind so dünn wie möglich zu streichen und nur so zu verdünnen, dass eine gute Streichfähigkeit erreicht wird. Eine einzige dicke Schicht würde zum Springen neigen, zwei bis drei dünn aufgetragene Schichten dagegen bleiben elastisch.

Verarbeitung von Halbkreidegründen

Halbkreidegründe werden dünn aufgestrichen; danach wird mit der Spachtelkante rasch aller Überschuss abgezogen und mit dem Spachtel geebnet. Nach oberflächlichem Antrocknen können – etwa nach einer viertel bis halben Stunde – zwei bis drei weitere ebenso dünne Aufträge erfolgen, die jeweils kreuzweise zur vorigen Schicht gestrichen werden, bis schließlich alle Poren gefüllt sind. Zweckmäßig ist es auch, die Auftragsschichten abwechselnd zu streichen und zu spachteln.

Der Halbkreidegrund kann auch ohne vorhergehende Leimung ein- oder mehrmals auf die Leinwand gestrichen und danach mit einem Spachtel abgezogen werden, was naturgemäß einen stärker saugenden Untergrund ergibt. Zwei Schichten reichen hier erfahrungsgemäß aus. Halbkreidegründe trocknen rasch und sind schon am darauf folgenden Tag verwendbar. Doch je länger man sie trocknen lässt, desto besser und härter werden sie. Gestrichene Gründe weisen eine deutlicher sichtbare Körnung auf und sind rauer als abgezogene Gründe, die glatt, griffig und sehr angenehm zu bemalen sind.

Geschirre und Pinsel müssen, vor allem bei ölhaltigen Gründen, nach Gebrauch sofort mit Seife gereinigt werden. Die Reste der Grundiermasse dürfen bei ölhaltigen Gründen nicht der Leimlösung beigegeben werden. Sie werden dann schnell brockig und bleiben nur kurze Zeit brauchbar.

Als Grundiermasse für einen Halbkreidegrund setzt man am besten nur so viel an, wie man sofort verarbeiten will, denn die Masse hält sich nur kurze Zeit, z. B. mit feuchten Tüchern bedeckt oder bei vorsichtigem Aufguss von Wasser, das sich jedoch nicht mit dem Grund vermischen darf.

Kaseingrund

Kasein wirkt als Bindemittel wie ein besonders starker Leim. In richtiger Zusammensetzung stellt es aber ein hervorragendes Grundiermittel dar, da es sozusagen von selbst abbindet und dabei wasserunlöslich wird.

Rezept für eine Kaseinlösung

50 g technisch reines, wasserunlösliches Kaseinpulver wird in
125 ml erwärmtes Wasser eingerührt.

Dazu gibt man unter ständigem Umrühren eine Lösung von
15 g Hirschhornsalz (Ammoniumkarbonat) in wenig Wasser.

Die Masse braust unverzüglich auf, da Kohlensäure entweicht. Nach leichtem Umrühren und der Zugabe von weiteren 125 ml Wasser ist die Lösung fertig.

Für eine Kaseingrundierung benötigt man eine kräftige Unterlage, etwa ein Brett, eine Pappe oder sehr starke Leinwand. Wegen seiner hohen Bindefähigkeit wird der Kaseinleim mit 2 bis 3 Teilen Wasser verdünnt. Die Herstellung der Grundierung erfolgt dann wie beim Kreidegrund, nur wird hier anstatt Kölner-Leim-Lösung die oben beschriebene Kaseinlösung verwendet. Eine Vorleimung mit verdünntem Kasein (zwei Raumteile

Wasser auf ein Raumteil Kasein) ist aber nicht unbedingt erforderlich.

Kaseingründe sind sowohl in Öl als auch in Tempera ausgezeichnet zu bemalen. Sie müssen aber in allen Schichten hauchdünn aufgestrichen werden.

Rezept für Topfenkalkkasein

Zunächst werden
50 g frischer Topfen (Quark) mit
10 g gelöschtem, am besten eingesumpftem Grubenkalk verrieben.

Die Masse zerläuft sofort zu einer flüssigen Kaseinlösung.

1 Teil Naturgips und
1 Teil Zinkweiß
werden mit
2 Teilen Wasser angerührt und dazu
1 Raumteil Kaseinlösung gegeben.

Bei einer stärkeren Verdünnung, etwa mit drei Teilen Wasser, ist der Grund jedoch nicht mehr wischfest (laut *Max Doerner*).

Grundiert wird wie oben beschrieben, auf Leinwand jedoch dürfen nur zwei Grundierungsanstriche aufgetragen werden. Bei rascher Übermalung dürfen nur für Fresko geeignete Farben verwendet werden. Nach völligem Abbinden, das etwa acht Tage später abgeschlossen ist, eignet sich der nunmehr vollständig durchgetrocknete Grund sowohl für die Öl- als auch für die Temperamalerei.

Dafür sind feste Untergründe nötig, wie Mauerwerk, Holz, Hartplatten, Eloxal, Pappe, aber auch starke grobe Leinwand. Für die Vorleimung (nicht unbedingt nötig) wird die Kaseinlösung mit 3 Raumteilen Wasser verdünnt. Alle Gründe müssen so dünn und so mager wie möglich gestrichen werden, denn zu dick gestrichene Kaseingründe neigen zu Schichtentrennung, d. h., sie lösen sich ab und müssen dann abgeschliffen werden.

Bei Verwendung im Innenbereich bleibt die Kaseingrundierung lange feucht, reißt und krümelt jedoch beim Schleifen. Eine Kaseinfarbe, die wie oben beschrieben angesetzt wurde (also mit 2 Teilen Wasser und 1 Teil Kaseinlösung angerieben), steht besonders gut und wird außerordentlich fest und wasserunlöslich. Mit Leinöl emulgiertes Kasein wäre zwar für Gründe brauchbar, gilbt aber verhältnismäßig stark.

Seltenere wässrige Grundierungsarten

Eigrund

Eigelb wird Grundierungen dann beigegeben, wenn die Geschmeidigkeit des Grundes erhöht werden soll. Die Zugaben müssen allerdings sehr gering gehalten werden, sonst schmiert der Grund infolge des nichttrocknenden Eieröles und wäre sehr schlecht zu bemalen. Er dunkelt dann sehr stark, und alle Farbaufträge würden darauf reißen. Eigelb darf immer erst während des Grundiervorgangs zugegeben werden, da die Leimlösung durch die Eizugabe zum Zersetzen neigen würde. Am günstigsten wirken Eigrundierungen (so genannte Ei-Emulsionen) als Zugabe von Kreide- oder Halbkreidegründen in dünnen Überstrichen, zusammen mit Füllstoffen, über den bereits fertigen Grund.

Kleistergründe

Roggenkleister

Roggenkleister können wie Leim im Kreidegrund verwendet werden.

Dazu wird
1 Raumteil Roggenkleister, der zuvor mit etwas kaltem Wasser angesetzt wurde, in
15 Raumteile leicht siedendes Wasser langsam eingerührt.

Auch dieser Grund kann durch Zugabe von Leinölfirnis zu einem »Halbkreidegrund auf Kleisterbasis« emulgiert werden.

Mehlgründe sind aber spröde, und schon *Volpato* (1588) warnte vor ihrer Verwendung. Auch diese Gründe müssen möglichst dünn gestrichen werden. Auf festen Gründen haben sie sich gut bewährt. In spanischen Rezepten (z.B. nach *Pachecco*, 1649) wird ein Roggenkleister mit Olivenöl und Honig als zweimaliger Ölfarbanstrich beschrieben. Es ist kein Wunder, dass ein solcher Grund nicht hielt, schrieb *Max Doerner*.

MALPINSEL

Funktion und Geschichte

Der Pinsel ist das klassische Arbeitsgerät des Malers. Er soll die aufgenommene Farbmenge speichern und auf dem Maluntergrund wieder abgeben. Welchen Pinsel man verwendet, hängt von der gewählten Maltechnik und der beabsichtigten Darstellung ab. Das beginnt schon beim Mischen auf der Palette. Das Angebot an Pinseln für unterschiedliche Techniken ist groß: für den Auftrag von Ölfarben von schwer pastos bis hin zu feinsten Strichen oder zum Aquarellieren mit den neuesten Aquacrylfarben. Einerseits ist der Pinsel natürlich nur so gut wie der Maler, der ihn führt, doch andererseits spielen Art und Qualität des ausgewählten Pinsels selbst, seine Verarbeitung, die Wahl des Besteck- oder Besatzmaterials und nicht zuletzt auch die Eigenschaften der verwendeten Malfarbe auf dem Maluntergrund eine wichtige Rolle.

Die Malerei ist eine der ältesten handwerklichen Techniken, die Menschen je ausgeübt haben, und der Malpinsel gehört damit zu den frühesten Werkzeugen überhaupt. Jedes Handwerk, jede Technik bringt zu gegebener Zeit neue Fertigkeiten und Werkzeuge hervor. Als erste pinselähnliche Instrumente haben möglicherweise ausgefaserte Pflanzenstängel gedient. Sehr wahrscheinlich haben Maler schon frühzeitig gelernt, Vogelfedern, Fellbüschel oder Haare und Borsten als Besteck- oder Besatzmaterial für die Fertigung von Pinseln zu nutzen. »Besteck« oder »Besatz« ist die allgemeine Bezeichnung für alle bei der Pinsel- und Bürstenherstellung verwendeten natürlichen oder synthetischen Borsten und Haare.

Schon in der jüngeren Steinzeit haben Maler ihre Malfarben offenbar mit pinselähnlichen Instrumenten aufgetragen. In der griechisch-römischen Antike waren *cauterium* und *caestum* die Spachtel der Enkaustikmaler. Oder man malte mit dem *penicillus* (lateinisch für »Schwänzchen«), einem dem heutigen Pinsel sehr ähnlichen Arbeitsinstrument. Aus *penicillus* wurde später unser heutiges Wort Pinsel. Entsprechend dem Arbeitsgerät »pensel« (auch »bensel« oder »pinsil«) erscheint dann im 13. Jahrhundert im deutschen Sprachraum die Berufsbezeichnung »Bensler« bzw. »Benzler« für den Maler. Auch im Orient oder in Asien waren bei Schreibern und Malern schon früh Pinsel in Gebrauch. Die auf Bambus gebundenen chinesischen Pinsel haben sich in Form und Konstruktion im Laufe der Jahrhunderte kaum verändert.

Bis weit über das 17. Jahrhundert hinaus gehörte das Pinselbinden ebenso wie das Anreiben von Malfarben zu den im Maleratelier anfallenden Arbeiten und musste von jedem Malerlehrling erlernt werden. Am Ende des 18. Jahrhunderts malten bereits viele Maler mit industriell hergestellten Pinseln. Die feinen und wertvollen Haarpinsel jener Zeit waren sowohl für Salonmaler als auch für Porzellanmaler bestimmt. Heute kann man in drei Lehrjahren den Beruf des Haarpinsel- bzw. Borstenpinselmachers erlernen.

Konstruktion

Alle Pinsel sind nach einem einheitlichen Prinzip konstruiert, wobei das Besteckmaterial aus natürlichen Haaren, Borsten oder synthetischen Fasern bestehen kann. Wesentlich für die Funktion jedes Pinsels ist der Besatz, der nur zu einem Teil sichtbar ist und auch nur so weit vom Maler genutzt werden kann. Ein anderer Teil des Besatzes steckt unsichtbar, verknotet und lösemittelfest verkittet in einer metallischen Fassung, der so genannten Zwinge. Besatz und Zwinge bilden den Pinselkopf, der auf den Pinselstiel gesetzt und maschinell eingepresst wird.

Besteck- und Besatzmaterial: Haare, Borsten und Synthetik

Haare und Borsten wurzeln beim Säugetier in der äußeren Hautschicht und bestehen aus verhornten Zellen der Oberhaut. Biologisch besteht zwischen Haaren und Borsten kein Unterschied.

Generell bezeichnet man nur die kräftigen Haare von Haus- und Wildschweinen als »Borsten«. Borsten sind konisch gewachsen, d. h. sie sind an der Wurzel dicker als an der Spitze, die mehrfach geteilt ist und eine Art »Fahne« aufweist. Diese will man bei der Verarbeitung unbe-

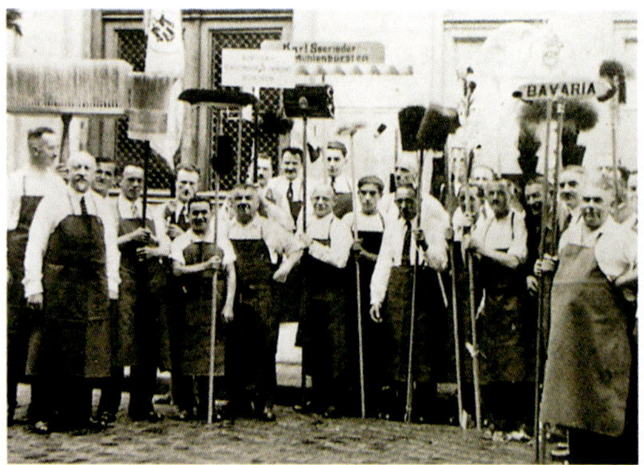

Die Fotografie zeigt eine Zusammenkunft der Pinselmacherzunft von Nürnberg um 1900.

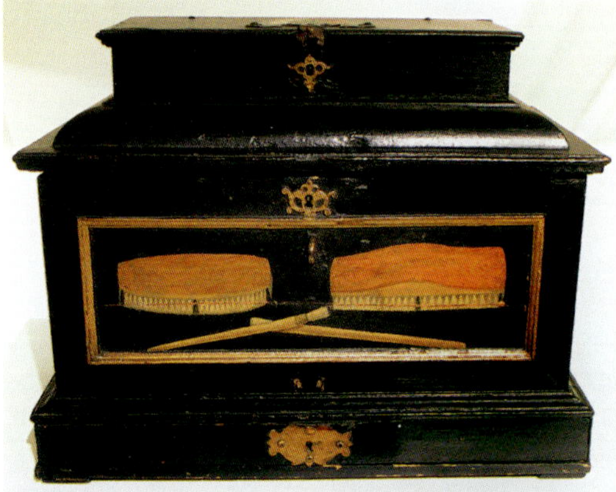

Ein Emblem zweier sich kreuzender Pinsel ziert diese Zunfttruhe aus der Mitte des 18. Jahrhunderts.

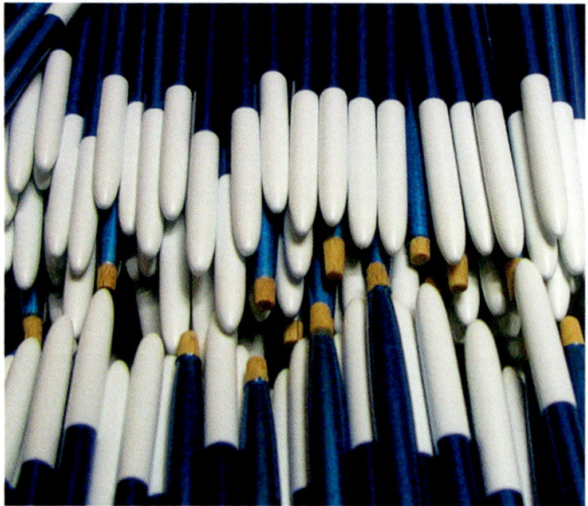

Bevor die Stiele endgültig und fest in die Zargen eingepresst werden, sind sie fertig grundiert und lackiert.

dingt erhalten, da sie eine gleichmäßige Farbwiedergabe erleichtert.

Auch Haare sind leicht konisch gewachsen; anstelle der Fahne laufen sie in einer feinen Spitze aus. Die besten und zugleich kostspieligsten Haare in der Malpinselherstellung sind die Schweifhaare des Rotmarders. Sie sind fast gar nicht konisch, stattdessen besitzen sie einen »Bauch«, eine Verdickung in der Mitte des Haares, die ziemlich genau zwischen Haarwurzel und Haarspitze sitzt.

Das synthetische Besatzmaterial für Malpinsel besteht aus Polyamidfasern, die unter verschiedenen Markenbezeichnungen wie Nylon, Perlon oder Taklon bzw. Toray gehandelt werden. Diese Fasern sind in der Regel ungefärbt, manchmal auch in einem rötlichen Bernsteinton im Handel. Kunstfasern sind von Haus aus zylindrisch bzw. konisch gespitzt – durch unterschiedlichen Druck und Hitze werden diese Fasern so gesponnen und an den jeweils dünnsten bzw. dicksten Enden so auseinander geschnitten, dass ein der Natur nachempfundenes »konisches Haar« entsteht.

Haare

Marderhaare

In der Zoologie unterscheidet man zwischen echten Mardern (mustela martes, z.B. Haus- und Steinmarder) und den so genannten Stinkmardern (mustela puterius, z.B. Wiesel, Nerz, Iltis oder Stinktier).

Echte Marder werden ungefähr 45 bis 55 cm groß, mit einer Schweiflänge zwischen 25 und 30 cm. Bei den Stinkmardern, die insgesamt kleiner sind, erreicht der Schweif nie die halbe Körperlänge. Die Grannenhaare der echten Marder sind dabei am wertvollsten.

Rotmarderhaare

Die besten Haare liefern sibirische und tatarische Rotmarder oder Feuermarder, deren Fell die Jäger und Fellhändler »Kolinski« nannten, ein Ausdruck, der von den Pinselmachern übernommen wurde. Dabei gilt: Je nördlicher die Herkunft bzw. je kälter das Klima, desto besser die Haarqualität.

Für die Pinselmacher sind vor allem die langen Haare der Schweifspitzen von Interesse. Sie besitzen eine hohe Spannkraft und Elastizität, sind rötlich-goldfarben getönt und laufen mit fein-zarter Spitze aus. Rotmarderhaare sind zwischen 30 und 55 mm lang. Die Neigung der Kolinskihaare, fest beieinander zu sitzen (Adhäsion), kommt dem Wasserfarbenmaler sehr entgegen, denn sie bewahren auch im feuchten Stadium die geschlossene Form. Zurichter und Pinselmacher achten darauf, die feinen Haarspitzen vor jeder Beschädigung zu schützen. Deshalb kommen Pinsel meist mit einer Schutzhülle am Kopfteil versehen in den Verkauf.

Iltishaare, Wieselhaare

Iltisse und Wiesel sind in Asien, Nordamerika und Europa heimisch. Ihr Haar wird selten länger als 50 mm und ist dunkler und struppiger als das Kolinskihaar. Auch wenn die Schweifhaare des Iltis' und des großen Wiesels nicht die feine Spitze, Sprungkraft, Elastizität und Länge der edlen Rotmarderhaare erreichen, so lassen sich aus guten Iltis- und Wieselhaaren dennoch durchaus anständige Aquarell- und Ölmalpinsel herstellen. Vor allem die 30 bis 45 mm langen Haare des sibirischen Iltis werden wegen ihrer feinen Qualität von Pinselherstellern geschätzt. Da sie jedoch recht teuer sind, wird an ihrer Stelle oft europäisches Iltishaar verwendet, das kurz und kräftig und damit robuster ist und vor allem in flachen Pinseln verarbeitet wird. Iltishaar wird zuweilen verballhornt auch »Fischhaar« genannt, was vermutlich von der englischen Bezeichnung für Iltis (fitchew) oder Iltishaar (fitch) herrührt.

Rindsohrhaare

Rindsohrhaare, von Pinselmachern kurz Rindshaare genannt, werden häufig zum »Verschneiden« von Rotmarderpinseln verwendet. Die besonders elastischen, langspitzigen Sorten, die für die Rotmarderimitation eingefärbt werden, eignen sich zur Herstellung von Aquarellpinseln, runden Ölmalpinseln und so genannten Plakatschreibern, finden aber auch in der Temperamalerei Verwendung.

Fehhaar

Als Fehhaar wird das feine, aber weniger elastische Schweifhaar von Eichhörnchen aus Kanada oder Sibirien bezeichnet. Fehhaare, die selten länger als 60 mm werden, sind sehr fein und überaus saugfähig. Darum nimmt man sie gern für die Herstellung von Verwaschpinseln, die reichlich Flüssigkeit aufnehmen müssen. Von bester Qualität ist das blaue Fehhaar.

Diesen Haartyp verwendet man auch zur Herstellung von Aquarellpinseln einfacher bis mittlerer Qualität, für Schulmalpinsel und Spezialpinsel verschiedener Art, z. B. für die Anschießer der Vergolder.

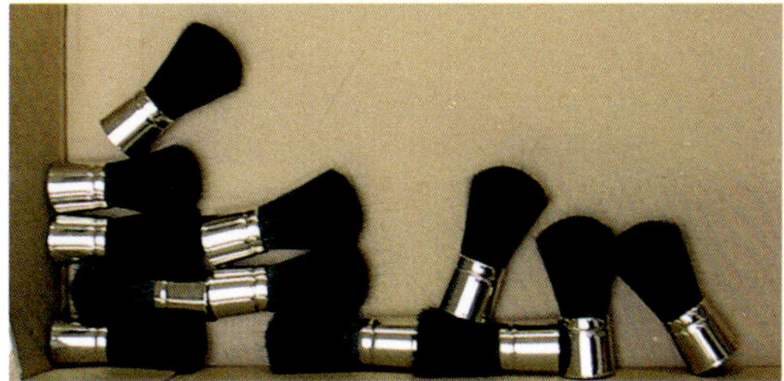

Diese Zargen für so genannte Rundpinsel mit Chinahaar wurden maschinell gefertigt.

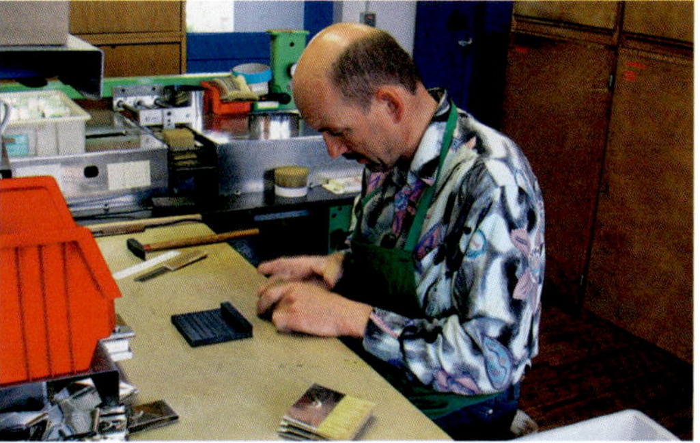

Dieser Pinselmacher bindet noch mit der Hand; viele Pinsel, besonders aber die meisten Feinpinsel, werden noch so produziert.

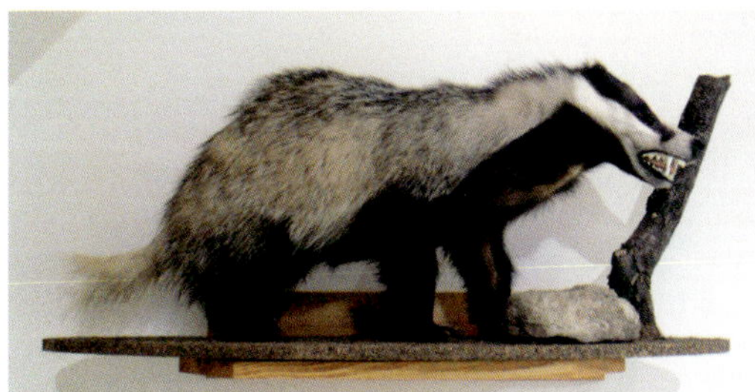

Ausgestopfter Dachs im Pinselmuseum Bechhofen; Dachshaarpinsel sind bei Malern besonders beliebt.

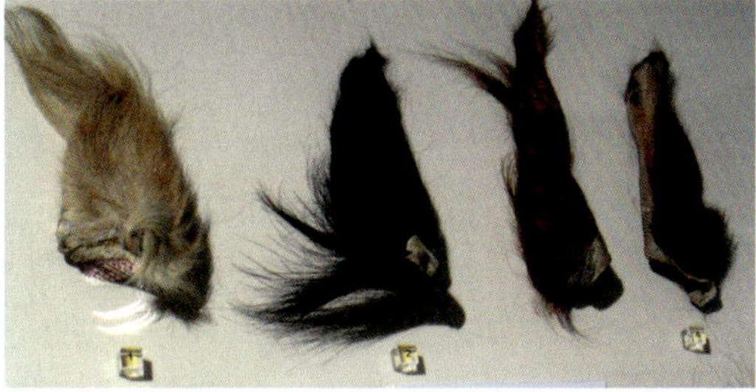

Die verschiedenen natürlichen Varianten von Rindsohrhaaren; Pinselmuseum Bechhofen

Bärenhaar
Das Winterfell von Bären erreicht eine Länge von bis zu 10 cm und ist besonders kräftig. Verwendet werden nur die dunklen Haare vom Rücken, aus der Nackenpartie und von den Pranken. Sie zeichnen sich durch Elastizität und starken Glanz aus und werden hauptsächlich bei feinen Lackierpinseln und Firnispinseln eingesetzt. Die Felle stammen meist aus Nordkanada oder Russland.

Dachshaar
Der Dachs gehört ebenfalls zur Familie der Marder. Dachshaare werden wegen ihrer Elastizität und Festigkeit zwischen Haaren und Borsten angesiedelt und gehören zu den wertvollsten und teuersten Haaren in der Pinselmacherei überhaupt. Es wird ausschließlich das Winterhaar vom Rücken und von den Seiten verwendet. Diese Haare sind leicht gewellt und besitzen die für Dachshaare typische, besonders schöne Zeichnung. Sie werden vor allem in so genannten Vertreibern verarbeitet. Für Dachshaarimitationen wird häufig Ziegenhaar und chinesisches Rosshaar »nachgefärbt«.

Ponyhaare
Ponyhaare sind billige Massenware, die Pinselmacher überwiegend aus China beziehen und zu einfachen Schulpinseln verarbeiten.

Borsten
Nur Naturborsten dürfen die Bezeichnung »Borsten« tragen. Die besten Schweineborsten stammen aus China und Russland. Die schwarze Chinaborste wird hauptsächlich für Grobpinsel, die weiß gebleichte für Künstlerpinsel verwendet. Europäische Borsten kommen vor allem vom Balkan und aus Polen.

Schweineborsten werden bis zu 20 cm lang. Zur Herstellung von Künstlerpinseln werden nur kürzere Borsten bis 20 mm Länge verwendet. Die weitaus größere Menge der längeren Borsten wird zu Ring- und Lackierpinseln verarbeitet, die längsten Borsten braucht man für die Herstellung von Deckenbürsten für den Anstreicher.

Polyamidfasern, Nylon, Perlon, Taklon usw.
Weiß, gelb, rot oder bernsteinfarben eingefärbte Kunstfasern werden unter verschiedenen Handelsbezeichnungen als Besteckmaterial für alle Arten von Feinpinseln verwendet. Je nach Faserstärke, Nachbehandlung und Art der künstlichen Anspitzung sind die technischen Eigenschaften zwischen Haaren und Borsten angesiedelt. So gibt es besonders feine Kunsthaare, die sich ausgezeichnet für dünnflüssige Malfarben und feine Malereien eignen, etwa für Seidenmalerei. Für pastose Malerei in Acryl oder Öl wurden spezielle Kunstfasern entwickelt, die sich ihrer glatten Oberfläche wegen besonders leicht handhaben lassen.

Das Pinselbinden

Im Pinselmacherhandwerk wird noch immer wie vor über 100 Jahren gearbeitet, wenn man einige Maschinen oder moderne Kleber einmal außer Acht lässt. Besonders typisch für Aquarellpinsel ist eine runde spitze Form. Ölmalpinsel sind meist eckig und flach. Neben diesen klassischen Pinselformen haben sich weitere Arten für spezielle Anwendungen entwickelt. Für bestimmte Verwendungszwecke gibt es folgende Formen:

Katzenzungenförmiger Pinsel
Die eingearbeitete Form mit »gebrochenen« Ecken wurde bereits früh angeboten.

Schlepper
Mit der längeren, spitzen und flachen Pinselform können lange Linien sicher ausgezogen werden.

Diagonal (Angular Shape)
Bei dieser Form wird berücksichtigt, dass Maler oft nicht im Winkel von 90°, sondern meist nur in einem Winkel von 45° zum Bildträger malen können.

Kammpinsel
Mit seiner ausgefransten Form, die einen unregelmäßigen Pinselstrich ergibt, erleichtert ein solcher Pinsel das Malen von Baumspitzen oder Gräsern.

Schwertschlepper
Mit diesem Pinsel können außer einfachen Linien auch Licht- und Schattenlinien gezogen werden.

Triangular Shape
Diese Form ist eine verspielte Variante des Aquarellpinsels.

Schablonierform
Mit ihren relativ kurzen, kräftig gebundenen Borsten findet diese Form hauptsächlich bei Schablonier- und Stupfpinseln Verwendung.

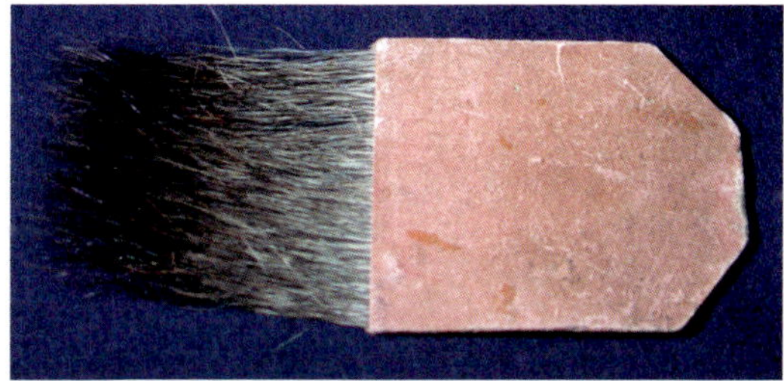

Der Anschießer, mit dem Vergolder das Blattgold anheben, besteht aus Fehhaar vom Eichhörnchen sowie Karton, der statisch kaum auflädt.

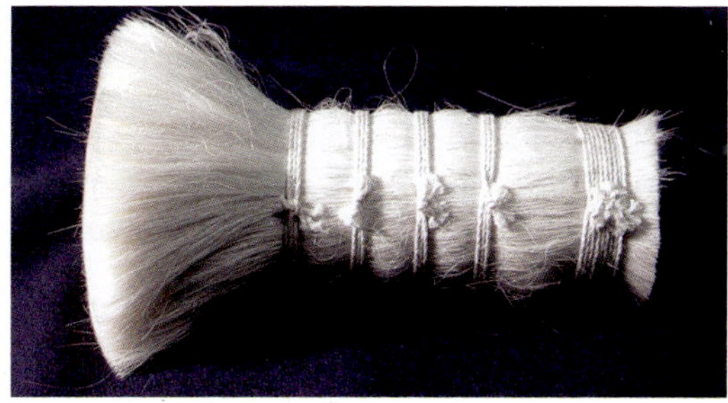

In solchen Bünden wird nicht nur Ziegenhaar gehandelt.

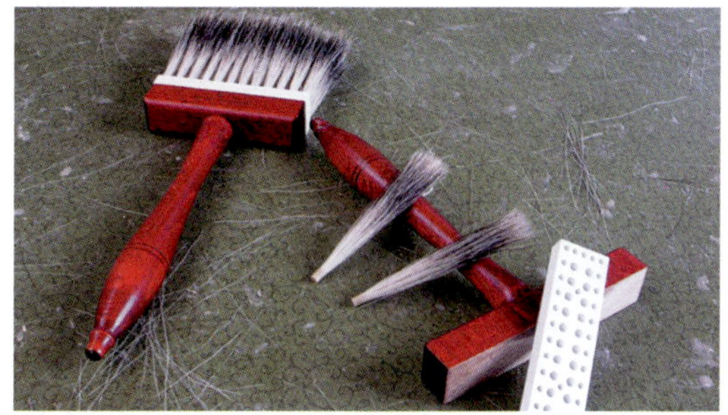

Hier sind in etwa die Bestandteile eines Marderhaarpinsels (links im Bild) zu erkennen.

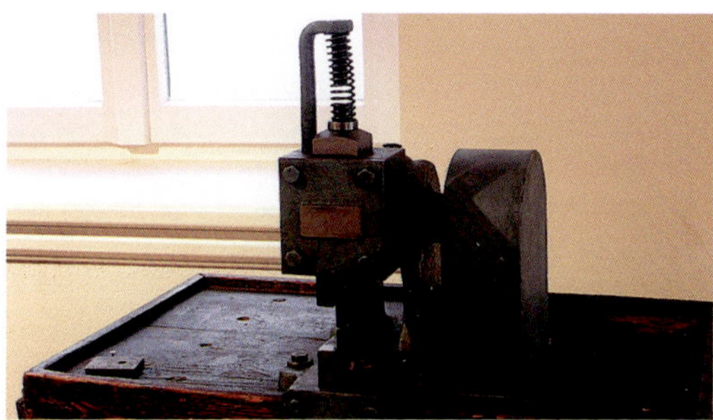

Mit dieser Presse wurden früher Pinsel hergestellt; Deutsches Pinsel- und Bürstenmuseum in Bechhofen.

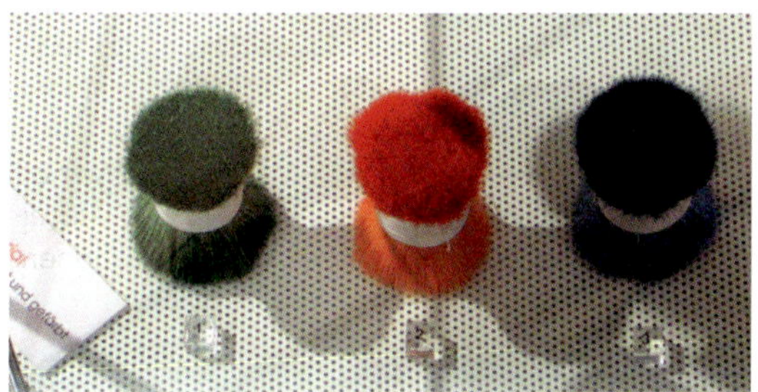

Durch ihre verschiedene Farbigkeit täuschen synthetische Haare nicht nur Natürlichkeit vor; oft sind sie ihren Vorbildern sogar schon voraus.

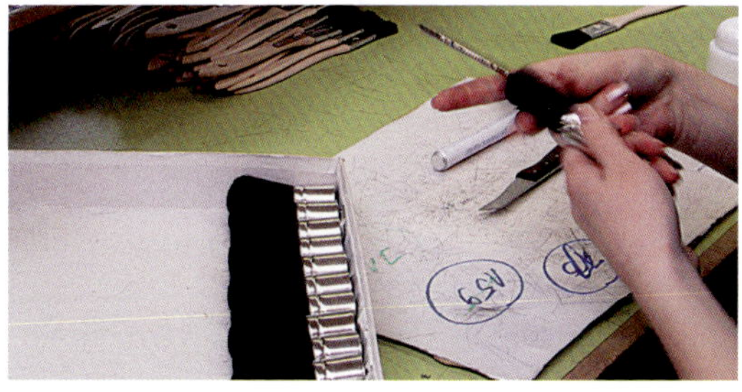

Hier werden die Rundpinselzargen von Hand aufgestielt.

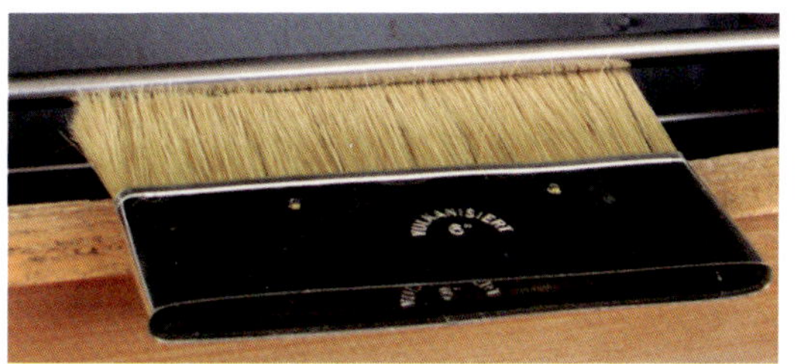

Die flachen Borstenpinsel werden nach der Leimung noch einmal durchgekämmt, um lose Pinselhaare zu entfernen.

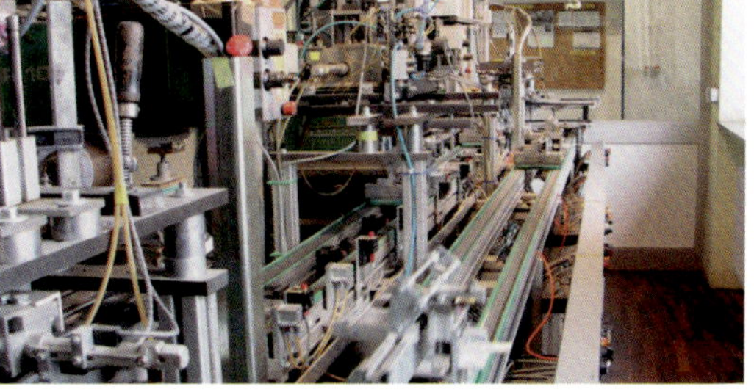

Auf dieser vollelektronisch gesteuerten Apparatur werden in der Zahn Pinselmanufaktur, Bechhofen, Pinselstiele lackiert und beschriftet.

Zurichten

Vor ihrer Verarbeitung durch den Pinselmacher werden die Haare oder Borsten in der Zurichterei gewaschen und desinfiziert und das eigentliche Pinselhaar vom unbrauchbaren kurzen Unterhaar getrennt.

Beim Pinselbinden wird zumeist auf einer Marmorplatte gearbeitet, denn Marmor ist kühl, und kühle Borsten und Haare lassen sich besser greifen.

Zunächst prüft der Pinselmacher das gebundene Haar auf Spitze, Elastizität und Kraft und legt es auf einem Arbeitstisch bereit.

Dann greift er sich nach Gefühl die »richtige« Pinselmenge und legt sie mit den Spitzen voran in eine speziell geformte Aufstoßbüchse aus Metall ein. Durch mehrfaches Auf- und Zurückstoßen werden die Haare in Form gebracht und falsch liegende, gebrochene oder beschädigte Haare mit einem Messer entfernt.

Mit Daumen, Zeige- und Mittelfinger der linken Hand wird der Haarbund mit einem dünnen Faden gebunden, dessen Ende mit den Zähnen gehalten wird. Dieser Vorgang des »Wegbindens« wird mit einer leichten Drehbewegung ausgeführt, wobei die Form noch zugespitzt wird.

Sodann werden die einzelnen Haarbündel geschnitten, in die Zwinge eingelegt und entsprechend dem vorliegenden Muster auf Länge gebracht. Anschließend werden sie miteinander verkittet. Nach dem Durchhärten des Klebstoffs wird der Pinselkopf nochmals überprüft.

Nun wird der Stiel in der Zwinge befestigt und anschließend der Pinselkopf mithilfe des so genannten »Presskopfs« auf den Stiel gepresst. Dabei wird die Zwinge mit zwei Einkerbungen, so genannten »Ringen«, versehen. Das Befestigen des Stiels in der Zwinge und das Pressen sind Vorgänge, die nicht mehr von Hand, sondern mit Maschinen ausgeführt werden.

Asiatische Pinsel

Für die asiatische Malerei werden diverse Spezialpinsel angeboten. Dabei wird zwischen Pinseln für Kalligraphie und für Tuschemalerei unterschieden. Je nach Anwendung oder Technik stehen Pinsel verschiedener Länge und Größe zur Wahl, die in Aufbau oder Art der verwendeten Haare variieren. Generell können diese Pinsel wesentlich mehr Flüssigkeit aufnehmen als beispielsweise Aquarellmalpinsel. Je nach Pinselführung lassen sich verschiedene Effekte erzielen.

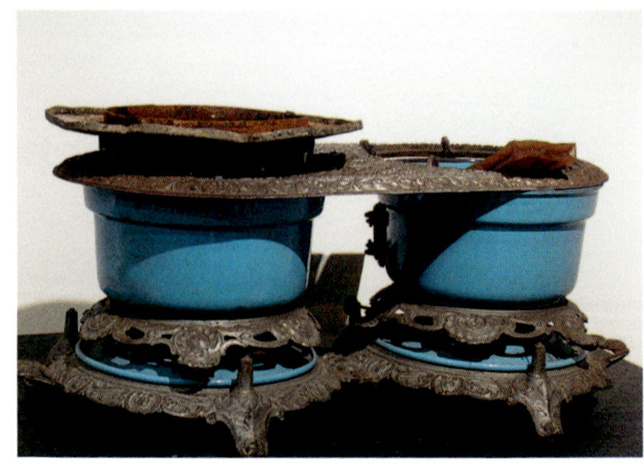

Auch in der Pinselmacherei wurde das Wasserbad in entsprechenden Leimkochern zubereitet; abgebildet sind hier besonders schöne Exemplare aus dem Pinselmuseum in Bechhofen.

Generell besteht so ein Pinsel aus vier Teilen (von unten nach oben gesehen): dem Stiel, dem Ansatz, wo das Pinselhaar beginnt, der Verdickung, die sich etwa in der Mitte des Haares befindet, und der Pinselspitze. Für größere Flächen oder einen kräftigen, sicheren Strich verwendet man bei leichtem Druck den Ansatz am Stiel. Für zarte, feine Linien wird die Pinselspitze nur leicht, aber gut gefüllt aufgesetzt, während zum Ausgestalten und Verwaschen der Formen die Mitte des Pinsels eingesetzt wird.

In Asien wird der Pinsel in erster Linie als Schreibgerät benutzt, in Europa hingegen ist er vor allem und fast ausschließlich ein wichtiges Malutensil.

Das besondere Qualitätsmerkmal europäischer Pinsel ist reines und unvermischtes Haar. Der Besatz wird in der Regel trocken in Form gebracht und in die Zwinge eingearbeitet. Erst durch das Ausformen entsteht dann die typische Pinselform.

Im Gegensatz dazu werden asiatische Pinsel oft nass gemischt, gestuft, gestoßen und schließlich in den Stiel eingearbeitet. Die volle Wirkung entfaltet ein solcher Pinsel vor allem durch Haare unterschiedlicher Dicke und Qualität. Sie werden untereinander gemischt und auch innerhalb eines Pinsels in unterschiedliche Längen gestuft. Erst in nassem Zustand zeigt sich die vollständige Qualität eines solchen Pinsels.

GESCHICHTE DER MALTECHNIK

»Als ob nicht auch die Alten aus Unwissenheit, aus Kinderey und wer weiß aus was sonst noch für Ursachen falsche Aufschriften hätten machen können.«
GOTTHOLD EPHRAIM LESSING

Wie haben die Künstler früher eigentlich gemalt und vor allem womit? Welche Materialien haben sie verwendet, die in solcher Qualität und Schönheit auch die Zeiten überdauerten? Und: Sind diese Materialien auch heute noch erhältlich? All dies sind durchaus verständliche Fragen an Maltechniker, Restauratoren und Kunstwissenschaftler. Die Gründe für den guten Erhaltungszustand mancher Kunstwerke liegen jedoch nicht immer nur im Handwerk der alten Meister begründet, die Ursachen sind komplexer und berühren auch wirtschaftliche und soziale Fragen.

Die damaligen Kenntnisse über Materialien und Techniken haben sich nicht überliefert. So bleiben nur wissenschaftliche Untersuchungen, bei denen alle oben genannten Disziplinen gefordert sind, oder die Erforschung literarischer Quellen.

Schon in der für die Maltechnik bedeutenden Arbeit »Vom Alter der Olmalerey aus dem Theophilus Presbyter« von 1774 schrieb *Gotthold Ephraim Lessing* den oben zitierten Satz. Es wurden hin und wieder eine maltechnische Rezeptsammlung, Handschrift oder ein Archiv erforscht. Aber es fehlt immer noch an einer systematischen Erfassung aller maltechnischen Bestände, um eine präzise Geschichte der Maltechniken und der künstlerischen Produktion zu schreiben.

Dabei ist es schwierig, die aus technischem oder sprachlichem Unverstand falsch abgeschriebenen oder veralteten Malerrezepte richtig zu identifizieren. Schon die Datierungen sind problematisch, denn zwischen Erfindung, Weiterentwicklung und schließlich Niederschrift von mal- und kunsttechnischen Verfahren können ganze Epochen liegen. Die nun folgende kleine Geschichte der Maltechnik kann keinen Anspruch auf Vollständigkeit erheben und erlaubt lediglich einen Einblick in die z.T. sehr komplexen Maltechniken.

Mumienbildnisse

Aus der Antike sind als eigene Denkmälergruppe die Mumienporträts erhalten. Sie wurden sowohl mit wachshaltigen Bindemitteln als auch in Tempera zumeist auf hölzernen Bildträgern ausgeführt. Insgesamt sind aus der frühen Kaiserzeit bis zum Ende des 4. Jahrhunderts rund 750 Exemplare nachweisbar.

Mit diesen Werken befassten sich lange Zeit Maltechniker und Kunsttechnologen unter der Prämisse, dass es sich hierbei um »Vorläufer« mitteleuropäischer Malerei handelte. In diesem Zusammenhang wurde vermutet, dass als Bindemittel Punisches Wachs in der Art der Ganosis oder mithilfe der Enkaustik verwendet wurde. Weiterhin wurde von der Ölmalerei als Vorgänger ausgegangen.

Die Malereien von Pompeji

Pompeji weist von seiner Entdeckung bis heute absolut einheitliche Verhältnisse in einem einzigartigen Erhaltungszustand der alten römischen Stadt auf. Eine weniger komplizierte Stratigraphie erlaubte bei der Abtragung von Aschen- und Lapillischichten die Freilegung ausgedehnter gleichartiger Sektoren. Dadurch ist es möglich, Einblicke in das öffentliche wie private Leben zu erhalten. Damit wird der urbane Zusammenhang und parallel dazu dessen gesamte Gliederung vorstellbar.

Die Anfänge der südlich gelegenen Altstadt Pompejis dürften auf die zweite Hälfte des 7. Jahrhunderts v. Chr. zurückgehen. Wie wir von dem antiken Schriftsteller *Strabo* wissen, lag schon die Siedlung Pompeji, in frühgeschichtlicher Zeit ein bekannter Handelsplatz, an wichtigen Verkehrswegen zwischen den kampanischen Binnenstädten, besonders aber auch auf dem Weg von und nach Rom. Erste glaubwürdige historische Nachrichten betreffen den Hafen der Stadt an der Mündung des Sarno, als Pompeji wie ganz Kampanien in der zweiten Hälfte des 5. Jahrhunderts unter samnitischer Herrschaft stand. Die römische Flotte landete 310 v. Chr. an dieser Anlege-

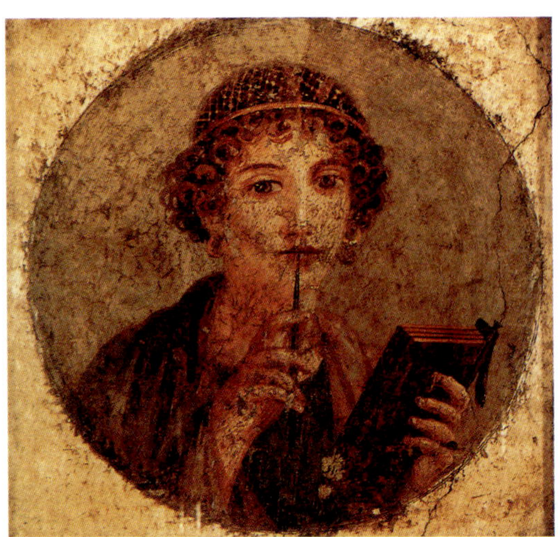

Pompejanische Wandmalerei, »Mädchen mit Schreibgriffel«, vor 79 v. Chr., 32 x 32 cm

stelle, um das Territorium um Nuceria einzunehmen und künftig zu romanisieren. Im Bundesgenossenkrieg (91–89 v. Chr.) wurde Pompeji von *Sulla* besetzt, erhielt das Bürgerrecht und wurde *municipium*. Bis zu den Erdbeben nahm das Leben dieser typisch römischen Provinzstadt seinen gewohnten Gang: befriedet im Herzen eines Weltreichs, zufrieden, aber bedeutungslos.

Bevor es zur endgültigen Katastrophe kam, hatte es schon ernst zu nehmende Vorwarnungen gegeben. Bereits am 5. Februar im Jahre 62 n. Chr. wurde Pompeji, in dessen Nähe sich das Epizentrum befand, nahezu komplett zerstört. In den Nachbarstädten Nuceria und Herculaneum kam es zu schweren Schäden. Im Zuge der Wiederaufbaumaßnahmen wurde die Stadt Pompeji neu errichtet.

Das Erdbeben am 24. August 79 n. Chr. ging nach mehreren heftigen Erdstößen vom Vesuv aus. *Plinius der Jüngere*, dessen Onkel das Kommando über die römische Kriegsflotte im nahen Misenum hatte, beschrieb das furchtbare Geschehen in nahezu journalistischer Chronik. Nach der Initialphase am Morgen schleuderte der Vesuv gegen Mittag unter gewaltigem Energieausstoß eine säulenartige Ausbruchswolke bis in eine Höhe von 20 000 Metern, *Plinius* zufolge in Form einer Pinie. Als Hagelschauer prasselten Bimssteine nieder und begruben die Stadt fast drei Meter tief unter sich. Nach nächtlichen Pausen folgten mehrere heftige Beben aufeinander. Bei Tagesanbruch begann die dramatischste Phase: Der Vulkankegel stürzte ein, und entlang der Ringbrüche wurden so genannte *base surges* – pyroklastische Ströme – ausgestoßen. Diese glühenden Massen feinster Aschen, vermischt mit anderen vulkanischen Lockerstoffen, wälzten sich (mit einer errechneten Geschwindigkeit von 65 bis 70 Stundenkilometern) lawinenartig zu Tal und nahmen allen Lebewesen den Atem. Genau zu dieser Zeit hatten sich die letzten Pompejaner noch zur Flucht entschlossen. Die Verwüstung der Stadt wurde durch weitere Glutwolken vollendet; nur noch die höchsten und standhaftesten Mauerabschnitte ragten aus dem grauen Aschenmeer empor.

Noch 95 n. Chr. beschrieb der Dichter *Statius* bei seinem Besuch in Neapolis die verheerenden Folgen 16 Jahre nach der Katastrophe: »Werden die künftigen Jahrhunderte glauben können, dass Städte und ihre Bewohner unter ihren Füßen liegen[?]« Erste systematische Ausgrabungen begannen indes am 23. März 1748 unter Rocco di Alcubierre in der Nähe des Tempels der Fortuna Augusta mit zwölf Arbeitern, als man sich noch in Civita um Stabiae wähnte.

Ohne Zweifel zählt Pompeji heute zu den wichtigsten archäologischen Fund- und Forschungsstätten seit seiner Entdeckung. Es hat das Kunstverständnis ganzer Generationen beeinflusst und ist heute noch ein wichtiger Ausgangspunkt für manche Inspiration auf der Grand Tour. Damit wird aber der Stadt eine Bedeutung oder gar zentrale Rolle beigemessen, die sie in der Antike tatsächlich nicht besaß. Es wird auch die Rolle Pompejis überbetont, etwa indem Dinge durch das Attribut »pompejanisch« bezeichnet werden – etwa »pompejanische« Malerei oder das »pompejanische« Haus – und so der Blick auf das tatsächliche Leben in der römischen Provinz verstellt wird.

Das eigentliche Faszinosum an der Vergangenheit ist für uns doch gerade das Abwesende, mit dem Unterschied, dass daraus eine historische Perspektive konstruiert werden kann. Und das nicht nur im Verhältnis zur Vergangenheit, sondern auch oder gerade für die Zukunft. »Wenn die Dinge irgendwann einmal anders waren, ist das auch ein Zeichen dafür, dass sie auch morgen wieder anders (vielleicht auch besser!) sein könnten«, so *Filippo Coarelli* in seinem Buch.

Die Ausgrabungsstätte ist nach modernsten archäologischen Kriterien als großes Forschungslabor konzipiert und verfügt über eine schützende, flexible Überdachung. Hier arbeiten international ausgebildete Spezialisten verschiedener Fachrichtungen zusammen. So wird hier nach »der genauen Restaurierung und funktionalen Instandsetzung seiner verschiedenen Elemente [...] unter Berücksichtigung der geltenden Bestimmungen mit erhöhtem Erdbebenrisiko absolut originalgetreu aus wiederverwendeten Materialien« wieder aufgebaut. Gestützt werden die Aufbauphasen und die Restaurierung zuvor nummerierter Materialien durch fotogrammetrische Aufnahmen, sodass alle originalen Elemente auch an ihren ursprünglichen Platz zurückgelangen. So können auch Einzeldaten geliefert werden, die bestimmte Phänomene im gesamten Grabungszusammenhang besser interpretierbar machen, wie etwa der Lebensfluss jener Zeit und die unmittelbaren Auswirkungen der Erdbebenkatastrophe selbst.

Casa dei Pittori al Lavoro

Im Zuge systematischer Ausgrabungen im südlichen Teil der Insula dei Casti Amanti (IX 12) wurde seit 1987 eine Fläche von über 1500 qm untersucht. Freigelegt wurde neben einem Speiselokal (Casa dei Casti Amanti) und einer Bäckerei auch ein wohlhabendes Haus, nach der Fundsituation als »Casa dei Pittori al Lavoro« bekannt, wo der Vulkanausbruch einen Trupp Maler inmitten ihrer Arbeit unterbrochen hatte. Es lässt sich hier eine scheinbar fieberhafte Arbeitssituation rekonstruieren: Rund um den Triportikus lag Kalk aufgehäuft, ein riesiger Haufen von Steinen und anderen Baumaterialien wartete in einer Ecke des Gartens auf seine Bestimmung. Im *repositorium* nahe der Küche fanden sich größere Mengen Flusssand und Mosaiksteinchen, die neben Kalk Hauptbestandteile des *rudus* und des *nucleus* sind, Ebenen eines Fußbodens und eines Mosaiks.

Die einzelnen Phasen der Dekoration und der dabei angewandten Maltechnik ließen sich weitgehend rekonstruieren. Die Arbeit wurde von unterschiedlich qualifizierten Malern gleichzeitig im Team in einem festgelegten Prozess erledigt. Ein Werkstattgehilfe musste die Farbe einheitlich als Grundierung auf den noch feuchten Putz auftragen. Ein *pictor parietarius* versah – ausgehend von Kohlevorzeichnungen – mithilfe von Zirkel und Lineal mit wenigen geometrischen Mustern in einheitlichen Feldern die Dekoration *al fresco secco*. Danach ritzte derselbe Maler noch die einfache Vorzeichnung in den bereits getrockneten Farbgrund. Er führte auch die Randverzierung der monochromen Rechtecke mit organisch gebundenen Farbmaterialien (also in Temperamalerei) aus. Weil eine letzte Schleifphase (*expolitio*) fehlt, ist hierbei im Farbauftrag deutlich ein Relief an der Wand sichtbar.

Der *pictor imaginarius* schuf die Mittelbilder der Wände, indem er zunächst die umfangreiche Vorzeichnung in Ockergelb ausarbeitete. Auf das so bereits schon wahrnehmbare Helldunkel der Figuren und der Komposition wurden die Farben dann noch einmal *al fresco* aufgetragen.

Die Maler waren gleichzeitig an einer Wand tätig, zuweilen Seite an Seite, jeder an seinem eigenen Werk. Sie gingen dabei im Raum in horizontalen Streifen von oben nach unten vor: Zuerst wurde an der Decke, dann an der Oberwand, danach in der Mittelzone und schließlich am Sockel gearbeitet.

»Die Farben wurden auf der Basis verschiedener Materialien hergestellt, was demselben Farbton jeweils eine andere Schattierung, Schwingung und Pastosität verleihen konnte [...], ein Umstand, dessen sich die Maler [...] bewusst waren.« Der archäologische Fund eines Rückentragekorbes, in dem ein Maler leere Farbschälchen ineinander gepresst gestapelt hatte, um sie vielleicht in der Malerwerkstatt wieder aufzufüllen, ist dabei ein besonderer Glücksfall. Die Einzigartigkeit der Detailanalyse der Arbeitsweise eines Malertrupps berücksichtigt auch die Bildinterpretation der Malereien, trotz ihrer Unvollständigkeit. In jedem Fall lassen sich interessante Verbindungen zu den *oeci* im Haus der Vettier oder im benachbarten Haus des Iulius Polybius erkennen.

Zur Maltechnik von Ikonen

Die Ausstattungen der Ikonen und damit ihr maltechnischer Aufbau sind verschiedenartig. Dasselbe gilt für die Qualität des Holzes. Die Holzbretter wurden zurechtgeschnitten, zusammengeleimt, gehobelt und dann mit den obligaten Querleisten versehen. Bei besonders großen Ikonen waren aus Stabilitätsgründen immer Querleisten notwendig. Auf der Vorderseite wurde dann eine Vertiefung angebracht, die Oberfläche aufgeraut und zunächst eine Leimschicht aufgetragen; dann folgte die Stoffauflage.

Der hellweiße Malgrund setzt sich neben Leim und Wasser meist noch aus Kreiden oder Alabaster zusammen. Die Herstellung von »Levkas« oder »Grunt« war eine besonders verantwortungsvolle

Aufgabe, weil man damit bestimmte Lichteffekte erreichen konnte. Zuletzt wurde nachgeschliffen, um glatte Oberflächen zu erreichen.

Die Übertragung der Zeichnung erfolgte nach vorhandenen Vorlagen oder alten Malerbüchern. Für die Vorzeichnung wurden Holzkohlen verwendet, die sich leicht mit Federn oder Wedeln wieder abwischen ließen. Der eigentliche Malprozess bestand zuerst in der Auswahl, Zubereitung und Mischung der Farben – ein wohl gehütetes Geheimnis aller Malerwerkstätten. Auf die meist in Temperatechnik bemalten Ikonen wurde dann oft eine Schutzschicht aufgetragen, um die Malschichten vor Verschmutzung zu bewahren.

Am östlichen Mittelmeer treffen die von Antike, Christentum, Hellenismus und dem semitisch-iranischen Orient bestimmten Kulturkreise aufeinander. Die Form einer byzantinischen Ikone ergibt sich aus dem Kompromiss zwischen antiker Tradition und der Abkehr von der naturgemäß metaphysischen Bilddarstellung.

Christliche Bildkunst ist seit dem 3. Jahrhundert, etwa in Malereien römischer Katakomben, erhalten. Schon wohlhabende Christen sollen sich der hohen Porträtkunst aus Oberägypten (Fayum) bedient haben. Grabkapellen wurden nicht nur mit Mosaiken oder Fresken ausgestattet, sondern auch mit in Nischen aufgestellten Ikonen.

Diese Bildnismalerei wurde von griechisch-römischen Kolonisten im Nilland gemeinsam mit altägyptischen Bestattungsriten entwickelt. Von diesen Tabulae, die oft in großen Mengen und allerhöchster Qualität hergestellt wurden, war der Weg zur Ikone nicht mehr weit.

Enkaustik oder Temperamalerei an Ikonen

Mit »hylographia« bezeichnete man in Byzanz ein Malen mit bestimmten Materialien. Spezielle Bezeichnungen gab es nur für die Wachsfarbenmalerei, die als »kerographia« oder »kerochtyos graphe« bezeichnet wurde. Durch den pastosen Farbauftrag wirken die Darstellungen in Wachs besonders lebendig.

Die Temperamalerei hat sich seit der Antike nicht besonders verändert. Das lateinische »temperare« bedeutet sowohl »mischen« als auch »temperieren« und damit also auch bei einer bestimmten Temperatur halten. Die Temperamalerei wurde aber spätestens seit dem Bilderstreit auch durch Enkaustik ersetzt.

Schon seit der Antike sammelten Maler und Ärzte wichtige Kenntnisse über Drogen und Pharmaka, die auch als Farbmittel (Farbstoffe und Pigmente) verwendet wurden. So wird von einem Malermönch *Alimpij* berichtet, der mit seinen Farben auch Kranke heilen konnte!

Leidener Papyrus

Das Leidener Papyrus wurde in einem Grab im Theben des 3. Jahrhunderts n. Chr. gefunden. Neben chemischen Rezepten enthält es Anleitungen zur Kunsttechnik und zum Schreiben mit Gold- und Silberschrift. Es befindet sich heute im Rijksmuseum van Oudheden in Leiden.

Solche mittelalterlichen Vorschriftensammlungen, die oft Lehrbüchern ähneln, stellen zumeist der Art nach sowohl handwerkliche als auch malkünstlerische Mustersammlungen dar. Sie überliefern u. a. althergebrachte Rezepte zur Herstellung und Verarbeitung von Farb- und Bindemitteln. Leider haben sich nur wenige derartige Sammlungen erhalten. Die farbtechnischen Überlieferungen reichen wohl über das späte und hohe Mittelalter zurück bis in die frühe Antike.

Lucca-Manuskript, Liber sacerdotum, Mappae Clavicula und Heraclius

Das Lucca-Manuskript stellt als Quellenschrift des 8. Jahrhunderts eine der ersten maltechnischen Rezeptsammlungen überhaupt dar. Bei dem Liber sacerdotum, das wohl im 10. Jahrhundert niedergeschrieben wurde, handelt es sich um eine direkt aus dem Arabischen übersetzte Anleitung mit Rezepten zu verschiedenen Künsten. Auch die später entstandene Mappae Clavicula, eine Sammlung aus dem 12. Jahrhundert, beschrieb Miniaturmalerei, Vergoldung, Leime für Holz und Leinwand. Die Mappae Clavicula und das Traktat des *Heraclius* stellen eine Art Kompendium für alle Kunsttechniken dar, in denen spezielle Rezepte für die Malerei enthalten, aber nicht leicht zu finden sind. Daraus lässt sich schließen, dass sie nicht nur als das Werk eines einzigen Autoren angesehen werden können.

Theophilus Presbyter

Das Traktat des *Theophilus Presbyter* untergliedert sich als Lehrbuch in drei in sich abgeschlossene Bücher: zur Malerei, Goldschmiedekunst und Glasmalerei. Im ersten Buch wird die Malerei im Allgemeinen und die Buchmalerei im Besonderen behandelt. Das zweite Buch widmet sich der Glasherstellung. Im dritten Buch, das zugleich das umfangreichste ist, wird die Metallbearbeitung, die Einrichtung der Werkstatt und die Goldschmiedekunst selbst vorgestellt.

Neben *Theophilus'* künstlerischen Fähigkeiten verdient auch seine literarische Begabung Beachtung. Diese zeigt sich z. B. in den Einleitungen, die er in Reimprosa verfasste. Daneben war *Theophilus* als Mönch selbstverständlich auch theologisch gebildet.

Neuere Forschungen ergaben, dass sich hinter dem Pseudonym *Theophilus Presbyter* der berühmte Goldschmied *Roger von Helmarshausen* verbirgt. Das ergibt sich aufgrund der Übereinstimmungen beider Lebensläufe. *Roger* wurde anscheinend etwa 1070 im deutschsprachigen Raum um Lüttich (Liège) geboren. Nach einer Ausbildung in den Ardennen begab er sich nach 1100 in das Kloster St. Pantaleon zu Köln. Frühestens um 1107 ließ sich *Roger* dann in Helmarshausen nieder und wirkte u. a. beim Aufbau einer Goldschmiedewerkstatt mit. Hier verbrachte er seine längste Schaffensperiode und starb wenige Jahre nach 1125 an einem 15. Februar.

Das Traktat: De diversis artibus

Theophilus muss aus eigener maltechnischer und malkünstlerischer Erfahrung seine Studien zu mehreren Kunsthandwerkstechniken zusammengefasst haben. Aus diesen Untersuchungen entstand eine methodisch, systematisch genaue und praxisorientierte Anleitung in Form eines Lehrbuches. Dieses exakt vorgetragene Traktat übertrifft alle anderen Quellenschriftsammlungen des Mittelalters, da diese nur in loser Folge Rezepte und Malanleitungen wiedergeben und oftmals ohne jedes technische Verständnis aus anderen Quellen abgeschrieben haben. Erst *Cennino Cennini* stellt mit seinem »Libro dell'arte« rund 300 Jahre später ein vergleichbares Lehrbuch vor. *Theophilus'* Traktat »De diversis artibus« – auch »Schedula diversarum artium« genannt – entstand im ersten Viertel des 12. Jahrhunderts. Diese Handschrift ist weder im Original erhalten noch existiert eine authentische Kopie. Jedoch dokumentieren die zahlreichen Abschriften des 12. bis 18. Jahrhunderts das anhaltend rege Interesse an dieser Quellenschrift. Da im späten Mittelalter eine Spezialisierung des Kunsthandwerks einsetzt, stellen manche Abschriften lediglich Auszüge bestimmter Teilaspekte dar. Als eigentlicher Wiederentdecker dieses Manuskriptes gilt *Gotthold Ephraim Lessing*, der in der Herzoglichen Bibliothek von Wolffenbüttel eine der ältesten und zugleich vollständigsten Abschriften dieses Manuskriptes auffand. 1774 machte er in seiner Schrift »Vom Alter der Oelmalerey aus dem Theophilus Presbyter« der Fachwelt das I. Buch über Malerei zugänglich. Leider wurde Lessings Vorhaben, das Manuskript in vollständiger Übersetzung herauszugeben, durch dessen frühen Tod nicht mehr verwirklicht. *Albert Ilg*s Ausgabe aus dem Jahr 1874, zusammen mit dem lateinischen Text veröffentlicht, wurde wegen der zugrunde gelegten Texte und der oberflächlichen Übersetzung mehrfach scharf kritisiert. Inzwischen sind aber mehrere umfassende Übersetzungen erfolgt.

Im I. Buch behandelt *Theophilus* hauptsächlich Malmaterialien, daneben auch die Tafelmalerei und die Fassung sowie die Wand- und Buchmalerei. Im Mittelalter wurde jedoch häufig für ein Pigment *und* einen Farbton derselbe Ausdruck verwendet. So bezeichnet der Begriff »Farbe« zugleich den Sinneseindruck für die farbige Erscheinung wie auch das Farbmittel (Pigment oder Farbstoff), eine Pigmentmischung (etwa Membrana = Inkarnatfarbe) oder die fertige angeriebene Malfarbe (Farbmittel + Bindemittel). Für die sehr präzisen Rezepte und Anweisungen von *Theophilus* sind feste kanonisierte Regeln aufgestellt worden; darüber hinaus enthalten sie aber auch »Kochvorschriften« für Leime, Tinten und Firniszubereitung. *Theophilus* beschreibt zunächst genormte Pigmentherstellungen zum Malen von Inkarnaten, der Behaarung und der übrigen Farben der Gesichtszüge sowie zum Malen von Gewändern, Raumdarstellungen und »Streifen«, die wie Regenbogen aussehen. Darauf folgt die Schilderung zur Handhabung der Malerei auf Holz, eine technische Abfolge von der Zurichtung der Träger, Anweisungen zur Grundierung, Kaschierung, Zubereitung der Malmittel und des Firnis. Dann folgen die Angaben zur Metallfolienherstellung, zu Vergoldertechniken mit Goldlackherstellung und zur Lüstermalerei. Den Abschluss bilden Ausführungen zum Anreiben und Auftragen von öl- und gummigebundenen Farben, und schließlich wird auf die Herstellung einzelner Pigmente wie Zinnober, Grünspan, Bleiweiß und Mennige eingegangen. Interessant ist, dass das Malmaterial des *Theophilus* Allgemeingut der romanischen Malerei gewesen zu sein scheint.

Straßburger Manuskript

Die Kenntnis des Straßburger Manuskriptes verdanken wir *Sir Charles Eastlake* (1793–1865), der dieses für sein 1847 in London veröffentlichtes Werk »Materials for History of Oil Painting« übertragen hat. Von ihm stammt auch die getreue Abschrift dieser Quellenschrift. 1870 fiel bei einem Feuer die Straßburger Stadtbibliothek – und mit ihr das Originalmanuskript – den Flammen zum Opfer. *Eastlakes* Übersetzungen, die er nur teilweise publizierte, folgten einer Zweitschrift des Manuskriptes, die heute in der National Gallery in London aufbewahrt wird.

Dieses älteste noch existierende Handbuch für Maltechnik in deutscher Sprache wurde anonym verfasst und stammt wahrscheinlich aus dem 15. Jahrhundert. Die ursprüngliche Fassung liegt auf Mittelhochdeutsch vor und steht wohl in der Tradition jener Malhandbücher, die vom Meister für seine Schüler als Anleitung für die täglichen Arbeiten in der *bottega* (Werkstatt) niedergeschrieben wurden. Neben detailgenauen Arbeitsanweisungen enthält der Text auch gelegentlich Ermahnungen an die Lehrlinge, »Werkstattgeheimnisse« zu bewahren. Auch diese Quelle scheint von mehreren Autoren zu stammen. Die in diesem Schriftstück enthaltenen Rezepte sind in verschiedene Kapitel unterteilt. Der erste Teil besteht aus dem Herstellen bzw. Reiben von Farbstoffen und dem Anmischen von für die Illuminierung benötigten Farbtönen. Es wird vermutet, dass *Heinrich Lubbege* (Lübeck) der Urheber dieses Abschnitts ist. Der zweite Teil, wahrscheinlich den Praktiken des Malers *Andreas von Colmar* folgend, enthält Anweisungen für Vergoldungstechniken sowie Herstellungsverfahren für Gummilösungen, Tinten und Wasserfarben. Der dritte Teil, der zugleich der längste und praktisch wertvollste ist, beinhaltet eine Unzahl von Herstellungs- und Verwendungsweisen von Farben. Daneben finden sich aber auch Rezepte für Beizen, Binde- und Grundiermittel, für Firnisse sowie zur Applikation von Gold und Silber. Dass hier schon im Einzelnen über die Zubereitung von Ölfarben berichtet wird, bestätigt, dass die »Erfindung von Ölfarben« weit vor dem Schaffen der Brüder *van Eyck* datiert, anders als dies von *Vasari* behauptet wurde.

Grundlage der Übertragung waren gleichermaßen die Texte der Originalabschrift und der englischen Übersetzung. Nicht berücksichtigt wurden besonders ausgedehnte Passagen des mittelhochdeutschen Manuskriptes und umständliche Wiederholungen. Man bemühte sich aber, auf die Bedeutung bestimmter Passagen hinzuweisen, um ein Verständnis der alten Rezepturen zu sichern. Nicht übersetzbare oder im Einzelnen nicht bekannte Wörter, wie z.B. alte Gewichte und Maßeinheiten, wurden im Original belassen. Fehlende Wörter und Redewendungen wurden sinngemäß entschlüsselt oder ergänzt und darauf in Anmerkungen hingewiesen. Um die kunst- und maltechnischen Anweisungen zusammenfassen zu können und um die Lesbarkeit zu verbessern, wurde jedoch die ursprüngliche Textanordnung des Manuskriptes bei der Übertragung verändert. Die Passagen, die nicht zu den kunst- und maltechnischen Überlieferungen gehören, wie etwa der Abschnitt zwischen dem Text von *Andreas von Colmar* und dem über harzartige Bindemittel, der Rezepturen zur Seifensiederei, kosmetische Rezepte und allerlei vermischte technische Hinweise enthält, befinden sich in der Überarbeitung im Textanhang.

Literatur

The Strasburg Manuscript. Medieval Painter's Handbook. London 1966 (Engl. Übersetzung von Viola u. Rosamund Borradaile)
Das Straßburger Manuskript. Handbuch für Maler des Mittelalters. 2. Aufl. München 1976

Athosbuch des Dionysios

Das Handbuch des Malermönchs *Dionysios* vom Berg Athos beschreibt in seiner ältesten Fassung Malzubereitungen für Ikonen aus der Zeit weit vor dem 14. Jahrhundert. *Godehard Schäfer* setzte die durch *Lessing* begonnene Tradition der Neuherausgabe mittelalterlicher Texteditionen fort und veröffentlichte 1855 eine Ausgabe dieses Malerbuches. Das Original des Athosbuches war eine griechische Handschrift, die den kunsttechnischen Wissensstand der Ikonenmalerei bis in das

18. Jahrhundert überliefert. Nichtsdestoweniger greift die Handschrift des Malermönchs *Dionysios*, auch Hermeneia oder »Anleitung zur Malerei« genannt, auf bestimmte Maltechniken des 14. und 16. Jahrhunderts zurück. Noch heute orientiert man sich in den klösterlichen Malschulen an dieser Vorlage.

Als reines Malerbuch diente es ausschließlich als reine Handwerksanleitung für Ikonenmaler, und so fehlen historische oder kunstgeschichtliche Ausführungen. Die Schrift ist untergliedert in Anweisungen zur Farbenherstellung, Vergoldung und Goldschrift sowie zur Malerei. Letztere werden noch einmal unterschieden in die Bearbeitung von Wandflächen, Tafelmalerei und Miniaturmalerei. Allerdings ähnelt dieses Malerbuch in vielen Bereichen anderen quellenschriftlichen Malanweisungen. So deckt sich der Proplasmus etwa mit dem Verdaccio des *Cennini,* und die Karantion (= Fleischfarbe / Inkarnat) kommt der Membrana von *Theophilus* gleich.

Cennino Cennini

Beschäftigt man sich mit Quellen, die vor der Mitte des 15. Jahrhunderts entstanden sind, so gilt das Malereitraktat von *Cennino Cennini* als das bedeutendste. *Cennino di Drea* wurde um 1370 in Colle di Valdelsa als Sohn des Malers Drea (Andrea) geboren. Nach eigener Erklärung gehörte *Cennini* über zwölf Jahre der Werkstatt von *Agnolo Gaddi* an und gilt damit als einer der direkten Nachfolger *Giotto*s. Das einzige Werk, das ihm von *Vasari* zugeschrieben wird, ist ein Fresko in Florenz. Von weitaus größerer Bedeutung ist sein Malereitraktat, das sehr detailliert und ausführlich über die Auffassungen und Techniken der Malerei des 14. Jahrhunderts Auskunft gibt. Es wurde in Bewunderung für *Giotto* und *Agnolo Gaddi* geschrieben, und so erteilt *Cennini* Ratschläge an die angehenden Künstler in direkter Anlehnung an das Schaffen der großen Meister, oft in blindem Autoritätsglauben; nur in zweiter Linie abgeleitet vom direkten Naturstudium.

Den Beginn des Traktates bildet die Lehre von den Farben. Vorrangig werden die natürlichen und mineralischen Pigmente betrachtet. *Cennini* beschreibt die Vorbereitung und die eigentliche Malerei in Fresko, in Tempera mit Leim und Gummen. Er spricht verschiedene Techniken des Goldauflegens an und erwähnt die Miniaturmalerei. In diesem Zusammenhang nennt er auch *mordenti* (Beizen) für Wand und Stein, die aber nicht an Figuren zur Ausführung kommen sollen. Er schildert das Präparieren von Leinöl und das Malen mit Ölfarben, beschreibt Firnisse ohne nähere Zubereitungsart und prägte hier schon früh die Begriffe »sfumato« und »maniera«.

Aus dieser Zeit ist noch eine Reihe weiterer Schriftquellen zu den Maltechniken erhalten. Das umfassendste ist das so genannte Bologneser Manuskript *(segreti per colori)* mit 392 Kapiteln, das vor der Mitte des 15. Jahrhunderts niedergeschrieben wurde. Es wird aufbewahrt im Kloster San Salvatore in Bologna. Der Verfasser verdankt sein Wissen einem gewissen Meister *Jakob* aus Toledo. Damit wird auch der dominierende arabisch-maurische Einfluss belegt. Die detaillierte Beschreibung der Herstellung von Ultramarin aus Lapislazuli zeigt, dass der Autor mit der Farbenherstellung vertraut gewesen sein muss. Es werden aber neben den gängigen Rezepten auch Anweisungen zum Färben von Fellen, Leder, Seide etc. erteilt. Der etwas ältere *Neapeler Codex* befasst sich allgemein mit Schreiberkünsten und speziell mit der Miniaturmalerei. In seiner kompakten Form gilt er eher als Lehrbuch denn als Rezeptsammlung. An dieser Stelle muss auch die Sammlung von Rezepten erwähnt werden, die der Pariser Justitiar *Le Begue* im 15. Jahrundert mehr aus Liebhaberei zusammenstellte. Diese Schriften sind bei Merrifield abgedruckt und werden bei Berger gleichermaßen beschrieben.

Literatur

Cennino Cennini: Trattato della pittura. Rom 1821

Il Libro dell'arte di Cennino Cennini. Mailand 1859

Albert Ilg: Das Buch von der Kunst des Cennino Cennini. In: Quellen für Kunstgeschichte. Bd. 1. 2. Aufl. Wien 1871

Leonardo da Vinci

Als Sohn des Grundbesitzers und Notars *Ser Pero* wurde Leonardo in Vinci, einem Bergort unweit von Empoli in der Toskana, am 15. April 1452 geboren. Im Alter von rund 15 Jahren begann er in Florenz eine Lehre bei *Andrea del Verrocchio*. Alle großen italienischen Werkstattmeister wie *Piero della Francesca, Mantegna, Bramante, Bellini* u.a.

bemühten sich am Ende des 15. Jahrhunderts um einen anderen Status des Künstlers – es zielte auf die Aufhebung der traditionellen Unterscheidung zwischen *arte mechanique* und *arte liberale.* Wie in anderen Werkstätten seiner Zeit wurde auch bei *Verrocchio* in den verschiedensten Disziplinen ausgebildet. Er lehrte Perspektive und Anatomie, wozu es einiger technischer Erfahrung bedarf, um in geeigneter Form den eigentlichen Hintergrund zu erfassen. Die Zeit der Medici bot dafür die rechte Atmosphäre. So lernte *Leonardo da Vinci* die Künste von Malerei und Skulptur und erhielt schon früh Unterweisungen in Technik und Mechanik.

Bereits 1472 wurde *Leonardo* in die Florentiner Malerzunft aufgenommen und blieb noch fünf weitere Jahre bei *Verrocchio*, um danach etwa bis 1481 in Florenz als freier Maler zu arbeiten. Um 1490 stellte sich *Leonardo* am Mailänder Hof in die Dienste *Lodovico Sforzas*, wo er den Auftrag erhielt, ein monumentales Reiterstandbild *Francesos* zu erschaffen. 1498 vollendete er das »Abendmahl« in Mailand und kehrte nach dem Sturz der Sforzas wieder nach Florenz zurück. Dort widmete er sich seinen wissenschaftlichen Studien und begann seine Aufzeichnungen zum »Lehrbuch der Malerei«. Dem Ruf des Statthalters des französischen Königs *Charles d'Amoise* folgend, ging er 1507 wieder nach Mailand. Einige Zeit später kam er nach Rom, in der Hoffnung, Aufträge der Medici zu erhalten – während zeitgleich *Raffael* an den »Stanzen« arbeitete und Michelangelo die umfangreichen Fresken in der Sixtinischen Kapelle malte.

Ende 1516 verließ *Leonardo* Italien gemeinsam mit dem Mailänder Aristokraten *Francesco Melzi* (1491–1570) auf Einladung des jungen *Franz I.,* König von Frankreich. In einer kleinen Villa nahe der königlichen Sommeresidenz in Amboise an der Loire lebte Leonardo bis zu seinem Tod am 2. Mai 1519. Im Kreuzgang der königlichen Kirche St. Florentin wurde *Leonardo* beerdigt; sein Grab ging jedoch bei ihrem Abbruch 1812 verloren.

Melzi beerbte *Leonardo* und erwog, die Manuskripte zunächst unter dem Titel »Trattato della pittura« (Lehrbuch der Malerei) in einer großzügig kompilierten Ausgabe herauszugeben. Nach seinem Tode verstreute dessen Sohn *Orazio* jedoch das Erbe und somit den kompletten Nachlass Leonardos. So gelangte das schon weit fortgeschrittene Manuskript erst in den Besitz der Herzöge von Urbino und dann in die Vatikanische Bibliothek. Dort wird es noch heute aufbewahrt.

Bis Ende des 19. Jahrhunderts hatte niemand so recht eine Vorstellung davon, was die wissenschaftlichen Schriften *Leonardos* eigentlich beinhalteten. Nur seine theoretischen Überlegungen zur Malerei, die *R. de Fresne* 1651 veröffentlichte (abgeleitet aus dem Codex Urbino 1270), waren bis dahin bekannt. *Leonardo* war mit den Schriften *Vitruvs* über Architektur vertraut; dies belegt die bekannte Zeichnung des »Menschen nach Vitruv«.

Dem Experimentiergeist *Leonardos* entsprang eine ständige Suche nach immer besseren Mitteln und Wegen, um außerordentliche Wirkungen in der Darstellung und bei der Herstellung von Bildern zu erzielen. Die tatsächliche Realisierung von Gemälden schien er nicht vorrangig verfolgt zu haben, denn es sind nur an die 20 Gemälde seiner Hand überliefert. *Leonardo* kam zu Überlegungen, die reale Ebene der Natur und ihren Spiegel, das malerische Ab-Bild, zu verbinden. Dabei setzte er wahrnehmbare Eigenschaften in Beziehung: Es gibt keine Helligkeit ohne Schatten; Größen ändern sich durch die Entfernung und die Beleuchtung. Wenn sich *Leonardo* als Künstler an die Arbeit machte, musste er alle diese Überlegungen und Erscheinungen aufheben, um künstlerisch-schöpferisch tätig werden zu können. Er ersann so quasi ideale Bedingungen. Darin liegt auch der tiefere Sinn seiner Bemerkungen zu »wahrer« Farbe, »wahren« Schatten und der »wahren« Proportionierung der Dinge, also den überaus wichtigen Eigenschaften für das Zustandekommen eines Gemäldes. *Leonardos* Konflikt zwischen dem wissenschaftlichen Interesse einerseits und den tatsächlich realisierten Gemälden andererseits ist also vielmehr praktischer Natur.

Über *Leonardos* Malmaterialien sind leider nur fragmentarische Aufzeichnungen zu finden. Diese müssten sich in dem Notizbuch befunden haben, das der Kompilator des Codex Urbino vernachlässigte; sie gelten seitdem als verschollen. Da *Leonardo* in der Werkstatt *Verrocchios* ausgebildet wurde, die eine der ersten Italiens war, in der die Technik der Flamen Anwendung fand, ist ihm die Besonderheit der Ölmalerei und der Schichtentechnik schon geläufig gewesen. Dies ist zwar durch Zeugnisse belegt, doch die Geheimnisse seines Verfahrens konnten bisher noch nicht durch moderne Untersuchungsmethoden untermauert werden. Über die Zusammensetzung seiner Farben ist daher wenig bekannt. Typische

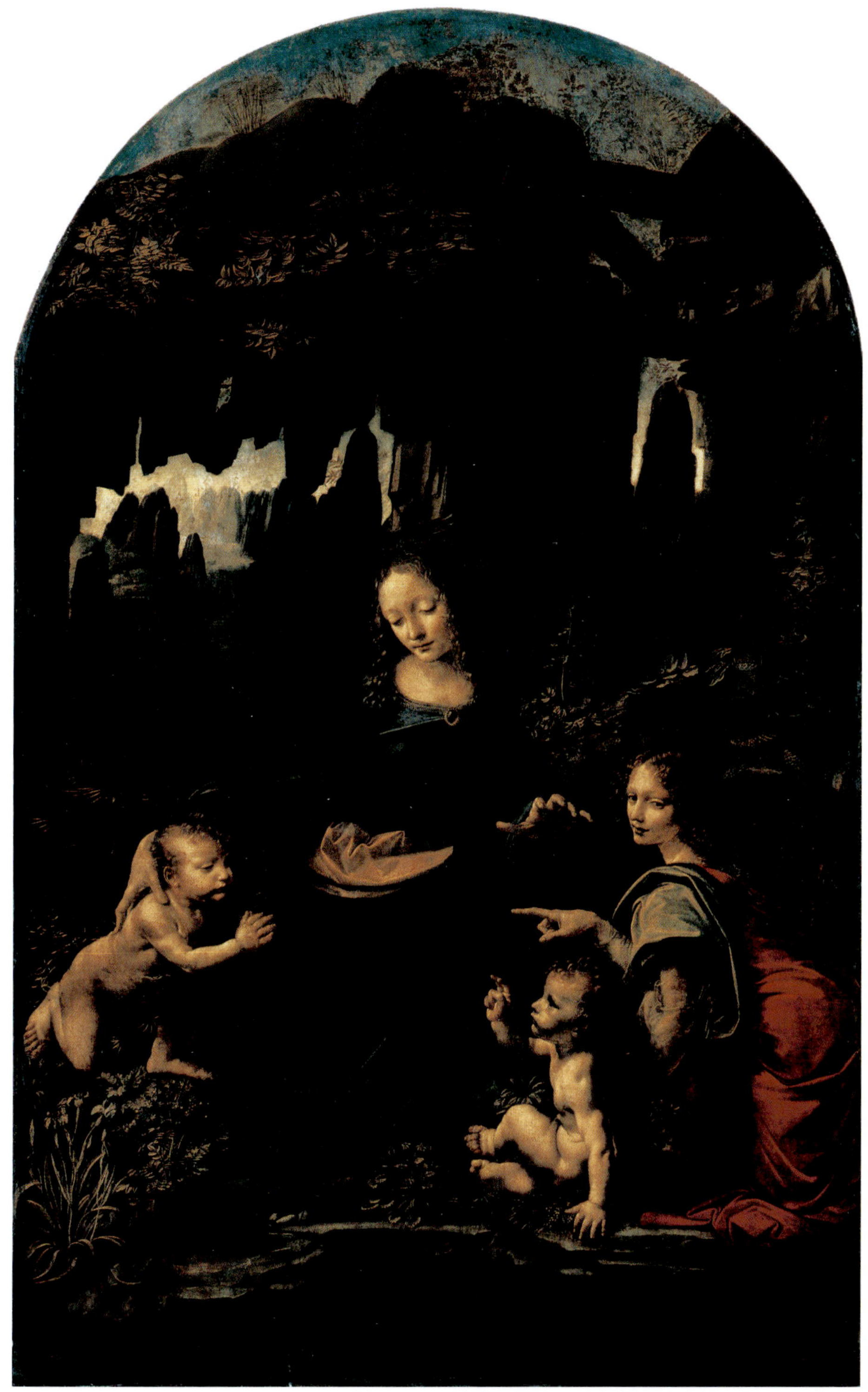

Leonardo da Vinci (1452–1519), »Madonna in der Felsgrotte«, 1483–1486, Öl auf Holz, 1806 auf Leinwand übertragen, 199 x 122 cm, Musée du Louvre, Paris

Merkmale von Ölmalerei fanden sich an den Gemälden »Anbetung der Könige« und am »Heiligen Hieronymus«.

In einem Vertrag vom 25. April 1483 vereinbarte *Leonardo* in Mailand mit der Bruderschaft der unbefleckten Empfängnis, für einen Altar ein Madonnenbild in der Malweise »al olio« zu fertigen und dabei in den Blaupartien das auch heute noch kostbare Lapislazuli zu verwenden. Die Bruderschaft musste lange auf die Lieferung des Bildes warten, denn sie waren erst nach Auseinandersetzungen um 1506–1508 zur Schlusszahlung bereit. Im Jahre 1781 wurde es verkauft und gelangte schließlich 1880 in den Besitz der Londoner National Gallery. Es handelt sich um eine Version der »Madonna in der Felsgrotte«.

Um 1475 notierte der 23-jährige *Leonardo* im Cod. Atlanticus ein Malmittel, bestehend aus einem Teil Öl, vermutlich Lein- oder Nussöl, jedenfalls einem trocknenden Öl, und zwei Teilen Terpentin, vielleicht Terpentinbalsam, ein harzig klebriger Ausfluss, der gemeinhin als Venezianer Terpentin bezeichnet wird. Eine Mischung dieser beiden Materialien ergibt ein harzreiches, überraschend flüssiges Malöl von jedoch viel zu hohem gilbenden Gehalt.

Leonardo kannte demnach bereits Ölfarben für die Tafelmalerei, obgleich zu dieser Zeit allgemein noch wässrige Temperen wie etwa Eitempera als Malmittel in Gebrauch waren. Aufgrund von Angaben bei *Cennini* und *Filarete* können wir annehmen, dass Ölfarbe zwar bekannt war, aber hauptsächlich in der Anstrichtechnik Verwendung fand. Der Vorteil für die Temperen war vor allem die geringe Gilbung bei kurzen Trockenzeiten. Demgegenüber stand der Nachteil der mangelhaften Vertreibbarkeit, weshalb die Künstler sich einer strichelnden Malweise bedienten, um feine »tonige« Übergänge zu erzielen. Nach dem Trocknen des Wassers aus dem Farbauftrag war keinerlei malerische Verteilung mehr möglich, um etwa feinere Übergänge oder hauchzarte Sfumato-Effekte zu erreichen.

Vasari schildert die Technik der Ölfarbe in den bekannten Van-Eyck-Passagen in der Vita *Antonellos* und trifft damit gewiss die allgemeine Situation, wenngleich seine Angaben auch mancherlei Verwirrung gestiftet haben. *Theophilus Presbyter* erwähnt ja schon die Ölfarbe. Das neue an der Van Eyck'schen Farbe könnte in der andersartigen Präparation der Malöle gelegen haben. Vorher verkochte man die Öle lediglich und mischte sie mit Harzen, um sie trocknungsfähiger zu machen. Noch *Cenninis* Firnis ist am Anfang des 15. Jahrhunderts ein klebriges, sehr stark gilbendes und schlecht trocknendes Material, das man mit dem Handballen auftrug und dann zum Trocknen der Sonne überließ. Demgegenüber häufen sich zu dieser Zeit auffallend die Angaben in Malerhandschriften des Nordens über den Gebrauch von Trockenstoffen, die mit Ölen verkocht wurden, um den Trockenvorgang abzukürzen. Diese übten darüber hinaus noch Bleicheffekte auf die Öle aus. Auch kannte man bis dahin allgemein nur die Destillation des Lavendels zu Spiköl, kaum aber jene des Terpentins als Verdünnungsmittel für Ölfarben. Auffallend ist, dass *Leonardo* noch um 1475 ein recht primitives Material vermerkt. Er muss laufend daran experimentiert haben, denn *Vasari* bemerkt schließlich im Zusammenhang mit *Leonardos* Tätigkeit für Papst Leo in Rom, dass der Meister sich mit dem Kochen von allerhand Malölen und Firnissen beschäftigte, welche die vollendeten Werke gut konservieren sollten. Als Papst Leo davon unterrichtet wurde, soll er ausgerufen haben: »Oh weh! Dieser wird nichts zustande bringen, da er ans Ende denkt, ehe die Arbeit begonnen ist.«

Dieses hier erwähnte klebrige Malmittel wurde schon in der Werkstatt seines Lehrers *Verrocchio* verwendet. In der Malerei der Londoner Madonna wurden folgende Pigmente nachgewiesen:

- Azurit (basisches Kupferkarbonat)
- Bleiweiß
- Kuprit (braunes Kupferoxid)
- natürliches Lapislazuli
- Van-Dyck-Braun
- Blei-Zinn-Gelb, welches wegen der Anwesenheit von Blei und Zinn in einem bleichen, goldgelben Material des gelben Mantelfutters Mariä als Pb_2SnO_4 identfiziert worden ist.

Die Untersuchungen an der Londoner Madonna ergaben, dass die Pappelholztafel mit einer dicken Schicht Gipsgrundierung überzogen wurde. Darüber findet sich eine hauchdünne transparent braune Schicht, die offensichtlich als Abtönung der grellweißen Grundierung diente, wie sie auch in der rechten oberen Ecke der Hieronymustafel entdeckt wurde. Darüber befindet sich eine in Grisaille vorbereitende Untermalung (im Mantel) aus Bleiweiß und Schwarz, wie sie schon *Cennini* in seinem 83. Kapitel beschrieb. *Leonardo* arbeitete nur partiell und dann nur in sehr dünnem Auftrag mit dem kostbaren Lapislazuli. Erst

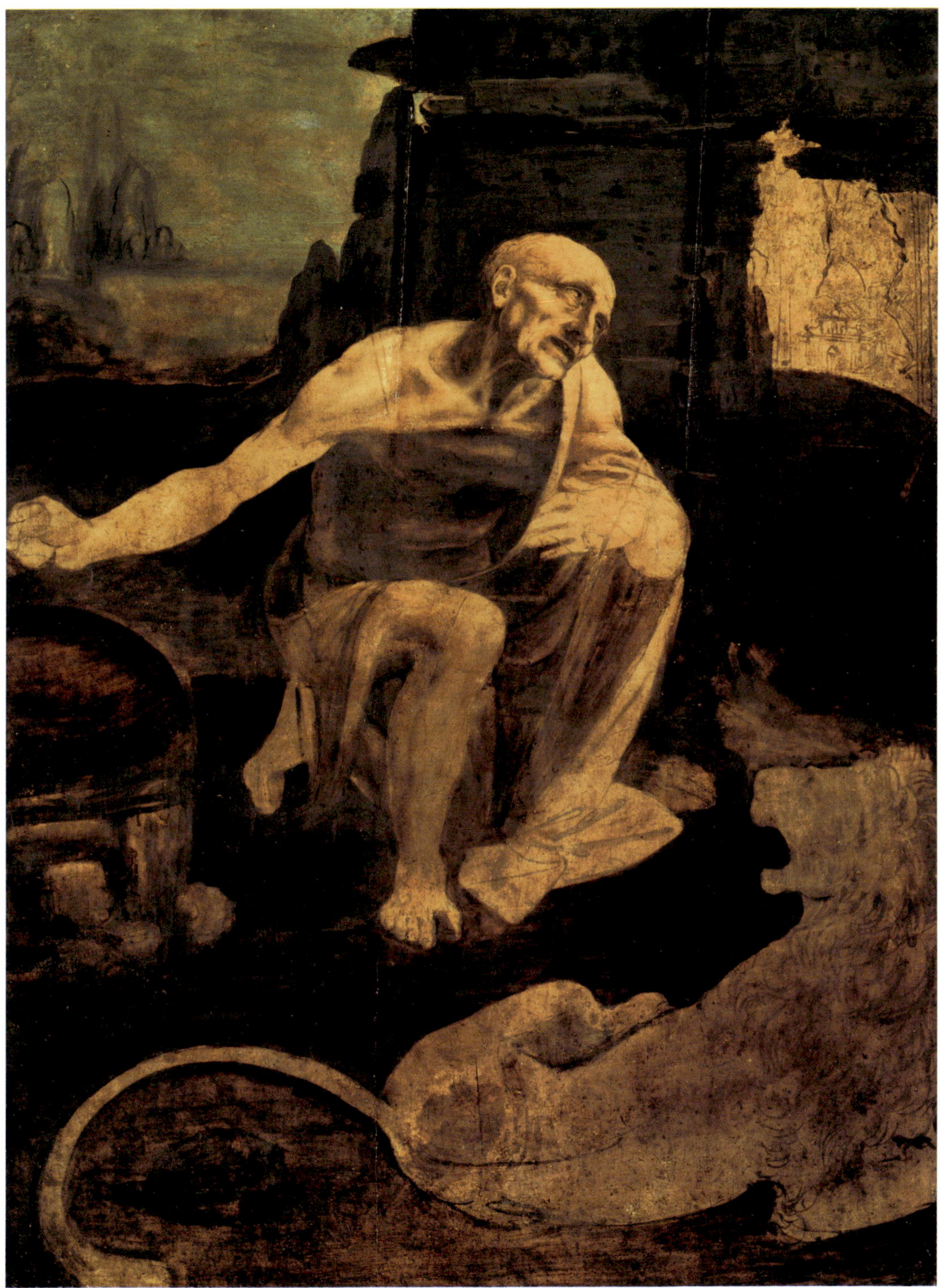

Leonardo da Vinci, »Der Heilige Hieronymus«, um 1482, Öl auf Holz, 103 x 74 cm, unvollendet, Vatikanische Museen, Rom

über dem grünlichen mit dem Öl ins Bräunliche gehenden Azurit vermalte er das Lapislazuli. *Heinz Ruhemann* beobachtete nach seiner Reinigungsprozedur in London: Es sind Fingerabdrücke in der Untermalung sichtbar – *Leonardo* war Linkshänder.

Vergiftungserscheinungen, die von der Verwendung von Bleiweiß herrührten, führten bei *Leonardo* mit zunehmendem Alter zu Lähmungserscheinungen, wie z.B. der Radiallähmung der Hände. Die größte Gefahr bestand im Einatmen von Bleiweißpartikeln, welches *Leonardo* beim Anlegen seiner Anghiarischlacht in großen Mengen verwendete (60 Pfund!).

Aus den im Viktoria and Albert Museum aufbewahrten Schriften geht hervor, dass die »Erfindung« von Wachspastell-Kreiden auf *Leonardo* zurückgeht: »Wie man sich Farbstifte zum Trockenkolorieren macht. Du mischst es (das Farbpulver) mit ein wenig Wachs, und es wird sich nicht mehr verkrümeln. Das Wachs musst du in Wasser lösen, damit dann, wenn du das Bleiweiß beigemischt hast, das destillierte Wasser verdampft und nur das Wachs zurückbleibt, und das ergibt dann die guten Stifte. Wisse aber, dass man die Farben mit einem heißen Stein mahlen muss.« (R 612/SK.M.II 159 r.)

In einer weiteren Vorschrift beschreibt *Leonardo,* wie man Papiere herstellt, um darauf botanische Zeichnungen anzufertigen. (R 616/C.A. 72 v.)

»Um ein schönes Grün zu machen, nimm Grün und mische es mit Umbererde, und du wirst dunklere Schatten machen; willst du sie heller, dann mische Grün mit Ocker; und noch heller, Grün mit Gelb; und für den Glanz nimm pures Gelb. Dann nimmst du Grün und Safrangelb zusammen und machst damit einen Schleier über alles.

Um ein schönes Rot zu machen, nimm Zinnoberrot oder Rötel oder gebranntes Ocker für die dunklen Schatten, und für die helleren Rötel- und Fleischfarben, und für den Glanz Fleischfarben allein; dann mach einen Schleier aus feinster Glasur.

Um ein Öl zu bekommen, das zum Malen taugt: einen Teil Öl zu einem Teil einmal destillierten Terpentins und einem Teil zweimal destillierten Terpentins.« (R 628/C.A. 262 r.)

Er schreibt, um die Schönheit des Grünspans zu vermehren, soll man die dritte Aloe, ein Bodensatz vom Destillat dieser Pflanze, verwenden. (LU 212/C.U. 68 r.)

Für die Dosierung der Farben gibt er uns oder auch sich ein Rätsel auf: »Wenn eine Unze Schwarz auf eine Unze Weiß einen Grad Dunkelheit ergibt, wie viele Grade Dunkelheit ergeben dann zwei Unzen Schwarz auf eine Unze Bleiweiß?« (R 624/A. 8 v.)

»Wie man ein Holzbrett vorbereitet, um darauf zu malen. Das Holz (Zypresse, Birnbaum, Eberesche oder Nussbaum), das du mit Kitt aus zweimal destilliertem Terpentin und Bleiweiß oder, wenn du willst, mit Mörtel bestreichst; und dann spanne es in einen Rahmen, in dem es je nach seiner Feuchtigkeit oder Trockenheit größer oder kleiner werden kann. Dann eine Schicht Branntwein mit einer zwei- oder dreifachen Arsen- oder Sublimatlösung, dann gekochtes Leinsamenöl, das überall eindringen soll, und reibe es, bevor es erkaltet ist, mit einem Tuch ab, damit es trocken aussieht; dann trage mit dem Spatel eine Schicht flüssige Glasur und Bleiweiß auf; dann wasche es mit Urin, sobald es trocken ist. Dann schmirgle es ab und zeichne fein darauf und bestreiche die Zeichnung mit einer Schicht von dreißig Teilen Grünspan und einer von einem Teil Grünspan und zwei Teilen Gelb.« (R 628/ A.I. r.)

Dabei handelt es sich um Ratschläge zur Herstellung von Bildträgern für die weitere Verwendung der Temperamalerei, die aber auch lange für die Ölmalerei verwendet worden sind.

»Von den Brettern, die gerade bleiben. Das Brett, das aus einem Teil des Baumes besteht, der nach Norden blickt, ist dasjenige, das sich weniger als die anderen verzieht und gerade bleibt, wie es von der Natur aus ist. Die Ursache dafür ist, dass die Sonne diese Seite wenig bescheint und somit die Säfte des Baumes wenig bewegt, was auf der Südseite nicht geschieht, weil sie den ganzen Tag von der Sonne beschienen wird, welche in ihrem Tageslauf die Säfte in diesem Teil des Baumes von der Ostseite zur Westseite bewegt.« (LU 854/C.U. 252 v.–253 r.)

Eine weitere Stelle, die im Original unklar ist, beschreibt, wie Bretter oder gesägte Bäume sich niemals von selbst verziehen. (LU 853/C.U. 252 v.)

»Wie man die Farben auf die Leinwand auftragen soll. Spanne deine Leinwand in den Rahmen, trage eine dünne Schicht Leim auf, lass sie trocknen und darauf zeichne dann und trage mit Pinseln aus Borsten die Fleischfarbe auf und auf die frische Malerei machst du abgestufte Schichten nach deiner Art. Die Fleischfarbe besteht aus Bleiweiß, Lack und Schwefelgelb; die Schatten aus Schwarz, Rot, ein wenig Lack oder Rötel, wenn du willst. Wenn du die Schatten gemalt hast, lasse trocknen, und wenn sie trocken sind, gehe noch einmal mit Lack und Gummilack darüber, das eine Zeit lang in seiner Flüssigkeit gelegen hat, denn das ist besser, weil es seine Wirkung tut, ohne zu glänzen. Um noch dunklere Schatten zu machen, nimm den besagten Gummilack und Tinte und damit kannst du viele Schatten schattieren, weil es durchsichtig ist, du kannst auch schattieren: Blau, und Lackrot, auf der dunklen Seite (der Gegenstände) meine ich, denn auf der hellen Seite schattierst du mit einfachem Gummilack über dem puren Lackrot; man malt unverdünnt einen Schleier über verdünntes und getrocknetes Zinnoberrot.« (LU 514/C.U. 161 v.)

»Öl. Mach das Öl aus Senfkörnern, und wenn du es noch leichter haben willst, dann mische die gemahlenen Körner mit Leinsamenöl und presse das Gemisch aus.« (R 629/SK.M. III 40 r.)

Leonardo beschreibt, wie das Walnussöl klarer wird. Das feine Häutchen, das nach dem Knacken der Nuss den Kern umhüllt, soll entfernt werden, damit es in der Malerei nicht nachdunkle. (R 631/C.A. 4 v.)

»Firnis. Mach ein paar Einschnitte in Wacholder und gieße seine Wurzeln, mische diese Flüssigkeit mit Nussöl, und du bekommst einen so vollkommenen Firnis wie Amberfirnis; mach dasselbe mit Zypresse und du bekommst einen schönen Firnis von ausgezeichneter Qualität. Mach das im Mai oder im April.« (R 636/SK.M.I. 43 r.)

Von den eingangs schon erwähnten Hilfsmitteln, die in dem bereits von *Leonardo da Vinci* erschienenen und hinlänglich bekannten »Traktat von der Malerei« zu Genüge enthalten sind, sei hier nur auf die Verwendung des Liniengitters hingewiesen.

»Wie man die richtigen Posen der Gestalten lernen kann. Wenn du dich daran gewöhnen willst, deine Gestalten in guten und richtigen Posen zu haben, dann stelle ein Gestell oder einen Rahmen, der mit quadratisch angebrachten Fäden bespannt ist, zwischen deinem Auge und dem nackten Modell auf, das du malen willst. Und dieselben Quadrate zeichnest du auch fein auf das Papier, wo du den besagten Akt abbilden willst. Dann befestige irgendwo an dem Rahmen eine kleine Wachskugel, die dir als Zielscheibe dienen soll und sich immer, wenn du den Akt ansiehst, mit dem Halsgrübchen decken soll, oder, wenn dir der Akt den Rücken zuwendet, mit einem Halswirbel. Und diese Fäden werden dich lehren, an welcher Stelle unterhalb des Halsgrübchens sich die verschiedenen Bewegungen befinden: unter den Ecken der Schultern, unter den Brüsten, den Hüften und anderen Körperteilen; und die Querlinien werden dir zeigen, um wie viel höher sich ein Bein befindet als das andere, und dasselbe gilt für die Hüften, Knie und Füße [...] Später, wenn du die Gestalt malst, denk an die Regeln der Entsprechungen zwischen den einzelnen Gliedern, wie sie dir das Netz gezeigt hat, das dreieinhalb Ellen hoch, drei Ellen breit und von dir und von dem Modell sieben Ellen entfernt sein soll.« (R 523/A. 104 r.)

Literatur

Leonardo da Vinci: Sämtliche Gemälde und die Schriften zur Malerei. Hrsg. u. kommentiert von André Chastel. München 1990

Thomas Brachert. In: Maltechnik-Restauro 1977, Heft 1.

Giorgio Vasari

Giorgio Vasari, am 30. Juli 1511 in Arezzo geboren, erhielt zunächst eine Ausbildung als Glas- und Freskomaler. Später erlernte er die Goldschmiedekunst und war auch als Baumeister tätig. Auch als Lehrer vieler Schüler machte sich *Vasari* einen Namen. Aus seinem umfangreichen Schaffen haben sich viele Werke überliefert, berühmt sind jedoch seine Fest- und Theaterdekorationen. Von weitreichender Bedeutung ist seine literarische Tätigkeit als Künstlerbiograph. Er starb am 27. Juni 1574 in Florenz.

Durch sein Werk »Leben der berühmtesten Architekten, Maler und Baumeister« sind viele Daten und Werke einzelner Künstler Italiens aus der Renaissancezeit bekannt. Seine Texte sind dabei nicht frei von Ausschmückungen, enthalten oft sogar dichterisch-fiktive Zusätze. Man findet aber auch etliche Hinweise zur Maltechnik. *Giorgio Vasari* veröffentlichte noch selbst die »Vite«, die 1551 in der ersten und 1568 in der zweiten Ausgabe erschienen.

Den Künstlerbiographien sind eine Vorrede und eine Einleitung vorangestellt. In der Einleitung (»Introduzione«), in der *Vasari* als tätiger Maler zu seinen Berufsgenossen tatsächlich in Dialogform spricht, finden sich vorwiegend maltechnische Akzente.

Zunächst behandelt er verschiedene Arten von Zeichnungen unter technischen Gesichtspunkten und erläutert Übertragungsmethoden (Quadratnetz) und das Herstellen von Kartons.

Neben der Freskotechnik beschreibt er auch die Wandmalerei mit Öl und Tempera. Sehr ausführlich beschäftigt er sich dann mit den Maltechniken auf Leinwand und Holztafeln und befasst sich außerdem mit den Vergoldungstechniken, mit der Grottenausstattung und den Dekorationstechniken. Dabei orientiert sich *Vasari* an den Werken seiner Vorgänger. Dazu gehören *Leon Battista Alberti*s »Drei Bücher von der Malerei«, das in maltechnischer Hinsicht wenig ergiebige Traktat zur Zeichen- und Baukunst von *Antonio Averlino Filarete* und die Schriften von *Cennini* und *Leonardo*.

Literatur

Giorgio Vasari: Leben der berühmtesten Architekten, Maler und Baumeister. Stuttgart/Tübingen 1832–1847 (Reprint Worms 1983)
Leon Battista Alberti: Della Pittura libre tre. Basel 1540. 1. ital. Ausgabe: Venedig 1547
Leon Battista Alberti's Kleine kunsttheoretische Schriften. In: Quellenschriften zur Kunstgeschichte und Kunsttechnik. Bd. XI. 1877
Antonio Averlino Filarete: Traktat über die Baukunst. In: Quellenschriften zur Kunstgeschichte und Kunsttechnik. Neue Folge. Bd. III. 1890

Théodore Turquet de Mayerne

Am 28. September 1573 wurde *Théodore Turquet* in Mayerne in der Nähe von Genf geboren. Er studierte zunächst in Genf und Heidelberg, um dann 1596/97 in Montpellier zu promovieren. *De Mayerne* zog 1600 nach Paris, war dort »königlicher Distrikt-Arzt« und hielt regelmäßig Vorlesungen in Medizin und Pharmazie. 1611 wurde er zum Leibarzt des englischen Königs berufen. In dieser Funktion war er auch *Jacob I.* zu Diensten. Er wurde 1621 zum Baron d'Aubonne als Eigentümer eines Gutes bei Lausanne erhoben und gehörte drei Jahre später dem englischen Ritterstand an. Als Sir *Théodore Turquet de Mayerne* war er auch Leibarzt König *Karls I.* und, nach dessen Hinrichtung (1649), auch kurze Zeit der von *Karl II.* Bald danach zog er sich aber ins Privatleben zurück und starb am 22. März 1655 in Chelsea. *De Mayerne* sammelte aus privatem Interesse Rezepte der Maltechnik und machte Notizen zu seinen Gesprächen mit Künstlern. Seine reichen beruflichen Erfahrungen als Arzt dokumentierte *de Mayerne* in etlichen Abhandlungen über Krankheitsverläufe. Viele damalige pharmazeutische Erfindungen oder auch kosmetische Mittel gehen auf seine Experimente zurück. Wichtiger in unserem Zusammenhang sind jedoch seine bedeutenden Aufzeichnungen zur Technik der Künste. Durch seine Tätigkeit am englischen Hof kam *de Mayerne* mit berühmten Künstlern seiner Zeit in Kontakt. So kannte er nicht nur *Antonis van Dyck* oder *Hans Holbein d. J.* und *Peter Paul Rubens*, sondern war ihnen auch freundschaftlich verbunden. Seine Notizen folgen keinem bestimmten Prinzip, vielmehr gliedern sie sich nach dem Datum ihrer Eintragung von 1620 bis 1644. Manche seiner Eintragungen lassen sich direkt auf Werkstattgespräche zurückführen.

In seinen Notizen finden sich kunsttechnische Details zur Herstellung von Ölen und deren Modifizierung, Beschreibungen über die Zubereitung von Firnissen, Farben und Farbmaterial bzw. deren Fabrikation. Des Weiteren werden Grundierungen und Imprimaturen, die Herstellung von Pastellfarben und Farbstiften (Crayons) beschrieben.

Literatur

Ernst Berger: Quellen für Maltechnik während der Renaissance und deren Folgezeit. München 1901
Johannes Alexander van de Graaf: Het de Mayerne Manuskript als bron voor de schildertechniek van de barok (Dissertation Utrecht). Mijdrecht 1958

Carel van Mander

Der holländische Maler, Dichter und Künstlerbiograph *Carel van Mander* wurde im Mai 1548 in Meulebeke bei Courtrai geboren und wurde Lehrling bei dem Maler und Dichter *Lukas de Heere*. Später reiste er nach Florenz und dann nach Österreich. Anfang der 1580er-Jahre kehrte er wohl wieder nach Courtrai zurück, wohnte dann in Haarlem und später ab 1604 in Amsterdam. Dort verstarb er am 2. September 1606. Da ihm nur wenige Werke zugeschrieben werden konnten, war er lange Zeit als Maler verkannt. Berühmt wurde er durch das Schilderboek, dessen erste Ausgabe 1604 vom Buchhändler *Passchier van Westbusch* in Haarlem gedruckt wurde. Die zweite verbesserte Edition erschien in Amsterdam mit einem um die Biographie *van Manders* ergänzten Text.

Ähnlich wie *Vasari* beschreibt *van Mander* in der Einleitung die einzelnen Bestandteile der Malerei. Neben Proportionen und der Darstellung von Historienbildern widmet er sich in nur einem Kapitel der Malerei und dem Kolorieren. Er bezieht sich dabei weder auf besonderes Farbmaterial noch auf bestimmte Firnisse oder Öle. Dennoch beschreibt er einige technische Details der Öl- oder auch der Freskomalerei. So benennt er praktische Beispiele und warnt vor der Verwendung von Lampenschwarz oder Massicot. Stattdessen empfielt er Ocker. Auch sollten Mennige oder Grünspan wegen ihrer Virulenz in keinem Fall verwendet werden. Das Kapitel über die Bedeutung von Farben endet nach einer Schilderung zur Behandlung von Smalte.

Von *Samuel van Hoogstraeten,* einem Schüler *Rembrandt*s, erschien in der Nachfolge *van Mander*s gegen Ende des 17. Jahrhunderts ein weiteres Malerbuch, das aber nur wenige Angaben zu Farbmaterial enthält. Auch spätere niederländische Werke dieser Zeit, wie jene von *Goerée*, *ter Brügge* oder *Gerard de Lairese*, enthalten nur wenige technische Details zur Maltechnik.

Literatur

Carel van Mander: Schilder-Boek. Haarlem 1604
Carel van Mander: Das Leben der niederländischen und deutschen Maler. 1906 (Reprint Worms 1991 – nach der Ausgabe von Hanns Floerke)

Francisco Pacheco

Francisco Pacheco wurde am 3. November 1571 in Sanlúcar de Bermuda getauft und lernte bei *Luis Fernández.* 1611 reiste er nach Madrid und Toledo, wo er u.a. die Bekanntschaft mit *El Greco* suchte. 1618 wurde er von der spanischen Inquisition zum Gemäldezensor, 1619 zum Pintor Real ernannt, 1623 begleitete er seinen Schwiegersohn *Velázquez* nach Madrid. *Pacheco* war ein geschätzter Lehrer und wurde als Lehrmeister von *Velázquez* berühmt. An seinem Buch »Arte de la Pintura« arbeitete *Francisco Pacheco* insgesamt 30 Jahre; es wurde schließlich 1637 vollendet und erst 1649 veröffentlicht. *Pacheco* widmet sich in diesem Buch, das von einer für Spanien typischen Betrachtungsweise von Kunst geprägt ist, einer ganzen Reihe von maltechnischen Verfahrensweisen. *Pacheco* starb 1654 in Sevilla.

Im ersten Band befasst sich *Pacheco* mit dem theoretischen Aspekt der Malerei. Dabei stellt er sich und seine Malerei oft in den Vordergrund. Im folgenden Band behandelt er das Anfertigen von Skizzen, Zeichnungen und Kartons; dabei orientiert er sich u. a. an *Vasari*. Hier werden Mal- und Vergoldungstechniken, Techniken der Staffier- und Miniaturmalerei, aber auch Besonderheiten der Landschafts-, Stillleben-, Tier- oder Porträtmalerei beschrieben. Abschließend folgt eine Abhandlung »Über den günstigen Einfluss der Malkunst auf den Charakter, endlich ausführliche Angaben über die Darstellung von Heiligenlegenden«.

Literatur

Francisco Pacheco: Arte de la Pintura. Madrid 1866

Angelika Kauffmann

Angelika Kauffmann wurde am 30. Oktober 1741 in Chur im Schweizer Kanton Graubünden geboren. Ihr Vater, *Joseph Johann Kauffmann*, ein Porträt- und Kirchenmaler, bildete sie im Fach der Malerei aus. Als Malerin ist ihre Stellung für die damalige Zeit in mehrfacher Hinsicht außergewöhnlich.

Sie zeichnete bereits früh, übte sich im Malen, indem sie z.B. alte Meister kopierte. Nach dem Tod der Mutter 1757 siedelte sie mit ihrem Vater nach Schwarzenberg um. Unter der Anleitung des Vaters malte die erst 16-Jährige nach einer Stichfolge von *Giambattista Piazzetta* die Apostel-Fresken in der Schwarzenberger Dorfkirche. In Rom lernte sie 1763 *Johann Joachim Winkelmann* kennen, dessen Porträt sie zeichnete, radierte und malte. 1765 wurde *Angelika Kauffmann* in die Akademie di S. Luca aufgenommen. Nach Aufenthalten in Neapel oder Bologna gelangte sie schließlich nach Venedig, wo sie mit *Lady Wentworth* bekannt wurde, mit der sie 1766 nach London übersiedelte. Hier blieb sie 15 Jahre und gehörte zu den Gründungsmitgliedern der Royal Academy.

1781 heiratete *Angelika Kauffmann* in zweiter Ehe den Malerkollegen *Antonio Zucchi* (1726–1795) und zog mit ihm zunächst nach Venedig und im darauf folgenden Jahr nach Rom. Dort übernahmen sie die ehemalige Wohnung von *Anton Raphael Mengs* in der Nummer 72 der Via

Sistina, wo sie bis auf wenige Unterbrechungen bis zu ihrem Tode lebten. Die Wohnung war geistiger und gesellschaftlicher Treffpunkt, von dem die klassischen Romreisenden Ende des ausgehenden 18. Jahrhunderts berichteten. *Angelika Kauffmann* starb am 5. November 1807 in Rom. Den gesamten künstlerischen Nachlass übernahm ihr Vetter Johann. Heute befinden sich viele Teile des Nachlasses im Vorarlberger Landesmuseum in Bregenz.

Ihre Malerei mit mythologischen, allegorischen und religiösen Themen spiegelt den Übergang vom Rokoko zum Klassizismus. Überaus geschätzt waren ihre Porträts, die den Einfluss englischer Porträtkunst zeigen. Ein Großteil ihrer Arbeit bilden Decken-, Wand- und Kamindekorationen, deren überwiegender Teil kaum noch erhalten ist. Hierbei hat *Angelika Kauffmann* wiederholt mit ihrem Ehemann und gelegentlich auch mit ihrem Vater zusammengearbeitet. Ihr graphisches Werk, das hauptsächlich in der Londoner Zeit entstand, ist mit 36 Blättern in Aquatinta- und Radiertechnik vergleichsweise schmal. Weithin bekannt sind jedoch eine große Anzahl graphischer Blätter, die nach ihren Bildern oder Zeichnungen reproduziert wurden.

Beschäftigt man sich mit den künstlerischen Materialien und den Maltechniken im Œuvre *Angelika Kauffmann*s, stellt man einen Entwicklungsprozess fest. Dieser beginnt schon bei der Wahl des Bildträgers und zieht sich über die Farbwahl bis hin zur angewandten Maltechnik. Dabei ist eine persönliche »Handschrift« immer stärker erkennbar, die nicht zuletzt anhand der Wahl des Firnis zu entdecken ist. Pigmente, Bindemittel, Pinselduktus und Auftragsstärke sind noch während der Entstehung eines Bildes einem nicht nur gestalterisch-malerischen, sondern gerade auch technologischen Prozess unterworfen.

Die von *Angelika Kauffmann* gewählten Bildträger wiesen neben funktionellen vor allem ästhetische Qualitäten auf. Zeittypisch war dabei ein auf einen Rahmen gespanntes Tuch (meist ein in Leinenbindung gebundenes Flachsgewebe). Vor allem während *Kauffmann*s Londoner Zeit verwendete sie für kleinere Bilder oft metallische Bildträger, meist in Form von ovalen Kupferplatten, selten rund oder aus Eisen.

Parallel zu den Apostelfresken in Schwarzenberg entstanden zwei Gemälde der Heiligen Petrus und Paulus, bei denen noch relativ grobes Bleiweiß in der Grundierung verwendet wurde. Der dem Fresko entgegengesetzte rotbraune Grundton wird durch dunkle Beigaben organischer Schwarzpigmente und roter Bleimennige hervorgerufen. *Kauffmann*s spätere Malerei zeichnet sich hingegen durch eine helle Farbtransparenz aus, ist also bestimmt durch eine allmähliche Abkehr von dunkelfarbigen Grundierungen. So wurde die zunächst dunkelgraue, fast violette Grundierung ihrer Londoner Zeit abgelöst von einer grauen bis ockergelben Grundierung und schließlich von den hell-transparenten fast weißen Farbtönen ersetzt.

Bei einem ihrer Werke, »Hektor wirft Paris Weichlichkeit vor« (1770), folgte nach der untersten und dicksten Grundierungsschicht als Zwischenleimung eine dünnere Bindemittelschicht, auf die dann eine zweite, dünnere Grundierung aufgetragen wurde. In dieser Phase wurde bereits mit der Grundierung ein erster Farbauftrag aufgebracht, um sowohl eine glattere Oberfläche als auch eine bessere Verbindung zu den folgenden Malschichten zu erreichen. Gegen Ende der Londoner Zeit ging die Künstlerin zu einem einschichtigen Aufbau über. Danach folgte stets der Bindemittelauftrag, was für eine möglichst schnelle wie preisgünstige Herstellungspraxis spricht. Eine zu starke Sättigung setzt zwar den Bindemittelbedarf der folgenden Malschichten herab, kann aber auch zu mehr oder weniger starker Runzelbildung führen. Die Verwendung von Bleiweiß bei dünnschichtigem, zügigem Aufbau war wenig materialaufwändig.

Die Vorstudien zu Porträts waren meist ebenso genau wie die exakt aufgesetzte Unterzeichnung. Für die Einzelporträts des Königs *Ferdinand IV.* von Neapel und dessen Frau *Maria Karoline* (1782/83) wurden zunächst wohl Studien angefertigt. Bei den Modelli verwendete *Kauffmann* ein Gewebe von geringerer Webdichte, das zudem auf ein und demselben Spannrahmen grundiert und bemalt wurde. Die Übertragung eines Entwurfs erfolgte meist direkt auf die Grundierung – sowohl freihändig als auch mithilfe eines Rasters.

Der Farbauftrag im Werk *Angelika Kauffmann*s variiert stark. Es finden sich Farbschichten von dünn-lasierendem Aufbau, z. B. im Bereich der Gewänder. Im Hintergrund wirkt der Farbauftrag allerdings fast frottierend, während im Inkarnat pastose Partien beobachtet werden können. Während ihres zweiten Romaufenthaltes tendierte *Angelika Kauffmann* jedoch zu einem gleichmäßigen Malaufbau. Dabei bevorzugte sie farbige Grundierungen als rationellere Malmethode. Um

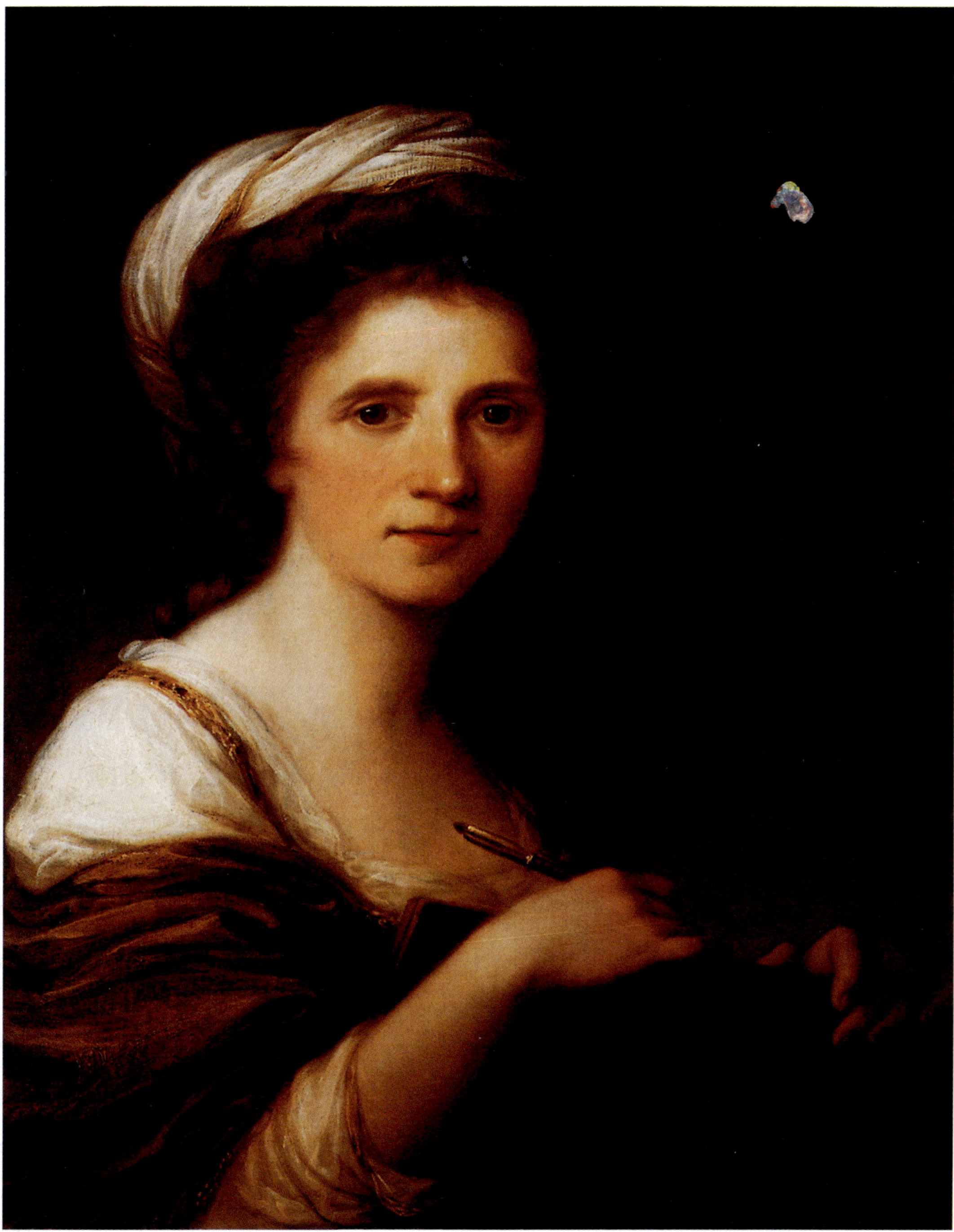

Angelika Kauffmann (1741–1807), »Selbstbildnis mit Zeichenstift und Zeichenmappe«, 1784, Öl auf Leinwand, 64,8 x 50,7 cm, Bayerische Staatsgemäldesammlungen, Neue Pinakothek, München

aber den übergangsreichen »chiar e scuro«-Effekt in Transparenz und Tiefenwirkung erreichen zu können, wurde die Farbe modifiziert. Das bedeutet die Verwendung öliger, harziger und sikkativierter Malmittel, die in Verbindung mit Lasurpigmenten, Asphalt oder Lacken eingesetzt wurden. Bereits ihre Zeitgenossen warnten vor maltechnisch bedingten ungewollten Veränderungen wie eingeschlagenen Farbpartien, Runzelbildung oder gar Frühschwundrissen.

Obwohl kaum ein originaler Firnisüberzug aus dieser Zeit erhalten ist, können wir davon ausgehen, dass wahrscheinlich gelöstes Mastix zur Herstellung benutzt wurde. Allerdings konnte ein solcher lösemittelhaltiger Firnis erst ein Jahr nach Fertigstellung aufgetragen werden. Als provisorischer Schutzüberzug dienten oft wasserlösliche Eiweißfirnisse, die dann wieder entfernt werden konnten. Die Reste solcher Firnisse auf Gemäldeflächen führten aber meist zu Vergrauungen und mattierenden Effekten. Bei Ölstudien war ein Firnisauftrag oft nicht beabsichtigt. *Kauffmanns* sehr differenzierte Wahrnehmung im Erscheinungsbild der eigenen Werke führte bei der Umsetzung der künstlerischen Idee dann auch zu verschiedenen Lösungen, die nie starr, sondern sehr flexibel waren.

Eine Analyse zeigt, dass die von *Angelika Kauffmann* verwendeten Pigmente zeittypisch sind. Eine Sammlung von Pigmenten, die zwar aus ihrem Atelier stammen soll, deren Provenienz aber nicht eindeutig geklärt ist, wird im Deutschen Museum in München aufbewahrt. Die Sammlung wurde dort erst 1909 von einer gewissen *Natalie von Nikitin* (ohne Daten) abgegeben, die als Provenienz den Nachlass *Angelika Kauffmanns* angab. Fünf Farben wurden in Glasfläschchen aufbewahrt, vier in kleinen Pappschächtelchen, von denen sich eines als Pillenbehältnis des 19. Jahrhunderts identifizieren ließ. Genau dieses als Probe 9 bezeichnete Behältnis weist ein Etikett der »Heneleschen Apotheke Regensburg« mit Datum vom »9.11.[18]63« auf, das handschriftlich mit der Bezeichnung »Cadmiumgelb« versehen wurde, ein Pigment, das erst 1817, also nach Kauffmanns Zeit, entdeckt wurde.

Die als »Ultramarin-Asche aus Rom« beschriftete hellblaue Probe 2 enthielt zu 20% natürliches Ultramarin, das mit einem hohen Anteil Verschnittmittel gestreckt worden war. In der Probe 3 war 70% Azurit mit Silikatanteilen enthalten. In Probe 5 waren als roter Farblack Krapp mit Zusätzen von Zinnober und Karmin im Verhältnis 2 : 3 bzw. im Verhältnis 1 : 1 der Probe 6 »geschönt«. Die Dünnschichtchromatographie wies bei der als »Römischer Lack aus dem Nachlass Angelika Kauffmann« bezeichneten Probe 7 wieder einen wenn auch verschnittenen, aber hellen Krapplack nach. In Probe 8 wurden neben braunem Eisenoxid auch Aluminium- und Kaliumsulfate und ein als Van-Dyck-Rot bekannter Farblack nachgewiesen. Die Probe 9 enthielt Karminlack.

Literatur

Irmgard Ziegler: Die Farben der Rokoko-Malerin Angelika Kauffmann. In: Die BASF, März 1974

Francisco José de Goya y Lucientes

Der Maler, Radierer und Lithograph *Francisco José de Goya y Lucientes* wurde am 30. März 1746 in Fuendetodos im spanischen Aragonien geboren. *Goya*s Mutter stammte aus dem zwar traditionsbewussten, aber verarmten Kleinadel, der »Hidalguía«. Sein Vater war ein Handwerker mit künstlerischen Ambitionen, der als Vergolder arbeitete.

In der aragonischen Stadt Saragossa führte der junge *Goya* das Leben eines Straßenjungen. Durch zahlreiche Affären und Händel wurde er der Inquisition verdächtig, sodass er schließlich nach Madrid floh, wo er »ein wenig« studierte. Bei einem Handgemenge – vermutlich um ein leichtes Mädchen – wurde er lebensgefährlich verletzt und nach seiner Erholung aus Madrid ausgewiesen. Um 1764 lebte *Goya* in Rom. Aber auch hier fand sein Leben als Bohemien am Rande bürgerlicher Existenz eine gefährliche Fortsetzung: Man drohte ihm wegen eines unbekannten Vergehens mit der Todesstrafe. Nur durch Protektion des russischen Botschafters konnte sich der erst 20-jährige *Goya* der Strafe entziehen und nach Saragossa zurückkehren. Dort wurde er rehabilitiert und mit dem Auftrag bedacht, die Kathedrale del Pilar mit religiösen Fresken auszumalen. Noch kaum 30-jährig heiratete *Goya Josefa Bayeu*, die Schwester des Hofmalers *Francisco Bayeu y Subias*. Über 20 Kinder wurden in dieser Ehe geboren, aber nur ein Sohn blieb am Leben. Bei seinem Schwager *Bayeu* absolvierte er auch die Lehre.

Nach einem Auftrag der Teppich- und Gobelinmanufaktur Santa Barbara wurde nun auch der spanische Hof auf den jungen Maler aufmerksam. »Sein arger Weg der Erkenntnis« – so der Titel des berühmten Romans von *Lion Feuchtwanger* – begann für ihn als »Traumpfad zu den Palästen der Macht«. Schon 1780 nahm man *Goya* in die Akademie auf. 1783 malte er das Porträt eines Bruders des Königs, den Infanten *Don Luis*, der ihn protegierte; drei Jahre später ernannte ihn der Hof zum Maler des Königs. Er wurde zum Porträtisten à la mode in der Madrider Gesellschaft. Der Beginn der Regierung des neuen Herrschers *Karls IV.* war eine stürmische und unruhige Zeit, die mit der Französischen Revolution zusammenfiel und ganz Europa erschütterte.

In seinen Porträts von schonungsloser Offenheit versuchte *Goya* neue Ausdrucksformen umzusetzen, indem er Gesichter in ein ebenso schmeichelhaftes wie unerklärliches Licht tauchte. Die Figuren scheinen überzeugend auf dem Boden zu stehen, und dennoch haben sie etwas Schwebendes. Vielleicht nahm *Goya* die »impressionistische Leichtigkeit« hier schon vorweg.

1792 litt *Goya* unter einer schweren, lebensbedrohlichen Krankheit, die eine tiefe Spur in Leben und Werk hinterließ. Manche hielten sie für syphilitisch; *Jovellanos* sprach von Apoplexie. Diese Krankheit führte allmählich zur völligen Taubheit, die ihn isolierte. In den folgenden Jahren arbeitete er an der Radierfolge »Los Caprichos«.

1808 wurde Spanien von den Truppen *Napoleons* besetzt, sein Bruder *Joseph* zum König von Spanien ernannt. Dies löste den Aufstand des spanischen Volkes aus, den *Goya* als Chronist der Leiden und Schrecken miterlebte. Zu den beeindruckenden Werken zählt das Gemälde »Die Erschießung der Aufständischen am 3. Mai 1808« im Museo Nacional del Prado in Madrid, das später auch Picasso als Vorbild diente.

Später lebte *Goya* in seinem Landhaus bei Madrid zurückgezogen wie ein Gefangener und wurde Opfer gezielter und spontaner Bedrohung. Der *Goya* der »Caprichos« war nicht vergessen, trotzdem wurde er als den Franzosen entgegenkommend diffamiert. *Goya* ging nach Bordeaux, wo er 1828 an den Folgen eines Schlaganfalls starb.

San Antonio de la Florida

Im Norden Madrids zwischen einer Überlandstraße und einem der größten Bahnhöfe der Stadt stehen zwei neoklassische Kirchen mit kalkweißen Mauern. Bis zum Ende des 19. Jahrhunderts war hier die Stille eines schönen Ruheplatzes mit Garten: la Florida. Die ältere der beiden Kirchen ist San Antonio de la Florida, die *Goya* ausgemalt hat und in der er begraben liegt. Heute ist dort ein Goya-Museum eingerichtet. Die andere Kirche wurde später als Pendant hinzugebaut. Die ältere Kirche ist klein, von klassischer Eleganz und wurde stets »Eremitage« genannt; über dem bescheidenen Schiff wölbt sich eine kleine Kuppel mit einer Laterne zwischen den beiden Glockentürmen.

Bereits 1732 wurde hier eine erste Backsteinkirche des Architekten *Churriguera* vollendet. Eine Figur des hl. Antonius gab ihr den Namen. Sie wurde 1792 abgebrochen und bis 1798 von *Don Felipe Fontana* neu errichtet. Ihre Einweihung fand jedoch erst am 11. Juli 1799 statt, nachdem Goya die Arbeiten an den Fresken ein Jahr zuvor beendet hatte.

Die Breite des Schiffes beträgt 5,60 Meter – in etwa der Seite des zentralen Quadrates entsprechend, der kleine Chor ist nur 3,10 Meter tief. Der elegante Grundriss orientiert sich an den Regeln der Klassik.

In der Achse der Kirche bedeckt ein schräg geneigter Granitblock das Grab des Künstlers. Als einzigen Schmuck trägt er ein Kreuz mit Bronzebuchstaben folgender Inschrift: »GOYA, Nació en Fuendetodos el 31 de marzo 1746. Murio en Burdeos el 16 de abril 1828«. In das Zentrum des Granitblockes wurde die Kalksteinplatte eingelegt, die das Grab in Bordeaux schmückte.

Dargestellt wird die Wiedererweckung eines Ermordeten, der die Unschuld des Vaters des hl. Antonius dem portugiesischen Edelmann *Don Martín Bulloes* bezeugen sollte. Ikonographisch stützt sich Goya auf das »Christliche Jahr« von *Pater Croisset*, wie es damals in Spanien in der Übersetzung Pater *José Francisco Islas* überall verbreitet war. »Der heilige Antonius – eigens und flugs aus Padua nach Lissabon herangeeilt – besucht die Richter und verbürgt die Unschuld seines Vaters. Da ihm aber keiner Glauben schenken wollte, fordert er, dass der Verstorbene in den Gerichtssaal gebracht werde. Beschwörend fragt er ihn, ob sein Vater ihn ermordet habe. Der Ermordete erhebt sich, erklärt vor allen, dass der Vater unschuldig sei, und sinkt in den Sarg zurück.«

Goya hielt sich dabei im Wesentlichen an den Text und stellte die Szene sehr frei, persönlich und auf unmittelbare Weise dar. Dabei verzichtete er aber auf die zusätzliche Darstellung eines Innenraumes, so wie er auch alle traditionellen Kunstgriffe der Kuppelmaler vermied. Dennoch musste er, um den Raum zu begrenzen, die Kuppel schließen. *Goya* malte eine Balustrade aus eisernen Stäben, wie sie seinerzeit in Madrid an Balkonen und Treppen geläufig waren. Hierauf stehen nun die rund 50 Figuren wie auf einer Tribüne. Die dahinter auf stufenweise erhöhten Bänken Stehenden erinnern an die Zuschauer in einer Arena, ähnlich wie auf manchen Blättern der »Tauromaquía«.

Die Figuren zeigen Menschen aus dem Volk, wie sie *Goya* damals auf den Straßen selbst gesehen hat, eine Gruppe von Frauen, »majas«, und Straßenjungen; manche tragen das Kostüm der Zeit *Goyas*, andere sind biblischer Art oder stammen aus einer anderen Zeit; Gesichter fast aller Altersstufen, Gestalten aus allen Klassen. Wie *André Malraux* in seinen Metamorphosen beschreibt, ist weniger eine religiöse Szene als eine volkstümliche Genreszene verarbeitet.

Die malerische Ausführung wirkt sehr geschlossen und einheitlich: unverbunden große Pinselhiebe, kraftvolle bis zur »Brutalität« gesteigerte, teils sehr heftige Farbigkeit. Man möchte musikalisch von einer »polyphonen Stimmenbewegung« sprechen. Für *Goya* ist die reine Farbe das einzige Mittel der Malerei; sie kümmert sich nicht um die Linie, welche die Form durch das Licht »auf die Mauern zu zaubern« versucht. Er selbst nannte es »La magia del ambiente« (Zauber der Stimmung); dies berichtet *Goyas* Sohn Javier in einer biographischen Notiz.

Der Ort des Wunders ist von *Goya* kaum angedeutet. Die Geschlossenheit der Szene auf rund sechs Meter Durchmesser und die große Anzahl von Figuren wird durch eine Verkettung von Gebärden bewahrt. Überlagernde, überall sichtbare Pinselhiebe beleben durch ihre unregelmäßigen Spannungen die Einheit der Handlung einzig in ihren Bewegungen, gerade oder auch in den Gebärden von unbeteiligten Gestalten. Ein runder Baum mit grau-grünem Laub geht bis an die Basis der Laterne. Weiter westlich erscheinen Bäume oder Massen grüner Sträucher in abgestuften Tönungen. Nur leicht angedeutet ist das Profil eines Gebirges mit hellen Flecken; über alldem erscheint ein großes Stück indigofarbenen Himmels, der sonst mit bleigrauen Wolken bedeckt ist – ähnlich den Friesen einer Theaterszene.

Goya wird den Auftrag zwischen dem 22. März und dem 15. Juni 1798 erhalten haben. Die eigentlichen Arbeiten begannen am 1. August und erstreckten sich über 120 Tage, wie aus einer Rechnung für die tägliche Wagenbenutzung hervorgeht. Er wohnte damals in Nr. 1 der Calle de Desengaño. Wenn *Goya* auch nicht täglich gearbeitet haben wird, so überwachte er sicher ständig alle Arbeiten vor Ort in der Kirche. Es scheint, dass er nur einen Handlanger für untergeordnete Arbeiten wie das Zubereiten der Farben gehabt hatte und darüber hinaus einen Mitarbeiter für die Vorbereitung farbiger Gründe und für die Retuschen mit Tempera an den Einschnitten der Tagwerke. Es gab keine Kartons oder ähnliche vorbereitende Entwürfe.

Goya ist damals 52 Jahre alt und ein solider Handwerker und Maltechniker. Die Kuppel ist mit rund sechs Meter Durchmesser relativ klein; er konnte bequem von einem Gerüst arbeiten und das Tagwerk oft ohne störende Bretter beurteilen. Und er konnte frei, ohne störende Vorgesetzte oder Streitigkeiten arbeiten. Es wird bei *Goya* zur festen Gewohnheit, keine Einzelheiten festzulegen, sondern nur die Umrisse und die Verteilung der Massen. Die Auswahl der Farben ist beschränkt; er verwendete so genanntes »farbiges Grau« in zahlreichen Tönen, die er aus Ocker, Schwarz und Kalkweiß ermischt hat. Dieser Skala fügte er fast ausschließlich Eisenoxide, Erdfarben aller Abstufungen von heftigem Rot zu gelbem Ocker, sparsam jedoch Grün und Blau hinzu. Zum Teil sehr trocken, vielleicht fast schon am Ende vom Trocknen des Mörtels, um Stofflichkeit (z. B. in den Vorhängen) anzudeuten, trug er die Farben auf. Die tiefen Einschnitte im Putz und die verbindenden Temperaretuschen vergegenwärtigen die Tagwerke *Goyas*. Daher sollte hier nicht unbedingt von Mischtechnik gesprochen werden. *Goyas* Umgang mit der Fresko-Technik ist virtuos; er benutzt den kürzesten, wenn auch nicht bequemsten Weg. Eine Rechnung gibt Aufschluss über geliefertes Material »für die Kapelle San Antonio de la Florida, welche er auf Befehl Seiner Majestät in diesem Jahr 1798 ausgemalt hat«. Die Mengen sind beeindruckend: 171 Kilogramm Trockenfarbe, Zinnober im Werte von 1000 Realen. In dieser »Rechnung über Malmaterial und andere Artikel, die [...] Don Manuel Ezuerra y Trápaga [...] am Hofe wohnhafter Händler, an Don Francisco Goya,

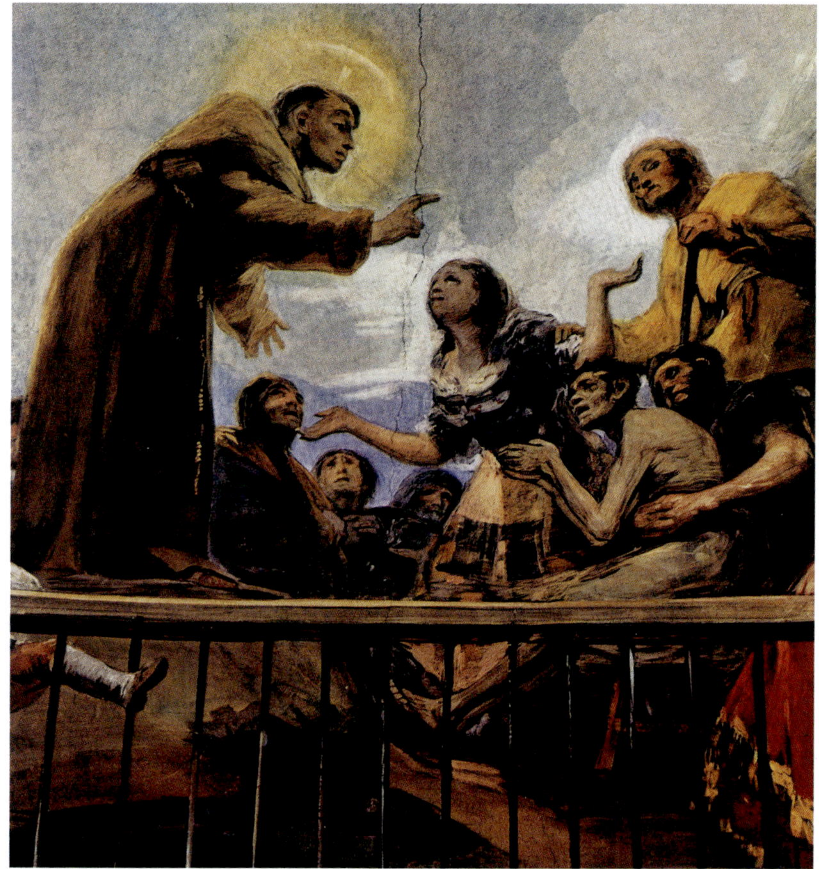

Francisco José de Goya y Lucientes (1746–1828), Fresken in »San Antonio de la Florida«, Ausschnitt, 1798

Hofmaler Seiner katholischen Majestät (die Gott erhalten möge), für die Arbeit an der Kapelle San Antonio de la Florida geliefert habe [...], Irrtum vorbehalten« werden folgende Pigmente und andere Malmaterialien aufgeführt:

- Ocker, hell und dunkel
- Hellgelb
- Mennige
- Karminrot, fein gemahlen zu 10 Realen
- Karmin, London, feinst, zu 40 Realen die Unze
- Zinnober, chinesisch der königl. Regie zu 80 Realen
- Erde, rot
- Erde, grün
- Erde, Siena
- Erde, schwarz
- Umbra, venezianisch
- Umbra, fein
- Smalte, zu 10 Realen
- Indigo
- Englischblau
- Molinablau
- Elfenbeinschwarz
- Rußschwarz
- Knochenleim
- Lack, fein, 2 Unzen, zu 200 Realen die Unze
- Pinsel: Lyoner, großes Format zu 5 Realen; feine, versch. Formats zu 20 Realen/Stk., 2 große Buchst. K., 2 do. Buchst. E., feine Marderpinsel und Marderpinsel
- Schwämme, gereinigt, ein Dreiviertel Pfund zu 40 Realen
- Imperialpapier: 2 mal ein halb. Ries
- Genueser, gr. Format, ein halb. Ries
- Töpfe, glasiert, für Farben
- Gefäße zum Rösten der Farben
- Schüsseln
- Wannen

Literatur

Graf de la Viñaza: Goya, su tiempo, su vida y sus obras. Madrid 1887
Archivo Español de Arte y Arqueologica, Madrid 1927
Enrique La Fuenete Ferrari: Goya, die Fresken von San Antonio de la Florida. Genf 1955

Arnold Böcklin

Als Sohn eines Kaufmanns wurde *Arnold Böcklin* am 16. Oktober 1827 in Basel geboren. Ohne Abschluss verließ er mit 18 Jahren das Gymnasium, um an der Düsseldorfer Akademie bei *Johann Wilhelm Schirmer* zu studieren. Sieben wichtige Jahre seines Lebens verbrachte er in Rom und heiratete dort die Römerin *Angela Pascucci*. *Böcklin* wechselte oft seinen Wohnort. So lebte er zunächst in München, war für kurze Zeit Professor an der Kunstschule in Weimar, ließ sich dann nochmals in Rom nieder und nahm nach Besuchen in Pompeji und Neapel seine maltechnischen Versuche – u.a. mit Wachsfarben – auf. Nachdem er 1871 abermals nach München zurückkehrte, zog er 1874 nach einem Zerwürfnis mit *Lenbach* diesmal nach Florenz. *Böcklin* wechselte dann wieder nach Zürich und ging von dort aus gesundheitlichen Gründen nach einem 1892 erlittenen Schlaganfall nach Florenz zurück. Dort baute er sich in San Domenico bei Fiesole ein Haus, in dem er am 16. Januar 1901 starb.

Im Wesentlichen stützen sich die Kenntnisse über die von *Böcklin* verwendeten Bindemittel auf Tagebuchaufzeichnungen des Malers *Rudolf Schick*, auf Aufzeichnungen von Gesprächen mit Freunden, Schülern und Kollegen und auf Briefe *Böcklins*. Viele Überlieferungen werden auch bei *Ernst Berger* dokumentiert. *Schick* berichtet, dass der Maltechniker *Böcklin* erst dann von seinen maltechnischen Experimenten ablässt, wenn die wirtschaftliche Not ihn zwingt, verkaufbare Bilder zu malen. Die Versuche dieses »Pioniers der Maltechnik«, wie *Kurt Wehlte* ihn nannte, müssen aber als Negativbeispiele gelten; sie reichen von Öl-Harz-Kombinationen über Temperaemulsionen bis hin zu Experimenten in enkaustischer Malweise.

Böcklin legte Wert auf sehr glatt geschliffene Kreidegrundierungen, die oft überleimt wurden. Seine Grundierung ist weiß oder auch farbig getönt – er bevorzugte besonders eine graue, blaue oder braune Tönung. Dabei arbeitete er immer von links nach rechts – wie Röntgenaufnahmen erwiesen – mit französischen Borstenpinseln auf Leinwand, auf Holz (Eiche und Mahagoni), seltener auf Malkarton und Pappe, zuweilen auch auf Kupfer. Als weißer Füllstoff dienten in der Regel Bleiweiß oder Zinkweiß, oft miteinander kombiniert. Häufig verwendete er schon in diesen Bereichen den maltechnisch mangelhaften Kopaivabalsam. Kopaiva enthält sehr langsam verdunstende Öle. Daher wirken solche Zusätze zu den Ölfarben als Weichmacher und verzögern das Trocknen. Außerdem quellen die Öle des Kopaivabalsams bereits getrocknete Malschichten an. Unter besonderen Bedingungen kann dieser Balsam starkes Nachdunkeln der Ölfarben bewirken.

Für die Vorzeichnung verwendete *Böcklin* Kreide oder Aquarell, seltener nur Kreide mit Wasser oder Wasser allein, mit der ausschließlichen Absicht, koloristisch zu komponieren. Bei der Unterzeichnung verzichtete *Böcklin* als Maler weitgehend auf jede Konturierung. Weißunterlegungen oder Unterlegungen in Tempera fanden wieder breitere Anwendung. Darüber folgten je nach Schaffensperiode sämtliche nur denkbaren Maltechniken von einer traditionellen Malerei in Öl, Harz oder Gummi über Temperamalerei bis hin zur Wachstechnik. Die Anwendung dieser Technik war ganz dem damaligen Zeitgeschmack der Pompeji-Nostalgie geschuldet und versuchte sich eng an der Enkaustik-Malerei der Alten zu orientieren. Beschrieben wird u.a. der etwas abenteuerlich anmutende Einsatz von im Ofen vorgewärmten Heizungsrohren.

Berger nimmt an, dass *Böcklin* zunächst mit Ölfarben untermalte, die nach dem Trocknen mit lasierenden oder halbdeckenden Ölfarben übergangen wurden. Diese Technik hatte er wohl ursprünglich von seinem Lehrer *Schirmer* übernommen. *Böcklin* benutzte damals »Siccativ de Courtrai«, um den Trocknungsvorgang der Öle zu beschleunigen, und daneben Kopaivabalsam als Zusatz zu Ölfarben und -firnissen. Tempera- und Ölmalerei treten allein oder in Kombinationen in einem Bild auf, teils auch in der Untermalung und in den Lasurschichten. Dies ist nicht verwunderlich, wenn man weiß, dass *Böcklin* Schwierigkeiten mit der Emulgierung von wässrigen und öligen Bindemitteln hatte. Er änderte oft seine Malweise, malte hinein und übermalte. Seine Leinwände wurden mit Wasser von hinten eingerieben, um die Malerei möglichst lange feucht zu halten. Diese Methode war der Erhaltung der Bilder wenig zuträglich.

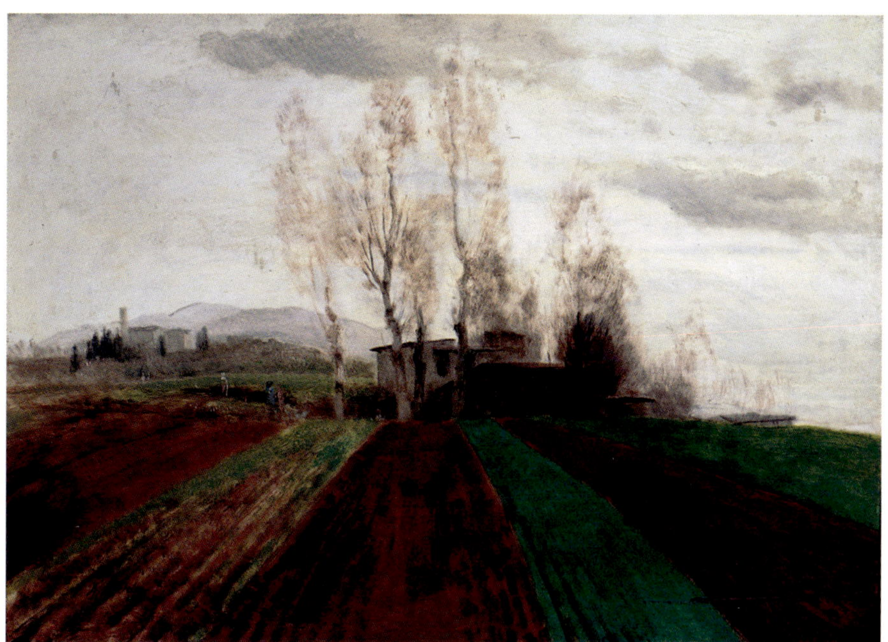

Arnold Böcklin (1827–1901), »Ackerfluren im Vorfrühling«, unvollendet, 1884, Öl auf Holz, 54 x 72 cm, Alte Nationalgalerie, Berlin

Schick berichtet von Firnis- und Malmittelkombinationen mit Lavendel und Petroleum, von Kopaiva und Düsseldorfer Kopal. *Böcklin* verwendete immer und überall Kopaiva, um die Farben feucht zu halten bzw. sie zu durchtränken, die Malschichten zu verschmelzen und um das Kolorit zu erhöhen. In den abschließenden Firnisschichten setzte er Mastix, Kopale und andere Firnissorten ein. Auch nach dem Firnissen benutzte er manchmal Kopaiva und Wachs in der Hoffnung, konservatorisch tätig zu werden. Eine der maltechnischen Kardinalregeln – fett auf mager – ignorierte er ständig. Durch den Einsatz der fetten Kopaivabalsame wird dies noch folgenschwerer, denn das Fett der oberen kann nicht von der darunter liegenden mageren Schicht aufgesogen werden. Sein risikoreicher Einsatz verschiedenster Materialien ohne technisches Wissen sowie der Einsatz von Feuchtigkeit und Wärme noch während des Trocknungsprozesses führt bis heute zum teils katastrophalen Zustand seiner Bilder. Das ist vor allem auf Experimentierfehler und auf Missverständnisse der alten Rezepturen zurückzuführen.

Böcklin benutzte neben den klassischen Pigmenten, die seit den Anfängen der europäischen Staffeleimalerei bekannt waren, auch die modernen Pigmente des 19. Jahrhunderts. Er griff aber auch auf jene zurück, die damals schon längst nicht mehr in Gebrauch waren. *Böcklin* hat, wie sich nach naturwissenschaftlichen Untersuchungen in Bildern aus dem Besitz der Sammlung Schack in München und durch Analysen aus 70 Pigmentproben aus seinem Atelier herausstellte, folgende Pigmente verwendet: Auripigment, Azurit, Beinschwarz, Berliner Blau, Blattgold (zerrieben), Bleiweiß, Chromgelb, Chromoxidgrün, Chromoxidhydratgrün, Coelinblau, Eisenoxidpigmente (künstliche in rot, gelb und braun), Farblacke, Florentiner Braun, Gips (als Füllstoff), Grüne Erde, Indigo, Kasseler Braun, Kobaltblau, Kobaltgrün, Kreide (als Füllstoff), Kupferresinat, Manganschwarz, Mennige, natürliches und synthetisches Ultramarin, Neapelgelb, Ocker, Pflanzenschwarz, Schweinfurter Grün, Schwerspat (als Füllstoff), Smalte, Umbra, Zinkgelb, Zinkweiß und Zinnober.

Nur zum Teil ist seine Maltechnik auf seine Studien maltechnischer Quellenschriften oder auf seine Versuche, es den alten Meistern gleichzutun, zurückzuführen. *Böcklin* erforschte zwar alte Malmittel oder Rezepte, machte diese aber nicht konsequent fruchtbar für seine praktische Malarbeit. Dennoch lieferte das Studium neue Impulse für seine Maltechnik. In der Bibliothek *Böcklin*s fanden sich u. a. das Malerbuch vom Berge Athos und *Cennino Cennini*s Traktat, aus denen er für seine Kunst und seine Experimente schöpfte. Er suchte dabei den werkstofflichen Reiz der Farben. Die handwerklichen Techniken gewannen an Bedeutung und wurden sogar zum Thema einer neuen Malergeneration. Schon früh begann *Böcklin* die gewöhnliche Ölfarbe zu modifizieren, da sie seinen Arbeitsweisen und seinen künstlerischen Absichten nicht mehr genügte. Das Studium der Quellenschriften lenkte seine Aufmerksamkeit auf Leim- und Temperafarben, die er zur Untermalung gebrauchte. Dazu verwendete er reine Eigelbfarben für die Untermalung. Nach den Überlieferungen seiner Züricher Schüler begann *Böcklin* in den 1880er-Jahren mit Kirschharztempera zu malen. Ausgangspunkt dafür waren *Lessings* Schriften »Vom Alter der Ölmalerey aus dem Theophilus Presbyter«.

Literatur

Ernst Berger: Arnold Böcklin. Berlin 1901
Rudolf Schick: Arnold Böcklin. Berlin 1901
Heinz Althöfer: Arnold Böcklin. Maltechniker und Kolorist. In: Maltechnik Restauro 4/1974

Mary Philadelphia Merrifield und Sir Charles Lock Eastlake

In der Mitte des 19. Jahrhunderts erschienen in England wichtige Veröffentlichungen zur historischen Maltechnik. Dazu gehörte die Materialsammlung von *Mary Philadelphia Merrifield* über »Original Treatises«. Etwas später folgte die Zusammenstellung historischer Malmaterialien der Ölmalerei durch den Präsidenten der Royal Academy of Arts, *Sir Charles Lock Eastlake*.

Dieser wurde am 17. November 1793 in Plymouth geboren und studierte seit 1809 an der Royal Academy in London. Von Herbst 1816 bis Frühjahr 1818 lebte er in Rom, dann bereiste er Griechenland und kehrte über Malta und Sizilien wieder dorthin zurück. 1827 wurde er von der Royal Academy zum »Associate« ernannt und war vorwiegend als Porträtmaler tätig. Neben seinem reichen Kunstschaffen beschäftigte er sich auch als Kunstschriftsteller, übersetzte u.a. *Goethe*s »Theorie der Farben« (London 1840) und veröffentlichte zahlreiche Aufsätze und Vorträge an der Royal Academy. Seine umfassende Geschichte zu Malmaterialien der Ölmalerei (London 1847) wird auch heute noch außerhalb Englands sehr geschätzt. Seit 1850 war er Präsident der Royal Academy und wurde von Königin *Victoria* geadelt. Schließlich wurde er 1855 zum ersten Direktor der National Gallery in London berufen, woraufhin *Eastlake* sein Kunstschaffen einstellte und sich nur noch auf diese Aufgabe konzentrierte und sich der Inventarisierung der Galerie widmete. Auf seiner letzten Reise für die National Gallery starb *Sir Charles Eastlake* am Heiligabend 1865 in Pisa.

Literatur

Sir Charles Lock Eastlake: Materials for a History of Oil Painting. London 1847
Sir Charles Lock Eastlake: Methods and materials of painting of the great schools and masters. Vol. I. & II. London 1847 und 1869; Reprint unter folgendem Titel: Materials for a history of oil painting. New York 1960
Mary Philadelphia Merrifield: Original Treatises on the arts of painting. London 1849 (Reprint: New York 1967)

Edgar Degas

»Die Kunst des Malens besteht darin,
einen Farbfleck, sagen wir Venezianerrot,
so zu umgeben, dass er Zinnober zu sein scheint.«

»Orange koloriert, Grün neutralisiert,
Violett schafft Schatten.«

Edgar Hilaire Germain Degas wurde am 19. Juli 1834 in Paris in wohlhabenden Verhältnissen geboren. Nachdem er sich zunächst auf eine juristische Karriere vorbereitet hatte, entschied er sich 1854 für die Malerei. *Degas* besuchte die École des Beaux Arts, ging zunächst in das Atelier von *Lamothe*. Zwei Jahre später nutzte er die Möglichkeit eines Italien-Aufenthaltes und studierte in den Galerien die Technik der alten Meister. In den ersten Jahrzehnten seines Schaffens bis ca. 1880 betrachtete *Degas* die Ölfarbe als das wichtigste Mittel und akzeptierte auch die Konvention der Unterscheidung zwischen Gemälde und vorbereitender Studie. So unterlegte er Ölporträts auf rotem Grund in lockerer, dünner Malweise. Der Krieg 1870/71 zwang ihn zu einer

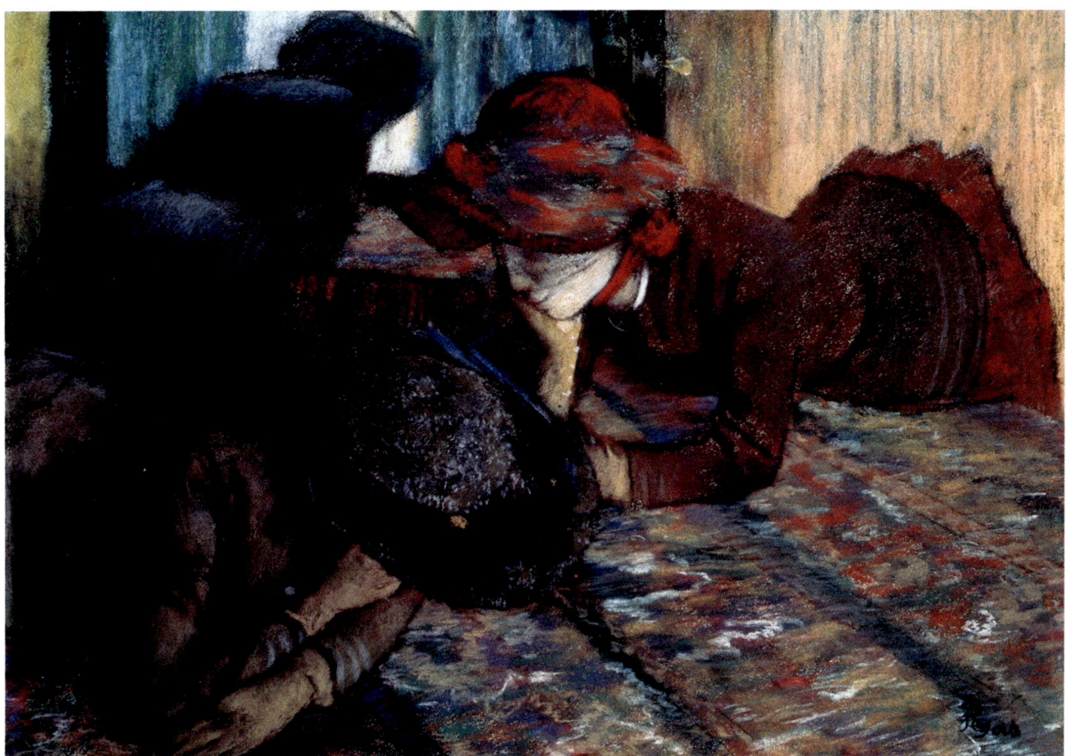

Edgar Degas (1834–1917), »Die Unterhaltung (La conversation chez la modiste)«, um 1882/83, Pastell auf Pappe, 65 x 86 cm, Alte Nationalgalerie, Berlin

unfreiwilligen Pause; er diente in der Ateliereinheit seines Freundes *Henri Rouart*. Gegen Ende der 1870er-Jahre trat die Ölmalerei fast vollständig hinter der Tempera- und Pastelltechnik zurück. Damit verhalf er der Pastellmalerei zu neuer Anerkennung. Zu *Vollard* sagte *Degas* einmal mit Pastellstiften in der Hand: »Was für eine verteufelte Arbeit, den Pastellstiften die Farbe zu nehmen [...] Ich wasche sie, wasche sie wieder und lege sie an die Sonne [...] Ja, aber diese ›Tänzerinnen‹, die so leuchtend sind wie Blumen? [...] Wie ich das erziele? Mit dem matten Ton, zum Teufel!«

Für die Studien verwendete *Degas* Bleistift, Kohle, Pastell, Terpentinmalerei (peinture à l'essence) oder Aquarell; die Ölfarbe behielt er sich für die Gemälde vor, wenngleich er sie manchmal auch für die abschließenden Skizzen gebrauchte. Vor 1880 ist also die Mehrzahl von Degas' fertigen Bildern in Öl ausgeführt. Anfänglich bediente er sich einer dünnen und ziemlich trockenen Ölfarbe, die er mit Sorgfalt auftrug, doch um 1880 änderte sich dann seine Technik. Er wurde freier in der Handhabung seiner Mittel und begann eine reichere »matière« zu kultivieren und leuchtendere, kühnere Farben zu verwenden.

Diese Veränderung fällt mit seiner Entdeckung der erstaunlichen Effekte, die sich im Pastell erzielen lassen, zusammen. Zwischen 1875 und 1880 benutzte *Degas* das Pastell noch sehr klassisch, doch schrittweise erarbeitete er sich eine komplexere und freiere Technik. Er experimentierte mit der Variation der Struktur und der Materie des Pastells. So überarbeitete er z. B. Monotypien mit Pastell und kombinierte Pastell mit anderen Mitteln: Gouache, Aquarell oder Terpentinmalerei. Auch machte er zur selben Zeit den Versuch, auf der Bildfläche Kontraste zu setzen mit konventionell aufgetragenem trockenen Pastell und einer durch Zusatz von Wasser und Dampf hergestellten Paste aus Pastellpulver, die mit dem Pinsel aufgetragen wird.

Vor 1880 liebte er gefällige Farben, subtile Farbnuancen und vornehme Abstufungen von Licht und Schatten, die dem Pastell gemäßer sind als dem Öl. Danach aber ging *Degas* zu leuchtenderen, grelleren Farben über. Während er früher seine Farben sorgfältig mischte und weich und eher einheitlich auftrug, suchte er nach 1880 eine gebrochene Oberflächenstruktur zu gewinnen. Außerdem betonte er die Gegensätze von Licht und Schatten und schuf Atmosphäre und Tiefe durch Übereinanderlegen von Pinselstrichen in verschiedenen Richtungen und von kontrastierenden oder verwandten Farben. Das Pastell gewährte *Degas* freiere Ausdrucksmöglichkeiten als die Ölmalerei, und so wurde das Pastell seine bevorzugte Technik.

Seine späten Pastelle basieren auf Kohle. Er malte in schweren Umrissen und in ziemlich starken Farben und fixierte diese wie üblich. Dann aber, in völliger Missachtung alles Bisherigen, fuhr er auf diesem Untergrund fort, in Pastell zu malen, trug eine Farblage über die andere, fixierte jede, sodass am Ende, wenn er den gewünschten Effekt erreicht hatte, sein Blatt von einem schweren Impasto bedeckt war. Während eine Lasur in Ölfarbe dünn und gleichmäßig aufgetragen werden kann, ist dies im Pastell nicht möglich, da es trocken und undurchsichtig ist. So musste er, um die unteren Farbschichten sichtbar werden zu lassen, die folgenden unregelmäßig auftragen, was die Unebenheit der Oberfläche erklärt, die so vielen seiner Spätwerke eigen ist.

Es wird ersichtlich, dass *Degas* in der Anwendung des Pastells keineswegs konsequent war. Er bemühte sich vielmehr, die Methode dem Motiv anzupassen. »Mademoiselle Malo« (um 1876) ist z. B. in der gleichen Technik ausgeführt wie die »Mademoiselle Salle« von 1886. Durch seine technischen Neuerungen verlieh *Degas* dem Pastell neues Leben und bewies, wie viel Ausdrucksvielfalt in dieser Technik liegt.

Das Studium der primitiven Italiener weckte in *Degas* das Interesse für die schwierige Technik der Leimtempera (détrempe à la colle). Dieses Malmaterial wird durch Mischung der Farben mit Knochenleim im Wasserbad gewonnen; dann muss die Farbe heiß auf die Leinwand aufgetragen werden. Er wandte sie für ein wichtiges Werk an, die »Tänzerinnen an der Stange« von 1876.

Die Technik der Terpentinmalerei besteht darin, dass der Ölfarbe zunächst durch Trocknen Öl und Klebrigkeit entzogen wird; es folgt eine Mischung und Verdünnung durch Terpentinöl. Mit diesem rasch trocknenden, flüchtigen Mittel malte *Degas* häufig, besonders in seiner Frühzeit. Er verwendete es in der Regel auf unpräpariertem weißen oder farbigen Papier oder auf Bristolkarton (wie nach ihm *Toulouse-Lautrec* und *Vuillard*). Er unternahm auch Versuche auf Papier, das er vorher mit Öl abgerieben hatte. Die Resultate waren jedoch unbefriedigend, denn mit der Zeit verfärbte sich das Öl, und auch das Papier veränderte seine Farbe. Im Allgemeinen bediente sich *Degas* der Terpentinmalerei zu vorbereitenden Studien und zu ausgearbeiteten Skizzen. Aber auch bei größeren Werken fand diese Technik Anwendung, so beim »Mädchen bei der Toilette« oder dem »Ballettmeister« (beide um 1875/76).

Gouache ist ein undurchsichtiger Farbstoff, bei dem die Deckfarbe mit Gummilösung vermischt ist. Gouache wird dicker aufgetragen als Wasserfarbe. *Degas* malte nur sehr selten mal ein ganzes Bild in dieser Technik; hingegen hat er sie für fast alle seine gemalten Fächer verwendet. Er benutzte sie manchmal zur Übermalung oder im Zusammenwirken mit Pastell.

In früheren Jahren zeichnete *Degas*, der Tradition *Ingres*' folgend, fast ausschließlich mit Bleistift. Doch als die Kraft seines Augenlichtes abnahm und es ihn anstrengte, feine Bleistiftstriche zu sehen, griff er eher zur schwarzen Kreide und zur Kohle, bis er, nach 1885, fast ausschließlich mit Kohle arbeitete. Für *Degas* war die Zeichnung der erste, wichtige Schritt in der Entwicklung des Bildes. Vor dem Modell zeichnete er mit Bleistift oder Kohle, dann wurde die Komposition nach den Zeichnungen – oder unter Benutzung von Zeichnungen aus früheren Jahren – in einer Anzahl von Studien oder Skizzen in Aquarell oder Terpentinmalerei ausgearbeitet.

Stellten sich im Laufe dieser Vorarbeiten Probleme ein oder war *Degas* mit einem Gemälde nicht zufrieden, so korrigierte er Einzelheiten in einer oder mehreren neuen Zeichnungen. Dies war seine Vorgehensweise bis 1885. Später musste er den Ablauf durch das zunehmende Augenleiden ändern. Er ließ zwar das Modell nach wie vor täglich kommen, doch war er nun darauf bedacht, Zeit und Anstrengungen zu sparen, indem er die Vorteile der nicht fixierten Kohlezeichnung immer sinnvoller nutzte. So übertrug er jeweils die ihn befriedigenden Teile seiner Zeichnung auf ein neues Blatt und fuhr dort fort zu arbeiten; er machte auch Gegenabzüge (contre-épreuves) gewisser Zeichnungen, indem er sie auf Papiere abrieb. Dann arbeitete er an diesen Abzügen auf ähnliche Weise weiter. Er konzentrierte sich immer stärker auf eine beschränkte Anzahl von Bewegungen und Stellungen, die er von den verschiedensten Blickwinkeln aus, besonders auch in Umkehrung, studierte und in vielen Kombinationen verwendete.

In seinem Spätwerk legte *Degas* die Umrisse jedes Bildes zuerst in einer breiten Kohle-Vorzeichnung fest, eine Technik, die mit seinen früheren Monotypien verglichen werden kann. *Degas* lehnte die Bezeichnung Monotypie für diese mehr oder weniger von ihm erfundene Technik ab. Eines Tages, während er seinem Drucker zusah, der die gravierten Kupferplatten für den Druck vorbereitete und die Farbe an den nicht geätzten Stellen wegwischte, kam *Degas* auf den Gedanken, man könne diesen Prozess auch umkehren. Er nahm eine Kupferplatte, bestrich die ganze Fläche mit Druckerschwärze und malte mit dem Pinsel ein Motiv darauf. Gewisse Flächen hellte er durch Wegwischen mit einem Lappen und durch Verdünnung mit Terpentin auf. Von dieser Platte machte er einen Abdruck auf Papier. Später malte *Degas* direkt auf die Platte mit Terpentinfarbe und sogar mit Ölfarbe, als arbeitete er auf Papier oder Leinwand. Da die Metallplatte die Farbe nicht aufsaugt, konnte oft mehr als ein Abzug gemacht werden, wovon jeder allerdings etwas schwächer ausfiel als der vorhergehende. In der Regel ließ *Degas* die besten Abzüge in ihrem Originalzustand. Die schwächeren behandelte er oft wie Bildentwürfe, die er in Pastell oder in einer anderen Technik sorgfältig weiter ausarbeitete.

Literatur

Douglas Cooper: Pastelle von Edgar Degas. Basel 1942

D. Rourat: Degas à recherche de sa technique. Paris 1945

Edgar Degas. Pastelle. Ölskizzen. Zeichnungen. Aust.-Kat. Tübingen 1984

Paul Cézanne

Am 19. Januar 1839 wurde *Paul Cézanne* in Aix-en-Provence geboren. Nach dem Besuch des Gymnasiums studierte er 1860/61 in Paris zunächst Jura. *Cézanne* trat dann in die École Suisse ein und begegnete dort u. a. *Camille Pissaro*. Mit ihm ging er 1873 nach Auvers-sur-Oise und widmete sich der Pleinair-Malerei. Bis 1879 wohnte *Cézanne* an der Gare de Montparnasse, bevor er in seine Heimatstadt zurückkehrte, wo er sehr zurückgezogen lebte. In den letzten Lebensjahren hatten nur *Émile Bernard* und *Dr. Joachim Gasquet* Zugang zu ihm. Nach kurzer Krankheit starb *Cézanne* in Aix am 22. Oktober 1906.

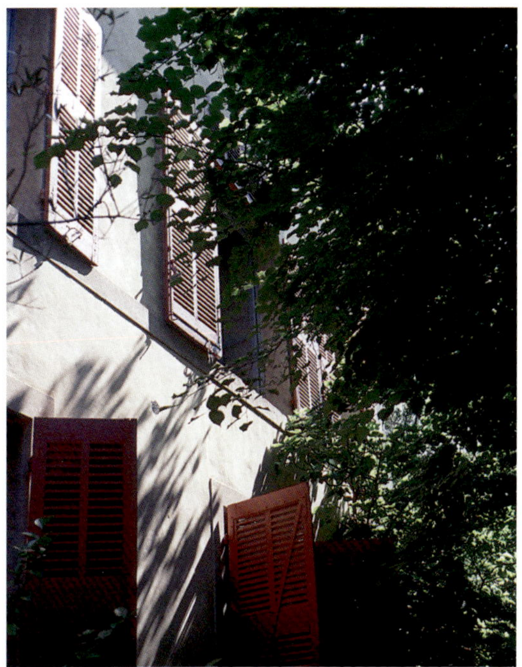

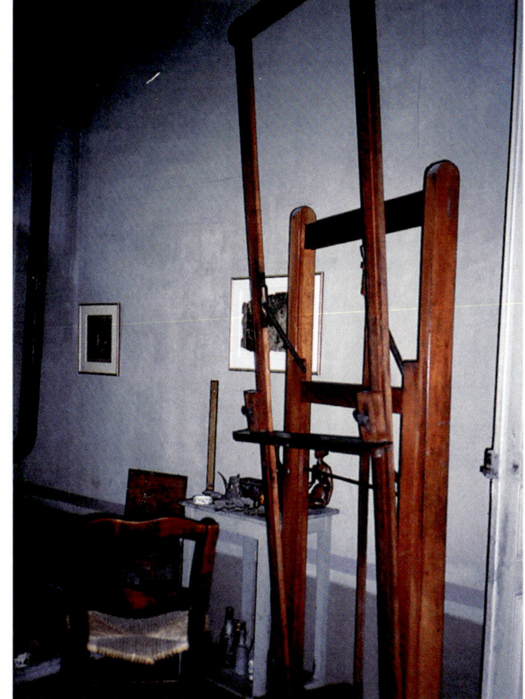

Das Atelier Cézannes befindet sich in der ersten Etage seines Hauses in Aix-en-Provence, das er 1901 bauen ließ. Die große Staffelei gehört heute zum Inventar des Museums in den Hügeln von Lauve.

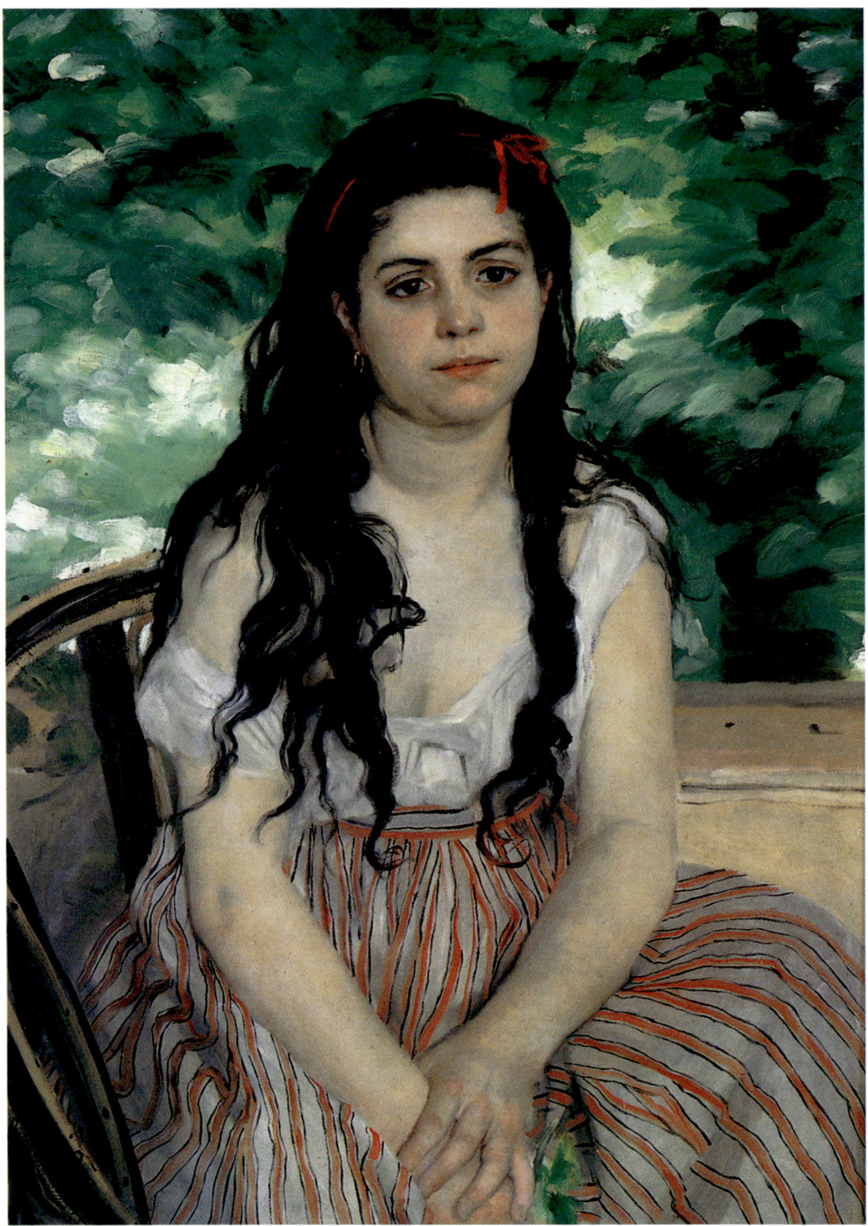

Pierre Auguste Renoir (1841–1919), »Im Sommer«, Öl auf Leinwand, 85 x 59 cm, 1868, Alte Nationalgalerie, Berlin

Émile Bernard hat über die Zusammensetzung der Palette des greisen *Cézanne* berichtet. Diese enthielt Gelb, Rot, Grün und Blau in den folgenden Abstufungen:

- Gelb: Brillantgelb, Neapelgelb, Chromgelb, gelber Ocker, natürliche Terra di Siena
- Rot: Zinnober, roter Ocker, gebrannte Terra di Siena, Krapplack, feiner Karminlack, gebrannter Lack
- Grün: Veroneser Grün, Smaragdgrün, Grüne Erde
- Blau: Kobaltblau, Ultramarinblau, Preußischblau, Kernschwarz

Das sind insgesamt, ohne Weiß dazuzuzählen, 18 verschiedene Farben, die er fertig in Tuben vom Farbenhändler bezog. Zu dieser Farbpalette kommen die Mischungen hinzu, die sich *Cézanne* selber herstellte.

»Man soll sein Handwerk erlernen. Aber man soll es hier lernen, durch sich selbst, im Umgang mit den Meistern. Ich spreche nicht von Rezepten, von der Lehre, die leider verloren ist, von all dem Tatsächlichen, das hat nichts hiermit zu tun, nicht davon, dass die gute Tradition der Gemeinschaftsarbeit, die durch diesen Umstürzler beseitigt wurde, sehr viel Zeit sparte. Das war der Segen der Werkstätten, man wird dahin zurückkommen müssen.« (Aus: Paul Cézanne: Über die Kunst. Gespräche mit Gasquet)

Literatur

Joachim Gasquet: Paul Cézanne. Berlin 1921
Hans Graber: Paul Cézanne. Basel 1942
Paul Cézanne: Über die Kunst. Gespräche mit Gasquet. Hrsg. von Walter Hess. Mittenwald 1980
Paul Cézanne: Gemälde. Ausst.-Kat. Tübingen 1993

Pierre Auguste Renoir

Pierre Auguste Renoir wurde in Limoges am 25. Februar 1841 geboren. 1847 siedelte die Familie nach Paris über. Hier wurde *Renoir* schon als 13-Jähriger Porzellanmaler in einer Keramikwerkstatt. 1861 kam er in das Atelier von *Gleye* und lernte hier *Sisley*, *Monet* und andere kennen. Um 1880 bereiste er Algerien und Italien. Im Alter erkrankte *Renoir* an Gicht und hielt sich deswegen gern im Süden Frankreichs auf (Provence, Côte d'Azur). Dort stirbt er in Cagnes bei Nizza am 2. Dezember 1919.

Der Maler *Heinrich Brüne* war seit seinem Parisaufenthalt eng mit *Renoir* befreundet. Im Jahre 1910 kam *Renoir* nach München, um in *Brünes* Atelier für einen Sammler das Porträt von dessen Gattin und Tochter zu malen. Die Erinnerungen an den Besuch des Malers zeichnete *Brüne* auf. Einen Teil davon hat er 1947 in der Süddeutschen Zeitung veröffentlicht. Diese Zeilen überliefern auch *Renoirs* maltechnische Vorgehensweise.

»Das Leben, das sich nun im Atelier abspielte, die Anordnung zur Sitzung, die Herrichtung des Malwerkzeugs – alles war neu und anders. Hatte ich geglaubt oder glaube gehört zu haben, dass Renoir einen eigenen Farbenreiber beschäftigt, besonders präparierte Leinwand benutzt, überhaupt ein besonderes ausgesuchtes Material verwendet – was bekam ich da zu sehen: einen kleinen Schülermalkasten mit einem Dutzend kleinen Tübchen, etliche, schon recht vermalte dünne, spitze Borstenpinselchen und ein kleines Fläschchen mit gebleichtem Leinöl. – Das war der ganze Apparat. – Eine einfache mittelkörnige Ölleinwand musste ich ihm in München besorgen, das nötige Terpentinöl entlieh er von mir.

Die Anordnungen zur Arbeit sind schnell gemacht, mit wenig Winken das Modell zurechtgestellt – ein echt Pariser Morgenrock aus weißem Tüll und rosa Schleifchen lässt schon das kommende Werk erahnen. Mit einer langgespitzten Kohle zeichnet er mit zarten Strichen die großen Formen nach, unablässig wandert der Blick zwischen Modell und Leinwand, die Massen in den gegebenen Raum zu zwingen, immer wieder umfährt der leise Strich die Rundungen des Körpers, das Oval des Kopfes, die Fülle der Brust, sodass zuletzt das Bild in schöner Plastik sich von dem gesäuberten Grund abhebt.

Linsengroß sind die Häufchen Farbe, die man ihm nun auf die Palette setzt. Schwarz, Weiß und Zinnoberrot, nur diese drei. – Mit verdünntem Anstrich und einer Spur von Farbe tuscht er mit etwas Schwarz in die Schattentiefen, allmählich übergehend mit etwas Weiß und Rot zu lichter Wölbung. Erst viel später erscheint ein wenig Blau und Ocker zu grünlicher und goldiger Tönung im Hintergrund.

Von Tag zu Tag ist kaum ein Fortschritt sichtbar, erst nach drei Wochen täglicher Arbeit erscheint die Leinwand wie eben erst begonnen – nichts ist vorgestrichen, Schritt für Schritt wächst das Werk wie eine Pflanze.«

Literatur:

Heinrich Brüne. In: Süddeutsche Zeitung vom 29. März 1947

Wilhelm Leibl

»Malen ist auch ein Handwerk,
aber das feinste, das es gibt.«

Wilhelm Maria Hubertus Leibl wurde am 23. Oktober 1844 in Köln geboren. In jungen

Jahren arbeitete er vorübergehend als Schlosserlehrling, wird 1861 Schüler bei *H. Becker* und tritt 1864 in die Münchener Akademie ein. 1869 reist er nach Paris und kehrt 1873 nach Bayern zurück. Am 4. Dezember 1900 stirbt *Leibl* in Würzburg.

In den Aufzeichnungen von *Max Doerner* und *Toni Roth* heißt es, dass *Leibls* Palette nach Beobachtungen *Schlittgens* aus folgenden Farben bestand: Kremser Weiß, Kadmium hell, Kadmium dunkel, Ocker licht, Ocker dunkel, Kobalt, Terra di Siena, Patentzinnober, Krapplack, Elfenbeinschwarz, manchmal auch gebrannter lichter Ocker, Goldocker, sehr selten Ultramarin, Preußischblau.

Mit diesen malte er auf Malbretter und Leinwand, die er hauptsächlich von *Adrian Brugger* bezog. Nachdem er mit Öl grundiert hatte, überstrich er den weißen Grund mit etwas Ocker und Beinschwarz, um so das reine Weiß abzutönen. *Leibl* arbeitete nie auf Kreidegrund. Die Leinwand bestand aus warmgrau grundiertem englischen Leinen. Die Tönung ließ er dann ziemlich lang trocknen. Oft stellte er sich einen Vorrat an Leinwänden und Brettern her, damit die Austrocknung gewährleistet sei. Sehr selten benutzte er Siccativ de Courtrai. Bevor er mit Ocker und Elfenbeinschwarz die Leinwand gleichmäßig tönte, verdünnte er die Farben mit Leinöl. Er benutzte meistens Borstenpinsel und für ganz feine Stellen englische Marderpinsel von *Adrian Brugger;* sie waren lang oder mittellang und flach.

Den so genannten Vertreiber gebrauchte er nie. Auch den Malstock benutzte er selten und arbeitete lieber aus freier Hand. Das Stehen beim Malen zog er dem Sitzen vor. Er arbeitete mit einer gewöhnlichen Holzplatte als Palette in mitteldunklem Ton. Die Farben Kadmium, Ocker und Terra di Siena bezog er nur von Winsor & Newton, andere Farben vor allem von Nevers und auch von Schoenfeld; alle Lieferungen erfolgten über *Adrian Brugger.* An Temperafarben bevorzugte er die von *Wurm* in München.

Als Malmittel dienten ihm Lein- oder Mohnöl, Letzteres vor allem, wenn die Farbe übermäßig dick war. Während er die aufgezeichneten Striche nur auf der Leinwand fixierte, blies er die Kohle vom Brett stets wieder ab. Die Ränder der fertigen Stücke feuchtete er mit Leinöl an. Das vollendete Bild ließ er vor dem Firnissen so lange wie möglich trocknen und stellte es meist umgekehrt an die Wand, nie direkt in die Sonne, und gebrauchte dabei vor allem den französischen Firnis von Soehnée frères. *Leibl* firnisste übrigens alle Bilder. Vor dem Firnissen wurden sie mit nassem Schwamm überfahren und dann gut getrocknet. Später malte er lieber auf Leinwand, weil er das Springen der Bretter fürchtete.

Leibl war nur Primamaler. Vom Lasieren sprach er, wie *Hans Thoma* es ausdrückte, als wenn jemand beim Spiel mogeln würde. Bekannt ist sein Ausspruch, den er vor einem Bilde einer früheren Kunstgröße machte: »Ich glaube, der Kerl lasiert.« Er malte seine Bilder immer fertig, begann ohne Grundierung und Vorzeichnung mit z.B. einem Detail, dabei wurden nur einzelne Grenzlinien mit der Kohle markiert. Eine große Rolle spielte das stets bereitliegende Rasiermesser, mit dem er nicht zufrieden stellende Stücke wieder herausnahm. Jedes Malerwerkzeug beherrschte der Künstler, den Grabstichel so gut wie den Bleistift, Kreide und Feder ebenso gut wie den Pinsel.

Ferdinand Hodler

Ferdinand Hodler, am 14. März 1853 in Bern geboren, wurde in seiner Jugend geprägt von Armut, Krankheit und dem frühen Tod seiner Eltern. 1867 ging er die Lehre des Landschaftsmalers *Ferdinand Sommer-Collier* in Thun, von dem er sich nach einem Streit 1870 trennte. Er begann nun selbstständig zu arbeiten, gelangte 1871 nach Genf, das er abgesehen von gelegentlichen Reisen nach Basel, Madrid und Paris nicht mehr verließ. Dort starb *Hodler* am 20. Mai 1918.

W.F. Burger und *Toni Roth* stellten fest, dass *Hodler* mit nur acht Farben malte: Chromoxidgrün feurig, Kadmium zitron, Krapplack, Ocker dunkel, Ocker hell, Ultramarinblau hell, Weiß und Zinnober.

Er begann, indem er die Schattenpartien prinzipiell mit Blau und die Lichtpartien mit Krapplack markierte. So zeichnete er bis ins Detail. Nachdem er die Farbe mit etwas Petroleum verdünnt hatte, malte er mit dem Pinsel den Farbton deckend darüber. Dann nahm er mit der Spachtelkante die Farbe vor allem in der Mitte der Farbflächen bis auf eine dünne Schicht weg, damit die Farbwirkung locker wurde. Demgegenüber ließ er die Farbe gegen den Rand hin oft dicker stehen. Darauf zeichnete er wieder mit verdünnter Farbe, malte mit dem Pinsel hinein und zog die Farbe wieder mit dem Spachtel ab. So weit

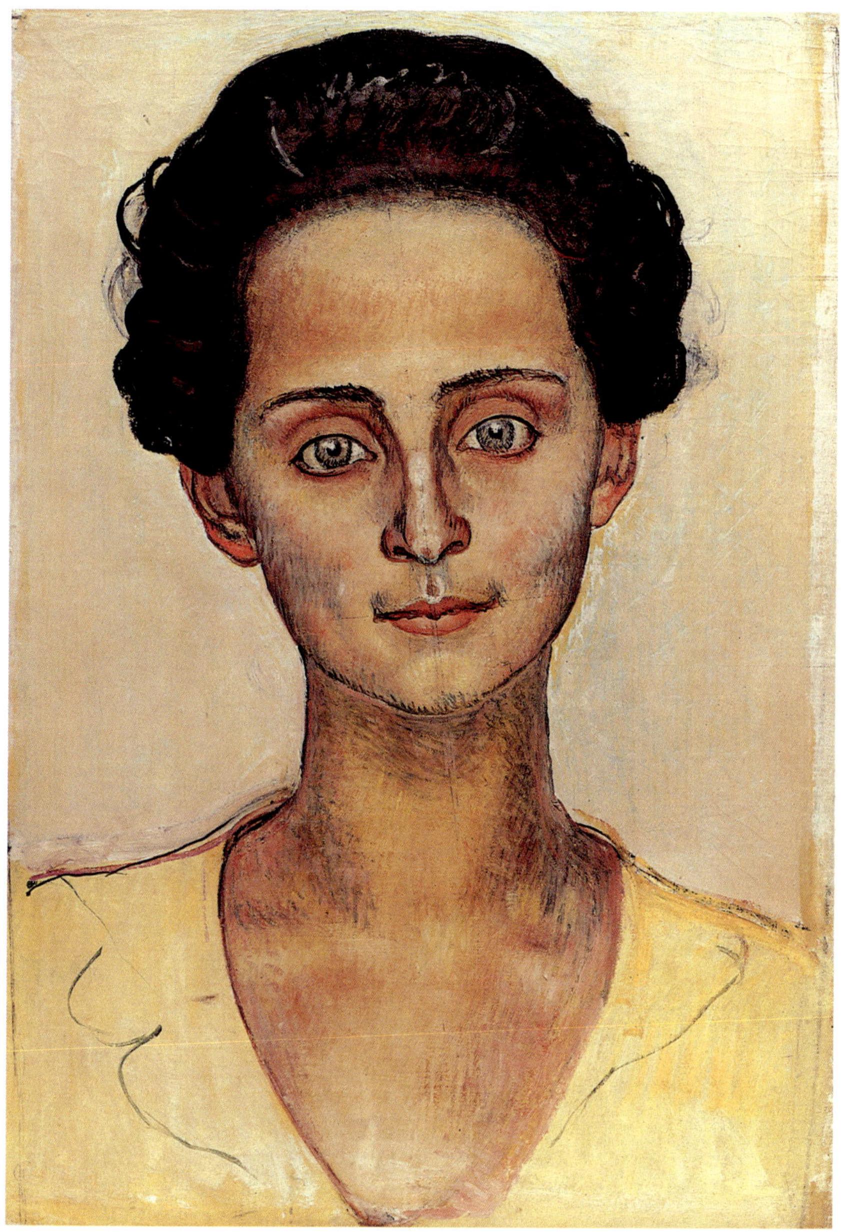

Ferdinand Hodler (1853–1918), »Bildnis Berthe Jacques«, um 1898, Öl auf Leinwand, 41 x 27,5 cm, Privatbesitz Küsnacht

kam er gewöhnlich in der ersten Sitzung. In der zweiten und dritten überprüfte er nur, was er geschaffen hatte, und arbeitete erst einmal nur wenig weiter.

Hodler war ein großer Freund der Temperamalerei. Die meisten seiner berühmten Landschaften- und Figurenbilder sind in dieser Technik gemalt. Oft kombinierte er mit Pastell. *Hodlers* Landschaften strahlen noch heute in einer wunderbaren Leuchtkraft.

Literatur

E. Link: Die Maltechnik Hodlers. In: Technische Mitteilungen für Malerei, 50/1934

Giovanni Segantini

Giovanni Segantini wurde am 15. Januar 1858 in Arco geboren. Seine Mutter, *Margherita de Girardi*, starb früh, sein Vater *Agostino* emigrierte nach Amerika. *Segantini* ging nach Mailand und erhielt dort erste Anleitungen bei dem Schildermaler *Tettmanzi*. Der zweijährige Besuch der Akademie Brera endete mit seiner vorzeitigen Entlassung. 1881 heiratete er die Schwester der Gebrüder *Bugatti*. *Segantini* entwickelte nach einem ausführlichen Naturstudium allmählich das Prinzip der divisionistischen Technik in Form der Strahlenzerlegung. Im August 1895 siedelte er nach Maloja und starb oberhalb Pontresinas am 28. September 1899.

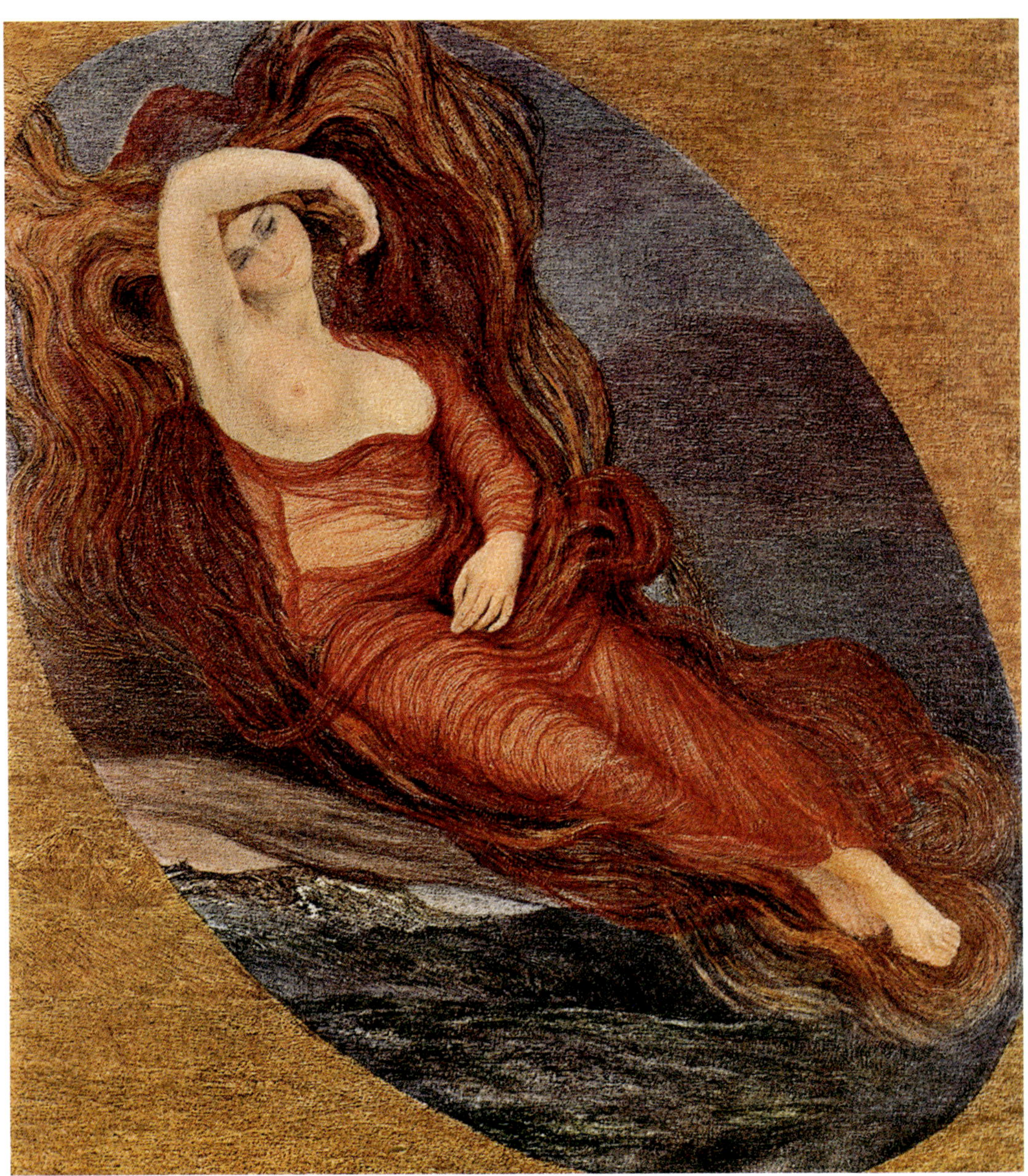

Giovanni Segantini (1858–1899), »Angelo dell'amore. Dea Pagana«, 1894–97, Öl auf Leinwand, 210 x 144 cm, Galleria d'Arte Moderna, Mailand

E. Wiske hat beschrieben, dass die Technik *Giovanni Segantinis* darin bestand, dass er zuerst den vor dem direkten Einschlagen geschützten Kreide- und Gipsgrund mit einer dünnflüssigen rötlichen Lasur, die aus einer Ockerfarbe bestand, überzog. Die Helligkeit der weißen Leinwand störte ihn so sehr, dass er nicht imstande war, darauf unmittelbar seine Kompositionen auszuführen.

Erst auf dem getönten Untergrund hat er seine schon in allen Partien durchgearbeitete Zeichnung aufgebracht. Dabei ging er immer davon aus, sie so klar wie möglich festzulegen, um »beim Malen nichts mehr ändern zu müssen«, wie er sagte. Nachdem die Zeichnung fertig gestellt war, begann *Segantini* zu malen. Mit dünnen, langhaarigen, elastischen Pinseln setzte er die reinen, ungebrochenen Ölfarben auf die Leinwand. *Segantini* verwendete Ölfarben von der Firma Lefranc & Comp. Paris; unter diesen wählte er vorzugsweise die haltbarsten, meist die Mineralfarben aus.

Neben den einzelnen Strichen, die klein und ziemlich pastos (fett) hingesetzt waren, ließ *Segantini* ebenso breite kleine Zwischenräume stehen. Diese füllte er, solange eine Bindung mit dem Untergrunde und den zuerst aufgetragenen Farben möglich war, mit den entsprechenden Komplementärfarben aus. Der Künstler vermischte die Farben also nicht, aber das menschliche Auge nahm es so wahr, als ob. Denn die Netzhaut desselben ist so beschaffen, dass sie nebeneinander gestellte Farben bei entsprechender Entfernung miteinander verbindet.

Literatur

E. Wiske: Zur Malweise Segantinis. In: Deutsche Zeitschrift für Maltechnik, 50/1943

Max Beckmann

Max Beckmann, am 12. Februar 1884 in Leipzig geboren, studierte ab 1899 bei *Fritjof Smith* an der Kunstschule in Weimar. Seine frühe Malerei war stark von *Liebermann, Corinth* und *von Marées* beeinflusst. 1904 zog er nach Berlin. Im Ersten Weltkrieg war er in Belgien als Sanitäter eingesetzt und begegnete dort auch *Heckel.* Nach Kriegsende zog es ihn bis 1933 nach Frankfurt am Main. Dort wurde er auch 1925 Lehrer an der Städel-Kunstschule. Unter den Nazis wurde der Künstler als entartet diffamiert und von seiner Professur vertrieben. Er lebte ab 1933 dann wieder in Berlin, bis er vier Jahre später nach Amsterdam emigrierte. 1947 wanderte *Beckmann* nach Amerika aus, wo er schließlich an der Universität in Washington und am Brooklyn Museum in New York unterrichtete. Dort starb *Max Beckmann* am 27. Dezember 1950.

Seine typischen Arbeitsweisen und Techniken entwickelte *Beckmann* ebenso früh wie seine Vorliebe für bestimmte Materialien und Werkzeuge – und er blieb ihnen für immer treu. So finden sich in seiner Malweise keine Experimente oder gar umwälzende Neuerungen. Auf der anderen Seite erlangte er mit den ihm vorliegenden Mitteln eine bestimmte Perfektion und Sicherheit mit dem Material. Für die Gemälde bevorzugte er Leinwand. Er verwendete fast ausnahmslos feines bis mittleres, fast noppenfreies Gewebe mit Leinenbindung. Das Gewebe bleibt unabhängig von Entstehungszeit oder Größe der Bilder immer gleich oder ganz ähnlich. In den meisten Fällen ist die weiße, strukturlose Grundierung maschinengrundiert aufgetragen. Der Maler spannte die Leinwände selbst mit Nägeln auf und wurde manchmal auch von Helfern unterstützt.

Die Bildideen entwickelte *Beckmann* oft direkt auf der Leinwand. Dazu zeichnete er erst ein Koordinatennetz mit Bleistift auf, um kleinere Kompositionsentwürfe vergrößern oder einfach nur übertragen zu können. Darüber legte er – zumeist mit Bleistift, seltener auch mit Kohle – sehr frei und ohne Betonung von Details Umrisse von Figuren oder Landschaften. Nach dieser ersten Entwicklung kompositioneller Anlagen folgte die weitere malerische Verdichtung mit einem flüssigen, tuscheartigen Grau bis lavierenden Schwarz mit konturierendem Auftrag. Dieser Vorgang beschränkt sich zunächst auf einige Bildpartien, auf die *Beckmann* den größten Wert legte, breitete sich aber dann später auf die gesamte Bildfläche aus. Seine oft vehemente Arbeitsweise ist erkennbar an Farbspritzern und Kratzern von Pinselstielen oder -zargen auf den Oberflächen. Bei größeren Arbeiten werden die Unterzeichnungen oft zu flächigen, deckenden Pinselzeichnungen. Darauf folgt dann der eigentliche Malauftrag in einem vielschichtigen, sich immerwährend überprüfenden Prozess, in dem *Beckmann* ständig verwirft, neu hinzufügt, um dann die endgültige Gestalt zu finden. Dabei werden oft Binnenzeichnungen nochmals mit schwarzer Farbe umrissen und stärker hervorgehoben. Die Entwicklungsstadien der Arbeitsweise sind auf einer Reihe unvollendeter Gemälde gut zu beobachten.

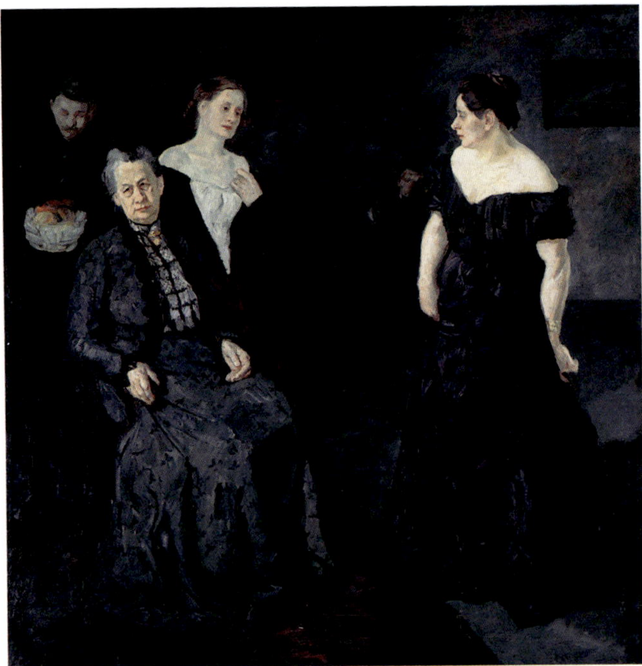

Max Beckmann (1884–1950), »Unterhaltung«, 1908, Öl auf Leinwand, 177 x 168,5 cm, Alte Nationalgalerie, Berlin

Als Hilfsmittel zur Bildkontrolle deckte er manchmal Teile der Komposition mit Papierformen ab. Probleme mit der Farbkompositionen löste er, indem er die fraglichen Bildpartien zunächst mit farbiger Pastellkreide abdeckte, um ihnen den späteren, endgültigen Ölfarbenauftrag zu geben. Seine Frau *Quappi* berichtet, dass *Beckmann* seine Bilder auf den Kopf gestellt habe, um sie auf ihre Ausgewogenheit hin zu überprüfen. Aus seinen Tagebucheintragungen ist bekannt, dass er oft an mehreren Gemälden gleichzeitig arbeitete.

Beckmann hat handelsübliche Öl- und Harzölfarben verwendet, die er in unterschiedlichster Konsistenz von pastos dick bis dünn lavierend auftrug. Seit etwa 1925 verdünnte er mit Terpentinöl. Er verwendete, bis auf sehr frühe Gemälde, bei denen er mit dem Palettenmesser arbeitete, ausnahmslos Pinsel mit Schweinsborsten oder aber Zobelhaar, von der feinsten erhältlichen Stufe bis hin zu etwa acht Zentimetern Breite. Es ist auffallend, dass er sich trotz der relativ umfangreichen Farbpalette nur auf eine kleinere Anzahl von Farbtönen beschränkte. Bei Untersuchungen des Doerner-Institutes fanden sich in den Farb- und Grundierungsproben folgende unterschiedliche Ausmischungen:

- Weiß und Grundierung: vorwiegend Bleiweiß, häufig Zinkweiß oder Schwerspat, selten Titanweiß oder Kreide
- Schwarz: Bein- und Pflanzenschwarz, um eine tiefere Farbigkeit zu erzeugen, meist mit darüber liegenden Lasuren
- Gelb: helle Töne überwiegend aus Kadmiumgelb, häufig mit Ocker vermischt; vor 1930 Strontiumchromat, danach Zinkchromat; gelber Ocker und Chromgelb als Mischpigmente; Dunkelgelb wird weitgehend Kadmiumgelb mit Ausmischungen von Blei- und Zinkweiß und Pflanzenschwarz sowie mit einer ganzen Reihe von Rotpigmenten.
- Rot:
  Helles Rot: Zinnober, weniger Kadmiumrot
  Dunkles Rot: Alizarinkrapplack, vereinzelt Kadmiumrot und roter Ocker, Ausmischungen von Blei- und Zinkweiß, Pflanzen- und auch Beinschwarz, synthetischem Ultramarinblau, Chromoxidgrün, Preußischblau. Kadmiumrot wird in späteren Jahren häufiger.
- Braun: Dunkler/brauner Ocker, selten mit synthetischem Ultramarinblau, Chromoxidgrün und rotem Ocker ausgemischt

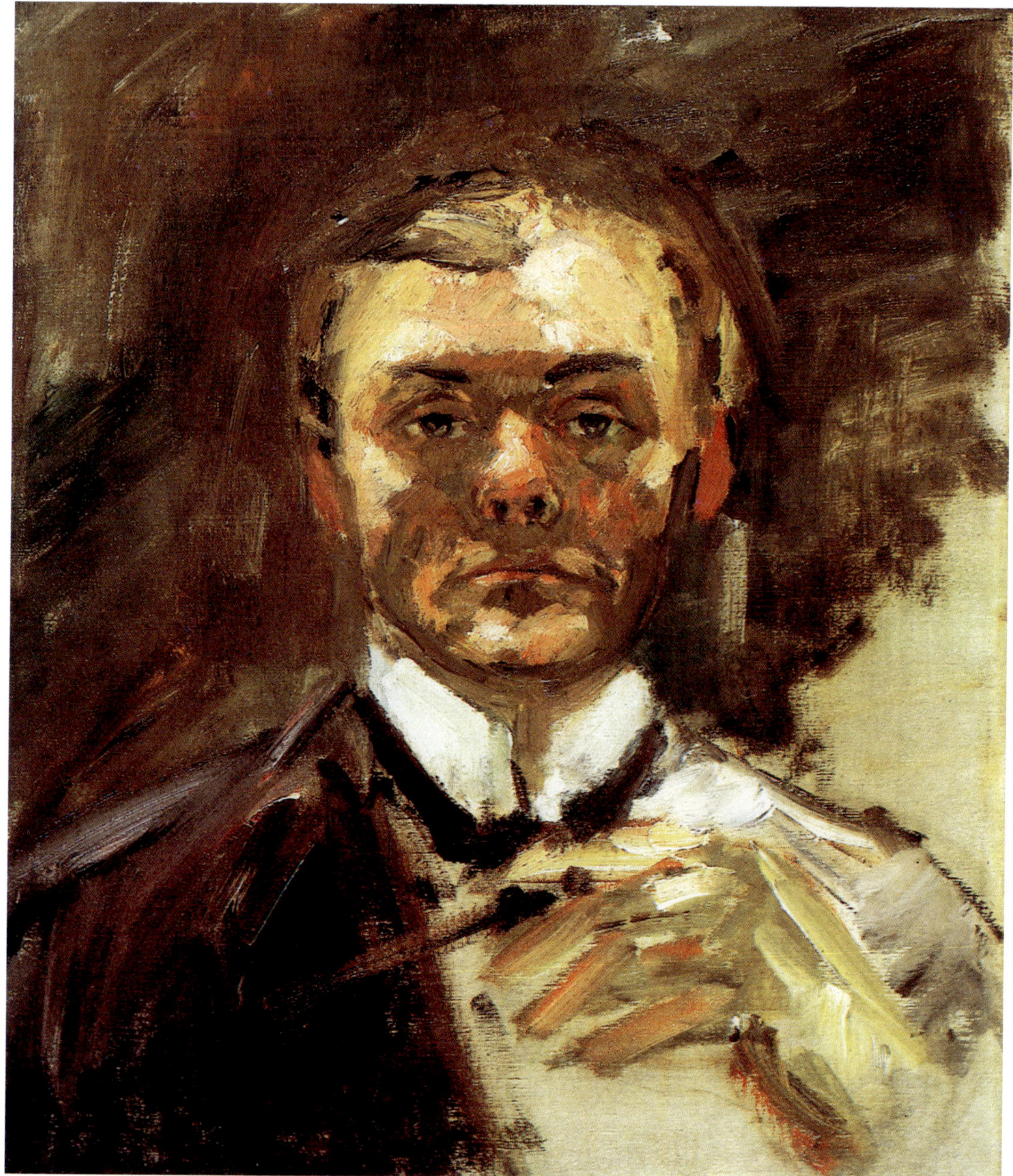

Max Beckmann, »Selbstbildnis«, 1908, Öl auf Leinwand, 55,5 x 45,5 cm, unvollendet, The Robert Gore Rifkind Collection, Beverly Hills (Kalifornien)

- Blau: Ultramarinblau / synthetisch (später kommen – wenn auch selten – Kobalt- und Preußischblau vor)
- Grün: Chromoxidgrün; sehr selten auch Schweinfurter Grün

Fast alle diese Pigmente kommen immer in Ausmischungen, meistens mit Bleiweiß und Pflanzenschwarz, vor. Seltener finden Chromgelb und synthetisches Ultramarinblau Verwendung. In den späteren Jahren nutzte *Beckmann* auch Zinkweiß und Beinschwarz.

Firnis oder einen anderen Schlusslack lehnte *Beckmann* ausdrücklich ab. Über die Farbe äußerte sich *Max Beckmann* nach einem Bericht seiner Frau *Quappi Beckmann* vom 10. Februar 1952: »Die Farbe dient dem Ausdruck der seelischen Grundstimmung des Subjekts. Sie ist der Licht- und Formbehandlung nachgeordnet. Ein Überwiegen des farbigen Elements auf Kosten der Form und des Raums ist der Anfang zur zweifachen Bearbeitung der Bildfläche, also des Kunstgewerbes. Es sind gebrochene Töne und reine Lokalfarben zu verwenden.«

Nach *Bruno Heimberg* bediente sich *Beckmann* in modifizierter Form altmeisterlicher Arbeitsweisen. So etwa, wenn er »mehrere Schichten verschiedenfarbiger Lasuren übereinander legt, um eine bestimmte Farbwirkung zu erzielen und die Leuchtkraft seiner Farben zu steigern, oder wenn er ähnlich wie *Rubens* den weißen Grund mit in sein Farbkonzept einbezieht«. Er beschreibt weiter: »Die Subtilität der Farbe bei Beckmann resultiert nicht zuletzt aus den vielfältigen Abstufungen des Oberflächenglanzes, der sowohl innerhalb einer farbigen Fläche wie auch zwischen den verschiedenen Farben oder den einzelnen übereinander liegenden Schichten stark variieren kann. Während glänzende Stellen durch Tiefenlicht transparent und leuchtend wirken, besitzen matte Partien einen stumpfen, temperaartigen Charakter. Aus diesem Gegensatz entwickeln sich zusätzlich Oberflächeneffekte, die nicht nur die Farbigkeit, sondern, durch die optische Betonung der Vielschichtigkeit, auch die Tiefenwirkung nachhaltig beeinflussen. Wie sehr Beckmann diese Effekte gewollt und bewusst in seine künstlerischen Überlegungen mit einbezogen hat, erhellt sich aus der Tatsache, dass er es immer strikt abgelehnt hat, seine Bilder zu firnissen, eine Prozedur, die, falls aus Unverstand oder Unkenntnis durchgeführt, auch heute noch zu einer weitgehend irreparablen Beeinträchtigung und Schädigung der betroffenen Kunstwerke führt.«

Literatur

Max Beckmann: Tagebücher 1940–1950. München 1979

Quappi (Mathilde) Beckmann: Mein Leben mit Max Beckmann. München 1983

Bruno Heimberg: Zur Maltechnik Beckmanns. In: Max Beckmann. Retrospektive. Ausst.-Kat. München 1984

HD Schrader

HD Schrader wurde 1945 in Bad Klosterlausnitz geboren. Er studierte von 1965 bis 1969 an der Werkkunstschule Hamburg bei *Max Mahlmann.* Seit 1970 entstehen systematisch zum Werkblock »Kubusreihungen« Objekte, Acrylbilder, Zeichnungen und Siebdrucke. Auf das Thema »Kontinuität und Kubus« konzentriert er sich seit 1974.

Ausgehend vom Kubus als gleichseitig-rechtwinkliger Raumkörper befasst sich *Schrader* mit Perspektive, Raum und Oberfläche, zuerst vor allem im Medium der Zeichnung und später darauf aufbauend in Gemälden und Objekten.

Die Objekte und Bilder werden aus Tischlerplatten geschnitten, beidseitig mit Leinwand kaschiert, oft mit farbiger Acrylfarbe grundiert und dann mit Öl- und oft auch Wachskreiden so bemalt, dass plastisch sichtbare Grate entstehen. Auch die Kanteneinfassungen an den Objekten werden in die Malarbeit mit einbezogen. Die zweidimensionale Form wird gleichsam über die Farbe, als Farbton und Farbsubstanz, wieder plastisch zurückgewonnen. Dabei bewegt sich das Werk *HD Schraders* zwischen den verschiedenen Kunsttechniken Zeichnung, Malerei und Bildhauerei (Abbildungen S. 77).

Das »Gemälde« gehört zu einer vierteiligen Arbeit, die eigens für eine bestimmte Raumfassung konzipiert wurde. Bei diesem Wandobjekt ist oben in der Mitte ein größeres und ein kleineres, kobaltblaues Quadrat auf dunkelblau (Preußischblau) strukturiertem Untergrund erkennbar. Es besteht aus einem Träger, der aus Holzfaserplatten verleimt wurde, über denen grundiertes Leinwandgewebe gespannt ist. Hierauf wurde nach malkünstlerischer Vorarbeit die Malerei mit fein strukturierender Strichführung mit Öl- und Wachsbindemitteln ausgeführt. Das Besondere an dieser Arbeit ist die fragile und glänzende Oberflächenstruktur der außerordentlich feinen und großflächigen Bemalung.

Jochen Kuhn

Jochen Kuhn wurde 1954 in Wiesbaden geboren und studierte bildende Kunst von 1975 bis 1980 in Hamburg. Hier konnte er seine Malerei durch den Einsatz von Fotografie und Film weiterentwickeln. Zwei Stipendien ermöglichten ihm jeweils einjährige Studienaufenthalte in Rom. Heute arbeitet *Jochen Kuhn* als freier Drehbuchautor, Filmemacher und Maler und unterrichtet an der Filmakademie in Ludwigsburg.

Technisch interessant ist die Entstehungsweise der Filmbilder, denn *Kuhn* malt seine Filme in Einzelbildern. Es werden alle Bilder nur für die Filmaufnahme mit der Kameralinse produziert, und sie erreichen oft nicht einmal die eigentliche Fertigstellung.

Dabei überzeugt er als Maler mit überraschenden Bildern, die als Einzelbildschaltung für den Film entstehen. *Jochen Kuhn* ist also nicht nur Kameramann und Bühnenbildner, sondern auch Autor. Meist spricht er die Geschichten auch selbst aus dem Off und spielt sogar die Musik ein.

Die Herstellung dieser »Bilder-Filme« ist relativ einfach. Ein Film entsteht Bild für Bild. In einem etwa 20-minütigen Film werden bis zu 5000 Malvorgänge in nahezu 15 000 Einzelbildschaltungen verarbeitet. Dabei werden die fortlaufenden Veränderungen der Bilder in Gemälden, Collagen oder Bewegungsabläufen sichtbar. Hier kommt es ihm vor allem auf eine maltechnisch korrekte und dabei möglichst schnelle Trocknung an. Auch auf die spätere Möglichkeit der Übermalung legt *Kuhn* Wert, um »laufende Bilder« erzeugen zu können.

Als Mittel des künstlerischen Vorgangs dienen Fotoapparat und Kamera (mit Fernbedienung), Papiere, Zeichenstifte, Tusche, Leinwand, Öl- und Acrylfarben, die richtige Beleuchtung sowie diverse eigens konstruierte Apparaturen. Das maltechnische Prinzip *Kuhns* basiert auf dem Entwicklungsprozess seiner Filme durch das ständige Übermalen. Die verschiedenen Malphasen werden in unterschiedlichen Stadien erkennbar, Leinwandbilder werden in Filmbilder und dabei in Handlung umgesetzt. Bei dieser technisch anspruchsvollen Arbeitsmethode entsteht keine Malerei im eigentlichen Sinne, sondern immer nur ein *Rest-Bild* – das letzte in einer langen Reihe immer wieder übermalter Bilder, das zurückbleibt.

Mit den Mitteln der Malerei, des Films und der Fotografie entstehen so Kurzfilme über ganz alltägliche Themen, so z.B. ein Bericht aus Rom über »Das Ei« 1982 (7 Min.). »Die Stimme des Igels I & II« erscheint als Kompilation seiner Filme 1994; der große Spielfilm mit dem Titel »Fisimatenten« (98 Min.) mit *Maximilian Schell* in der Hauptrolle folgt 1998 und die Reihe »Sonntag« über Sonntagsausflüge 2005 – 2013.

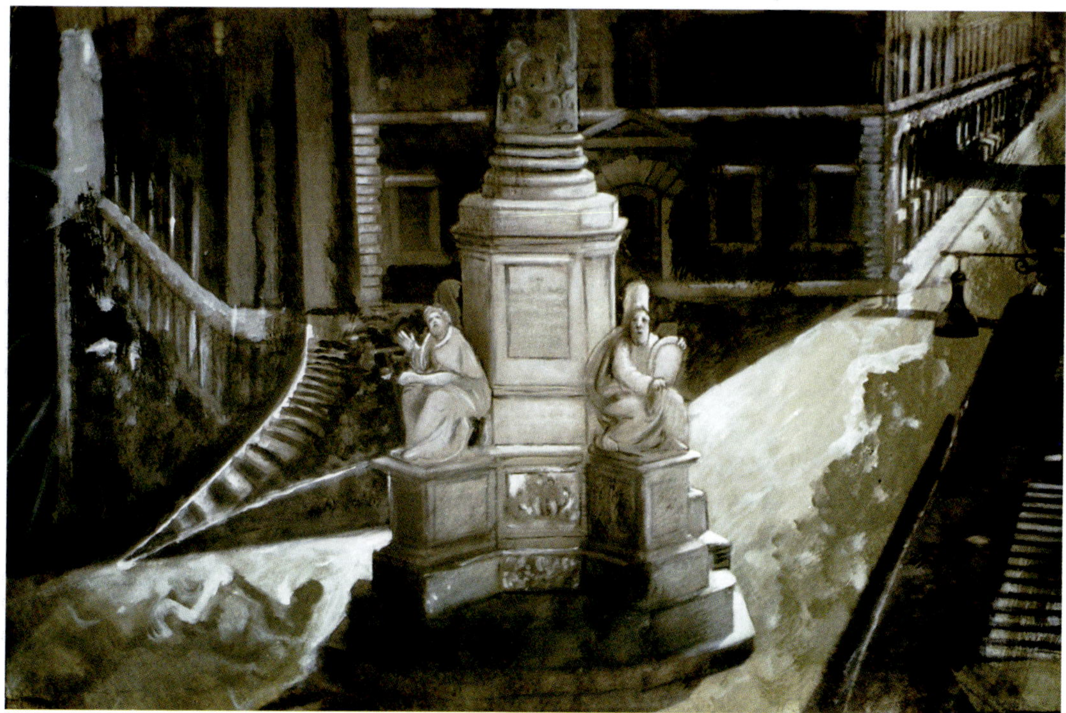

Jochen Kuhn, »Schlussbild«, aus seinem Film »Neulich V«, 2004, Mischtechnik auf Leinwand, 70 x 100 cm

Ralf Jurszo

Ralf Jurszo wurde 1951 geboren. An der Hochschule für bildende Künste in Hamburg studierte er Malerei von 1968 bis 1975. Er ist heute als Lehrbeauftragter an verschiedenen Kunstschulen in Hamburg und als freier Maler und Bühnenbildner tätig.

Seine Gemälde entstehen meist in konventioneller Maltechnik. Auf die akribisch ausgeführte Vorzeichnung wird eine ebenso exakte erste farbige Untermalung mit wässrigen Farben, meist Acryl, gemalt. Dann erfolgt ein immer feiner werdender Farbauftrag mit wässrig vermalbaren Ölfarben. In dieser Feinmalerei sind besondere Effekte schon zuvor einkalkuliert. So muss sich die Wirkung der speziellen Nach-Leuchtpigmente bei Dunkelheit oder Dämmerung und bei Tageslicht gleichermaßen behaupten. Wesentlich für *Jurszo* ist dabei der darstellerische Aspekt, so interessiert ihn das Thema der multikulturellen Gesellschaft. Die malerischen Effekte müssen sich diesem unterordnen. Es entstehen irritierende Bilder, wenn er zum Beispiel die Darstellung eines »deutschen Waldes« mit metallischen Pigmenten malerisch besonders hervorhebt und sie dann wieder abmildert, um sie seiner eigenen Bildsprache anzupassen. Dabei lasiert er den Metallic-Effekt in leichten Pinselstrichen mit wässrig vermalbaren Ölfarben.

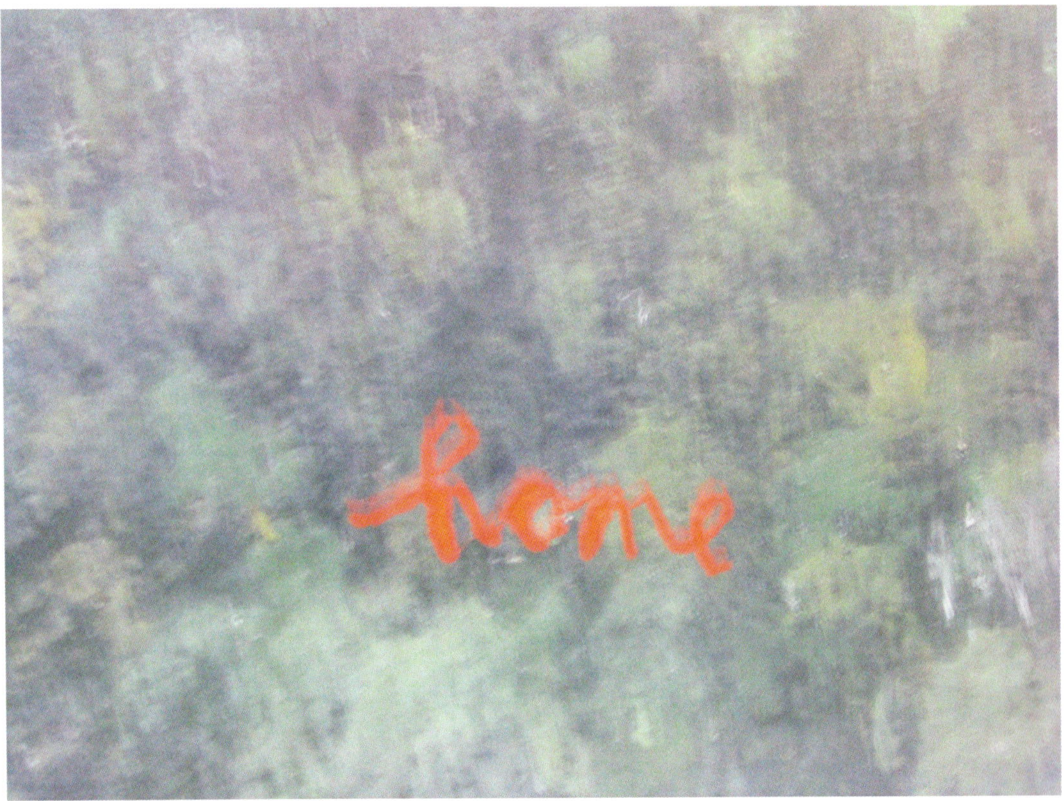

Ralf Jurszo kombiniert seine Malerei mit oft irritierenden Beschriftungen; hier ein Detail aus seinem Gemälde »Home«, 2003, Mischtechnik auf Malkarton, 24 x 30 cm.

RESTAURIERUNG, PFLEGE UND AUFBEWAHRUNG VON KUNSTWERKEN

Die Begriffe Konservieren, Restaurieren und Renovieren werden nicht immer einwandfrei auseinander gehalten und aus Unkenntnis häufig alternativ verwendet. Für die Qualität der Erhaltung von Kunst- und Kulturgütern ist die Art und Weise der Restaurierung bzw. Konservierung jedoch ein entscheidender Faktor. Dabei spielen komplexe kunsttechnologische Zusammenhänge eine Rolle. Rein technisch unterscheidet sich das Restaurieren von Gemälden in der Wahl der Mittel und Wege ganz erheblich von ihrer maltechnischen Herstellung. Denn während Ersteres die freie schöpferische Tätigkeit beschränkt, zeichnet Letzteres sich gerade dadurch aus; dabei kann das eine nicht an die Stelle des anderen treten.

Im Folgenden wird ein kurzer Überblick über die Tätigkeit des Restaurierens gegeben. Dies soll jedoch keine Aufforderung zu Selbstversuchen an eigenen oder fremden Gemälden darstellen. Die Beseitigung größerer Schäden an Kunstwerken sollte man generell gut ausgebildeten und erfahrenen Restauratorinnen und Restauratoren überlassen.

Untersuchungen an Kunstwerken

Untersuchungen zum maltechnischen Aufbau von Kunstwerken lassen sich mithilfe naturwissenschaftlich gestützter Methoden durchführen. Neben der Echtheitsprüfung lassen sich auch die individuelle Restauriergeschichte (und damit der Erhaltungsgrad), der Materialstil, künstlerische Merkmale sowie die Durchführung größerer Veränderungen bestimmen. Einige dieser Untersuchungsmethoden wurden bereits in den 1930er-Jahren entwickelt und gehören nach wie vor zum Instrumentarium des Restaurators.

Inzwischen stellt die naturwissenschaftliche Forschung vielfältige neue Untersuchungsmethoden bereit, die detaillierte Erkenntnisse über die chemische, physikalische und biologische Beschaffenheit eines Kunstwerkes erlauben. Komplizierte technische Verfahren, wie Mikroanalysen, histochemische Nachweisverfahren, der Einsatz von Elektronenstrahl-Mikrosonden usw., bringen neue Möglichkeiten, aber auch Grenzen mit sich – schließlich ist selbst die kleinste Probeentnahme gleichbedeutend mit einem Eingriff in das Original. Im Folgenden werden die gebräuchlichsten Verfahren kurz vorgestellt.

Jeder Restaurierung sollte immer eine genaue Untersuchung mit umfassender Dokumentation vorausgehen, die den Originalbestand sowie die Geschichte und Funktion des Kunstwerkes dokumentiert. Die Auswertung der technologischen Untersuchung lässt oft Rückschlüsse auf Veränderungen oder Eingriffe am Kunstwerk zu.

Zu der Untersuchung mithilfe von chemischen, physikalischen und mikrobiologischen Analysemethoden kommt als weiteres Instrumentarium die visuelle Erhebung hinzu. Dabei müssen neben der eigenständigen Betrachtung des Werkes auch die vorhandenen Quellen mit einbezogen werden; auch die Arbeitsweise des Künstlers, die Geschichte des Werkes, Alterserscheinungen und andere Faktoren müssen berücksichtigt werden.

Untersuchungstechniken

Im Zusammenhang mit der Erforschung und Erhaltung von Kunstwerken aller Epochen werden immer häufiger naturwissenschaftliche Analysen und Beratungen notwendig. Dabei werden nicht nur Forscher, Restauratoren oder Konservatoren, sondern auch Sammler, Galeristen, Architekten, Archäologen und Kunsthistoriker auf internationaler Ebene hinzugezogen.

Neben mikroskopischen und mikrochemischen Methoden gehören spektroskopische Untersuchungen, wie die Röntgenfluoreszenz oder die Infrarotspektroskopie, sowie die chromatographischen Methoden (Dünnschliff-, Ionen- und Hochdruckflüssigkeit-Chromatographie) zu den wichtigsten modernen Analyseverfahren.

Einer der Schwerpunkte naturwissenschaftlicher Beratung liegt in der Konservierung und Restaurierung von aus konservatorischer Sicht besonders problematischen oder komplexen Kunst- und Kulturgütern. Die Untersuchungen schließen hier vor allem gefasste Kunstwerke ein: Gemälde, Skulpturen, Wandmalereien sowie alle anderen polychromen Oberflächen. Durch die Analyse der verwendeten Farb- und Trägermaterialien lässt sich zunächst der materialtechnische Aufbau bestimmen. Neben dieser Materialidentifizierung werden auch Veränderungen, Schäden und deren Ursachen erforscht. Im Rahmen dieser Untersuchungen kann auch die Echtheit bestimmt werden, wenn es gelingt, die Entstehungszeit oder sogar die Werkstatt zu ermitteln. Hier arbeiten Naturwissenschaftler, Kunsthistoriker, Maltechniker und Restauratoren mit Vertretern anderer Disziplinen eng zusammen.

Durch die Identifizierung von Malmaterialien können nicht nur zeitliche Zuordnungen getroffen, sondern auch stilkritische Beobachtungen schlüssig ergänzt werden. Solche Nachweise lassen sich nicht selten bei Fälschungen erbringen, wenn dabei etwa Materialien verwendet wurden, die nicht im zeittypischen Kontext stehen.

- Zunächst werden Beschaffenheit und Aufbau, beispielsweise eines Gemäldes, genauestens untersucht. Dabei sind maltechnische Merkmale festzulegen sowie Alterungsspuren und Erhaltungszustand zu bestimmen. Die restauratorischen Eingriffe in Bildträger und Malschichten werden genauestens katalogisiert.
- Für die Analysen werden mikroskopisch kleine Proben entnommen, nicht nur bei den klassischen Materialien, sondern auch bei Objekten der neueren, modernen und zeitgenössischen Kunst.
- Im weiteren Verlauf fertigt man in der Regel so genannte Querschliffe an, um alle Schichten des Malaufbaus oder der Farbfassung besser darstellen zu können. Die daraus gewonnenen Erkenntnisse geben Aufschluss über die Geschichte des Objektes.
- Weitere Informationen bezüglich Aufbau, eventuell erfolgter Überarbeitungen sowie des allgemeinen Zustandes des Kunstwerkes bieten Durchleuchtungen mit Röntgen-, UV- und Infrarotstrahlen.

Mikroskopie

Im Auflicht lassen sich bei schwachen Vergrößerungen unter dem Stereomikroskop Veränderungen an Gemäldeoberflächen besser erkennen. Bei stärkeren Vergrößerungen werden die Aufeinanderfolge von Malschichten, die Bildung von Craquelés sowie allgemeine materielle Befunde sichtbar.

Pigmentanalyse

Anorganische Pigmente werden mithilfe mikrochemischer Testfolgen, Emissionspektral- und Röntgenfeinstrukturanalysen identifiziert. So lässt sich allerdings nur ein frühestmöglicher (terminus post) oder spätestmöglicher (terminus ante) Entstehungszeitpunkt festlegen. Dennoch können Kopien, Falsifikate und Plagiate durch Pigmentanalysen als solche ausfindig gemacht werden. Die Frage, seit wann einzelne Pigmente in der Malerei verwendet wurden bzw. wann sie außer Gebrauch kamen, lässt sich durch methodisch-systematisches Quellenstudium in Gegenüberstellung mit Befunden aus Untersuchungsergebnissen beantworten. Organische Pigmente und Farblacke müssen zur Bestimmung erst in Trägersubstanz (Substrat) und Farbstoff getrennt werden.

Bindemittelanalyse

Die Ermittlung und Bestimmung von Bindemitteln ist wesentlich schwieriger und komplizierter, und nicht immer gelingt es, die Zusammensetzung zu bestimmen. Aufgrund unterschiedlichen Alterungsverhaltens lässt sich häufig nur die Bindemittelgruppe – Öle, Harze, Proteine (Eiweißarten), Pflanzengummen – benennen. Selbst dann kann nicht immer eine eindeutige Zuordnung getroffen werden, da im Zuge früherer Restaurierungen möglicherweise andere Bindemitteltypen in die Bildschichten gelangt sind. Die Untersuchung erfolgt meist mittels Infrarotabsorptionsspektrographie, der Gas- bzw. Dünnschichtchromatographie.

Dendrochronologie

Das Verfahren der Dendrochronologie (Jahresringchronologie) wurde Anfang des 20. Jahrhunderts in den USA entwickelt, aber erst seit den 1960er-Jahren in der Praxis eingesetzt. Mit diesem Verfahren kann eine relativ genaue Datierung von Kunstwerken aus Holz vorgenommen werden. Dabei werden die Jahresringabstände am Hirnholz eines Kunstwerkes gemessen und mit gespeicherten Standardwerten verglichen.

Durch Vergleich der Jahresringe an Hölzern lässt sich das Fällungsdatum eines Baumes bestimmen. Daraus ergibt sich das frühestmögliche Entstehungsdatum eines Kunstwerkes, der terminus post quem.

Mit einer Toleranz von ± fünf Jahren lässt sich das Fällungsdatum eines Baumes relativ genau bestimmen. Diese Methode erfordert allerdings eine Mindestzahl (fünfzig bis hundert) von Jahresringen und ist nur auf einige Holzarten anwendbar. So lassen sich Hölzer wie die von italienischen Malern gern benutzte Pappel oder die in Deutschland vorkommende Linde (etwa an Skulpturen *Tilman Riemenschneiders* oder bei Gemälden *Albrecht Dürers*) nicht datieren.

Bäume mit winterlicher Wachstumsruhe legen ihre Zuwachsraten in Form von Jahresschichten an, deren Breite von verschiedenen Umweltfaktoren, wie Feuchtigkeit, Temperatur usw., bestimmt wird. Diese Werte schlagen sich dann in der Jahresringabfolge vorgegebener Regionen als charakteristische Wachstumszonen nieder. Mittels spezieller Verfahren werden Standardwerte ermittelt und mit individuellen Werten verglichen, wodurch eine Datierung ermöglicht wird. Untersuchungen ergaben, dass im 16. und 17. Jahrhundert zwischen dem Fällen eines Baumes und der Entstehung eines Kunstwerkes im Durchschnitt vier bis fünf Jahre vergingen, während noch im 15. Jahrhundert das Holz sehr viel länger abgelagert wurde.

Restauratorische Maßnahmen

Restauratorische Behandlungsmethoden oder konservatorische Maßnahmen müssen sich stets auf den akuten Fall konzentrieren. Das heißt, dass für jeden Schaden ein adäquates Verfahren entwickelt wird oder sich aus dem Fundus an Erfahrungen in den Ateliers ergibt. Da nicht nur Restauratoren, sondern auch Künstlerinnen und Künstler mit restauratorischen und konservatorischen Problemstellungen konfrontiert sind, wird hier ein kurzer Überblick über die wichtigsten Methoden gegeben.

Als selbst verordnete Gebote gelten heute für jede Restaurierungsmaßnahme folgende Maximen:

- **Reversibilitätsregel:** Alle eingesetzten Materialien sollen ohne Schaden für das Kunstwerk wieder entfernbar sein.
- **Ergänzung:** Ergänzungen müssen sich auf jene Partien beschränken, bei denen ursprüngliches Material fehlt.
- **Dokumentation:** Jeder einzelne restauratorische oder konservatorische Eingriff soll ausführlich dokumentiert werden.

Festigen

Gelockerte Mal- und Grundierschichten an Gemälden auf Leinwand oder Holztafeln sind häufig auftretende Schadensphänomene. Sie werden mit speziellen Klebstoffen behandelt und gefestigt. Als Klebstoffe werden meist stark verdünnte wässrige Leimlösungen natürlicher oder auch synthetischer Herkunft eingesetzt.

Reinigen

Durch unsachgemäße Reinigung können der Firnis eines Bildes und die darunter liegende Farbsubstanz beschädigt werden. Bei der Wahl der Mittel muss deshalb streng zwischen der Oberflächenreinigung und einer Firnisabnahme unterschieden werden.

Oberflächenreinigung

Im Laufe der Zeit erscheinen genau dieselben Verschmutzungen auf Gemäldeoberflächen, die auch in ihrer näheren Umgebung auftreten. Die Entfernung von Oberflächenschmutz mit geeigneten Reinigungsmitteln sollte von einem erfahrenen Restaurator vorgenommen werden. Nur das Entfernen von Staub mithilfe eines weichen Pinsels oder Tuches kann man unter Umständen selbst erledigen.

Firnisabnahme

Gilben tritt als Alterungserscheinung bei Harzfilmen infolge von Oxidationsprozessen auf, deren Intensität von der jeweiligen Zusammensetzung und Schichtdicke des Firnisüberzuges oder der darunter liegenden Malschichten abhängt. Eine Trübung des Firnisses ist ein häufig auftretendes Schadensphänomen. Die Ursache sind mikroskopisch feine Risse, die das Licht streuen und so die Malerei undurchsichtig erscheinen lassen. Als geeignete Maßnahme zur Beseitigung dieser Risse ist eine Firnisbehandlung angezeigt.

Eine Firnisabnahme oder -regeneration ist eine einschneidende Maßnahme. Bei einem solchen Eingriff in das Bildgefüge sind viele Faktoren zu beachten. Die Lösungsmittel müssen dabei laufend auf die Empfindlichkeit der Malschichten, Lasuren und den originalen Firnis eingestellt werden. Der Vorgang wird umso komplizierter, je ähnlicher die verwendeten Malfarben und der Firnisfilm in ihrer chemischen Zusammensetzung sind.

Doublierung

Bei Leinwänden, die im Laufe der Jahre ihre ursprüngliche Aufgabe als Bildträger nicht mehr erfüllen, werden in der Restauriertechnik häufig so genannte Doublierverfahren angewendet. Diese Verfahren unterscheiden sich nach der Art der Methoden sowie der Art der verwendeten Bindemittel. Beim Doublieren wird der textile Bildträger mit zusätzlicher Leinwand hinterklebt und dadurch die originale geschwächte oder anderweitig geschädigte Leinwand verstärkt. Bei kleineren Schäden kommen Randverstärkung, Randanstückung oder Rissverklebung als alternative Methoden infrage.

Kitten von Fehlstellen

Fehlende oder entfernte Mal- und Grundierschichten werden meist bis zum originalen Bildniveau auf- bzw. ausgekittet. Die verwendete Füllmasse besteht zumeist nur aus Bindemittel und Füllstoff. Sie wird mit aufgespachtelt und der Struktur der originalen Malerei angepasst.

Retusche

Mit der Retusche wird die restauratorisch behandelte Partie dem Original farblich so angeglichen, dass sie sich optisch gut einfügt und auch später nicht verändert. Dabei wird strikt nur die betreffende Fehlstelle retuschiert. Die zum Einsatz kommenden Bindemittel und Pigmente sollten über hervorragende Eigenschaften verfügen (Alterungsverhalten, Wiederlöslichkeit). Selbst wenn das ursprünglich verwendete Pigment bestimmt werden kann, ist einem moderneren mit verbesserten Eigenschaften stets der Vorzug zu geben, steht doch bei der Retusche die Wiederherstellung des optischen Eindrucks und nicht unbedingt die Rekonstruktion der originalen Malfarbe im Vordergrund.

Anmerkung

Für die Erhaltung eines Gemäldes und dessen Beurteilung fällt neben Anzahl und Ausbreitung von Fehlstellen auch die originale Bildsubstanz von Vorder- und Rückseite ins Gewicht. Für die Bewertung sind auch Fehlstellen bildwichtiger Partien ausschlaggebend. Die Behandlungen von Gemälden sind häufig subtile und zeitintensive Arbeiten, die man besser dem Fachmann überlässt. Leicht können durch ungeeignete Maßnahmen Gemälde nicht nur verdorben, sondern auch völlig entstellt werden. Manche dieser Veränderungen lassen sich dann auch durch restauratorische und konservatorische Methoden nicht mehr rückgängig machen. Dazu zählen Farbveränderungen (Nachdunkeln, Durchwachsen der Grundierung), Borkenbildung, verpresste Oberflächen. Hin und wieder lassen sich krepierte Mal- oder Firnisschichten durch Regenerierung wiederherstellen.

Bestimmte pflegende und vorbeugende Maßnahmen kann jeder Künstler selbst ergreifen. Restauratorische und konservatorische Maßnahmen jedoch gehören in die Hände von ausgebildeten Fachkräften. Den besten Schutz bietet immer noch eine geeignete Aufbewahrung; dazu gehören neben der Lagerung auch die Rahmung und die Präsentation. In den zurückliegenden Jahren hat es enorme Entwicklungen auf dem Gebiet der Restaurierung und Konservierung gegeben, und die jetzige Generation von Restauratorinnen und Restauratoren, ob im Museum, in der Denkmalpflege oder freiberuflich tätig, besteht mittlerweile überwiegend aus akademisch gebildeten Spezialisten. Mit ihrem chemischen, historischen, kunsttechnischen und ästhetischen Know-how, gepaart mit handwerklichen Fertigkeiten, sind sie zu einem verantwortungsvollen Umgang mit den Kunstwerken gemäß den strengen, international festgelegten Maßstäben in der Lage. So dürfen nur unvermeidliche Eingriffe am Original vorgenommen werden, und diese müssen sich auf eine historisch verantwortbare Interpretation beschränken, bei der die Erhaltung des Originalkunstwerks in allen Aspekten Vorrang genießt. Die originale Substanz des Kunstobjekts ist für den Restaurator unantastbar, und darum gelten auch die genannten strengen Maßstäbe.

Atmosphärische Einflüsse

Licht

Neben anderen Energieformen wirkt auch Licht beim Alterungsprozess von Kunstwerken mit. Als Licht wird der für das menschliche Auge sichtbare Bereich des Spektrums elektromagnetischer Strahlung von Wellenlängen bezeichnet; diese entsprechen jeweils einer bestimmten Lichtfarbe. Durch Energiezufuhr können chemische Prozesse in Gang gesetzt oder beschleunigt werden. Die farbliche Veränderung eines Pigmentes im Licht ist daher nichts anderes als dessen durch Lichtzufuhr hervorgerufene oder beschleunigte chemische Veränderung. Die Lichtechtheit eines Pigmentes wird auch von den verwendeten Bindemitteln und anderen Hilfsstoffen beeinflusst.

Klima

Unter dem Begriff Klima versteht man alle meteorologischen Erscheinungen, die wiederum eine Folge physikalischer Prozesse sind. Von den zahlreichen Klimaelementen, wie z. B. Sonneneinstrahlung, Bewölkung, Niederschläge, Wind, Luftfeuchtigkeit, Temperatur u. a., sind für die Aufbewahrung von Kunstwerken hauptsächlich die beiden Elemente Temperatur und Feuchte von Bedeutung.

Luftfeuchtigkeit (Luftfeuchte)

Unter Luftfeuchtigkeit versteht man den Wasserdampfgehalt der Luft. Die pro Kubikmeter Luft enthaltene Gewichtsmenge an Wasserdampf wird in Gramm gemessen und als absolute Luftfeuchtigkeit bezeichnet. Der maximal mögliche Wasserdampfgehalt der Luft im Verhältnis zur herrschenden Temperatur wird in Prozent angegeben und als relative Luftfeuchtigkeit bezeichnet. Beträgt die relative Luftfeuchtigkeit 100 %, so ist die Luft mit Wasserdampf gesättigt und überschüssiger Wasserdampf kondensiert zu Tröpfchen. Absolut trockene Luft (relative Luftfeuchtigkeit = 0 %) wird selbst in Wüstenklima und bei extrem niedrigen Temperaturen so gut wie nie gemessen.

Als Regel gilt: *Je wärmer die Luft ist, desto mehr Feuchtigkeit enthält ein Kubikmeter Luft. Je kühler die Luft ist, desto weniger Feuchtigkeit enthält ein Kubikmeter Luft.*

Ursache und Wirkung

Alle organischen Materialien sind hygroskopisch. Sie stellen sich stets auf die relative Luftfeuchtigkeit ihrer Umgebung ein und versuchen durch Aufnahme oder Abgabe von Feuchtigkeit einen Ausgleich zwischen Materialfeuchtigkeit und Luftfeuchtigkeit herzustellen. Die damit verbundenen Volumenveränderungen des Materials machen sich als Quell- bzw. Schwundvorgänge bemerkbar. Art, Dauer und Ausmaß solcher Klimaschäden sind jeweils von den materialspezifischen Eigenschaften abhängig.

Kunstwerke aus organischen Materialien, die in Räumen mit Zentralheizung gelagert werden, sind ohne gleichzeitige Luftbefeuchtung besonders gefährdet.

Prophylaktische Maßnahmen

Für die Aufbewahrung von Kunstwerken aus hygroskopischen Materialien sind Temperaturwerte zwischen 12 und 18 °C sowie eine relative Luftfeuchtigkeit zwischen 55 und 60 % als ideal anzusehen. Generell gilt es, möglichst konstante Klimabedingungen zu schaffen. Auch der Lichteinfall sollte kontrolliert und in Abhängigkeit zu den Materialien gesetzt werden. Bei sehr empfindlichen Objekten, wie Aquarellen, Pastellen oder Handzeichnungen, sind Grenzwerte von 50 Lux, bei gefirnissten und / oder verglasten Gemälden zwischen 70 und 150 Lux einzuhalten.

Rahmung

Hölzerne Bildträger dürfen generell nicht fest eingerahmt werden. Darum schraubt man Federn auf den Bilderrahmen, mit denen die Tafel leicht in den Bilderrahmenfalz gedrückt wird. Es empfiehlt sich, den Rahmenfalz auszupolstern, z. B. mit einer Filzeinlage. Als Rückseitenschutz kann eine Hartfaserplatte angebracht und mit weichem Material unterlegt werden.

Leinwandgemälde können ähnlich wie Holztafeln am Bilderrahmen befestigt werden. Des Weiteren lassen sich auch Ringschrauben oder Messingbleche mit Laschen verwenden.

Rückseitenschutz

Starre Verschlüsse auf der Rückseite bieten Schutz gegen Verschmutzungen, mechanische Verletzungen und auch gegen Klimaschwankungen. Geeignete Materialien sind neutral geleimte Pappen und Kartons sowie Faserplatten; ungeeignet sind luftundurchlässige Stoffe, wie z. B. Kunststoff, da bei luftdichtem Abschluss die Gefahr von Kondenswasserbildung besteht.

Verglasung von Leinwand- oder Tafelgemälden

Bei der Verglasung ist in jedem Fall zu beachten, dass Glas und Bildschicht sich nicht berühren. Welche Glasart gewählt wird, richtet sich nach Größe, Geschmack und Geldbeutel – die Bandbreite reicht dabei vom einfachen Fensterglas bis zur aufwändigsten Glasvariante, dem entspiegelten Sicherheitsglas. Bei Großformaten sind wegen ihres geringeren Gewichtes auch Acrylgläser oder ähnliche Kunststoffe vorteilhaft.

Bei der Verglasung ist auf Staubdichte zu achten. Es darf aber keine Dampfdichte herrschen, denn das Kunstobjekt muss die Möglichkeit haben zu atmen. Bei der Verglasung von Leinwand- oder Tafelgemälden geht man folgendermaßen vor: Das Glas wird in den Rahmenfalz eingelegt, darauf wird ein entsprechender großer Abstand-

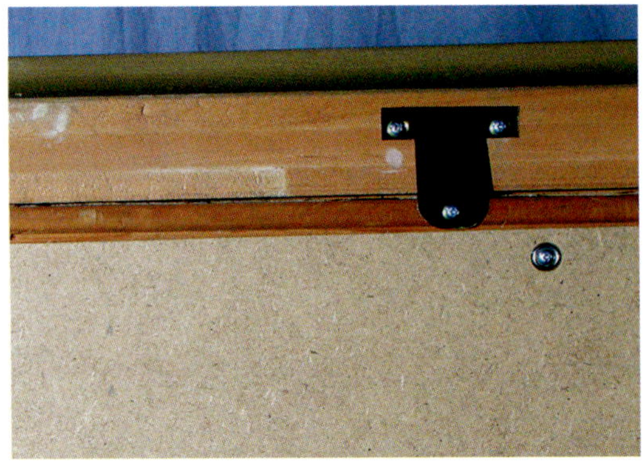

Die so genannten Blendrahmenbleche verbinden die Zierrahmung mit zwei Verschraubungen mit dem Keilrahmen der Bildrückseite.

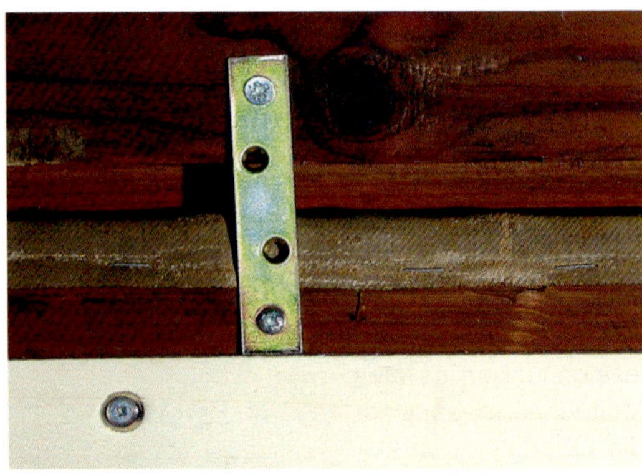

Schwere Bildträger werden über stabile Metallschienen mit der Zierrahmung fest verschraubt.

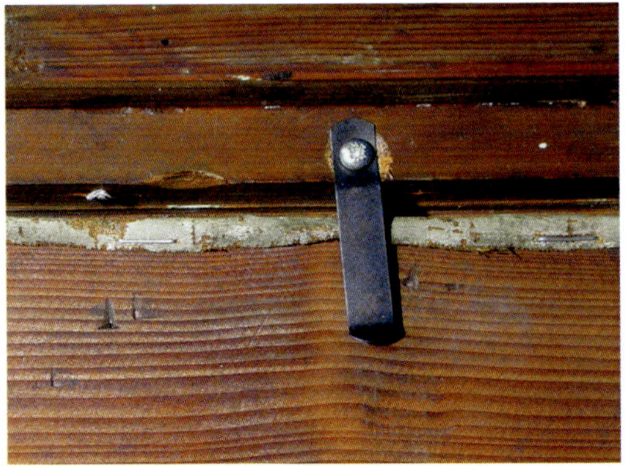

Die so genannten Wechselfedern lassen flexible Verbindungen bei der Rahmung zu, d. h., sie sind biegsam und schnell zu öffnen.

Bei dieser Rahmung unter Plexiglas wird die sehr empfindliche Bildfläche allseitig gegen ungünstige Einflüsse geschützt.

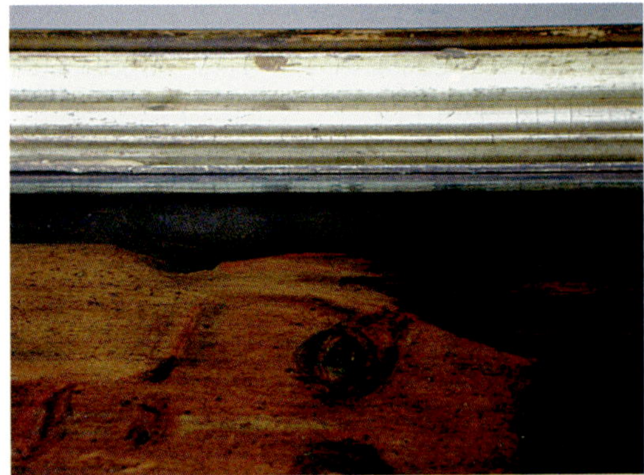

Bei der einfachen Verglasung von Kunstobjekten ist vor allem auf die ausreichende Distanz zwischen Glas und Oberfläche zu achten (links). Besonders empfindliche Kunstwerke werden innen an den Distanzleisten mit Filz gepolstert und rückseitig verschlossen (rechts). In beiden Fällen wurde das reflexfreie so genannte Museumglas benutzt.

halter befestigt; dieser wird an der Oberseite gepolstert. Damit ist das nachfolgende Gemälde, das im Rahmen befestigt wird, gegen äußere Verletzungen geschützt. Gegen Staub schützt dann der Rückseitenschutz.

Rahmen von Graphiken

Eine staubfreie und möglichst lichtarme Lagerung oder Präsentation von Graphiken ist die zuträglichste Art der Aufbewahrung. Pastelle, Kohlezeichnungen usw. sollten wegen ihrer subtilen Maltechnik besonders schonend behandelt und die Oberfläche darf möglichst nicht berührt werden, d.h., auch beim Rahmen sollte die Bildschicht nicht direkt auf dem Glas aufliegen. So genannte Klapp-Passepartouts eignen sich sowohl für die Lagerung als auch für die Präsentation.

Verpackung und Lagerung von Kunstwerken

Beim Transport sind Kunstwerke vielfältigen Risiken ausgesetzt; neben Klimaschäden kann es bei überstarker Beanspruchung auch zu größeren Verletzungen an Bildträgern und Bildschichten kommen. Der beste Schutz ist eine stabile, innen ausgepolsterte Kiste, in der das Kunstwerk nicht verrutschen kann. Sie sollte dann möglichst sicher und vibrationsarm transportiert werden. Einen ausreichenden Schutz vor Klimaschäden bei Transporten bieten die Klimakisten, die von Kunstspediteuren verwendet werden. Bei einfachen Transporten sollten Kunstobjekte wenigstens vor Feuchtigkeit bewahrt bleiben.

Rollen von Gemälden

Gemälde auf Leinwand sollten möglichst nicht gerollt werden. Sollte dies aus Platzmangel oder zu Transportzwecken unumgänglich sein, ist Folgendes zu beachten:

- Feste Holz- oder Papprollen mit möglichst großem Durchmesser verwenden.
- Für ausreichende feste Polsterung sorgen.
- Die bemalte Schicht muss beim Rollen immer nach außen zeigen.
- Stauchungen vermeiden (Gefahr der Absplitterung der Farbschicht).
- Zur Vermeidung von Verschmutzungen empfiehlt sich die Verwendung von Zwischenlagen beim Aufrollen.

Gelagerte Kunstobjekte sollten regelmäßig kontrolliert werden, da es im Laufe der Zeit leicht zu Druckstellen, Stauchungen, Verwerfungen, Dehnungen usw. kommen kann. Dehnungen lassen sich vermeiden, wenn die Rollen in eine geeignete Vorrichtung eingehängt bzw. aufgebockt werden. Vorsicht ist bei der Verwendung von Kunststofffolien angeraten – bei Kondenswasserbildung können Pilz- und Insektenbefall eintreten.

LITERATURAUSWAHL

Alberti, Leon Battista: Della pittura libri tre. Basel 1540. 1. ital. Ausgabe: Venedig 1547. Engl. Ausgabe: Spencer, John R. (ed.): Leon Battista Alberti on painting. 2. Aufl. New Haven 1966

Althöfer, Heinz: Restaurierung Moderner Malerei. München 1987

Athos' Malerbuch: Das Malerbuch vom Berge Athos. Hrsg. vom slawischen Institut nach der Ausgabe von Godehard Schäfer, 1855, unter Mithilfe v. E. Trenkle. München 1960

Audemaro, Petrus de Sancto: De coloribus faciendis. 13. oder Anfang des 14. Jahrhunderts (Paris, Bibl. Nat. ms 6741); siehe auch: M. P. Merrifield. Bd. 1, S. 117 ff.

Bammes, Gottfried: Bildnerische Freiheit – Vergleichende Künstleranatomie: Mensch – Tier. Leipzig 2005

Baudouin, Pierre-Antoine: Das Buch von der Freskomalerei. Heilbronn 1846

Bègue, Jean Le: Experimenta de coloribus, ca. 1431 (Paris Bibl. Nat., ms 6741); siehe auch: M. P. Merrifield. Bd. 1, S. 46–111

Berger, Ernst: Die Maltechnik des Altertums – nach Quellen, Funden, chemischen Analysen und eigenen Versuchen. Beiträge zur Entwicklungsgeschichte der Maltechnik. I. & II. Folge. München 1897. Unveränderter Neudruck. Walluf 1904

Ders.: Quellen und Technik der Fresko-, Oel- und Temperamalerei des Mittelalters. Beiträge zur Entwicklungsgeschichte der Maltechnik. III. Folge. München 1901

Ders.: Quellen für Maltechnik während der Renaissance und deren Folgezeit (XVI.–XVIII. Jahrhundert). Beiträge zur Entwicklungsgeschichte der Maltechnik. IV. Folge. München 1904

Ders.: Fresko- und Sgrafitto-Technik – nach älteren und neueren Quellen, Beiträge zur Entwicklungsgeschichte der Maltechnik. V. Folge. München 1909

Berthelot, Pierre Eugène Marcelin (ed.): Liber sacerdotum, ca. 10.–11. Jahrhundert (Paris, Bibl. nat., ms. lat. 6514, fol. 41–51); siehe auch: La chimie au moyen âge. Bd. 1. Paris 1983

Beurs, Willem: De groote Wareld in't kleen geschildert. Amsterdam 1692. Dt. Ausgabe: Die große Welt ins Kleine abgemalt. Amsterdam 1693

Bischoff, Gudrun: Das De-Mayerne-Manuskript: die Rezepte der Werkstoffe, Maltechniken und Gemälderestaurierung. München 2004

Blümner, Hugo: Technik und Terminologie der Gewerbe und Künste bei Griechen und Römern. Leipzig 1887

Bologneser Manuskript, ca. Mitte 15. Jahrhundert: Segrite per colori (Bologna, Bibl. di Canonici Regolari di San Salvatore, ms 165); siehe auch: M. P. Merrifield. Bd. 2; S. 340 ff.

Borghini, Raffaello: Il Riposo. Florenz 1584 (Reprint: Hildesheim 1969)

Bouvier, Pierre-Louis: Manuel de jeunes Artistes et Amateurs en Peinture. Paris 1827. 1. dt. Ausgabe: Vollständige Anweisung zur Oelmalerei für Künstler und Kunstfreunde, übersetzt von C. P. Prange. Halle 1828

Brachert, Thomas: Gefasste Holzskulptur und Schnitzaltar. In: Konservierung und Denkmalpflege. Teil 2. Zürich 1965

Ders.: Gemäldepflege. Ravensburg 1955

Constable, William George: The painter's workshop. Oxford/London/New York/Toronto 1954

Cröcker, Johann Melchior: Der wohl anführende Mahler, welcher curiöse Liebhaber lehrt, wie man sich zur Mahlerey bereiten soll. Jena 1713 (Reprint: Mittenwald 1982)

Doerner, Max; Hoppe, Thomas (Hrsg.): Malmaterial und seine Verwendung im Bilde. Freiburg 2010

Doerner, Max; Hoppe, Thomas (Hrsg.): Malmaterial und seine Verwendung im Bilde. Stuttgart 1992 – Reprint der 6. Aufl. von 1938

Eastlake, Sir Charles Lock: Methods and materials of painting of the great schools and masters. Vol. I. & II. London 1847 und 1869; Reprint unter anderem Titel: Materials for a history of oil painting. New York 1960. Dt. Ausgabe: Ders.: Beiträge zur Geschichte der Ölmalerei, übersetzt von J. Hesse. Wien 1907

Eibner, Alexander: Malmaterialienkunde als Grundlage der Maltechnik. Berlin 1909

Ders.: Entwicklung und Werkstoffe der Wandmalerei vom Altertum bis zur Neuzeit. München 1926

Ders.: Entwicklung und Werkstoffe der Tafelmalerei. München 1928

Eitelberger von Edelsberg, Rudolf (Hrsg.): Quellenschriften für Kunstgeschichte und Kunsttechnik des Mittelalters und der Renaissance. 18 Bde. Wien 1871–1882

Enzyklopädie der technischen Chemie. 10 Bde. Berlin/Wien 1928

Feller, Robert L.; Stolow, Nathan; Jones, Elisabeth: On Picture varnishes and their solvents. Cleveland 1971

Gage, John: Kulturgeschichte der Farbe. Leipzig 2009

Gantzert-Castrillo, Erich: Archiv für Techniken und Arbeitsmaterialien zeitgenössischer Künstler. Wiesbaden 1979

Gettens, Rutherford J.; Stout, George: Painting Materials. 4. Aufl. New York 1947

Goebel, Joseph: Malen mit Acrylfarben. Ravensburg 1971

Grimm, Claus: Alte Bilderrahmen. München 1986

Haaf, Beatrix: Industriell vorgrundierte Malleinen. Beiträge zur Entwicklungs-, Handels- und Materialgeschichte. In: Zeitschrift für Kunsttechnologie und Konservierung 1/1987, S. 7 ff.

Hartley, Rosamond D.: Artist's Pigments c. 1600–1835. London 1970

Hebing, Cornelius: Die Grundlagen der Holz- und Marmormalerei. 6. Auflage 2002
Ders.: Vergolden und Bronzieren. München 1927

Herberts, Kurt: Die Maltechniken. Wuppertal 1952 (Düsseldorf 1962)

Herrmann, Erwin: Handbuch für den Pigmentverbraucher. Hannover 1962

Hochheimer, Carl Friedrich August: Allgemeines ökonomisches-chemisches-technologisches Haus- und Kunstbuch. Leipzig 1794

Hoffstätter, Hans H.: Die Geschichte der Kunst und der künstlerischen Techniken. München 1967

Hoppe, Thomas: Acrylmalerei. Die künstlerischen Techniken. Leipzig 2014
Ders.: Eine kleine Geschichte über Enkaustik. In: Zeitschrift für Kunsttechnologie 5/1992, S. 263 ff.

Jaennicke, Friedrich: Handbuch der Ölmalerei. 6. Aufl. Stuttgart 1903

Jaxtheimer, Bodo W.: Knaurs Mal- und Zeichenbuch. München 1961

Jonas, Dieter; Hoppe, Thomas: Ölmalerei. Stuttgart 2006

Keim, Adolf Wilhelm; Hoppe, Thomas (Hrsg.): Die Mineral-Malerei. Reprint der Ausgabe Berlin/Leipzig 1867. Stuttgart 1999

Kittel, Hans; Wagner, Hans: Die Pigmente. Herstellung, Eigenschaften, Anwendung. 3. Aufl. Stuttgart 1960

Knoepfli, Albert; Emmenegger, Oskar: Wandmalerei bis zum Ende des Mittelalters. In: Reclams Handbuch der künsterischen Techniken. Bd. II. Stuttgart 2002

Koller, Johann: Terpentinöl für Malzwecke. In: Restauro 94/1988, S. 133 ff.

Koller, Manfred: Wandmalerei der Neuzeit. In: Reclams Handbuch der künstlerischen Techniken. Bd. II. Stuttgart 2002

Kudrjawzew, Evgenij W.: Die Technik des Gemälderestaurierens. Leipzig 1997

Kühn, Hermann: Erhaltung und Pflege von Kunstwerken. München 2003
Ders.: Farbmaterialien, Pigmente und Bindemittel. In: Reclams Handbuch der künstlerischen Techniken. Bd. I. Stuttgart 1984. S. 7 ff.

Kühnen, Renate; Wagenführ, Rudi: Werkstoffkunde Holz für Restauratoren. Stuttgart 2002

Laurie, Arthur Pillans: Greek and Roman Methods of Painting. Cambridge 1910
Ders.: The Painter's Methods and Materials. London 1926
Ders.: The Pigments and Mediums of the Old Masters. London 1912

Loos, Ph. Werner: Encyclopädie für Künstler. 6 Bde. Berlin 1794–1798

Ludwig, Heinrich: Die Technik der Ölmalerei. Leipzig 1893

Matteini, Mauro; Moles, Arcangelo: Naturwissenschaftliche Untersuchungsmethoden in der Restaurierung. München 1990

Merrifield, Mary Philadelphia: Original Treatises dating from the 12th to the 18th Century of Painting. Vol. I. and II. London 1849 (Reprint: New York 1967)

Mühlethaler, Bruno: Kleines Handbuch der Konservierungstechnik. 4. überarb. Aufl. Bern/Stuttgart 1988

Müller, Hans Gert: Einführung in die Technologie der Malfarben. München 1964

Nicolaus, Knut: Du Mont's Lexikon zur Gemäldebestimmung. Köln 1982
Ders.: Handbuch der Gemälderestaurierung. Köln 2002

Pacheco, Francisco: Arte de la Pintura, su Antiguedad y Grandezas. Sevilla 1649 (Reprint: Madrid 1956)

Paduaer Manuskript, etwa Mitte des 16. Jahrhunderts; Ricette per far ogni sorte di colore (Padua, Univ. Bibl., cod. 4/992): siehe auch M. P. Merrifield. Bd. 2, S. 648 ff.

Palomino de Castro y Velasco, Antonio Acisclo: El Museo Pictórico y Escala óptica (Teil 1 des Werkes: El Parnaso). Madrid 1715
Ders.: El Parnaso Español Pintorsco Laureado. Madrid 1724 (Reprint: Madrid 1956)

Petresco, Costin: L'Art de la fresque. Paris 1937

Philippot, Paul: Die Wandmalerei, Wien 1972

Plinius, Cajus Caelilius Secundus major: Naturalis Historia – Naturgeschichte. Hrsg. von M. E. L. Strack. Bremen 1854–1857

Plinius Secundus: Naturalis Historia. Buch 34 und 35. Deutsch-Lateinisch. Leipzig 1897 (Reprint: Stuttgart 1967)

Pozzo, Andrea: Prospectiva de' Pittori e Archetetti. Rom 1692

Raehlmann, Ernst: Über die Farbstoffe in der Malerei. Leipzig 1914
Ders.: Über die Maltechnik der Alten. München 1910

Raupp, Karl: Handbuch der Malerei. Leipzig 1904

Riederer, Joseph: Kunst und Chemie. Das Unersetzliche bewahren. Berlin 1977
Ders.: Kunstwerke – chemisch betrachtet. Materialien, Analysen, Altersbestimmung. Berlin / Heidelberg / New York 1981

Ritz, Gislind M.: Hinterglasmalerei. Geschichte – Erscheinung – Technik. München 1976

Roosen-Runge, Heinz: Buchmalerei. In: Reclams Handbuch der künstlerischen Techniken. Bd. I. Stuttgart 1984, S. 55 ff.
Ders.: Farbgebung und Technik frühmittelalterlicher Buchmalerei. 2 Bde. München 1969

Ruffach, Valentin Boltz von: Jlluminier Buch, wie man allerley Farben bereiten, mischen unnd ufftragen soll. Basel 1549
Ders.: Jlluminierbuch. Hrsg. von Carl J. Benzinger. München 1913 (Reprint 1979)

Sandner, Ingo: Die Konservierung von Leinwandbildern. Dresden 1982
Ders. u. a.: Die Konservierung von Gemälden und Holzskulpturen. München 1990

Sauber, August: Materialienkunde für Bürsten- und Pinselmacher. Altenburg o. J.

Schäfer, Godehard (Übers.): Das Malerbuch des Malermönchs Dionysios vom Berge Athos HERMHNEIA (Hermeneia). Trier 1855

Schießl, Ulrich: Die deutschsprachige Literatur zu Werkstoffen und Techniken der Malerei von 1530 bis ca. 1950. Worms 1989
Ders.: Techniken der Faßmalerei in Barock und Rokoko. Worms 1983

Schlosser, Julius von: Quellenbuch zur Kunstgeschichte des abendländischen Mittelalters. Wien 1896

Schmid, Hans: Enkaustik und Fresko auf antiker Grundlage. München 1926

Schramm, Hans Peter: Historische Malmaterialien. Dresden 1980

Schramm, Hans Peter; Hering, Peter: Historische Malmalterialien und ihre Identifizierung. Berlin 1999

Schweppe, Helmut: Handbuch der Naturfarbstoffe. Vorkommen, Verwendung, Nachweis. Landsberg 1992

Sponsel, Kurt; Wallenfang, Wilhelm (Hrsg.): Lexikon der Anstrichtechnik, München 1965

Stock, Erich: Taschenbuch für die Farben- und Lackindustrie. Stuttgart 1953
Ders.: Technik der neuzeitlichen Lackherstellung. München 1965

Stock, Erich; Tschirsch, Alexander: Die Harze. Berlin 1936

Stöckel, Heinrich Friedrich M.: Praktisches Handbuch für Künstler, Lackierliebhaber und Oelfarben-Anstreicher. 2. Aufl. Nürnberg 1799 (Reprint: Rottenburg 1981)

Stout, George L.: The Care of Pictures. New York 1948

Straub, Rolf E. (Hrsg.): Über die Erhaltung von Gemälden und Skulpturen. Zürich / Stuttgart 1963
Ders.: Tafel- und Tüchleinmalerei des Mittelalters. In: Reclams Handbuch der künstlerischen Techniken. Bd. I. Stuttgart 1984, S. 125 ff.
Ders.: Tafelbild. In: Konservierung und Denkmalpflege, Teil 1. Zürich 1965

Tångeberg, Peter: Holzskulptur und Altarschrein. München 1989

Taubert, Johannes: Farbige Skulpturen. München 1978

Theophilus Presbyter: Schedula diversarum artium. In: Quellen für Kunstgeschichte und Kunsttechnik des Mittelalters und der Renaissance, übersetzt von Albert Ilg. Wien 1873 (Reprint: Osnabrück 1970). Engl. Ausgabe: Dodwell, Charles Reginald (ed.): Theophilus Presbyter: De diversis artibus. In: Medieval Texts. London 1961

Thompson, Daniel Varney: The Materials and techniques of medieval painting. London 1956

Thompson, Gary: The Museum Enviroment. 2. Aufl. London 1986

Vasari, Giorgio: Le vite de' più eccellenti pittori, scultori, e archettori. Florenz 1550; Vasari, Giorgio: Le vite de' più eccellenti pittori, scultori, e archettori. Introduzione Gaeteano Milanesi. Bd. 1. Florenz 1878/1906, S.168–213. Deutsche Ausgabe: Vasari, Giorgio – Künstler der Renaissance. Hrsg. von Herbert Siebenhüner. Leipzig 1940 (Reprint: Worms 1983)

Vinci, Leonardo da: Trattato de pictura. Paris 1651. Deutsche Ausgabe: Vinci, Leonardo da: Traktat der Malerei (Trattato de pictura). Übersetzt von Heinrich Ludwig. In: Quellen für Kunstgeschichte des Mittelalters und der Renaissance, Bde. 15–17. Wien 1882 (Reprint: Osnabrück 1970)

Vitruvius Pollio: De architectura. 3. Aufl. Darmstadt 1981

Watin, Jean Felix: Der Staffirmaler, oder die Kunst zu vergolden und zu lackiren, wie solche bey Gebäuden, Meublen, Galanteriewaren, Kutschen. Leipzig 1774. (Bey Siegfried Lebrecht Crusius. Original; Jean Felix Watin: L' Art du Peintre, Doreur, Vernisseur. 3. Aufl. Paris 1772)

Wehlte, Kurt: Malen mit Wasserfarben. 1. Aufl. Ravensburg 1950

Ders.: Ölmalerei. 1. Aufl. Ravensburg 1928

Ders.: Temperamalerei. 1. Aufl. Ravensburg 1940

Ders.: Werkstoffe und Techniken der Malerei. Studienausgabe. Leipzig 2001

Wülfert, Stefan: Blick ins Bild. Ravensburg 1999

Wulff, Heinrich: Große Farbwarenkunde. 8. Aufl. Köln-Braunsfeld 1974

REGISTER

A
Absorption 22
Acryl-Aquarellfarben 63
Acrylfarbe, Selbstherstellung 62
Acrylfarben, Malen mit 62
Acrylharze 145
Acrylharzfirnisse 64
Acrylkünstlerfarben 63
Acrylmalerei 59
Adhäsionskräfte 167
Adsorption 25
Ägyptischblau 126
Alabaster 97
Alaun 190, 198
Alizarinkrapplack 113, 242
Alkalien 41
Alkermes 114
Alkohol 159
Alkydharz 145
Alkydharzlösung 51
Alkydharzmalmittel 39
Alkydharzölfarbe 66
Aloe 220
Aluminium 178
Aluminiumhydroxid-Oxidhydrat-Gemisch 98
Aluminiumkeilrahmen 193
Aluminiumsilikathydrate 98
Ammoniakkasein 56
Analin 97
Anilingelb 105
Anilinschwarz 134
Anreiben 31
Anschießen 86
Anschießer 89, 207
Anstrichemulsionen 27
Antimontrioxid 98
Antimonweiß 98
Aquacryl-Farben 46
Aquarellfarben 20
Aquarellfarbstifte 46
Aquarellmalerei 45
Aquarellpapiere 184
Aquarellpinsel 205
Arco 240
Arsenblende 102
ArtLine 186
Asphalt 130
Atemwege, Schutz der 164
Äther 160
Athos 214
Äthylalkohol 159
Äthyläther 160
Atlasbindung 170, 171
Aufbewahrung von Kunstwerken 247
Aufhellungsvermögen 28
Aufspannen 196
Aufstrich 21
Aufzeichnung 69
Augen, Schutz von 165
Aureolin 104
Auripigment 102, 231
Ausgrundieren 85
Außenanstriche 61
Azeton 160
Azur 127
Azurit 127, 218, 231
Azuritblau 127

B
Balsame 66
Bärenhaar 206
Bariumsulfat 95, 97
Barytgelb 101
Barytgrün 121
Barytweiß 97
Baumwolle 168, 172
Bayeu y Subias, Francisco 226
Bayeu, Josefa 226
Beckmann, Max 240
Beinschwarz 132, 231, 242
Bella Ombra 116
Benetzung 32
Benzol 159
Bergblau 127
Berggrün 117
Berliner Blau 125, 231
Berliner Braun 131
Bernsteinfirnis 72
Bernsteinlacke 144
Beschichtung von Hand 195
Bienenwachs 146
Bienenwachspaste 74
Bienenwachsseife 147
Bildträger 167
Bindemittel 19, 135
Bindemittelabbau 21
Bindemittelanalyse 248
Bindemittelbedarf 31
Bindungen 170
Bister 130
Bitumen 130
Blanc fixe 97
Blattaluminium 82
Blattgold 79, 231
Blattgrün 121
Bleiantimonat 99
Bleichgold 89, 90
Bleigelb 102
Bleiglas 99
Bleiglätte 102
Bleimennige 112
Bleiorthoplumbat 112
Bleioxid, gelbes 102
Bleisikkativ 137
Bleistannat 99
Bleiweiß 93, 218, 230, 231, 242
Blei-Zinn-Gelb 99, 218
Blei-Zinn-Oxid 99
Blendrahmenbleche 252
BLOCKX Fils s.a. 33, 49, 67
Blockx, Jacques 33
Böcklin, Arnold 230
Bologneser Kreide 68, 85, 97
Bolus 85
Bolus, roter 110
Bolus, weißer 98
Bordeaux 227
Borsten 203, 206
Borstenpinsel 207
Bramah, Joseph 184
Branntweinvergoldung 84
Braunstein 128
Brechungsindex 29
Bremer Blau 126
Brillantgelb 101, 236
Brillantweiß 97
Bronzen 88
Bronzieren 79

Brugger, Adrian 238
Buntheit 19
Bütten 181

C
Cadmofix 101
caestum 203
Cagnes 237
Caput mortuum 110
cauterium 203
Cennini, Cennino 215
Cézanne, Paul 235
Champagnerkreide 85
China Clay 98
Chinesischweiß 94
Chlorophyll 121
Chromgelb 100, 120, 231, 236, 242
Chromgrün 117, 120
Chromoxidgrün feurig 117
Chromoxidgrün stumpf 117
Chromoxidgrün 75, 231, 238, 242
Chromoxidhydratgrün 231
Claessens 170, 194
Coarelli, Filippo 210
cochenille 115
Coelinblau 37, 123, 231
colla di ritaglio 57
Colour Index 42
Courbet, Gustave 40
Croisébindung 171

D
Dachshaar 206
Dammar 68, 143
Dammarfirnis 143, 200
Dammarharze 71
Dassel 186
Deckfähigkeit 29
Deckweiß 95
Degas, Edgar 232
Dendrochronologie 248
Dextrin 55, 151
Diagonal (Angular Shape) 206
Digital Publishing 188
Dionysios 214
Dispersion 23, 59
Dispersionsfarben 20, 192
Dispersionsgrund 191
Dispersionsmalfarben 156
Dispersionsmittel 23
Doerner, Max 197
Dokumentation 249
Doppelgold 80
Doublierung 250
Drachenbaum 116
Drachenblut 115
Dralon 173
Drea, Cennino di 215
Drehergewebe 172
Dreifachgold 80
Dreiwalzenstuhl 32
Dukatengold 80
Durchbluten 25
Durchschlagen 25
Dyck, Antonis van 40, 222

E
Eastlake, Charles Lock 214, 232
Echtheitsprüfung 247
Effektpigmente 92
Eichhörnchen 205
Eidotter 52, 155
Eierpoliment 86
Eigrund 202
Eiklar 155
Einfachgold 80
Einlegearbeiten
aus Glasstücken 81
aus Steinen 81
Eisenbleche 178
Eisenoxid 134, 228
Eisenoxidbraun 131
Eisenoxidgelb 109
Eisenoxidpigmente 108, 231
Eisenoxidrot 111
Eisenoxidschwarz 134
Eisensilikate 118
Eisenzyanpigmente 125
Eitempera 51, 155
Eiweißstoffe 151
El Greco 223
Elemibalsam 142
Elfenbeinschwarz 132, 229, 238
Emulgierung 26
Emulsion 26
Emulsion, Herstellung 51
Encaustic Painting Wachs 49
Energie 250
Englischrot 110
Enkaustik 76, 209, 212
Enkaustikmaler 203
Erdpech 130
Erdpigmente 108
Erdschwarz 134
Ergänzung 249
Ester 160
Ethanol 159
Explosionsgefahr 157

F
Falckenberg, Sammlung 78
Farbauftrag 69
Farbe 19
Farbenmischung, subtraktive 23
Färbevermögen 28
Farblack 21, 24, 231
Farblackbildung 24
Farbmittel 20
Farbstoff 21, 23
Farbtönung 19
Farbtonveränderung 34
Federweiß 98
Fehhaar 205
Fell'sches Bleiweiß 94
Festigen 249
Festkörper 21
Fettsäuren 136
Feuergefahr 157
Filmdicke 138
Filmeigenschaften 60
Firnisabnahme 249
Firnisse 19
Firnissen von Temperabildern 54
Fischgrat 171
Fischleim 57
Fixative 19
Fixieren von Pastellen 50
Fixiermittel 50
Flachsbreche 169
Flachsfasern 168
Flandern 168
Fleischfarbe 215
Fleischocker 75
Flocken 25
Florentiner Braun 131, 231
Fluatieren 180
Fotografieren 186
Freskomalerei 148
Füllstoffe 21

G
Ganosis 76, 209
Gasruß 133
Gautschen 182
Gefahrenstoffe 162
Gefahrensymbole 162
Gefahrfall 166
Gelatine 57, 152
Gelatinelösung 51
Gelber Ocker 106
Gelbgold 80
Gellerts Grün 118
Gerritz, Frank 78
Gespinste 169
Gesso 180
Gesundheitsschutz 161, 164
Gewebe, textile 168
Giclée-Drucke 188
Gilben 40
Gips 84, 97
Gipsgründe 180, 197
Glanzpech 130
Glanzversilberung 87
Glyzerin 159
Goldbronze 88
Goldpulver 81
Goldstärken 80
Gouachefarben 20, 58
Graphitpulver 84, 89
Grundiermaterial 167, 192
Grundierung 189
Grundierung auf Holz 193
Grundierungsauftrag 85
Grüne Erde 118, 231, 236
Grüner Zinnober 121
Grüngold 80
Grünspan 119, 220
Guignets Grün
Chromoxidhydrat 117
Gummi Tragant 151
Gummiarabikum 150
Gummigutt 102
Gummi-Öl-Emulsionen 151
Gummitempera 55

H
Haare 204
Haarpinsel 203
Haftfestigkeit 21
Hahnemühle 186, 188
Halbkreidegrund 189, 191, 200
Hanf 172
Hartung, Sabine 73
Harze 141, 248
Harzessenzfirnisse 68, 200
Harzleimung 182
Harzlösungen 51
Harzölfarbe 66
Harzwachsfarbe 68
Hatchetts Braun 131
Hausenblasenleim 57
Haushaltsspülmittel 167
Haut, Schutz von 165
Hautleim 84
Hecheln 169
Heimberg, Bruno 244
Helioechtgelb 75
Helmarshausen,
Roger von 213
Heraclius 212
Hobbyring 49
Hodler, Ferdinand 238
Holbein, Hans 222
Holländer 181
Holz 248
Holzbretter 174
Holzfaserplatten 61, 177
Holzplatten 61, 174
Holzruß 133
Holzspanplatten 177
Holztafeln 174
Hookers Grün 121
Hühnerei 51, 155

I
Ikonen 211
Iltishaare 205
Indigo 127, 229, 231
Indischgelb 103
Indischrot 110
Infrarotstrahlen 35
Inkarnat 215
Irland 168
Isolieren 199
Isoliermittel 200
Isopropanol 159
Isopropylalkohol 159

J
Jacobsen, Arne 46
Jurszo, Ralf 246
Jute 172

K
Kadmium hell 238
Kadmium zitron 238
Kadmiumgelb 101, 242
Kadmiumgrün 121
Kadmiumrot 75, 115, 242
Kadmiumzinnober 115
Kadmofix 101
Kadmolith 101
Kadmopone 101, 115
Kalkechtheit 41
Kalkfarben 20
Kalkkaseintechnik 179
Kalkputz 179
Kalkspat 96, 97
Kalkstein 148
Kalligraphie 208
Kalziumkarbonat 96, 148
Kalziumsulfat 97
Kammpinsel 206
Kanadabalsam 142
Kaolin 98
Kapillarität 167
Karantion 215
Karat 80
Karmin 115
Karminlack 236
Kasein 153
Kaseingrundierung 201, 202
Kaseinleim 51
Kaseinlösung 200
Kaseintempera 56
Kasseler Braun 129, 231
Kasseler Gelb 105
Katz, Alex 73
Kauffmann, Angelika 223
Keile 197
Keilrahmen 192, 194
Keim, Adolf Wilhelm 149
Kennzeichnung 164
Kermes 114
Kernschwarz 132, 236
Kesselbraun 129
Ketone 160
Kirschgummi 55, 151
Kittung 250
Klein, Yves 89
Kleistergründe 202
Kleisterlösung 51
Klima 251
Knetwerke 32
Knochenleim 229

Kobaltblau 123, 231, 236, 243
Kobaltgelb 104
Kobaltgrün 118, 231
Kobaltsikkativ 137
Kobaltviolett hell 124
Kobaltviolett 124
Kohäsion 167
Kohlehydrate 150
Kollererde 98
Kolloid 24
Köln 237
Kölner Gelb 100
Kölner Leim 84
Kölnische Erde 129
Kolophonium 142
Komplementärfarben 23
Kompositionsgold 82
Königsgelb 100, 102
konservatorische Maßnahmen 249
Konservierung 247
Kopaivabalsam 142
Kopalfirnis 72
Kopallacke 144
Köperbindung 170, 171
Koschenille 115
Krapplack 113, 238
Kreide 21, 84, 96
Kreidegrund 189, 197, 199
Kremnitzer Weiß 93
Kremser Weiß 93, 238
Kuhn, Jochen 244
Kunstgewerbe 244
Künstler-Ölfarben, wasservermischbare 74
Kunstseide 172
Kunststoffdispersionen 27, 156
Kupfer 178
Kupferbronzen 90
Kupferlasur 127
Kupferresinat 231

L

Lac Dye 117
Lackfarbe 66
Lagerung von Kunstwerken 253
Lampenruß 133
Lange, Gisbert 185
Langsiebmaschine 183, 184
Lapislazuli 121, 218
Lärchenterpentin 141
Lascaux 59
lasierende Effekte 64
Lasur 70
Lasurfähigkeit 29
Lavendelöl 160
Lazurit 121
Leibl, Wilhelm 237
Leichtbenzin 159
Leichtspat 97
Leidener Papyrus 212
Leime, tierische 51
Leimfarben 20
Leimlösung 51
Leimquellung 189
Leimtränkung 84
Leimung 182
Leinenbindung 170
Leinöl 139
Leinölfirnis 72
Leinölstandöl 139
Leipziger Gelb 100
Lenzin 97
Leonardo da Vinci 47, 215
Lessing, Gotthold Ephraim 209
Leykauf 125
Libeco-Lagae 170
Liber sacerdotum 212
Licht 34, 250
Lichtbrechungsvermögen 30
Lichtechtheit 36
Linoxinfilm 39
Lithopone 95
London 232
Lösemittel 20, 135, 157, 162
Lösemittel, terpentinfreie 159
Lösung 23
Lucca-Manuskript 76, 212
Luftfeuchtigkeit 251
Lukas 59
Lüstertechniken 87

M

Mahlmann, Max 244
Malachit 117
Malachitgrün 117
Malbretter 176
Malemulsionen 26, 27
Malerei alla prima 70
Malerei, asiatische 208
Malfarben 19, 20
Malfirnisse 19
Malmittel 66, 75
Malmittel, trocknungsverzögernde 60
Malpappen 188
Malpinsel 203
Malstoffe 19
Mander, Carel van 222
Manganblau 125
Manganbraun 131
Mangancoelinblau 125
Manganpigmente 125
Manganschwarz 231
Mangansikkativ 137
Manganviolett 125
Mappae Clavicula 212
Marderhaare 204
Marderhaarpinsel 207
Marmormehl 96, 97
Marsgelb 108
Marsrot 111
Massicot 102
Mastix 68, 71, 142
Mastixfirnis 143, 200
Mastixfirnis, alhoholischer 74
Mattfirnis 72
Mayerne, Théodore Turquet de 40, 222
Melzi, Francesco 216
Membrana 215
Mennige 229, 231
Merrifield, Mary Philadelphia 232
Metall 178
Metallisieren 79
Methanol 159
Methylalkohol 159
Methylazetat 160
Methylzellulosen 154
Mikroskopie 248
Miloriblau 125
Mineralfeuerrot 113
Mineralgelb 105
Mineral-Malerei 149
Mineralschwarz 134
Mineralweiß 97
Mischgewebe 173
Mittlergrün 117
Mohnöl 139
Molybdatrot 113
Mörser 67
Mordentvergoldung 88

Mosaik 81
Müller, Hans Gert 67, 76
Mumie 130
Mumienporträts 209
München 238
Muschelgold 81
Musieren 81
Musivgold 81, 104
musivische Arbeit 81

N

Nach-Leuchtpigmente 246
Nachtschattengewächs 116
Naturborsten 206
Naturharze 141
Neapelgelb 99, 231, 236
Nelkenöl 160
Netzmittel 32, 167
Neuburger Kieselkreide 98
Neugelb 100
New York 240
Nickeltitangelb 105
Nylon 206

O

Oberflächenlicht 35
Oberflächenreinigung 249
Ochsengalle 167
Ocker dunkel 238
Ocker 228, 231, 236, 238, 242
Oilbar 78
Öle 136, 248
Öle, fette 66
Öle, pflanzliche 136
Öle, trocknende 136
Ölfarbensysteme 66
Ölfirnis 137
Ölgrund 189
Ölharzfarbe 66
Öl-in-Wasser 26
Ölmalerei 64
Ölmalfarben 20
Ölmalpinsel 205
Ölschwarz 134
Öltrocknung 137
Ölvergoldung 87
Orangegold 80
Oxidation 137
Oxidrot 110

P

Pacheco, Francisco 223
Palimpsest 180
Papier, chinesisches 180
Papierherstellung 181
Papierleimung 182
Pappen 188
Papyrus 180
Pariser Blau 125
Pasta-Produktion 48
Pastell 233
Pastellmalerei 47
Pastellmalpapiere 186
Pastellstifte 20
Pastellstifte, Selbstherstellung 48
Pastellteig 49
Patentgelb 105
Pattinsonweiß 94
Pergament 180
Pergamentleim 57
Perlon 206
Perlweiß 99
Permanent Chinesisches Weiß 94
Permanentgrün 121
Permanentweiß 94, 97
Persischrot 110
Petroleum 159
Pfeifenton 98
Pflanzenfarbstoffe 105
Pflanzengummen 150, 248
Pflanzenleime 51
Pflanzenschwarz 132, 231, 242
Pflege von Kunstwerken 247
Phasen 23
Phtalozyaninblau 120
Pigmentanalyse 248
Pigmente 20, 23, 30, 91, 248
Pigmente, lösemittelempfindliche 38
Pigmente, öllösliche 39
Pigmente, Prüfung von 36
Pigmentkonzentration 31
Pigmentkorn 30
Pigmentmischung 42
Pigment-Volumen-Konzentration 31
Pinsel 203
Pinsel, asiatische 208
Pinsel, katzenzungenförmige 206
Pinselbinden 206
Pinselmacher 204
Pisa 232
Pistill 67
Pittori al Lavoro, Casa dei 211
Plakattempera 20
Planung eines Kunstwerkes 44
Plexiglas 252
Polierbronzen 89
Polieren 86
Poliment 85
Polimentglanzvergoldung 84
Polimentleim 84
Polyamidfasern 206
Polymerisation 27
Polyvinylazetatdispersion 156
Pompejanischrot 110
Pompeji 209
Ponyhaare 206
Porzellanerde 98
Preußischblau 77, 120, 121, 125, 236, 242, 243
Preußischbraun 131
Primamalerei 70
Proteine 151, 248
Prüfmethoden Pigmente 29
Punisches Wachs 76
Purpur 114

Q

Quellung von Malfilmen 38
Querzitronlacke 106

R

Ravenna 83
Realgar 102
Rebschwarz 132
Reflexion 23
Regenbogen 22
Reibkeule 135
Reichbleichgold 90
Reichgold 90
Reinigen 249
Renoir, Pierre Auguste 237
Reproduktion 186
Restauratorische Behandlungsmethoden 249
Restaurierung 247
Retusche 71, 250
Reversibilität 249

Rindsohrhaare 205
Rinman, Sven 118
Rinmans Grün 118
Rissbildung 54
Robert, Nicolas Louis 184
Roggenkleister 202
Rollen von Gemälden 253
Rom 219, 230, 244
Römisch Leinen 173
Römisch-Braun 131
Rosenstiels Grün 121
Rosmarinöl 160
Röste 169
Rote Ocker 109
Rotholz 117
Rotmarderhaare 204
Rouart, Henri 233
Roussillon 111
Rubens, Peter Paul 222
Rückseitenschutz 251
Rührwerke 32
Rundsiebmaschine 184
Ruß 132
Rußbraun 130
Rußschwarz 229

S

Saftgrün 121
San Antonio de la Florida 227
Sandarak 142
Satinbindung 171
Saturnrot 112
Säurebeständigkeit 41
Scannen 186
Schablonierform 206
Schädigung, biologische 173
Schäfer, Godehard 214
Scheidegold 80
Schell, Maximilian 245
Schellack 144, 200
Schichtenmalerei 70
Schick, Rudolf 230
Schieferschwarz 134
Schieferweiß 93
Schinkel, Karl Friedrich 22
Schlagmetall 82
Schleifen 199
Schlepper 206
Schlussfirnis 54, 71
Schmidt, Dr. Hans 147
Schmincke 49, 59
Schminkweiß 99
Schneeweiß 93, 94
Schoenfeld, Dr. Fr. 65
Schrader, HD 77, 244
Schummern 70
Schüttgelb 106
Schwefelarsen 102
Schweinfurter Grün 119, 231, 243
Schwerspat 97
Schwertschlepper 206
Segantini, Giovanni 240
selbst anreiben 32
Senfkörner 221
Sepia 130
Sergebindung 171
Sforza, Lodovico 216
Siccativ de Cobalt 138
Siccativ de Courtrai 138
Siccativ de Haarlem 138
Sicherheitsausrüstung 166
Sicherheitsdatenblatt 165
Sichtbeton 180
Siedepunkt 157
Sikkativierung 136
Silberbronze 88, 90
Silberpulver 81
Silberweiß 93
Smalte 124, 229, 231
Smaragdgrün 117, 236
Smith, Fritjof 240
Solfobleiweiß 94
Sommer, Thomas 139
Sonnenblumenöl 140
Spachteltechnik 64
Spanischrot 110
Spanplatten 61
Speckstein 98
Spektralfarben 22
Sperrholz 176
Spiköl 160
Spinnen 169
Spiritusfirnis 72
Standöle 51
Stärkekleister 58
Steingrund 85
Steinkreide 96, 97
Stil de grain 106
Stocklack 145
Strahlenwirkung 35
Straßburger Manuskript 214
Straßburger Terpentin 66, 142
Strontiumchromat 242
Studioacrylfarben 63
Sturmgold 81
Substrate 21
Sulzigwerden 25

T

Tagesleuchtpigmente 92
Taklon 206
Talens 49
Talk 98
Talkum 98
Teilchengröße eines Pigmentes 30
Tempera 52
Temperafarbe 20, 26
Temperamalerei 51, 212
Tempera-Malmittel 55
Terpentine 51
Terpentinöl 158
Terra di Pozzuoli 110
Terra di Siena 107, 236, 238
Terra di Siena, gebrannte 236
Testbenzin 159
Theophilus Presbyter 213
Thoma, Hans 238
Tiefenlicht 35
Tierische Leime 151
Tintenfisch 130
Tintenstrahlpapier 186
Tischlerplatten 177
Titandioxid 95
Titanweiß 95, 242
Ton 98
Tonerde 98
Tonerdehydrat 68, 98
Topfenkalkkasein 202
Topfenkasein 56
Torchon 184
Toskana 215
Tragant 55
Transfergold 81
Transparentweiß 98
Triangular Shape 206
Trockenzeit 138
Tubenzange 67
Türkisgrün 118
Turmgold 81
Turners Gelb 105
Tuschemalerei 208

U

Ultramarin 231

Ultramarin, gelbes 101, 105
Ultramarinblau 236, 238, 242, 243
Ultramarinpigmente 121
Ultraviolettstrahlung 35
Umbra 128, 229, 231
Untermalung 69
Untersuchung 247
Untertuschung 71
Urangelb 105
Urban, Hermann 197

V

Van-Dyck-Braun 129, 218
Van-Dyck-Rot 131
Vasari, Giorgio 214, 221
Vatikan 83
Vauquelin, Henri 101
Velázquez 223
Venezianer Terpentin 66, 141
Venezianischrot 110
Verdaccio 215
Verdicken 25
Verdunstungszahl 157
Verglasung 251
Vergolden 79
Vergolderbesteck 89
Vergoldergrund 84
Vergoldung, matte 87
Veroneser Gelb 105
Veroneser Grün 236
Verpackung von Kunstwerken 253
Verrocchio 216
Vollei 155
Vorbeugung 164
Vorleimen 190
Vorleimung 84

W

Wachs-Ammonium-Seife 79
Wachsanlegemittel 88
Wachsdispersionen 147
Wachse 51
Wachs-Emulsion 79
Wachsfarben 230
Wachslösungen 68
Wachsmalerei 76
Wachspastellstifte 49
Walnusskernöl 139, 221
Wandmalerei 61
Wasser 38
Wasserbad 190
Wasserglas 148
wasserglasecht 42
Wasser-in-Öl-Emulsionen 26
Wasserzeichen 181
Weben 170
Wechselfedern 252
Wehlte, Kurt 197
Weißausmischung 35
Weißgold 80, 81
Wieselhaare 205
Wismutweiß 99
Wöhlersche Synthese 27
Wolle 168
Wollfotometerskala 37
Wollskala 36
Wurzelkrapplack 113

X

Xylolith 177

Z

Zahn, Hans 207
Zellulose 154
Zellulosekleister 154
Zelluloseleime 154
Zellwolle 172
Zementechtheit 41
Zementputz 179
Zementschwarz 134
Zeug 181
Ziegenhaar 207
Zinkbleche 178
Zinkchromat 242
Zinkgelb 101, 231
Zinkgrün 121
Zinksulfidpigmente 95
Zinkweiß 94, 230, 231, 242
Zinndisulfid 104
Zinnober 111, 226, 228, 231, 236, 238, 242
Zinnobergrün 120
Zitronengelb 100
Zitrongold 80
Zurichten 208
Zwickauer Gelb 100
Zwirnen 170
Zwischenfirnis 54, 71
Zwischgold 84
Zyklohexanonharz 72, 146

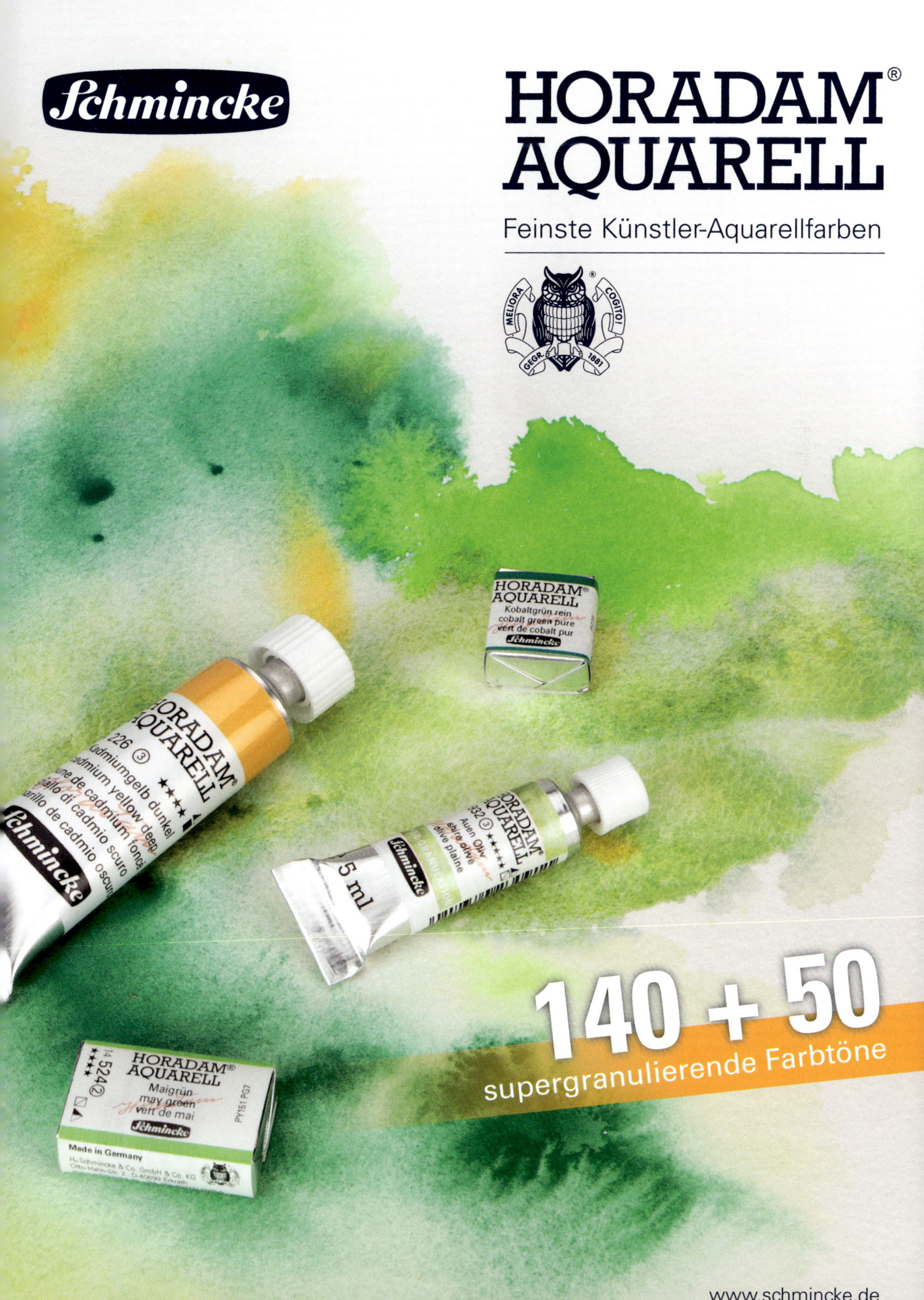
Schmincke
HORADAM®
AQUARELL
Feinste Künstler-Aquarellfarben
MELIORA COGITO!
GEGR. 1881
HORADAM
AQUARELL
Kobaltgrün rein
cobalt green pure
vert de cobalt pur
Schmincke
HORADAM
AQUARELL
226
Kadmiumgelb dunkel
cadmium yellow deep
jaune de cadmium foncé
giallo di cadmio scuro
amarillo de cadmio oscuro
Schmincke
HORADAM
AQUARELL
Auen Oliv
shire olive
olive plaine
5 ml
Schmincke
140 + 50
supergranulierende Farbtöne
HORADAM®
AQUARELL
524
Maigrün
may green
vert de mai
PY151 PG7
Schmincke
Made in Germany
www.schmincke.de

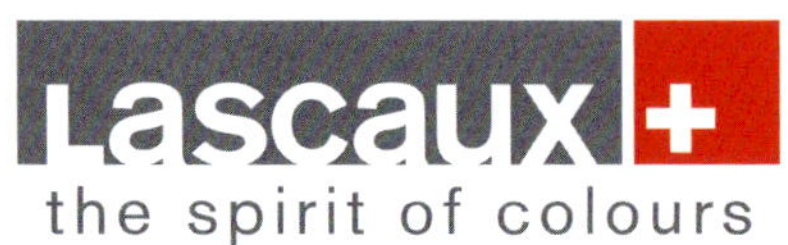

Lascaux Artist

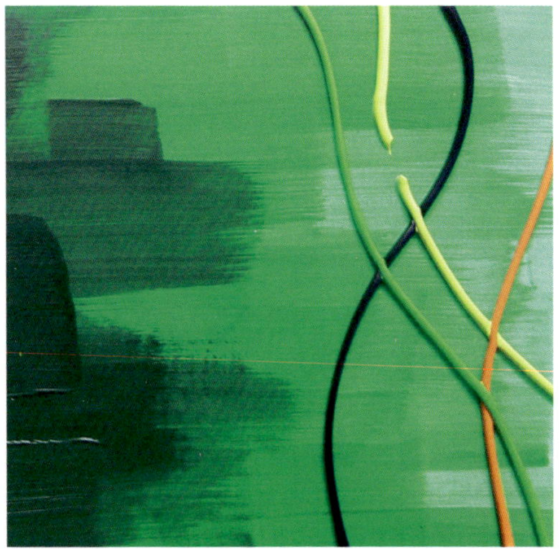

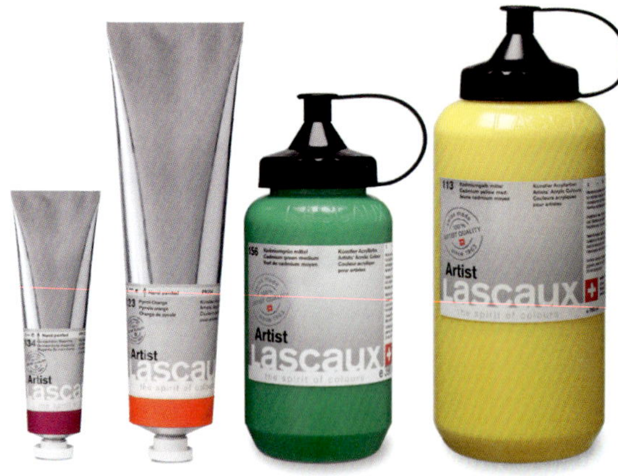

Lascaux Artist ist eine hochwertige Acrylfarbe für die künstlerische und die dekorative Gestaltung. Die pastos eingestellte Künstlerfarbe eignet sich im Innen- wie auch im Aussenbereich für jede Maltechnik. Mit dem ausgewogenen Sortiment von 54 Farben lassen sich praktisch alle Nuancen ausmischen. Die hervorragende Koloristik von Lascaux Artist wird selbst höchsten Ansprüchen gerecht.

Eigenschaften
- höchste Pigmentierung
- lichtecht, alterungsbeständig und vergilbungsfrei
- auf Wetterechtheit optimiert
- trocknet wasserfest auf
- sehr gute Flexibilität des Films
- minimaler Schwund
- minimaler Farbtonunterschied von nass zu trocken
- seidenmatter Glanzgrad
- Konsistenz: buttrig und pastos
- Deckkraft: je nach Farbton (Pigmentierung) lasierend bis deckend
- Vermalbarkeit: geschmeidig und weich
- präzise Pinsel- und Spachtelführung möglich
- Haftung: optimal und auf praktisch jedem fettfreien Malgrund
- Verbrauch: hochkonzentriert und ergiebig

Anwendung
- für Kunst- und Dekorbereich
- für alle Maltechniken
- für Innen- und Aussenbereich

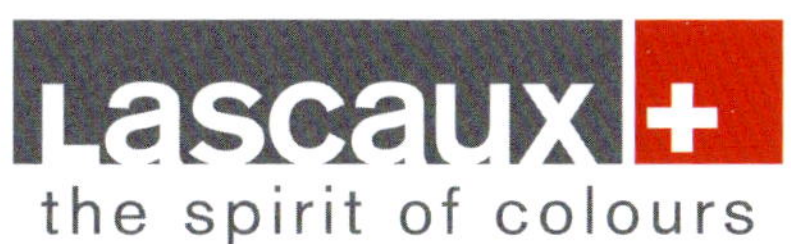

Lascaux Studio ©riginal

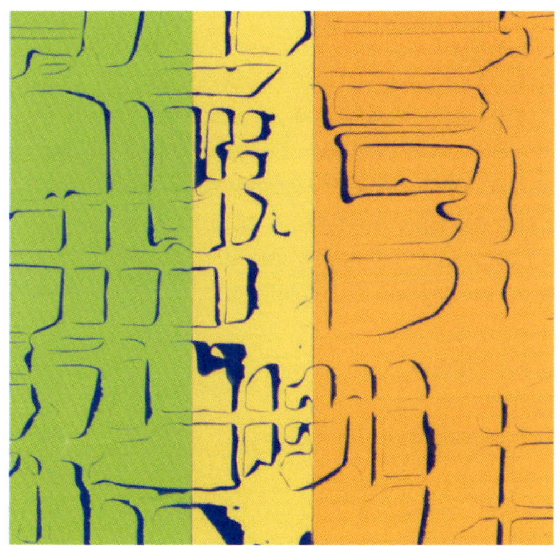

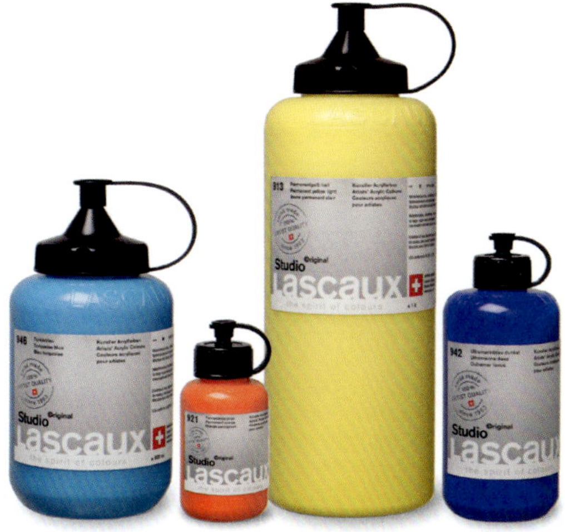

Lascaux Studio Original ist die universale Acrylfarbe für den Kunst-, Design- und Dekorbereich. Die Pionierfarbe mit hochstehender Qualität ist vielseitig verwendbar und eignet sich für alle Maltechniken. Das Studio Original Farbprogramm besteht aus 54 Farbtönen und weiteren 8 leuchtenden Bronzefarben aus reinen Metallbronzen.

Eigenschaften

- hoch pigmentiert
- lichtecht, alterungsbeständig und vergilbungsfrei
- auf Wetterechtheit optimiert
- trocknet wasserfest auf
- sehr gute Flexibilität des Films
- minimaler Farbtonunterschied von nass zu trocken
- Glanzgrad: gleichmässig und seidenmatt
- Konsistenz: dickflüssig und geschmeidig
- Deckkraft: die homogene Deckkraft ist ideal für die mühelose Gestaltung monochromer Bildflächen
- Verarbeitungseigenschaften: gute Streichbarkeit und gleichmässige Leuchtkraft bei konstant hohem Deckvermögen
- Haftung: optimal und auf praktisch jedem gereinigten Malgrund
- Verbrauch: hochkonzentriert und ergiebig

Anwendung

- für Kunst-, Design- und Dekorbereich
- für alle Maltechniken (inkl. Airbrush und Siebdruck)
- ideal für Wandmalereien, Wandgestaltungen und grossflächige Malereien

SWISS MADE **100% ARTIST QUALITY** SINCE 1963
Lascaux Colours & Restauro, Barbara Diethelm AG, Zürichstrasse 42, CH-8306 Brüttisellen
Tel. +41 44 807 41 41, Fax +41 44 807 41 40, info@lascaux.ch, www.lascaux.ch

Techniken der Malerei

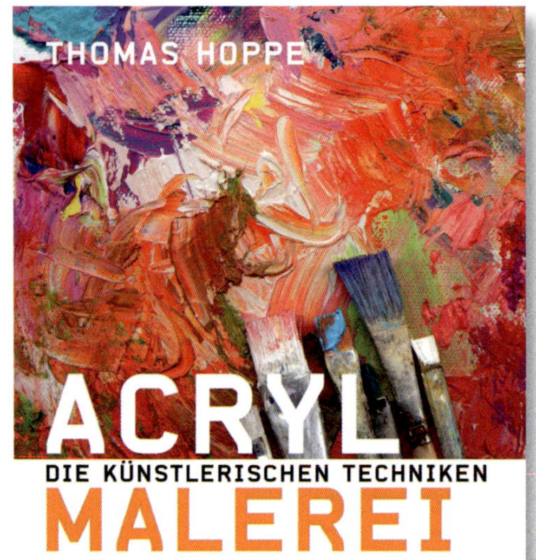

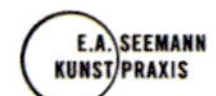

Der praktische Leitfaden von Thomas Hoppe gibt einen umfassenden Einblick in die Geschichte, chemische Zusammensetzung und künstlerische Anwendung eines besonderen Farbmaterials – Acryl. Ausgehend von der Grundierung über die Farbmischung bis zur Versiegelung wird die Entstehung eines Acrylbildes veranschaulicht. Zahlreiche Beispiele und eine Fülle von Abbildungen geben Aufschluss über künstlerische Malweisen wie z.B. die Spachteltechnik oder Pâtepeinture, aber auch über Pflege, Konservierung und Restaurierung von Acrylbildern.

Thomas Hoppe
Acrylmalerei
Die künstlerischen Techniken

2014, 240 Seiten mit 115 s/w und 223 farbigen Abbildungen, Hardcover, 17 x 24 cm
ISBN 978-3-86502-144-1

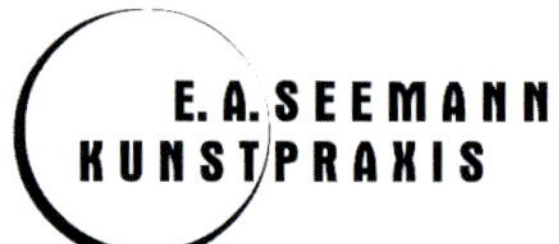

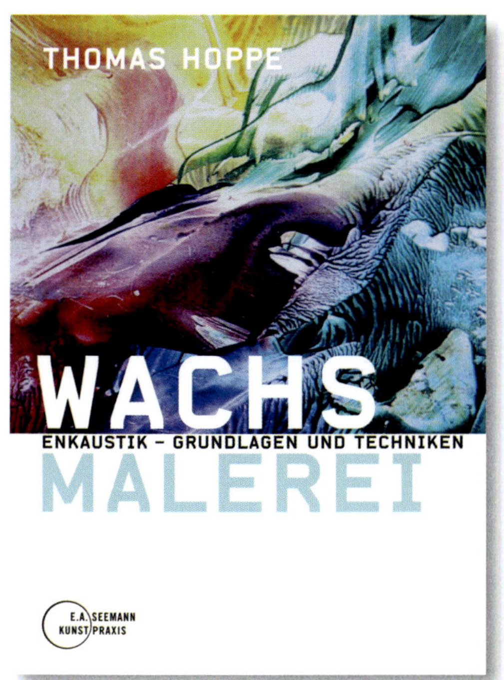

Leicht verständlich erklärt der Restaurator Thomas Hoppe das Verfahren der Enkaustik und führt zahlreiche Künstler an, die bei ihren Werken Wachsmalverfahren angewendet, variiert und umgesetzt haben. Bilder und Texte erklären dem Leser die Entstehung enkaustischer Arbeiten. Zudem liefert der Autor Tipps und Antworten auf alle Fragen rund um die Wachsmalerei: Wie stellt man Wachskünstlerfarben her? Welche Instrumente werden gebraucht? Wie funktioniert die Spachteltechnik? Wie entstehen pastellartige Effekte? Wie werden die künstlerischen Arbeiten gepflegt, verpackt und sicher transportiert?

Thomas Hoppe
Wachsmalerei
Enkaustik – Grundlagen und Techniken

2015, 224 Seiten mit 15 s/w und 239 farbigen Abbildungen, Hardcover, 17 x 24 cm
ISBN 978-3-86502-323-0

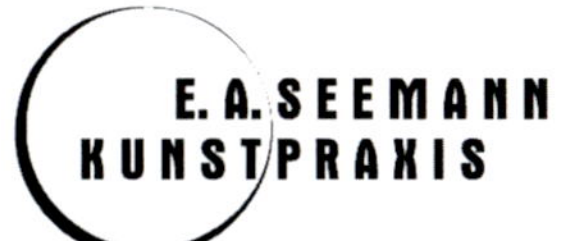

Genauer hinsehen

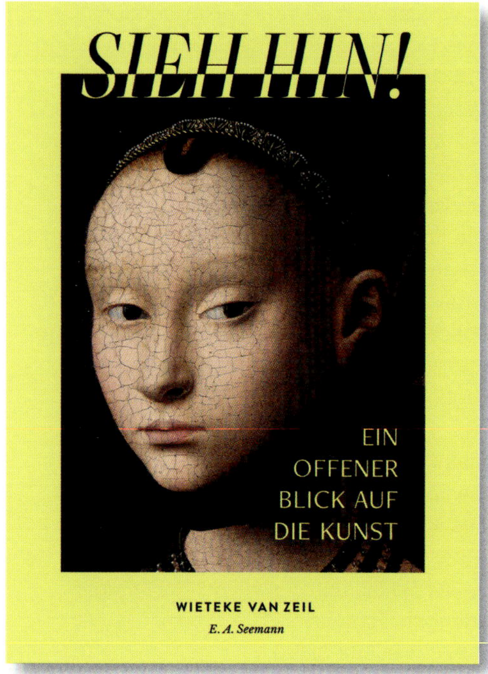

Erfrischend und enthusiastisch erklärt uns dieses Buch, wie wir die Welt mit anderen Augen sehen können. In 42 inspirierenden Geschichten richtet die niederländische Kunsthistorikerin und Kulturjournalistin Wieteke van Zeil den Blick auf vermeintliche Nebensächlichkeiten in der Malerei. Sie verknüpft die schönsten Details in der Kunst der großen Meister mit spannenden Betrachtungen zu unserer Gegenwart. Unterstützt durch wissenschaftliche Erkenntnisse über die menschliche Wahrnehmung, ermuntert sie mit ganz praktischen Tipps zu einer Kunstbetrachtung voll Vergnügen und Leichtigkeit. Dazu spricht sie auch mit Experten aus kunstfernen Disziplinen, die uns ihre ganz persönlichen Wege zum aufmerksamen Beobachten verraten.

Wieteke van Zeil
SIEH HIN!
Ein offener Blick auf die Kunst

2022, 224 Seiten mit 80 farbigen Abbildungen,
Broschur, 15 x 23 cm
ISBN 978-3-86502-470-1

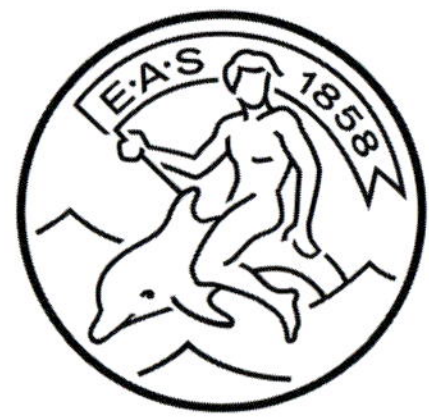

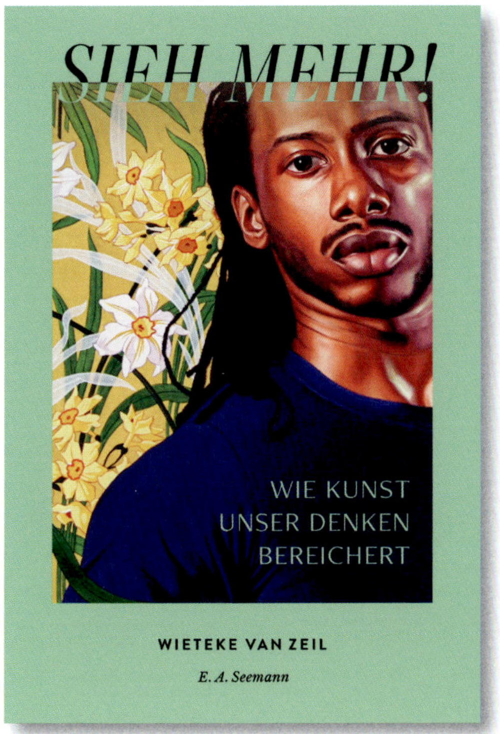

Mit ihren klaren und heiteren Betrachtungen der schönsten Kunstdetails zieht uns Wieteke van Zeil erneut in den Bann. In ihrem neuen Buch zeigt sie uns fesselnd und wissenschaftlich fundiert, wie wir nicht nur genauer hinsehen, sondern wie uns Kunst außerdem neue Sichtweisen eröffnet. Und uns im Zeitalter der schnellen Meinungsbildung dazu bringt, über die Welt, in der wir leben, anders nachzudenken. In ihrem unterhaltsamen Spaziergang durch die Bilderwelt – von den alten Meistern bis zur Gegenwart – fordert sie uns heraus, Neues zu entdecken: reizvolle Details, ungeahnte Assoziationen und vielschichtige Bedeutungen.

Wieteke van Zeil
SIEH MEHR!
Wie Kunst unser Denken bereichert

2022, 224 Seiten mit 80 farbigen Abbildungen,
Broschur, 15 x 23 cm
ISBN 978-3-86502-481-7

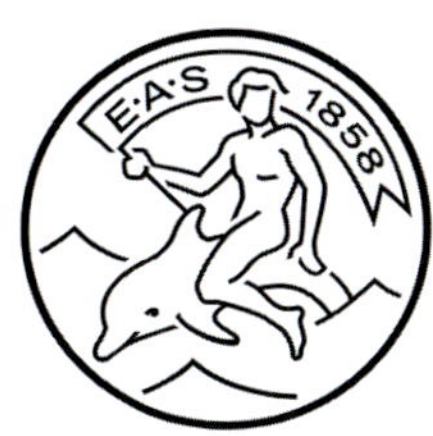